LEI DA CONTRATAÇÃO PÚBLICA DE ANGOLA

LEGISLAÇÃO
REPÚBLICA DE ANGOLA

LEI DA CONTRATAÇÃO PÚBLICA DE ANGOLA

COMENTADA e ANOTADA

JORGE ANDRADE DA SILVA
ADVOGADO

ALMEDINA

LEI DA CONTRATAÇÃO PÚBLICA DE ANGOLA COMENTADA e ANOTADA

AUTOR
Jorge Andrade da Silva

EDITOR
EDIÇÕES ALMEDINA, S.A.
Rua Fernandes Tomás, nºs 76, 78, 80
3000-167 Coimbra
Tel.: 239 851 904 • Fax: 239 851 901
www.almedina.net • editora@almedina.net

DESIGN
FBA.

PRÉ-IMPRESSÃO
G.C. – GRÁFICA DE COIMBRA, LDA.
Palheira Assafarge, 3001-153 Coimbra
producao@graficadecoimbra.pt

IMPRESSÃO E ACABAMENTO
PAPELMUNDE, SMG, LDA.

Junho, 2011

DEPÓSITO LEGAL
329732/11

Apesar do cuidado e rigor colocados na elaboração da presente obra, devem os diplomas legais dela constantes ser sempre objecto de confirmação com as publicações oficiais.
Toda a reprodução desta obra, por fotocópia ou outro qualquer processo, sem prévia autorização escrita do Editor, é ilícita e passível de procedimento judicial contra o infractor.

 GRUPOALMEDINA

BIBLIOTECA NACIONAL DE PORTUGAL – CATALOGAÇÃO NA PUBLICAÇÃO
MACEDO, João Carlos Gama Martins de
Educar para a morte : uma abordagem a partir de Elizabeth-Kübler-Ross
ISBN 978-972-40-4524-5
CDU 159
     616
     316

NOTA EXPLICATIVA

Um convite para participação em seminário sobre a nova legislação angolana no âmbito da contratação pública proporcionou-me o conhecimento da Lei nº 20/10, de 7 de Setembro e dos regimes jurídicos que veio substituir.

Nesse contacto, notei que o novo regime se inspirou, basicamente, no que em Portugal vigorou antes da adesão às Comunidades, designadamente no Regime Jurídico das Empreitadas de Obras Públicas e no Regime Jurídico da Realização de Despesas Públicas, com adaptações decorrentes da realidade de Angola e com alguns reflexos do Código dos Contratos Públicos actualmente em vigor em Portugal.

O facto de o meu anterior trabalho intitulado Regime Jurídico das Empreitadas de Obras Públicas ter conhecido dez edições, deixa-me presumir que, por um lado, foi útil a quem, na prática, tinha a tarefa de interpretar e aplicar o regime legal e, por outro, face àquela similitude, poderia igualmente ser útil a quem tem que proceder à mesma tarefa quanto à legislação angolana.

Isso mesmo me moveu a, com base naquele meu trabalho, proceder a uma análise da Lei nº 20/10.

SIGLAS E ABREVIATURAS

BMJ   Boletim do Ministério da Justiça (Portugal)
CC   Código Civil
CCP   Código dos Contratos Públicos, de Portugal
CP   Código Penal
CPA   Código do Procedimento Administrativo, de Portugal
CPC   Código do Processo Civil
LCP   Lei da Contratação Pública (Lei nº 20/10, de 7 de Setembro)
LIAA   Lei da Impugnação dos Actos Administrativos (Lei nº 2/94, de 14 de Janeiro)
NPAA   Normas do Procedimento e da Actividade da Administração (aprovadas pelo Decreto-Lei nº 16-A/95, de 15 de Dezembro)
REOP   Regime de Empreitadas Públicas (aprovado pelo Decreto nº 40/05, de 8 de Junho)
RJEOP   Regime Jurídico das Empreitadas de Obras Públicas, de Portugal
RJRDP   Regime Jurídico da Realização das Despesas Públicas de Portugal (Decreto-Lei nº 197/99, de 8 de Junho)
ROA   Revista da Ordem dos Advogados (Portugal)
RRDP   Regime de Realização das Despesas Publicas (aprovado pelo Decreto nº 7/96, de 16 de Fevereiro)

LEI Nº 20/10, DE 7 DE SETEMBRO

Com a aprovação da Constituição da República de Angola, impõe-se a necessidade de se adequar o sistema de contratação pública à nova realidade constitucional e de uniformizar a disciplina jurídica aplicável à contratação de empreitadas de obras públicas e à aquisição de bens e serviços por entidades públicas.

Importa assegurar que a contratação pública obedeça, por um lado, aos princípios da competitividade, da economia, da eficiência e da eficácia, e, por outro lado, incentivar e estimular a participação de empreiteiros, fornecedores e prestadores de serviços, especialmente os nacionais.

É ainda necessário capacitar humana, técnica e financeiramente as entidades públicas contratantes, fornecendo-lhes os meios necessários para a contratação de empreitadas e para a aquisição de bens e serviços e proporcionando um tratamento justo e equitativo a todos os concorrentes, assegurando o cumprimento dos princípios da igualdade, da concorrência, da imparcialidade, da transparência e da probidade no âmbito dos procedimentos de contratação pública.

Urge a necessidade de, por um lado, simplificar os procedimentos de aquisição de bens e serviços e, por outro, estabelecer-se o regime de utilização das novas tecnologias em matéria de contratação pública.

Deve-se também ter em conta que a aquisição de bens e serviços exige a criação de uma estrutura administrativa com a função de fiscalizar e de supervisionar o mercado da contratação pública e de apoiar o Executivo na definição e na implementação de políticas e práticas em matéria de contratação pública.

A Assembleia Nacional aprova, por mandato do povo, nos termos do nº 2 do artigo 165º e da alínea *d)* do nº 2 do artigo 166º ambos da Constituição da República de Angola, a seguinte:

LEI DA CONTRATAÇÃO PÚBLICA

TÍTULO I
PRINCÍPIOS GERAIS
CAPÍTULO I
DISPOSIÇÕES GERAIS

ARTIGO 1º
Objecto

A presente lei estabelece as bases gerais e o regime jurídico relativos à contratação pública.

1. Esta Lei da Contratação Pública veio, na área da celebração dos contratos públicos, incluindo as autorizações das respectivas despesas e da sua execução, substituir a anterior disciplina jurídica que estava basicamente distribuída pelo o Regime de Realização das Despesas Públicas[1], aprovado pelo Decreto nº 7/96, de 16 de Fevereiro, pelas Normas Reguladoras da Aquisição, Uso e Abate de Viaturas do Estado, aprovadas pelo Decreto nº 26/00, de 12 de Maio e pelo Regime de Empreitadas de Obras Públicas[2], aprovado pelo Decreto nº 40/05, de 8 de Junho.

2. O preceito estabelece como objecto deste diploma legal a *contratação pública*. Assim, não limita esse objecto à *contratação administrativa*, o que parece ter subjacente a distinção entre *contrato público* e *contrato administrativo*. Mas parece que só aparentemente. Efectivamente, a expressão *"contrato administrativo"* não é utilizada nesta LCP uma única vez. O que retira qualquer interesse prático à distinção entre aquelas duas figuras da contratação pela Administração Pública.

A verdade é que a doutrina não tem conseguido uma base de entendimento quanto à natureza do *contrato público* designadamente na sua conjugação

---

[1] Doravante aqui designado pela sigla RRDP.

[2] Doravante aqui designado pela sigla REOP.

com o *contrato administrativo*. Questão que, nos países integrantes da União Europeia, foi suscitada com o conceito de *contrato público* proveniente das directivas comunitárias.

A concepção comunitária de contrato público afasta-se da que tradicionalmente era adoptada pela doutrina, que não abstraía da natureza orgânica das partes contratantes, para atender ao plano funcional: *agora apenas interessa apurar se aquilo que se faz – e já não aquilo que se é – pode ser tido por "público", entendendo-se esse termo essencialmente no sentido de vinculado à ideia de "autoridade" associada ao Estado*[3].

Tradicionalmente, o *contrato público* vinha sendo considerado como uma categoria contratual genérica de que os *contratos administrativos* seriam uma espécie. Segundo esse entendimento, dos contratos celebrados pela Administração Pública, enquanto tal, apenas são *administrativos* os que estão submetidos a um regime jurídico de Direito Administrativo. Aquele género engloba, além daqueles, os *contratos constitucionais*, os *tratados* e *convenções internacionais*, os *contratos fiscais* e os *contratos financeiros*[4]. Assim, poderá dizer-se que se todos os contratos administrativos são contratos públicos, esta categoria, como já atrás foi dito, não se esgota no âmbito destes últimos contratos, pois há contratos públicos que não têm por objecto uma *relação jurídica de direito administrativo*, mesmo considerada no sentido funcional, com que actualmente, sob a influência do direito comunitário, é encarada[5].

Ora, se há quem entenda que, *ao contrário do que parece, o conceito de contrato público nada pretende sugerir sobre a natureza jurídica – pública – de um determinado contrato* e que se trata *efectivamente de um conceito juridicamente neutro, que se tem desenvolvido essencialmente por força do direito comunitário da contratação pública*[6] e que, portanto, em nada afecta a autonomia e natureza do *contrato administrativo*, outros Autores entendem que o *contrato administrativo* está num estado agonizante[7], havendo mesmo quem defenda, aliás em coerência com entendimento que

---

[3] JOÃO CAUPERS, *Âmbito de aplicação subjectiva do Código dos Contratos Públicos*, CJA, nº 64, pág. 9.

[4] Cfr. FREITAS DO AMARAL, *Curso de Direito Administrativo*, II, Almedina, pág. 498 e AFONSO D'OLIVEIRA MARTINS, *Para um Conceito de Contrato Público*, Almedina, 2003, pág. 484.

[5] Cfr. PEDRO GONÇALVES, *O Contrato Administrativo – Uma Instituição do Direito Administrativo do nosso Tempo*, Almedina, 2003, pág. 54.

[6] PEDRO GONÇALVES, *ob. cit.*, pág. 53.

[7] JOÃO CAUPERS, Introdução ao Estudo do Direito, 8ª, ed. Âncora, 2005, pág. 233. Aliás este Autor, referindo-se ao direito português, face à coexistência de contratos administrativos e contratos privados da Administração Pública, a uns e outros se aplicando múltiplas regras comuns, de direito público umas, de direito privado outras, interroga-se sobre se ainda faz sentido autonomizar, como a lei portuguesa continua a fazer, a figura do contrato administrativo (*Direito Administrativo* I, Editorial Notícias, 4ª ed., 1999, pág. 246).

desde há muito se lhe conhece, que o contrato administrativo de inspiração francesa há muito faleceu[8].

O certo é que, como ficou dito, no âmbito de aplicação desta LCP, a distinção parece carecer de interesse prático, até porque o artigo seguinte especifica claramente o âmbito de aplicação obrigatória do seu regime, elencando um conjunto de contratos que podemos designar por *contratos administrativos típicos*.

3. Ver o comentário ao artigo seguinte.

ARTIGO 2º
Âmbito de aplicação

1. A presente lei é aplicável à contratação de empreitadas de obras públicas, à locação e aquisição de bens móveis e imóveis e à aquisição de serviços por parte de uma entidade pública contratante.
2. A presente lei é, igualmente, aplicável, com as necessárias adaptações, à formação das concessões de obras públicas e de serviços públicos.

1. Corresponde ao artigo 1º do RRDP relativamente ao qual se acrescenta a aquisição de bens imóveis e as concessões de obras e de serviços públicos.

2. Este preceito estabelece o âmbito de aplicação objectiva da LCP, isto é, determina quais os contratos celebrados pela Administração Pública submetidos ao seu regime. Mas há que distinguir, pois os enumerados no nº 1 estão submetidos àquele regime quer na fase da respectiva formação, quer quanto ao seu regime substantivo e à fase da sua execução, enquanto que os contratos de concessão de obras públicas e de concessão de serviços públicos – os enumerados no nº 2 – apenas quanto à sua formação lhe estão subordinados, já que o respectivo regime substantivo é objecto de legislação especial (artigo 350º). De qualquer modo, o preceito faz uma enumeração taxativa dos *contratos administrativos* a que, com essa limitação, o seu regime se aplica e que, como adiante se verá, não são todos os contratos adminsitrativos.

3. A aplicação do regime estabelecido na LCP tem por objecto necessário apenas os contratos celebrados pelas entidades públicas contratantes no desen-

---

[8] MARIA JOÃO ESTORNINHO, *Requiem pelo Contrato Administrativo*, Almedina, 1990 e em *Direito Europeu dos Contratos – Um Olhar Europeu*, Almedina, 2006, pág. 306. Sobre este tema, ver também MARCELO REBELO DE SOUSA e ANDRÉ DE MATOS, *Contratos Públicos – Direito Administrativo Geral,* Tomo III, 2ª edição, Dom Quixote, 2008, págs. 39 e 40.

volvimento da respectiva *gestão pública* e não os que essas entidades celebrem no âmbito da sua *gestão privada*.

As pessoas colectivas de direito público tanto podem utilizar a figura jurídica do contrato na sua actividade de *gestão pública*, como na da *gestão privada*. Naquela, desenvolvem a sua actividade com recurso e sob a disciplina do direito público, enquanto na última, ainda que para fins de interesse público, exercem-na com recurso e sob a disciplina do direito privado[9]. No domínio da *gestão pública*, actuam munidas de prerrogativas, do poder de autoridade, do *jus imperii;* no domínio da gestão privada, as pessoas colectivas públicas actuam, face ao direito aplicável, em total pé de igualdade com os particulares. No que concretamente aos contratos diz respeito, os celebrados no exercício da *gestão pública* são regidos pelo Direito Administrativo, mais concretamente por esta LCP; no domínio da *gestão privada* a entidade pública lançará mão do contrato civil, sem qualquer desvio especial relativamente ao regime para isso estabelecido no direito privado, designadamente no CC[10].

Acrescente-se que *o Direito Administrativo é o conjunto de princípios e de regras jurídicas que disciplinam o exercício da função administrativa do Estado-colectividade, sempre que, nesse exercício, não só está presente, como prevalece, a prossecução do interesse público sobre interesses privados com ele relacionados ou conflituantes*[11].

4. O conceito de *contrato administrativo* é dado pelo artigo 120º das Normas do Procedimento e da Actividade Administrativa[12], segundo o qual, *diz-se contrato administrativo o acordo de vontades pelo qual é constituída, modificada ou extinta uma relação jurídica de direito público entre a Administração e um particular tendo como finalidade a realização de um interesse público*[13].

---

[9] Cfr. MARCELLO CAETANO, *Manual de Direito Administrativo*, I, Almedina, 10ª ed., pág. 44, FREITAS DO AMARAL, *Curso de Direito Administrativo*, Almedina, I, 3ª ed., 2007, pág. 149, MARCELO REBELO DE SOUSA, *Lições de Direito Administrativo*, I, Lex, 1999, pág. 55, SÉRVULO CORREIA, *Noções de Direito Administrativo*, Danúbio, I, 1982, pág. 60.

[10] Cfr. MARCELO REBELO DE SOUSA e ANDRÉ DE MATOS, *Contratos Públicos...*, págs. 30 e seguintes.

[11] MARCELO REBELO DE SOUSA, *ob. cit.,* pág. 56.

[12] Aprovadas pelo Decreto-Lei nº 16-A/95, de 15 de Dezembro, doravante aqui designadas apenas pela sigla NPAA.

[13] Este conceito, foi entretanto posto em crise, entendendo-se que era insuficiente por ser incapaz de traduzir a multiplicidade da contratação administrativa. Pretende-se mesmo que é impossível considerar uma categoria unitária de contrato administrativo, devendo antes falar-se de espécies distintas de contratos administrativos (ver MÁRIO AROSO DE ALMEIDA, *Contratos administrativos e poderes de conformação do contrato público no novo Código dos Contratos Públicos*, CJA, nº 66, pág. 5). Isso mesmo explicaria a necessidade de densificação daquele conceito através da enunciação dos critérios determinantes dos contratos administrativos por natureza, pois a relação jurídica de direito administrativo identifica-se, hoje, não em

Como se verifica, aquela noção de contrato administrativo assenta no conceito de *relação jurídica de direito público* ou *relação jurídica administrativa*, enuncia e descreve os critérios que conferem natureza administrativa aos contratos celebrados por entidades públicas, sendo que, *contratantes públicos* são os assim qualificados no artigo 4º.

Um contrato é, pois, administrativo, se dele decorre a criação, modificação ou extinção de uma *relação jurídica de direito administrativo*. Esta, no ensino de FREITAS DO AMARAL[14], *é a que confere poderes de autoridade ou impõe restrições de interesse público à Administração perante os particulares ou que atribui direitos ou impõe deveres públicos aos particulares perante a Administração*. Para SÉRVULO CORREIA, relação jurídica administrativa é a *disciplinada em termos específicos do sujeito administrativo, entre pessoas colectivas da Administração ou entre a Administração e os particulares*"[15] Segundo PEDRO GONÇALVES[16], como já foi referido, uma relação jurídica é administrativa se for *regulada por normas jurídicas que se dirigem a uma entidade pública "enquanto tal", isto é, enquanto titular das funções públicas, disciplinando o seu agir em termos específicos, investindo-a de especiais poderes ou atribuindo-lhe especiais deveres por causa dos fins que ela serve*.

5. Não obstante a área comum de regulamentação que pode verificar-se, continuam a ser importantes as diferenças de regime dos contratos administrativos relativamente aos contratos privados. Assim, quanto a estes, uma vez celebrado, o contrato *deve ser pontualmente cumprido e só pode modificar-se por mútuo consentimento dos contraentes ou nos casos admitidos na lei* (nº 1 do artigo 406º do CC). Deste princípio resultam, pois, três comandos: o cumprimento do contrato é obrigatório; só o mútuo consenso das partes pode legitimar a sua modificação; ambos os contraentes estão reciprocamente em posição de igualdade. Não é o que necessariamente sucede nos contratos administrati-

---

função de um critério orgânico mas, antes, de um critério teleológico. É a prossecução de interesses públicos que justifica a submissão ao Direito Administrativo (o qual não é sinónimo de regime jurídico exorbitante) e ao contencioso administrativo (MARIA JOÃO ESTORNINHO, *Direito Europeu dos Contratos Públicos – Um Olhar Português*, Almedina, 2006, págs. 284 e 285). Diferentemente do que advoga PEDRO GONÇALVES, para quem a administratividade de uma relação resulta de ser regulada por normas jurídicas que se dirigem a uma mesma entidade pública "enquanto tal", isto é, enquanto titular de funções públicas, disciplinando o seu agir em termos específicos (investindo-a de especiais poderes ou atribuindo-lhe especiais deveres por causa dos fins que ela serve) (*ob. cit.*, pág. 26).

[14] *Curso de Direito Administrativo*, II, Almedina, 2001, pág. 518. Cfr. ainda VIEIRA DE ANDRADE, *Direito Administrativo e Fiscal*, 1994-95, pág. 47 e M. ESTEVES DE OLIVEIRA, P. COSTA GONÇALVES e J. PACHECO DE AMORIM, *Código do Procedimento Administrativo Comentado*, 2ª ed., Almedina, pág. 811.

[15] *Legalidade e Autonomia Contratual nos Contratos Administrativos*, Almedina, 1987, págs. 397.

[16] *O Contrato Administrativo...*, pág. 26

vos, já que, nestes, tendo sempre como fundamento o primado do interesse público que com o contrato se visa satisfazer[17], verificadas determinadas condições, a Administração pode, além do mais, resolver unilateralmente o contrato independentemente de incumprimento da outra parte e, por outro lado, pode, dentro de certos limites e condicionalismos, introduzir alterações no conteúdo das prestações obrigacionais durante a execução do contrato de que derivam. Ao celebrar o contrato, a Administração não deixou de ser detentora do poder público com base no qual o celebrou, de que não pode renunciar ou abdicar e cujo exercício a coloca em manifesta posição de desigualdade, num plano superior relativamente ao outro contraente. É assim que, independentemente do que, quanto a isso, esteja especialmente previsto no contrato, sempre a Administração será detentora do poder de *direcção e fiscalização na execução do contrato, do poder de alteração, do poder sancionatório e do poder de rescisão unilateral* (artigo 122º das NPAA)[18].

O *poder de direcção e fiscalização* traduz-se na faculdade que a Administração detém de, em qualquer altura, não apenas verificar se o contrato está a ser correctamente cumprido, o que fará através de visitas, inspecções, vistorias, pedidos de esclarecimentos, etc., mas mesmo de interferir na sua execução por forma directa e imperativa através de *ordens* escritas dadas ao contratante particular, de observância obrigatória para este.

O *poder de alteração* traduz uma das mais salientes particularidades dos contratos administrativos. Com ele, a Administração tem a faculdade de, no decurso do procedimento executivo do contrato, alterar o conteúdo das prestações, quer qualitativa, quer quantitativamente, de harmonia com as exigências resultantes da evolução do interesse público que o contrato visa realizar. É o que se costuma designar por *mutabilidade do contrato administrativo* e que, sendo da essência desse contrato, não teria que estar especialmente nele prevista, nem sendo renunciável pelo seu detentor[19]. Tal poder, porém, não é de modo algum absoluto, não pode ser exercido de qualquer modo e em quaisquer circunstâncias. Por um lado, a alteração imposta tem de ser determinada e fundamentada pela melhor forma de prossecução do interesse público subjacente ao contrato, e, por outro, terá que limitar-se a ser a alteração da prestação estabelecida e não a imposição de uma *nova* prestação que, por isso, deveria ser objecto de contrato diferente. Por último, as alte-

---

[17] Cfr. M. J. ESTORNINHO, *Requiem pelo Contrato Administrativo*, Almedina, 1990, pág. 118.

[18] Sobre os poderes do contraente público na fase da execução do contrato, ver MARCELO REBELO DE SOUSA e ANDRÉ SALGADO DE MATOS, *Contratos Públicos...*, págs. 151 e seguintes.

[19] Cfr. MAURICE ANDRE FLAMME, *Traité Théorique et Pratique des Marchés Publics*, 1969, I, pág. 51.

PRINCÍPIOS GERAIS **ART. 2º** 17

rações deverão respeitar o *equilíbrio económico do contrato*, por forma a que as distorções que prejudiquem aquele equilíbrio sejam objecto de correcções necessárias ao seu restabelecimento[20].

O *poder sancionatório* tem ainda por fundamento o interesse público que o contrato procura realizar e que se não satisfaz com o mero recurso *à excepção do não cumprimento* que caracteriza os contratos de direito privado. As sanções aplicáveis pelo contratante público, longe de visarem prioritariamente objectivos indemnizatórios, têm intuitos intimidativos para a outra parte, no sentido de a determinar ao cumprimento pontual do contrato, única forma de aquele interesse público ser satisfeito pelo modo próprio e em tempo oportuno[21]. Tanto assim é que as de carácter pecuniário podem ser reduzidas e até anuladas (artigo 287º, nº 3). Tais sanções, quer assumam a forma de imposição do pagamento de uma quantia em dinheiro ou outra (tomada de posse administrativa dos trabalhos, confiscação de materiais, resolução, etc.), traduzem-se em actos administrativos[22], isto é, decisões unilaterais que se revestem de presunção de legalidade e, por isso, são executórios, isto é, *a Administração pode impor coercivamente, sem recurso prévio dos tribunais, o cumprimento das obrigações e o respeito pelas limitações geradas por um acto administrativo, desde que a imposição seja feita pelas formas e nos termos admitidos por lei* (artigo 92º das NPAA).

Finalmente, *o poder de resolução unilateral* não tem aqui o sentido de resolução-sanção do contrato, que não é privativo dos contratos administrativos,

[20] Escrevem FREITAS DO AMARAL, FAUSTO QUADROS e VIEIRA DE ANDRADE em *Aspectos Jurídicos da Empreitada de Obras Públicas*, Almedina, 2002, pág. 169: *O exercício do poder de modificação unilateral está, porém, limitado. Em primeiro lugar, sendo um poder essencialmente discricionário, ele não pode deixar de respeitar os princípios e regras gerais que disciplinam a actividade administrativa, o princípio da boa fé e o dever de fundamentação expressa. Concretizando: o poder de modificação unilateral só deve ser utilizado quando for necessário e apenas com o alcance imposto pela mutação verificada no interesse público; o poder de modificação unilateral não pode ser utilizado em termos abusivos ou gravemente atentatórios das legítimas expectativas do contraente privado; enfim, o exercício do poder de modificação unilateral deve ser convenientemente justificado pelo contraente público.*
Em segundo lugar, como decorre hoje do dispositivo legal acima transcrito e é desde há muito sustentado pela jurisprudência e pela doutrina, o poder de modificação unilateral enfrenta limites específicos: o objecto do contrato, por um lado, e, por outro, o equilíbrio financeiro do contrato

[21] Cfr. M. ESTEVES DE OLIVEIRA, *ob. cit.*, pág. 697, e M. J. ESTORNINHO, *ob. cit.*, pág. 128.

[22] Esta afirmação, que hoje não oferece dúvidas face ao artigo 122º, alínea e), das NPAA, não era pacífica no domínio do regime jurídico anteriormente vigente em Portugal. Se bem que fosse jurisprudência corrente a que considerava administrativo o acto de aplicação de multas contratuais, mais recentemente surgiram acórdãos no sentido de que, embora se trate de acto administrativo destacável, a sua legalidade também pode ser apreciada em sede da hoje designada por acção administrativa e não, necessariamente, através de recurso contencioso de impugnação. Finalmente, segundo outros, essa questão é matéria de execução do contrato, negocial e, portanto, só apreciável através de acção administrativa.

como se referiu. Neste caso, o poder de resolução resulta, não do incumprimento do contrato pela outra parte, mas do facto de se tratar de medida imposta, sempre e ainda, pela melhor forma de realizar o interesse público subjacente ao contrato. O que, obviamente, não contende com o direito de indemnização que à outra parte contratante possa caber e, geralmente, cabe nestas circunstâncias.

O esquema que muito sucintamente fica referido corresponde ao *critério de sujeição ou subordinação* com base no qual, entre nós, se tem distinguido os contratos administrativos dos contratos de direito privado.

6. O nº 1 do artigo 120º das NPAA, como ficou referido, dá o conceito de *contrato administrativo* e o nº 2 desse preceito faz uma enumeração exemplificativa de contratos que, assim, são *contratos administrativos por determinação da lei* e que são os contratos de :

- Empreitada de obras públicas;
- Concessão de obras públicas;
- Concessão de serviços públicos;
- Concessão de exploração do domínio público;
- Concessão de uso privativo do domínio público;
- Concessão de exploração de jogos de fortuna e azar;
- Fornecimento contínuo;
- Prestação de serviços para fins de utilidade pública.

Portanto, nem todos estes contratos estão submetidos à LCP, mas apenas os referidos neste preceito e nos termos apontados.

7. Considera-se pertinente e útil referir aqui, ainda que muito sinteticamente, o regime do *contrato administrativo* estabelecido no capítulo VIII das NPAA:

- Artigo 120º – Conceito de contrato administrativo e enumeração dos contratos administrativos típicos, acima referenciados;
- Artigo 121º – Princípio geral da utilização do contrato administrativo como instrumento jurídico normal do desenvolvimento da actividade da Administração Pública na realização das suas atribuições;
- Artigo 122º – Poderes públicos de autoridade que o contratante público pode utilizar na conformação da relação jurídica contratual: poder de direcção da execução do contrato, poder de fiscalização dessa execução, poder de alteração unilateral do contrato, poder de rescindir unilateralmente o contrato e poder sancionatório;

PRINCÍPIOS GERAIS **ART. 2º** 19

- Artigo 123º – Regime da formação do contrato, com remissão para diploma especial, esta LCP;
- Artigo 124º – Procedimentos de formação dos contratos, substituído pela LCP no âmbito da aplicação desta;
- Artigo 125º – Princípio geral do recurso ao concurso público, também substituído por esta LCP quanto ao seu âmbito de aplicação;
- Artigo 126º – Forma dos contratos, igualmente substituído pela LCP no âmbito da sua aplicação;
- Artigo 127º – Regime da invalidade dos contratos administrativos;
- Artigo 128º – Distinção entre actos administrativos e actos negociais (opinativos) praticados pelo contratante público no decurso da execução do contrato e sua eficácia;
- Artigo 139º – Negação de executoriedade aos actos administrativos praticados durante a execução do contrato.

8. Sobre o contrato administrativo, na doutrina portuguesa, ver, entre outros, MARCELLO CAETANO, *Manual de Direito Administrativo*, I, 10ª ed., Coimbra Editora, 1973, págs. 569 e seguintes e *Princípios Fundamentais do Direito Administrativo*, Almedina, 1996, págs. 175 e seguintes, FREITAS DO AMARAL, *Curso de Direito Administrativo*, II, Almedina, 2001, págs. 494 e seguintes, MÁRIO AROSO DE ALMEIDA, *Contratos administrativos e poderes de conformação do contrato público no novo Código dos Contratos Públicos*, CJA, nº 66, pág. 5, MÁRIO ESTEVES DE OLIVEIRA, *Direito Administrativo*, I, Almedina, págs. 633 e seguintes, SÉRVULO CORREIA, *Legalidade e Autonomia Contratual nos Contratos Administrativos*, Almedina, 1987, págs. 343 e seguintes, MARCELO REBELO DE SOUSA, *Lições de Direito Administrativo*, Lex, 1999 e *O Concurso Público na Formação do Contrato Administrativo*, Lex, 1994, MARCELO REBELO DE SOUSA e ANDRÉ DE MATOS, *Contratos Públicos*, Direito Administrativo Geral, Tomo III, 2ª, ed. Dom Quixote, MARGARIDA OLAZABAL CABRAL, *O Concurso Público nos Contratos Administrativos*, Almedina, 1997, MARIA JOÃO ESTORNINHO, *Requiem pelo Contrato Administrativo*, Almedina, 1990 e *Direito Europeu dos Contratos Administrativos – Um Olhar Português*, Almedina, 2006, PEDRO GONÇALVES, *O Contrato Administrativo, Uma Instituição do Direito Administrativo no Nosso Tempo*, Almedina, 2003, JOÃO CAUPERS, *Direito Administrativo*, I, Editorial Notícias, Lisboa, 4ª ed., 1999, ALEXANDRA LEITÃO, *Estudos da Contratação Pública-I*, organizados por PEDRO GONÇALVES, Coimbra Editora, 2008, págs.734 e seguintes, CLÁUDIA VIANA, *Os Princípios Comunitários na Contratação Pública*, Coimbra Editora, 2007.

9. Cfr. os artigos 1º, 3º, 4º e 5º.

ARTIGO 3º
Definições

Para efeitos da presente lei, entende-se por:

a) Empreitada de obras públicas – o contrato que tenha por objecto quaisquer obras de construção ou de concepção e de construção, de reconstrução, de ampliação, de alteração, de reparação, de conservação, de limpeza, de restauração, de adaptação, de melhoria e de demolição de bens imóveis, a realizar por conta de uma entidade pública contratante, mediante o pagamento de um preço;

b) Locação de bens móveis e imóveis – o contrato pelo qual um locador se obriga a proporcionar a uma entidade pública contratante o gozo temporário de bens móveis ou imóveis, mediante retribuição, podendo tomar a forma de aluguer, de arrendamento, de locação financeira ou de locação que não envolva a opção de compra dos bens locados;

c) Aquisição de bens móveis e imóveis – o contrato pelo qual uma entidade pública contratante compra bens móveis ou imóveis a um fornecedor;

d) Aquisição de serviços – o contrato pelo qual uma entidade pública contratante adquire a prestação de um ou de vários tipos de serviços mediante o pagamento de um preço;

e) Acordo-Quadro – o contrato entre uma ou várias entidades adjudicantes e um ou mais empreiteiros, fornecedores de bens ou prestadores de serviços, com vista a fixar os termos e as condições dos contratos a celebrar, durante um determinado período, nomeadamente em matéria de preços e, se necessário, de quantidades;

f) Contrato Público de Aprovisionamento – contrato de empreitada ou de aquisição de bens e serviços, celebrado na base de um acordo-quadro;

g) Concessão de obra pública – o contrato pelo qual o co-contratante, concessionário, se obriga, perante uma entidade pública contratante, concedente, à execução ou à concepção e execução, de uma obra pública, mediante a contrapartida da exploração dessa obra, por um determinado período de tempo;

h) Concessão de serviço público – o contrato pelo qual o co-contratante, concessionário, se obriga, perante uma entidade pública contratante, concedente, a gerir, em nome próprio e sob sua responsabilidade e em respeito pelo interesse público, por um determinado período de tempo, uma actividade de serviço público, sendo remunerado ou directamente pela entidade pública contratante concedente ou através da totalidade ou parte das receitas geradas pela actividade concedida.

1. O artigo 180º dá também a noção de empreitada de obras públicas em termos que, embora não coincidentes, não diferem substancialmente dos utilizados na alínea a).

Quanto a este *contrato de empreitada de obras públicas* e bem assim quanto aos conceitos de *bens móveis* e de *bens imóveis* remetemos para a anotação ao artigo 180º.

2. O *contrato de locação,* é efectivamente o contrato pelo qual alguém se obriga a proporcionar a um contratante público o gozo temporário de bens móveis ou imóveis, mediante retribuição.

Assume duas modalidades, conforme tem por objecto coisa móvel (*aluguer*) ou coisa imóvel (*arrendamento*). Por outro lado, num conceito mais amplo, engloba ainda a *locação financeira* e a *locação que envolva opção de compra.*

Este conceito amplo foi o adoptado por este artigo 3º.

3. O *contrato de aquisição de bens móveis ou de bens imóveis* é um contrato administrativo de compra e venda de bens móveis ou de bens imóveis, isto é, seguindo a noção do artigo 874º do CC, um contrato pelo qual se transmite a propriedade de uma coisa móvel ou imóvel para um contratante público, mediante um preço, sendo que, *coisa móvel* é qualquer bem que pode ser objecto de relações jurídicas (artigo 202º, nº 1) e que não caiba na enumeração das *coisas imóveis* feita no nº 1 do artigo 204º do CC, portanto, que não seja: prédio rústico ou urbano ou sua parte integrante, água, árvore, arbusto ou os frutos naturais enquanto estiverem ligados ao solo ou direitos inerentes àqueles imóveis.

4. O *contrato de aquisição de serviços* é aquele através do qual um particular se obriga perante uma entidade pública a prestar um determinado serviço de utilidade pública. É o contrato que a doutrina[23] vinha designando por *contrato de prestação de serviços para fins de imediata utilidade pública* que, na noção de FREITAS DO AMARAL, *é aquele pelo qual um particular se vincula a exercer uma actividade de imediata utilidade pública*[24] [25].

Segundo o artigo 1154º do CC, o contrato de prestação de serviço *é aquele em que uma das partes se obriga a proporcionar à outra certo resultado do seu trabalho intelectual ou manual,* com ou sem retribuição.

Se pode dizer-se que há manifesta correspondência entre estes dois contratos, também é evidente que não existe entre eles total identidade. Desde logo porque, para além da natureza pública de um dos contratantes, no *contrato*

---

[23] E o artigo 178º do CPA.

[24] *Curso de Direito Administrativo...*, II, pág. 550. Cfr. também PEDRO GONÇALVES, *O Contrato Administrativo...*, pág. 73.

[25] SÉRVULO CORREIA refere que a generalidade dos contratos qualificados pela doutrina como contratos administrativos integra *a categoria ampla de contrato de prestação de serviços, caracterizado pela colaboração temporária do particular no desempenho de funções administrativas, mediante remuneração (Legalidade e Autonomia Contratual nos Contratos Administrativos...*, pág. 417). No mesmo sentido, ver MARIA JOÃO ESTORNINHO, *Direito Europeu dos Contratos Públicos...*, pág. 324.

de aquisição de serviços a existência de um preço é essencial, o que não sucede no contrato civil de prestação de serviço[26].

Quer este, quer o contrato de aquisição de bens móveis são *contratos que nascem da necessidade de as organizações administrativas obterem bens ou serviços fornecidos e prestados por actores privados segundo as leis e os princípios do mercado*[27]. Tal como aquele, este contrato é *administrativo* porque a lei como tal o qualifica, impondo a sua submissão a um regime de direito público, o desta LCP, não obstante se tratar de contrato cujo objecto é susceptível de ser objecto de contrato privado, pois que o co-contratante presta ao contratante público uma actividade privada[28], sendo um agente privado auxiliar da Administração Pública.

5. O objectivo do *acordo-quadro* é o de seleccionar um determinado número de empresas que serão ulteriormente consultadas, quando surgir a necessidade de celebrar certos contratos, com vista a, em termos de concorrência entre elas, se proceder à respectiva adjudicação.

A noção dada neste preceito, no seu conteúdo, embora não refira expressamente, não exclui a possibilidade de os acordos-quadro poderem ser celebrados com entidades públicas.

O acordo-quadro não constitui, em si mesmo, um contrato, mas um acordo sobre contratos a celebrar ulteriormente[29]; trata-se de um procedimento prático dirigido à economia de meios e de tempo em função dos objectos dos contratos a celebrar traduzirem repetição de prestações, conforme previsões estabelecidas. Assim se evita repetição de procedimentos para contratos com prestações da mesma natureza e características, sendo, portanto, um expediente negocial mais flexível e prático. O que não pode é ser utilizado para prejudicar o princípio da concorrência[30].

A introdução do instrumento do *acordo-quadro* na contratação pública constitui a adopção de uma medida flexibilizadora da respectiva tramitação procedimental, tal como acontece com os sistemas de aquisição dinâmicos, as centrais de compras, etc., assim se obviando a excessos de rigidez e formalismos entravantes do seu desenvolvimento. *O acordo-quadro está destinado a*

---

[26] Cfr. MARCELO REBELO DE SOUSA e ANDRÉ SALGADO DE MATOS, *Contratos Públicos...*, pág. 61.

[27] PEDRO GONÇALVES, *O Contrato Administrativo...*, pág. 71; ver também MARIA JOÃO ESTORNINHO, *Direito Europeu dos Contratos Públicos...*, pág. 324.

[28] PEDRO GONÇALVES, *O Contrato Administrativo...*, pág. 72. Ver ainda MARIA JOÃO ESTORNINHO, *Direito Europeu dos Contratos Públicos...*, pág. 325.

[29] Cfr. *Le Nouveau Code des Marchés Publics Commenté*, Editions du Papyrus, Montreuil, pág. 28.

[30] Cfr. MARIA JOÃO ESTORNINHO, *Direito Europeu dos Contratos Públicos...*, pág. 351.

estabelecer as grandes linhas de conduta que deverão orientar uma futura actividade e pode desempenhar um importante papel nos contratos em constante evolução, como produtos e serviços, no âmbito das tecnologias da informação[31].

Já se disse[32] que os acordos-quadro constituem *pré-contratos cujo objecto essencial reside na definição das modalidades de intervenção ulterior das partes em função do compromisso inicial e definem, segundo modalidades variáveis, o conteúdo dos contratos ulteriores.*

O acordo-quadro é assim, em primeiro lugar, fonte de direitos e obrigações recíprocas entre um poder adjudicador (comprador) e um operador económico (vendedor, empreiteiro ou prestador):

- *o direito dos operadores seleccionados de ser consultados quando da ocorrência de cada necessidade do comprador;*
- *a obrigação do comprador de se dirigir exclusivamente aos titulares do acordo-quadro para obter as prestações objecto do acordo-quadro, nas condições previamente definidas e postas à concorrência;*
- *a obrigação para os titulares do acordo-quadro de responder às solicitações do comprador (...)*[33].

Esta LCP não estabelece qualquer regime especial para o acordo-quadro apenas se lhe referindo neste e nos artigos 33º e 173º.

6. O *contrato público de aprovisionamento* é o acordo quadro celebrado por uma central de compras no qual uma ou mais entidades se obrigam a, durante um período determinado de tempo, realizar ou fornecer a entidades adjudicantes, para a realização das respectivas atribuições e sempre que estas deles necessitem, empreitada de obras públicas, locação ou aquisição de bens ou aquisição de serviços de tipo, características e nas condições nele estabelecidas.

Em substância, traduzem-se em acordos-quadro celebrados por uma central de compras (artigo 173º) tendo em vista a futura contratação de obras, aquisição de bens ou aquisição de serviços, com o que se visa garantir a obtenção periódica, regular e contínua do fornecimento de bens ou serviços em condições de mercado especialmente favoráveis e, por outro lado, obter esse fornecimento de modo mais ágil, simples, rápido, expedito e eficaz, através

---

[31] JOSÉ ANTONIO MORENO MOLINA, *Dicionario de Contratación Pública,* direcção de JOSE BERMEJO VERA, ed. Iustel, Madrid, 2009, pág. 22.

[32] PHILIPPE DE GERY e PHILIPPE SCHMIDT, *Les Accords-Cadres,* ed. Le Moniteur, Paris, 2006, pág. 37.

[33] PHILIPPE DE GERY e PHILIPPE SCHMIDT, *Les Accords-Cadres...,* pág. 38.

de um único procedimento contratual e, consequentemente, sem necessidade de tantos procedimentos quantas as aquisições.

Ao viabilizar a contratação em massa de bens e serviços, proporciona-se a obtenção de melhores condições de prestação e de preço.

7. Segundo MARCELLO CAETANO[34], a concessão de obra pública ocorre *quando uma pessoa colectiva de direito público transfere para outra pessoa o poder de construir, por conta própria, determinadas coisas públicas artificiais, destinadas ao uso público directo ou ao estabelecimento de um serviço público, as quais ficarão na posse do concessionário durante certo número de anos para que este cobre dos utentes as taxas que forem fixadas.* Portanto, nesta noção, como na dada pelo artigo em análise, a contrapartida a receber pelo concessionário é apenas o produto da exploração da obra[35].

O contrato de concessão de obras públicas, como, de resto, o contrato de concessão de serviços públicos, traduz sempre uma colaboração de uma entidade privada com uma pessoa colectiva pública na realização de uma ou mais atribuições desta última. Trata-se, segundo alguns, de *uma técnica de gestão dos serviços públicos, a chamada gestão indirecta ou por meio de empresas*[36].

8. Quanto ao contrato de *concessão de serviço público,* ainda segundo MARCELLO CAETANO[37], trata-se de um contrato administrativo através do qual se procede à *transferência temporária do exercício de direitos e deveres da pessoa colectiva de direito público necessários à gestão do serviço pelo concessionário,* que a assume por sua conta e risco.

ARTIGO 4º
Entidades sujeitas ao regime da contratação pública

1. A presente lei aplica-se às seguintes entidades contratantes:
a) ao Titular do Poder Executivo e demais órgãos da Administração Central e Local do Estado;
b) à Assembleia Nacional;

---

[34] *Manual...,* II, pág. 986.
[35] Por influência das Directivas Comunitárias relativas aos contratos, neste como no contrato de concessão de serviço público, aquela contrapartida podia igualmente compreender um preço a pagar pelo concedente.
[36] E. GARCÍA ENTERRÍA / TOMÁS RAMÓN FERNÁNDEZ, *Curso de Derecho Administrativo,* II, Thomson/Civitas, 12ª ed., Madrid 2005, pág. 735.
[37] *Manual...,* II, pág. 1076.

c) aos Tribunais e Procuradoria Geral da República;
d) às Autarquias Locais;
e) aos Institutos Públicos;
f) aos Fundos Públicos;
g) às Associações Públicas.

2. A presente lei é, igualmente, aplicável às empresas públicas integralmente financiadas pelo Orçamento Geral do Estado, nos termos a regulamentar.

1. Corresponde ao artigo 2º do RRDP anteriormente vigente, que altera sendo mais explíto na enumeração das entidades que considera contratantes públicos.

2. Os órgãos de soberania do Estado de Angola são o Presidente da República, a Assembleia Nacional, o Governo e os Tribunais (artigo 53º, nº 1 da Lei Constitucional).
Além do Tribunal Constitucional, os tribunais estão estruturados em três categorias: tribunais municipais, tribunais provinciais e o Tribunal Supremo (artigo 125º).
A nível local, existem as autraquias locais e os órgãos administrativos locais (artigo 145º), com órgãos representativos eleitos (artigo 146º). Angola está dividida em 18 províncias, que integram 163 municípios que, por sua vez, compreendem 475 comunas.

3. Seguindo FREITAS DO AMARAL[38], as pessoas colectivas públicas integram a Administração Directa do Estado, a Administração Regional e a Administração Local, e ainda a Administração Indirecta Central, Regional e Local.
Relativamente a estas últimas categorias, importa fazer especial referência a três que este artigo expressamente prevê: os *institutos públicos*, as *associações públicas e as fundações públicas*[39].
De entre a multiplicidade dos objectivos de interesse público que ao Estado e demais pessoas colectivas públicas cabe prosseguir, estes, relativamente à maior parte deles, promovem a sua realização através dos seus próprios organismos, portanto, de modo directo e sob a direcção e controlo da organização hierárquica da respectiva estrutura orgânica. Os órgãos das pessoas colectivas públicas, através dos quais estas desenvolvem a sua actividade, não têm per-

---

[38] *Curso de Direito Administrativo*, Almedina, I, 3ª ed., Almedina, 2007, págs. 226 e seguintes.
[39] Os *fundos públicos* que o preceito refere só têm aqui relevância se tiverem personalidade jurídica, condição primeira para poderem celebrar contratos, consequentemente, correspondem à categoria geralmente designada por *fundações públicas*.

26 JORGE ANDRADE DA SILVA

sonalidade jurídica própria e, até, eventualmente, simples autonomia administrativa ou financeira. É a chamada *administração pública directa*. Mas, para além dos fins de interesse público que aquelas entidades públicas prosseguem directamente pelos seus órgãos, outros há, aliás numerosos e importantes, cuja prossecução é cometida por aquelas a pessoas colectivas delas distintas. É a *administração pública indirecta* que, assim, se traduz *na actividade administrativa do Estado* (e outras pessoas colectivas de direito público) *realizada para a prossecução dos fins deste por entidades públicas dotadas de personalidade jurídica própria e de autonomia administrativa ou administrativa e financeira*[40].

No conjunto das várias pessoas colectivas através das quais se desenvolve a *administração pública indirecta*, as mais numerosas e importantes são os chamados *institutos públicos*, antigamente designados por *serviços personalizados do Estado*. Instituto público é *uma pessoa colectiva pública, de tipo institucional, criada para assegurar o desempenho de determinadas funções administrativas de carácter não empresarial, pertencentes ao Estado ou a outra pessoa colectiva pública*[41]. Os institutos públicos têm vindo a ser agrupados, em três espécies: serviços personalizados, fundações públicas e estabelecimentos públicos[42].

Os *estabelecimentos públicos*, continuando a seguir FREITAS DO AMARAL[43], são *institutos públicos de carácter cultural ou social, organizados como serviços abertos ao público, e destinados a efectuar prestações individuais à generalidade dos cidadãos que delas careçam.*

Fundação pública é a fundação a quem, por diploma legal, foi conferida a natureza pública, sendo, portanto, uma pessoa colectiva pública com autonomia administrativa e financeira.

Quanto *às associações públicas*, ainda segundo FREITAS DO AMARAL[44], são as *pessoas colectivas públicas, de tipo associativo, destinadas a assegurar autonomamente a prossecução de interesses públicos*. É o que sucede com *as associações de entidades públicas e associações públicas de entidades privadas*. São associações públicas as ordens e câmaras profissionais, as associações de profissões liberais, as academias científicas e culturais, etc..

4. As *empresas públicas* são outras pessoas colectivas integradas na administração pública indirecta. São *organizações económicas de fim lucrativo criadas e*

---

[40] FREITAS DO AMARAL, *Curso de Direito Administrativo...*, I, pág. 349.
[41] FREITAS DO AMARAL, *ob. cit.*, I, pág. 363.
[42] Cfr. FREITAS DO AMARAL, *ob. cit.*, I, pág. 366.
[43] *Curso de Direito Administrativo...*, I, pág. 371.
[44] *Curso de Direito Administrativo...*, I, pág. 371, que já as não integra na *administração pública indirecta*, mas na *administração autónoma* págs. 370 e seguintes

controladas por entidades jurídicas públicas[45]. MARCELLO CAETANO definia-as como sendo *empresas que têm por fim prosseguir determinado interesse considerado fundamental para a colectividade e cujo capital, por esse motivo, pertence exclusivamente ao Estado ou a pessoas colectivas de direito público, que asseguram a respectiva gerência* [46].

Decorre do nº 2 deste artigo que as empresas públicas, só são contratantes públicos se o seu capital for integralmente subscrito pelo Estado.

ARTIGO 5º
Regime de exclusão

1. Ficam excluídos da aplicação do regime da contratação pública estabelecido pela presente lei, quaisquer que sejam os seus valores:

a) os contratos regidos por regras processuais especiais previstas em acordos ou convenções internacionais celebrados entre a República de Angola e um ou vários Países ou com empresas de outros Estados;

b) os contratos celebrados por força de regras específicas de uma organização internacional de que a República de Angola faça parte;

c) os contratos que sejam declarados secretos ou cuja execução deva ser acompanhada de medidas especiais de segurança ou quando a protecção de interesses essenciais, de segurança ou outros, da República de Angola, assim o exijam, designadamente os contratos relativos à contratação de material bélico, relacionados à defesa e segurança do Estado;

d) os contratos cujo processo de celebração seja regulado em lei especial;

e) os contratos celebrados com empreiteiro, prestador de serviços ou fornecedor de bens que seja, ele próprio, uma entidade pública contratante, nos termos do artigo 4º da presente lei;

f) os contratos de aquisição de serviços financeiros relativos à emissão, à compra e à venda ou à transferência de títulos ou outros produtos financeiros, bem como a serviços prestados pelo Banco Nacional de Angola;

g) os contratos de aquisição de serviços de natureza iminentemente intelectual, designadamente os relativos a serviços de carácter jurídico, de arbitragem e de conciliação, sem prejuízo do disposto nos artigos 30º e 164º e seguintes da presente lei.

2. As entidades públicas contratantes previstas no regime de exclusão da aplicação da presente lei, regem-se por diploma próprio em matéria de aquisições.

---

[45] FREITAS DO AMARAL, *Curso de Direito Administrativo...*, I, págs. 423 e seguintes.
[46] *Manual cit.*, I, pág. 253.

3. Os contratos de aquisição de bens alimentares ou outros, que estejam sujeitos à grande volatilidade dos preços no mercado internacional, devem ser regidos por diploma próprio.

4. Sem prejuízo do disposto nos números anteriores do presente artigo, as entidades públicas contratantes devem aplicar, com as devidas adaptações, as regras previstas na presente lei aos contratos que celebrarem, desde que as mesmas não sejam incompatíveis com a natureza especial desses contratos, podendo, contudo, serem objecto de regulamentação específica.

1. Corresponde ao que estabelecia o anterior RRDP no nº 2 do seu artigo 23º.

2. Trata-se de exclusões do âmbito de aplicação da LCP determinadas por critérios de natureza objectiva ligadas a compromissos internacionais, a requisitos de segurança interna e externa ou pela especial natureza do objecto das prestações. Só tem a ver com a qualidade das partes a exlusão prevista na alínea e), referente aos contratos geralmente designados por *interadministrativos*.

3. *Contrato interadministrativo* é o contrato celebrado entre contratantes públicos, em plano de igualdade jurídica, no desempenho das respectivas atribuições, com efeitos vinculativos para os respectivos outorgantes[47].

Estes contratos integram-se no grupo dos *contratos de coordenação* ou *contratos de cooperação paritária* (não *subordinada*), pelos quais pessoas colectivas públicas, por si ou através de uma nova pessoa colectiva que criam, realizam, em conjunto, algumas das suas atribuições sem que qualquer delas possa pretender exercer preponderância directiva sobre a actuação da outra.

O facto de, por natureza, não existir uma relação de supremacia entre as partes contratantes, relativamente às quais se verifica uma paridade substantiva contratual, retira pertinência à aplicação do regime que subentende o exercício de poderes de autoridade.

Estes acordos podem ser celebrados sob designações diversas (*pacto, convénio, protocolo, convenção*, etc.), mas constituindo contratos administrativos[48].

Quanto ao objecto destes contratos, deve inserir-se no âmbito das atribuições legais das partes, conforme impõe o *princípio da especialidade*.

---

[47] ALEXANDRA LEITÃO define-o como sendo o *acordo de vontades celebrado entre duas ou mais entidades públicas através do qual é constituída, modificada ou extinta uma relação jurídica administrativa* (*Estudos de Contratação Pública - I*, organizados por PEDRO GONÇALVES, ed. Coimbra Editora, 2008, pág. 735).

[48] Cfr. ALEXANDRA LEITÃO, *Estudos de Contratação Pública – I*, citados pág. 770.

4. Do disposto no nº 4 resulta claro que a extensão da exclusão se limita ao imposto pela especificidade das razões que determinaram essa mesma exclusão.

CAPITULO II
ÉTICA NO PROCESSO DE CONTRATAÇÃO

ARTIGO 6º
Conduta dos funcionários públicos

1. Os funcionários e os agentes da entidade contratante e os membros da Comissão de Avaliação e do júri envolvidos no planeamento, na preparação e na realização dos processos de contratação pública devem:

a) exercer as suas funções de forma imparcial;

b) actuar segundo o interesse público e de acordo com os objectivos, as normas e os procedimentos determinados na presente lei;

c) evitar conflitos de interesse, bem como a aparência de conflitos de interesse, no exercício das suas funções;

d) não praticar, não participar ou não apoiar actos subsumíveis nos crimes de corrupção activa, passiva ou fraudulentos;

e) observar as leis, os regulamentos e as normas relativas à conduta dos funcionários públicos e o regime geral de impedimentos e incompatibilidades em vigor para a administração pública.

2. Salvo o estipulado em contrário, o previsto na presente lei ou em outras disposições aplicáveis, os funcionários envolvidos em processos de contratação ficam obrigados ao dever de sigilo, devendo tratar como confidenciais todas as informações de que nesse âmbito tomem conhecimento.

3. Todo e qualquer funcionário nomeado para qualquer processo de contratação que tiver algum interesse patrimonial, directo ou indirecto no mesmo deve, de imediato, dar a conhecer esse interesse à entidade contratante que o nomeou, devendo abster--se, por qualquer forma, de participar nesse processo, tomando parte em discussões ou deliberações.

4. O funcionário envolvido em processos de contratação, durante o exercício das suas funções, não pode:

a) participar de qualquer forma, directa ou indirectamente, em processos de contratação ou em processos de impugnação, se o cônjuge, filho ou qualquer outro parente da linha recta até ao terceiro grau da linha colateral, pessoa com quem viva em regime de união de facto ou em economia comum ou associada comercial, tenha um interesse financeiro ou outro sobre um interessado que participe no processo de contratação, um sócio de um interessado pessoa colectiva, qualquer entidade em que um interessado seja sócio ou qualquer entidade fornecedora de um interessado;

b) praticar ou deixar de praticar qualquer acto com o objectivo ou a expectativa de obter qualquer pagamento indevido, oferta, favor ou vantagem, para si ou para qualquer outra pessoa ou entidade;

c) influenciar ou procurar influenciar qualquer acção ou decisão da Comissão de Avaliação ou de qualquer membro da mesma, para efeitos ou com a expectativa de obter qualquer pagamento indevido, oferta, favor ou vantagem para si ou para qualquer outra pessoa ou entidade;

d) solicitar ou receber, directa ou indirectamente, qualquer pagamento indevido, oferta, favor ou vantagem, para si ou para qualquer outra pessoa ou entidade;

e) procurar ou negociar qualquer trabalho ou contrato referido na alínea b) do presente artigo.

5. O funcionário envolvido num processo de contratação pública não pode também, durante um período de doze meses após o termo das suas funções, celebrar contrato de trabalho ou qualquer outro de prestação de serviços, com qualquer pessoa ou entidade que, durante o exercício das suas funções, tenha sido parte de um contrato negociado pela Comissão de Avaliação.

6. O funcionário envolvido no processo de contratação deve, anualmente, declarar, na forma que venha a ser prescrita pelo Ministro das Finanças, os seus rendimentos e os dos membros da sua família, assim como os seus investimentos, activos e ofertas substanciais ou benefícios dos quais possa resultar um conflito de interesses relativamente às suas funções.

7. As declarações previstas no número anterior são confidenciais, não podem ser publicamente divulgadas e devem ser estritamente usadas tendo em vista a fiscalização do cumprimento das disposições do presente artigo.

8. Sem prejuízo de qualquer outro procedimento aplicável, qualquer funcionário nomeado para processo de contratação que viole as obrigações previstas no presente artigo, fica sujeito a processo disciplinar e administrativo, nos termos da lei.

1. O artigo 1º das NPAA dispõe que *é considerado procedimento administrativo a sucessão ordenada de actos e formalidades com vista à formação e manifestação da vontade dos Órgãos da Administração Pública.* Deste modo, estabelece uma diferença conceitual entre *procedimento* e *processo administrativo*, consistindo este no *conjunto dos documentos em que se traduzem os actos e formalidades que integram o procedimento* *administrativo*[49]. Isto é, o processo é o conteúdo material do procedimento, só fazendo sentido falar deste se for concretizado pelo primeiro. Por isso há quem critique a noção legal[50], quem duvide da utilidade da distinção e mesmo da sua pertinência.

Esta LCP utiliza indistintamente os vocábulos *procedimento* e *processo* no sentido da noção de *procedimento* acima referida. Como sucede neste preceito.

2. Este artigo enumera um conjunto de deveres e impedimentos de funcionários ou agentes administrativos para intervir nos procedimentos de formação de contratos administrativos. Trata-se de um conjunto de medidas tendentes a salvaguardar a transparência dos procedimentos, a insuspeição e a seriedade com que devem decorrer, assim garantindo um tratamento igual a todos os interessados na participação nesses procedimentos. Em razão das funções que exercem, esses funcionários e agentes estariam em posição propícia à confusão dos interesses públicos com interesses privados, obviamente em prejuízo dos primeiros, que serão tanto mais bem satisfeitos quanto o forem na base de uma rigorosa observância dos princípios da igualdade, da imparcialidade, da transparência, da justiça e, consequentemente, da concorrência (artigos 3º, 4º, 6º e 10º das NPAA).

3. Merecem especial referência os segintes aspectos do regime aqui estabelecido:

- Os deveres e impedimento abrangem órgãos ou agentes da entidade contratante;
- A enumeração dos deveres e impedimentos não é taxativa, pois não exclui outros de carácter geral ou especial estabelecidos noutros diplomas legais;
- O impedimento respeita a qualquer intervenção em qualquer fase do procedimento de adjudicação;
- Os deveres de abstenção de intervenção verificam-se não só quando se verifique conflito de interesses, como também quando dele houver uma séria aparência. Porque a lei não estabelece qualquer critério para concluir por essa aparência, é matéria a averiguar e a ajuizar discricionariamente em cada caso concreto, pelo que os titulares do dever têm necessidade de serem particularmente cuidadosos e, na dúvida, procederem como se se

---

[49] Artigo 1º do Código do Procedimento Administrativo de Portugal, doravante designado pela sigla CPA.

[50] Cfr., por exemplo, M. ESTEVES DE OLIVEIRA, P. COSTA GONÇALVES e J. PACHECO DE AMORIM, *Código do Procedimento Administrativo Comentado*, 2ª ed., Almedina, pág. 45.

verificasse, assim se salvaguardando das consequências de uma apreciação hierárquica ou mesmo judicial nesse sentido;

- O impedimento existe mesmo quando a confusão de intersses é titulada por um familiar ou associado do funcionário ou agente;
- A situação de impedimento prolonga-se para além da duração do vínclulo à função pública, mantendo-se após a sua cessação, durante doze meses.

4. Os deveres e impedimentos estabelecidos neste artigo já de algum modo resultavam do disposto no artigo 19º das NPAA, que estabelece ser *vedado ao titular do órgão ou funcionário da Administração Pública intervir em processo administrativo ou em actos de contrato da Administração Pública* num conjunto de situações que enumera e que, de um modo geral, se aproxima da enumeração feita neste artigo.

5. Relativamente à matéria regulada neste preceito, designadamente nos nºs 3 e 4, tem particular interesse a Lei nº 3/10, de 29 de Março, designada por Lei da Probidade Pública, que, num âmbito de defesa da transparência da actuação da Administração Pública e do combate à corrupção, além do mais, proíbe os funcionários e agentes públicos de receberem pagamentos ou ofertas relacionados com o exercício das suas funções.

6. Quanto ao nº 8, o Regime Disciplinar dos Funcionários Públicos e Agentes Administrativos foi aprovado pelo Decreto nº 33/91, de 26 de Julho e dele destacamos que os funcionários e agentes:

- Devem observar e fazer observar rigorosamente as leis e regulamentos (artigo 4º nº 1);
- Devem guardar sigilo sobre todos os assuntos relativos à profissão ou conhecidos por virtude dela (artigo 4º, nº 5);
- Incorrem numa pena de multa se em resultado do lugar que ocupem, aceitarem, directa ou indirectamente, dádivas, gratificações ou participações em lucros, com o fim de acelerar ou retardar qualquer serviço ou expediente (artigo 14º g));
- Incorrem na pena de despromoção se violarem o segredo profissional ou a inconfidência de que resultem prejuízos materiais ou morais para o Estado ou para terceiros (artigo 15º b)).

ARTIGO 7º
Conduta dos interessados – pessoas singulares e colectivas

1. Os interessados em processos de contratação não podem envolver-se, participar ou apoiar:
a) práticas corruptas, tais como oferecer quaisquer vantagens patrimoniais, tendo em vista influenciar indevidamente decisões a serem tomadas no processo de contratação;
b) práticas fraudulentas, tais como a declaração intencional de factos falsos ou errados, tendo por objectivo a obtenção de decisões favoráveis em processos de contratação ou em sede de execução de um contrato;
c) práticas restritivas da concorrência, traduzidas em quaisquer actos de conluio entre interessados, em qualquer momento do processo de contratação, com vista a, designadamente, estabelecer artificialmente os preços da proposta, impedir a participação de outros interessados no processo de contratação ou de qualquer outra forma, impedir, falsear ou restringir a concorrência;
d) práticas criminais, tais como ameaças a pessoas ou entidades tendo em vista coagi-las a participar ou a não participar, em processos de contratação;
e) quaisquer outras práticas, ética o socialmente censuráveis.

2. A entidade contratante que tenha conhecimento de alguma das práticas previstas no número anterior, deve:
a) excluir a proposta apresentada por esse interessado no processo de contratação, notificando-o dos exactos motivos da exclusão;
b) informar o Director do Gabinete da Contratação Pública da prática ilegal cometida e da exclusão operada.

3. Sem prejuízo de outros procedimentos, administrativos ou criminais, os interessados que cometam alguma das práticas previstas no presente artigo ficam, ainda, sujeitos à possibilidade de serem impedidos de participar no período de um a cinco anos, em outros processos de contratação pública.

1. O disposto na alínea b) corresponde ao que estabelecia o artigo 20º do RRDP anteriormente vigente.

2. Este preceito previne e proíbe quaisquer procedimentos, actos ou acordos que possam perturbar ou falsear o normal desenvolvimento das normas da sã concorrência, cominando a sua prática não apenas com a exclusão do procedimento das propostas apresentadas pelos autores daqueles desvios e perturbações, mas também com sanções de carácter penal e sanção administrativa assesória, impeditiva de participação em procedimentos adjudicatórios.

Pretende-se que a formação do contrato decorra de modo sério e insuspeito; com este preceito, visa-se obter seriedade de comportamento por parte dos candidatos e concorrentes participantes nos procedimentos de adjudicação de contratos administrativos, condenado-se qualquer tipo de expediente que, directa ou indirectamente, possa conduzir a coluio entre eles ou, de qualquer modo, ao falseamento, distorção ou entrave à livre concorrência.

3. No âmbito das sanções correspondentes à violação deste preceito avultam, desde logo, as de natureza criminal, posto que essa violação, em regra, preencherá o crime de *perturbação de arrematação* que comete quem com intenção de obter vantagem patrimonial para si ou para terceiro ou outra viciar, impedir ou prejudicar os resultados de arrematação judicial ou qualquer outra arrematação pública autorizada ou imposta por lei, bem como, em concurso regido pelo direito público, conseguir ou tentar conseguir, por meio de dádivas, promessas, violências ou ameaças graves, entendimento com outros concorrentes ou outro expediente fraudulento, que alguém não lance, não concorra ou que de alguma forma prejudique a liberdade dos respectivos actos.

Por outro lado, essa actuação, se preencher os elementos constitutivos do crime de *corrupção activa*, será igualmente punível nos termos do disposto no artigo 321º do CP.

A *prestação de falsas declarações* ou *falsificação de documentos* constituem igualmente crimes (artigos 216º, 219º, 220º e 242º do CP).

Por outro lado, nos termos do disposto na alínea c) do artigo 87º, devem ser excluídas as propostas que *sejam constituídas por documentos falsos ou nas quais os concorrentes prestem falsas declarações.*

4. A violação desta norma poderá ainda dar lugar à aplicação da sanção acessória do impedimento de participação em procedimentos de adjudicação de contratos administrativos por um período de 5 anos (nº 3). Nesta matéria, para além das decisões judiciais condenatórias, tem particular relevância a intervenção da Comissão Nacional de Inscrição e Classificação de Empreiteiros, Industriais da Construção e Fornecedores de Obras, cujo Regulamento foi aprovado pelo Decreto Executivo nº 2/94, de 4 de Março.

5. Quanto à aplicação daquelas sanções acessórias, tem-se entendido que é de evitar que *seja feita automaticamente, sempre que se verifiquem os pressupostos específicos de que depende a sua aplicação, antes seja feita uma apreciação casuística, pela autoridade administrativa ou judicial, a quem compete aplicar as sanções, da proporcionalidade da aplicação da sanção à gravidade objectiva e subjectiva do caso. (...) Assim, para além do preenchimento dos requisitos legais de que depende a aplicação das sanções, deverá ser formulado, na decisão condenatória, um juízo fundamentado sobre* *as razões ligadas à gravidade da infracção e à culpa do agente que justificam, em termos de razoabilidade, e proporcionalidade, a aplicação da sanção*[51].

6. Cfr. a alínea f) do artigo seguinte, a alínea e) do artigo 100º, que impede se proceda à adjudicação *quando houver forte presunção de conluio entre todos os concorrentes* e o artigo 87º, na sua alínea g), que estabelece deverem ser excluídas as propostas que *revelem a existência de fortes indícios de actos, acordos, práticas ou informações susceptíveis de falsear as regras da concorrência.*

7. Quanto aos impedimentos para participar em procedimentos de adjudicação de contratos públicos, ver o artigo 54º.

ARTIGO 8º
Impedimentos dos interessados

Sem prejuízo do disposto no artigo anterior, estão impedidos de participarem em processos de contratação as pessoas singulares ou colectivas que:
a) sejam objecto de um boicote por parte de organizações internacionais e regionais de que Angola faça parte, nomeadamente a Organização das Nações Unidas (ONU), o Fundo Monetário Internacional (FMI), o Banco Internacional para a Reconstrução e Desenvolvimento (Banco Mundial), União Africana, a Comunidade de Desenvolvimento de África Austral (SADC), a Comunidade Económica da África Central (CEAC) e o Banco Africano de Desenvolvimento (BAD);
b) no passado não tenham cumprido adequadamente os contratos celebrados com entidades públicas;
c) se encontrem em estado de falência, de liquidação ou de cessação das suas actividades ou tenham o respectivo processo pendente;
d) não tenham a sua situação jurídica, fiscal e contributiva regularizada;
e) os sócios ou administradores, gerentes ou outros responsáveis tenham sido condenados, por sentença transitada em julgado, por qualquer delito que afecte a sua honorabilidade profissional incluindo, entre outros, a corrupção ou que tenham sido administrativamente punidos por falta grave em matéria profissional se, entretanto, não tiver havido reabilitação
f) as propostas, as candidaturas ou os pedidos de participação resultem de práticas ilícitas, restritivas da concorrência.

---

[51] SIMAS SANTOS e JORGE LOPES SOUSA, *Contra-Ordenações, Anotações ao Regime Geral*, 2001, pág. 183

1. Corresponde ao artigo 17º do anterior RRDP, mas com maior amplitude de impedimentos, sendo que o disposto na alínea f) corresponde, em parte, ao que dispunha o artigo 18º daquele RRDP.

2. O impedimento estabelecido na alínea a) decorre da adesão a organismos internacionais e às prescrições dos respectivos tratados.

3. Na alínea b) estabelece-se um impedimento de fundamento currricular, fazendo reflectir no futuro os incumprimentos do passado. E, para esse efeito, o artigo seguinte determina a elaboração de um *cadastro dos candidatos* (e) *concorrentes, a fim de evitar reincidir na contratação de empresas incumpridoras.*

Mas, obviamente, não constituirá impedimento todo e qualquer incumprimento em contrato anteriormente celebrado, mas apenas o que evidencie gravidade e habituação de procedimentos negativos que justifiquem esta grave atitude repulsiva. Tem aqui particular pertinência a aplicação dos princípios da proporcionalidade, da justiça e da concorrência.

4. A alínea c) reporta-se aos estados de falência, de liquidação ou de cessação de actividade, sendo de salientar que, para que o impedimento se verifique, designadamente quanto ao estado de falência, o preceito não exige que tenha sido decretada ou que a decisão de falência tenha transitado em julgado, bastando que o processo esteja pendente.

Numa breve alusão à falência, que é regulada pelo CPC, salienta-se:

- É um instituto privativo dos comerciantes[52] (artigos 1140º, nº 1 e 1184º alínea a));
- Traduz a impossibilidade de cumprir as suas obrigações (artigo 1135º);
- É revelada através de um conjunto de índices de que se destacam: cessação de pagamentos de dívidas fiscais, de segurança social ou aos trabalhadores; fuga ou ausência do comerciante e dissipação ou extravio de bens (falência dolosa) (artigos 1174º e 1276º).
- Pode haver *levantamento da falência*, a requerimento do falido, nos casos enumerados nos artigos 1147º, 1152º, 1153º, 1167º, 1266º e 1283º.
- Os requisitos para a *reabilitação* dependem de a falência ser *casual, culposa* ou *fraudulenta* (artigos 1284º , 1276º e 1277º).

5. No que respeita ao impedimento estabelecido na alínea e), apenas se salienta que é pressuposto que a sentença de condenação tenha *transitado*

---

[52] Os não comerciantes poderão colocar-se no estado de *insolvência*, se o activo do seu património for inferior ao seu passivo (artigo 1313º).

em julgado, portanto, que seja definitiva, por algum dos crimes que *afecte a honorabilidade profissional* dos visados. Do que decorre que não é qualquer condenação definitiva por qualquer crime, mas apenas por crime que coloque em dúvida a honorabilidade do visado *no exercício da sua profissão.* Por outro lado, a enumeração de crimes ali feita é meramente exemplificativa, como claramente resulta do texto legal.

A *reabilitação* é o acto pelo qual a entidade responsável pelos registos criminais ou o tribunal fazem cessar, para futuro, os efeitos decorrentes da condenação definitiva pela prática de um crime, com o consequente cancelamento dessa condenação no registo criminal do condenado. Pela reabilitação, o condenado pela prática de um crime readquire o estatuto jurídico inerente a quem nunca foi condenado por essa prática criminal; adquire, para futuro, a sua inteira capacidade jurídica para o exercício de funções a que a condenação criminal obstava. Tem subjacente a consideração de que o indivíduo condenado pela prática de um crime, pelo cumprimento da sua pena, readquiriu as condições normais exigidas para viver de harmonia com as leis que regulam a vida em sociedade, pelo que só produz efeitos a partir da decisão judicial que a concedeu, sem afectar os factos passados. Consequentemente, faz cessar as incapacidades, impedimentos e demais efeitos das penas que ainda subsistam. Pode ser *legal* ou *automática,* se decorre directamente da lei e, consequentemente, se processa pela verificação dos respectivos pressupostos ou *judicial* se ocorre mediante decisão judicial que averigua e decide sobre a verificação dos respectivos pressupostos legais.

6. Quanto ao impedimento da alínea f), ver as alíneas e) e g) do artigo 88º. Quanto ao preceito geral, ver os dois artigos seguintes.

ARTIGO 9º
Cadastro dos candidatos concorrentes

Para efeitos do disposto na alínea b) do artigo 8º, as entidades contratantes devem elaborar um cadastro das pessoas singulares ou colectivas que prestaram serviços, forneceram bens e realizaram empreitadas para o Estado, a fim de evitar reincidir na contratação de empresas incumpridoras.

1. Este preceito não estabelece que um cadastro não inteiramente "*limpo*" determina, só por si, um impedimento à contratação. Nem seria razoável que o estabelecesse, posto que constituiria, para além de desproporcionado, um desrazoável obstáculo à concorrência. Com efeito, e como ficou dito em comentário ao artigo anterior, não deverá constituir impedimento todo e qualquer incumprimento em contrato anteriormente celebrado, mas apenas o que evidencie gravidade e habituação de procedimentos negativos que justifiquem esta grave atitude repressiva. O que, pela entidade contratante, deve ser apreciado, discricionariamente, em cada acaso concreto. Tem aqui particular pertinência a aplicação dos princípios da proporcionalidade, da justiça e da concorrência.

2. *Reincidência* é um termo com um sentido técnico jurídico específico e aplicável no âmbito do Direito Penal. Ocorre quando alguém, que foi condenado pela prática de determinado crime, comete outro crime da mesma natureza antes de ter decorrido, após o transito em julgado daquela condenação, um determinado período de tempo estabelecido por lei.

Não é, claramente, neste sentido tecnico-jurídico que o termo está utilizado neste preceito, mas antes no sentido vulgar de *acção de repetir determinada prática*[53].

3. Cfr. os artigos anterior e seguinte.

ARTIGO 10º
Denúncia de práticas ilícitas

1. Aquele que, por qualquer modo, tiver conhecimento da ocorrência ou da tentativa de ocorrência de alguma das práticas ilícitas previstas nos artigos anteriores do presente Título, deve, de imediato, comunicar esse facto ao superior da entidade contratante do processo de contratação em causa, ao Director do Gabinete da Contratação Pública ou a quaisquer outros órgãos de fiscalização ou de inspecção em matéria de contratação pública.
2. As participações de boa-fé, mesmo de factos que venham a apurar-se falsos, não podem ser objecto de qualquer sanção, administrativa ou outra.
3. Sem prejuízo do disposto no número anterior, são puníveis, nos termos da lei, as denúncias falsas efectuadas com dolo ou grave negligência.

1. Relativamente ao estabelecido nos nºs 2 e 3 , ver:

- Código Penal:
    - Crime de informação falsa a autoridade superior – artigo 285º;
    - Crime de calúnia – artigo 408º

---

[53] *Dicionário da Língua Portuguesa Contemporânea da Academia de Ciências de Lisboa*, Verbo, 2001, II, pág. 3164.

- Regime Disciplinar dos Funcionários Públicos e Agentes Administrativos, aprovado pelo Decreto n° 33/91, de 26 de Julho:
  - Deixar de participar às autoridades competentes transgressões de que tiverem conhecimento – artigo 13º, c);
  - Dar, por falta de cuidado, em matéria de serviço, informação errada ao superior hierárquico – artigo 13º h);
  - Falta de zelo pelo serviço demonstrada pelo defeituoso cumprimento ou desconhecimento das disposições legais ou regulamentares ou das ordens superiores – artigo 13º i).

2. *Calúnia* é o acto pelo qual uma pessoa atribui falsamente a outra a prática de um facto qualificado de crime. É uma difamação não provada. A *denúnica caluniosa* ocorre quando uma pessoa, *por qualquer meio, perante autoridade ou publicamente, com a consciência da falsidade da imputação, denunciar ou lançar sobre determinada pessoa a suspeita da prática de crime, com intenção de que contra ela se instaure procedimento.*

CAPÍTULO III
GABINETE DA CONTRATAÇÃO PÚBLICA E PORTAL DA CONTRATAÇÃO PÚBLICA

ARTIGO 11º
Gabinete da Contratação Pública

1. A operacionalidade e a regulamentação do sistema de contratação pública são assegura-das pelo Gabinete da Contratação Pública, como órgão de apoio ao Executivo em matéria de definição e de implementação de políticas e de práticas relativas à contratação pública.
2. O Gabinete da Contratação Pública deve criar, com a brevidade possível e de acordo com as condições de cada Província, formas de representação a nível local.
3. A lei fixa as regras sobre a organização, a actividade e o funcionamento do Gabinete da Contratação Pública.

O Gabinete de Contratação Pública é um organismo público a criar por lei, que estabelecerá o respectivo quadro jurídico, natureza e constituição orgânica, atribuições e funcionamento. Superintenderá sobre a implementação prática desta LCP.

ARTIGO 12º
Portal da Contratação Pública e plataformas electrónicas

1. *As regras de constituição, de funcionamento e de gestão do Portal da Contratação Pública, bem como as respectivas funcionalidades, são fixadas por lei.*

2. *Lei especial fixa as regras de funcionamento e de utilização de plataformas electrónicas pelas entidades contratantes, bem como o modo de interligação destas com o Portal da Contratação Pública.*

1. Com vista à desmaterialização dos procedimentos de adjudicação dos contratos administrativos, o preceito determina a criação, por lei especial, de um Portal dos Contratos Públicos e o estabelecimento do regime da criação, funcionamento e utilizalação de plataformas electrónicas.

2. O *Portal da Contratação Pública* será um espaço na Internet, multifuncional, destinado a disponibilizar informação sobre a formação e execução dos contratos administrativos submetidos ao regime da LCP[54]. Será, portanto, o *site* único da Internet destinado à divulgação de informação respeitante à contratação pública, designadamente anúncios relativos aos respectivos procedimentos de adjudicação, aplicação de sanções, modificações objectivas dos contratos e as condições de articulação com as plataformas electrónicas a utilizar pelas entidades contratantes.

3. A *plataforma electrónica* é um processo electrónico composto por um conjunto de meios, serviços e aplicações informáticos necessários ao funcionamento dos procedimentos electrónicos prévios à adjudicação de um contrato público, constituindo a infra-estrutura sobre a qual se desenrolam os procedimentos de formação daqueles contratos[55].

Constitui um instrumento fundamental e imprescindível na desmaterialização dos procedimentos adjudicatórios dos contratos públicos, sendo através das plataformas electrónicas que se processam as comunicações, trocas e arquivo previstos na LCP, isto é, constitui a infra-estrutura na qual decorrem as formalidades electrónicas relativas aos procedimentos de formação dos contratos públicos.

---

[54] Cfr.o artigo 2º, nº 1 da Portaria nº 701-F/2008, de 29 de Julho, de Portugal, que regula a constituição, funcionamento e gestão do portal único da Internet dedicado aos contratos públicos.

[55] Cfr. o artigo 5º, nº 1 da Portaria nº 701-G/2008, de 29 de Julho e artigo 2º, nº 2 do Decreto-Lei nº 143-A/2008, de 25 de Julho, ambos de Portugal.

Para cumprir integralmente os respectivos objectivos, o regime das plataformas electrónicas deve basear-se nos seguintes princípios:

- Liberdade da escolha das plataformas electrónicas;
- Disponibilidade generalizada;
- Não discriminação;
- Liberdade de acesso de todos os interessados à rede informática;
- Interoperatividade e compatibilidade;
- Integridade e segurança;
- Encriptação e classificação de documentos;
- Confidencialidade das informações pelo menos até à abertura das propostas;
- Recurso à assinatura electrónica;
- Registo actualizado e
- Conservação de documentos.

4. Quanto à desmaterialização dos procedimentos, o artigo 353º estabelece o *princípio da equivalência da utilização de meios físicos ou de meios electrónicos*. Esta equivalência permite que a entidade contratante decida, discricionariamente, conforme entender mais conveniente, entre a apresentação de propostas em suporte de papel ou através de meios electrónicos (artigos 72º, nº 1 e 358º, nº 2). Mas aquele princípio da equivalência não funciona para os candidatos e para os concorrentes no âmbito do modo de apresentação das candidaturas e das propostas; se aquela entidade contratante optar pela utilização dos meios electrónicos, os candidatos e os concorrentes ficam obrigados à sua utilização, não lhes sendo permitido apresentar as suas candidaturas e as suas propostas em suporte de papel. Com efeito, nos termos do dispsoto no nº 2 do artigo 72º, se a entidade contratante optar pelo modo de apresentação das propostas e demais documentos em suporte electrónico, *todas as propostas devem ser, obrigatoriamente, apresentadas em suporte electrónico*. O mesmo decorre do artigo 122º para a presentação das candidaturas.

CAPÍTULO IV
IMPUGNAÇÃO ADMINISTRATIVA

ARTIGO 13º
Direito aplicável
Sem prejuízo do disposto nos artigos 84º, 90º e 126º da presente lei, em matéria de reclamação e recurso das decisões tomadas pela Comissão de Avaliação no acto público, a

impugnação administrativa de decisões relativas à contratação abrangida pela presente lei regem-se pelo presente Título[56] e, subsidiariamente, pelo disposto nas normas do procedimento administrativo aplicáveis.

1. O regime estabelecido neste capítulo, sendo um *regime especial* das impugnações administrativas no contexto do Direito Administrativo em geral, constitui, por seu turno, um *regime geral* no âmbito da formação dos contratos administrativos.

Daí decorrem duas consequências que o preceito estabelece: como *regime especial*, afasta o regime geral da Lei de Impugnação dos Actos Administrativos[57] e das NPAA, que estabelecem regime geral e que, portanto, só podem intervir como regime subsidiário, no preenchimento de eventuais lacunas desta LCP; por seu turno, como regime geral no âmbito da formação dos contratos, não se aplica se, nesta LCP, existirem normas especiais, como são as dos artigos 84º, 90º (acto público do concurso) e 126º (selecção de candidatos no concurso limitado por prévia qualificação), que o preceito expressamente afasta da sua aplicação.

2. A *impugnação administrativa* constitui uma das garantias dos administrados relativamente à actuação da Administração Pública. Segundo MARCELLO CAETANO[58], *garantias são todos os meios criados pela ordem jurídica com a finalidade imediata de prevenir ou remediar, quer as violações do direito objectivo (garantias de legalidade), quer as ofensas dos direitos subjectivos ou interesses legítimos dos particulares (garantias dos administrados).* Para MARCELO REBELO DE SOUSA, *constituem direitos subjectivos que visam primordialmente proteger um bem consistente na prevenção ou sanção da violação de direitos e de interesses legalmente protegidos desses administrados, provocada por comissão ou omissão da Administração*[59]. Trata-se, portanto, dos meios jurídicos que os particulares administrados têm ao seu alcance para reagir contra os comportamentos – acções ou omissões – da Administração Pública que tenham por ilegais e assim os defenda de actuações abusivas ou em todo caso desconformes com o legalmente estabelecido e, consequentemente, lesivas dos seus direitos ou interesses legalmente protegidos.

Quanto aos respectivos objectivos, têm sido divididas em *preventivas e repressivas:* as primeiras, destinam-se a evitar violações de direitos subjectivos ou

---

[56] Pretendeu-se, seguramente, escrever *"capítulo"*.

[57] Lei nº 2/94, de 14 de Janeiro, doravante aqui designada apenas pela sigla LIAA.

[58] *Manual de Direito Administrativo*, II, 9ª ed., pág. 1178.

[59] *Lições de Direito Administrativo*, I vol., ed. Lex, 1999, pág. 457.

interesses legalmente protegidos (direito de petição, direito de oposição dos contra-interessados, direito de audiência prévia); as últimas, visam sancionar essas violações, uma vez verificadas (direito de denúncia – pede investigação de facto ou situação; direito de queixa – pede investigação sobre facto de agente administrativo; direito de reclamação, direito de recurso hierárquico, direito de impugnação judicial).

Quanto à natureza dos meios postos ao alcance dos cidadãos, as garantias podem ser *administrativas*[60] e *contenciosas ou jurisdicionais:* as primeiras são exercidas ao nível da Administração Pública, que aprecia e julga os meios de defesa que lhe são apresentados pelos particulares; as últimas são apresentadas aos tribunais administrativos e por estes decididas.

3. Cingindo-nos às *garantias administrativas* – as únicas a que este preceito se reporta –, como ficou dito, são exercidas e desenvolvem-se, de princípio a fim, ao nível da Administração Pública, que aprecia e julga os meios de defesa que lhe são apresentados pelos particulares relativamente às manifestações concretas da sua própria actividade.

Através destes meios garantísticos, ocorre um controle da actuação da Administração Pública efectivado por ela própria no seu seio, com vista a anular ou substituir comportamentos por si adoptados que violem a lei, direitos subjectivos ou interesses legalmente protegidos.

Pondo aqui de lado as chamadas *garantias de legalidade petitórias*, em que os impugnantes se limitam a apresentar à Administração Pública uma petição (direito de petição, direito de representação, direito de queixa, direito de denúncia e direito de representação administrativa), salienta-se, pela sua importância jurídica, as *garantias de impugnação*, através das quais os particulares, dirigindo-se à própria Administração, atacam a validade legal de um acto administrativo visando os seus fundamentos, mais concretamente a sua falta, a sua insuficiência ou a sua inconformidade legal.

Estas garantias são basicamente de quatro tipos: a *reclamação*, o *recurso hierárquico*, o *recurso hierárquico impróprio* e o *recurso tutelar* (artigos 100º, 103º, 108º e 118º das NPAA)[61].

A *reclamação* traduz-se numa petição dirigida à própria entidade administrativa que praticou o acto que se reputa ilegal ou mesmo inconveniente, para

---

[60] Tradicionalmente designadas por "graciosas", designação que tem sido abandonada porque tal qualificação, meramente histórica, inculcaria que se não trata de verdadeiros direitos subjectivos, o que não é o caso, à luz do Direito português vigente (MARCELO REBELO DE SOUSA em *Lições...*, pág. 460).

[61] Cfr. o artigo 9º da LIAA, que só não faz referência ao *recurso hierárquico impróprio*.

que, face a essa ilegalidade ou inconveniência (artigo 101º das NPAA), reveja a sua posição, o revogue, o corrija ou o substitua por um acto conforme a lei e o interesse público. Na sua pureza conceitual, a reclamação é, pois, deduzida perante o próprio autor do acto para que *emende a mão*, repondo a legalidade ofendida com o acto assim impugnado. O nº 1 do artigo 100º das NPAA estabelece que *aos particulares assiste o direito de solicitar a revogação ou a modificação dos actos administrativos, nos termos regulados neste diploma*[62]. Subentende, pois, a possibilidade legal de o acto poder ser revogado pelo seu autor, o que geralmente sucede, a quem se pede que, pelas razões que para isso se expõem, o reexamine e reconsidere, revogando-o e, se for caso disso, o substitua por outro de sentido conforme o que se entende ser a legalidade.

4. Em traços muito gerais, o regime jurídico da reclamação é o seguinte:

- *Legitimidade para reclamar*: os titulares dos direitos subjectivos ou interesses legalmente protegidos que se consideram ofendidos pelo acto (artigo 102º das NPAA);
- *Actos passíveis de reclamação*: quaisquer actos praticados pela entidade pública contratante *que possam lesar os interesses legalmente protegidos dos particulares* (artigo 14º, nº 1)[63].
- *Prazo da reclamação*: cinco dias *a contar da notificação da decisão a impugnar* (artigo 15º)[64];
- *Efeitos da reclamação* (ver comentário ao artigo 17º);
- *Fundamentos*: tanto pode ter por fundamento razões de legalidade como de conveniência do acto – artigo 101º, das NPAA[65];
- *Audiência dos contra-interessados*: há lugar a esta audiência quando o acto impugnado tiver por objecto a decisão de qualificação ou de adjudicação (artigo 18º, que não distingue a reclamação do recurso hierárquico).
- *Prazo da decisão*: 15 dias (artigo 19º, nº 1)[66].

5. Através do *recurso hierárquico*, o particular dirige-se ao superior hierárquico do autor do acto que se impugna para que o revogue ou substitua. O que,

---

[62] Cfr. o artigo 11º, nº 1 da LIAA

[63] Em regra, só os actos *definitivos e executórios* podem ser impugnados (artigo 6º da LIAA).

[64] O prazo geral de reclamação é de 30 dias (artigo 13º, nº 1 da LIAA) e, segundo o artigo 104º das NPAA é de 15 dias.

[65] Sem embargo de o artigo 7º da LIAA apenas referir como fundamento da impugnação a ilegalidade do acto.

[66] Em geral, o prazo de impugnação é de 30 dias (artigo 107º das NPAA).

portanto, subentende que o autor do acto esteja integrado numa organização hierárquica de que não é o topo, isto é, em que figura como subalterno.

Referindo, igualmente em traços gerais, o regime do recurso hierárquico, dir-se-á:

- *Legitimidade para recorrer hierarquicamente*: os titulares dos direitos subjectivos ou interesses legalmente protegidos que se consideram ofendidos pelo acto (artigo 102º das NPAA);
- *Actos passíveis de recurso hierárquico*: quaisquer actos praticados pela entidade pública contratante *que possam lesar os interesses legalmente protegidos dos particulares* (artigo 14º, nº 1)[67], desde que essa entidade esteja subordinada a poder hierárquico;
- *Fundamentos:* tanto pode ter por fundamento razões de legalidade como de conveniência do acto – artigo 101º das NPAA;
- *Prazo do recurso hierárquico*: cinco dias contados da notificação do acto impugnado (artigo 15º)[68];
- *Efeitos do recurso hierárquico* (ver comentário ao artigo 17º);
- *Audiência dos contra-interessados:* há lugar a esta audiência quando o acto impugnado tiver por objecto a decisão de qualificação ou de adjudicação (artigo 18º);
- *Prazo da decisão*: 15 dias (artigo 19º, nº 1)[69]

6. As impugnações administrativas estão previstas nesta LCP pelo menos nos seguintes casos:

- contra a conta da empreitada – artigo 308º;
- contra a decisão de exclusão de candidaturas – artigo 126º;
- contra a minuta do contrato – artigo 113º;
- contra a não aprovação de materiais – artigo 259º;
- contra a notificação por defeitos de execução – artigo 286º;
- contra a substituição de materiais – artigo 262º;
- contra a suspensão dos trabalhos – artigo 277º;
- contra actos da consignação – artigo 243º;
- contra decisões da fiscalização – artigo 265º;
- contra decisões do dono da obra – artigo 331º;

---

[67] No entanto, como foi referido, só os actos *definitivos e executórios* podem ser impugnados (artigo 6º da LIAA).

[68] O prazo geral de reclamação é de 30 dias (artigo 13º, nº 1 da LIAA e artigo 110º das NPAA)

[69] Em geral, o prazo de impugnação é de 30 dias (artigo 107º das NPAA).

- contra erros de medições – artigo 290º;
- contra erros ou omissões do projecto – artigos 190º, 209º, 243º;
- contra novos preços constantes do projecto de alteração – artigos 206º e 210º;
- contra o conteúdo de auto – artigo 292º;
- contra o auto de consignação – 241º e 243º;
- contra o auto de medição – artigo 292º;
- contra o auto de posse administrativa – artigo 322º;
- contra o conteúdo do auto de recepção provisória – artigos 304º, 305º;
- contra o inventário no processo de posse administrativa – artigo 322º;
- contra uma ordem – artigo 269º;
- contra suspensão por facto imputável ao empreiteiro – artigo 277º;
- em inquérito administrativo – artigos 310º, 311º, 316º;
- no acto público do concurso – artigo 77º, nº 2b);
- em recurso hierárquico das decisões sobre reclamações no acto público do concurso – artigo 84º.

ARTIGO 14º
Decisões impugnáveis e natureza

1. São susceptíveis de impugnação administrativa, por via de reclamação ou de recurso hierárquico, quaisquer actos praticados pela entidade pública contratante no âmbito dos procedimentos abrangidos pela presente lei que possam lesar os interesses legalmente protegidos dos particulares.

2. A impugnação administrativa é facultativa.

1. Estabelece o artigo 6º da LIAA que podem ser impugnados *por meio de reclamação e de recurso hierárquico, os actos administrativos de carácter definitivo e executório.*

Este preceito estabelece que podem ser impugnados por aqueles meios os actos *que possam lesar os interesses legalmente protegidos dos particulares.*

Parece haver assim uma substantiva diferença entre os referidos regimes, já que a LCP daria uma maior amplitude ao âmbito da impugnabilidade administrativa dos actos administrativos, pois há actos lesivos de interesses legalmente protegidos que não são definitivos e executórios. O que sucede mesmo com o artigo 103º das NPAA, que confere aos particulares o direito de reclamar *de qualquer acto administrativo* que reputem de ilegal ou inconveniente (artigo 101º).

2. Todavia, afigura-se-nos que o referido artigo 6º da LIAA impõe um esclarecimento.

Actos definitivos são *todos aqueles que têm por conteúdo uma decisão horizontal e verticalmente final* [70], isto é, o acto final que encerra o procedimento administrativo (*definitividade horizontal*) e é praticado pelo órgão que se situa no topo da respectiva cadeia hierárquica ou por um órgão que não está inserido numa cadeia hierárquica, sendo, por isso, independente (*definitividade vertical*).

Actos executórios são *os actos administrativos simultaneamente exequíveis e eficazes cuja execução coerciva por via administrativa não seja vedada por lei*[71].

Estabelecendo o artigo 6º da LIAA que, para poder ser impugnado, o acto deve ser definitivo, isso significa que, sob pena de insanável contradição, só pode referir-se à impugnação contenciosa (*recurso contencioso*) já que, como se viu, o acto praticado por quem se insira numa cadeia hierárquica, só se torna definitivo após a reclamação e o recurso hierárquico, que, assim são *necessários* para que exista essa impugnabilidade. Por isso, existe mesmo essa contradição no citado preceito, pois que, expressamente, se refere à reclamação e, ao referir-se a *recurso administrativo,* só pode referir-se ao recurso hierárquico, já que o correspondente à impugnação judicial é ali denominado por *recurso contencioso* (artigo 9º c) e essa matéria, quanto à impugnação contenciosa, é tratada no artigo 12º).

Concluindo, parece que a alusão do preceito à definitividade e executoriedade é devida a lapso[72].

3. Ainda quanto ao nº 1, não se estabelece aí expressamente a impugnabilidade dos actos lesivos de direitos, do que se não pode concluir que o não sejam. Se a lesão de interesses legalmente protegidos é impugnável, por maioria de razão o deve ser a lesão de direitos. A regra é a de que, *ainda que inseridos num procedimento administrativo, são impugnáveis os actos administrativos com eficácia externa, especialmente aqueles cujo conteúdo seja susceptível de lesar direitos ou interesses legalmente protegidos*[73]. Do que decorre que[74]:

- Só os actos com eficácia externa são impugnáveis, não o sendo os de eficácia interna, designadamente os actos meramente opinativos;

---

[70] FREITAS DO AMARAL, *Curso de Direito Administrativo cit.* , II, pág. 284.

[71] FREITAS DO AMARAL, *Curso de Direito Administrativo cit.* , II, pág. 285.

[72] Ver comentário ao artigo 21º.

[73] Como estabelece o nº 1 do artigo 51º do Código de Processo dos Tribunais Administrativos de Portugal, aprovado pela Lei nº 15/2002, de 22 de Fevereiro.

[74] Para mais desenvolvimentos, ver MÁRIO AROSO DE ALMEIDA, *O Novo Regime do Processo nos Tribunais Administrativos*, Almedina, 3ª edição, 2004, pags. 137 e seguintes.

- Entre esses actos externos, incluem-se os lesivos de direitos e os lesivos de interesses legalmente protegidos;
- Não fica excluída a possibilidade de impugnar actos externos lesivos de direitos ou interesses legalmente protegidos e não individualizados, mas colectivos;
- É requisito essencial da impugnabilidade de um acto que os seus efeitos afectem negativamente a esfera jurídica de outrem.

4. Estabelece o nº 2 que a reclamação e o recurso hierárquico, no âmbito da formação dos contratos administrativos, têm natureza *facultativa*, no sentido de não funcionar como pressuposto obrigatório da impugnação contenciosa do acto. Portanto, decorre desta disposição que não é requisito da impugnabilidade contenciosa dos actos administrativos a sua *definitividade vertical* e, portanto, que, para isso, tenham necessariamente sido objecto de impugnação administrativa (reclamação e/ou recurso hierárquico) quando praticados por quem não esteja no topo da cadeia hierárquica. Mas, atendendo ao disposto no artigo 21º, só em parte assim é. Com efeito, isso só se aplica à decisão de adjudicação, já que, quanto aos demais actos, só é admitida a impugnação judicial da decisão do Director do Gabinete da Contratação Pública, o que pressupõe que, neste âmbito, a impugnação administrativa é *necessária*.

ARTIGO 15º
Prazo de impugnação

A impugnação administrativa deve ser apresentada no prazo de cinco dias a contar da notificação da decisão a impugnar.

1. Esta disposição afasta-se do regime geral quanto ao prazo de dedução das reclamações que, nos termos do estabelecido pelo artigo 104º das NPAA é de quinze dias, e bem assim do prazo geral de interposição do recurso hierárquico, que é de 30 dias (artigo 110º daquelas NPAA).

2. A contagem desse prazo, como estabelece o nº 1 do artigo 356º, é feita considerando apenas os dias úteis, suspendendo-se, portanto, nos sábados, domingos e feriados.

Por outro lado, nos termos do artigo 44º das NPAA, na sua contagem não se inclui o dia em que ocorreu o evento a partir do qual o prazo começa a correr, o que ocorre independentemente de qualquer formalidade.

Finalmente, nos termos do artigo 355º, a notificação considera-se feita na data da expedição se o foi por correio electrónico, na data da transmissão bem sucedida constante do respectivo relatório se foi feita por telecópia, na data da assinatura do aviso de recepção se o foi pela via postal ou na data da assinatura do recibo no caso de o ter sido por entrega directa.

3. Cfr. os artigos 13º e 14º.

ARTIGO 16º
Apresentação da impugnação

1. As reclamações devem ser dirigidas ao superior hierárquico da entidade pública contratante.

2. Os recursos hierárquicos devem ser interpostos para o Director do Gabinete da Contratação Pública.

3. As petições de impugnação administrativa devem ser apresentadas junto da entidade contratante, em suporte de papel ou na respectiva plataforma electrónica.

4. O interessado deve expor, na reclamação ou no recurso hierárquico, todos os fundamentos da impugnação, podendo juntar os documentos que considere convenientes.

1. É no cabeçalho do respectivo requerimento que o impugnante deve identificar a entidade a quem dirige a impugnação.

2. No nº 1 estatui-se uma espécie de reclamação *per saltum*, ou uma impropriamente chamada *reclamação*, já que não deve ser dirigida, como normalmente decorreria do seu próprio conceito, à entidade que praticou o acto impugnado – a entidade contratante – mas ao seu superior hierárquico, o que é próprio de um *recurso hierárquico*. Só que, como da decisão daquele superior hierárquico se poderia recorrer para o Director do Gabinete da Contratação Pública, este último seria um recurso hierárquico "em segunda instância", pelo que se optou por qualificar o primeiro de reclamação.

3. O preceito regula separadamente a questão da entidade *ad quem* se impugna e a entidade à qual a impugnação deve ser apresentada. Ainda que dirigidas às referidas nos nºs 1 e 2, as impugnações administrativas devem ser apresentadas junto da entidade contratante.

Pode colocar-se a questão de saber se é indiferente apresentar a impugnação junto da entidade *a quo* ou junto da entidade *ad quem*, isto é, poderá eventualmente pretender-se que se trata de uma mera faculdade atribuida ao impugnante, mas não de um dever cujo incumprimento fosse juridicamente relevante. Afigura-se-nos que não é assim e que o impugnante tem o dever de apresentar a impugnação junto da entidade contratante, para que esta, quando remeter o requerimento ou petição à entidade *ad quem*, o faça acompanhar da declaração que entender pertinente sobre conteúdo da impugnação e da pretensão do impugnante (artigo 114º das NPAA).

4. Estabelece o nº 4 que o requerimento ou petição deve conter todos os fundamentos de facto e de direito da reclamação ou do recurso hierárquico. Por outro lado, permite o meio de prova documental sendo que, a ser usado, os documentos devem logo ser juntos ao requerimento ou petição.

Salienta-se que aquele ónus de invocar a fundamentação da recalmação ou do recurso não significa que a entidade *ad quem* esteja limitada, na sua decisão, à fundamentação invocada, nada impedindo que esta se baseie em fundamentos diferentes dos usados pelo reclamante ou recorrente.

Por outro lado, a jurisprudência portuguesa tem-se pronunciado no sentido de que, em sede de recurso contencioso, o recorrente não tem que limitar a fundamentação do recurso aos fundamentos que invocou na impugnação administrativa, bem os podendo acumular ou substituir por outros. Porém, não é essa a solução adoptada pelo artigo 10º da LIAA, nos termos do qual *só a fundamentação de facto e de direito invocada para a reclamação e para o recurso hierárquico, podem constituir causa para o recurso contencioso.*

5. Cfr. os artigos 11º, 12º, 13º, 14º e 15º

ARTIGO 17º
Efeitos da impugnação
1. A apresentação da impugnação administrativa tem efeito suspensivo.
2. Enquanto a impugnação administrativa não for decidida, ou não tiver decorrido o prazo para a respectiva decisão, não se pode proceder, consoante for o caso:

a) à decisão de qualificação;
b) ao início da fase de negociação;
c) à decisão de adjudicação;
d) à celebração do contrato.

1. Parece haver manifesto lapso na redacção do nº 1, que só tem sentido se estabelecer que a apresentação da impugnação administrativa *não* tem efeito suspensivo. E isso por várias razões. Desde logo, porque o nº 2 só tem sentido útil se, em princípio, a impugnação não tiver efeito suspensivo, pois, se o tiver já engloba a suspensão dos actos referidos no nº 2, pelo que este restaria inútil. Por outro lado, porque o preceito parece inspirado no artigo 272º do Código dos Contratos Públicos português que, no seu nº 1, estabelece o princípio da não eficácia suspensiva da impugnação administrativa, excepcionando dessa regra, no seu nº 2, exactamente os actos referidos nas alíneas a), b) e c) do nº 2 deste preceito. Acresce ainda que, como é regra geral, as impugnações administrativas de acto contenciosamente impugnável, em princípio, não têm efeito suspensivo, só o tendo as relativas a actos não impugnáveis contenciosamente (artigo 105º, nºs 1 e 2 das NPAA).

2. O que se diz na nota anterior respeita, como ali se referiu, aos efeitos da impugnação administrativa na tramitação do procedimento adjudicatório.

Diferente é a questão dos seus efeitos relativamente ao prazo da dedução da impugnação contenciosa, que é de 60 dias (artigo 13º, nº 2 da LIAA). Como, no âmbito da formação dos contratos administrativos, a impugnação administrativa é sempre facultativa (artigo 14º, nº 2), não tem efeito suspensivo desse prazo.

3. Cfr. os artigos 99º, 108º e seguintes, 125º, 126º e 138º.

ARTIGO 18º
Audiência dos contra-interessados

Quando a impugnação administrativa tiver por objecto a decisão de qualificação ou a decisão de adjudicação, o órgão competente para dela conhecer deve, no prazo de quinze dias após a respectiva apresentação, notificar os candidatos ou os concorrentes para, querendo, se pronunciarem, no prazo de cinco dias, sobre o pedido e os seus fundamentos.

1. Esta é uma fase do procedimento respeitante à impugnação administrativa que se segue imediatamente à sua apresentação e que só tem lugar nos casos indicados no preceito: impugnação da decisão de qualificação dos concorrentes no concurso público (artigo 85º), dos candidatos no concurso limitado por prévia qualificação (artigo 125º), ou impugnação da decisão de adjudicação (artigo 101º). Por outro lado, o preceito especifica também quem são os contra-interessados, isto é, aqueles que possam ser prejudicados pela possível procedência da impugnação administrativa: os restantes candidatos ou concorrentes. Por isso, por exemplo, se a impugnação tem por objecto a decisão de adjudicar, contra-interessados não são apenas os concorrentes classificados acima do impugnante, mas todos os concorrentes cujas propostas foram admitidas e classificadas.

2. Os contra-interessados ouvidos só se pronunciam se quiserem, mas, a optarem por fazê-lo, a sua pronúncia tem de limitar-se *ao pedido e os seus fundamentos,* não podendo, por isso, versar sobre matéria não constante da impugnação[75].

3. O prazo para os contra-interessados se pronunciarem é de cinco dias e não o de 15 dias que, como regra geral, estabelece o artigo 113º das NPAA.

A contagem desse prazo, como estabelece o nº 1 do artigo 356º, é feita considerando apenas os dias úteis, suspendendo-se, portanto, nos sábados, domingos e feriados. Por outro lado, nos termos do artigo 44º das NPAA, na sua contagem não se inclui o dia em que ocorreu o evento a partir do qual o prazo começa a correr, o que ocorre independentemente de qualquer formalidade. Finalmente, para determinar o início dessa contagem, ver o artigo 355º.

4. A audiência dos contra-interessados – como a dos interessados, de que é uma nuance – é uma formalidade essencial. Traduz uma participação dos particulares na tomada das decisões administrativas que lhes dizem respeito, constituindo um instrumento de controlo preventivo da legalidade da actuação da Administração Pública e que se insere no âmbito da velha máxima de que *mais vale prevenir que remediar.* Com efeito, essa participação destina-se a proporcionar à entidade decisória a visão da questão segundo o ponto de vista dos que pugnam pela pretensão e dos que pugnam contra ela, ficando assim mais habilitado a ponderar os vários argumentos contrapostos, com vista à decisão mais correcta, adequada e justa. Trata-se, pois, de uma *administração participada*[76] que já foi considerada como pilar de um Estado de Direito[77].

ARTIGO 19º
Decisão

1. As impugnações administrativas devem ser decididas no prazo de quinze dias a contar da data da sua apresentação, equivalendo o silêncio à sua aceitação.

---

[75] Não exactamente neste sentido, ver MÁRIO ESTEVES DE OLIVEIRA, PEDRO COSTA GONÇALVES e JOÃO PACHECO DE AMORIM, *Código do Procedimento Administrativo Comentado,* Almedina, 2ª edição, 1998, pág. 784.

[76] Cfr. FREITAS DO AMARAL, *Curso de Direito Administrativo...cit.,*II, pág. 318.

[77] Cfr. MÁRIO ESTEVES DE OLIVEIRA, PEDRO COSTA GONÇALVES e JOÃO PACHECO DE AMORIM, *Código do Procedimento Administrativo Comentado cit.,* pág. 452.

2. Havendo audiência de contra-interessados, o prazo para a decisão conta-se a partir do termo do prazo fixado para aquela audiência.

1. Nos termos do disposto no n.º 1 do artigo 356º, a contagem do prazo de 15 dias é feita considerando apenas os dias úteis, suspendendo-se, portanto, nos sábados, domingos e feriados. Por outro lado, nos termos do artigo 44º das NPAA, na sua contagem não se inclui o dia em que a impugnação foi apresentada.

2. Nos termos do artigo anterior, haverá audiência dos contra-interessados se a reclamação incidir sobre a decisão de qualificação ou sobre a decisão de adjudicação.

3. O n.º 1, na sua parte final, dá efeito positivo ao silêncio, considerando a impugnação tacitamente deferida ou concedido provimento ao recurso hierárquico, se não houver decisão expressa naquele prazo. O que é excepção no regime da impugnação dos actos administrativos (artigo 58º das NPAA).

4. A atribuição de efeito positivo ao silêncio da entidade decisória retira ao respectivo prazo uma função meramente disciplinadora, no sentido de determinar aquela entidade a decidir naquele prazo. Cria um efeito jurídico relevante e mesmo decisivo da impugnação.

5. O preceito não estabelece um prazo para que o impugnante seja notificado da decisão, nem existe, na LCP, norma geral para esse efeito, designadamente nos artigo 354º e 355º. Tem, pois, aplicação o regime geral do artigo 41º das NPAA que fixa em oito dias o prazo de notificação dos actos administrativos, pelo que, na prática, só ao fim de 23 dias o impugnante tem conhecimento da sorte da sua impugnação, salvo consulta directa ao processo.

ARTIGO 20º
Medidas correctivas

Em caso de procedência do recurso hierárquico, o Director do Gabinete da Contratação Pública pode ordenar uma ou mais das medidas correctivas seguintes:

a) declarar a aplicabilidade das normas ou princípios jurídicos que regem a questão objecto de recurso e ordenar que a entidade pública contratante actue conforme essas normas e princípios;

b) anular, no todo ou em parte, um acto ou decisão ilegal da entidade pública contratante;

c) rever uma decisão ilegal da entidade pública contratante ou substituir aquela pela sua própria decisão;

d) se o contrato já estiver em execução, requerer que a entidade contratante reembolse o interessado dos custos da sua participação no procedimento;

e) se o contrato ainda não estiver em execução, ordenar que o processo de contratação seja cancelado.

1. O disposto neste artigo está de harmonia com o estabelecido no artigo 116º das NPAA, nos termos do qual, salvo excepções previstas na lei, a decisão pode, sem ter que se sujeitar ao pedido do impugnante, confirmar ou revogar o acto impugnado, modificá-lo ou substituí-lo, anular, no todo ou em parte, o procedimento administrativo e determinar a realização de nova instrução ou dligências complementares.

2. Importa salientar que o poder conferido neste artigo ao Director do Gabinete da Contratação Pública é um poder/dever, portanto de exercício obrigatório: verificados que sejam os pressupostos determinantes da procedência da impugnação, aquela entidade tem o dever de decidir em conformidade e, consequentemente, de determinar as medidas previstas neste artigo que sejam as adequadas, conforme o estabelecido nas várias alíneas.

3. Parece haver manifesto lapso na utilização do termo *"requerer"* na d), porquanto a entidade decisória, como superior hierárquico da entidade contratante, não lhe dirige *"requerimentos"*, mas ordens ou determinações.

4. Quanto à fundamentação e extensão da decisão, importa salientar que a impugnação administrativa tem uma função objectiva, no sentido de que visa a apreciação da legalidade do acto impugnado sem limitação à respectiva fundamentação apresentada pelo impugnante e mesmo sem limite da parte do acto que lhe foi desfavoravel, podendo, portanto, abranger mesmo a parte do acto impugnado que tenha sido favorável ao impugnante (*reformatio in pejus* [78]).

ARTIGO 21º
Recurso judicial

Qualquer interessado pode, nos termos legais, recorrer judicialmente:

a) da decisão do Director do Gabinete da Contratação Pública relativa a um recurso hierárquico;

b) da decisão final do procedimento, tomada pela entidade adjudicante.

---

[78] Reforma do acto para pior.

1. Os *termos legais* referidos no preceito são os estabelecidos na LIAA.

2. Do disposto neste artigo resulta que das decisões proferidas pela entidade contratante ao longo da tramitação do procedimento de formação do contrato, só a decisão de adjudicação é *acto definitivo* e, portanto, contenciosamente impugnável. Quanto aos restantes actos, a sua impugnabilidade está dependente da decisão em recurso hierárquico que, por isso, é *necessário*. E é com esta importante limitação que se tem de interpretar o nº 2 do artigo 14º que estabelece a natureza facultativa da impugnação administrativa.

3. Quanto a esta matéria, e como regime aplicável, salvo a existência de regime especial, como é o caso desta LCP, estabelece o artigo 12º da LIAA que o recurso contencioso é obrigatoriamente precedido de reclamação, quanto aos actos adminsistrativos do governo, governadores provinciais e administradores municipais, ou de recurso hierárquico, quanto aos órgãos hierarquicamente inferiores àqueles, órgãos directivos das pessoas colectivas e dos institutos públicos.

É o princípio da *impugnação administrativa necessária*.

4. Cfr. os artigos 14º, 17º, 19º e 20º.

TÍTULO II
TIPOS E ESCOLHA DE PROCEDIMENTOS
CAPÍTULO I
TIPOS DE PROCEDIMENTOS

ARTIGO 22º
Procedimentos para a formação de contratos

1. Para a formação dos contratos sujeitos ao presente regime da contratação pública, as entidades públicas contratantes devem adoptar um dos seguintes tipos de procedimentos:
a) concurso público;
b) concurso limitado por prévia qualificação;
c) concurso limitado sem apresentação de candidaturas;
d) procedimento de negociação.

2. A escolha deve ser efectuada em função do valor do contrato ou em função de outros critérios materiais legalmente estabelecidos.

56 JORGE ANDRADE DA SILVA

1. O n.º 1 corresponde ao que estabelecia o n.º 1 do artigo 31.º do anteriormente vigente RRDP, com uma importante alteração: não contempla o *ajuste directo*, que quer aquele artigo, quer o artigo 124.º das NPAA prevêm, embora este não preveja o procedimento de negociação.

2. A disposição do n.º 1 estabelece o princípio da *tipicidade procedimental* que contém uma dupla vertente de unicidade: para proceder à contratação pública, as entidades contratantes têm de adoptar apenas um procedimento e, por outro lado, só podem adoptar um dos tipos de procedimento previstos no preceito, com exclusão de qualquer outro[79]. Estes, porém, são os tipos de procedimento de aplicação geral, já que esta LCP prevê determinados procedimentos especiais, aplicáveis quando se verifiquem os pressupostos respectivos: *concurso para trabalhos de concepção* (artigo 140.º a 155.º), *sistemas de aquisição dinâmica electrónica* (artigos 156.º a 163.º), *regras aplicáveis à contratação de serviços de consultoria* (artigos 164.º a 171.º) e *centrais de compras* (artigos 172.º a 174.º).

Ainda que os tipos de procedimento adjudicatório de contratos públicos tenham, ao longo do tempo, sofrido alguma evolução, tem sido geralmente adoptada a regra que impõe a utilização, com exclusividade, de um dos tipos de procedimento legalmente previstos.

Por outro lado, sempre tem sido vedado cindir as prestações que devem integrar um único contrato para submeter a respectiva adjudicação a procedimentos diferentes.

3. Como evidencia o artigo seguinte, as regras procedimentais que regulam a escolha pela entidade contratante dos participantes no procedimento e a formação do mútuo consenso, divergem conforme a celebração do contrato é precedida de concurso público, concurso limitado por prévia qualificação, concurso limitado sem apresentação de candidaturas ou procedimento de negociação. Em qualquer das hipóteses, porém, esta é uma fase relevante do procedimento, já pela importância de que se reveste a escolha do co-contratante, já porque é nela que o adjudicatário se vincula às cláusulas que irão regular a execução do contrato a celebrar e, consequentemente, a definição dos direitos e deveres de cada uma dessas partes no contrato[80].

---

[79] Cfr. VIEIRA DE ALMEIDA & ASSOCIADOS, *Código dos Contratos Públicos*, Almedina, 2008, pág. 802.

[80] A Comissão elaboradora do projecto do Decreto-Lei n.º 48 871, que em Portugal aprovou a primeira versão do RJEOP, afirmava que, ao disponibilizar os vários tipos de procedimentos, ter sido sua preocupação:

a) Facultar ao dono da obra as mais amplas possibilidades de verificação da capacidade e idoneidade dos empreiteiros e do condicionalismo das suas propostas;

Como escrevem M. e R. ESTEVES DE OLIVEIRA[81] os *procedimentos administrativos concursais* traduzem-se *na disciplina aplicável àqueles procedimentos em que a
Administração faz apelo à concorrência para, através do confronto e da oposição entre
os diversos participantes, determinar qual é o concorrente com quem mais lhe convém
ligar-se contratualmente.* Trata-se, pois, de um procedimento tendente à formação do mútuo consenso contratual, iniciando-se por um convite dirigido
aos potenciais interessados em contratar para que se candidatem a serem
concorrentes ou mesmo, desde logo, para que apresentem as suas propostas
em regime de concorrência.

4. Quanto ao nº 2, ver os artigos 24º a 26º (escolha do procedimento em
função do valor do contrato) e 27º a 30º (escolha do procedimento em função
de critérios materiais).

ARTIGO 23º
Definições

Para efeitos da presente lei, entende-se por:

*a) Concurso Público – sistema de contratação aberto, em que, pelo elevado valor das
aquisições envolvidas ou por outras razões materiais, podem concorrer todas as entidades,
públicas ou privadas, nacionais ou estrangeiras que reúnam os requisitos exigidos em
abstracto, no aviso ou no programa;*

*b) Concurso Limitado por Prévia Qualificação – sistema aberto, mas que exige uma
prévia selecção (procedimentalizada ou não) das empresas, pela entidade contratante;*

*c) Concurso Limitado sem Apresentação de Candidaturas – sistema em que a enti-
dade contratante convida as pessoas singulares ou colectivas que considera mais idóneas
e especializadas, para apresentarem as suas propostas;*

*d) Procedimento por Negociação – sistema de contratação que consiste no convite aos
interessados, em geral ou limitadamente, para apresentarem as suas candidaturas ou propostas que, depois de analisadas e valoradas, são objecto de discussão e negociação com*

---

*b) Garantir aos concorrentes um exacto conhecimento da obra a executar e do conteúdo e significado
económico-financeiro das obrigações a assumir;*
c) Assegurar à indústria perfeitas condições de concorrência e de igualdade de tratamento;
*d) Reduzir ao mínimo o lapso de tempo decorrido entre o acto público do concurso e a adjudicação e
celebração do contrato, a fim de evitar, por um lado, que as modificações eventualmente verificadas no
condicionalismo económico geral subvertam a economia da proposta, e, por outro lado, que o período de
pendência, impedindo os empreiteiros de se comprometerem com novos trabalhos pela incerteza da adjudicação, provoque, ao estender-se demasiadamente, escusados, e, por vezes, graves prejuízos à indústria.*
[81] *Concursos...*, pág. 1.

a entidade contratante, a fim de as harmonizar com o interesse público, escolhendo-se a proposta adjudicatária em função não só da proposta inicial, mas também, das correcções resultantes da negociação.

1. Corresponde ao que estabeleciam os nºs 2 a 6 do artigo 21º do RRDP anteriormente vigente.

2. Este preceito dá a noção de cada um dos procedimentos adjudicatórios de contrato administrativo, que, nos termos do disposto no artigo anterior, as entidades contratantes podem e devem adoptar.

A noção de *concurso público* dada por este preceito, não se limita a estabelecer que tem lugar quando *são admitidas todas as entidades que satisfaçam todos os requisitos fixados pela Administração para cada caso concreto*, como estabelece o nº 2 do artigo 124º das NPAA; a noção descreve mesmo a factualidade que fundamenta o recurso a este procedimento e, que de algum modo, contém o imperativo dessa adopção, verificado que seja o condicionalismo que descreve.

O *concurso limitado,* independentemente da sua modalidade, ocorre quando *só podem apresentar proposta as entidades para o efeito convidadas pelo dono da obra.* Se, para isso, há uma fase prévia de escolha dos candidatos a concorrentes, o concurso toma a designação que alude a essa mesma fase: *concurso limitado por prévia qualificação.* E, como refere a noção dada pelo preceito, este concurso é *aberto* exactamente porque é um procedimento em que qualquer entidade pode solicitar para nele participar, mas em que só os candidatos qualificados serão convidados pela entidade contratante para apresentarem propostas.

Isso já não sucede no *concurso limitado sem apresentação de candidaturas,* que não é *aberto,* pois não há qualificação dos participantes, já que só as entidades convidadas podem nele participar apresentando, sem mais, as suas propostas. Também quanto a esta modalidade de concurso limitado o preceito se não limita à sua essência conceitual, dando a indicação de que só devem ser convidadas as pessoas que a entidade contratante considere serem detentoras de idoneidade moral, técnica e financeira, isto é, entidades que mereçam a confiança daquela entidade. Exactamente porque, nesta modalidade, não se procede à qualificação dos participantes.

Quanto ao *concurso por negociação*[82], a noção dada por este preceito é feita através de uma sintética caracterização da respectiva tramitação *procedimental.*

---

[82] A LCP designa este procedimento quer por *procedimento de negociação,* quer por *procedimento por negociação.*

Portanto, o que mais caracteriza este procedimento é a fase da negociação do conteúdo das propostas com os respectivos proponentes.

3. Cfr. os artigos:

- Quanto ao concurso público: 59º a 102º;
- Quanto ao concurso limitado por prévia qualificação: 103º a 128º;
- Quanto ao concurso limitado sem apresentação de candidaturas: 129º a 131º;
- Quanto ao procedimento de negociação: 133º e 139º.

CAPÍTULO II
ESCOLHA DO PROCEDIMENTO EM FUNÇÃO DO VALOR ESTIMADO DO CONTRATO

ARTIGO 24º
Valor estimado do contrato

1. Sem prejuízo de outras regras materiais de escolha de procedimento legalmente estabelecido, a escolha do tipo do procedimento a seguir na formação de contrato objecto da presente lei deve fazer-se em função do valor estimado do contrato.

2. Para efeitos da presente lei, entende-se por valor estimado do contrato o preço base indicado pela entidade pública contratante, calculado em função do valor económico das prestações a contratar.

1. Corresponde ao que dispunham os artigos 26º e 27º do anterior RRDP.

2. Estabelece este preceito que, não se tratando de situação que permita a escolha do procedimento com base em critérios materiais definidos nos artigo 27º a 30º, o procedimento adjudicatório a adoptar é o que corresponder ao *valor estimado do contrato*, nos termos do artigo 25º, sendo que aquele é o *preço base* indicado pela entidade contratante e este corresponde ao *valor económico das prestações*.

3. Desde logo salienta-se que se trata de *valores estimados*, isto é, valores calculados pela entidade contratante no estudo previsional económico do contrato a celebrar efectuado como acto preparatório da abertura do procedidmento de adjudicação. Lógico será que este estudo seja prévio mesmo em relação à decisão de contratar e à decisão de autorização da despesa (artigo 31º), que tem, como parâmetro a ponderar, o valor estimado dessa despesa.

Esse estudo económico, e a fixação do preço base, são fundamentais para a concorrência e para o próprio valor do contrato, quer porque aquela dependerá muito de o preço base ser realista e, consequentemente, de propiciar a concorrência, quer porque, dessa forma, vai determinar o valor das propostas e, em última análise, o preço pelo qual o contrato virá a ser celebrado.

4. Traduzindo o *valor do contrato* o preço base, traduz o do benefício económico que, em função do procedimento adoptado, pode ser obtido pelo adjudicatário com a execução de todas as prestações que constituem o seu objecto.

Esse benefício económico inclui, além do preço a pagar pela entidade adjudicante ou por terceiros, o valor de quaisquer contraprestações a efectuar em favor do adjudicatário (permutas, pagamentos em espécie, direito de superfície, fruição de imóveis ou outros bens, etc.), o valor das vantagens que decorram directamente para este da execução do contrato e que possam ser configuradas como contrapartidas das prestações que lhe incumbem (isenções ou redução de taxas, etc.). O que importa é que resultem em vantagens, proveitos de natureza económica, portanto, que se traduzam num aumento do património do adjudicatário ou num impedimento à sua diminuição. E isso, quer esse resultado económico advenha por acção da entidade adjudicante ou de terceiro.

5. A função do *preço base* parece esgotar-se na escolha do procedimento a adoptar. Com efeito, trata-se de expressão que apenas é utilizada neste preceito, sendo que, por isso mesmo, não constitui elemento que deva constar do programa do procedimento (artigo 60º) e, embora o valor do contrato deva constar do anúncio (anexo IV, 2.7.1), a sua ultrapassagem pelas propostas não constitui fundamento da exclusão destas (artigos 83º e 87º). E nem sequer constitui fundamento para a decisão de não adjudicação o facto de todas as propostas ou a mais conveniente oferecerem um preço *consideravelmente* superior ao preço base[83].

ARTIGO 25º
Escolha do tipo de procedimento em função do valor estimado do contrato
Em função do valor estimado do contrato, são aplicáveis à escolha do tipo de procedimento as seguintes regras:

---

[83] Como estabelecia o artigo 107º do RJEOP, de Portugal, cuja interpretação, de resto, suscitou viva controvérsia entre a doutrina e o Tribunal de Contas.

a) concurso público ou concurso limitado por prévia qualificação, quando o valor estimado do contrato for igual ou superior ao constante no nível 8 da Tabela de Limites de Valores, constante do Anexo I da presente lei;
b) concurso limitado sem apresentação de candidaturas, quando o valor estimado do contrato for igual ou superior ao constante no nível 2 e inferior ao constante no nível 8 da Tabela de Limites de Valores constante do Anexo I da presente lei;
c) procedimento por negociação, quando o valor estimado do contrato for igual ou inferior ao constante no nível 3 da Tabela de Limites de Valores constante do Anexo I da presente lei.

1. Corresponde ao artigo 32º do anterior RRDP, de que adoptou o sistema da remissão para as Tabelas de Limites de Valores constantes de anexo ao diploma.

2. Nos termos deste preceito, o valor estimado do contrato condiciona imperativamente a escolha do procedimento a adoptar, de acordo com o anexo I. Os valores limite para cada um dos procedimentos são os seguintes:

Procedimento	Valor estimado do contrato
Concurso público	500.000.000,00 Kz ou mais
Concurso limitado por prévia qualificação	500.000.000,00 Kz ou mais
Concurso limitado sem apresentação de candidaturas	18.000.000, 00 Kz ou mais e menos de 500.000.000,00 Kz
Concurso por negociação	36.000.000,00 Kz ou menos

3. Pode dizer-se, de um modo geral, que o concurso público e o concurso limitado por prévia qualificação são os procedimentos regra, visto que da sua adopção não resultam especiais condicionalismos no que toca ao valor do contrato, como resulta deste preceito. Já o mesmo se não pode dizer quanto aos restantes procedimentos admitidos, cuja adopção está condicionada a determinados pressupostos relativos ao valor do contrato.

4. O primado do concurso público sobre os restantes procedimentos legais de formação dos contratos administrativos não é de implantação recente, antes pelo contrário, é, desde há muito, genericamente adoptado. O que se explica por ser aquele que garante mais transparência, imparcialidade e isenção, portanto, mais credibilidade da actuação da Administração Pública, o que viabiliza a concorrência na sua maior amplitude possível, assim proporcionando, com mais elevado grau, a celebração dos contratos nas melhores condições técnicas e económicas possíveis[84]. Por outro lado, é o que confere aos interessados maiores garantias de acesso, que, para isso, apenas têm de satisfazer os requisitos legais e não qualquer condicionamento especialmente estabelecido para o caso concreto.

ARTIGO 26º
Divisão em lotes
Quando prestações do mesmo tipo, susceptíveis de constituírem objecto de um único contrato, sejam divididas em vários lotes, correspondendo a cada um deles um contrato separado, o valor a atender, para efeitos de escolha do procedimento aplicável à formação do contrato relativo a cada lote é o somatório dos valores estimados dos vários lotes.

1. Corresponde ao artigo 28º do RRDP que vigorava anteriormente.

2. *Um lote é uma parte das prestações a executar no quadro de uma ordem pública de obras, fornecimentos ou serviços. O critério de fraccionamento é geralmente de ordem técnica, mas pode ser de outra ordem (geográfica, quantitativa, funcional, física...). Diversos lotes podem ser executados no âmbito do mesmo contrato, mas cada lote pode ser objecto de um contrato autónomo.[85]*

3. Continua a vigorar o princípio de que, havendo divisão em lotes das prestações que podem ser objecto de um único contrato, o procedimento a adoptar é o correspondente ao valor global dos lotes.

É manifesto o objectivo de impedir que através da divisão em lotes ocorram desvios ao regime da escolha do procedimento[86]. Admitir o contrário seria negar o carácter imperativo das regras de escolha dos procedimentos. Aquela regra, portanto, resulta da própria obrigatoriedade do regime da escolha do procedimento e da respectiva publicidade. Assim, a entidade contratante que, com aquele fim, opta por um fraccionamento artificial e, consequentemente, fraudulento daquilo que deveria ser o objecto de um único contrato, não

---

[84] Sobre este assunto, ver, por exemplo, MARGARIDA O. CABRAL, *ob. cit.*, págs. 110 e seguintes.
[85] MICHEL GUIBAL, *Memento des Marchés, Publics*, 3ª ed., Le Moniteur, Paris, 2001, pág. 176.
[86] Cfr. MARCELO REBELO DE SOUSA e ANDRÉ SALGADO DE MATOS, *Contratos Públicos...*, pág. 92.

só viola as disposições relativas à escolha do procedimento adjudicatório, designadamente deste preceito, como ainda todo o regime da realização das despesas públicas, com a responsabilidade inerente[87].

4. O recurso à divisão das prestações em vários lotes que podem ser objecto de um único contrato, a cada um fazendo corresponder um contrato distinto, para além das vantagens técnicas, económicas e financeiras que possam determinar essa opção[88], pode apresentar a vantagem de ampliar o campo da concorrência, abrindo os procedimentos a empresas que poderiam estar impedidas de participar se aquelas prestações fossem objecto de um único contrato. Além disso, pode essa opção ser ainda resultante da necessidade de obter, em prazo mais curto, a satisfação de algumas dessas prestações[89]. Em termos práticos, costuma apontar-se a esta divisão em lotes o inconveniente da frequente dificuldade de coordenar a execução dos vários contratos[90].

CAPÍTULO III
ESCOLHA DO PROCEDIMENTO EM FUNÇÃO DE CRITÉRIOS MATERIAIS

ARTIGO 27º
Regra geral

A escolha do procedimento, nos termos do disposto no presente Capítulo é aplicável à celebração de contratos de qualquer valor.

Nos contratos a que este capítulo se reporta, o respectivo valor não é, para este efeito, factor relevante, designadamente por se tratar de situações em que a concorrência não funcionou, não pode funcionar ou não pode funcionar significativamente ou ainda por se entender que as vantagens através dela obtidas devem ser preteridas a favor de valores de natureza pública mais relevantes, como o da urgência.

---

[87] Cfr. MICHEL BLOCH BERNARD, *Code des Marchés Publics Annoté*, ed. Berger Levrault, 7ª ed., Paris, 2004, pág. 47.

[88] Esta motivação não se esgota nas razões apontadas, podendo ainda consistir, entre outras, em razões de ordem geográfica, de quantidade, de função ou de natureza física (cfr. MICHEL GUIBAL, *ob. cit.*, pág. 176 e CHRISTOPHE LAJOYE, *ob. cit.*, pág. 64).

[89] STÉPHANE BRACCONNIER, *ob. cit.*, pág. 176.

[90] JERÔME MICHON, *ob.cit.*, pág. 52 e CHRISTOPHE LAJOYE, *ob. cit.*, pág. 64.

ARTIGO 28º
Escolha do processo de negociação independentemente
do objecto do contrato a celebrar

Qualquer que seja o objecto do contrato a celebrar, pode adoptar-se o processo por negociação quando:

a) for estritamente necessário e, por motivos de urgência imperiosa, resultantes de acontecimentos imprevisíveis não imputáveis à respectiva entidade pública contratante, não possam ser cumpridos os prazos ou formalidades previstos para os restantes procedimentos de formação de contratos;

b) a natureza das obras, dos bens ou dos serviços a adquirir ou as contingências a eles inerentes não permitam uma fixação prévia global do preço;

c) por motivos de aptidão técnica ou artística ou relativos à protecção de direitos exclusivos ou de direitos de autor, a empreitada, a locação ou o fornecimento de bens ou serviços apenas possa ser realizado por poucos empreiteiros, locadores, fornecedores ou prestadores de serviços;

d) em anterior concurso público ou concurso limitado por prévia qualificação, nenhum candidato se haja apresentado ou nenhum concorrente haja apresentado proposta e desde que o caderno de encargos e os requisitos mínimos de capacidade técnica e financeira, quando aplicáveis, não tenham sido alterados.

1. Corresponde aos artigos 35º e 36º do RRDP anterior.

2. Em qualquer das circunstâncias descritas neste preceito, a entidade contratante pode utilizar o procedimento por negociação independentemente quer do valor do contrato a celebrar, quer do seu objecto.

3. Quanto à alínea a), a escolha do procedimento de negociação é aí condicionada à verificação cumulativa de um conjunto de factores: a) estrita necessidade; b) urgência; c) imprevisibilidade dos acontecimentos de que a urgência decorre; d) não serem imputáveis à entidade pública contratante; e) impossibilidade de cumprir os prazos e formalidades dos restantes procedimentos de adjudicação legalmente previstos.

4. Particular atenção tem sido dada ao requisito da *urgência*, entendendo--se que se deve tratar de uma urgência surgida por motivos *imprevisíveis*, não bastando que sejam *imprevistos*, antes devendo ter surgido *de forma inopinada, motivada por acontecimentos não esperados*; por outro lado, deve estar-se perante uma *urgência* que se reporta à execução do contrato. A invocação de *urgência* implica que essa mesma urgência seja evidenciada pela tramitação do procedimento adoptado, que deve ser rápida e diligente[91].

O que caracteriza a *urgência* na actuação da Administração Pública, segundo FREITAS DO AMARAL e MARIA DA GLÓRIA GARCIA[92] é *o facto de ser uma categoria ordinária, ainda que eventual; o facto de implicar formas simplificadas de agir; o facto de dar origem ao exercício de um poder legalmente reconhecido à Administração para situações especiais impostas pelos factos. (...) A acção administrativa no quadro da urgência está, por isso, sujeita ao princípio da legalidade e os actos praticados no seu âmbito subordinados à satisfação dos fins ou interesses secundários prefixados na lei.* Tem a ver com casos em que a Administração se vê confrontada com situações factuais de *perigo iminente e actual que ameace a satisfação de certo interesse público ou a satisfação prioritária de certos interesses públicos*[93].

Finalmente, quanto à qualificação da urgência como *imperiosa*, trata-se de *um urgência categórica, a que não pode deixar de acorrer-se com rapidez*[94].

5. Quanto à *imprevisibilidade*, deve tratar-se de uma imprevisibilidade objectiva e não apenas na perspectiva da entidade contratante: esta não previu nem, em condições normais, era razoável exigir que tivesse previsto. Única forma de satisfazer a *ratio legis*.

6. Relativamente à impossibilidade de cumprimento dos prazos e formalidades dos outros procedimentos, deve tratar-se de situação não imputável à entidade contratante. Impõe-se, ainda que a necessidade de satisfação do interesse público em causa seja incompatível com os prazos inerentes aos procedimentos que, em situação normal, deveriam ser adoptados.

Trata-se, normalmente, de situações decorrentes de fenómenos catastróficos naturais ou tecnológicos[95].

7. O disposto na alínea b) evidencia o papel residual que cabe a este tipo de procedimento: utiliza-se quando o valor do contrato não é determinável devido à natureza ou condicionalismos das prestações que integram o objecto do contrato a celebrar. O que só *excepcionalmente* sucederá.

---

[91] Cfr. MORAIS ANTUNES, *Interfaces do Sector das Obras Públicas*, RTC, 36º, pág. 60.

[92] *O Estado de Necessidade e a Urgência em Direito Administrativo*, ROA, 59º, II, pág. 515.

[93] Na legislação espanhola prevê-se, na contratação, uma tramitação de emergência que, segundo FRANCIS LEFEBVRE (*Contratos Públicos*, Madrid, 2004, pág. 184) só se justifica quando a Administração tenha que actuar de maneira imediata por causa de acontecimentos catastróficos, de situações que suponham grave perigo e de necessidades que afectem a defesa nacional.

[94] Acórdão nº 4/2005, de 2005.02.22, em http://www.tcontas.pt

[95] Cfr. CATHERINE RIBOT, *La Passation des Marchés Publics...*, pág. 170.

8. Na alínea c), aplicam-se expressões, como *"motivos técnicos", "motivos artísticos"* e *"protecção de direitos exclusivos"* que encerram conceitos indeterminados, cujo conteúdo e extensão, portanto, devem ser preenchidos discricionariamente em cada caso concreto.

Quanto ao requisito constante da alínea de que a prestação objecto do contrato só possa ser confiada a uma entidade determinada, por elucidativo, transcreve-se o que sobre o assunto referiu o Tribunal de Contas português[96]:

"O que o preceito consagra é a exclusividade de uma certa e determinada entidade para a prestação dos serviços em causa, por só ela ter a aptidão técnica ou artística necessária para os prestar. Ou seja, o ajuste directo[97] apenas é admitido quando no mercado haja uma única entidade detentora de aptidão técnica ou artística capaz de prestar os serviços pretendidos. Ou dito ainda de outra forma: os serviços a prestar são de tal maneira exigentes do ponto de vista técnico ou artístico que só aquela entidade concreta, e mais nenhuma outra, detém capacidade técnica ou artística para os prestar. Só assim interpretado é que o preceito se pode entender como excepção à regra geral da realização prévia de concurso público. Efectivamente se só aquela determinada entidade pode, se só ela é capaz de prestar o serviço pretendido, não vale a pena, por inútil. submeter essa prestação à concorrência abrindo para isso um concurso público".

Refira-se, finalmente, que não constitui fundamento válido a invocação de que a obra só pode ser realizada por uma só entidade em resultado de o empreiteiro já estar em obra próxima ou conexa[98] ou a necessidade de utilização de fundos externos[99].

9. A alínea d) reporta-se a situações em que os procedimentos ficaram desertos, portanto sem concorrentes, quer isso tenha sucedido porque, de facto, não houve participantes no procedimento concursal, quer porque, tendo havido concorrentes, as propostas que apresentaram não puderam, legalmente, ser admitidas para efeitos de uma eventual adjudicação, tudo se passando, na prática, como não existindo propostas e, portanto, assim se frustrando a finalidade do procedimento concorrencial.

---

[96] Acórdão nº 20/2007, de 20 de Novembro, http://www.tcontas.pt.

[97] Neste caso, o procedimento de negociação.

[98] Cfr. MORAIS ANTUNES, *loc. cit.*

[99] Acórdão de 2001.10.02, *Revista do Tribunal de Contas*, 36º, pág. 327.

Quanto a este fundamento de escolha do procedimento de negociação, subordina-o o preceito à condição de o caderno de encargos e os requisitos mínimos de capacidade técnica e financeira, quando aplicáveis, não terem sido alterados.

Trata-se de um requisito de grande importância, já que, por um lado, se é nessa peça do procedimento que estão contidas as cláusulas técnicas e jurídicas do contrato a celebrar, só se pode dizer que estamos perante a adjudicação do mesmo contrato se essa peça não sofrer alteração substancial, como tal se devendo entender as cláusulas que constituem os *parâmetros base do caderno de encargos*, isto é, os parâmetros que criam obrigações técnicas, financeiras ou jurídicas essenciais à execução do contrato.

Mas, também por isso, parece claro que não é qualquer alteração desses elementos que inviabiliza o recurso ao procedimento de negociação. Se o caderno de encargos é alterado no que tem de substancial, trata-se de um novo contrato a celebrar, consequentemente, com a respectiva adjudicação submetida às regras gerais de escolha do procedimento. Portanto, a disposição legal não impede que sejam introduzidas alterações no caderno de encargos, o que a disposição legal proíbe são as alterações *demasiado importantes*[100], isto é, as que alterem o conteúdo obrigacional que resulta do caderno de encargos que foi patenteado. Neste caso, não se muda *o* contrato, muda-se *de* contrato.

ARTIGO 29º
Escolha do processo de negociação para a locação ou aquisição de bens

Sem prejuízo do disposto no artigo anterior, pode, ainda, adoptar-se o procedimento de negociação na formação de contratos de locação ou de aquisição de bens, quando:

a) se trate de alocar ou adquirir bens ou equipamentos destinados à substituição parcial ou ao incremento de bens ou equipamentos de uso corrente da entidade pública contratante, já anteriormente locados ou adquiridos a uma mesma entidade e a mudança de fornecedor obrigasse à locação ou aquisição de bens ou equipamentos de características técnicas diferentes;

b) se trate de adquirir bens cotados em bolsas de matérias-primas;

c) se trate de adquirir bens ou equipamentos em condições de mercado especialmente mais vantajosas, decorrentes, nomeadamente, de liquidação de estoques por motivo de

---

[100] CYRILLE ÉREMY, *ob. cit.*, pág. 281.

encerramento de actividade comercial ou outros, de falência, de insolvência, de concordata ou de venda forçada.

1. Para a locação ou aquisição de bens móveis, em qualquer das circunstâncias descritas no artigo anterior ou em qualquer das descritas neste artigo, a entidade adjudicante pode utilizar o procedimento por negociação, seja qual for o valor estimado do contrato a celebrar.

2. *Bens ou equipamentos de uso corrente,* são aqueles cujas especificações técnicas se encontram totalmente estandardizadas, portanto, cuja utilização pelo adquirente ou função a que se destinam não exigem que possuam especial ou especiais especificações técnicas; são bens cujas características geralmente disponíveis no mercado bastam à entidade adjudicante por serem adequados à satisfação do interesse em causa.

Na base do conceito *de bens ou equipamentos de uso corrente,* está, pois, a circunstância de as características técnicas dos bens ou equipamentos serem fixas em termos de oferta e, por isso, insusceptíveis de poderem intervir no facto concorrencial.

3. O âmbito de aplicação da alínea a) está duplamente limitado: apenas abrange os contratos de locação, aquisição de bens ou de serviços, mas, mesmo neste âmbito, limitado aos bens e serviços *de uso corrente,* no sentido explicitado no nº 2 que acima se desenvolveu. Aliás, quanto à aquisição, está ainda, por natureza, limitado aos bens móveis, posto que, para efeitos de aquisição, não é adequado falar em bens imóveis de uso corrente.

4. Cf. Os artigos 28º e 30º.

ARTIGO 30º
Escolha do processo de negociação para formação de contratos de prestação de serviços

Sem prejuízo do disposto no artigo 28.º, pode adoptar-se o processo de negociação na formação de contratos de aquisição de serviços, quando:

a) se trate de novos serviços que consistam na repetição de serviços similares objecto de contrato celebrado anteriormente, há menos de três anos, pela mesma entidade pública contratante com o mesmo prestador de serviços;

b) se trate de serviços complementares, não incluídos no projecto inicial ou no primeiro contrato celebrado, mas que, na sequência de circunstâncias imprevistas, se tenham tor-

nado necessários para a execução dos serviços descritos nesses documentos, na condição de a adjudicação ser feita ao prestador inicial, e desde que esses serviços não possam ser, técnica ou economicamente, separados do contrato inicial, sem grave inconveniente, para a entidade pública contratante;

c) a natureza das respectivas prestações, não permita a elaboração de especificações contratuais suficientemente precisas para a definição dos atributos qualitativos das propostas, necessários à fixação de um critério de adjudicação.

1. Para a celebração de contratos de prestação de serviços, verificando-se qualquer das circunstâncias descritas no artigo 28º ou qualquer das descritas neste artigo, a entidade adjudicante pode utilizar o procedimento por negociação, seja qual for o valor estimado do contrato a celebrar.

2. Esquemática e sinteticamente, os requisitos exigidos em cada situação para a utilização do procedimento por negociação pode representar-se em quadro pela forma seguinte:

Novos serviços	**Serviços complementares**	**Natureza das prestações**
Repetição de serviços similares	Não incluídos no projecto inicial ou no primeiro contrato	
		Não permita elaboração de especificações precisas
Respeitantes a objecto de contrato celebrado anteriormente	Tornados necessários para a execução dos serviços por motivo imprevisto	
Celebrado há menos de três anos	Técnica ou economicamente inseparáveis do contrato inicial sem grave inconveniente	
Entre as mesmas partes contratantes		

3. Na alínea c), prevê-se a situação de a natureza dos serviços a contratar não permitir a elaboração de especificações contratuais com precisão suficiente, o que, designadamente, poderá suceder no domínio dos contratos que têm por objecto prestações de natureza intelectual. Serão casos em que *as especificações do contrato são tais que não permitem a uma entidade adjudicante nor-*

malmente competente definir as suas necessidades com suficiente precisão para utilizar o procedimento do concurso[101].

4. Cf. Os artigos 28º e 29º.

TÍTULO III
FASE DA FORMAÇÃO DO CONTRATO
CAPÍTULO I
DISPOSIÇÕES COMUNS
SECÇÃO I
ABERTURA DO PROCEDIMENTO

ARTIGO 31º
Decisão de contratar

Os procedimentos de contratação iniciam-se com a decisão de contratar, proferida pelo órgão competente para autorizar a despesa inerente ao contrato a celebrar.

1. Quanto à competência para a decisão de contratar, corresponde ao nº 1 do artigo 7º do anterior RRDP, de que, em substância, não difere.

2. A celebração de um contrato pressupõe, naturalmente, um acto decisório nesse sentido a ser emitido pela entidade para isso competente. Esse acto, por seu turno, implica directa e necessariamente duas decisões subsequentes: a decisão de autorizar a despesa (artigo 34º) e a decisão de se pôr em marcha o respectivo procedimento legal conducente a essa celebração e a sua escolha (artigo 32º). Nos termos deste e do artigo 32º, a competência para proferir todas estas decisões cabe à mesma entidade que, em regra, o fará num único acto decisório[102].

3. Quanto o início do procedimento, este preceito afasta-se do regime que estabelecia o RRDP, cujo artigo 38º, no seu nº 1, dispunha que o concurso público se iniciava com a publicação do anúncio.

---

[101] CYRILLE ÉMEY, *ob. cit.*, pág. 282.

[102] Ver TIAGO DUARTE em *Estudos da Contratação Pública - I*, organizados por PEDRO GONÇALVES, Coimbra Editora, 2008, págs. 147 a 180, onde a *decisão de contratar* é objecto de uma reflexão que conclui no sentido de que *o legislador acabou por não saber verdadeiramente lidar com a decisão de contratar, notando-se uma espécie de pêndulo legislativo que tanto exalta a decisão de contratar na economia de todo o procedimento pré-contratual, como depois parece querer expurgar este acto das suas características mais importantes, como seja a sua existência autónoma, a sua fundamentação a sua publicitação e a sua impugnabilidade.*

4. O regime da autorização de despesas na contratação pública está estabelecido nos artigos 34º a 40º.

5. A doutrina vinha-se pronunciando de modo nem sempre convergente sobre o momento em que o procedimento adjudicatório se iniciava. MARCELO REBELO DE SOUSA[103], distinguia entre a formação do contrato, que se iniciava em regra com a abertura do concurso, e o procedimento administrativo, que se iniciava com a decisão ou deliberação de contratar e da escolha do procedimento de adjudicação, terminando com a decisão ou deliberação de proceder ou não proceder à adjudicação, igualmente nos termos legais. Por seu turno, SÉRVULO CORREIA e outros, consideravam que o procedimento adjudicatório se iniciava com a decisão de contratar[104]. O início da tramitação legal de cada um dos procedimentos adjudicatórios é precedido e preparado por um conjunto de actos cuja prática é legalmente imposta e que compreendem designadamente a tomada da decisão ou deliberação de promover a celebração de um contrato, a aprovação da despesa pela entidade para isso competente e a definição do objecto e fim do contrato a celebrar[105], das suas cláusulas administrativas e técnicas particulares[106]. Assim, para a última das orientações referidas, estes actos já se inseriam no procedimento administrativo da formação do contrato. Para FREITAS DO AMARAL[107] e para MÁRIO e RODRIGO ESTEVES DE OLIVEIRA[108], só com a abertura do concurso se iniciava o procedimento, o mesmo parecendo entender MARGARIDA OLAZABAL CABRAL[109], para quem o concurso se não iniciava com a deliberação ou decisão da sua abertura, mas antes com o próprio acto da sua abertura. Antes disso, segundo este entendimento, haveria apenas actos preparatórios, internos[110].

---

[103] *O Concurso Público na Formação do Contrato Administrativo*, ed. Lex, Lisboa, 1994, págs. 43 e seguintes.

[104] *Legalidade e Autonomia Contratual..,.*págs. 656 e seguintes.

[105] Cfr. FAUSTO QUADROS, *Formação do Contrato Administrativo*, Revista da Ordem dos Advogados, Lisboa, 1987, III, pág. 707.

[106] RAMÓN PARADA (*Derecho Administrativo, I*, Marcial Pons, 15ª ed., Madrid, 2004, pág. 288), referindo-se ao acto de aprovação da despesa, escreve: *Esta decisão não é mais que um acto de tramitação de efeitos internos que abre o procedimento externo de adjudicação, pelo que não é propriamente um acto administrativo, pelo menos não é um acto administrativo impugnável. Não há, pois, legitimidade alguma para os eventuais contratantes o impugnarem ou exigir que seja aprovado.*

[107] *Direito Administrativo*, III, 1985, pág. 438.

[108] *Concurso Público e outros Procedimentos...*, pág. 226.

[109] *O Concurso Público nos Contratos Administrativos*, Almedina, 1997, págs. 137 e seguintes.

[110] Sobre esta polémica, ver TIAGO DUARTE em *Estudos da Contratação Pública – I...*, págs. 152 e seguintes.

Este preceito parece tomar posição na questão, dando especial relevância à decisão de contratar, elemento motor, essencial e determinante de todo o procedimento de formação do contrato[111].

Após a tomada da decisão de contratar, há lugar a um conjunto de actos internos preparatórios da abertura do procedimento aos candidatos ou concorrentes, designadamente a elaboração do programa do procedimento (artigo 46º) e do caderno de encargos (artigo 47º). Segue-se a projecção da decisão de contratar para o exterior, isto é, a sua publicitação com vista a ser conhecida dos interessados potenciais candidatos ou concorrentes, iniciando-se então as fases procedimentais que culminam com a decisão de adjudicação (artigos 98º e 99º) ou de não adjudicação (artigo 100º).

6. Embora o texto legal o não refira expressamente, deve entender-se que a decisão de contratar, isto é, a decisão, em concreto, de celebrar um contrato em determinados termos[112], pode estar implícita na decisão de autorizar a despesa, até porque, como estabelece este artigo, uma e outra competem à mesma entidade. Isto é, na falta de declaração em contrário da entidade competente para as duas decisões, a autorização da despesa contém em si a decisão de contratar.

Esta medida dá especial relevo à decisão de contratar, ao ponto de ficcionar que existe. Assim escreveu PEDRO GONÇALVES, aliás de harmonia com o entendimento da Autora anteriormente referenciada: *O esforço de autonomização da decisão administrativa de contratar – que leva mesmo a ficcioná-la quando ela não existe efectivamente – é o resultado do interesse de conferir a terceiros uma oportunidade para (indirectamente) reagir contra um contrato que consideram ilegal e os lesa. A decisão de contratar, mesmo que não tenha sido efectivamente tomada, é uma condição jurídica da existência do contrato, pelo que, atacando-a, pode pôr-se em crise o contrato*[113].

7. A competência para tomar a decisão ou deliberação de contratar, pode derivar da lei ou de um acto de delegação. Quanto à delegação de poderes, o seu regime vem estabelecido nos artigos 12º a 18º das NPAA.

---

[111] No que, no entendimento de CARLOS FARINHA (*Programa de Concurso de Empreitadas de Obras Públicas*, Livraria Pertrony, 2010, pág.10) o legislador foi *extremamente infeliz*, já que coloca o definido na definição e confunde a decisão de contratar com a decisão de dar início ao procedimento de contratação.

[112] Cfr. MARIA JOÃO ESTORNINHO, *Direito Europeu dos Contratos Públicos...*, pág. 360 (nota de rodapé).

[113] *O Contrato Administrativo...*, pág. 88, onde advoga a desnecessidade de se autonomizar a decisão de contratar.

Apenas se refere que, segundo FREITAS DO AMARAL[114], *delegação de poderes (ou delegação de competências) é o acto administrativo pelo qual um órgão da Administração, competente para decidir em determinada matéria, permite, de acordo com a lei, que outro órgão ou agente pratiquem actos administrativos sobre a mesma matéria.*

8. Cfr. os artigos 22º, 32º e 48º.

ARTIGO 32º
Decisão de escolha do procedimento

1. A decisão da escolha do procedimento de contratação pública a adoptar em concreto cabe ao órgão competente para a decisão de contratar, de acordo com a legislação aplicável.
2. A decisão de escolha do procedimento de contratação em concreto, de acordo com as regras estabelecidas na presente lei, deve ser sempre fundamentada, ainda que por remissão para estudos ou relatórios que tenham sido realizados para esse propósito.

1. O órgão competente para a decisão de contratar, estabelece o artigo 31º, é o órgão competente para autorizar a despesa, que, nos termos do artigo 34º, é determinado pelas regras constantes do anexo II a esta LCP. E, certamente, é a esse anexo que o texto do preceito se reporta quando alude a *legislação aplicável.*

2. O preceito impõe o dever de fundamentação da decisão de escolha do tipo de procedimento de adjudicação. O que é de utilidade duvidosa, pois que, iniciando-se o procedimento com a decisão de contratar (artigo 30º), esta decisão é um acto administrativo externo, que pode afectar a esfera jurídica de terceiros e, portanto, de fundamentação obrigatória nos termos do artigo 67º das NPAA. O mesmo se diga quanto à *fundamentação por remissão* ou *absorção* facultada na última parte do nº 2, que já é admitida em termos gerais pelo nº 1 do artigo 68º daquelas NPAA.

De qualquer modo, até pela sua própria natureza e conteúdo, justifica que fiquem salvaguardados os fins da fundamentação: *função de pacificação, de defesa do administrado, de autocontrole e de clarificação e prova*[115].

3. Nada impede que quer a escolha do procedimento, quer a respectiva fundamentação sejam feitas em simultâneo com a decisão de contratar, como ficou dito em comentário ao artigo anterior.

4. Cfr. os artigos 31º e 34º.

---

[114] *Curso de Direito Administrativo*, I, Almedina, 3ª ed., 2007, pág. 839.
[115] RUI MACHETE, *Direito Administrativo*, pág. 775.

ARTIGO 33º
Associação de entidades públicas contratantes

1. As entidades públicas contratantes podem associar-se entre si com vista à formação de um contrato, cuja execução seja do interesse de todas ou de que todas possam beneficiar.

2. Incluem-se na previsão do número anterior, nomeadamente, a celebração de contratos de aprovisionamento conjunto de bens ou serviços, acordos-quadro ou a constituição de centrais de compras comuns.

3. Sem prejuízo das regras especiais previstas para a constituição e funcionamento das centrais de compras comuns, o protocolo de constituição de uma associação de entidades públicas contratantes deve designar qual destas é o representante da associação para efeitos de condução do procedimento que venha a ser escolhido, ficando-lhe tacitamente cometidos todos os poderes necessários para esse efeito.

4. As decisões de contratar, de escolha do procedimento, de qualificação dos candidatos e de adjudicação devem, contudo, ser tomadas conjuntamente, pelo órgão ou órgãos competentes, com referência a cada entidade contratante, salvo delegação expressa no representante, de todos ou de alguns destes poderes, de acordo com as normas aplicáveis.

1. Corresponde ao que estabelecia o artigo 25º do anterior RRDP, de que difere significativamente.

2. Tal como sucede com os candidatos e concorrentes, que se podem coligar em agrupamentos para participar nos procedimentos de adjudicação de contratos públicos (artigo 53º), também as entidades contratantes se podem associar para, através de um contrato público, prosseguirem interesses públicos ou benefícios comuns. Com uma diferença fundamental: enquanto o *agrupamento complementar de empresas* tem personalidade jurídica própria, com o agrupamento de entidades contratantes não nasce uma pessoa jurídica nova, portanto diferente das pessoas colectivas que o integram.

Por isso mesmo, as decisões sobre os aspectos mais relevantes do procedimento da contratação não são tomadas pela entidade que lidera ou representa o agrupamento, mas antes, conjuntamente, pelos órgãos competentes daquelas entidades.

3. No nº 1 prevê-se a hipótese de o objecto do contrato respeitar a interesses públicos comuns às várias entidades públicas contratantes, isto é, de se integrarem nas atribuições que legalmente a cada uma cabem. O que, aliás, resulta do *princípio da especialidade* a que está subordinada a sua actividade.

Quanto ao nº 2, salienta-se o carácter meramente exemplificativo da enumeração de contratos aí feita.

Quanto aos contratos de aprovisionamento e acordos-quadro ver o artigo 3º; quanto às centrais de compras, ver os artigos 172º a 179º.

4. Embora isso não resulte necessariamente do seu significado técnico-jurídico, parece que, com o advérbio *"conjuntamente"* utilizado no nº 4, se pretendeu significar não apenas que a decisão deve ser tomada com a participação de todos os órgãos competentes de todas as entidades contratantes integradas no agrupamento, como também que essa decisão deve ter sido tomada por unanimidade daquelas entidades.

5. Cfr. o artigo 53º.

SECÇÃO II
AUTORIZAÇÃO DA DESPESA
ARTIGO 34º
Competência para autorizar a despesa

A competência para a autorização das despesas relativa aos contratos sujeitos ao regime da contratação é determinada nos termos do Anexo II da presente lei.

1. O regime da competência para a autorização das despesas decorrentes dos contratos administrativos constava dos artigos 7º a 11º do RRDP que vigorava anteriormente.

2. No que respeita à contratação pública em geral, segundo o anexo II, a competência para autorizar a despesa cabe:

- Titular do Poder Executivo – sem limite;
- Por delegação do Titular do Poder Executivo :
  - Ministros de Estado e Ministros – até 1.000.000. 000,00 de Kz;
  - Governadores Provinciais, órgãos máximos dos Institutos Públicos, das empresas públicas e dos serviços e fundos autónomos – 500.000.000,00 Kz;
- Tratando-se de despesas previstas discriminadamente em plano de actividade aprovado – órgãos máximos dos Institutos Públicos, das empresas públicas e dos serviços e fundos autónomos – 500.000.000,00 Kz;

ARTIGO 35º
Despesas com seguros

1. As despesas com seguros que, em casos excepcionais, sejam consideradas conveniente fazerem-se, carecem de prévia autorização do Ministro das Finanças, sob proposta do Ministro que tutela a matéria objecto de concurso.

2. O disposto no número anterior não se aplica às despesas com seguros:

a) que, por imposição de leis locais ou do titular do direito a segurar, tenham de efectuar-se no estrangeiro;

b) de bens culturais e outros casos previstos em legislação especial.

O nº 1 corresponde ao que dispunha o anterior RRDP no nº 5 do seu artigo 7º; a alínea a) do nº 2 corresponde ao que ali era regulado no nº 6 e a alínea b) naquele nº 5, aliás em termos semelhantes.

ARTIGO 36º
Contratos de arrendamento

1. A celebração de contratos de arrendamento de imóveis para instalação de serviços do Estado e Institutos Públicos, Empresas Públicas e Serviços e Fundos Autónomos está sujeita a parecer da Direcção Nacional do Património do Estado.

2. O parecer da Direcção Nacional do Património do Estado a que se refere o número anterior deve ser emitido no prazo máximo de vinte dias, findo o qual se presume favorável ao arrendamento proposto.

3. A competência para a autorização das despesas previstas no presente artigo depende de autorização a conceder, nos termos do nº 3 do Anexo II da presente lei.

4. As despesas com contratos de arrendamento de imóveis sitos no estrangeiro ficam apenas sujeitas à autorização do Ministério das Finanças ou de entidade em quem delegue essa competência a ser concedida no prazo máximo de vinte dias, com dispensa do visto do Tribunal de Contas, se tiverem de constar de título escrito em idioma estrangeiro devem ser remetidos, com a respectiva tradução oficial, ao Ministro de Tutela.

5. Constituem requisitos de validade do contrato de aquisição ou arrendamento de imóvel celebrado em Angola, nos termos da presente lei:

a) ser reduzido a escritura pública;

b) o respectivo registo na Repartição Fiscal da área de localização do imóvel.

1. Os nºs 1 e 2 correspondem ao que dispunha o anterior RRDP nos nºs 7 e 8 do seu artigo 7º; o nº 4 corresponde ao que ali era regulado no nº 9.

2. No que respeita à contratação de arrendamento de imóveis, o nº 3 do anexo II, atribui a competência para autorizar a despesa ao:

- Ministro da Tutela – se o valor da renda anual não exceder 73.000.000,00 Kz;
- Ministros da Tutela e Ministro das Finanças – se o valor da renda anual exceder 73.000.000,00 Kz.

ARTIGO 37º
Limites de competência para a autorização de despesas sem concurso

1. A competência para a autorização das despesas sem concurso é admissível, nos termos da alínea d) do nº 1 do artigo 22º e do artigo 30º ambos da presente lei e é determinada, nos termos do disposto no nº 4 do Anexo II da presente lei.

2. A decisão ou deliberação de contratar, tomada nos termos do número anterior deve constar de proposta fundamentada da entidade por conta de quem a despesa deva ser liquidada e paga, devidamente informada pelos serviços de contabilidade do próprio organismo ou serviço.

3. As despesas realizadas sem concurso não podem ultrapassar o limite anual de 10% do orçamento global da unidade orçamental relativamente à verba inscrita na categoria orçamental que suporta a despesa a realizar.

4. Os contratos a que se refere o presente artigo só podem ser celebrados quando existam os documentos que permitam provar a existência do contrato, nomeadamente, solicitações ou requisições de fornecimentos de bens ou prestação de serviços, propostas de fornecimento de pelo menos três agentes económicos nos termos e condições do contrato e aceitação da entidade competente para qualquer posterior e eventual inspecção e ou auditoria.

1. Os nºs 1, 2 e 3 correspondem ao que dispunha o RRDP nos nºs 1, 2 e 4 do seu artigo 8º.

2. No que respeita à contratação com dispensa de cumprimento das regras que regulam a utilização do concurso público, do concurso limitado por prévia qualificação e concurso limitado sem apresentação da candidaturas (artigo 25º) a autorização da respectiva despesa cabe ao:

- Titular do Poder Executivo – sem limite;
- Ministros de Estado – até 91.000.000,00 de Kz;

- Ministros, Governadores Provinciais, órgãos máximos dos Institutos Públicos, das empresas públicas e dos serviços e fundos autónomos – 36.000.000,00 Kz.

3. O nº 3 estabelece um teto para a despesa anual da contratação sem concurso, dispondo que, no seu conjunto, o valor global acumulado dos contratos adjudicados e celebrados nessas condições não pode exceder 10% do valor da verba da respectiva inscrição orçamental.

ARTIGO 38º
Delegação de competências
1. Salvo nos casos em que a delegação ou subdelegação esteja expressamente proibida por lei, a competência para a prática dos actos decisórios e de aprovação tutelar podem ser delegados ou subdelegados.
2. As competências do Titular do Poder Executivo podem ser delegadas no Vice-presidente da República, nos Ministros de Estado, nos Ministros e nos Governadores Provinciais.

1. Reproduz textualmente o artigo 9º do RRDP anteriormente vigente.

2. O regime geral da delegação de poderes ou delegação de competências vem estabelecido nos artigos 12º a 17º das NPAA.

3. A delegação de poderes traduz uma desconcentração administrativa[116] obtida através da atribuição por um órgão ou agente administrativo a outrém, designadamente a subalternos seus, do exercício de competência sua, ou, como escreve FREITAS DO AMARAL [117], *é o acto pelo qual um órgão da Administração, normalmente competente em determinada matéria, permite, de acordo com a lei, que outro órgão ou agente pratiquem actos administrativos sobre a mesma matéria.*

Seguindo ainda a lição de FREITAS DO AMARAL[118], são três os requisitos da delegação de poderes:

a) A existência de uma disposição legal habilitante, isto é, que preveja expressamente a faculdade de um órgão delegar poderes noutro. É esse o objecto deste preceito.

---

[116] Sobre a desconcentração administrativa, ver, por exemplo, FREITAS DO AMARAL, *Curso de Direito Administrativo...*, I, págs. 833 e seguintes.

[117] *Curso de Direito Administrativo...*, I, pág. 839. Cfr. também, M. ESTEVES DE OLIVEIRA e co-Autores do *CPA Comentado*, 2ª edição, pág. 210, MARCELLO CAETANO, *Manual...*, I, pág. 226, SÉRVULO CORREIA, *Noções de Direito Administrativo...*, págs. 215 e seguintes e MÁRIO ESTEVES DE OLIVEIRA, *Direito Administrativo...*, págs. 268 e seguintes.

[118] *Curso de Direito Administrativo...*, I, págs. 839 e seguintes.

b) A existência de dois órgãos ou agentes, um o delegante, outro o delegado. No caso deste artigo, o órgão delegante é o competente para tomar a decisão de contratar e para autorizar a despesa, sendo o delegado o que aquele órgão indicar no acto de delegação.
c) Finalmente, há necessidade de um acto concreto da entidade delegante a concretizar a delegação.

4. A delegação de competências não se confunde com figuras jurídicas próximas mas daquela distintas, designadamente das seguintes:

- a *transferência de competência*, que, ao contrário da delegação, implica, por parte do detentor da competência, a sua perda;
- a *concessão de competência*, que também implica uma transferência de poderes transitória, mas para uma entidade privada;
- a *representação*, em que os actos praticados pelo representante o são em nome do representado, diferentemente do que sucede na delegação em que os actos do delegado são por este praticados em nome próprio;
- a *substituição* (artigo 18º das NPAA) em que, por efeito da lei, um agente pratica actos administrativos da competência de outro agente do mesmo órgão, na sua ausência ou impedimento, para garantir a regular continuidade do exercício das respectivas funções.

ARTIGO 39º
Unidade da despesa

1. Para efeitos do presente regime a despesa a considerar é a do custo total com a execução do respectivo contrato.

2. A despesa autorizada nos termos do número anterior pode ser liquidada e paga em fracções, de acordo com as respectivas cláusulas contratuais ou com as disposições legais e regulamentares aplicáveis.

3. A competência fixada nos termos dos artigos 34º, 36º e 37º da presente lei mantém--se para as despesas provenientes de alterações, de variantes, de revisões de preços e de contratos adicionais, desde que o respectivo custo total não exceda 5% do limite da competência inicial.

4. Quando for excedido o limite percentual estabelecido no número anterior, a autorização do acréscimo da despesa compete à entidade que detém a competência para autorizar a realização do montante total da despesa, acréscimos incluídos.

5. Nos termos referidos no artigo 26º da presente lei é proibido o fraccionamento da despesa com a intenção de a subtrair às regras da presente lei.

Corresponde ao artigo 10º do RRDP anteriormente vigente. A divergência mais significativa respeita à probição do fraccionamento da despesa (nº 5) que, naquele artigo 10º, tratando-se de fraccionamento de empreitada de obras públicas em partes, só era permitido, *desde que cada uma delas respeitasse a um tipo de trabalho tecnicamente diferenciado dos restantes ou devesse ser executada com intervalo de um ano ou mais relativamente às outras.*

A actual formulação do preceito parece ser, por um lado, menos restringente, por não impor à divisão o condicionalismo anteriormente imposto; porém, por outro lado, mais restringente, na medida em que a proibição se verifica sempre que a divisão é feita com intenção de ladear o regime legal da formação dos contratos. Assim sendo, o que se pode dizer é que a proibição não se verifica necessáriamente com a ocorrência das situações previstas no regime anterior, mas, com essa ocorrência, há fortes indícios da intenção de fugir às imposições legais do procedimento da formação do contrato.

ARTIGO 40º
Ano económico

1. As despesas que dêem lugar a encargo orçamental em mais de um ano económico ou em ano que não seja o da sua realização, designadamente com a aquisição de serviços e de bens através de locação com opção de compra, de locação financeira, de locação de venda ou de compra a prestações com encargos, não pode ser efectuada sem prévia autorização conferida por Decreto Executivo Conjunto do Ministro das Finanças e do respectivo Ministro da tutela, salvo quando:

a) resultem de planos ou programas plurianuais legalmente aprovados;

b) os seus encargos não excedam o limite fixado no nº 5 do Anexo II da presente lei;

c) o prazo de execução não exceda os três anos.

2. Os Decretos Executivos e os contratos a que se refere o número anterior devem fixar o limite máximo do encargo correspondente a cada ano económico.

3. Dentro dos sessenta dias anteriores ao fim do ano económico, podem ser promovidas adjudicações de bens ou serviços ou a celebração de contratos de arrendamento para se efectuarem no começo do ano económico imediato, desde que se verifiquem, cumulativamente, as seguintes condições:

a) constituir o fim da adjudicação ou da celebração do contrato despesa certa e indispensável;

b) os encargos contraídos não excedam a importância de dois duodécimos da verba consignada a despesas da mesma natureza no orçamento do ano em que se fizer a adjudicação ou se celebrar o contrato.

4. Qualquer encargo resultante da aplicação do disposto no número anterior só pode ser assumido desde que seja devidamente declarado pelo órgão competente do Ministério das Finanças que no projecto de orçamento aplicável foi inscrita a verba para suportar aquela despesa.

5. A declaração referida no número anterior supre a informação de cabimentação exigida no instrumento do contrato e obedece à condição do encargo que vier a ser suportada pela correspondente verba do orçamento do ano económico imediato.

6. As despesas resultantes de situações imprevistas ou de fornecimentos ou trabalhos a mais, cujos contratos iniciais tenham sido precedidos do Decreto Executivo publicado ao abrigo do disposto no nº 1 do presente artigo, não ficam sujeitas ao cumprimento das disposições dos números anteriores, desde que os novos encargos tenham cabimento orçamental, em vigor à data do adicional.

7. Pode ser delegada nos órgãos locais do Estado a competência para autorizar despesas até ao valor estabelecido no nº 6 do Anexo II da presente lei.

1. Corresponde ao artigo 11º do RRDP anteriormente vigente, de que, em substância não difere, salvo quanto ao nº 7 que não existia naquele preceito.

2. Estabelece o nº 4 do anexo II que o limite máximo da despesa que constitua encargo orçamental em mais de um ano económico ou em ano que não seja o da sua realização, designadamente com a aquisição de serviços e de bens através de locação com opção de compra, de locação financeira, de locação de venda ou de compra a prestações com encargos, que pode ser efectuada sem prévia autorização conferida por Decreto Executivo Conjunto do Ministro das Finanças e do respectivo Ministro da tutela é de 320.000.000,00 de Kz.

3. O limite do valor da despesa até ao qual é permitida a delegação da competência nos órgãos locais do Estado para a sua autorização é, nos termos do disposto no nº 6 da anexo II, de 180.000.000,00 Kz.

4. Quanto ao nº 7, ver o comentário ao artigo 38º.

SECÇÃO III
COMISSÃO DE AVALIAÇÃO DO PROCEDIMENTO

ARTIGO 41º
Comissão de avaliação

1. Os procedimentos de contratação são conduzidos por uma Comissão de Avaliação constituída por um número impar de membros, num mínimo de três membros efectivos e um máximo de cinco membros e dois suplentes.

2. As comissões de avaliação previstas no número anterior são sempre presididas por um representante do Ministério das Finanças ou de outra entidade por ele designada para o efeito, cabendo a designação dos restantes membros ao órgão superior da entidade pública contratante que os escolhe de entre funcionários da entidade pública contratante.

3. Ao nível local, a competência para a nomeação dos presidentes das comissões de avaliação é do respectivo Governador Provincial, sob proposta do Delegado de Finanças.

4. Os membros da Comissão de Avaliação devem ser pessoas com experiência nas operações da entidade pública contratante e em matéria de contratação pública em Angola e devem, ainda, possuir qualificações que satisfaçam os requisitos e as orientações emitidos pelo Executivo ou pelo Gabinete da Contratação Pública.

5. Não pode ser designada para integrar a Comissão de Avaliação qualquer pessoa:

a) que, ou cujo cônjuge ou pessoa com quem viva em regime de união de facto ou em economia comum, parente ou afim, tenha um interesse financeiro ou outro, directo ou indirecto, num determinado processo de contratação;

b) que, ou cujo cônjuge ou pessoa com quem viva em regime de união de facto ou em economia comum, parente ou afim, seja proprietário ou tenha um interesse financeiro ou outro, directo ou indirecto, em alguma sociedade, entidade ou empreendimento que participe no processo de contratação.

6. Qualquer pessoa que seja nomeada membro de uma Comissão de Avaliação e que se encontre numa das situações previstas no nº 5, deve notificar imediatamente o superior da entidade pública contratante do respectivo impedimento, não podendo participar na comissão.

7. A não observância do disposto no número anterior está sujeita a medidas disciplinares a serem impostas pelo superior da entidade pública contratante, que pode incluir o impedimento para participar, no futuro, em quaisquer outras comissões de avaliação, se outra sanção mais forte não for aplicável.

1. O disposto neste artigo corresponde ao normativo dos artigos 57º e 65º do RRDP anteriormente vigente. Este, previa a existência de duas comissões: a *comissão do acto público do concurso,* perante a qual o acto público decorria e que procedia, designadamente, à abertura das propostas, à admissão ou exclusão dos concorrentes e à admissão ou exclusão das propostas (artigos 57º a 59º); outra comissão, *a comissão de análise,* que procedia à análise da capacidade técnica e financeira dos candidatos e concorrentes, das propostas admitidas e à sua ordenação segundo o respectivo mérito (artigo 65º).

2. A atribuição da condução dos procedimentos de adjudicação dos contratos públicos a um órgão colegial visa reforçar a observância dos princípios da legalidade, da igualdade, da imparcialidade, da concorrência e da justiça, bem como garantir a qualidade técnica da apreciação das qualificações dos candidatos e dos concorrentes e o mérito técnico das propostas, embora haja quem lhe aponte os inconvenientes de tornar a tramitação do procedimento mais pesada e o de aumentar o risco de quebra do sigilo que deve ser preservado até à adjudicação (artigo 44º)[119].

Saliente-se que, salvo nos concurso para trabalhos de concepção[120], as deliberações da Comissão têm caracter meramente consultivo, apresentando-se sob a forma de propostas para a entidade adjudicante constantes do respectivo relatório (artigos 43º, nº 1 f), 89º e 97º), portanto, não sendo para essa entidade vinculantes, sem prejuízo do dever de fundamentação no caso de entender não adoptar essas propostas.

3. Segundo esta LCP, existe uma única comissão que desempenha todas aquelas tarefas, a Comissão de Avaliação (artigos 41º a 43º).

Não se trata de uma comisão permanente, portanto de composição estabilizada para exercer a sua função durante um período de tempo e que conduza todos os procedimentos adjudicatórios numa determinada circunscrição territorial. É uma comissão cuja composição é estabelecida em cada caso concreto; cujos membros, em número de três ou cinco e com dois suplentes, são nomeados pela entidade contratante, salvo o presidente que é um representante do Ministério das Finanças ou, a nível local, do Governador Provincial sob proposta do Delegado de Finanças.

Enquanto o presidente pode ser um representante do Ministério da Finanças ou quem o respectivo Ministro designe, os restantes membros da comissão devem ser funcionários da entidade pública contratante (nº 2).

---

[119] Cfr. LAURENT RICHER, *Droit des Contrats Administratifs,* 6ª edição, Lextesso Éditions, Paris, 2008, pág. 433.
[120] Em que as deliberações do júri têm carácter vinculativo para a entidade contratante (artigo 147º, nº 4).

4. Quanto aos nºs 2 e 3. importa salientar que, não obstante as regras de competência aí fixadas para a sua nomeação, a comissão e os seus membros mantêm total independência no âmbito do exercício das funções que lhes cabe desempenhar, não estando integrada em qualquer cadeia hierárquica[121], designadamente com relação às entidades que nomearam os seus membros. Por isso, os seus membros só podem ser afastados por decisão daquelas entidades que não tenha por fundamento os aspectos técnicos do exercício dessas funções, mas apenas a perda das qualidades necessárias para a sua nomeação[122]. Deste modo, por exemplo, a composição da comissão não é afectada pela simples alteração da composição ou mesmo total substituição de qualquer das entidades que nomearam os seus membros.

5. O disposto no nº 4 visa garantir a idoneidade técnica dos membros da Comissão de Avaliação. Como a disposição do preceito estabelece, a sua escolha deve ser feita, não apenas em função da sua idoneidade moral, de que trata o nº 5, mas também em função dos conhecimentos que tem sobre a natureza das prestações objecto do contrato a celebrar. O que, naturalmente, dependerá da natureza das prestações que integrarão o objecto do contrato a celebrar.

6. O nº 5 visa garantir a idoneidade moral dos membros da Comissão de Avaliação, enumerando um conjunto de deveres e impedimentos que, aliás, o artigo 7º já enumera para os funcionários indicados para terem intervenção nos procedimentos de formação de contratos administrativos. Trata-se de salvaguardar a transparência dos procedimentos, a insuspeição e a seriedade com que devem decorrer, assim garantindo um tratamento igual a todos os interessados na participação nesses procedimentos. Por isso, os elementos que compõem a comissão, como ali é estabelecido, terão necessariamente que ser pessoas imparciais e independentes em relação a qualquer dos participantes no procedimento, pelo que se esta incompatibilidade se revelar após a sua nomeação, deve proceder-se à substituição do elemento por ela afectado.

7. Quer por razões de ordem prática ligadas ao exercício das funções que lhe cabe desempenhar[123], quer por uma questão de transparência, seria reco-

---

[121] VIEIRA DE ALMEIDA & ASSOCIADOS, *Código dos Contratos Públicos – Guia de Leitura e de Aplicação...*, pág. 715.

[122] Aos membros do júri aplica-se o disposto nos artigos 44º e 48º do CPA (ver, neste sentido, VIEIRA DE ALMEIDA & ASSOCIADOS, *Código dos Contratos Públicos – Guia de Leitura e de Aplicação...*, pág. 716).

[123] STEPHANE BRACONNIER em *Droit des Marchés Publics,* ed. Impremerie Nationale, 2002, pág. 191, salienta o papel do júri, considerando-o um *órgão chave* da adjudicação dos contratos públicos.

mendável que a constituição do júri fosse estabelecida no acto administrativo que delibera ou decide a abertura do procedimento e constar dos elementos patenteados[124]. Todavia, não o impõem, nem os artigos 31º e 32º, nem os anexos que incluem os modelos de anúncio de abertura do procedimento (IV, V e VI).

ARTIGO 42º
Funcionamento

1. A Comissão de Avaliação do procedimento inicia as suas funções no dia determinado no despacho que designa o seu Presidente.
2. A Comissão de Avaliação funciona quando estiver presente a maioria dos seus membros efectivos.
3. As deliberações da Comissão de Avaliação são tomadas pela maioria dos votos dos membros presentes, não sendo admitidas abstenções.
4. A Comissão de Avaliação pode designar, de entre os seus membros, ou de entre o pessoal dos serviços da entidade pública contratante, um secretário a quem compete, designadamente, lavrar as actas.
5. Sempre que for necessário, o órgão competente para a decisão de contratar pode designar peritos ou consultores para apoiarem a Comissão de Avaliação no exercício das suas funções, podendo aqueles participar, mas sem direita a voto, nas reuniões da comissão.
6. Nas deliberações em que haja voto de vencido, as razões discordantes do membro da Comissão de Avaliação devem constar da respectiva acta, sob a forma de declaração de voto.

1. O disposto no nº 5 era estabelecido no nº 1 do artigo 65º do RRDP anteriormente vigente.

2. Para reunir, a Comissão tem de ser convocada, pelo que qualquer reunião feita sem prévia convocatória levada ao conhecimento de todos os seus membros em que qualquer deles não esteja presente, enfermará do vício de violação de uma formalidade essencial geradora da respectiva invalidade.

3. Para a Comissão funcionar basta que esteja presente a maioria dos seus membros efectivos (nº 2), mas, por outro lado, é necessária a presença dessa maioria dos membros efectivos, não bastando uma maioria obtida através dos membros suplentes. No entanto, se um membro efectivo inicialmente designado tiver deixado de fazer parte da Comissão e tiver sido nela substi-

---

[124] Neste sentido, VIEIRA DE ALMEIDA & ASSOCIADOS, *Código dos Contratos Públicos – Guia de Leitura e de Aplicação...*, pág. 716.

tuído por um suplente, este passou a ter o carácter de efectivo para o efeito acima referido.

4. Na segunda parte do nº 3 é estabelecida a obrigatoriedade de voto, assim se impedindo a fuga ao exercício das respectivas competências[125]. *O cargo de membro de órgão administrativo colegial é para exercer assumida e responsavelmente, com o propósito da realização da legalidade e do interesse público, sem margem para votos de "nem sim nem não": o desempenho de funções administrativas é um munus público, um compromisso com a definição do interesse público, que pressupõe o estudo dos dossiers e a preparação da decisão[126].*

5. *Acta,* na definição de ARNALDO GONÇALVES, é o documento que contém a *descrição ou resumo fiel e objectivo do que houver ocorrido numa reunião ou assembleia, apresentada sob a forma escrita e com respeito das formalidades prescritas pela lei, quando as houver[127],* ou, por outras palavras, o documento que contém *o registo escrito dos actos ocorridos e das deliberações ou determinações tomadas numa sessão de qualquer assembleia[128].* A acta não constitui em si mesma o acto administrativo de decisão ou deliberação, mas o documento que o representa[129] para lhe conferir estabilidade, certeza e firmeza no mundo jurídico[130].

O conteúdo da acta de uma reunião depende da natureza dos assuntos tratados nessa reunião, mas deve sempre, conter um relato de tudo o que nela tiver ocorrido, indicando, designadamente, a data e o local da reunião, os membros presentes, os assuntos apreciados, as deliberações tomadas e a forma e o resultado das respectivas votações, reclamações dos concorrentes, deliberações que mereceram e recursos interpostos dessas deliberações, etc..

Mas, por outro lado, não se impõe que esse relato seja nela feito de modo exaustivo, bastando que o seja *resumidamente,* ainda que por forma suficientemente expressiva do integral conteúdo das várias manifestações de vontade que regista, quer se trate de intervenções de assistentes ao acto, quer das deliberações que suscitam ao júri e respectiva fundamentação.

6. Cfr. os artigo 41º e 43.

---

[125] Cfr. *CPA Comentado,* de SOUSA BOTELHO, PIRES ESTEVES e CÂNDIDO DE PINHO, Almedina, 3ª edição, pág. 149.

[126] M. ESTEVES DE OLIVEIRA, P. COSTA GONÇALVES e J. PACHECO DE AMORIM, *Código do Procedimento Administrativo Comentado,* Almedina, 2ª edição, pág. 171.

[127] *Legislação da Construção Civil,* Coimbra Editora, 1984, pág. 506.

[128] *Dicionário de Língua Portuguesa Contemporânea,* Verbo, 2001, I, pág. 69.

[129] SANTOS BOTELHO, PIRES ESTEVES e CÂNDIDO DE PINHO, *ob. cit.,* pág. 157.

[130] ESTEVES DE OLIVEIRA, P. COSTA GONÇALVES e J. PACHECO DE AMORIM, *ob. cit.,* pág. 183.

ARTIGO 43º
Competência

1. À Comissão de Avaliação do procedimento compete, nomeadamente:
a) receber as candidaturas;
b) conduzir o acto público do concurso;
c) proceder à apreciação das candidaturas;
d) proceder à apreciação das propostas;
e) elaborar os relatórios de análise das candidaturas e das propostas;
f) elaborar as propostas de decisão quer quanto à admissão das candidaturas, à admissão das propostas e à adjudicação a submeter ao órgão competente para a tomada da decisão de contratar.

2. Cabe ainda à Comissão de Avaliação exercer as competências que lhe sejam delegadas pelo órgão competente para a decisão de contratar, não sendo, contudo, delegáveis as decisões quanto à qualificação dos candidatos e à de adjudicação.

1. O conteúdo normativo deste preceito era tratado nos artigos 58º, 65º, 66º e 67º do RRDP anteriormente vigente.

2. A actividade da Comissão de Avaliação é exclusivamente dirigida a preparar as decisões ou deliberações sobre os direitos dos candidatos e concorrentes no procedimento. Em princípio, não pratica, portanto, actos administrativos com eficácia externa, mas tão somente actos preparatórios desses actos externos. A não ser no exercício de poderes delegados no âmbito em que, nos termos do nº 2, essa delegação é admitida. Sem embargo, a sua acção é de fundamental importância já que, terminando por relatórios em que toma posição sobre a admissão ou exclusão de candidaturas ou de propostas e sobre o mérito ou valor relativo destas face ao critério, factores e subfactores de adjudicação, irá, em regra, determinar a decisão ou deliberação a tomar sobre esses assuntos, pelo que a validade legal destas dependerá da validade formal e substancial daqueles relatórios.

3. De entre as atribuições da Comissão de Avaliação salienta-se aqui as seguintes:
- Condução do procedimento de adjudicação (artigo 41º, nº 1);
- Conduzir o acto público do concurso (artigos 41º, nº 1 e 43º, nº 1 b) e 75º a 90º);
- Receber as candidaturas e as propostas (artigo 43º, nº 1 a);
- Analisar e avaliar as candidaturas e as propostas (artigo 43º, nº 1 c) e d));

- Elaborar os relatórios de análise das candidaturas e das propostas (artigos 43º, nº 1 e) e 97º, nº 1);
- Elaborar os relatórios preliminar e final (artigos 89º e 97º);
- Elaborar as propostas de decisão quanto à admissão das candidaturas, das propostas e quanto à adjudicação (artigos 43º, nº 1 e) e 97º, nº 1);
- Exercer as competências delegadas (artigo 43º, nº 2);
- Pedir esclarecimentos sobre o teor das propostas e os documentos de candidatura (artigo 88º);
- Publicitar as listas dos concorrentes e dos candidatos (artigos 138,º nº 1 e 177º, nº 1).

4. O regime geral da delegação de poderes ou delegação de competências vem estabelecido nos artigos 12º a 17º das NPAA. Ver, sobre a delegação de competências, o comentário ao artigo 38º.

5. Cfr. os artigos 41º, 42º, 87º, 100º, 102º, 178º.

ARTIGO 44º
Confidencialidade dos processos de concurso

1. Os membros da Comissão de Avaliação e os funcionários chamados a colaborar no procedimento estão obrigados a guardar sigilo e a assegurar a confidencialidade dos elementos do mesmo.
2. A violação do dever de confidencialidade previsto no número anterior faz incorrer o infractor em responsabilidade civil, criminal e disciplinar, nos termos legais.

1. No RRDP anteriormente vigente, o artigo 21º estabelecia o dever de sigilo relativamente a todas as informações recebidas e prestadas pelos candidatos e concorrentes nos termos do disposto na lei sobre o acesso a documentos da Administração (cfr. o artigo 35º das NPAA).

2. O dever de sigilo estabelecido no nº 2, no que aos funcionários diz respeito, já resulta do disposto no nº 2 do artigo 6º e do artigo 4º, nº 5 do Regime Disciplinar dos Funcionários Públicos e Agentes Administrativos[131]. Os funcionários incorrem na pena de despromoção se violarem o segredo profissional ou a inconfidência de que resultem prejuizos materiais ou morais para o Estado ou para terceiros(artigo 15º b)).

---

[131] Aprovado pelo Decreto nº 33/91, de 26 de Julho.

3. A responsabilidade criminal traduz-se no crime de violação de segredo previsto e punido nos termos do artigo 290º do Código Penal.

SECÇÃO IV
PEÇAS DO PROCEDIMENTO

ARTIGO 45º
Tipos de peças

1. Sem prejuízo das especificações para cada tipo de contrato, as peças dos procedimentos de contratação são as seguintes:

a) no concurso público – o programa do procedimento e o caderno de encargos;
b) no concurso limitado por prévia qualificação, no concurso limitado sem apresentação de candidaturas e no procedimento de negociação – o programa do procedimento, o convite para a apresentação das propostas e o caderno de encargos;
c) no procedimento por negociação – o convite para a apresentação das propostas e o caderno de encargos.

2. As peças dos procedimentos de concurso são aprovadas pelo órgão competente para a decisão de contratar.

1. O nº 1 deste artigo requer algum esclarecimento e mesmo correcção. Com efeito, por um lado, na alínea b) refere que as peças do procedimento por negociação são o programa do procedimento, o convite e o caderno de encargos, sendo que na alínea c), referindo de novo o procedimento por negociação, já apenas considera como suas peças o convite e o caderno de encargos, não considerando como tal o programa do procedimento, como se este não existisse. E, no entanto, existe, como estabelece o artigo 136º.

O lapso parece decorrer do facto de o projecto do diploma, no seu artigo 31º, prever na alínea c) o ajuste directo, cujas peças eram o convite e o caderno de encargos. Como a alínea b) do projecto foi integralmente adoptada por este preceito, e como a LCP não adoptou o procedimento de ajuste directo, por lapso evidente não foi eliminada a alínea c).

Assim, parece que tem que se considerar essa alínea c) como não escrita.

2. O quadro seguinte permite comparar as várias peças relativas aos vários procedimentos:

PROCEDIMENTO	PEÇAS
Concurso público	Programa do concurso Caderno de encargos
Concurso limitado por prévia qualificação	Programa do concurso Caderno de encargos Convite
Concurso limitado sem apresentação de candidaturas	Programa do concurso Caderno de encargos Convite
Procedimento de negociação	Programa do procedimento Caderno de encargos Convite

3. Resulta deste preceito que o anúncio não é considerado uma peça do procedimento, pelo que se tornou juridicamente irrelevante qualquer eventual disparidade que o anúncio apresente relativamente às peças que, segundo este preceito, integram o procedimento, designadamente o programa do procedimento ou o caderno de encargos.

4. Quanto ao *programa do procedimento* e ao *caderno de encargos,* ver, designadamente, os dois artigos seguintes.

O *convite à apresentação de propostas* é um elemento que tem a ver apenas com os procedimentos de concurso limitado e por negociação. Só nesses tipos de procedimentos é que, ou há logo candidatos ou há candidatos a quem, uma vez admitidos, se endereçam convites para apresentarem propostas.

5. Se bem que o procedimento de *concurso para trabalhos de concepção* siga a modalidade de concurso público ou a de concurso limitado por prévia qualificação (artigo 141º, nº 1), o respectivo programa assume a designação de *termos de referência* (artigo 146º) que, além das indicações normalmente constantes do programa de concurso da modalidade adoptada, inclui as especificidades decorrentes da natureza e do regime deste procedimento.

ARTIGO 46º
Programa do procedimento

O programa do procedimento tem a natureza de regulamento administrativo e define os termos a que deve obedecer todo o procedimento, até à celebração do contrato final.

1. Como ficou salientado em comentário ao artigo anterior, não obstante o ali disposto na alínea c) do nº 1, esta é uma peça comum a todos os tipos de procedimento adoptados no artigo 22º.

2. Ao contrário do que sucede com o caderno de encargos, o programa do procedimento é um documento destinado, não a integrar o contrato (artigo 110º), mas a preparar a sua celebração. É elaborado e patenteado pela entidade contratante, que aos seus termos se auto-vincula. Através dele, leva-se ao conhecimento dos potenciais interessados na adjudicação as condições em que a ela se poderão candidatar, portanto as regras segundo as quais se processará a concorrência. Como ficou referido em anotação ao artigo anterior, não está subordinado aos termos do anúncio, relativamente ao qual tem prevalência, mas, no que respeita ao fim informativo de ambos, contém, desenvolvidamente, os elementos que, em parte, constam de forma sintética do anúncio.

3. Como resulta da noção dada neste preceito, esta é, pois, uma peça do procedimento que versa exclusivamente sobre a sua tramitação conducente à escolha do contratante particular, tendo em vista a apresentação de candidaturas e de propostas em termos de concorrência, consistindo, como referem M. e R. ESTEVES DE OLIVEIRA, num *regulamento "ad hoc" onde se inscrevem, de forma imperativa, os trâmites e formalidades do procedimento adjudicatório, o seu regime fundamental*[132]. Para isso, conterá os vários requisitos a que deverá obedecer a capacidade do futuro contratante particular, portanto, para que possa celebrar o contrato com a entidade pública contratante, bem como a tramitação procedimental que precede e prepara a formação do mútuo consenso[133]. Aí estão contidas as normas que regem os procedimentos adjudicatórios, além do mais, quanto às seguintes matérias: endereço e serviço de recepção das candidaturas e das propostas e respectivo horário de funcionamento; data limite de apresentação das candidaturas e das propostas; correio electrónico

---

[132] *Concursos...*, pág. 134.

[133] Sobre a natureza jurídica do programa do concurso e concluindo, como a generalidade da doutrina, que se trata de um regulamento e não de mero acto administrativo, ver MARGARIDA O. CABRAL, *ob. cit.*, págs. 234 e seguintes, M. e R. ESTEVES DE OLIVEIRA, *Concursos...*, pág. 135 e BERNARDO DINIZ DE AYALA, *Cadernos de Justiça Administrativa*, 14º, pág. 5.

se aquela apresentação é feita por via electrónica, requisitos de admissão dos candidatos e dos concorrentes, modo de apresentação das candidaturas e das propostas, documentos de habilitação dos candidatos ou concorrentes e documentos que devem integrar as propostas, prazo de validade das propostas, regime de admissão de propostas alternativas ou variantes e cláusulas do caderno de encargos que não podem ser alteradas, critério de adjudicação com explicitação dos factores e subfactores de apreciação das propostas e respectiva ponderação por ordem decrescente de importância, representada em grelha de avaliação.

4. Tal como sucede com o caderno de encargos e demais elementos patenteados, também o programa do procedimento, uma vez publicado o anúncio e, em seu cumprimento, patenteado aos concorrentes, não poderá ser alterado, mantendo-se estável e com carácter vinculativo, quer para os candidatos e concorrentes, quer para a própria entidade contratante[134]. Está mesmo vedado a esta entidade incluir no programa do procedimento uma cláusula que lhe permita proceder à sua alteração, o que, a ser possível, prejudicaria irremediavelmente a confiança que é essencial a quem concorre e tem de conhecer as regras desse procedimento[135]. É o princípio da imutabilidade das peças do procedimento.

5. Cfr. os artigos 45º, 47º, 56º, 60º, 61º, 69º, 70º, 119º, 120º, 132º e 136º.

ARTIGO 47º
Caderno de encargos

1. O caderno de encargos é a peça do procedimento que contém, sob forma articulada, as cláusulas jurídicas, administrativas, financeiras e técnicas gerais e especiais, a incluir no contrato a celebrar.

2. O Ministro da Tutela pode aprovar, por Decreto Executivo, cadernos de encargo tipo, para as categorias de contratos mais frequentes.

3. Nos casos de manifesta simplicidade das prestações que constituem o objecto do contrato a celebrar, as cláusulas do caderno de encargos podem consistir numa mera fixação de especificações técnicas e numa referência a outros aspectos essenciais da execução desse contrato, tais como o preço ou o prazo.

---

[134] Cfr. MARCELO REBELO DE SOUSA, *ob. cit.*, pág. 69, M. e R. ESTEVES DE OLIVEIRA, *ob. cit.*, pág. 135, CYRILLE ÉMERY, *ob. cit.*, pág. 129, MICHEL GUIBAL, *ob. cit.*, pág. 246.
[135] Cfr. MARGARIDA OLAZABAL CABRAL, *ob. cit.*, págs. 79 e seguintes.

1. Corresponde ao que estabelecia o artigo 41º do RRDP anteriormente vigente, que não continha a norma do nº 3.

2. Ao contrário do que, no artigo anterior, fez relativamente ao programa do procedimento, que, expressamente, qualifica de regulamento, este preceito não adopta o mesmo critério esclarecedor para o caderno de encargos. Do que não se pode pretender significar que, neste caso, não atribui aquela natureza de regulamento. As duas peças têm sido tratadas da mesma forma[136]. O que se pode dizer sem lugar a dúvidas é que, por efeito da celebração do contrato e da inclusão neste do caderno de encargos (artigo 110º, nº 2 a)), este passa a ser uma declaração contratual[137].

3. O caderno de encargos é o instrumento em que se estabelece os precisos termos, de ordem técnica e jurídica, em que a entidade contratante está disposta a celebrar o contrato, traduzindo-se num conjunto de cláusulas articuladas, elaboradas unilateralmente por aquela entidade e que se impõem a quem se proponha celebrar o contrato. O interessado, tendo tomado conhecimento do conteúdo do caderno de encargos, decide se deve candidatar-se à adjudicação do contrato; em caso afirmativo, terá de aceitar aquele caderno de encargos tal como se lhe apresenta, não lhe sendo admitido reclamar modificações ou de qualquer modo negociar. O caderno de encargos forma um bloco a aceitar ou recusar por inteiro[138]. Só assim não será se o programa de concurso admitir a apresentação de propostas alternativas.

---

[136] Salienta a Procuradoria-Geral da República de Portugal (parecer nº 88/89, *D.R.*, II, de 90-07-11) que tanto o programa de concurso como o caderno de encargos *têm natureza regulamentar. São normas concretizadoras onde se vazam dentro das margens consentidas por normas imperativas de hierarquia superior as finalidades e interesses particulares de cada concurso concreto.* No mesmo sentido, ESTEVES DE OLIVEIRA, *ob. cit.*, pág. 683 e M. e R. ESTEVES DE OLIVEIRA, em *Concursos...*, pág. 140. Ver ainda EMILIO JIMÉNEZ APARICIO, *Comentarios a la Legislación de Contratos de las Administraciones Públicas...*, pág. 522, RAMÓN PARADA, *Derecho Administrativo...*, I, pág. 288, CYRILLE ÉMERY, *Passer un Marche public...*, pág. 130. No sentido contrário, ver EDUARDO GARCIA ENTERRÍA/TOMÁS-RAMÓN FERNÁNDEZ, *Curso de Derecho Administrativo...*, I, pág. 715, para quem os cadernos de encargos *carecem de toda a substância normativa em sentido próprio, enquanto simples peças integrantes do conteúdo do contrato, que obtêm sua força precisamente pela sua inclusão naquele pelas partes.* No sentido de que constitui parte integrante de declaração negocial de direito público, se pronunciou MARGARIDA O. CABRAL, na obra citada, pág. 246

[137] Cfr. MARCELO REBELO DE SOUSA e ANDRÉ SALGADO DE MATOS, *Contratos Públicos*, 2ª ed., pág. 104 onde se exprime o entendimento de que se trata, *ab initio*, de uma declaração negocial a incluir no contrato a celebrar.

[138] F. MOREAU, *ob. cit.*, pág. 713. A doutrina francesa admite que, quando muito, os concorrentes possam, à margem das propostas, manifestar reservas sobre cláusulas que entendam contraditórias ou inaplicáveis, sem que, contudo, tal signifique condição da proposta, caso contrário a proposta será excluída (Cfr. CYRILLE ÉMERY, *ob. cit.*, pág. 129)

4. Todo o contrato de empreitada de obras públicas subentende a existência de um caderno de encargos. Antes da sua celebração e para o determinar a celebrar tal contrato, o empreiteiro necessita de saber quais as cláusulas jurídicas e técnicas, gerais e especiais, pelas quais esse contrato se irá reger[139]. Assim, a existência e a necessidade do caderno de encargos, como peça base do contrato de empreitada, não depende do processo de escolha do empreiteiro[140], existindo quer tenha havido concurso público, concurso limitado ou procedimento de negociação. Sempre haverá um caderno de encargos que, por isso, terá de obedecer ao tipo legal aprovado, se o houver (nº 2), independentemente do seu valor. Deste modo, a existir caderno de encargos tipo, aprovado nos termos do disposto no nº 2 deste preceito, aquele tipo legal de caderno de encargos é de observância obrigatória[141]. Portanto, os cadernos de encargos não poderão conter disposições que contrariem o que ali vem estabelecido.

5. Cfr. os artigos 45º, 48º, 83º, 103º, 110º, 245º, 253º, 254º, 256º, 258º, 264º, 266º, 287º, 288º e 312º.

ARTIGO 48º
Peças do projecto nas empreitadas de obras públicas

1. As peças do projecto a integrar nas empreitadas de obras públicas são as necessárias para uma correcta definição da obra, nomeadamente as relativas à sua localização, ao volume e ao tipo de trabalhos, ao valor estimado para efeitos do procedimento, à natureza do terreno, ao traçado geral e a outros pormenores construtivos e técnicos, necessários à boa execução dos trabalhos.

2. Para efeitos do número anterior, das peças escritas devem constar, além de outros elementos reputados necessários, os seguintes:

a) a memória descritiva;

b) o mapa de medições, contendo a previsão das quantidades e da qualidade dos trabalhos necessários à execução da obra;

---

[139] Sem prejuízo da sua natureza regulamentar, o caderno de encargos é um documento integrador do contrato – artigo 110º, nº2 a).

[140] Nem tem a ver com esse assunto e, por isso, com os critérios de adjudicação, pelo que não deve conter normas que a isso respeitem e cujo local próprio é o programa do concurso (Cfr. CYRILLE ÉMERY, *ob. cit.*, pág. 129)

[141] Não é o que sucede com o CCP de Portugal, que, no seu artigo 46º, prevê apenas a possibilidade de haver formulários de cadernos de encargos oficialmente aprovados, o que, efectivamente, já sucedeu para o contrato de empreitada de obras públicas, mas de observância facultativa (Portaria nº 959/2009, de 21 de Agosto).

FASES DA FORMAÇÃO DO CONTRATO **ART. 48º** 95

c) o programa de trabalhos, com indicação do prazo de execução e eventuais prazos intermédios.

3. Das peças desenhadas devem constar, além de outros elementos reputados necessários tendo em conta a natureza da empreitada em causa, a planta de localização, as plantas, os alçados, os cortes, os elementos definidores dos projectos de especialidades, os pormenores construtivos indispensáveis para uma exacta e pormenorizada definição da obra, os mapas de acabamentos e, quando existirem, as plantas de sondagens e os perfis geológicos.
4. Se não existir estudo geológico do terreno, devem ser obrigatoriamente definidas pela entidade pública contratante as principais características do terreno previstas para efeitos de procedimento.
5. Em caso de desconformidade entre as peças escritas e as peças desenhadas prevalecem as desenhadas.
6. Em casos excepcionais devidamente fundamentados, nos quais o adjudicatário deva assumir, nos termos do caderno de encargos, as obrigações de resultado relativas à utilização da obra a realizar ou nos quais, a complexidade técnica do processo construtivo da obra a realizar requeira, em razão da tecnicidade própria dos concorrentes, a especial ligação destes à concepção daquela, a entidade contratante pode prever, como aspecto da execução do contrato a celebrar, a elaboração do projecto de execução, caso em que o caderno de encargos deve ser integrado apenas por um programa base.

1. As *peças do projecto* são os documentos, escritos ou desenhados que caracterizam as diferentes partes de um projecto.

Por seu turno, *projecto é o conjunto dos documentos escritos e desenhados que definem e caracterizam a concepção funcional, estética e construtiva de uma obra, compreendendo, designadamente, o projecto de arquitectura e projectos de engenharia*[142].

A *memória descritiva* é um elemento do projecto de execução que contém a disposição e descrição geral da obra, designadamente a descrição da implantação da obra, quando for caso disso, a sua interligação nos condicionamentos locais existentes ou planeados, a descrição genérica da solução adoptada com vista à satisfação das disposições legais e regulamentares aplicáveis, a indicação das características dos materiais, dos elementos da construção, dos sistemas, equipamentos e redes associadas às instalações técnicas[143].

2. Quanto às peças do procedimento em geral e, em especial, ao *mapa das quantidades de trabalhos*, a que se reporta a alínea b) do nº 2, é oportuno citar

---

[142] Artigo 1º, alíneas l) e q) das *Instruções para a Elaboração de Projectos de Obras*, aprovadas pela Portaria nº 701-H/2008, de 29 de Julho, de Portugal.
[143] Artigo 7º das Instruções referidas na nota anterior.

que "...uma incompleta ou imperfeita definição dos trabalhos, mesmo que as consequências das omissões e erros do projecto e demais peças patenteadas se façam injustamente recair sobre o empreiteiro, acaba, bem vistas as coisas, por não servir os interesses reais do dono da obra, nomeadamente se se tratar do Estado ou de outra pessoa colectiva de direito público.*

*Um contrato de empreitada que se alicerça num projecto errado, num caderno de encargos imperfeito, exige constantes ajustamentos e alterações, quando não acarreta mesmo demolição de trabalhos já realizados, resolvendo-se, afinal, pelos inevitáveis atrasos de execução e acréscimo de encargos (porque nem todos serão absorvidos pelo adjudicatário), com prejuízos graves para o dono da obra. E nem com uma nem com outra coisa se compadece o interesse público"[144].

3. A determinação das características geológicas do solo constitui uma operação essencial na preparação da obra, tanto no que toca à sua concepção, como à sua execução.

Cada obra é, de certo modo, um protótipo já que, um parâmetro, pelo menos, pode frustrar as previsões do homem: o solo. Este elemento indispensável a qualquer construção é, com efeito, o único que escapa a um controlo prévio total do construtor (...) É precisamente o objecto do reconhecimento e do estudo do solo que reduz este enigma. Mas, seja qual for a diligência tida a este propósito, o homem não poderá fazer desaparecer de modo total a incerteza respeitante à natureza do solo e ao seu comportamento após a construção[145].

O elevado grau de risco das previsões relativamente às características reais, que o decurso da execução da obra revelará, levanta o importante problema da responsabilidade dos encargos inerentes desse risco. Se for entendido que corre por conta do empreiteiro, não deixará este de o fazer repercutir no preço da obra, que, assim, se mantém apesar desse risco. Se, ao invés, correr por conta do dono da obra, os encargos dele decorrentes serão por este suportados através de acréscimo ao preço contratado.

As disposições dos nºs 3 e 4 deste preceito impõem ao dono da obra que instrua o projecto com estudo geológico ou geotécnico ou, pelo menos, que defina as características geológicas do terreno previstas para efeito do concurso.

Uma tal imposição só faz sentido se o teor desse estudo ou definição, como o de qualquer outra peça do projecto, vincular o dono da obra. O que significará que, nas empreitadas de obras públicas, aquele risco, segundo a lei, corre por conta do dono da obra.

---

[144] Nota Explicativa ao Projecto de Legislação Geral de Empreitadas e Fornecimentos de Obras Públicas de Portugal (Decreto-Lei nº 48 871, de 19 de Março de 1969).
[145] JACQUES CATZ, *Les Constructeurs et le Risque du Sol*, Éditions du Moniteur, Paris, pág. 19.

4. *A geologia é a ciência que estuda a Terra desde a sua origem e formação até à actualidade, a sua estrutura e as sucessivas transformações dos elementos que a compõem. A geotécnia é o ramo da engenharia civil que se ocupa das características geológicas e mecânicas dos terrenos que interessam à obra*[146]. Por isso, embora o texto legal sugira que o dono da obra pode optar entre o estudo geológico e o geotécnico, parece que esses estudos se completam e não se substituem reciprocamente: não basta saber qual é a natureza e composição do solo e subsolo em que se vai construir, sendo igualmente fundamental estudar e prever como é que esses solo e subsolo vão reagir à construção que neles se pretende erigir. Por isso mesmo já se disse que o geotécnico deve aliar os conhecimentos do geólogo, do mecânico de solos e do engenheiro de construção para estar habilitado a fazer a síntese de todos os elementos postos em causa pela construção a levar a efeito[147].

5. O nº 6 estabelece o princípio da excepcionalidade da modalidade de empreitada normalmente designada por concepção/construção[148]. Em regra, o projecto de execução deve ser fornecido pelo dono da obra, sendo uma das peças a patentear no procedimento. E só quando, excepcionalmente, estejam previstas para o adjudicatário obrigações de resultado relativas à obra objecto do contrato ou aquele tenha de utilizar processo construtivo especialmente complexo que implique a sua ligação à concepção, esta pode ficar a cargo do adjudicatário. Mas, mesmo neste caso, só o projecto de execução é elaborado por este, e não os documentos que lhe servem de base.

Nestes casos, pois, o adjudicatário apresenta o *projecto de execução*, isto é, o documento elaborado pelo Projectista, a partir do programa base destinado a facultar todos os elementos necessários à definição rigorosa dos trabalhos a executar[149].

6. Quanto ao carácter vinculativo do programa de trabalhos, ver o artigo 70º, nº 3, alínea c).

---

[146] *Dicionário da Língua Portuguesa Contemporânea*, Academia das Ciências de Lisboa, págs. 1888 e 1889.

[147] JACQUES CATZ, *ob. cit.,*pág. 31

[148] Designação que visa traduzir a reunião na mesma entidade e no mesmo contrato das tarefas da concepção e da execução do contrato, tendo a sua origem na expressão inglesa *design and build* (Cfr. SÉRVULO CORREIA e ANTÓNIO CADILHA, *O Regime da Responsabilidade por Erros e Omissões*, ROA, 69º, III/IV, pág. 870).

[149] Cfr. o Artigo 1º, alínea t) das *Instruções para a Elaboração de Projectos de Obras*, aprovadas pela Portaria nº 701-H/2008, de 29 de Julho, de Portugal.

ARTIGO 49º
Especificações técnicas

1. As especificações técnicas definem as características exigidas de um produto, nomeadamente os níveis de qualidade ou de utilização, a segurança, as dimensões, incluindo as prescrições aplicáveis ao produto, no que respeita à terminologia, aos símbolos, aos ensaios e aos métodos de ensaio, à embalagem, à marcação e à rotulagem e que permitem caracterizar objectivamente um material um produto ou um bem a fornecer, de maneira que corresponda à utilização a que é destinado pela entidade contratante.

2. As especificações técnicas podem ser completadas por protótipo do material ou do elemento, devendo o mesmo ser expressamente identificado nos documentos do concurso.

3. As especificações técnicas podem ser definidas por referência a normas especiais, nacionais ou estrangeiras.

4. Não é permitido fixar especificações técnicas que mencionem produtos de uma dada fabricação ou proveniência ou mencionar processos de fabrico particulares, cujo efeito seja o de favorecer ou eliminar determinadas empresas ou produtos, sendo igualmente proibido utilizar marcas, patentes ou tipos de marca ou indicar uma origem ou uma produção determinada, salvo quando haja impossibilidade de descrição das especificações, caso em que é permitido o uso daqueles, acompanhados da expressão ou de equivalentes.

5. As especificações técnicas são definidas por referência a:

a) especificações técnicas nacionais em matéria de concepção e de utilização de produtos;

b) outros documentos, designadamente e por ordem de referência, as normas nacionais que transpõem normas internacionais já aceites, outras normas ou condições internas de homologação técnica, nacionais ou a qualquer outra norma.

1. Corresponde ao que estabelecia o artigo 42º do RRDP anteriormente vigente de que se não afasta.

2. As especificações técnicas consistem nas características que deve comportar o material, o produto ou o serviço cuja prestação constitui o objecto do contrato a celebrar, tendo em vista a realização do objectivo que subjaz à celebração do contrato.

São constituídas pelo conjunto das prescrições técnicas dos bens ou serviços a prestar que permitem a sua caracterização objectiva de modo que correspondam à utilização a que a entidade contratante os destina. São definidas, por aquela entidade no caderno de encargos e segundo as necessidades que o contrato a celebrar visa satisfazer. Constituem condições da execução do contrato a celebrar e, por isso, são verdadeiras cláusulas contratuais vinculativas para ambas as partes contratantes e bem assim para os subcontratantes, se os houver.

3. A elaboração das cláusulas técnicas dos cadernos de encargos, mormente, na parte especial, implica o recurso a especificações técnicas que, como se referiu, serão cláusulas contratuais da execução da empreitada. Neste preceito, estabelece-se restrições à inclusão no caderno de encargos de especificações técnicas, proibindo as quem possam ter um efeito discriminatório e, portanto, impeditivo da livre concorrência. A liberalização pretendida no acesso aos concursos de empreitadas de obras públicas e o consequente livre jogo da concorrência podiam ser prejudicados pela verificação de certas práticas que, não se traduzindo em discriminações formais e jurídicas, acabavam, de facto, por conduzir a resultados discriminatórios, pois que, em última análise, têm efeitos condicionantes da adjudicação. Tais práticas podem introduzir-se em várias fases do procedimento do concurso e por meios variados, entre os quais se incluem aqueles que este preceito pretende impedir que se verifiquem. Através da introdução de requisitos de ordem técnica, é possível à entidade adjudicante dificultar ou mesmo afastar, por via indirecta, a possibilidade de participação no concurso e consequente eventual adjudicação do contrato a determinadas empresas que se sabe não poderem obedecer a tais requisitos.

4. *Normas* são acordos que estabelecem critérios relativos à qualidade de bens ou serviços produzidos, atestando a sua adequação aos fins a que se destinam. Constituem, por isso, documentos de referência que estabelecem acordos sobre soluções de problemas técnicos e comerciais respeitantes a produtos e serviços que se podem repetir entre os parceiros económicos, científicos, técnicos ou sociais. Traduzem *especificações* aprovadas por um organismo de normalização reconhecido para aplicação repetida ou continuada, cuja observância não é obrigatória.

SECÇÃO V
REGRAS DE PARTICIPAÇÃO

ARTIGO 50º
Candidatos e concorrentes

1. Para efeitos da presente lei, entende-se por candidato a entidade, pessoa singular ou colectiva que participa na fase de qualificação de um concurso limitado por prévia qualificação ou de um procedimento de negociação, mediante a apresentação de uma candidatura.

2. Por concorrente a entidade entende-se a pessoa singular ou colectiva, que participa em qualquer procedimento de formação de um contrato, mediante a apresentação de uma proposta ou solução.

1. Distingue-se, neste preceito, os *candidatos* dos *concorrentes*. *Candidatos* são entidades participantes no procedimento de adjudicação de um contrato no qual, para terem a possibilidade de apresentar propostas com vista a essa adjudicação, é necessário que tenham sido, para esse efeito, previamente seleccionadas e, só após essa prévia escolha, serão convidadas a fazer aquela apresentação da proposta. Existem, pois, nos procedimentos que têm uma fase de pré-qualificação ou selecção dos *candidatos a concorrentes*. É o que se passa nos tipos de procedimento enumerados neste preceito.

Diferentemente, os *concorrentes* são as entidades (no texto do nº 2, por lapso, o termo "entidade" esta deslocado) que concretizam a sua participação no procedimento de adjudicação com a própria apresentação da proposta após para isso terem sido seleccionadas na fase de pré-qualificação ou sem qualquer prévia fase de selecção, como sucede no procedimento de concurso público. Portanto, o candidato só terá o estatuto de *concorrente* se for, para isso, objecto de escolha.

2. A referência que, na noção de concorrente, é feita à apresentação de uma *solução* deve entender-se reportada aos concursos de concepção/execução a que se refere o nº 5 do artigo 48º, isto é, aos casos excepcionais em que os concorrentes devem apresentar o *projecto de execução da obra* por se tratar de situação em que *a complexidade técnica do processo construtivo da obra a realizar requeira, em razão da tecnicidade própria dos concorrentes, a especial ligação destes à concepção daquela*[150].

Solução da obra é constituída pelos elementos que definem a obra a executar nos seus objectivos, características orgânicas e funcionais, condicionamentos financeiros e prazos de execução e bem assim os trabalhos a executar. Engloba o programa, também designado por programa preliminar ou programa base e o projecto de execução. Nos casos de concepção/execução, o programa é fornecido pela entidade pública contratante, como, pela sua própria natureza, não poderia deixar de ser. Efectivamente, trata-se de um documento fornecido pelo dono da obra ao projectista para a definição dos objectivos, características, orgânicas e funcionais e condicionamentos financeiros da obra, bem como dos respectivos custos e prazos de execução a observar[151].

---

[150] À *solução da obra* se refere o CCP de Portugal no seu artigo 43º. E a *solução* no procedimento de diálogo concorrencial, que esta LCP não adoptou. Ali, é a proposta inicial apresentada naquele pelo candidato qualificado, como susceptível de satisfazer as necessidades e exigências da entidade adjudicante identificadas numa memória descritiva, com vista à elaboração do caderno de encargos a submeter à concorrência dos candidatos admitidos (artigo 209º, nº 1).

[151] Artigo 1º das Instruções para a Elaboração dos Projectos de Obras que constituem o anexo I da Portaria nº 701-H/2008, de 29 de Julho, de Portugal.

FASES DA FORMAÇÃO DO CONTRATO **ART. 51º** 101

ARTIGO 51º
Fomento do empresariado angolano

1. Nos procedimentos de contratação devem ser preferencialmente admitidas, qualificadas e seleccionadas, pessoas singulares ou colectivas nacionais e priorizar a produção nacional.

2. Para efeitos do disposto no número anterior, em cada processo de contratação pode estabelecer-se uma margem de preferência para candidatos ou concorrentes nacionais, nos termos do disposto nos nºs. 4 e 5 do artigo 99º da presente lei.

3. Para efeitos do disposto na presente lei, entende-se por pessoas singulares ou colectivas nacionais as definidas como tal na legislação angolana aplicável, nomeadamente a Lei nº 14/03, de 18 de Julho, sobre o Fomento do Empresariado Nacional e priorizar a produção nacional.

1. A capacidade para participar nos procedimentos de adjudicação de contratos administrativos estava regulada no artigo 22º do anterior RRDP.

2. Nos termos do disposto no nº 1 do artigo 1º, da Lei do Fomento do Empresariado Privado Angolano – a Lei nº 14/03, de 18 de Julho – aquele diploma *tem por objecto estabelecer as normas, princípios e formas de apoio promocional das empresas privadas nacionais e das correlativas iniciativas privadas e investimentos nacionais, de molde a que, em regime de economia aberta de mercado e de livre concorrência com as iniciativas e investimentos estrangeiros, possam beneficiar de melhores condições para o exercício dos seus direitos e liberdades económicas fundamentais.*

O seu âmbito da aplicação subjectiva engloba *os sujeitos promotores públicos do fomento empresarial e sujeitos privados concessionários ou beneficiários dos incentivos e demais formas de apoio abrangendo micro, pequenas, médias e grandes empresas, nos termos adiante previstos* (artigo 2º).

Quanto ao *princípio do tratamento preferencial*, objecto deste preceito, estabelece o artigo 7º:

1. O tratamento preferencial dado aos concessionários angolanos, serve a função de atenuar as condições desfavoráveis e de desigualdade na concorrência entre investidores nacionais e estrangeiros, bem como contribuir para a constituição, consolidação e fortalecimento da participação dos cidadãos angolanos na titularidade e gestão das riquezas nacionais, numa economia aberta de livre mercado.

2. O conteúdo do tratamento preferencial é constituído pelo conjunto de direitos reais, de concessão, de exploração, de preferência, de prioridades, de privilégios e demais benefícios que, em condições de concorrência previstas na presente lei, são concedíveis prioritariamente aos sujeitos privados angolanos que preencham os requisitos de concessão, num grau de prioridade imediatamente posterior aos direitos de concessão e de preferência legalmente atribuídos às empresas públicas e outras pessoas colectivas de direito público.

3. O Governo regulamentará os critérios de tratamento preferencial em termos de, sem prejuízo do princípio da igualdade, da idoneidade e mérito, entre outros, que assistem a todos os cidadãos e empresas nacionais, oferecer condições particulares de efectivação do tratamento preferencial aos deslocados, mutilados, militares desmobilizados e famílias gravemente afectadas pela guerra.

3. Cfr. o artigo 252º.

ARTIGO 52º
Candidatos e concorrentes estrangeiros

1. Os candidatos ou concorrentes que sejam pessoas singulares ou colectivas estrangeiras podem candidatar-se ou apresentar propostas em procedimento de formação de contratos, cujo valor seja superior ao fixado no Anexo III da presente lei.

2. Os candidatos ou concorrentes que sejam pessoas singulares ou colectivas estrangeiras podem candidatar-se ou apresentar propostas, em procedimentos de formação de contratos cujo valor estimado seja inferior ao estabelecido no número anterior ou em procedimentos sem dependência de valor, quando:

a) não existam, no mercado angolano, pessoas ou entidades nacionais que preencham os requisitos exigíveis pela natureza do contrato a celebrar;

b) por razões de conveniência, a entidade contratante assim o decida.

3. Para efeitos do disposto na presente lei, entende-se por pessoas singulares ou colectivas estrangeiras as definidas como tal na legislação angolana aplicável.

1. Corresponde ao que estabelecia o artigo 64º do REOP anteriormente vigente.

2. O nº 1 estabelece um valor estimado mínimo para os contratos a cuja adjudicação podem candidatar-se ou concorrer pessoas singulares ou colectivas estrangeiras – 500.000.000,00 Kz tratando-se de contrato de empreitada de obras públicas e 73.000.000,00 Kz, trantando-se de contrato de aquisição de bens ou de serviços.

3. Para efeitos deste artigo, tem interesse a Lei de Bases do Investimento Privado, a Lei nº 11/03, de 13 de Maio, que define como *investidor externo qualquer pessoa, singular ou colectiva não residente, independentemente da sua nacionalidade,* *que introduza ou utilize no território nacional, nos termos da alínea anterior, capitais domiciliados no exterior com direito a transferir lucros e dividendos para o exterior.*

Neste âmbito, interessa ainda a seguinte legislação:

- Lei 17/03, de 25 de Julho (Lei sobre os Incentivos Fiscais e Aduaneiros ao Investimento Privado);
- Decreto nº 44/03, de 4 de Julho (cria a ANIP – Agência Nacional para o Investimento Privado);
- Lei nº 3/94, de 21 de Janeiro (Lei sobre o Regime Jurídico dos Estrangeiros);
- Lei nº 02/07, de 31 de Agosto (Regime Jurídico dos Estrangeiros na República Popular de Angola);
- Decreto nº 123/03, de 23 de Dezembro (cria o GUE – Gabinete Único de Empresas).

ARTIGO 53º
Associações

1. Podem ser candidatos ou concorrentes, associações de pessoas singulares ou colectivas, qualquer que seja a actividade por elas exercida, sem que, entre as mesmas, exista qualquer modalidade jurídica de associação.

2. Os membros de uma associação candidata ou concorrente não podem, por si, individualmente ou integrando uma outra associação concorrente, ser candidatos ou concorrentes no mesmo procedimento.

3. Todos os membros de uma associação são, solidariamente, responsáveis pela manutenção da respectiva proposta.

4. Em caso de adjudicação, todos os membros da associação devem associar-se, antes da celebração do contrato, na modalidade jurídica prevista ou proposta no programa de procedimento.

5. Para efeitos do presente artigo, entende-se por associação qualquer grupo de pessoas singulares ou colectivas, que se associam com o objectivo de apresentar as candidaturas, propostas ou as soluções pretendidas pela entidade contratante.

1. Corresponde ao que estabelecia o art. 24º do RRDP, anteriormene vigente.

2. As empresas, em nome individual ou sociedades, podem agrupar-se entre si, como forma de cooperação, com vista à realização, em conjunto, de um determinado objectivo comum, através do seu agrupamento, sem perda da respectiva personalidade jurídica, tomando a designação de *agrupamento* *complementar de empresas (A.C.E.)*. Trata-se de um expediente jurídico que, para além de materializar uma cooperação de empresas na realização de uma obra de interesse comum, viabiliza e facilita o acesso às empreitadas de obras públicas por parte de empresas de média e pequena dimensão.

Diferentes daquela forma de cooperação legalmente prevista são o *consórcio* e a *associação em participação*. O primeiro *é o contrato pelo qual duas ou mais pessoas, singulares ou colectivas, que exercem uma actividade económica se obrigam entre si a, de forma concertada, realizar certa actividade ou efectuar certa contribuição com o fim de prosseguir qualquer dos objectivos seguintes:*

a) *Realização de actos, materiais ou jurídicos, preparatórios quer de um determinado empreendimento, quer de uma actividade contínua;*
b) *Execução de determinado empreendimento;*
c) *Fornecimento a terceiros de bens, iguais ou complementares entre si, produzidos por cada um dos membros do consórcio;*
d) *Pesquisa ou exploração de recursos naturais;*
e) *Produção de bens que possam ser repartidos, em espécie, entre os membros do consórcio.*

Finalmente, a *associação em participação* é a *associação de uma pessoa a uma actividade económica exercida por outra, ficando a primeira a participar nos lucros ou nos lucros e perdas que desse exercício resultar para a segunda*[152].

3. O agrupamento de empresas pode ser utilizado como alternativa à subcontratação, como forma de afastar a concorrência entre as empresas agrupadas ou mesmo com intuitos de comunhão de riscos. Concretiza-se numa complementarização de meios financeiros, técnicos, de equipamento e humanos que surja perante o dono da obra como fiável com vista à sua execução nos termos pretendidos. Se as empresas se não agrupam com o objectivo de, em conjunto, executarem a empreitada, é bem provável que o façam para subverter as regras da concorrência. Este preceito nem impõe a sua formação[153], nem estabelece qualquer limite ao direito de as empresas se agruparem entre si, mas impede que, à mesma obra ou ao mesmo lote da obra, uma empresa

---

[152] Definições dadas pelos artigos 1º, 2º e 21º do Decreto-Lei nº 231/81, de 28 de Julho, de Portugal.

[153] No Artº 18º da Lei nº 85-704, de 12 de Julho, em França aconselhava-se o recurso ao agrupamento de empresas *quando motivos de ordem técnica tornam necessária a associação do empreiteiro à concepção da obra*, portanto, em casos de concepção-construção (cfr. CYRILLE ÉMERY, *ob. cit.*, pág. 219).

concorra isoladamente e também integrada num ACE ou integrada em mais que um ACE, o que violaria o princípio da sã concorrência.

4. Pode colocar-se a questão de saber se, na ausência de limite legal à formação de agrupamentos de empresas, o dono da obra o pode fazer no programa do concurso. Afigura-se-nos que a resposta deve ser negativa por contrariar o disposto no nº 1 deste preceito.

5. Nos termos do disposto no nº 3, cada uma das empresas integradas no agrupamento responde perante a entidade pública contratante de forma integral e solidária relativamente às obrigações que aquele contratualmente assumiu, independentemente do acordo que internamente rege as relações dessas empresas entre si e que é ineficaz relativamente àquela entidade. Por outro lado, essa solidariedade, em princípio, vigora enquanto vigorar o contrato, isto é, enquanto existirem obrigações dele decorrentes, portanto, até ao termo do prazo de garantia[154]. Fica assim afastada a possibilidade da forma *conjunta* do agrupamento, nos termos da qual cada uma das empresas do agrupamento se obriga a prestar partes determinadas do objecto do contrato, a tanto se limitando a sua responsabilidade[155].

6. Embora a disposição do nº 4 o não refira[156], tem sido pacífico o entendimento de que a associação a formar após a adjudicação, com vista à celebração do contrato, tem necessariamente que ter a composição do agrupamento concorrente ou candidato: não só todos os membros do agrupamento têm que integrar essa associação, como só eles a poderão integrar. Se, entretanto, algum desses membros faleceu ou a pessoa colectiva se extinguiu, atenta a natureza *intuitu personnae* do contrato a celebrar, não pode haver substituição, parecendo que a adjudicação ficará sem efeito. O que a letra da disposição, aliás, parece apoiar[157].

---

[154] Neste sentido, v.g., DANIEL CHABANOL & JEAN PIERE JOUGUELET, *ob. cit.*, pág. 104 e STÉPHANE BRACONNIER, *Droit des Marchés Publics,* ed. Impremerie Nationale, 2002, pág. 134.

[155] Cfr. CYRILLE ÉMERY,*ob. cit.*, pág. 219, MICHEL GUIBAL, *ob. cit.*, pág. 163, JERÔME MICHON, *Les Marchés Publics en 100 Questions,* ed. Le Moniteur, 3ª ed, 2003, pág. 184.

[156] Ao contrário do que sucede com o artigo 54º do CCP português, que, no seu nº4, estabelece que, *em caso de adjudicação, todos os membros do agrupamento concorrente, e apenas estes, devem associar-se, antes da celebração do contrato, na modalidade jurídica prevista no programa do procedimento.*

[157] Há quem entenda que, no caso de um dos elementos do agrupamento se extinguir ou entrar em processo de insolvência, os restantes membros podem solicitar à entidade adjudicante a sua continuação no procedimento sem aquele elemento ou propondo um seu substituto (JERÔME MICHON, *Les Marchés Publics en 100 Questions,* ed. Le Moniteur, Paris, 2006, pág. 253). Parece nada obstar a esta solução, desde que ainda se não tenha procedido à adjudicação do contrato, como decorre do que se diz no texto.

ARTIGO 54º
Impedimentos

Não podem ser candidatos, concorrentes ou integrar qualquer associação, as entidades que:

a) se encontrem em estado de insolvência, declarada por sentença judicial, em fase de liquidação, dissolução ou cessação de actividade, sujeitas a qualquer meio preventivo de liquidação de patrimónios ou em qualquer situação análoga ou tenham o respectivo processo pendente;

b) tenham sido condenadas por sentença transitada em julgado por crime que afecte a sua honorabilidade profissional, se entretanto não tiver ocorrido a sua reabilitação, no caso de se tratar de pessoas singulares ou, no caso de se tratar de pessoas colectivas, tenham sido condenados por aqueles crimes os titulares dos seus órgãos sociais de administração, direcção ou gerência, e estes se encontrem em efectividade de funções;

c) tenham sido objecto de aplicação de sanção administrativa por falta grave em matéria profissional, se entretanto não tiver ocorrido a sua reabilitação, no caso de se tratar de pessoas singulares ou, no caso de se tratar de pessoas colectivas, tenham sido objecto de aplicação daquela sanção administrativa, os titulares dos seus órgãos de administração, de direcção ou de gerência, e estes se encontrem em efectividade de funções;

d) não tenham a sua situação jurídica integralmente regularizada;

e) não tenham a sua situação regularizada relativa a contribuições para a segurança social;

j) não tenham a sua situação regularizada relativamente às suas obrigações fiscais.

1. Corresponde ao que estabeleciam os artigos 44º e 17º do RRDP anteriormente vigente.

2. Este preceito, que, tal como o artigo 8º, salvaguarda a idoneidade moral, cívica e económica dos candidatos e concorrentes, contém algumas disposições que já resultavam daquele artigo 8º, como sucede com a alínea a) relativamente à alínea c) desse artigo, com a alínea b) relativamente à alínea e) do mesmo artigo e com a alínea j) relativamente à alínea d) ainda do artigo 8º.

3. A alínea a) estabelece o impedimento dos estados de falência, de liquidação ou de cessação de actividade.

Da parte final da alínea resulta que a suficiência da pendência do processo se verifica relativamente a qualquer das situações anteriormente descritas. Para que o impedimento se verifique, designadamente quanto ao estado de insolvência ou de falência, não exige que tenha sido decretado por decisão judicial ou que esta tenha transitado em julgado, bastando que o processo esteja pendente. Aliás, é isso mesmo que resulta da alínea c) do artigo 8º.

4. Numa breve alusão à falência, refere-se que é regulada pelo CPC:

- É um instituto privativo dos comerciantes[158] (artigos 1140º, nº 1 e 1184º alínea a));
- Traduz a impossibilidade de cumprir as suas obrigações (artigo 1135º);
- É revelada através de um conjunto de índices de que se destacam: cessação de pagamentos de dívidas fiscais, de segurança social ou aos trabalhadores; fuga ou ausência do comerciante e dissipação ou extravio de bens (falência dolosa) (artigos 1174º e 1276º);
- Pode haver *levantamento da falência*, a requerimento do falido, nos casos enumerados nos artigos 1147º, 1152º. 1153º, 1167º, 1266º e 1283º.
- Os requisitos para a *reabilitação* dependem de a falência ser *casual, culposa* ou *fraudulenta* (artigos 1284º , 1276º e 1277º).

5. Quanto à alínea b), salienta-se que o preceito exige, para existir impedimento, que haja condenação por decisão *com trânsito em julgado*, por algum dos crimes que *afecte a honorabilidade profissional* dos visados. Do que decorre que não é qualquer condenação definitiva por qualquer crime, mas apenas por crime que coloque em causa a honorabilidade do visado *no exercício da sua profissão*.

No artigo 8º, de modo claramente exemplificativo, enumera-se, como crime que afecta a *honorabilidade profissional* das pessoas aí indicadas, o de corrupção, o mesmo sucedendo com a sanção administrativa. Mas há mais como: o de insolvência dolosa, insolvência negligente, falência fraudulenta ou culposa, favorecimento de credores, apropriação ilegítima, administração danosa, concorrência ilícita ou desleal, crime contra a saúde pública ou a economia nacional, crime doloso contra o património, crime contra a natureza ou poluição e poluição com perigo comum e crime de falsidade de depoimento ou declaração, falsificação, suborno e tráfico de influência, etc..

Quanto às pessoas colectivas, a condenação dos titulares dos órgãos sociais de administração, direcção ou gerência pelos crimes referidos tem efeitos impeditivos se tiverem sido cometidos no exercício das respectivas funções sociais ou por causa delas, só assim se podendo considerar que, com isso, fica afectada a sua honorabilidade *profissional*.

---

[158] Os não comerciantes poderão colocar-se no estado de *insolvência*, se o activo do seu património for inferior ao seu passivo (artigo 1313º).

6. A alínea c) considera impedido de contratar quem tenha sofrido *sanção administrativa*, isto é, a consequência desfavorável derivada da lei em decorrência da violação de uma norma de Direito Administrativo ou do não acatamento de um acto administrativo.

É a sanção correspondente às *transgressões administrativas* a que se refere o artigo 348º, remetendo o respectivo regime para diploma especial, a Lei nº 2/87, de 26 de Setembro, cujo artigo 1º, no seu nº 1 dá o conceito de transgressões administrativas nos seguintes termos:

> *Comete uma transgressão administrativa, todo aquele que, por acção ou omissão, intencionalmente ou por negligência, perturbar a ordem pública, puser em perigo a segurança de pessoas e bens, a higiene pública e a ornamentação e o embelezamento dos lugares públicos ou que, em geral, perturbar a actividade administrativa do Estado e o desenvolvimento ordenado da vida em sociedade, não cumprindo as normas com esse fim estabelecidas.*

7. Para que a aplicação da sanção constitua impedimento, é necessária a ocorrência cumulativa dos seguintes requisitos:

- Que a omissão do cumprimento do dever seja legalmente qualificada de *falta grave;*
- Que o dever cuja omissão constitui contra-ordenação seja de natureza *profissional*, portanto, que resulte do respectivo estatuto ou da regulamentação legal da actividade exercida;
- Que a sanção ainda produza os seus efeitos, designadamente por não ter havido *reabilitação*, isto é, como a seguir se dirá, por o punido (pessoa singular ou, tratando-se de pessoa colectiva, os titulares em funções dos seus órgãos de administração) não ter legalmente readquirido os direitos suprimidos pela punição.

8. A *reabilitação é* o acto pelo qual a entidade responsável pelos registos criminais ou o tribunal fazem cessar, para futuro, os efeitos decorrentes da condenação definitiva pela prática de um crime, com o consequente cancelamento dessa condenação no registo criminal do condenado. Em consequência da reabilitação, o condenado pela prática de um crime readquire o estatuto jurídico inerente a quem nunca foi condenado por essa prática criminal, adquire, para futuro, a sua inteira capacidade jurídica para o exercício de funções a que a condenação criminal obstava. Tem subjacente a consideração de que o indivíduo condenado pela prática de um crime, pelo cumprimento da sua pena, readquiriu as condições normais exigidas para viver de harmonia com as leis que regulam a vida em sociedade, pelo que só produz efeitos a partir da decisão judicial que a concedeu, sem afectar os factos passados. Consequentemente, faz cessar as incapacidades, impedimentos e demais efeitos das penas que ainda subsistam. Pode ser *legal* ou *automática,* se decorre directamente da lei e, consequentemente, se se processa pela verificação dos respectivos pressupostos ou *judicial* se ocorre mediante decisão judicial que averigua e decide sobre a verificação dos respectivos pressupostos legais.

9. A alínea d) reporta-se à conformidade legal da situação civil e comercial dos candidatos ou concorrentes, designadamente, quanto aos requisitos legais exigidos para o exercício da actividade comercial ou industrial que constitui a sua profissão ou escopo social.

10. Quanto à alínea e), tem interesse designadamente o estabelecido nos seguintes diplomas legais: Lei Geral do Trabalho (Lei nº 2/00 de 11 de Fevereiro), Lei do Sistema de Segurança Social (Lei nº 7/04, de 15 de Outubro) e Decreto nº 38/08, de 19 de Junho.

11. Relativamente à alínea f), o sistema fiscal de Angola é constituído designadamente pelos seguintes diplomas legais:

- Código Geral Tributário;
- Código de Imposto sobre o Rendimento do Trabalho (Decreto-Lei nº 10/99, de 29 de Outubro);
- Código do Imposto Industrial (Lei nº 8/99, de 10 de Setembro);
- Código do Imposto Sobre a Aplicação de Capitais;
- Registo Geral dos Contribuintes (Decreto nº 29/92, de Julho);
- Unidade de Correcção Fiscal (Lei nº 10/03, de 25 de Abril que derroga o artigo 2º da Lei nº 12/96, de 24 de Maio);
- Regulamento do Imposto de Consumo;
- Imposto Sobre Importação (Decreto nº 17/90, de 4 de Agosto);
- Isenções e Alterações ao Imposto sobre a Importação (Decreto-lei nº 17/94, de 24 de Agosto);
- Regime Fiscal para a Indústria Mineira (Decreto-lei nº 4-B/96 de 31 de Maio);
- Regime Aduaneiro para a Indústria Mineira (Decreto nº 12-B/96, de 24 de Maio);
- Imposto de Consumo aos Serviços de Telecomunicações, de Hotelaria, de Turismo e Similares e de Funcionamento de Água e Electricidade (Lei nº 9/99, de 01 de Outubro).

ARTIGO 55º
Critérios de qualificação

1. Os interessados devem, em qualquer fase do procedimento, possuir as qualificações jurídicas, profissionais, técnicas e financeiras necessárias à execução do contrato objecto do procedimento.

2. A entidade pública contratante pode estabelecer requisitos mínimos de capacidade técnica, profissional e financeira no programa do procedimento.

3. Salvo disposição legal ou regulamentar em contrário, a entidade pública contratante não deve estabelecer quaisquer critérios ou requisitos discriminatórios relativamente às qualificações dos interessados.

1. Corresponde ao artigo 45º do RRDP anteriormente vigente.

2. Para que, como candidatos ou concorrentes, possam participar nos procedimentos de adjudicação de contratos administrativos, os interessados devem possuir idoneidade moral, técnica e financeira.

Quanto à *idoneidade moral*, os respectivos requsitos vêm regulados nos artigos 8º e 54º. A idoneidade financeira e a idoneidade técnica são tratadas nos artigos 57º e 58º, respectivamente.

3. Para além dos requisitos de capacidade técnica ou financeira eventualmente exigidos por lei para o exercício da actividade comercial ou industrial relativa à natureza das prestações integrantes do objecto do contrato a celebrar, como sucede, por exemplo, no caso contemplado no artigo seguinte, a entidade contratante pode ainda exigir no programa do procedimento outros que entenda adequados àquele contrato, desde que não tenham efeitos discriminatórios, salvo se o fizer ao abrigo de disposição legal aplicável.

ARTIGO 56º
Habititações profissionais

1. No caso de se tratar de um procedimento para a contratação de uma empreitada de obras públicas, só são admitidos como candidatos ou concorrentes empresas titulares de alvará de empreiteiro de obras públicas de categoria ou subcategoria indicada no anúncio e no programa do procedimento e da classe correspondente ao valor da proposta.

2. Nos restantes casos, quando os candidatos ou concorrentes devam ser titulares de habilitações ou autorizações profissionais específicas ou membros de determinadas organizações profissionais para poderem prestar determinado serviço, pode o programa do procedimento exigir a respectiva prova.

1. O n.º 2 corresponde ao que dispunha o artigo 45.º do RRDP anteriormente vigente.

2. O Decreto n.º 9/91, de 23 de Março, aprovou o Regulamento da Actividade de Empreiteiros de Obras Públicas, Industriais da Construção Civil e Fornecedores de Obras e o Decreto Executivo n.º 2/94, de 4 de Março, aprovou o Regulamento da Comissão Nacional de Inscrição e Classificação de Empreiteiros de Obras Públicas e Fornecedores de Obras (CONICLE).

De harmonia com aqueles diplomas legais, o exercício da actividade da construção civil depende da titularidade de um alvará emitido pela CONICLE, documento esse que especifica os trabalhos que o seu titular está autorizado a executar. A concessão e manutenção do alvará, dependem da verificação cumulativa da idoneidade comercial, capacidade técnica e capacidade económica e financeira, sendo que o relatório daquele diploma legal especifica que, com o seu normativo, se pretende criar condições para que o título habilitante para actividade da construção passe a oferecer a credibilidade que o coloque como documento bastante para atestar a capacidade da empresa para o exercício da actividade. Esta, de resto, é a função mais saliente da atribuição de um título profissional, que também pode decorrer da certificação de inscrição numa organização profissional legalmente reconhecida.

As habilitações são agrupadas em categorias e subcategorias, conforme a natureza dos trabalhos e em classes, conforme o seu valor.

3. Se o contrato a celebrar não é o de empreitada de obras públicas, mas o exercício da actividade necessária ao seu cumprimento depende legalmente do preenchimento de condições ou requisitos ou autorizações especiais, estabelece o n.º 2 deste preceito que o programa do procedimento *pode* exigir a prova da titularidade ou do preenchimento respectivos. Trata-se de um poder/ /dever, como decorre dessa titularidade ou desses requisitos constituírem objecto de exigência legal do exercício da actividade.

ARTIGO 57.º
Capacidade financeira

1. Para a avaliação da capacidade financeira dos candidatos ou concorrentes, o programa do procedimento pode exigir a apresentação dos seguintes documentos:

a) declarações bancárias adequadas ou prova da subscrição de seguro de riscos profissionais;
b) balanços e demonstrações de resultados mais recentes, no caso de pessoas colectivas ou declaração fiscal, no caso de pessoas singulares;
c) declaração relativa aos últimos três anos sobre o volume global de negócios do concorrente.

2. O programa do concurso pode, excepcionalmente, exigir ainda outros elementos probatórios, desde que os mesmos interessem especialmente à finalidade do contrato.
3. Quando, justificadamente, o candidato ou concorrente não estiver em condições de apresentar os documentos exigidos, nomeadamente por ter iniciado a sua actividade há menos de três anos, a prova da sua capacidade financeira pode ser efectuada através de outros documentos que a entidade pública contratante repute adequados.

1. Corresponde ao artigo 46º do RRDP anteriormente vigente que reproduz quase textualmente.

2. A *idoneidade financeira* é a aptidão estimada dos candidatos e dos concorrentes para mobilizar os meios financeiros previsivelmente necessários para o integral cumprimento das obrigações resultantes do contrato a celebrar. Para que um participante em procedimento adjudicatório tenha capacidade financeira, não basta que seja titular de um património traduzido em bens próprios e capitais, sendo ainda necessário que deles possa dispor de modo a desenvolver a sua actividade regular e normalmente e a satisfazer os compromissos decorrentes da execução do contrato a celebrar. É geralmente aferida pelos valores do capital próprio, volume de negócios global e equilíbrio financeiro.

3. A medida facultada no nº 3 é de manifesta justiça e interesse: justiça, porque, sem ela, não se permitiria às empresas recentemente criadas participar nos procedimentos e, inclusivamente, arranjar currículo durante três anos; interesse, porque é uma forma de ampliar a concorrência e, consequentemente, a possibilidade de obter o contrato e a satisfação do interesse público que lhe está subjacente nas melhores condições.

ARTIGO 58º
Capacidade técnica
1. Para a avaliação da capacidade técnica dos candidatos ou concorrentes, incluindo a conformidade das soluções técnicas propostas com as características da prestação, o programa do procedimento pode exigir a apresentação dos seguintes documentos:

a) lista das principais obras, serviços ou bens fornecidos, executados nos últimos três anos, respectivos montantes, datas e destinatários, a comprovar, se necessário, por declaração destes últimos;
b) descrição do equipamento técnico do concorrente, no caso de empreitadas;
c) indicação dos técnicos ou dos órgãos técnicos, integrados ou não na empresa, que têm a seu cargo o controlo de qualidade, a segurança e a higiene no trabalho, bem como as respectivas habilitações literárias e as profissionais;

d) indicação dos técnicos ou dos órgãos técnicos responsáveis que estão afectos à execução da obra ou do contrato, com instrução do respectivo curriculum e da experiência em projectos idênticos ou similares;
e) indicação do pessoal efectivo anual dos candidatos ou concorrentes e do pessoal de enquadramento, com referência aos últimos anos;
f) descrição dos processos e dos métodos a adoptar pelo candidato ou concorrente para garantia da boa execução e dos prazos de execução, bem como dos meios de estudo e de investigação que utilize.

2. É aplicável à comprovação da capacidade técnica dos candidatos ou concorrentes o disposto no nº 3 do artigo anterior.

1. Corresponde ao artigo 47º do RRDP anteriormente vigente do qual diverge designadamente porque:

- Na alínea a), acrescenta que a comprovação só será necessária se for ou vier a ser exigida;
- A descrição do equipamento técnico só é exigida se o contrato a celebrar for o de empreitada de obras públicas;
- O documento referido na alínea c) não constava do RRDP;
- Na alínea f) acrescentou a referência aos prazos de execução.

2. A *idoneidade técnica* consiste na aptidão estimada dos candidatos e dos concorrentes para mobilizar os meios humanos, de equipamento e de materiais necessários para o integral cumprimento das obrigações resultantes do contrato a celebrar.
Como resulta deste preceito, é aferida em função da estrutura organizacional da empresa e da avaliação dos seus meios humanos e técnicos empregues na produção, na gestão da realização das prestações contratuais, na gestão da segurança higiene e saúde no trabalho e do seu currículo da actividade.

- A estrutura organizacional é aferida em função de:
  - Organograma da empresa distinguindo as diversas funções;
  - Experiência na execução de obras nos últimos três anos;
- A avaliação dos meios é feita com base no número de:
  - Técnicos e sua qualificação profissional;
  - Profissionais afectos à gestão da segurança, saúde e higiene no trabalho;
  - Encarregados e operários.

3. Quanto ao nº 2, ver o comentário ao artigo anterior.

CAPÍTULO II
CONCURSO PÚBLICO
SECÇÃO I
ANÚNCIO E PEÇAS DO CONCURSO

ARTIGO 59º
Anúncio do Concurso

1. O anúncio de abertura do concurso público deve ser publicado na III Série do Diário da República, através do modelo constante do Anexo IV da presente lei e num jornal de grande circulação no País.

2. A publicação do anúncio num jornal de grande circulação no País pode incluir apenas o resumo dos elementos mais importantes constantes do anexo referido no número anterior, desde que seja efectuada antes da data de envio para publicação e indique essa data.

3. A decisão de abertura de concurso público deve ser obrigatoriamente comunicada pela entidade pública contratante ao Gabinete da Contratação Pública, para efeitos da publicação do respectivo anúncio no Portal da Contratação Pública.

4. No anúncio deve ser, obrigatoriamente, mencionada a morada ou quando aplicável, o site da internet ou a plataforma electrónica da entidade pública contratante onde se encontram disponíveis as peças do procedimento.

5. Sempre que o concurso estiver aberto a entidades estrangeiras, o respectivo anúncio deve, também, ser divulgado através de meios que, comprovadamente, levem a informação aos mercados internacionais.

1. Corresponde ao artigo 38º do RRDP anteriormente vigente.

2. A concorrência implica igualdade e transparência na tramitação dos procedimentos adjudicatórios dos contratos[159]. Sendo, nesse campo, a concorrência elemento essencial, essenciais são as formalidades que a promovem e garantem e, portanto, as relativas à publicidade, causando a sua violação a invalidade do procedimento[160] e não a sua mera ineficácia[161]. Vício que se verifica ainda que a omissão ocorra apenas relativamente a uma das publicações referidas no nº 1.

---

[159] Cfr. M. e R. ESTEVES DE OLIVEIRA, *Concursos..*, pág. 267 e PATRICK SCULTZ, *Élements de Droit des Marchés Publics,* 1996, ed. LGDJ, pág. 111.

[160] Cfr. CYRILLE ÉMERY, *ob. cit.*, pág. 137, MICHEL GUIBAL, *ob. cit.*, pág. 235 e JERÔME MICHON, *ob. cit.*, pág. 81.

[161] Como defendem PEDRO ROMANO MARTINEZ e J. MARÇAL PUJOL, *ob. ict.*, pág. 115.

Já o mesmo não terá necessariamente de suceder se a falta diz respeito não à publicação, mas ao conteúdo do anúncio. Tem-se entendido ser de distinguir entre os elementos essenciais do anúncio daqueles que o não são. Afigura-se-nos que esta questão deixou de ter a dimensão que antes tinha face à desvalorização do anúncio que, por não ser peça do procedimento (artigo 45º), não é decisivo em caso de desconformidade com o programa do concurso, que prevalece sobre aquele[162]. Por isso, essenciais são os elementos do anúncio que obstem ou prejudiquem que exerça a sua função de divulgação da vontade de uma determinada entidade contratante de celebrar um determinado contrato, designadamente os seguintes: os relativos à entidade contratante, designação do contrato a celebrar, local do seu cumprimento, o endereço e demais elementos para consulta e aquisição das peças do procedimento, as qualificações profissionais, técnicas e financeiras exigidas, os elementos relativos ao acto público do concurso, o prazo do contrato, critério de adjudicação[163].

3. Com a publicação do anúncio, o procedimento de adjudicação abre-se ao exterior, saindo do âmbito meramente interno da estrutura orgânica da entidade pública contratante. Antes da publicação do anúncio, o procedimento decorreu num âmbito preparatório interno, sem reflexo jurídico concreto na esfera jurídica dos administrados, portanto, sem possibilidade da sua impugnação administrativa ou judicial. É com a publicação do anúncio que a entidade contratante se auto-vincula ao seu conteúdo, sem embargo de, sobre isso, prevalecer o que consta do programa de concurso, em caso de divergência entre ambos.

4. A publicidade, além de ampla, deve ser o mais precisa e completa, para ser útil e eficaz. Ampla, no sentido de que a abertura do concurso deve ser levada ao conhecimento de todos os potenciais interessados em concorrer à adjudicação do contrato, isto é, como expressamente refere a lei francesa, *a necessária e suficiente para viabilizar uma efectiva concorrência*; precisa e completa para ser útil, no sentido de que deve conter tudo o que de essencial respeita quer ao clausulado do contrato a celebrar, quer ao procedimento tendente à

---

[162] M. e R. ESTEVES DE OLIVEIRA, *ob. cit.*, pág. 270.

[163] MARGARIDA O. CABRAL considera que o incumprimento das regras legais da publicidade constitui preterição de formalidade essencial geradora da invalidade do concurso (*ob. cit.*, pág. 145)

formação da vontade contratual[164]; para ser eficaz, não deve ser feita demasiado cedo, não devendo decorrer um prazo demasiado longo até à adjudicação. Deste modo, o anúncio leva ao conhecimento desses potenciais interessados não apenas que a entidade contratante, ao abrir o concurso, declara pretender celebrar o contrato, como as bases essenciais em que se dispõe a fazê-lo, assim se obrigando, por um lado, a levar esse procedimento de formação da vontade até ao fim e naquelas condições e, por outro, a, em caso de adjudicação, celebrar o contrato nessas bases. É o *princípio da estabilidade dos elementos constantes do anúncio e das peças patenteadas a concurso*, intimamente relacionado com os princípios da tutela dos direitos e interesses legítimos, da igualdade, da imparcialidade, da justiça, da transparência, da boa fé e da tutela da confiança[165].

5. Questão que se tem posto é a de saber se o respeito devido a este princípio implica mesmo a impossibilidade de rectificação dessas bases. Considerando que, com a abertura do concurso, a entidade que o abre se auto-vinculou *quer em termos de oferta pública, quer de convite para contratar*, MARCELO REBELO DE SOUSA refere que nem mesmo a título de rectificação essas bases podem ser alteradas[166]. M. e R. ESTEVES DE OLIVEIRA assumem uma posição mais flexível, ainda que sempre limitando a questão ao prazo de apresentação das propostas e distinguindo conforme haja ou não sido apresentada alguma proposta. No primeiro caso, a inalterabilidade mantém-se; no segundo, porém, já aceitam que *se deve admitir a alteração das regras inicialmente postas – pelo menos relativas aos critérios de adjudicação ou às cláusulas do caderno de encargos, aceitando, assim* a possibilidade dessa alteração *por razões de interesse público, na condição de – podendo as mesmas influenciar a decisão de concorrer ou a elaboração da proposta – o prazo do concurso ser prorrogado proporcionalmente a essa virtual influência da alteração feita*[167]. Afigura-se-nos que esta última posição não conduz à violação dos princípios antes referidos e contém a virtualidade de economia de processos, portanto mais favorável ao interesse público e mesmo, bem vistas as coisas, ao próprio

---

[164] Isto, no que respeita a cada contrato em concreto, porque nada impede que as entidades públicas contratantes façam publicar anúncios de pré-informação destinados a chamar a atenção dos potenciais interessados para os contratos que tenciona submeter à concorrência durante o ano ou no cumprimento de um programa, assim lhes permitindo planear e preparar as suas candidaturas aos procedimentos de adjudicação e, porventura, negociar com tempo possíveis agrupamentos de empresas.

[165] Cfr. MARCELO REBELO DE SOUSA, *ob. cit.*, pág. 63.

[166] *Ob. cit.*, pág. 69.

[167] *Ob. cit.*, pág. 110.

interesse dos concorrentes. De qualquer modo, a questão só se coloca quanto às alterações que se não traduzam em rectificações dos erros e omissões das peças do concurso, pois, quanto a estas, o artigo 62º permite-as até ao termo do segundo terço do prazo para a apresentação das propostas, quer o sejam por iniciativa dos interessados no procedimento, quer por iniciativa da entidade contratante.

6. Cfr. o artigo 73º.

ARTIGO 60º
Programa do concurso

1. No concurso público, o programa do concurso deve especificar, designadamente:

a) a identificação do concurso;
b) o órgão que tomou a decisão de contratar;
c) o endereço e a designação do serviço de recepção das propostas, com menção do respectivo horário de funcionamento e a data limite de apresentação das propostas;
d) quando a apresentação das propostas deva ser efectuada por via electrónica, a indicação do respectivo correio electrónico e a data e a hora limite de apresentação das propostas;
e) os requisitos necessários à admissão dos concorrentes, nos termos da presente lei;
f) o modo de apresentação das propstas;
g) os documentos que acompanham e os que instruem as propostas;
h) a possibilidade de apresentação de propostas alternativas ou variantes e, caso as mesmas sejam admitidas, quais as cláusulas do caderno de encargos que não podem ser alteradas;
i) a data, a hora e o local do acto público de abertura das propostas;
j) o prazo durante o qual o concorrente fica vinculado a manter a proposta;
k) o critério que preside à adjudicação, com explicitação dos factores de apreciação das propostas e respectiva ponderação, por ordem decrescente de importância, materializados em grelha de avaliação.

2. Na falta das especificações a que se refere a alínea h) do número anterior, não são admitidas propostas alternativas ou variantes.

1. Corresponde ao artigo 40º do RRDP anteriormente vigente.
2. Sobre a natureza jurídica do programa do concurso, ver o artigo 46º.
O programa do concurso é um documento, não destinado a integrar o contrato (artigo 110º), elaborado e patenteado pela entidade pública contratante, que aos seus termos se auto-vincula. Tem por objectivo informar os poten-

ciais interessados na adjudicação sobre as condições em que a ela poderão concorrer, portanto sobre as regras da concorrência, assim como sobre o regime geral do respectivo contrato a celebrar. Tem um papel complementar do anúncio do concurso, não no sentido de subordinação, que se verifica ao contrário, mas no de que desenvolve os pontos relativos à caracterização do procedimento e do contrato a celebrar por aquele levados ao conhecimento dos potenciais interessados na adjudicação.

É esta, pois, uma peça do processo que versa quase exclusivamente sobre o concurso, tendo em vista a apresentação de propostas em termos de sã concorrência, consistindo, como referem M. e R. ESTEVES DE OLIVEIRA, num *regulamento "ad hoc" onde se inscrevem, de forma imperativa, os trâmites e formalidades do procedimento adjudicatório, o seu regime fundamental*[168]. Para isso, deve conter os vários requisitos a que obedecerá a capacidade do concorrente para que possa contratar com a entidade contratante, bem como a tramitação procedimental que precede a formação do mútuo consenso[169]. Aí estão contidas as normas que regem o concurso quanto às seguintes matérias: consulta do processo, reclamações ou dúvidas sobre as peças patenteadas, inspecção do local dos trabalhos, modo e local de entrega das propostas, local, dia e hora do acto público do concurso, categorias, subcategorias e classes das autorizações exigidas aos concorrentes, tratando-se de adjudicar um contrato de empreitada de obras públicas, o tipo de empreitada e aspecto formal da proposta, regime de admissão de propostas variantes, preço base do concurso, prestação da caução, modo de prestação da caução (artigo 67º), modelos da respectiva guia de depósito, da garantia bancária ou seguro-caução, prescrições a que deve obedecer o programa de trabalhos, documentos que devem instruir a proposta, modo de apresentação desta e dos documentos, prazo de validade da proposta, regime dos esclarecimentos a prestar pelos concorrentes, se há lugar ao leilão electrónico e respectivo regime (artigo 92º), se as despesas inerentes à redução do contrato a escrito ficam a cargo da entidade contratante (artigo 108º, nº 2), se, apesar da lei dispensar a forma escrita para o contrato, este dever ser reduzido a escrito ou se trate de caso que a lei permite à entidade contratante dispensar a forma escrita e esta a

---

[168] *Concursos...*, pág. 134.

[169] Sobre a natureza jurídica do programa do concurso e concluindo, como a generalidade da doutrina, que se trata de um regulamento e não de mero acto administrativo, ver MARGARIDA O. CABRAL, *ob. cit.*, págs. 234 e seguintes, M. e R. ESTEVES DE OLIVEIRA, *Concursos...*, pág. 135 e BERNARDO DINIZ DE AYALA, *Cadernos de Justiça Administrativa*, 14º, pág. 5. De resto, questão hoje aqui ultrapassada pelo artigo 46º que expressamente lhe atribui a natureza de regulamento administrativo.

dispense (artigo 109º), minuta do contrato, adjudicação, impostos e outros encargos, legislação aplicável e regime de fornecimento de cópias, atribuição de prémios e critério respectivo em caso de apresentação de projecto base pelos concorrentes (artigo 187º, nº 3).

3. No que respeita à alínea *h)*, o nº 2 retira qualquer pertinência à questão de saber se o programa do concurso deveria especificar se *era ou não* admitida a apresentação de propostas com condições divergentes das do caderno de encargos. São figuráveis cinco situações:

- o programa do concurso expressamente admite essa apresentação e especifica as cláusulas do caderno de encargos inalteráveis – é admitida com esse condicionalismo;
- o programa do concurso não admite expressamente essa apresentação, mas especifica as cláusulas do caderno de encargos inalteráveis pelas propostas – é admitida com esse condicionalismo;
- o programa do concurso expressamente admite essa apresentação, mas não especifica as cláusulas do caderno de encargos inalteráveis – não é admitida a apresentação;
- o programa do concurso expressamente refere que não é admitida essa apresentação;
- o programa do concurso nada sobre isso refere – não é admitida a apresentação.

4. Merece também especial referência o elemento constante da alínea k). Com efeito, afasta a possibilidade legal de qualquer prática que consista em, já na fase da apreciação do conteúdo das propostas e do seu mérito, a Comissão de Avaliação estabelecer, só então, os subcritérios de cada um dos critérios anunciados, especificando, discricionária ou até arbitrariamente, o peso relativo de cada um deles, por esta forma se criando expedientes que podiam conduzir à subversão dos princípios da concorrência, da transparência, da imparcialidade, da igualdade, da justiça e mesmo da boa fé e do primado do interesse público que devem caracterizar os concursos.

O actual regime, ao impor que esses *subfactores* constem desde logo do programa do concurso[170], parece afastar o perigo de desvio àqueles princípios[171].

---

[170] Mas não do anúncio do concurso (*íten* 4.1 do modelo que constitui o anexo IV à LCP).

[171] Todavia, há quem entenda que esta conclusão é literalista e que a lei não pretendeu reduzir a margem de auto-vinculação administrativa à fase da elaboração do programa de conurso, pois o próprio fundamento da atribuição da margem de livre apreciação e decisão impede

Os factores e subfactores estão presentes sempre que existe enunciação de características objectivas ou sinais para distinguir entre as propostas, os quais hajam de ser considerados como um conjunto, unitariamente, ou formando uma unidade separada (autónoma) dos demais factores ou subfactores. Por outras palavras, são subfactores os elementos de avaliação (apreciação/valoração) das propostas aos quais se atribua autonomia tal que passem a formar uma unidade estanque à qual é atribuída uma valoração separada, por exemplo, fixando-se uma certa percentagem para o sub-conjunto de um factor. Para efeitos da regulamentação constante do DL 59/99[172], os elementos distintivos entre o parâmetro de avaliação e o subfactor de avaliação são a rígida independência ou estanquicidade e a atribuição de uma valorização prefixa, portanto também rígida, ao subfactor, enquanto o parâmetro pode interagir com outros parâmetros e tem de ser avaliado com os restantes dentro do conjunto de elementos que se unificam num determinado factor. Os elementos das propostas ...deixaram de ser simples elementos de apreciação quanto esta (a comissão) estabeleceu também um determinado peso relativo, no caso 25%, transformando-os em subconjuntos autónomos[173].

5. Tal como sucede com o projecto e elementos que o integram e com o caderno de encargos, também o programa de concurso, uma vez publicado o anúncio e, em seu cumprimento, patenteado aos concorrentes, não poderá ser alterado, mantendo-se estável e com carácter vinculativo, quer para os concorrentes, quer para a própria entidade que abriu o concurso[174]. Está mesmo vedado a esta entidade incluir no programa de concurso uma cláusula que lhe permita proceder à sua alteração, o que, a ser possível, prejudicaria irremediavelmente a confiança que é essencial a quem concorre e tem de conhecer as regras desse concurso[175].

6. Para os efeitos da alínea *e)* do nº 1, ver os artigos 53º, 59º, 63º e 71º.

Porque, nos termos da alínea *c)* do nº 2 do artigo 48º, o programa de trabalhos pode ter sido elaborado pelo dono da obra e, com carácter vinculante, ter sido patenteado como elemento integrador do projecto, tal facto, a verificar-se, deve constar do programa de concurso.

---

essa conclusão redutora (cfr. anotação ao acórdão do Supremo Tribunal Administrativo de Portugal, de 2000.08.02, por ANA GOUVEIA MARTINS, *Cadernos de Justiça Administrativa*, 46º, págs.34 e seguintes).

[172] Este foi o diploma legal que, em Portugal, aprovou a última versão do RJEOP, substituída pelo Código dos Contratos Públicos.

[173] Relatório do acórdão do S.T.A., de Portugal, de 2001.12.05, http://www.dgsi.pt.

[174] Cfr. MARCELO REBELO DE SOUSA, *ob. cit.*, pág. 69, M. e R. ESTEVES DE OLIVEIRA, *ob. cit.*, pág. 135, CYRILLE ÉMERY, *ob. cit.*, pág. 129, MICHEL GUIBAL, *ob. cit.*, pág. 246.

[175] MARGARIDA O. CABRAL, *O Concurso Público...*, págs. 79 e seguintes.

ARTIGO 61º
Consulta e fornecimento das peças do concurso

1. As peças do concurso devem estar disponíveis para consulta pelos interessados no serviço indicado no programa de concurso, dentro do respectivo horário laboral.

2. As peças do concurso devem, ainda, ficar disponíveis para consulta na plataforma electrónica da entidade pública contratante.

3. Para efeitos do descarregamento das peças do concurso disponíveis na plataforma electrónica da entidade pública contratante, é obrigatória a autenticação do interessado, mediante o pagamento do preço estabelecido.

4. Os interessados podem ainda solicitar, em tempo útil, que lhes sejam fornecidas pela entidade pública contratante, mediante o pagamento do preço, as cópias devidamente autenticadas das peças do concurso, as quais lhes devem ser remetidas ou entregues no prazo máximo de seis dias a contar da data da recepção do pedido de cópia.

1. A concorrência que se pretende provocar implica a divulgação da abertura do procedimento adjudicatório e dos seus termos, para que tal facto possa chegar ao conhecimento do maior número possível dos potenciais interessados em celebrar o contrato. O que se obtém através da publicidade dada ao anúncio (artigos 59º e 119º) e da patenteação do programa do concurso, do caderno de encargos e das demais peças do procedimento eventualmente existentes (artigo 45º, nº 1), quer nos serviços da entidade contratante, quer na sua plataforma electrónica.

2. Já foi dito que os primeiros anos deste século serão certamente os anos da administração electrónica[176]. A modernização dos procedimentos de adjudicação dos contratos passa pela sua desmaterialização, o que constituiu um dos objectivos desta LCP (artigos 12º, nº 2 e 364º, nº 3). Nesse sentido, serão introduzidas medidas relativas à tramitação procedimental com vista à troca de informações e comunicações pela via electrónica, com o que se visa imprimir maior celeridade àquela tramitação, com menores custos e, assim, um maior incremento da concorrência.

3. Estabelece o nº 4 que os *interessados* podem, *em tempo útil*, pedir cópias autenticadas das peças do concurso que lhes devem ser entregues ou enviadas no prazo de seis dias, mediante o pagamento do *preço*.

---

[176] G. CHANTILLON, *Administration electronique et services publiques*, citado por CYRILLE ÉMERY, ob. cit., pág. 147.

De um modo geral, *interessado* é o titular de um interesse pessoal, directo[177] e legítimo, isto é, próprio, imediato e não apenas reflexo e, finalmente, protegido por lei[178]. O dever de permitir a consulta das peças do procedimento e de fornecer as respectivas cópias não se pode considerar existir, seja quem for que as peça. Refere o texto legal que para isso têm legitimidade os *interessados*, o que parece corresponder à qualidade de *concorrente potencial*, qualificação que o peticionário da consulta e das peças terá de mostrar possuir, designadamente demonstrando, ainda que sem grande formalidade, que está em condições gerais de participar no procedimento.

4. Quanto ao requisito da petição ser apresentada *em tempo útil*, este será o período de tempo compreendido entre o início da patenteação das peças do procedimento até faltarem seis dias para o termo do prazo para a apresentação das propostas. Com efeito, se o for após esse dia, já a entidade contratante, embora o possa fazer, não é obrigada a fornecer as cópias, pois que dispõe, para isso, de seis dias. Em qualquer caso, se as cópias são pedidas para serem enviadas pela via postal e a sua satisfação, ainda que imediata e até dentro daqueles seis dias, não permitir que cheguem ao destinatário antes do termo do prazo para a apresentação de propostas, não parece verificar-se *interesse legítimo* na sua obtenção.

5. No preceito a este correspondente no RJEOP português, estabelecia-se que as cópias deviam ser fornecidas *a preço do custo*, o que era de difícil senão impossível controlo, salvo manifesto exagero, pelo que se entendia tratar-se mais de uma recomendação à entidade adjudicante do que de outra coisa. É preferível regime estabelecido neste preceito, que apenas se refere a *preço*, sem embargo de este ter de ser *adequado*, portanto correspondente ao custo, visto que não é fornecido por entidade que tenha por escopo a obtenção de um lucro. Não é admissível que se cobrem quantias desproporcionadas e mesmo exorbitantes pelas cópias das peças patenteadas nos procedimentos,

---

[177] MARCELO REBELO DE SOUSA, em *Lições de Direito Administrativo*, I, ed. Lex, 1999, pág. 435, ensina que o *direito à informação*, em geral, *abarca quer o interesse indirectamente protegido, quer o interesse reflexamente protegido (portanto o "interesse legalmente protegido"), quer ainda outras modalidades de interesse atendível*. Neste caso concreto, porém, a legitimidade para consultar as peças do processo e para as obter não pode ser entendida em termos tão amplos, antes devendo ser determinada pela possibilidade legal de participar no procedimento.

[178] Cfr. MARCELO REBELO DE SOUSA, *Lições ...* I, págs. 433 e seguintes, M. ESTEVES DE OLIVEIRA e seus co-Autores do *Código do Procedimento Administrativo Comentado*, 2ª ed., pág. 328 e FREITAS DO AMARAL, *Curso de Direito Administrativo...*, II, pág. 304.

prática abusiva, ilegal, que até funciona em prejuízo da concorrência, e que, como tal, era vigorosamente censurada pela doutrina[179].

6. Do registo do pedido de cópia das peças do procedimento resulta que o registado passa a ter nesse procedimento o estatuto de *interessado*, como tal passando a figurar no processo respectivo e do que decorre, por exemplo, o direito a ser notificado da rectificação de erros e omissões, nos termos do artigo seguinte.

7. Cfr. os artigos 59º e 60º.

ARTIGO 62º
Esclarecimentos e rectificação de erros ou omissões nas peças do concurso

1. Os esclarecimentos necessários à boa compreensão e interpretação das peças do concurso devem ser solicitados pelos interessados por escrito, até ao termo do primeiro terço do prazo fixado para a apresentação das propostas, devendo ser prestados por escrito, até ao termo do segundo terço do mesmo prazo.

2. O órgão competente para a decisão de contratar pode, também, dentro do mesmo prazo, por sua iniciativa, proceder à rectificação de erros ou omissões das peças do concurso.

3. Os esclarecimentos e as rectificações referidas nos números anteriores devem ser de imediato incluídos no procedimento, sendo este facto objecto de publicitação, através de Aviso, ou, quando aplicável, publicitados na plataforma electrónica da entidade pública contratante, juntos às peças do procedimento que se encontrem disponíveis para consulta devendo, ainda, tais factos ser comunicados aos interessados que tenham adquirido ou descarregado as peças do concurso.

4. Os esclarecimentos e as rectificações referidos nos números anteriores passam a ser parte integrante das peças do procedimento, prevalecendo sobre estas em caso de divergência.

1. Corresponde ao que estabelecia o artigo 43º do RRDP anteriormente vigente.

2. Este preceito exige a forma escrita tanto para a prestação de esclarecimentos pelo dono da obra como para os respectivos pedidos pelos interessados, o que se justifica por esse ser o único modo de poderem ficar a constar do processo e serem cognoscíveis dos outros concorrentes, nos termos do nº 3.

3. Nos termos do nº 1, os esclarecimentos devem ser pedidos pelos concorrentes no *primeiro terço do prazo fixado para a apresentação das propostas*. A impo-

---

[179] Cfr. M. e R. ESTEVES DE OLIVEIRA, *Concursos...*, pág. 258 e PEDRO ROMANO MARTINEZ e J. M. MARÇAL PUJOL, *Empreitada de Obras Públicas*, Almedina, 1995, pág. 103.

sição daquele prazo, justifica-se com a necessidade de, assim, se evitar que, por esse motivo, se tenha de fixar nova data para o acto público do concurso. *Com efeito – como já foi afirmado – deixar ao arbítrio de um concorrente a liberdade de poder escolher o momento de pedir esclarecimentos, que hajam de ser publicados, é a mesma coisa que permitir-lhe alongar o prazo de entrega das propostas, quando nisso tenha interesse, pois se o pedido for feito nos últimos dias do concurso, tal prazo terá de ser prorrogado, para dar tempo à publicação dos esclarecimentos*[180].

4. A imposição de um prazo para a prestação dos esclarecimentos e rectificação de erros ou omissões e respectiva publicitação destinam-se a possibilitar que os interessados possam utilizar nas suas propostas os esclarecimentos pedidos e prestados e as rectificações efectuadas. A própria finalidade do preceito legal só restaria útil se os esclarecimentos fossem prestados em tempo oportuno, isto é, em momento tal que os interessados pudessem dispor de um prazo razoável para estudar e elaborar as suas propostas.

5. Embora o preceito seja omisso sobre a questão, não pode considerar-se que a obrigatoriedade de prestar os esclarecimentos existe seja quem for que os peça. Os pedidos de esclarecimentos só relevam se forem pedidos por *interessado*, no conceito antes referido para o exercício do direito de consulta das peças do procedimento: é-o se tiver a qualidade de *concorrente potencial*, qualificação que o peticionário dos esclarecimentos terá de mostrar possuir, designadamente demonstrando, ainda que sem especial formalidade, que está em condições gerais de participar no procedimento.

6. O nº 3 exige a publicitação de avisos que levem ao conhecimento dos interessados a junção dos esclarecimentos e das rectificações às peças patenteadas ao concurso. Poderia pretender-se, com base na letra da lei, que devem ser reduzidos a escrito, juntos às peças patenteadas e publicados avisos sobre todos e quaisquer esclarecimentos prestados a todas e quaisquer dúvidas formuladas. Há que interpretar a lei com razoabilidade e não cremos que estivesse no pensamento do legislador tramitação tão rigorosa. O que se pretende é que os elementos patenteados possam ser correctamente interpretados por todos os eventuais concorrentes e que a apreensão do seu conteúdo seja a todos acessível em igualdade de condições. Assim se justifica que tais formalidades só sejam de observar para os esclarecimentos que razoavelmente se considerem necessários ou mesmo úteis à correcta interpretação daqueles elementos

---

[180] Nota Explicativa ao projecto do Decreto-Lei nº 48 871, de Portugal.

e respeitem a aspectos essenciais do contrato, podendo ter influência, directa ou indirecta, na economia e substância das propostas ou na forma e prazo da sua apresentação. Na dúvida, porém, deve optar-se pela publicitação.

7. O preceito não subordina a prestação dos esclarecimentos a requerimento de interessado, conferindo à entidade contratante, no nº 2, a possibilidade de tomar a iniciativa de os prestar. É uma solução de razoabilidade e utilidade indiscutíveis. Sendo, como repetidamente se salientou, princípios fundamentais do concurso o da concorrência e outros com esta relacionados, o seu acatamento dependerá da clareza dos elementos patenteados a concurso.

8. M. e R. ESTEVES DE OLIVEIRA entendem que pode e deve ser objecto de esclarecimentos, prestados por iniciativa da entidade que abre o concurso ou a pedido de interessado, a correcção de erros ou omissões do projecto ou dos demais documentos patenteados, quer se trate de erros manifestos de cálculo ou de escrita, quer de erros do tipo dos contemplados nos artigos 190º e 191º: *erros de medição, erros de avaliação sobre aspectos geológicos ou, por exemplo, sobre os trajectos utilizáveis na realização de obras, estimativas sobre custos e despesas*[181].

9. Cfr. o artigo 78º a).

SECÇÃO II
PROPOSTA
ARTIGO 63º
Noção

A proposta é o documento pelo qual o concorrente manifesta à entidade contratante a vontade de contratar e indica as condições em que se dispõe a fazê-lo.

1. Corresponde ao que, quase textualmente, dispunha o artigo 49º do anterior RRDP.

2. O preceito dá o conceito de proposta, o que, para alguns, traduz uma prática desnecessária, tanto mais que, neste caso, o conceito dado não seria isento de crítica, quer porque só no termo do procedimento o contrato será celebrado, sendo a proposta mero acto preparatório desse contrato, quer porque não exprime uma verdadeira vinculação do proponente, mas tão só uma *manifestação de vontade de contratar*, quer ainda porque não *é* um *documento*, mas

---

[181] *Concursos.... cit.*, págs. 111 e 112.

apenas *consta* de um documento[182]. Quanto a este último aspecto, efectivamente, em rigor técnico a proposta, como referem M. e R. ESTEVES DE OLIVEIRA, *é o complexo das prestações (e contraprestações) oferecidas (e pedidas) pelo concorrente, a que ele se compromete (e aspira), se vier a ser escolhido como adjudicatário*[183].

A proposta deve ter uma existência formal e material. Formal, porque deve constar de um documento, redigido em português ou, não o sendo, acompanhado de tradução devidamente legalizada (artigo 71º, nº 6) e deve ser assinado pelo proponente ou por um seu representante devidamente habilitado ou, tratando-se de pessoa colectiva, por quem estatutariamente tenha poderes para a obrigar. A existência material da proposta revela-se pelo seu conteúdo, designadamente pela declaração de compromisso do seu autor de, pelo preço, no prazo e demais condições que indica, executar o contrato nos precisos termos estabelecidos no caderno de encargos (artigo 87º, alínea d)).

3. O preceito não diz expressamente que esse documento tem que consistir num escrito, sendo certo que *documento é qualquer objecto elaborado pelo homem com o fim de reproduzir ou representar uma pessoa, coisa ou facto* (artigo 362º do Código Civil). Efectivamente, a actual lei civil ampliou substancialmente a noção de documento fazendo nela incluir, além dos escritos, os fotográficos, os gramofónicos, os cinematográficos, os desenhos, as plantas e outros. Não se pode daí concluir que o novo regime jurídico dos contratos públicos tenha pretendido um tão amplo conceito de documento, como resulta do nº 6 do artigo 71º ao exigir que a proposta seja redigida em língua portuguesa. Há-de, pois, constar de um escrito, embora nada impeça que esse escrito seja apresentado por fotocópia autenticada.

Isto, sem prejuízo do recurso às técnicas da informatização, quando for implementada.

4. Relativamente à natureza jurídica da *proposta*, para a doutrina tradicional, a proposta do concorrente funciona como promessa unilateral de contratar nas condições que apresenta. Já o mesmo não sucede em relação ao anúncio do concurso. Com ele, o dono da obra não se compromete a celebrar o contrato, pois pode vir a não o celebrar nem sequer com o concorrente da proposta de preço mais baixo ou mais vantajosa; o anúncio indica apenas que a entidade pública contratante está na disposição de celebrar um certo contrato em determinadas condições.

---

[182] P. ROMANO MARTINEZ e J. MARÇAL PUJOL, *ob. cit.*, pág. 130.
[183] *Ob. cit.*, pág. 359.

FASES DA FORMAÇÃO DO CONTRATO **ART. 63º** 127

Segundo SÉRVULO CORREIRA[184], a orientação que confere à declaração unilateral em que a proposta se traduz a virtualidade de vinculação obrigacional em relação ao respectivo conteúdo, não explica suficientemente o direito que em geral se reconhece ao concorrente a ser indemnizado das despesas que suportou para se candidatar no concurso[185]. Para o referido Autor, a abertura do concurso corresponde a uma *oferta ao público* que revela *uma proposta que faz parte de um contrato em expectativa e que apresenta duas particularidades decorrentes de se inserir num procedimento de individualização de um co-contratante para um único e específico contrato: à proposta da Administração não hão-de corresponder declarações de aceitação das quais decorra a conclusão do contrato mas sim novas propostas, provenientes dos interessados; em face das novas propostas provenientes dos interessados, cumpre à Administração pronunciar-se mais uma vez aceitando uma delas. Pelas propostas com as quais os candidatos à contratação respondem à proposta da Administração exerce-se um duplo efeito: por um lado, aqueles obrigam-se a contratar se forem escolhidos; pelo outro, preenchem «cláusulas em branco» da proposta de contrato da Administração, completando o esquema contratual relativamente aberto gizado na proposta administrativa (...) Ao abrir o concurso, a Administração vincula-se perante o público, ou perante os limitados destinatários quando for esse o caso, a levar avante o procedimento pré-contratual e, designadamente, a apreciar as propostas com intenção de escolher a melhor de entre as que não estiverem aquém dos limites da aceitabilidade[186].*

5. O certo é que a proposta constitui uma declaração de adesão do concorrente às condições que a entidade pública contratante declarou estar na disposição de celebrar um determinado contrato e que constam das peças patenteadas. Mas não se confina a isso, pois o proponente igualmente declara as suas próprias condições para celebrar o contrato, ainda que nos limites de certos elementos deixados em aberto por aquela entidade contratante no caderno de encargos, nomeadamente o seu preço, prazo de execução da obra, e sobre o conteúdo desses elementos versa a concorrência. Viabiliza, assim, a celebração do contrato, se vier a ser a escolhida.

Trata-se, pois, de uma declaração unilateral irrevogável, com uma validade limitada no tempo (artigo 74º).

---

[184] *Ob. cit.*, págs. 700 e 701.

[185] Cfr. ESTEVES DE OLIVEIRA, *Direito Administrativo*, I, pág. 673.

[186] Cfr. Prof. FAUSTO QUADROS, *Formação do Contrato Administrativo*, Rev. Ordem dos Advogados, 1987, III, pág. 705.

128 JORGE ANDRADE DA SILVA

6. As propostas devem ser *sérias*, por lhes corresponder o propósito do seu cumprimento, *firmes,* por serem imutáveis e irretiráveis e *certas,* porque inequívocas, precisas, claras e concretas.

7. Entre os principais efeitos jurídicos decorrentes da apresentação de proposta, destaca-se os seguintes:

- O proponente adquire o estatuto jurídico de interessado[187], com os direitos correspondentes, designadamente o de formular petições, de reclamar, de impugnar decisões, etc.. Poderá dizer-se que passou a ser *parte* no procedimento;
- Implica a aceitação integral e sem reservas do conteúdo do caderno de encargos, nos termos atrás referidos;
- Implica a obrigação de honrar o compromisso que assim assume.

ARTIGO 64º
Propostas variantes

1. São variantes as propostas que apresentam condições alternativas relativamente ao disposto nas cláusulas do caderno de encargos.

2. A apresentação de proposta ou propostas variantes, quando admitida pelo anúncio ou programa do concurso, não dispensa os concorrentes da apresentação da proposta base, em conformidade com o disposto no caderno de encargos.

1. Corresponde ao artigo 51º do RRDP, anteriormente vigente.

2. Importa ter presente que este preceito não admite ou regula *propostas de variantes ao projecto,* mas propostas que tenham por objecto soluções alternativas às contempladas no caderno de encargos[188].

São variantes as propostas que, relativamente a um ou mais aspectos da execução do contrato a celebrar, contenham atributos que digam respeito a condições contratuais alternativas nos termos expressamente admitidos pelo caderno de encargos[189]. Portanto,

---

[187] Isto, considerando um sentido restrito de *interessado,* pois que, num sentido amplo pode significar qualquer entidade que, legalmente, esteja em situação de poder participar no procedimento (cfr. o artigo 61º e o respectivo comentário).

[188] Segundo o artigo 1º da Portaria nº 701- H/2008, de 31 de Julho, de Portugal, *projecto variante é o projecto elaborado no todo ou em parte como alternativa a outro já existente, sem modificação dos seus objectivos e condicionantes.*

[189] Artigo 59º, nº 1 do Código dos Contratos Públicos, de Portugal.

a variante limita-se aos aspectos da *execução do contrato;* respeitará a aspectos do clausulado no caderno de encargos.

3. O conceito de *proposta variante* parece assim não estar muito longe do de *proposta condicionada,* que o anteriormente vigente RRDP admitia (artigo 50º), mas que esta LCP não contempla. Condicionada é considerada *a proposta que envolva alterações de cláusulas do caderno de encargos* (artigo 50º, nº 1 daquele RRDP). A apresentação de propostas variantes, portanto com condições divergentes das previstas nos cadernos de encargos, só é admitida relativamente às cláusulas que o próprio caderno de encargos expressamente admite (nº 1).

4. Comparativamente com a *proposta base,* a *proposta variante,* como acima foi dito, apresenta alternativa ao clausulado no caderno de encargos, enquanto que esse clausulado é o considerado pela proposta base, sem que esta, relativamente a ele, possa conter desvios, sob pena de exclusão (artigo 87º). O que significa que a proposta variante só pode ser apresentada se o programa do procedimento o admitir (artigos 60º, nº 1, h) e 87º) e com o condicionalismo estabelecido no caderno de encargos (nº 2).

5. O nº 2 evidencia o carácter subalterno ou subsidiário da proposta variante, que, por isso, não tem autonomia. Do que decorre que só pode ser apresentada se também o tiver sido a proposta base e que a sua admissão depende da admissão da proposta base, cuja exclusão implica, portanto, a exclusão da proposta alternativa (artigo 87º, alínea b)).

ARTIGO 65º
Indicação do preço

1. O preço da proposta deve ser sempre indicado por extenso, sendo a este que se atende em caso de divergência com o expresso em algarismos.
2. No preço da proposta devem estar incluídos todos os impostos, as taxas e os encargos aplicáveis.

1. O nº 1 corresponde ao que estabelecia o artigo 54º do anterior RRDP, que reproduz quase textualmente.

2. A disposição do nº 1 resolve a questão da divergência entre o preço indicado por algarismos e o indicado por extenso, dando prevalência a este. Mas pode ainda colocar-se outra questão que consiste em saber como resolver a

JORGE ANDRADE DA SILVA

divergência eventualmente existente entre o preço indicado e o que resulta da aplicação dos preços unitários às quantidades de trabalhos previstas na respectiva lista (artigo 199º). Essa questão tem a ver com a relevância jurídica do erro, designadamente do erro na declaração (artigo 247º do CC) e do erro de escrita (artigo 249º do CC). O que não pode é pretender-se que, sempre e em qualquer caso, prevalece o preço declarado sobre o preço real. Não seria uma solução lógica, porque não há razão para afastar a verdade material da proposta obtida pela aplicação daqueles preços parciais ou unitários às quantidades de trabalho; não seria justa, porque tal divergência revela que o valor declarado não foi o efectivamente querido pelo concorrente, conduzindo, se for inferior, a um injusto locupletamento do contratante público à custa do contratante particular. De resto, a regra vale independentemente de quem beneficiaria se não fosse reposta a verdade material[190].

Mas essa preocupação de justiça não pode prejudicar a necessária segurança e transparência das situações, pelo que é uma questão que deve ser resolvida até à celebração do contrato.

3. cf. os artigos 70º, 79º, 99º, 102º, 193º, 212º, 284º e 285º.

ARTIGO 66º
Caução provisória
1. A entidade pública contratante pode exigir, no programa do procedimento, que os concorrentes apresentem uma caução provisória, juntamente com as suas propostas.
2. A caução provisória é accionada se o concorrente resolver retirar ou modificar a sua proposta após o termo do prazo da sua entrega e antes do termo do prazo de manutenção das propostas ou, ainda, no decurso de eventuais renovações automáticas do mesmo.
3. O valor da caução provisória deve ser estabelecido em montante até ao máximo de 5% do valor estimado do contrato.

1. Escreveu MARCELLO CAETANO[191], que *as propostas devem ser sérias, isto é, feitas com o propósito de serem mantidas e cumpridas. Para garantia do exacto e pontual cumprimento das obrigações assumidas na proposta exige-se, nos concursos públicos, que os concorrentes façam o depósito em dinheiro ou títulos de dívida pública de uma importância proporcional ao valor do contrato e que servirá de caução provisória, a qual pode ser substituida por garantia bancária.*

---

[190] Isso mesmo estabelecia o nº 2 do artigo 76º do RJEOP de Portugal, para a empreitada por série de preços.
[191] *Manual cit.*, I, pág. 539.

Mais especificamente, a caução bancária visa assegurar da parte do concorrente, a seriedade com que se apresenta ao concurso e se candidata à celebração do contrato nos termos constantes da sua proposta. Essa caução mantém-se enquanto se mantiverem pendentes as obrigações que assumiu com a apresentação da sua proposta, isto é, enquanto durar a validade da sua proposta (artigo 74º), nos termos do artigo 68º.

Portanto, a caução provisória tem uma função diferente da que desempenha a caução definitiva, que visa garantir o exacto e pontual cumprimento das obrigações assumidas pelo contrato.

2. Ao contrário do que sucede com a caução definitiva (artigo 103º), nos termos do disposto no nº 1, não é obrigatória a exigência da prestação de caução provisória pelos concorrentes, o que sucederá se a entidade contratante, discricionariamente, o entender conveniente. Sendo caso disso, essa exigência deve ser feita no programa do concurso, que igualmente deve dispor sobre a forma da respectiva prestação. Todavia, se o programa procedimento for omisso quanto à exigência de prestação de caução provisória, deve considerar-se que é obrigatória essa prestação, a efectuar nos termos e pelo modo que suplectivamente vêm regulados neste e nos dois artigos seguintes (artigo 70º, nº 2 b)). Portanto, para que a prestação da caução provisória não seja obrigatória, é necessário que o programa do concurso expressamente dispense essa prestação.

3. O valor da caução é fixado em função do *valor estimado do contrato*, num máximo de 5% desse valor (nº 3), isto é, do montante do *preço base* calculado em função do valor económico das prestações a contratar (artigo 24º, nº 2).

4. A perda da caução provisória a favor da entidade contratante ocorre não apenas nos casos referidos no nº 2, mas em qualquer caso em que o concorrente não cumpra as obrigações a que se vinculou com a sua participação no procedimento, designadamente nos casos em que, por facto que lhe seja imputável, dá causa à caducidade da adjudicação, como sucede quando, sendo-lhe ajudicado o contrato, não presta a caução definitiva (artigo 107º, nº 1) ou não comparece para outorga do contrato no dia, hora e local para que foi convocado (artigo 116º, nº 1).

5. Cfr. os artigos 67º, 103º a 107º, 247º nº 6, 297º, 300º, 315º e 316º.

ARTIGO 67º
Modo de prestação da caução provisória

1. A caução é prestada por depósito em dinheiro, em títulos emitidos ou garantidos pelo Estado ou mediante garantia bancária ou seguro-caução.

2. O depósito em dinheiro ou os títulos é efectuado em Angola, em qualquer instituição de crédito, à ordem da entidade que for indicada no programa do procedimento, devendo ser especificado o fim a que se destina.

3. Quando o depósito for efectuado em títulos, estes são avaliados pelo respectivo valor nominal, salvo se, nos últimos três meses, a média da cotação na bolsa de valores ficar abaixo do par, caso em que a avaliação é feita em 90% dessa média.

4. O programa do concurso deve conter os modelos referentes à caução que venha a ser prestada por garantia bancária, por seguro-caução ou por depósito em dinheiro ou títulos.

5. Se o concorrente prestar a caução mediante garantia bancária, deve apresentar um documento pelo qual uma entidade bancária legalmente autorizada assegure, até ao limite do valor da caução, o imediato pagamento de quaisquer importâncias exigidas pela entidade contratante em virtude do incumprimento de quaisquer obrigações a que a garantia respeita.

6. Tratando-se de seguro-caução, o programa do concurso pode exigir a apresentação da apólice pela qual uma entidade legalmente autorizada a realizar este seguro assuma, até ao limite do valor da caução, o encargo de satisfazer de imediato quaisquer importâncias exigidas pela entidade contratante, em virtude do incumprimento de quaisquer obrigações a que o seguro respeita.

7. Das condições da garantia bancária ou da apólice de seguro-caução não pode, em caso algum, resultar uma diminuição das garantias da entidade pública contratante, nos moldes em que são asseguradas pelas outras formas admitidas de prestação da caução.

8. Todas as despesas relativas à prestação da caução são da responsabilidade dos concorrentes.

1. É ao concorrente que cabe a escolha de um dos modos de prestação da caução, desde que seja um dos admitidos por este preceito e nas condições nele estabelecidas, não podendo o programa de concurso estabelecer regime diverso.

2. Sobre o seguro-caução, ver estudo do Prof. JOSÉ DE OLIVEIRA ASCENSÃO, em *O Direito*, 100º, págs. 306 e seguintes.

3. No nº 3 regula-se a hipótese de o depósito ser feito em títulos. Por aí se vê que, para este efeito, não pode considerar-se valor superior ao nominal, ainda que a sua cotação esteja acima do par. Essa cotação já é considerada para a determinação do valor dos respectivos títulos se, nos últimos três meses, a sua média estiver abaixo do par, caso em que o valor de cada título será de 90 por cento da média da cotação nesse período de tempo. Só assim, efectivamente, se presta caução pela garantia estabelecida, salvaguardando-se, em alguma medida, das naturais oscilações da cotação dos títulos no mercado bolsista e até, eventualmente, da depreciação resultante de venda forçada.

4. No que respeita à garantia bancária trata-se de uma *garantia autónoma à primeira solicitação*, com o que se pretende significar que é independente das relações jurídicas, designadamente contratuais, que a determinaram, pelo que quem dela beneficia não tem que fazer prova do incumprimento do devedor[192]. Por ela, o banco garante *renuncia a opor ao beneficiário quaisquer excepções, derivadas tanto da sua relação contratual com o cliente, como da relação causal entre o devedor principal e o beneficiário. Significa igualmente que a introdução da cláusula "first demand" isenta o beneficiário do ónus da prova dos pressupostos do seu crédito contra o banco*[193].

ARTIGO 68º
Restituição ou cessação da caução provisória

1. Decorrido o prazo de validade da proposta ou logo que seja celebrado contrato com qualquer concorrente, os concorrentes podem solicitar a restituição do dinheiro ou dos títulos depositados ou o cancelamento da garantia bancária ou do seguro-caução, devendo a entidade pública contratante promover, nos dez dias subsequentes, as diligências para o efeito necessárias.
2. O concorrente tem igualmente direito à restituição do depósito ou ao cancelamento da garantia ou do seguro-caução se não se apresentar a concurso ou se a sua proposta não vier a ser admitida, contando-se os dez dias para a promoção das diligências a partir da data do acto público do concurso.

1. O prazo de validade das propostas é de 60 dias contados da data do acto público do concurso, se o programa do procedimento não estabelecer outro (artigo 74º, nº 1). Durante esse prazo, que, aliás, se renova automaticamente se o concorrente não requerer o contrário (artigo 74º, nº 2), a proposta mantém todo o seu valor jurídico, a não ser que, entretando, o contrato tenha sido celebrado com qualquer dos outros concorrentes. Por isso, durante esse período, para que o concorrente tenha direito à restituição do depósito ou liberação da garantia prestada, não basta que tenha havido adjudicação, porque esta pode ter caducado por razões imputáveis ao adjudicatário, caso em que se procede

---

[192] Cfr. STÉPHANE BRACONNIER, ob. cit., pág. 337.
[193] D.M. DE OLIVEIRA ANTUNES, *Contrato de Empreitada – Manual de Execução, Gestão e Fiscalização*, ed. Quid Juris 2002, pág. 102.

a nova adjudicação, desta vez ao concorrente que se situava no lugar seguinte da ordem respectiva (artigos 107º e 116º).

Não estabelece a lei um período de tempo durante o qual o concorrente deve pedir a restituição ou liberação da caução provisória prestada, limitando-se a fixar o momento a partir do qual o pode fazer. Todavia, como acima ficou dito, se o não fizer naquele prazo de 60 dias, nos termos do nº 2 do artigo 74º, o período de manutenção da proposta renova-se automaticmente.

2. No nº 2 regula-se a hipótese de o interessado ter encetado as diligências para a concorrer, ter, para isso, efectuado o depósito ou obtido a garantia bancária ou seguro-caução e acabar por não participar no procedimento. Como o depósito é feito à ordem da entidade contratante, só com a intervenção desta é possível a respectiva cessação e liberação. O mesmo sucede quando o concorrente não é admitido a concurso ou a sua proposta é excluída.

3. Já foi levantada a questão de saber se a restituição ou cessação da caução provisória efectuada nos termos deste preceito corresponde a um afastamento do respectivo concorrente relativamente ao procedimento e, designadamente, à retirada da sua proposta. Só terminado o prazo de manutenção da proposta, o respectivo concorrente deixa de estar vinculado às obrigações que contraiu apresentado-se a concurso e de ser nele admitido. Portanto, o exercío do direito a esse descomprometimento significa que não será obrigado a celebrar o contrato. Mas só isso daí deriva, pelo que nada impede que o venha a celebrar se ainda vier a ser para isso convidado e o aceitar[194].

4. Cfr. os artigos 74º, 107º e 116º.

ARTIGO 69º
Documentos que acompanham as propostas
A proposta deve ser acompanhada dos seguintes documentos de habilitação:

a) declaração na qual o concorrente indique o seu nome, número de contribuinte, número de bilhete de identidade ou de pessoa colectiva, estado civil e domicílio ou, no caso de se tratar de pessoa colectiva, a denominação social, sucursais que devam estar envolvidas na execução do contrato, nomes dos membros dos corpos sociais e de outras pessoas com poderes para a obrigarem, registo comercial, constituição e alterações do pacto social;
b) comprovativo da regularidade da situação jurídica do concorrente;

---

[194] Neste sentido, ver M. e R. ESTEVES DE OLIVEIRA, *Concursos... cit.*, pág. 439.

c) comprovativo da regularização da situação tributária perante o Estado angolano;
d) comprovativo da regularização da situação relativa às contribuições para a segurança social em Angola;
e) comprovativo da entrega da declaração fiscal mais recente;
f) outros documentos que forem exigidos no programa do concurso, adequados à comprovação da idoneidade, da habilitação profissional, da capacidade técnica e da capacidade financeira dos concorrentes, de entre os indicados nos artigos 56º a 58º da presente lei.

1. Corresponde ao que estabelecia ao nº 1 do artigo 53º do RRDP anteriormente vigente, de que, em substância, se não afasta significativamente.

2. Este artigo especifica os documenos que devem *acompanhar* a proposta, enquanto que o artigo seguinte trata dos documentos que *instruem* a proposta. A principal diferença da distinção é que estes últimos fazem parte integrante da proposta, enquanto que os primeiros são exteriores relativamente ao conteúdo daquela, destinando-se somente a demonstar a conformidade legal da sua apresentação a concurso. O que, como a seguir se dirá, tem efeito decisivo na natureza do juízo sobre uns e outros feito pela Comissão de Avaliação.

3. O preceito procede à enumeração dos documentos necessários à *habilitação* dos concorrentes e que constitui o acto procedimental que se traduz na apresentação, por cada um dos concorrentes, dos documentos comprovativos de que preenche os requisitos estabelecidos na lei e no programa de procedimento como necessários para poder celebrar o contrato. Portanto, com a habilitação o concorrente demonstra a sua capacidade legal para celebrar e executar o contrato. Essa capacidade envolve requisitos relativos à idoneidade moral e à capacidade técnica e financeira do concorrente.
Ao apreciar a habilitação de um concorrente, a Comissão de Avaliação limita-se a emitir um juízo de verificação dos documentos, sem emitir juízos de valor. Já o mesmo não sucede quanto à apreciação dos documentos que instruem a proposta (artigo 70º), pois estes respeitam ao mérito das propostas, que aquela Comissão avaliará para efeitos de adjudicação. Isto é: os documentos a que este preceito se reporta destinam-se a comprovar que o seu apresentante pode ser admitido como concorrente; os documentos que instruem a proposta destinam-se a demonstrar que o conteúdo dessa proposta é o que melhor serve o interesse público subjacente à pretendida celebração do contrato.

4. A distinção entre aqueles dois tipos de documentos tem ainda muito interesse quanto ao modo da sua apresentação a concurso. Com efeito, os documentos que acompanham a proposta devem ser encerrados no invólucro com a menção de *"Documentos de habilitação"* (artigo 72º, nº 3), enquanto que os documentos que instruem a proposta só podem ser inseridos no invólucro com a menção *"Documentos de Instrução da Proposta"* (artigo 72º, nº 4). A relevância desta operação material radica em que, se algum dos documentos que instruem a proposta for inserido no invólucro destinado aos documentos de habilitação, o concorrente será excluído do concurso se daí resultar *qualquer referência que seja considerada denunciadora do preço da proposta ou das respectivas condições de pagamento,* (artigo 79º, nº 1 b)). Por identidade de razão, parece que essa exclusão se impõe sempre que esses indícios digam respeito a qualquer elemento da proposta que denuncie o seu conteúdo relativamente a qualquer dos factores que integram o critério de adjudicação, e não apenas quanto ao preço ou condições de pagamento.

5. Os requisitos necessários à habilitação podem ser *requisitos gerais,* como tal aplicáveis a todo e qualquer procedimento adjudicatório, e *requisitos especiais,* os que em cada caso concreto forem exigidos pelo programa do procedimento.

Os requisitos de habilitação enumerados nas alíneas a) a e) deste artigo são gerais, ocupando-se a alínea f) dos requisitos especiais.

6. Relativamente à não apresentação dos documentos aqui exigidos, o nº 2 do artigo 79º permite que a Comissão de Avaliação admita o concorrente condicionalmente, caso os documentos em falta *não sejam essenciais,* fixando--lhe um prazo até cinco dias para regularizar a situação. O que aqui merece dois apontamentos: um primeiro é o de que a lei não especifica quais são os documentos *essenciais,* o que parece significar que é matéria para aquela Comissão decidir em cada caso. Sem prejuízo do que fica dito e do que eventualmente resultar quanto aos documentos a que se refere a alínea f), afigura-se-nos que, atento o disposto no nº 4 do artigo 79º, só os documentos enumerados na alínea a) serão, nesse momento, absolutamente indispensáveis, bem podendo os outros esperar pela sua regularização no prazo de cinco dias. O segundo ponto é o de que, a nosso ver, impõe-se a admissão condicional do concorrente sempre que este demonstre que diligenciou obter o documento em tempo oportuno e só por causa que lhe não é imputável o não pode fazer acompanhar a proposta[195].

7. Cfr. os artigos 7º, 8º, 9º, 41º, 43º, 56º, 57º e 58º.

---

[195] Cfr. M. e R. ESTEVES DE OLIVEIRA, *Concursos... cit.,* 313.

ARTIGO 70º
Documentos que instruem as propostas

1. A proposta deve ser instruída com todos os documentos exigidos no programa de concurso.

2. Sem prejuízo de outros exigidos no programa de concurso, a proposta deve ser instruída, nomeadamente com os seguintes documentos:

a) declaração do concorrente de aceitação do conteúdo do caderno de encargos, elaborada em conformidade com as exigências do concurso;

b) comprovativo da prestação da caução provisória, salvo dispensa do programa do concurso.

3. Em concursos públicos relativos a contratos de empreitada de obras publicas e sem prejuízo de outros exigidos no programa do concurso a proposta deve, ainda, ser, obrigatoriamente, instruída com os seguintes documentos:

a) nota justificativa do preço proposto;

b) lista dos preços unitários de todas as espécies de trabalhos previstas no projecto de execução;

c) programa de trabalhos, incluindo plano de trabalhos, plano de mão-de-obra e plano de equipamento;

d) memória justificativa e descritiva do processo de execução da obra;

e) cronograma financeiro;

f) plano de pagamentos;

g) declarações de compromisso subscritas pelo concorrente e por cada um dos subempreiteiros, se houver recurso a subempreitadas;

h) projecto de execução, quando este tiver sido submetido à concorrência pelo caderno de encargos, nos termos do disposto no $n^{\underline{o}}$ 6 do artigo $48^{\underline{o}}$ da presente lei.

4. A declaração referida na alínea a) do $n^{\underline{o}}$ 2 do presente artigo deve ser assinada pelo concorrente ou pelo representante que tenha poderes para o obrigar.

5. O programa do concurso, em concursos públicos relativos a contratos de empreitada de obras públicas, pode obrigar a que a proposta seja instruída, entre outros, com os seguintes elementos:

a) lista de preços por memória;

b) lista de aluguer de equipamento;

c) lista de cedência de mão-de-obra;

d) lista de eventuais subempreiteiros, para aprovação.

6. Quando a proposta seja apresentada por uma associação concorrente, a declaração referida na alínea a) do $n^{\underline{o}}$ 2 da presente lei deve ser assinada pelo representante comum *dos membros que a integram, caso em que devem ser juntos à declaração os instrumentos de mandato emitidos por cada um dos seus membros ou, não existindo representante comum, deve ser assinada por todos os seus membros ou respectivos representantes.*

1. Corresponde ao que estabelecia ao nº 2 do artigo 53º do RRDP anteriormente vigente, de que se afasta significativamente.

A norma do nº 1 está contida no nº 2, que a repete.

2. Tal como foi referido em comentário ao artigo anterior, este preceito enuncia os documenos que devem *instruir* a proposta, enquanto que aquele artigo especifica os documentos que devem *acompanhar* a proposta. Trata-se, portanto, de documentos com funções bem distintas e que merecem, por parte da Comissão de Avaliação, deliberações de natureza bem diferente. Com efeito, enquanto os primeiros se destinam a fazer parte integrante da proposta, portanto, com influência no seu conteúdo obrigacional, os documentos que acompanham a proposta são exteriores relativamente ao conteúdo desta, destinando-se apenas a demonstar a conformidade legal da sua apresentação a concurso, tratando-se, portanto, de documentos comprovativos de que o proponente preenche os requisitos estabelecidos na lei e no programa de procedimento como necessários para poder celebrar o contrato. Dessa diferente função decorre que a Comissão de Avaliação, relativamente aos documentos que acompanham a proposta, limita-se a emitir um juízo de certificação da sua conformidade com os requisitos estabelecidos na lei e no programa de concurso, sem emitir juízos de valor; enquanto que, relativamente à apreciação dos documentos que instruem a proposta (artigo 70º), aquela Comissão emite verdadeiros juízos de valor sobre o mérito do seu conteúdo face aos factores e subfactores em que se desenvolve o critério de adjudicação, portanto, avaliando-os.

Mas as diferenças entre os dois tipos de documentos manifestam-se ainda no modo da sua apresentação, já que, enquanto os documentos que acompanham a proposta devem ser encerrados no invólucro com a menção de "*Documentos de habilitação*" (artigo 72º, nº 3), os documentos que instruem a proposta só podem ser inseridos no invólucro com a menção "*Documentos de Instrução da Proposta*" (artigo 72º, nº 4), sendo que se algum destes documentos for inserido naquele invólucro e se daí resultar *qualquer referência que seja considerada denunciadora do preço da proposta ou das respectivas condições de pagamento*, o respectivo concorrente é excluído do concurso (artigo 79º, nº 1 b)). De resto, parece que essa exclusão se impõe sempre que esses indícios digam respeito a qualquer elemento da proposta que denuncie o seu conteúdo relativamente a qualquer dos factores que integram o critério de adjudicação, e não apenas quanto ao preço ou condições de pagamento.

3. A alínea a) do nº 2 estabelece expressamente o aqui já referido em comentário ao artigo 47º: o caderno de encargos é o instrumento em que se estabelecem os precisos termos, de ordem técnica e jurídica, em que a entidade pública contratante está disposta a contratar, traduzindo-se num conjunto de cláusulas articuladas, elaboradas unilateralmente por aquela e que se impõem a quem se proponha celebrar o contrato da empreitada. O empreiteiro, tendo tomado conhecimento do conteúdo do caderno de encargos, decide se deve candidatar-se à adjudicação do contrato; em caso afirmativo, terá de aceitar aquele caderno de encargos tal como se lhe apresenta, não lhe sendo admitido reclamar modificações ou de qualquer modo negociar. O caderno de encargos forma um bloco a aceitar ou recusar por inteiro. Só assim não será se o programa de concurso admitir a apresentação de propostas com condições divergentes das que constam no caderno de encargos e, obviamente, nos aspectos propositadamente deixados à concorrência.

4. A exigência da apresentação de *nota justificativa do preço proposto,* feito na alínea *a)* do nº 3, parece não ter sentido. Com efeito, se o critério de adjudicação for o da proposta economicamente mais vantajosa, do artigo 99º resulta que uma proposta não pode ser excluída por apresentar um preço anormalmente baixo, já que, no nº 9, só admite essa exclusão quando o critério de adjudicação é o do mais baixo preço. Mas, neste caso, também aquela exigência carece de utilidade, pois dispõe o nº 8 daquele artigo 99º que, antes de decidir pela rejeição com fundamento em o preço ser anormalmente baixo, a entidade contratante tem de ouvir o concorrente, pedindo-lhe os esclarecimentos que entenda necessários sobre os elementos constitutivos da proposta, que devem ser apreciados de harmonia com o que estabelece o nº 9 daquele preceito. Poderá contudo pretender-se que, exigindo o preceito a sua apresentação sempre e em qualquer caso, já serviria como esclarecimento exigido naquele nº 8, no caso de o preço ser anormalmente baixo e o critério de adjudicação ser o do mais baixo preço.

5. Da alínea d) do nº 5 resulta claro que os subempreiteiros devem ser previamente aprovados pela entidade contratante, o que implica que aquela aprovação respeita quer à sua admissão inicial, quer à sua substituição, mesmo durante a execução da obra.

6. Cfr. o artigos 47º, 53º, 60º, 66º, 69º e 99º.

ARTIGO 71º
Modo de apresentação das propostas e demais documentos em suporte de papel

1. No caso de a entidade pública contratante optar pelo modo de apresentação das propostas em suporte de papel, a proposta, juntamente com os documentos de instrução, deve ser apresentada em invólucro opaco, fechado e lacrado, em cujo rosto se deve escrever a palavra «Proposta» e o nome ou denominação do concorrente.

2. Em outro sobrescrito, com as mesmas características referidas no número anterior, devem ser encerrados os documentos de habilitação dos concorrentes previstos no artigo anterior, no rosto do qual se deve escrever a palavra «Documentos», indicando o nome ou a denominação do concorrente.

3. Os invólucros referidos nos números anteriores devem ser, por sua vez, guardados num outro invólucro opaco, fechado e lacrado, em cujo rosto se identifica o concurso.

4. Em caso de apresentação de propostas variantes, cada uma delas deve ser apresentada em invólucro opaco e fechado e lacrado, em cujo rosto se deve escrever a expressão «Proposta variante» e o nome ou a denominação do concorrente.

5. O programa do concurso pode estabelecer que os documentos, quando formados por mais de uma folha, devam constituir fascículo ou fascículos indecomponíveis com todas as páginas numeradas, criados por processo que impeça a separação ou o acréscimo de folhas, devendo a primeira página escrita de cada fascículo mencionar o número total de folhas.

6. A proposta e os documentos devem ser redigidos em língua portuguesa ou, no caso de não o serem, devem ser acompanhados de tradução devidamente legalizada e em relação à qual o concorrente declara aceitar a prevalência, para todos os efeitos, sobre os respectivos originais.

1. Corresponde ao artigo 55º do RRDP e artigo 80º do REOP anteriormente vigentes.

A referência que no nº 2 se faz ao *artigo anterior* deve-se a manifesto lapso, pois os documentos de habilitação são regulados no artigo 69º.

2. A entidade pública contratante opta de modo inteiramente discricionário quanto aos meios físico ou electrónico de apresentação das propostas. O que, significativamente, foi erigido em princípio de actuação da Administração Pública estabelecido no artigo 353º, que expressamente enuncia a equivalência da utilização dos meios físicos ou dos meios informáticos, cometendo mesmo ao Estado o ónus de assegurar essa equivalência. E, na verdade, designadamente numa fase de implementação e normalização do recurso aos meios electrónicos, os princípios da igualdade e da concorrência impõem essa equivalência.

3. Resulta do disposto neste artigo que a apresentação das propostas e documentos que as instruem em suporte de papel há três invólucros, todos opacos e devendo todos eles ser apresentados fechados e lacrados. Só quanto ao sobrescrito exterior se impõe (n° 3) que tenha inscrito no respectivo rosto a identificação do concurso, mas não se impede que o mesmo suceda quanto aos outros dois sobrescritos, o que, podendo ter vantagens, não tem inconvenientes.

4. Como ficou salientado, o preceito estabelece uma separação clara entre os documentos que respeitam à habilitação dos concorrentes (artigo 70°), e que se devem reunir num mesmo invólucro, daqueles que instruem a proposta a incluir, por seu turno, em invólucro próprio e exclusivamente a eles destinado. Trata-se de acondicionar uns e outros documentos por forma a só poder ser conhecido o seu conteúdo na respectiva fase da tramitação procedimental, assegurando a demarcação das várias fases.

Os documentos a incluir no invólucro da proposta, enumerados no n° 1 do artigo 73°, são aqueles que instruem a proposta e que, portanto, por forma directa ou indirecta, poderiam revelar o conteúdo da própria proposta.

5. O artigo 79°, na alínea c) do seu n° 1, estabelece que não são admitidas as propostas *que não cumpram as formalidades relativas ao modo de apresentação das propostas.*

Relativamente à questão do acondicionamento dos documentos de habilitação, das propostas e respectivos documentos instrutores, parece que a cominação da não admissão da proposta, com a exclusão do respectivo concorrente, só deverá ocorrer *desde que a falta seja essencial.* Seria injustificável, com manifesto prejuízo da concorrência, que à violação de normas legais de acondicionamento da documentação e da proposta correspondesse, sempre e em qualquer caso, a exclusão do concorrente. Em princípio, não se deve verificar tão grave consequência por preterição de formalidade não essencial, isto é, se daí não advier ofensa dos vários princípios por que se regem os concursos e dos valores que lhes estão subjacentes.

6. Cfr. os artigos 69°, 70°, 72°, e 73°.

ARTIGO 72º
Modo de apresentação das propostas e demais documentos em suporte electrónico

1. A entidade pública contratante pode optar pela apresentação das propostas através de meio de transmissão por via electrónica, apresentadas directamente na respectiva plata-

forma electrónica, desde que seja garantido que as propostas electrónicas sejam abertas e avaliadas apenas no acto público do concurso.

2. Na hipótese prevista no número anterior, todas as propostas devem ser, obrigatoriamente, apresentadas em suporte electrónico.

3. Os documentos da proposta que respeitem à habilitação dos concorrentes devem ser reunidos em ficheiro próprio, identificado com a menção «Documentos de Habilitação».

4. Os documentos de instrução da proposta, por sua vez, devem ser integrados num ficheiro identificado com a menção «Documentos de Instrução da Proposta».

5. A recepção das propostas deve ser registada com referência às respectivas data e hora, sendo entregue aos concorrentes um recibo electrónico comprovativo dessa recepção.

6. Os termos a que deve obedecer a apresentação e a recepção das propostas, nos termos do disposto nos nºs 1 a 3 anteriores, são definidos por diploma próprio.

7. Quando, pela sua natureza, qualquer documento de habilitação ou de instrução da proposta não possa ser apresentado nos termos do disposto no nº 1 do presente artigo, deve ser encerrado em invólucro opaco, fechado e lacrado e entregue à entidade contratante com observância do seguinte:

a) no rosto do invólucro deve ser identificado o procedimento e a respectiva entidade pública contratante;

b) a entrega pode fazer-se pessoalmente ou por correio registado com aviso de recepção, devendo, em qualquer caso, a sua recepção ocorrer dentro do prazo fixado para a apresentação das propostas.

1. Tal como foi referido quanto à possibilidade da utilização do meio físico, em suporte de papel, a entidade pública contratante opta de modo inteiramente discricionário quanto à utilização desse meio ou do meio electrónico de apresentação das propostas. Aliás, o artigo 353º erigiu em princípio de actuação da Administração Pública o da equivalência da utilização dos meios físicos ou dos meios informáticos, cometendo mesmo ao Estado o ónus de assegurar essa equivalência. E, na verdade, designadamente numa fase de implementação e normalização do recurso aos meios electrónicos, os princípios da igualdade e da concorrência impõem essa equivalência.

2. O disposto neste preceito integra-se num dos objectivos desta LCP que é o da simplificação da tramitação procedimental pré-contratual através da utilização das novas tecnologias de transmissão e de informação. Trata-se de medidas que visam a desmaterialização dos procedimentos de adjudicação dos contratos administrativos, que os anglo-saxónicos divulgaram sob a designação de *e-procurement,* utilizando, para isso, os actuais meios electrónicos de comunicação, quer para divulgação das peças do procedimento e recebimento das correspondentes candidaturas ou propostas, quer ainda adoptando sistemas de aquisição dinâmicos. Por esta via se pretende obter uma agilização do procedimento, uma economia de meios, maior eficácia, a ampliação da concorrência e melhoria das condições propostas pelos candidatos e concorrentes[196].

3. Do nº 2 resulta que está vedado à entidade pública contratante optar pela utilização simultânea dos dois modos de apresentação dos documentos, o meio físico e o meio electrónico. Assim, parece que se o programa de concurso estabelecer que esses documentos podem ser apresentados por qualquer desses meios, portanto em alternativa, o concurso, quando muito, só pode manter a sua validade se for considerado como não escrita a possibilidade de utilização do meio físico.

4. Quanto ao disposto no nº 7, alínea b), a exigência do registo não constitui uma formalidade essencial, não deixando o concorrente de ser admitido se enviou os documentos por correio simples, desde que tenha sido recebido no local próprio em devido tempo.

Questão diferente é a de saber se, não obstante o concorrente provar que enviou os documentos pela via postal sob registo com antecedência razoável, esses documentos não foram recebidos pela entidade contratante ou o não foram no limite do prazo legal que é o fixado para a apresentação das propostas. Poderá pretender-se que da exigência do registo parece resultar que só se explicará se, feita a sua prova, o concorrente dever ser admitido, sendo-lhe facultado um novo prazo para apresentar os documentos em falta. Mas, para o caso em apreço, é pelo menos muito duvidosa admissibilidade dessa legitimidade dessa solução, pois essa falta deve-se a facto dos serviços postais, portanto alheios àquela entidade.

5. A não recepção do documento no prazo legal pode ser devida a atrasos decorrentes de outros factos não imputáveis ao concorrente, interessando averiguar se e em que medida poderá ser invocado o *justo impedimento*, no sentido de relevar a falta de cumprimento atempado daquele, como, de resto, de qualquer outro prazo procedimental.

Nos termos do nº 1 do artigo 146º do CPC, justo impedimento *é o evento não imputável à parte nem aos seus representantes ou mandatários, que obste à prática atempada do acto.* Para poder beneficiar dos respectivos efeitos, o interessado

---

[196] Cfr. CYRILLE ÉMERY, *Passer un Marché Public...*, pág. 148.

deve requerer o justo impedimento logo que este cessou e logo oferecer a respectiva prova (nº 2).

Tem-se entendido que o instituto do justo impedimento contém um princípio geral de direito, portanto, também de aplicação neste domínio[197-198]. Não é de excluir que assim possa ser, em benefício da concorrência, embora, tal como a hipótese anterior, seja uma solução que pode prejudicar a estabilidade das várias fases do procedimento[199].

6. Cfr. os artigos 12º, 60º e 364º.

ARTIGO 73º
Prazo para a apresentação das propostas

1. A entidade pública contratante deve fixar, no anúncio e no programa do concurso, o prazo para a apresentação de propostas, que deve ter em conta o tempo necessário à sua elaboração, em função da natureza, das características, do volume e da complexidade das prestações objecto do contrato a celebrar.

2. O prazo para a apresentação de propostas não pode ser inferior a 20 nem superior a 120 dias.

1. Corresponde aos artigos 52º e 62º, respectivamente do RRDP e do REOP anteriormente vigentes.

2. O dever de fixação do prazo de apresentação das propostas no anúncio e no programa do concurso já constava do modelo de anúncio a que se reporta o artigo 59º (anexo IV) e 60º, nº 1 b)).

---

[197] Cfr. MARGARIDA O. CABRAL, *ob. cit.*, pág. 159. Para esta Autora o princípio justificativo do justo impedimento é aplicável ao procedimento administrativo em geral por ser um princípio geral de Direito Administrativo que, em nome da Justiça e da razoabilidade, impõe esta «válvula de escape» como contrapartida da fixação de prazos peremptórios, entendimento este em que informa ser acompanhada por FREITAS DO AMARAL e JOÃO CAUPERS (*ob. cit.*, pág. 159) e o é também por M. e R. ESTEVES DE OLIVEIRA em *Concurso...*, pág. 395. O Código de Processo nos Tribunais Administrativos de Portugal, na alínea c) do nº 2 do seu artigo 58º prevê o justo impedimento como fundamento da admissão da petição inicial da acção administrativa especial após o decurso do prazo para isso estabelecido por lei.

[198] Na fase da execução do contrato é expressamete previsto no artigo 304º nº 3.

[199] PEDRO R. MARTINEZ e J. M. MARÇAL PUJOL entendem que proposta que não tenha sido apresentada dentro do prazo não pode ser admitida, não relevando, por isso, atrasos imputáveis a terceiros como os que decorrem dos correios ou de circunstâncias que derivem dos riscos próprios da actividade do apresentante da proposta (*ob. cit.*, pág. 117). M. e R. ESTEVES DE OLIVEIRA, ao invés, admitem que o justo impedimento pode ser invocado até ao momento de elaboração da lista dos concorrentes (*Concursos...*, pág. 398).

3. O prazo conta-se, sempre e em qualquer caso, a partir do dia seguinte ao da publicação do anúncio no *Diário da República* (artigo 44º a) das NPAA) e, nos termos do artigo 359º, nº 1, conta-se continuamente, portanto não se suspendendo aos sábados, domingos e feriados.

4. Cfr. os artigos 59º, 79º e 83º.

ARTIGO 74º
Prazo de manutenção das propostas

1. Sem prejuízo da possibilidade de fixação de um prazo diferente no programa do concurso, os concorrentes ficam obrigados a manter as suas propostas durante o prazo de 60 dias contados da data do acto público.

2. O prazo de manutenção das propostas considera-se automaticamente prorrogado se os concorrentes não requererem o contrário.

1. Corresponde ao artigo 56º do RRDP anteriormente vigente.

2. Relativamente à fixação de prazo de validade das propostas, na Nota Explicativa ao Projecto do Decreto-Lei nº 48 871[200] dizia-se com pertinência que ainda se mantém:

Um dos problemas mais delicados que a actual legislação suscita é exactamente o que resulta de nela se não fixar um prazo limite de validade das propostas apresentadas em concurso.

Faltando uma disposição especial a esse respeito, e sendo manifestamente impraticável no domínio das obras públicas o que se estabelece no artigo 652º do Código Civil de 1867, tem vindo a concluir-se que os concorrentes são obrigados a manter as suas propostas até que a Administração, ainda que muito tardiamente, sobre elas se pronuncie.

E cumpre reconhecer que alguns serviços, beneficiando desta posição privilegiada, retardam com frequência as adjudicações, impondo assim aos concorrentes uma espera de vários meses, que, para além do agravamento dos encargos resultantes da prestação de cauções, perturba mais ou menos gravemente a planificação da sua actividade e a gestão das suas empresas.

Não pode manter-se este estado de coisas e nada há, mesmo do ponto de vista do Estado, que o exija e legitime.

---

[200] Este diploma legal, a que aqui frequentemente se faz referência, foi o que aprovou o primeiro RJEOP de Portugal.

Os concursos só devem abrir-se uma vez que o lançamento da empreitada se encontre inteiramente preparado, quer no seu aspecto técnico, quer no financeiro e administrativo. E desde que assim seja, não há dúvida de que um prazo de 80 dias contados da data do acto público do concurso, como estabelece o artigo 86º do Projecto, é mais do que suficiente para o dono da obra proceder ao estudo comparativo das propostas e efectuar a adjudicação.

Os únicos casos em que esse período poderia eventualmente ser escasso – os quais se reduzem aos de o projecto ser elaborado pelo empreiteiro – ressalva-os o nº 2 do artigo 86º em exame, admitindo que no programa de concurso se fixe maior prazo de validade da propostas.

3. Desde a escolha da proposta até à celebração do contrato, interpõe-se um conjunto de actos de natureza procedimental que preparam e de algum modo condicionam o próprio acto final da celebração do contrato. Essa escolha não tem necessariamente um carácter definitivo, no sentido de sempre se lhe seguir a celebração do contrato. Como se verá a seguir, este último acto depende do acordo sobre a respectiva minuta, da prestação de caução pelo concorrente cuja proposta foi escolhida e até, em certos casos, de negociações sobre o conteúdo da proposta escolhida. Isto é: a adjudicação pode caducar. Por isso, a libertação dos concorrentes relativamente às obrigações assumidas com as respectivas propostas, não se verifica automaticamente com a adjudicação da empreitada ou com o decurso do prazo de validade que lhes foi fixado no anúncio do concurso; tal validade é tacitamente prorrogada por mais 60 dias ou pelo fixado no programa do concurso, se o seu autor não requerer aquela libertação antes que expire esse prazo.

A razão de ser desta prorrogação é a de prevenir as hipóteses de se verificar a acima aludida caducidade da adjudicação e da necessidade de se proceder a nova adjudicação ao concorrente ordenado no lugar subsequente. Se tal não viesse a suceder e, entretanto, a validade das restantes propostas tivesse caducado, à entidade pública contratante só restaria o moroso e dispendioso recurso da renovação do concurso. É por isso que, nos termos do nº 2 do artigo 101º, a adjudicação só é notificada aos concorrentes não adjudicatários após o preferido ter prestado caução que garanta *o exacto e pontual cumprimento das obrigações que assume com a celebração do contrato* (nº 1 do artigo 103º). Mas, parece, esta notificação não tem a virtualidade de libertar os concorrentes não adjudicatários relativamente às obrigações assumidas com as suas propostas, *caso essa notificação tenha tido lugar antes do termo do prazo de validade das propostas fixado no anúncio ou antes de decorridos 60 dias sobre o dia do acto público do concurso*. Essa notificação não teria efeitos semelhantes ao da renúncia, por parte da entidade contratante, ao prazo de validade ainda não decorrido e à sua prorrogação automática. É que a adjudicação pode ainda caducar por outras razões.

Também se entende que a lei não queira submeter os concorrentes não adjudicatários à inconveniente situação de uma indecisão da entidade contratante por período de tempo que vá além do razoável. Durante esse período, porque o contrato sempre lhes poderá ser adjudicado, não poderão eventualmente comprometer o seu pessoal, equipamento e outros elementos para outros contratos. Por isso, o preceito devia estabelecer um limite temporal à prorrogação, o que, ao menos expressamente, não faz. Porque a prorrogação é automática, só poderá terminar se o proponente o requerer antes do termo do prazo fixado para a sua validade. Mas isso, como ficou dito em comentário o artigo 68º, parece justificar ser válido desde que o próprio concorrente **expressamente** se manifeste no sentido de a sua proposta valer mesmo após ter requerido a libertação ou restituição da caução provisória, o que pode ser útil se, entretanto, não tiver havido adjudicação ou, tendo-a havido, o adjudicatário não prestou caução definitiva ou não outorgou no contrato respectivo[201].

4. Cfr. artigos 98º a 102º e 356º.

SECÇÃO III
ACTO PÚBLICO DO CONCURSO

ARTIGO 75º
Acto público

1. No dia útil, imediatamente a seguir à data limite para a apresentação de propostas, a Comissão de Avaliação procede, em acto público, à abertura dos invólucros recebidos ou, no caso da entidade pública contratante ter optado pela recepção electrónica das propostas, à sua desencriptação, descarregamento e abertura pública.

2. Por motivo justificado, pode o acto público do concurso realizar-se dentro dos 30 dias subsequentes ao indicado no número anterior, em data a determinar pela entidade pública contratante.

---

[201] MARGARIDA O. CABRAL (*ob. cit.*, pág. 229) entende mesmo que nada obsta a que os concorrentes, nas suas propostas, declarem vincular-se ao seu teor por um prazo superior ao legalmente estabelecido.

3. A alteração da data do acto público deve ser comunicada aos interessados que procederam ou venham a proceder ao levantamento dos documentos do concurso e publicitada pelos meios que a entidade contratante entenda mais conveniente.

1. Corresponde aos artigos 57º e 82º, respectivamente do RRDP e do REOP anteriormente vigentes.

2. O acto público do concurso desempenha uma muito relevante função no procedimento de adjudicação da empreitada, pois se destina a garantir a todos os interessados as características de clareza, transparência, independência e isenção da tramitação procedimental, assegurando o cumprimento dos princípios da boa fé, da igualdade, da imparcialidade, da justiça, da proporcionalidade, da concorrência e da estabilidade das regras que regem o concurso[202]. Destina-se ainda a garantir aos concorrentes concretos e imediatos meios de defesa dos seus direitos.

Ao acto público do concurso pode assistir qualquer pessoa[203], mas só às pessoas expressamente para isso referenciadas no anúncio do concurso, designadamente aos concorrentes, ou pessoa por si credenciada, ou ainda a outros titulares de interesse legítimo é permitido intervir, designadamente para requerer exames à documentação, formular reclamações e interpor recursos hierárquicos (artigo 77º, nº 1). Aliás, para este efeito, essa presença é mesmo necessária, já que esses actos só podem ser por eles praticados num determinado momento do acto público, sob pena de perda do respectivo direito, designadamente os de reclamação e de recurso.

3. No acto público do concurso são tomadas importantíssimas decisões, designadamente as que levam à determinação de quais, de entre os concorrentes, são admitidos ao concurso, portanto, cujas propostas irão ser analisadas a fim de poderem ou não ser consideradas para efeitos da adjudicação. Por isso mesmo, os actos praticados pela Comissão de Avaliação perante a qual esse acto público decorre são, na sua generalidade, actos vinculados: a sua intervenção, neste acto, traduz-se na verificação da conformidade de cada um dos concorrentes e das suas propostas com os requisitos pré-estabelecidos na lei, no anúncio e no programa do concurso, não estando compreendido no âmbito da sua acção, neste acto público, emitir juízos sobre o mérito ou

---

[202] Cfr. Prof. MARCELO REBELO DE SOUSA, ob. *cit.*, págs. 50 e seguintes.

[203] M. e R. ESTEVES DE OLIVEIRA (*ob. cit.*, pág. 457) salientam que o acto não é público por a ele poder assistir quem quiser, o que até pode não suceder, mas porque é a única fase do processo cuja tramitação decorre na presença dos interessados que a ela desejem assistir, designadamente dos concorrentes, que nele podem mesmo intervir.

demérito das propostas (artigo 76º, nº 3). Aliás, este carácter vinculativo caracteriza mesmo a regulamentação legal do próprio acto público do concurso.

4. Não estabelece o preceito até que momento o aviso referido no nº 3 deverá ser publicado. Tal como sucede na hipótese prevista no artigo 62º (esclarecimentos e rectificação de erros e omissões nas peças do concurso), essa publicação deverá fazer-se imediatamente, mas sempre de modo a poder chegar ao conhecimento dos interessados antes da data inicialmente fixada para o acto público do concurso. De qualquer modo, resulta claro do preceito que esse adiamento pode ser decidido em qualquer altura do decurso do prazo para apresentação das propostas, ainda que de modo a proceder-se atempadamente àquele aviso.

5. M. e R. ESTEVES DE OLIVEIRA entendem ser *desproporcionado, completamente incompreensível* e *inacreditável* o prazo de 30 dias para adiamento do acto público do concurso, assim se *permitindo que a entidade adjudicante tenha as propostas em seu poder, sem nada fazer ou dever fazer com elas, por período tão prolongado*[204]. Reconhece-se os inconvenientes desse adiamento e, efectivamente, pode ser discutível o período máximo de tempo para ele previsto. Todavia, há que ter em conta a necessidade de, entretanto, se proceder à publicação de avisos a indicar a nova data, bem podendo suceder que a razão do adiamento seja igualmente impeditiva do imediato estabelecimento de nova data. Os referidos inconvenientes seriam, senão afastados, ao menos muito significativamente reduzidos se, entretanto, os sobrescritos contendo os documentos e propostas ficassem à guarda do Ministério Público, como aqueles Autores entendem e nos parece um procedimento a adoptar nesta como nas situações de interrupção ou suspensão do acto público do concurso.

6. Cfr. os artigos 43º, 68º e 128º.

ARTIGO 76º
Sessão do acto público

1. A sessão do acto público deve ser contínua, compreendendo o número de reuniões necessárias ao cumprimento de todas as suas formalidades.

2. A comissão pode, quando o considere necessário, reunir em sessão reservada, interrompendo, para esse efeito, o acto público do concurso.

---

[204] *Concursos...*, pág. 471.

3. A Comissão de Avaliação limita-se, durante o acto público, a fazer uma análise formal, tanto dos documentos de habilitação dos concorrentes, como dos documentos que instruem as propostas.

1. Relativamente à interrupção do acto público do concurso, o Decreto--Lei de Portugal nº 235/86, de 18 de Agosto[205], no nº 7 do seu artigo 85º, estabelecia que, no caso de o acto público do concurso ser suspenso a fim de permitir o estudo dos documentos que acompanham as propostas, durante o prazo da suspensão os subscritos das propostas ficariam confiados à Procuradoria-Geral da República. Esta disposição não passou aos diplomas legais que sucederam àquele, nem esta LCP o adopta. PEDRO R. MARTINEZ e J. M. MARÇAL PUJOL entendem que esse regime deveria manter-se mesmo para o caso da interrupção[206]. Como referimos no comentário ao artigo anterior, temos como razoável este entendimento. Efectivamente, a não ser assim, o processo corre, além de outros riscos graves, o da violação do seu secretismo.

2. Sempre se entendeu que à comissão perante a qual decorre o acto público do concurso apenas cabe, para além da direcção do acto e cumprimento das formalidades que a lei para ele prescreve, proceder à análise formal dos documentos (nº 3), deliberar sobre a habilitação dos concorrentes (artigos 78º e 79º), proceder ao exame formal das propostas e documentos que as instruem e deliberar sobre a sua admissão ao concurso (artigo 82º), cabendo-lhe ainda deliberar sobre as reclamações eventualmente apresentadas durante o acto público (artigo 84º), sendo ainda da sua competência, mas já após o acto público, pronunciar-se sobre o respectivo mérito (artigo 86º). Das deliberações nessa matéria tomadas cabe reclamação necessária, sendo, contudo, facultativo o recurso hierárquico para o titular do Departamento Ministerial competente ou para o órgão máximo da entidade contratante, nos termos dos artigos 21º, 77º, nº 2 d) e 84º.

3. Cfr. ainda os artigos 78º, 79º e 83º.

ARTIGO 77º
Regras gerais
1. Ao acto público pode assistir qualquer interessado, apenas podendo nele intervir os concorrentes e seus representantes devidamente credenciados.

---

[205] Este foi o segundo diploma legal que aprovou o RJEOP e que sucedeu ao Decreto-Lei nº 48 871, de 19 de Fevereiro de 1969.

[206] *Ob. cit.*, pág. 144.

FASES DA FORMAÇÃO DO CONTRATO **ART. 77º** 151

2. Os concorrentes ou os seus representantes podem, no acto:

a) pedir esclarecimentos;

b) apresentar reclamações sempre que, no próprio acto, seja cometida qualquer infracção aos preceitos da presente lei, demais legislação aplicável ou do programa do concurso;

c) apresentar reclamações contra a admissão de qualquer outro concorrente, das respectivas propostas ou contra a sua própria admissão condicionada ou exclusão, ou da entidade que representam;

d) apresentar recurso hierárquico facultativo das deliberações da Comissão de Avaliação;

e) examinar a documentação apresentada pelos concorrentes durante um período razoável, a fixar pela comissão.

3. As reclamações dos concorrentes podem consistir em declaração ditada para a acta ou em petição escrita.

4. As reclamações devem ser decididas no próprio acto, para o que a comissão pode reunir em sessão reservada.

5. Do acto público deve ser elaborada acta, a qual deve ser assinada por todos os membros da Comissão de Avaliação.

1. Do disposto nas alíneas c) e d) do nº 2 resulta que a reclamação é necessária, enquanto que o recurso hierárquico é facultativo. Aparentemente não se justificaria a diferença de regime a não ser pelo facto de, tratando-se de reclamação, ser mais rápida a respectiva decisão. O recurso hierárquico, a ser interposto, é-o para o titular do Departamento Ministerial competente ou para o órgão máximo da entidade contratante, nos termos do artigo 84º.

2. Acta é o documento que, na definição de ARNALDO GONÇALVES, contém a *descrição ou resumo fiel e objectivo do que houver ocorrido numa reunião ou assembleia, apresentada sob a forma escrita e com respeito das formalidades prescritas pela lei, quando as houver*[207], ou, o documento que contém *o registo escrito dos actos ocorridos e das deliberações ou determinações tomadas numa sessão de qualquer assembleia*[208]. A acta não constitui em si mesma o acto administrativo – decisão ou deliberação – antes o documento que o representa[209] para lhe conferir estabilidade, certeza e firmeza no mundo jurídico[210].

---

[207] Legislação da Construção Civil, pág. 506.

[208] *Dicionário da Língua Portuguesa Contemporânea*, Verbo, 2001, I, pág. 69.

[209] Cfr. SANTOS BOTELHO, PIRES ESTEVES e CÂNDIDO DE PINHO, *Código do Procedimento Administrativo Anotado*, Almedina, 3ª edição, pág. 157.

[210] ESTEVES DE OLIVEIRA, COSTA GONÇALVES e PACHECO DE AMORIM, *Cód. Proc. Adm. Comentado*, 2ª ed., pág. 183.

3. A imposição feita no nº 4 de que as decisões sobre as reclamações sejam tomadas *no próprio acto*, só pode significar que o devem ser imediatamente e antes de qualquer outra tramitação ou formalidade procedimental. Deste modo, fica igualmente afastada a possibilidade de o ser fora do acto público do concurso, o que, obviamente, não significa que o seja necessariamente em público, já que, como estabelece o preceito, a comissão reunirá, para isso, em sessão reservada se o achar necessário ou conveniente.

ARTIGO 78º
Abertura do acto público
A sessão do acto público é aberta pelo presidente da comissão e dela constam os seguintes actos que integram a primeira parte do acto público do concurso:

a) identificação do concurso e referência às datas de publicação do respectivo anúncio e dos avisos relativos a esclarecimentos;
b) leitura da lista dos concorrentes, por ordem de entrada dos sobrescritos ou das propostas electrónicas;
c) abertura dos sobrescritos exteriores, bem como dos relativos aos documentos de habilitação dos concorrentes ou dos ficheiros electrónicos correspondentes aos documentos de habilitação, pela ordem referida na alínea anterior, mantendo-se invioladas os documentos ou os ficheiros electrónicos, consoante o caso, relativos à instrução das propostas;
d) verificação dos documentos de habilitação dos concorrentes e deliberação, em sessão reservada, sobre a admissão definitiva ou condicional dos concorrentes ou sobre a sua exclusão.

1. Corresponde aos artigos 58º e 84º, respectivamente do RRDP e REOP anteriormente vigentes.

2. O preceito alude à *primeira parte* do acto público do concurso, mas não refere expressamente quando encerra essa primeira parte e se inicia a segunda e também não diz quando encerra o próprio acto público do concurso. Em todo o caso, pode dizer-se que a primeira parte é a destinada às tarefas indicadas neste artigo, às deliberações sobre a admissão ou exclusão de concorrentes e sobre reclamações eventualmente apresentadas (artigo 79º); a segunda parte inicia-se com a aberturas dos invólucros das propostas ou, sendo estas apresentadas pela via electrónica, com o descarregamento dos respectivos ficheiros e termina com a deliberação da admissão ou não admissão das propostas e decisão das reclamações sobre isso eventualmente apresentadas; o acto público termina com a leitura da acta e com a deliberação sobre as reclamações que sobre o teor desta eventualmente tenham sido apresentadas.

3. Do nº 1 decorre que se não impõe a leitura do anúncio e dos esclarecimentos sobre dúvidas surgidas na interpretação dos elementos patenteados a concurso e prestados de harmonia com o disposto no artigo 62º na fase da apresentação das propostas. A transparência da tramitação procedimental, no sentido da garantia da igualdade de tratamento dos concorrentes e da observância do programa do concurso, fica devidamente assegurada com a referência ao anúncio e avisos da prestação dos esclarecimentos, que, aliás os interessados ali podem examinar.

4. Dado que um dos primeiros actos da comissão é a elaboração da lista dos concorrentes *pela ordem de entrada dos sobrescritos ou das propostas electrónicas*, a abertura dos invólucros exteriores far-se-á, portanto, pela ordem dos concorrentes constante dessa lista, como expressamente dispõe a alínea c). Essa operação, quanto aos invólucros das propostas, é regulada nos artigos 81º e 82º.

Relativamente às consequência dos desvios a esse formalismo, M. e R. ESTEVES DE OLIVEIRA pronunciaram-se no sentido de que, *quanto aos requisitos legais e concursais de identificação das propostas, se deve ser particularmente maleável, desde que tudo se esclareça facilmente, ainda que por indicação verbal assumida pelo respectivo concorrente no caso de falta de identificação dos sobrescritos interiores*[211]. Quanto à *inviolabilidade de sobrescritos*, aqueles Autores entendem que, em caso de ocorrência de violação, a comissão deve proceder à averiguação sobre a respectiva autoria e deliberará sobre a admissão do concorrente, que será admitido se se concluir que a entidade contratante era a depositária do invólucro[212]. Temos dúvidas sobre se esta solução é de adoptar, ao menos como regra. Por um lado, será certamente frequente que a comissão não tenha nem tempo nem estruturas necessárias para proceder a uma averiguação razoavelmente completa e, portanto, credível. Por outro, a violação pode ter ocorrido no intervalo entre o envio do invólucro à entidade contratante e a sua recepção, a nenhum deles sendo, pois, imputável essa violação. Em todo o caso, parece de aceitar que o concorrente seja admitido sempre que não seja evidente que a violação lhe é imputável, por acção ou omissão, e desde que daí não resultem feridos os valores subjacentes aos princípios que norteiam o concurso.

5. Relativamente à alínea d), os actos praticados pela Comissão de Avaliação durante o acto público são, em regra, actos vinculados e não discricionários e, por outro lado, como resulta do seu texto, a sua intervenção é de mera

---

[211] *Concursos...*, pág. 479.
[212] *Ibidem*, pág. 480.

verificação da conformidade de cada um dos concorrentes e das suas propostas com os requisitos pré-estabelecidos na lei, no anúncio e no programa do concurso. Afirmou-se em regra porque não está de todo excluída a prática de actos discricionários, como será o caso da decisão sobre a admissão condicional dos concorrentes (artigo 79º, nº 2). No acto público do concurso, a Comissão não emite juízos sobre o mérito ou demérito das propostas, pois, nesta altura, apenas se aprecia os concorrentes como tais e a conformidade das suas propostas.

6. Embora o preceito não disponha sobre essa matéria de modo explícito, nada impede que o presidente da Comissão, antes de proceder à abertura dos sobrescritos exteriores, convide os concorrentes ou seus representantes, que se encontrem a assistir ao acto público, a verificarem se os invólucros que continham os documentos e as propostas estavam violados. Impor essa prática seria porventura uma excessiva preocupação de transparência, mas isso não retira aos concorrentes o direito de desfazer dúvidas que, sobre isso, eventualmente tenham.

7. Dado que um dos primeiros actos da comissão é a elaboração da lista dos concorrentes *pela ordem de entrada dos sobrescritos ou das propostas*, a abertura dos invólucros exteriores far-se-á, portanto, pela ordem dos concorrentes constante dessa lista, aliás, como, para os invólucros das propostas. Segue-se a verificação da existência, em cada um desses, dos dois restantes invólucros, o dos documentos e o da proposta e da sua conformidade com o formalismo estabelecido no artigo 71º. Quanto às consequência dos desvios a esse formalismo, ver anotação àquele artigo.

ARTIGO 79º
Não admissão e admissão condicional de concorrentes

1. Não são admitidos os concorrentes:

a) cujas propostas não tenham sido recebidas no prazo fixado;

b) cujos documentos incluam qualquer referência que seja considerada indiciadora do preço da proposta ou das respectivas condições de pagamento;

c) que não cumpram as formalidades relativas ao modo de apresentação das propostas.

2. Excepcionalmente, podem ser admitidos, condicionalmente, os concorrentes que:

a) não entreguem a totalidade dos documentos exigidos no programa do concurso e desde que os documentos em falta não sejam essenciais;

b) na documentação apresentada omitam qualquer dado exigido, desde que a omissão não seja sobre matérias essenciais.

3. Retomado o acto público, o presidente da Comissão de Avaliação procede à leitura da lista dos concorrentes admitidos, dos admitidos condicionalmente e dos excluídos, indicando, nestes dois últimos casos, as respectivas razões.

4. No caso de existirem concorrentes admitidos condicionalmente, a Comissão de Avaliação deve conceder-lhes um prazo, de até cinco dias, para entregarem os documentos em falta ou para completarem os dados omissos, contra a emissão de recibo, no caso da entrega não ser feita de imediato no acto público, não sendo exigida qualquer formalidade para a respectiva apresentação.

5. Cumpridas as formalidades previstas nos números anteriores, a Comissão de Avaliação delibera sobre as eventuais reclamações apresentadas pelos concorrentes relativamente a esta fase do acto público.

6. Verificando-se a situação prevista no nº 3 do presente artigo, a Comissão de Avaliação, se necessário, interrompe o acto público, indicando o local, a hora e o dia limites para os concorrentes completarem as suas propostas e a data da continuação do acto público.

1. Corresponde aos artigos 59º do RRDP e 81º e 87º do REOP anteriormente vigentes.

2. O nº 1 deste preceito estabelece de modo taxativo os fundamentos que podem e devem levar à exclusão dos concorrentes. Com efeito, se é certo que só verificando-se alguma dessas hipóteses os concorrentes podem ser excluí--dos, a verdade é que essa deliberação de exclusão é de exercício vinculado, impondo-se à própria Comissão.

A deliberação de exclusão constitui um *acto destacável* no conjunto dos actos preparatórios da decisão final da adjudicação ou de não adjudicação, pois que, definitivamente, determina para o concorrente excluído a respectiva situação jurídica relativamente ao concurso, impossibilitando-o de nele continuar a participar, autonomizando-o relativamente a todos os outros actos antecedentes e subsequentes, *destacando-o* deles e assim viabilizando, desde logo, a sua apreciação contenciosa através de recurso de impugnação nos termos do nº 2 do artigo 11º da LIAA e artigos 8º e 40º do RPCA.

3. Quanto à alínea a), em rigor as propostas que sejam apresentadas fora do prazo para isso fixado nem sequer devem ser recebidas e, consequentemente, não devem ser incluídas no processo de concurso e antes devolvidas ao proponente ou colocadas à sua disposição para as levantar no prazo que lhes for designado. Em todo o caso, se foram juntas ao processo, o respeito pelo prazo da apresentação das propostas e o princípio da igualdade de tratamento de todos os concorrentes impõem que seja excluída do concurso e até, porventura, desentranhada do processo.

4. A alínea b) visa a preservação do sigilo quanto ao conteúdo das propostas e do regime de pagamento do preço. Esta é uma questão que, ao menos aparentemente, nesta fase, não tem uma relevância muito significativa, até porque, apresentadas que estão as propostas sem ser possível retirá-las ou substitui-las, nenhuma influência poderá ter no decurso do procedimento e na adjudicação. De resto, a abertura dos sobrescritos que contêm as propostas e a divulgação do seu teor ocorrem na fase imediatamente a seguir (artigo 82º). Só assim não será, porventura, no caso de haver propostas admitidas condicionalmente e o conhecimento daqueles elementos poder influir no comportamento a adoptar pelo proponente admitido condicionalmente.

Mas, estabelecido que está o regime, parece que a exclusão da proposta se impõe sempre que esses indícios digam respeito a qualquer elemento da proposta que denuncie o seu conteúdo relativamente a qualquer dos factores que integram o critério de adjudicação, e não apenas quanto ao preço ou condições de pagamento.

5. A alínea c) estabelece que não são admitidas as propostas *que não cumpram as formalidades relativas ao modo de apresentação das propostas*. Não parece que seja de ocorrer essa consequência seja qual for a formalidade não cumprida. Essa cominação da não admissão da proposta, com a exclusão do respectivo concorrente, só deverá ocorrer *desde que a formalidade em falta seja essencial*. Seria injustificável, com manifesto prejuízo da concorrência, que à violação de normas legais de acondicionamento da documentação e da proposta correspondesse, sempre e em qualquer caso, a exclusão do concorrente. Em princípio, não se deve verificar tão grave consequência por preterição de formalidade não essencial, isto é, se daí não advier ofensa dos vários princípios por que se regem os concursos e dos valores que lhes estão subjacentes. À semelhança do que se passa com o nº 2 deste preceito.

6. O nº 2 deixa claro que o concorrente não é desde logo excluído se não apresentou tempestivamente *todos* os documentos exigidos ou com os elementos exigidos.

Esta é uma matéria que, ao longo dos tempos, no RJEOP de Portugal, tem sido tratado de modo muito diverso, mas sempre muito restritivo. Em qualquer caso, visa satisfazer a necessidade de preservar e conciliar os princípios da transparência, da imparcialidade e da igualdade, com os princípios da proporcionalidade, da concorrência e da protecção e prossecução do interesse público. Sempre se entendeu que não devia implicar a exclusão do concorrente toda e qualquer irregularidade dos documentos. Começou por apenas se admitir condicionalmente caso a irregularidade pudesse ser suprida *no próprio acto,* passando mais tarde a admitir-se quando aquelas irregularidades se traduzissem em *documentos selados, mas com deficiência de selo, ou alguma assinatura não reconhecida, devendo-o estar,* acabando por se permitir a admissão condicional no caso de os documentos apresentados *com preterição de formalidade não essencial,* para cujo suprimento era dado prazo de dois dias.

É este último o regime adoptado no nº 2, estabelecendo um prazo de cinco dias (nº 4). Trata-se, efectivamente, de um regime mais elástico, lógico, pragmático e justo. Tudo está em que, sem quebra dos vários interesses em jogo e especialmente da garantia das certeza, segurança, igualdade, imparcialidade, moralidade, insuspeição e celeridade que sempre devem existir nos concursos, se entenda que determinada falta pode ser sanada, já que, pela sua pequena gravidade e pela sua natureza, não afecta os interesses do dono da obra e dos outros concorrentes. É por esta via que parece dever aferir-se a não essencialidade da formalidade preterida no documento ou da essencialidade do próprio documento, que viabiliza a admissão condicional do concorrente[213] [214]. Se ao contratante público interessa a concorrência, não lhe interessa menos que ela se processe com lealdade[215].

Mas importa ter presente que, nos termos do preceito, a admissão condicional só deve ter lugar *excepcionalmente,* com o que manifestamente se pretendeu impor um rigor na apreciação da natureza das omissões ou dos documentos

---

[213] Cfr. o Parecer da Procuradoria-Geral da República, de Portugal, nº 19/82, de 12 de Maio, segundo o qual, *além das apontadas no nº 4 do artigo 82º, são ainda sanáveis as irregularidades formais que não influam no acto do concurso ou nos seus fins, nem prejudiquem o objectivo que, com a sua prática regular, se pretende*; cfr. no mesmo sentido os pareceres da mesma P.G.R., nº 21/84, de 15 de Março e 80/89, *Diário da República,* nº 158, de 90.07.11.

[214] MARGARIDA O. CABRAL *(ob. cit.,* pág. 165) noticia que FREITAS DO AMARAL, em parecer inédito dado no domínio de vigência do Decreto-Lei nº 235/86, igualmente defendia o carácter não taxativo da enumeração legal dos casos em que era possível sanar irregularidades, possibilidade essa que deveria abranger todas as irregularidades não essenciais, o que não sucederia *quando a irregularidade verificada influir no acto do concurso ou nos seus fins; quando a irregularidade afectar os objectivos de igualdade, seriedade e transparência do concurso; quando o interessado não tiver cumprido os requisitos mínimos das formalidades exigidas ou o seu requerimento ou a proposta não contiver os elementos essenciais que permitam o pedido ou proceder à instrução.*

[215] Cfr. R. e M. ESTEVES DE OLIVEIRA, *ob. cit.,* págs. 483 e segs..

em falta no sentido da sua essencialidade e até na desculpabilidade da omissão. É este, um dos poucos casos em que a Comissão de Avaliação, nesta fase, se não limita a meros juízos de verificação, decidindo discricionariamente.

7. Afigura-se-nos que se impõe a admissão condicional do concorrente sempre que este tenha juntado prova de que diligenciou obter o documento em tempo oportuno e só por causa que lhe não é imputável o não pode fazer acompanhar a proposta[216].

8. Há quem entenda que, uma vez que da exclusão do concorrente nesta fase do concurso decorre a irrelevância e mesmo a inutilidade da sua proposta, o mais lógico e razoável é que oficiosamente lhe fosse devolvido o invólucro que a contém, assim se desentranhando do processo[217]. Não parece que esta solução tenha base legal.

9. Já foi equacionada a questão de saber se um concorrente admitido a concurso pode ser mais tarde dele excluído. Afigura-se-nos que a resposta não pode deixar de ser afirmativa. Ao contrário do que sucede com o acto de exclusão do concurso, a deliberação de admissão é apenas um acto preparatório da decisão final sobre adjudicação, sendo que só este acto é constitutivo de direitos, o que logo determinaria a sua livre revogabilidade, nos termos do disposto nos artigos 83º e 84º das NPAA. Assim, essa exclusão não só é legalmente possível como se impõe à entidade adjudicante[218]. Mas, a nosso ver, esta possibilidade de, em momento posterior ao acto público do concurso, a Comissão de Avaliação alterar o conteúdo de deliberações suas tomadas com base nos elementos que, então, podia e devia considerar, já não existe para os concorrentes que não tenham, logo nesse acto, reclamado e recorrido hierarquicamente de qualquer decisão de admissão ou exclusão. Essa reclamação e esse recurso hierárquico são necessários, no sentido de que constituem condição de impugnação contenciosa dessas deliberações, por decorrência do disposto no artigo 84º. Embora este pareça ser o entendimento dominante, não é questão pacífica[219].

10. Cfr os artigos 80º, 81º, 82º, 83º e 84º.

---

[216] Cfr. M. e R. ESTEVES DE OLIVEIRA, *Concursos...cit.*, 313.

[217] Cfr. CYRILLE ÉMERY, *ob. cit.*, pág. 246.

[218] Neste sentido, MARGARIDA O. CABRAL, *ob. cit.*, pág. 169 e M. e R. ESTEVES DE OLIVEIRA, *Concurso...*, pág. 485.

[219] A jurisprudência portuguesa pronunciou-se num e noutro sentidos. Quanto à doutrina, em sentido contrário ao que adoptamos, ainda que com expressas dúvidas, ver MARGARIDA O. CABRAL, *ob. cit.*, pág. 176.

ARTIGO 80º
Prosseguimento do acto público no caso de ocorrer
admissão condicional de concorrentes

1. Ocorrendo a situação prevista no nº 3 do artigo anterior, o acto público prossegue de imediato se a falta for aí suprida ou no dia útil seguinte ao termo do prazo fixado, para a entrega dos documentos e dados em falta.

2. Verificados os documentos e os elementos entregues, se necessário em sessão prévia ao prosseguimento do acto público, a Comissão de Avaliação delibera sobre a admissão e exclusão dos concorrentes admitidos condicionalmente.

3. Ficam excluídos os concorrentes admitidos condicionalmente que:

a) não entreguem os documentos em falta no prazo fixado;

b) na nova documentação apresentada seja omitido qualquer dado exigido ou não sejam entregues, no prazo fixado, os dados entretanto exigidos, desde que, em qualquer caso, a falta seja essencial.

4. A Comissão de Avaliação dá a conhecer as razões da exclusão de concorrentes nesta fase do procedimento, bem como a lista dos concorrentes admitidos.

1. Corresponde aos artigos 63º do RRDP e 86º e 87º do REOP anteriormente vigentes.

2. A deliberação da Comissão de Avaliação no sentido da exclusão de um concorrente é um acto constitutivo de direitos. É um *acto destacável* no conjunto dos actos preparatórios da decisão final da adjudicação ou de não adjudicação, pois que, determina para o concorrente excluído a respectiva situação jurídica relativamente ao concurso, impossibilitando-o de nele continuar a participar, autonomizando-o relativamente a todos os outros actos antecedentes e subsequentes, *destacando-o* deles e assim viabilizando, desde logo, a sua apreciação contenciosa através de recurso de impugnação nos termos do nº 2 do artigo 11º da LIAA e artigos 8º e 40º do RPCA.

3. Cfr os artigos 79º, 81º, 82º, 83º e 84º.

ARTIGO 81º
Prosseguimento do acto público no caso de não ocorrer
a admissão condicional de concorrentes

No caso de não ocorrer a admissão condicional de concorrentes, o acto público prossegue de imediato com a abertura dos invólucros das propostas ou do descarregamento dos respectivos ficheiros electrónicos, nos termos do artigo seguinte.

160 JORGE ANDRADE DA SILVA

1. Corresponde ao artigo 63º do RRDP anteriormente vigente.

2. Ver os dois artigos anteriores e respectivos comentários.

ARTIGO 82º
Continuação do acto público – Abertura das Propostas

1. A sessão do acto público prossegue com a abertura dos sobrescritos ou dos ficheiros electrónicos que contêm as propostas dos concorrentes admitidos.

2. Lidos os aspectos essenciais das propostas, a Comissão de Avaliação procede ao seu exame formal, em sessão reservada e delibera sobre a sua admissão.

3. Todos os originais das propostas e documentos que as instruem devem ser rubricados ou chancelados por dois membros do júri ou, no caso de apresentação por meios electrónicos, efectuada a sua autenticação electrónica.

4. Em seguida procede-se à leitura da lista das propostas admitidas e das não admitidas, neste último caso com indicação dos respectivos motivos.

1. Corresponde aos artigos 60º do RRDP e 88º e 89º do REOP anteriormente vigentes.

2. Sempre se entendeu que à comissão perante a qual decorre o acto público do concurso apenas cabe, para além da direcção do acto e cumprimento das formalidades que a lei para ele prescreve, proceder à análise formal dos documentos (artigo 76º, nº 3), deliberar sobre a habilitação dos concorrentes (artigos 78º e 79º), proceder ao exame formal das propostas e documentos que as instruem e deliberar sobre a sua admissão ao concurso (artigo 82º), cabendo-lhe ainda deliberar a admissão condicional de concorrentes (artigo 79º, nº 2) e sobre as reclamações eventualmente apresentadas durante o acto público (artigo 84º), sendo ainda da sua competência, mas já após o acto público, pronunciar-se sobre o respectivo mérito (artigo 86º). Das deliberações nessa matéria tomadas cabe reclamação necessária, sendo, contudo, facultativo o recurso hierárquico para o titular do Departamento Ministerial competente ou para o órgão máximo da entidade contratante, nos termos dos artigos 21º, 77º, nº 2 d), 78º, nº 5 e 84º.

3. Quanto à rubrica dos documentos, fica claro que não têm que o ser por todos os membros da Comissão e nem sequer é obrigatória a rubrica do seu presidente. Com razoabilidade entendeu-se que duas assinaturas de qualquer dos membros da Comissão eram suficientes para a visada garantia de imutabilidade dos documentos. Os processos de concurso podem ter milhares de documentos, podendo ser dificilmente praticável que todos os membros da comissão os rubricassem.

Questão que pode ser de solução complicada é a da falta de rubrica de documentos por parte de um ou dos dois dos membros da Comissão. M. e R. ESTEVES DE OLIVEIRA[220], entendem e parece que com toda a razoabilidade, que um documento a que falta a rubrica de algum ou ambos os membros da Comissão deve, apesar disso, ser admitido ao concurso e não considerado em falta. E, na verdade, essa falta não é imputável ao concorrente, sendo injusto que sofra essa consequência de acto alheio. Parece que os interesses em jogo ficam suficientemente defendidos com os meios de impugnação administrativa e jurisdicional postas à disposição dos concorrentes.

ARTIGO 83º
Não admissão de propostas

Não são admitidas as propostas que:

a) não contenham os elementos essenciais exigidos no programa do concurso ou não sejam instruídas com todos os documentos exigidos;
b) não observem o disposto quanto ao modo de apresentação de propostas.

1. Corresponde ao artigo 61º do RRDP anteriormente vigente.

2. Este preceito estabelece de modo taxativo os fundamentos da não admissão das propostas.

O primeiro consiste na falta de algum dos *elementos essenciais exigidos no programa de concurso*. Porém, também neste caso, em nenhuma das alíneas do artigo 60º, referente às especificações que o programa de concurso deve conter, prevê a indicação desses elementos *essenciais da proposta*. Sendo a enumeração ali feita não taxativa, o programa de concurso deverá, em cada caso, especificar esses elementos cuja falta implica a não admissão da proposta. Sem embargo, por natureza, não podem deixar de ser sempre e em qualquer caso essenciais os seguintes elementos: identificação do concorrente, identificação do contrato, declaração em como o concorrente se obriga a executar o contrato de harmonia com o caderno de encargos e indicação do preço por extenso (artigo 63º)[221].

---

[220] *Ob. cit.*, pág. 481.
[221] Ver o artigo 94º, nº 2 e) da última versão do RJEOP de Portugal.

3. Um outro fundamento ali enumerado é da falta de qualquer dos documentos que, nos termos do programa do concurso e do artigo 70º, devem instruir a proposta.

Neste caso, parece não ser permitida, nem sequer excepcionalmente, a admissão condicional da proposta, pois não existe disposição semelhante à do nº 2 do artigo 79º que permite a admissão condicional dos concorrentes. Mas será necessariamente assim? Como se disse em comentário àquele artigo, se bem que a admissão condicional só esteja expressamente prevista no normativo legal para os casos de preterição de formalidades não essenciais nos documentos respeitantes à habilitação dos concorrentes, afigura-se-nos que igual tratamento devem merecer os documentos destinados a instruir as propostas, desde que, obviamente, se trate de preterição de formalidades não essenciais ou de falta de elementos não essenciais. Não parece haver razão para distinguir as situações e as vantagens da solução adiantada para a realização da real concorrência são evidentes.

Por outro lado, entendemos ainda que, também neste caso, deve ser admitida condicionalmente a proposta com documento instrutor em falta sempre que tenha sido junta prova de que o concorrente diligenciou obter o documento em tempo oportuno e só por causa que lhe não é imputável o não pode fazer instruir a proposta[222].

4. O último fundamento indicado no preceito – inobservância do disposto quanto ao modo de apresentação das propostas – merece alguma reflexão, de modo idêntico ao referido em comentário ao artigo 79º. Também neste caso entendemos que a cominação da não admissão da proposta só deverá ocorrer *desde que a formalidade em falta seja essencial*. Seria, também aqui, injustificável, com manifesto prejuízo da concorrência, que à violação de normas legais de acondicionamento da documentação instrutora da proposta correspondesse, sempre e em qualquer caso, a respectiva exclusão. Em princípio, não se deve verificar tão grave consequência por preterição de formalidade não essencial, isto é, se daí não advier ofensa dos vários princípios por que se regem os concursos e dos valores que lhes estão subjacentes.

5. Apesar do disposto neste preceito e não obstante o seu carácter taxativo, nem por isso deixa de haver lugar a dúvidas. Assim, no caso de a proposta colocar reservas ou condições ao estabelecido no programa de concurso ou no

---

[222] Cfr. M. e R. ESTEVES DE OLIVEIRA, *Concursos... cit.*, 313.

caderno de encargos, tem-se entendido[223] que a proposta não é nula, apenas se considerando como não escritas tais reservas ou condições. Igualmente não seria irregularidade essencial a falta de indicação pelo concorrente da sua sede, domicílio, número de contribuinte ou de identificação de pessoa colectiva e outros elementos que não têm influência, directa ou indirecta, nos compromissos assumidos pela proposta. Já acima nos referimos a este assunto. Afigura-se-nos que estas questões devem ser resolvidas de harmonia com os princípios subjacentes ao regime estabelecido no nº 2 do artigo 79º para a deliberação sobre a habilitação dos concorrentes. E é também nessa perspectiva que deve solucionar-se o problema de saber se será nula a proposta inserida em sobrescrito opaco e fechado mas não lacrado.

Em resumo, poderá dizer-se, com FLAMME[224], que a apreciação sobre se a não conformidade traduz uma irregularidade essencial implica averiguar[225]:

– se o princípio da igualdade de tratamento pela entidade contratante e das oportunidades dadas a todos os concorrentes é violado;
– se não é possível a comparação real e efectiva entre a proposta em causa e as restantes;
– se a formalidade preterida é exigida não apenas no interesse da entidade contratante mas no da generalidade dos concorrentes;
– se foi violado o segredo e a imparcialidade das operações procedimentais do concurso;
– se a irregularidade tem influência na classificação final das propostas e na decisão final do concurso.

ARTIGO 84º
Recurso hierárquico

1. Das deliberações da Comissão de Avaliação sobre as reclamações deduzidas pode qualquer interessado recorrer para o titular do Departamento Ministerial competente, quando o contrato se destinar a ser celebrado pelo Estado ou para o órgão máximo da

---

[223] Ver FLAMME, *ob. cit.*, I, pág. 396, e, de certo modo nesse sentido. CYRILLE ÉMERY (*ob. cit.*, pág. 234), refere que a proposta deve ser formulada sem reservas, por estas constituírem obstáculos à assumpção do compromisso contratual, tal como ele é configurado no caderno de encargos, o que não é possível em concurso público. Acrescenta, todavia, que não devem ser consideradas como reservas, não violando, portanto, o caderno de encargos, simples referências de saliência feitas pelo proponente, que não afectam o conteúdo compromisso e que a entidade adjudicante pode recusar.

[224] *Ob. cit.*, pág. 429.

[225] Cfr. ESTEVES DE OLIVEIRA, *Direito Administrativo*, I, pág. 669, nota 1.

entidade contratante, nos restantes casos, a interpor no prazo de cinco dias a contar da data da entrega da certidão, da acta do acto público.

2. Considera-se deferido o recurso se o recorrente não for notificado da decisão no prazo de dez dias após a sua recepção pela entidade competente para decidir.

3. Se o recurso for deferido, devem ser praticados todos actos necessários à sanação dos vícios e à satisfação dos legítimos interesses e direitos do recorrente ou, se tal não bastar para a reposição da legalidade, anula-se o concurso.

1. Corresponde aos artigos 64º do RRDP e 93º do REOP anteriormente vigentes.

2. Do disposto no nº 1 resulta que o recurso hierárquico não tem que ser interposto no próprio acto do concurso público após a leitura das decisões sobre as reclamações (artigos 77º, nº 3 e 79º, nº 5), mas nada impede que o seja e que a respectiva fundamentação seja apresentada no acto ou nos cinco dias seguintes ao encerramento da acto público do concurso. Estabelece o nº 1 que se o recurso hierárquico não foi interposto durante o acto público do concurso, pode sê-lo no prazo de cinco dias após a entrega da certidão da acta. Só que não diz em que prazo a certidão da acta pode ser requerida, estando fora de hipótese que o possa ser quando o concorrente quiser. Deve ser requerida imediatamente após a leitura da acta que antecede o encerramento do acto público do concurso. A certidão da acta é passada, independentemente de despacho, no prazo de dez dias úteis, contados da data da apresentação do respectivo requerimento (artigo 36º das NPAA).

3. Ainda no nº 1, vem especificada a entidade para quem deve ser interposto o recurso, isto é, a quem deve ser dirigido. Nada no entanto se estabelece sobre a quem deve ser entregue a petição de recurso, pelo que tem aplicação o regime do artigo 16º, nº 3: a petição deve ser entregue junto da entidade contratante que, antes de a remeter para a entidade *ad quem,* deve dizer o que se lhe oferecer sobre os fundamentos da reclamação (artigo 114º das NPAA).

4. O efeito positivo dado ao silêncio da entidade para quem se recorre corresponde ao regime geral estabelecido no âmbito da contratação pública para as impugnações administrativas no nº 1 do artigo 19º; porém, quanto ao prazo para a decisão, já não existe essa uniformidade: neste caso é de dez dias e não o prazo geral de quinze dias.

5. O disposto no nº 3 está de harmonia com o estabelecido no artigo 20º desta LCP e no 116º das NPAA, nos termos dos quais, salvo excepções previs-

FASES DA FORMAÇÃO DO CONTRATO **ART. 85º** 165

tas na lei, a decisão pode, sem ter que se sujeitar ao pedido do impugnante, confirmar ou revogar o acto impugnado, modificá-lo ou substituí-lo, anular, no todo ou em parte, o procedimento administrativo e determinar a realização de nova instrução ou diligências complementares.

6. *Certidões são documentos que visam comprovar factos pela referência a documentos escritos preexistentes ou atestam a inexistência desses documentos*[226]. O direito à obtenção de certidões de peças dos processos administrativos integra-se no *direito de informação* dos interessados e está regulado nos artigos 3º a 37º das NPAA.

7. Tem manifesto interesse saber se a fundamentação do recurso hierárquico necessário, interposto da deliberação sobre reclamação apresentada, se tem de limitar às razões que fundamentaram essa reclamação e, por outro lado, se a fundamentação do recurso contencioso de impugnação consequente se tem de confinar às ilegalidades invocadas no recurso hierárquico necessário. A doutrina e a jurisprudência parecem orientadas no sentido negativo, isto é, no de que o concorrente que recorre hierarquicamente pode, neste recurso, invocar ilegalidades não invocadas na reclamação e, na acção administrativa especial, imputar ao acto ilegalidades que não constaram da fundamentação do recurso hierárquico[227]. Para o recurso contencioso, o artigo 10º da LIAA dispõe no sentido oposto.

8. Cfr. os artigos 14º, 16º, 17º, 18º, 19º e 21º.

SECÇÃO IV
QUALIFICAÇÃO DOS CONCORRENTES E ANÁLISE DAS PROPOSTAS

ARTIGO 85º
Qualificação dos concorrentes

1. Antes de proceder à análise das propostas, a Comissão de Avaliação deve apreciar as habilitações profissionais e a capacidade técnica e financeira dos concorrentes.
2. Quando não estejam devidamente comprovadas as habilitações profissionais ou a capacidade técnica e financeira dos concorrentes, a Comissão de Avaliação deve, no relatório preliminar de apreciação das propostas, propor a respectiva exclusão.

---

[226] *Código do Procedimento Administrativo*, anotado por J. M. J. BOTELHO e outros, 3ª ed., pág. 264.
[227] Ver M. e R. ESTEVES DE OLIVEIRA, *Concursos....*, págs. 618 e seguintes.

1. A primeira nota a salientar é a de que esta actividade da Comissão de Avaliação já não se integra nem decorre durante o acto público do concurso, portanto perante os concorrentes ou seus representantes.

A segunda, é a de que a Comissão vai agora *apreciar* sobre a *qualificação dos concorrentes*, mas sem sobre isso poder decidir, posto que esta decisão cabe à entidade contratante, ainda que sob proposta daquela Comissão de Avaliação feita no relatório preliminar. Isto é: após ter procedido a um exame meramente formal, dos documentos e das propostas, verificando e deliberando sobre quais os concorrentes que instruíram os seus processos de candidatura à adjudicação do contrato com a documentação exigida no anúncio e no programa de concurso e, que, por isso, estão devidamente *habilitados* para nele participar, a Comissão, antes de se debruçar sobre as propostas, vai ainda fazer incidir a sua atenção de análise sobre os concorrentes e verificar se, apesar de habilitados a participar no concurso, possuem as condições financeiras, económicas e técnicas necessárias para executar o contrato, em caso de adjudicação. Por outras palavras, trata-se de um segundo momento saneador dos concorrentes, por forma a que a adjudicação possa ser feita a quem reúne não apenas as condições técnicas específicas exigidas pela natureza do contrato, mas ainda as condições gerais que evidenciem ter as qualidades e estrutura empresariais suficientes para garantir o cumprimento pontual do contrato. O que tem a ver com o conteúdo dos documentos apresentados para que fossem julgados habilitados ao concurso e referidos nos artigos 56º, 57º e 58º.

2. Os concorrentes considerados pela Comissão de Avaliação como habilitados, portanto detentores das capacidades profissional, técnica e financeira exigidas, passam à fase seguinte em posição de total igualdade, não sendo legítimo ulteriores avaliações desses aspectos, pelo que a decisão sobre a adjudicação não poderá fundamentar-se em pretensas diferenças entre os concorrentes admitidos quanto a aspectos ligados a essas capacidades. Trata-se, nesta fase, de avaliar os concorrentes e não as respectivas propostas. Portanto, como expressamente dispõe o nº 2 do artigo 99º, na análise das propostas a Comissão de Avaliação não poderá, em caso algum atender, *directa ou indirectamente, a situações, qualidades, características ou outros elementos de facto relativos aos concorrentes*. De resto, coerentemente, estabelece o nº 2 do artigo seguinte que na análise das propostas apenas devem intervir os critérios de adjudicação, devendo a Comissão abstrair da entidade e que as apresentou.

3. Cfr. os artigos 28º, 55º, 57º, 58º, 69º, 120º, 121º, 146º, 152º e 177º.

ARTIGO 86º
Análise das propostas

1. Não devem ser objecto de apreciação as propostas apresentadas pelos concorrentes cuja exclusão seja proposta pela Comissão de Avaliação, nos termos do nº 2 do artigo anterior.
2. As propostas dos concorrentes qualificados devem ser analisadas unicamente em função dos critérios de adjudicação estabelecidos.

1. Corresponde ao artigo 65º do RRDP anteriormente vigente.

2. Escolhidos que estão os concorrentes admitidos ao concurso, há que proceder ao estudo do conteúdo das suas propostas, com vista à decisão sobre a adjudicação. Essa análise destina-se a fazer um juízo sobre o mérito dessas propostas à luz dos critérios de adjudicação que foram anunciados e bem assim dos factores e subfactores de apreciação que, para esse efeito, constem do programa de concurso (artigo 60º, nº 1, alínea *k*)) e do anúncio. O que significa que, em rigor, directa e imediatamente, não se trata de estabelecer um estudo comparativo entre as várias propostas, mas antes de analisar cada uma de per si e valorizá-las de harmonia com aqueles factores e subfactores e respectiva ponderação, esta também de harmonia com o pré-estabelecido e que consta do programa do concurso. É de acordo com os resultados assim obtidos que se procede à ordenação para efeitos de adjudicação a que se refere o nº 1 do artigo 89º.

Assim, nesta fase, só as propostas estão em equação e já não os concorrentes, a não ser no que, nesse domínio, resultar da valoração decorrente daqueles factores ou subfactores. É o caso de constar no programa de concurso, como subfactores, a posse de especial equipamento técnico, a experiência em obras da espécie da posta a concurso, etc.

O que não pode é, nesta fase, apreciar-se questões que deviam ter sido analisadas e decididas na fase da qualificação dos concorrentes, tratada no artigo anterior. Como no comentário ali feito foi dito, os concorrentes que chegaram a esta fase foram julgados devidamente habilitados para o concurso e com a necessária capacidade financeira, económica e técnica, passando a esta fase em condições de igualdade, tratando-se apenas de saber qual, de entre eles, apresentou uma proposta que está em situação de melhor corresponder às condições em que a entidade pública contratante quer celebrar o contrato e que declarou no programa de concurso.

3. Por outro lado, as propostas apresentadas pelos concorrentes que a Comissão de Avaliação considerou não serem titulares das habilitações profissionais, técnicas ou financeiras exigidas, e cuja exclusão, nos termos do artigo anterior, vai ser proposta no relatório preliminar, não têm que ser apreciadas no seu mérito, pois não há qualquer razão lógica para isso, visto que, para já, estão fora da competição. Todavia, diz-se "para já" porque, como se disse no comentário ao artigo anterior, a decisão de exclusão compete à entidade contratante e, embora não seja provável que isso suceda, não é de excluir que aquela entidade, fundamentadamente, entenda que não devem ser excluídas e, nesse caso, o processo volta à Comissão de Avaliação para que renove a apreciação das propostas, incluindo as que propôs excluir e tal proposta não tenha sido aceite pela entidade pública contratante.

4. Esta é a fase imediatamente anterior à decisão final sobre a adjudicação, quer essa decisão proceda à adjudicação, quer seja no sentido de não adjudicar o contrato, nos termos do artigo 100º. Em qualquer dos casos, porque se trata de uma decisão constitutiva de direitos, tem de ser devidamente fundamentada, conforme determinam os artigos 67º e seguintes das NPAA. Tendo a Comissão por objectivo a preparação daquela decisão, terá igualmente de preparar a respectiva fundamentação, o que faz elaborando um relatório donde constem quer as várias características das propostas e identificação dos proponentes respectivos, quer a exposição das considerações tidas por pertinentes relativamente ao seu mérito ou demérito e respectiva ponderação, tendo em conta os subfactores e factores de valoração aplicáveis, procedendo-se, finalmente, à ordenação das propostas de harmonia com os resultados obtidos. Este relatório é um relatório preliminar, completado por um relatório final consequente à audiência prévia dos interessados e em que as respostas destes são devidamente ponderadas pela comissão (artigo 97º).

5. Cfr. os artigos 88º, 91º e 98º.

ARTIGO 87º
Causas de exclusão de propostas
Devem ser excluídas as seguintes propostas:

a) sejam apresentadas com variantes, quando estas não sejam admitidas pelo programa do concurso ou estejam em número superior ao máximo por ele admitido;

b) sejam apresentadas com variantes quando, apesar de estas serem admitidas pelo programa do concurso, não seja apresentada a proposta base ou, sendo esta apresentada, seja proposta a respectiva exclusão;

c) sejam constituídas por documentos falsos ou nas quais os concorrentes prestem falsas declarações;
d) contenham alterações das cláusulas do caderno de encargos não admitidas;
e) violem disposições legais ou regulamentares aplicáveis;
f) sejam consideradas inaceitáveis;
g) revelem a existência de fortes indícios de actos, acordos, práticas ou informações susceptíveis de falsear as regras de concorrência.

1. Antes de proceder à avaliação das propostas com a respectiva valoração à luz do critério de adjudicação, a Comissão procede à sua *análise*, verificando se se encontram nas condições e requisitos que, segundo as peças do procedimento, a lei e os regulamentos, têm de preencher para poderem ser consideradas com vista a uma eventual adjudicação. Só após essa operação, procede à *avaliação das propostas*, isto é, à sua valoração à luz do critério de adjudicação, através dos factores e subfactores que o densificam e foram pré-estabelecidos no programa do procedimento ou no convite.

A avaliação das propostas pressupõe, pois, que estas passaram pelo "crivo" da sua análise para esse efeito e que, portanto, não foram excluídas por algum dos fundamentos enumerados neste artigo. A passagem por aquele "crivo" confere ao concorrente o direito de ver a sua proposta avaliada segundo o critério de adjudicação e os factores e subfactores que o densificam.

Aqueles fundamentos de exclusão das propostas têm em princípio a ver com aspectos substanciais ou formais considerados essenciais e cuja falta ou incorrecção, segundo a lei, obstam à sua apreciação e valoração e, por isso mesmo, são excluídas dessa operação.

2. A alínea a) comina com exclusão as propostas que vêm acompanhadas de variantes se estas não são admitidas pelo programa do concurso ou se este só as admite em número inferior ao das variantes apresentadas.

Do mesmo modo, impõe-se a exclusão da proposta base se as variantes apresentadas, ainda que no número permitido pelo programa de concurso, alteram cláusulas do caderno de encargos que o programa de concurso expressamente referia como não podendo ser alteradas pelas variantes (artigo 60º, nº 1 h)). Tratar-se-ia de uma situação igualmente subsumível à alínea d) deste artigo, pois se trataria de alteração não permitida ao caderno de encargos.

3. O estabelecido na alínea b) traduz a falta de autonomia da proposta variante, já estabelecida no nº 2 do artigo 64º, nos termos do qual a apresentação de proposta variante não dispensa a presentação de proposta base. Mas, neste caso, a exclusão da proposta variante não implica a exclusão da proposta base.

4. Quanto à alínea c), já o nº 2 do artigo 7º determina que uma proposta que tenha sido apresentada, além do mais, com *declaração intencional de factos falsos ou errados, tendo por objecto a obtenção de decisões favoráveis em processos de contratação*, deve ser excluída (nº 1 b)). Ver ainda o artigo 8º, alínea f).

5. Relativamente à alínea d), recorda-se que o caderno de encargos é o instrumento em que se estabelece os precisos termos, de ordem técnica e jurídica, em que a entidade que abriu o concurso está disposta a contratar, traduzindo-se num conjunto de cláusulas articuladas, elaboradas unilateralmente por aquela e que se impõem a quem se proponha celebrar o contrato (artigo 47º). O concorrente, tendo tomado conhecimento do conteúdo do caderno de encargos, decide se deve candidatar-se à adjudicação do contrato; em caso afirmativo, terá de aceitar aquele caderno de encargos tal como se lhe apresenta, não lhe sendo admitido reclamar modificações ou de qualquer modo negociar. O caderno de encargos forma um bloco a aceitar ou recusar por inteiro[228]. Só assim não será se o programa de concurso admitir a apresentação de propostas alternativas e nos espaços deixados em branco.

6. No que respeita à alínea e), não faria sentido que fosse admitida uma proposta que tivesse elementos ilegais ou irregulamentares, o que, em caso de adjudicação, seria repercutido no contrato e o que implicaria que a entidade contratante ficasse ligada em co-autoria com essa ilegalidade.

7. Na alínea f) estabelece-se, como fundamento da exclusão da proposta, a sua inaceitabilidade. Só que a lei não especifica o que é uma *proposta inaceitável* nem estabelece um critério para a sua determinação. Afigura-se-nos que, pelo menos, deve considerar-se como tal a proposta cujo teor não é claro e inequívoco, que é redigida e apresentada de modo que não permite conhecer, sem lugar a dúvidas ou a ambiguidades, os exactos termos em que o concorrente se propõe preencher os elementos submetidos à concorrência. As propostas devem ser apresentadas de tal forma que não levantem fundadas dúvidas sobre a sua seriedade, firmeza e clareza. *Seriedade*, porque apresentadas com o propósito de serem mantidas durante o prazo legal para isso fixado; *firmeza*, porque devem apresentar-se *sem cláusulas restritivas, resolutivas ou excepcionais*[229];

---

[228] F. MOREAU, *ob. cit.*, pág. 713. A doutrina francesa admite que, quando muito, os concorrentes possam, à margem das propostas, manifestar reservas sobre cláusulas que entendam contraditórias ou inaplicáveis, sem que, contudo, tal signifique condição da proposta, caso contrário a proposta será excluída (Cfr. CYRILLE ÉMERY, *ob. cit.*, pág. 129)

[229] MARCELLO CAETANO, *Manual...*, I, pág. 599 e 600.

clareza, no sentido de nelas se definirem precisa e claramente, as prestações e contra-partidas oferecidas e pretendidas, em que é que consistem concreta e efectivamente[230].

8. A salvaguarda do princípio de sã concorrência reporta-se aos vários intervenientes no procedimento adjudicatório. São inúmeros os preceitos que impõem a sua preservação por parte da entidade contratante. Na alínea g) deste preceito, previne-se situações de conluio entre os concorrentes e outras práticas lesivas da concorrência.

9. Cfr. os artigos 6º, 7º, 10º, 39º, 64º, 71º, 127º, 188º, 189º, 191º, 196º, 207º, 208º e 216º.

ARTIGO 88º
Esclarecimentos sobre as propostas

1. A Comissão de Avaliação pode pedir aos concorrentes quaisquer esclarecimentos sobre as propostas apresentadas que considerem necessários para a sua análise e avaliação.
2. Os esclarecimentos prestados pelos concorrentes fazem parte integrante das suas propostas, desde que não contrariem os elementos constantes dos documentos que as constituem, não as alterem ou completem, nem visem suprir omissões que determinariam a respectiva exclusão do concurso.
3. Os esclarecimentos prestados devem ser notificados a todos os concorrentes.

1. O pedido dos esclarecimentos e os esclarecimentos prestados em sua satisfação têm de respeitar os princípios de actuação administrativa, estabelecidos nos artigos 3º a 10º das NPAA. Por outro lado, devem ser pedidos e prestados por escrito, de harmonia com o que estabelece o artigo 65º daquelas NPAA: *Desde que outra forma não seja prevista por lei ou imposta pela natureza e circunstâncias, os actos administrativos devem ser praticados por escrito.* De resto, que os actos respeitantes aos esclarecimentos não podem deixar de assumir a forma escrita resulta até do facto de, nos termos do nº 2, fazerem parte integrante da respectiva proposta e esta é composta por documentos (artigo 63º).

2. Nos termos do nº 2, os esclarecimentos só integrarão a proposta do concorrente e, portanto, só terão relevância, se não implicarem alteração do conteúdo da proposta ou se não visarem suprir deficiências ou omissões justificativas da sua exclusão.

---

[230] M. e R. ESTEVES DE OLIVEIRA, *Concursos e Outros Procedimentos...*, pág. 367.

Trata-se de salvaguardar o princípio da estabilidade, imutabilidade ou intangibilidade[231] da proposta na fase pré-adjudicatória, que não precisa de ser enunciado na lei ou nas peças do procedimento, por ser uma decorrência dos princípios da concorrência e da igualdade[232]. Uma vez apresentada a proposta, o proponente fica vinculado aos seus termos, sem a poder alterar.

Como ensinava MARCELLO CAETANO[233], as declarações integrantes das propostas, e, portanto, estas, devem ser *sérias, firmes e concretas*[234]. Sérias, isto é, *feitas com o propósito de serem mantidas e cumpridas;* firmes, *sem cláusulas restritivas, resolutivas ou excepcionais;* concretas, sem conteúdos indeterminados, com os objectos das prestações claramente definidos[235]. A manutenção do conteúdo obrigacional das propostas é essencial ao próprio conceito de concorrência e, consequentemente, aos princípios da igualdade, imparcialidade e transparência. Seria gravemente violador dos aludidos princípios se os concorrentes, já em plena fase de apreciação do conteúdo das suas propostas, pudessem ainda que a título da prestação de esclarecimentos, introduzir alterações substanciais aos termos das suas propostas ou lhes fosse permitido, nessa altura, preencher vazios que nelas deixaram sobre aspectos que, nas propostas, deveriam ter sido declarados de modo sério, concreto e firme. Seria apresentar uma nova e diferente proposta.

E o que se deixa dito não perde pertinência pelo facto de se tratar de esclarecimentos solicitados pelo júri, pois que terão de confinar-se àqueles limites. Seria do mesmo modo manifestamente ilegal que o júri solicitasse esclarecimentos cuja satisfação implicasse a quebra daqueles requisitos.

3. Os esclarecimentos a que este preceito se reporta são os concernentes a aspectos técnicos da proposta. É o que sucederá, por exemplo, quanto aos equipamentos a fornecer, as suas características, funcionalidade, manutenção, funcionamento, etc.[236].

4. Cfr. os artigos 63º, 69º, 70º, 86º, 87º e 354º.

---

[231] Cfr. M. e R. ESTEVES DE OLIVEIRA, *Concursos e Outros Procedimentos...*, pág. 104.

[232] Cfr. M. e R. ESTEVES DE OLIVEIRA, *Concursos e Outros Procedimentos...*, págs. 106 e 423. Ver esta obra ainda quanto ao âmbito de aplicação daquele princípio nos vários tipos de procedimentos (pág. 107).

[233] *Manual cit.*, I, págs. 599 e seguintes.

[234] Predicados, de resto, extensivos às posições e declarações de todos os intervenientes dos procedimentos, como salientam M. e R. ESTEVES DE OLIVEIRA em *Concursos e Outros Procedimentos..*, pág. 366.

[235] Sobre o assunto, ver comentário ao artigo 70º.

[236] Cfr. M. e R. ESTEVES DE OLIVEIRA, *Concursos e Outros Procedimentos...*, pág. 425.

ARTIGO 89º
Relatório preliminar

1. Após a análise das propostas, a Comissão de Avaliação deve elaborar um relatório fundamentado sobre o mérito das propostas, ordenando-as para efeitos de adjudicação.
2. No relatório preliminar, a Comissão de Avaliação deve, também, propor a exclusão de concorrentes e de propostas.

1. Corresponde ao artigo 66º do RRDP anteriormente vigente.

2. O preceito impõe expressamente à Comissão de Avaliação que fundamente devidamente as opções que constituem as conclusões do seu relatório, para que a decisão final de adjudicação possa ser igualmente fundamentada. Porque a decisão de exclusão de propostas, bem como as de adjudicação ou não adjudicação são actos constitutivos de direitos, a obrigação da sua fundamentação decorre, em termos gerais, do artigo 67º das NPAA, pelo que o relatório, como acto preparatório dessas decisões, tem que conter os respectivos fundamentos. O que faz referindo nesse relatório quer as várias características das propostas e identificação dos proponentes respectivos, quer a exposição das considerações tidas por pertinentes relativamente ao seu mérito ou demérito e respectiva ponderação, tendo em conta os factores e subfactores de valoração aplicáveis, procedendo, finalmente, à ordenação das propostas de harmonia com os resultados obtidos. Este relatório é, para aquele efeito, completado por um relatório final consequente à audiência prévia dos interessados e em que as respostas destes são devidamente ponderadas pelo júri (artigo 97º).

3. Cfr. os artigos 53º, 54º, 60º, 69º, 70º, 77º, 86º, 87º, 88º e 97º.

ARTIGO 90º
Audiência prévia

1. Elaborado o relatório preliminar, a Comissão de Avaliação deve proceder à audiência prévia dos concorrentes.
2. Os concorrentes têm cinco dias após a notificação do relatório preliminar com o projecto de decisão final para se pronunciarem por escrito sobre o mesmo.

1. Corresponde ao artigo 67º do RRDP anteriormente vigente.

2. Com vista a garantir a transparência da actividade da Administração Pública e, consequentemente, a sua imparcialidade, a igualdade de tratamento dos administrados e a justiça das soluções, as NPAA, no sentido da realização da chamada *administração aberta ou administração de vidro,* além de outras medidas como a do direito dos administrados à informação (artigos 34º a 37º), introduziu no ordenamento jurídico-administrativo o chamado *princípio da audiência dos interessados* (artigos 33º e 52º). Trata-se de criar expedientes jurídicos viabilizadores da participação dos administrados na tomada das decisões e deliberações em que especialmente são interessados. Concretamente, traduz-se numa espécie de exercício de contraditório por parte dos particulares no procedimento tendente à tomada de uma decisão ou deliberação por qualquer autoridade administrativa; uma manifestação do *princípio da participação* dos particulares na formação das decisões que lhes dizem respeito, com consagração expressa no artigo 8º daquelas NPAA. Nos termos do nº 1 do seu artigo 52º, antes de ser tomada a decisão final, os interessados *têm o direito de ser ouvidos,* devendo, para isso, ser informados do sentido provável da decisão. Trata-se, como referem ESTEVES DE OLIVEIRA e seus co-autores do Código do Procedimento Administrativo Anotado[237] de um *pilar do Estado de Direito e da concepção politico-constitucional sobre as relações entre a Administração e particulares*[238].

3. A decisão final de adjudicação ou de não adjudicação do contrato submetida a concurso é um acto que põe termo a esse procedimento concursal, portanto constitutivo de direitos, pelo que a doutrina debatia a questão de saber se, relativamente a esse acto, havia lugar à audiência prévia dos interessados, havendo quem entendesse que nos procedimentos da formação dos contratos administrativos essa audiência não só se não impunha como até era inconveniente, designadamente pelo obstáculo que constituía à desejada celeridade da tramitação procedimental. A inexistência, na antes vigente legislação sobre empreitada de obras públicas, de um preceito que impusesse aquela audiência, não seria uma lacuna, mas antes uma *regulamentação negativa* da questão, correspondendo a uma opção legislativa: o legislador não impôs essa audiência porque não queria impô-la. Mas, mesmo considerando tratar-se de uma lacuna[239].

---

[237] 2ª edição, pág. 452.

[238] Ver ainda sobre esta matéria PEDRO MACHETE, *Audiência dos Interessados no Procedimento Administrativo* e M. e R. ESTEVES DE OLIVEIRA, *Concursos...,* págs. 514 e seguintes.

[239] Esta, foi a orientação defendida, por exemplo, por M. ESTEVES DE OLIVEIRA e seus co-Autores em *Código do Procedimento Administrativo Anotado, I,* pág. 524 e em *Concursos...,* 515 e PEDRO MACHETE, *ob. cit.,* pág. 480 e *Cadernos de Justiça Administrativa,* nº 3, págs. 37 e seguintes.

Todavia, parece que a orientação mais adoptada era no sentido de que essa audiência era legalmente obrigatória[240].

Este preceito, como se disse, resolve a questão no sentido da obrigatoriedade da audiência prévia dos interessados.

4. Nos termos do que dispõe o nº 1, cabe à Comissão de Avaliação proceder à audiência prévia. Embora o nº 2 do artigo 52º estabeleça que a audiência prévia pode ser escrita ou oral, conforme o órgão instrutor decida, afigura-se-nos que, pela própria natureza do procedimento e da respectiva tramitação, na formação dos contratos não poderá deixar de ser escrita. Realiza-se através do envio do projecto de decisão a todos os concorrentes admitidos ao concurso, portanto, cujas propostas foram objecto de análise para a decisão adjudicatória, independentemente do sentido dessa análise e das conclusões extraídas. Portanto, o *projecto da decisão final* a enviar aos concorrentes é aqui constituído pelo relatório preliminar elaborado pela Comissão de Avaliação, isto é, exactamente o mesmo documento que a entidade adjudicante disporá para emitir a decisão adjudicatória, se, obviamente, nenhuma alteração resultar em decorrência dessa audiência. Só assim se cumpre aquele dever de audiência prévia. Mas não é necessário enviar a todos e a cada um dos concorrentes os elementos que serviram de base a esse relatório – os vários processos de candidatura dos concorrentes –, embora, na notificação, se deva referir e informar expressamente os concorrentes quanto aos dias, horas e local em que podem consultar todos esses elementos.

Os concorrentes têm o prazo de cinco dias úteis para responder.

5. Cfr. os artigos 18º e 97º.

SECÇÃO V
LEILÃO ELECTRÓNICO

ARTIGO 91º
Leilão electrónico

1. No caso de se tratar de procedimento para locação ou aquisição de bens móveis ou aquisição de serviços, a entidade contratante pode recorrer a um leilão electrónico.

---

[240] Ver, entre outros, FREITAS AMARAL, *O Novo Código do Procedimento Administrativo*, pág. 26, MARGARIDA O. CABRAL, *ob. cit.*, págs. 187 e seguintes e PEDRO R. MARTINEZ e J. PUJOL, *Empreitada*, pág. 71.

2. O leilão electrónico consiste em processo interactivo baseado num dispositivo electrónico destinado a permitir aos concorrentes melhorar progressivamente as suas propostas, depois de avaliadas, obtendo-se a nova pontuação através de um tratamento automático

3. A entidade contratante pode recorrer a um leilão electrónico desde que:

a) seja possível formular especificações detalhadas e precisas para os bens ou serviços a fornecer;

b) o preço seja o único critério de adjudicação.

4. A entidade contratante não pode utilizar o leilão electrónico de forma abusiva ou de modo a impedir, restringir ou falsear a concorrência.

1. O nº 2 dá a noção de *leilão electrónico*, que coincide com a dada pelo artigo 140º, nº 1 do CCP de Portugal que, por seu turno, segue de muito perto a noção dada pelas Directivas Comunitárias[241]: *"leilão electrónico" é um processo interactivo que obedece a um dispositivo electrónico de apresentação de novos preços, progressivamente inferiores e/ou de novos valores relativamente a determinados elementos das propostas, desencadeado após uma primeira avaliação completa das propostas e que permite que a sua classificação se possa efectuar com base num tratamento automático. Por conseguinte, certos contratos de empreitada de obras e certos contratos de serviços relativos a realizações intelectuais, tais como concepção de uma obra, não podem ser objecto de leilões electrónicos.*

2. O leilão electrónico constitui um instrumento que visa modernizar, desmaterializar e flexibilizar[242] os procedimentos de adjudicação, no sentido da administração electrónica. Trata-se de uma das medidas relativas à tramitação procedimental que se traduzem numa troca de informações e comunicações pela via electrónica com o que se pretende imprimir àquela tramitação maior celeridade, praticabilidade e eficácia, com menores custos e um maior incremento da concorrência.

Não se trata de uma modalidade específica de concurso público, mas apenas de um instrumento procedimental facultado à entidade contratante, verificados que sejam os pressupostos para isso estabelecidos neste preceito.

Tem-se salientado[243] que do leilão electrónico resultam benefícios quer para a entidade contratante, quer para os concorrentes. Para estes, porque

---

[241] Nº 6 do artigo 1º da DC nº 2004/17/CE e nº 7 do artigo 1º da DC nº 2004/18/CE, ambas do Parlamento Europeu e do Conselho de 31 de Março.

[242] Cf. MARIA JOÃO ESTORNINHO, *Direito Europeu dos Contratos Públicos...*, pág. 353.

[243] Ver, por exemplo, MIGUEL ANGEL BERNAL BLAY, *Dicionário de Contratação Pública*, direcção de JOSE BERMEJO VERA, ed. Iustel, Madrid, 2009, pág. 646.

têm a garantia de um tratamento objectivo e transparente relativamente às suas propostas; para aquela porque a confiança no procedimento assim criada fomenta a participação e, por isso, incrementa a concorrência, aumentando o seu leque de opções para a escolha da proposta adjudicatária. Isso, para além da celeridade, eficácia e poupança de meios já acima aludidas.

3. Sobre este trâmite procedimental salienta-se:

- Trata-se de um expediente de utilização *facultativa*, que só terá lugar se a entidade o entender conveniente e adequado, portanto no exercício do seu poder discricionário (nº 1);
- Tem necessariamente que estar previsto no programa de concurso (artigo 92º, nº 2);
- O recurso ao leilão electrónico só é possível se o seu objecto respeitar a aspectos ou valores quantificáveis, ou, utilizando a expressão das Directivas Comunitárias, *por forma a serem expressos em valores absolutos ou em percentagens, se a sua classificação se possa fazer com base num tratamento automático,* portanto, que não impliquem a emissão de juízos de apreciação técnica[244]; ainda por outras palavras, *desde que tais atributos sejam definidos apenas quantitativamente e a sua avaliação seja efectuada através de uma expressão matemática*[245]. Essa susceptibilidade de quantificação é que permite o seu tratamento informático sem intervenção de pessoas físicas. Por isso mesmo, como também referem as mesmas Directivas e repetindo o acima dito, *certos contratos de empreitada de obras e certos contratos de serviços relativos a realizações intelectuais, tais como concepção de uma obra, não podem ser objecto de leilões electrónicos.*
- O leilão electrónico e, portanto, os lanços destinados a *melhorar progressivamente os atributos das respectivas propostas,* só pode incidir sobre o preço de execução do contrato.
- O leilão electrónico funciona como um leilão invertido, pois que os lanços dos respectivos participantes devem ser sucessivamente mais baixos[246] e

---

[244] Cfr. *Contratación Administrativa*, coordenação de HILARIO LABRADOR CISTERNES, Thompson Reuters, Navarra, 2009, pág. 232.

[245] Relatório preambular do Decreto-Lei nº 18/2008, de 29 de Janeiro, que aprovou o CCP de Portugal.

[246] Assim é geralmente designado pela doutrina francesa, referindo-se a título de exemplo, JEAN-MARIE DELHAY, *Le Nouveau Code des Marches Publics,* Editions du Puits Fleuri, 2004, pág. 187, STEPHANE BRACONNIER, *ob. cit,* pág. 189, CYRILLE ÉMERY, *ob. cit.,* pág. 149 e FRANÇOIS LICHÈRE, *Le Nouveau Droit des Marches Publics,* ed. L'Hermès, Lyon, 2004, pág. 75.

efectua-se por processos automáticos informatizados, portanto sem intervenções pessoais.

- O leilão electrónico pressupõe, como expressamente refere o nº 2 deste preceito, que as propostas já foram objecto de avaliação nos termos constantes do programa de concurso e do disposto no artigo anterior[247].
- Como resulta do que fica dito, só é legalmente possível utilizar o leilão electrónico para a adjudicação de contratos de locação e contratos para a aquisição de bens móveis ou de aquisição de serviços, com exclusão de quaisquer outros.
- Após o leilão electrónico, há lugar a nova avaliação que considere os seus resultados e, se isso deles decorrer, com uma nova pontuação global e consequente nova ordenação das propostas.

4. Durante o período em que decorre o leilão, o que, nos termos do artigo 93º, nº 2, o convite especificará, os concorrentes são constantemente informados do teor das ofertas que vão sendo apresentadas, sendo que, ao fazê-las, os respectivos ofertantes se auto-vinculam aos seus termos (artigo 94º, nº 2).

5. Para que o leilão electrónico possa ser adoptado é necessária a ocorrência de todos os seguintes pressupostos:

- Que o procedimento tenha por objecto a adjudicação de algum dos seguintes contratos, com exclusão de qualquer outro: locação de bens móveis, aquisição de bens móveis, aquisição de serviços (nº 1);
- Que seja possível, no respectivo caderno de encargos, descrever, especificada e detalhadamente as características dos bens ou serviços a fornecer ou a locar, de tal modo que nada, quanto a esse aspecto, seja submetido à concorrência, portanto
- Só o preço seja factor submetido à concorrência (nº 2);
- A utilização do leilão electrónico não impedir, restringir ou falsear a concorrência (nº 3).

6. Cfr. os artigos 92º a 96º e 134º.

---

[247] As Directivas Comunitárias, estabelecem que antes de procederem ao leilão electrónico, as entidades adjudicantes efectuarão uma primeira avaliação completa das propostas em conformidade com o critério ou os critérios de adjudicação previamente definidos e a respectiva ponderação.

ARTIGO 92º
Indicações relativas ao leilão electrónico

Quando a entidade contratante decida utilizar um leilão electrónico, o programa do concurso deve indicar, para além dos elementos referidos no artigo 60º da presente lei, os seguintes:

a) que deve ser utilizado um leilão electrónico;

b) as condições em que os concorrentes podem propor novos valores relativos aos preços das propostas apresentadas, nomeadamente as diferenças mínimas exigidas entre licitações;

c) outras regras de funcionamento do leilão electrónico;

d) as informações relativas ao dispositivo electrónico a utilizar e as modalidades e especificações técnicas de ligação dos concorrentes ao mesmo.

1. Resulta da alínea a) que, constando no programa do concurso que haverá lugar a leilão electrónico, este não poderá deixar de realizar-se, constituindo assim uma auto-vinculação da entidade contratante cuja violação é causa de invalidade do procedimento.

2. No que respeita à alínea b), trata-se de regras ou regulamentação da realização do leilão que, obviamente, têm de estar antecipadamente estabelecidas. Por isso, esses e os demais elementos do leilão devem constar do programa do concurso, que é a peça do procedimento onde, pela sua natureza e função (artigo 60º), devem estar.

3. O que se deixa dito vale igualmente para o disposto na alínea c). O leilão só tem viabilidade de atingir os fins que visa, se todos os que nele podem participar antecipadamente conhecerem todas as regras que regulam o seu funcionamento.

4. Quanto à alínea d) visa garantir e proporcionar a todos os convidados a interacção que concretiza a sua participação no leilão, acedendo a ele. Aquela norma impõe o dever de informação sobre a plataforma electrónica a utilizar pelos concorrentes e o respectivo modo de acesso.

5. Cfr. os artigos 60º, 91º, 93º, 94º, 95º e 96º.

ARTIGO 93º
Convite

1. Todos os concorrentes devem ser simultaneamente convidados pela entidade contratante, por via electrónica, para participarem no leilão electrónico.

180 JORGE ANDRADE DA SILVA

2. O convite previsto no número anterior deve indicar o seguinte:

a) a pontuação e a ordenação da proposta do concorrente convidado;
b) a data e a hora do início do leilão;
c) o modo de encerramento do leilão.

1. A pontuação e a ordenação da proposta são a resultante da avaliação efectuada pela Comissão de Avaliação (artigo 86º).

2. Os modos de encerramento do leilão electrónico vêm regulados no artigo 96º.

3. Quanto à alínea c), o convite deve, designadamente, indicar a data e hora previamente fixadas para o encerramento e o prazo máximo entre licitações.

4. Cfr. os artigos 60º, 91º, 92º, 94º, 95º e 96º.

ARTIGO 94º
Regras do leilão electrónico

1. Não se pode dar início ao leilão electrónico antes de decorridos, pelo menos, dois dias a contar da data do envio dos convites.

2. O dispositivo electrónico utilizado deve permitir informar permanentemente todos os concorrentes acerca da pontuação e da ordenação de todas as propostas, bem como dos novos valores oferecidos pelos concorrentes.

1. O intervalo mínimo de dois dias entre o envio dos convites e o início do leilão destina-se, a permitir aos concorrentes prepararem-se para o leilão[248].

2. O dispositivo electrónico deve pois permitir uma informação permanente sobre a evolução do conteúdo das propostas, da respectiva pontuação global e da respectiva ordenação durante e em decorrência do processamento do leilão.

3. Cfr. os artigos 60º, 91º, 92º, 93º, 95º e 96º.

---

[248] Ainda com o objectivo de habilitar os concorrentes a participar no leilão, a Directiva comunitária nº 2004/28/CE, atrás referida, dispõe no nº 6 do seu artigo 54º.
Durante cada fase do leilão electrónico, as entidades adjudicantes comunicarão contínua e instantaneamente a todos os proponentes pelo menos as informações que lhes permitam conhecer a todo o tempo a respectiva classificação. Podem igualmente comunicar outras informações relativas a outros preços ou valores apresentados, na condição de que tal venha indicado no caderno de encargos. Podem igualmente, a todo o tempo, anunciar o número de participantes na fase do leilão. Contudo, em caso algum poderão divulgar a identidade dos proponentes durante as diferentes fases do leilão electrónico.

ARTIGO 95º
Confidencialidade

No decurso do leilão electrónico, a entidade contratante não pode divulgar, directa ou indirectamente, a identidade dos concorrentes que nele participam.

1. A confidencialidade aqui exigida destina-se a evitar que o decurso do leilão e a pureza e segurança das suas regras possam ser prejudicados por fugas de informação ou mesmo por eventuais acordos ou até conluios entre os concorrentes.

2. Cfr. os artigos 60º, 91º, 92º, 93º, 94º e 96º.

ARTIGO 96º
Modo de encerramento do leilão electrónico

1. A entidade contratante pode encerrar o leilão electrónico nos seguintes casos:

a) na data e hora previamente fixadas no convite para participação no leilão electrónico;

b) quando, decorrido o prazo máximo contado da recepção da última licitação e não receba novos valores correspondentes às diferenças mínimas exigidas entre licitações.

2. O prazo máximo referido na alínea b) do número anterior deve ser fixado no convite para participação no leilão electrónico.

Cfr. os artigos 60º, 91º, 92º, 93º, 94º e 95º.

SECÇÃO VI
PREPARAÇÃO DA ADJUDICAÇÃO

ARTIGO 97º
Relatório final

1. Após a análise das propostas, a Comissão de Avaliação deve elaborar um relatório final, fundamentado, no qual pondera as observações dos concorrentes, mantendo ou modificando o teor e as conclusões do relatório preliminar, podendo ainda propor a exclusão de qualquer proposta se verificar, nesta fase, uma qualquer causa de exclusão da mesma.
2. No caso previsto na parte final do número anterior, bem como quando do relatório final resulte uma alteração da ordenação das propostas constante do relatório preliminar, a Comissão de Avaliação procede a nova audiência prévia, nos termos previstos no artigo anterior, aplicando-se depois o disposto no presente artigo.

3. O relatório final é enviado ao órgão competente da entidade contratante para aprovação.

4. O disposto no presente artigo é aplicável, com as necessárias adaptações, ao relatório final a elaborar pela entidade contratante, na sequência do encerramento do leilão electrónico previsto na Secção V da presente Lei.

1. O relatório final pressupõe que, em audiência dos interessados, estes se manifestaram e que, por isso, a Comissão de Avaliação teve que analisar e ponderar as observações por aqueles feitas e a eventual influência que devam ter no teor do relatório prelimiar. O relatório final, nesse caso, reflectirá essa influência. Se não houver respostas na audiência prévia nem leilão electrónico, o relatório final é o relatório preliminar acrescido da menção de se ter procedido a audiência dos interessados e não haver respostas, nada havendo a alterar aos termos deste último relatório.

2. Só se impõe nova audiência dos interessados se, no relatório, for prevista a exclusão de qualquer proposta ou de alteração da ordenação das propostas[249], isto é, se daí resultar afectada a esfera jurídica de qualquer dos concorrentes tal como constava no relatório preliminar.[250] Não é, pois, qualquer alteração na valoração das propostas provocada pelas respostas dos concorrentes que determina a abertura de novo período de audiência prévia, mas apenas quando daí decorre a exclusão de qualquer concorrente ou a alteração da posição relativa dos vários concorrentes na sua ordenação com vista à adjudicação. Mais concretamente, a nova audiência não deve ter apenas lugar quando dessas respostas resulta a substituição da proposta classificada e ordenada em primeiro lugar, mas qualquer alteração relativa a qualquer delas. O que se entende, pois, até à celebração do contrato e durante o período de manu-

---

[249] Com pertinência, GONÇALO GUERRA TAVARES e NUNO MONTEIRO DENTE, a estas hipóteses acrescentam a de o júri, só no relatório final, propor a não adjudicação do contrato (*Código dos Contratos Públicos, I,* Almedina, 2009, pág. 363).

[250] Já se entendia que se das respostas em audiência prévia resultasse o surgimento de questões novas, sobre as quais ainda não tinha sido dada audiência aos interessados, com reflexo no projecto de decisão final, deveria proceder-se a nova audiência (Cfr. MÁRIO ESTEVES DE OLIVEIRA e outros em *Código do Procedimento Administrativo Comentado,* Almedina, 2ª ed., pág. 459, SANTOS BOTELHO, PIRES ESTEVES e CÂNDIDO DE PINHO, *Código do Procedimento Administrativo Anotado,* 3ª e., 1966, pág. 348 e PEDRO MACHETE, *a Audiência dos Interessados no Procedimento Administrativo,* Universidade Católica Editora, 1995, pág. 453). E, na verdade, só assim se pode dizer que os interessados se pronunciaram *sobre o objecto do procedimento tal como o mesmo se apresenta perante o órgão competente para a decisão final,* isto é, só assim foi garantida a possibilidade de influência real sobre a decisão, para usar as palavras deste último Autor (págs. 450 e 453).

tenção das propostas, qualquer delas é passível de adjudicação no caso de caducidade da adjudicação feita (artigos 107º e 116º).

3. O preceito tomou posição, pela positiva, sobre uma questão que se debatia na doutrina e na jurisprudência, e que consistia em saber se, havendo alterações ao teor do relatório preliminar em resultado da análise das observações feitas em audiência prévia, teria de haver nova audiência dos interessados.

Os que defendiam a necessidade de nova audiência prévia[251], baseavam-se fundamentalmente na consideração de que o que tem de ser objecto dessa audiência é o projecto *definitivo* da decisão, sem o que se não pode dizer que os interessados sobre ele tiveram a possibilidade de se pronunciar[252].

Outros entendiam que essa audiência prévia só deveria ter lugar se o relatório se baseasse em factos ou elementos instrutórios novos e, portanto, sobre os quais os concorrentes ainda não tiveram oportunidade de se pronunciar, assim participando na formação da decisão[253]. O contrário seria abrir a porta à possibilidade de um interminável encadeamento de audiências prévias, provocadas por sucessivas alterações ao relatório decorrentes de observações sucessivamente feitas pelos interessados ouvidos.

4. Quanto ao âmbito da nova audiência prévia, embora o preceito não o diga expressamente, como decorre do próprio conceito e dos objectivos a que se destina, deve ser limitada aos interessados, isto é, àqueles cuja situação jurídica no procedimento foi afectada pela alteração do relatório preliminar.

5. Finalmente, como já decorre do que ficou dito, terá de haver tantas audiências prévias quantas as necessárias para que se possa dizer que, relativamente à respectiva posição no procedimento, todos os interessados tiveram a oportunidade de se pronunciar sobre a versão final do relatório.

6. Nos termos gerais estabelecidos nos artigos 67º e seguintes das NPAA, se o órgão competente para a decisão de contratar não concordar, no todo ou em parte, com as conclusões do relatório e decidir de modo diverso, terá de fundamentar essa discordância.

7. Há manifesto lapso no nº 2 quando, relativamente à audiência prévia a refere *nos termos previstos no artigo anterior,* querendo referir-se ao artigo 90º.

---

[251] Ver, por exemplo, MÁRIO ESTEVES DE OLIVEIRA e restantes Autores do *Código do Procedimento Administrativo Comentado...*, pág. 453.
[252] 67º e seguintes das NPAA.
[253] Cfr. o artigo 8º das NPAA.

SECÇÃO VII
ADJUDICAÇÃO

ARTIGO 98º
Noção

A adjudicação é o acto pelo qual o órgão competente da entidade contratante aceita a única proposta apresentada ou escolhe uma de entre as várias propostas apresentadas.

1. Corresponde aos artigos 69º do RRDP e 100º do REOP, anteriormente vigentes.

2. Segundo MARCELLO CAETANO, adjudicação *é o acto administrativo pelo qual a autoridade competente escolhe de entre as várias propostas admitidas a concurso, aquela que é preferida para a celebração do contrato*[254]. Para FAUSTO QUADROS[255], a adjudicação traduz-se *num acto definitivo que põe termo ao processo de concurso, como processo de formação do contrato administrativo, tornando, desde logo, perfeito o contrato. Ela contém, portanto, uma decisão definitiva sobre a escolha do co-contraente e sobre o próprio conteúdo do contrato a formar (sem prejuízo de poder traduzir-se na decisão de não contratar com qualquer dos concorrentes). Por isso, com a adjudicação, ficam definitivamente fixados quer a pessoa do co-contraente, quer o conteúdo do respectivo contrato.* Esta concepção da adjudicação como acto procedimental que tornava o contrato perfeito era isolada no contexto da doutrina e da jurisprudência portuguesas[256]. Efectivamente, M. e R. ESTEVES DE OLIVEIRA referem que *a decisão de adjudicação consuma-se, assim, na determinação daquele que vai ser co-contraente da entidade adjudicante e de quais são os parâmetros dessa contratação, constantes da proposta vencedora*[257]; MARCELO REBELO DE SOUSA e ANDRÉ SALGADO DE MATOS referem a adjudicação como sendo *o acto administrativo pelo qual a administração aceita uma das propostas apresentadas, ou a única proposta apresentada, no procedimento pré-contratual,* acrescentado que, *indirectamente a adjudicação individualiza o concorrente com o qual o contrato será celebrado (necessariamente, o autor da proposta escolhida)*[258]; finalmente, a Procuradoria-Geral da República

---

[254] *Manual cit.,* I, pág. 543.

[255] *Revista da Ordem dos Advogados Portugueses,* 1987, III, pág. 717.

[256] EMILIO JIMÉNEZ APARICIO, refere que a forma escrita do contrato *carece de toda a virtualidade constitutiva: o contrato existe e é válido desde a adjudicação, sendo a formalização em documento administrativo um mero requisito de eficácia, necessário para poder pôr em vigor o contrato e iniciar a sua execução (Comentários a la Legislación de Contratos de las Administraciones Publicas,* pág. 583).

[257] *Concursos...,* pág. 547.

[258] *Contratos Públicos...,* 2ª ed., pág. 118.

Portuguesa[259] salienta que é *um acto do processo do concurso que, por vezes, compreende duas fases: uma primeira decisão de natureza provisória e uma segunda que representa já o acto definitivo da Administração – a adjudicação definitiva. Acontece assim quando o órgão que preside ao concurso (e que escolhe a proposta mais vantajosa) não tem poderes para vincular a Administração: nesses casos, só os órgãos que detenham, em cada caso, esses poderes é que, depois de proferida a decisão com carácter provisório, decidirão se a escolha feita pelo órgão que preside ao concurso é ou não a mais vantajosa, adjudicando definitivamente.*

Actualmente parece ser pacífico o entendimento de que o contrato não nasce da adjudicação[260]. Esta constitui certamente o mais relevante acto preparatório da outorga do contrato, que, contudo, depende da prática de outros actos, designadamente da aprovação da respectiva minuta, da prestação da caução definitiva e, sendo o adjudicatário um agrupamento, da constituição da respectiva associação jurídica.

3. A adjudicação é um acto constitutivo de direitos[261]. Até esse acto, os concorrentes têm uma mera expectativa de virem a ser co-contratantes no contrato em causa, sendo que pode até nem chegar a haver adjudicação e, consequentemente, essa celebração contratual (artigo 100º). Do acto de adjudicação decorre para o adjudicatário o direito a celebrar o contrato e já não a mera expectativa de o vir a fazer. Porque da adjudicação nasceu esse direito, só pode ser revogada nos termos e condições em que o podem ser os actos constitutivos de direitos (artigo 84º das NPAA), isto é, se inválido e apenas no prazo da sua impugnação ou até esta.

4. Como acima ficou referido, desde a escolha da proposta até à celebração do contrato, interpõe-se um conjunto de actos de natureza procedimental que preparam e de algum modo condicionam o próprio acto final da celebração do contrato. Começa logo por essa escolha não ter necessariamente um carácter definitivo, no sentido de sempre se lhe seguir aquela celebração do contrato. Este último acto depende ainda de vários requisitos, a maioria dos quais inerentes ao adjudicatário, cuja falta determina a caducidade da adjudicação. Assim sucede, designadamente, com a não ocorrência de declarações falsas (artigo 7º, nº 1 b) e nº 2 a)), com a prestação da caução definitiva (artigo

---

[259] Parecer nº 40/87, *D.R., II série*, nº 219, de 1987.09.23.

[260] Ver ainda, neste sentido, LUIS VERDE DE SOUSA, *A Negociação Pós-Adjudicatória dos Atributos da Proposta*, em *Estudos de Contratação Pública, III*, Coimbra Editora, 2010, págs. 262 e seguintes.

[261] Cfr. JOSE ANTONIO MORENO MOLINA, *Dicionario e Contratacion Publica*, dirigido por JOSE BERMEJO VERA, ed. Iustel, Madrid, 2009, pág. 35.

107º), com a aceitação da minuta do contrato (artigo 116º) e com a outorga do contrato pelo adjudicatário (artigo 116º).

5. Ainda relativamente ao conceito de adjudicação, e em decorrência do que ficou dito, há quem entenda haver necessidade de adoptar um conceito amplo de adjudicação, como um acto composto, continuado e complexo, que encerra um procedimento preparador da celebração do contrato[262].

É assim que SANTOS BOTELHO, PIRES ESTEVES e CÂNDIDO DE PINHO, separando a adjudicação do acto da celebração do contrato, afirmam que aquela se traduz num *acto unilateral que põe termo ao concurso*[263], o que subentende aquele conceito amplo de adjudicação, já que, enquanto as propostas mantiverem legalmente a sua validade e não houver lugar à adjudicação definitiva, elas mantêm-se com possibilidade de serem escolhidas.

6. Cfr. os artigos 100º, 105º, 110º, 107º e 116º.

ARTIGO 99º
Critérios de adjudicação

1. A adjudicação é feita, de acordo com o que estiver estabelecido no programa do concurso, segundo um dos seguintes critérios:

a) o da proposta economicamente mais vantajosa, que deve ter em conta, entre outros factores, a qualidade, o mérito técnico, as características estéticas, a assistência técnica, os prazos de entrega ou execução e o preço;

b) o do preço mais baixo.

2. Os factores e eventuais subfactores que concretizam o critério da proposta economicamente mais vantajosa não podem dizer respeito, directa ou indirectamente, a situações, qualidades, características ou outros elementos de facto relativos aos concorrentes.

3. Sem prejuízo do disposto no número anterior, o programa de concurso pode estabelecer, para efeitos de avaliação e ordenação das propostas, critérios de preferência quanto a bens produzidos, extraídos ou cultivados em Angola, ou quanto aos serviços prestados por concorrentes de nacionalidade angolana ou com sede em território nacional.

4. O programa do concurso pode, igualmente, estabelecer uma margem de preferência para o preço proposto por concorrentes angolanos, tal como definidos no artigo 50º da presente lei.

---

[262] Cfr. MARGARIDA O. CABRAL, *ob. cit.*, pág. 198. Neste sentido, ver o acórdão do Tribunal de Contas, de 1990.04.16, na *Rev. Trib. de Contas*, de Portugal, 25º, pág. 268.

[263] *Código do Procedimento Administrativo Anotado*, 3ª ed., pág. 806.

5. A margem de preferência prevista no número anterior não pode ser fixada em percentagem que exceda 10% do montante do preço proposto pelos concorrentes angolanos.

6. Os critérios e as margens de preferência previstos nos n.ᵒˢ 3, 4 e 5 anteriores podem, igualmente, ser estabelecidos a favor de bens produzidos, extraídos ou cultivados em Estados que integrem o mercado comum da África Austral, do COMESA ou da SADC ou em benefício de prestadores concorrentes nacionais desses Estados ou com sede nesses territórios.

7. No anúncio e no programa do concurso devem ser, obrigatoriamente, especificados os factores e eventuais subfactores de avaliação das propostas.

8. Se o critério for o do mais baixo preço e uma proposta apresentar um preço anormalmente baixo, a entidade contratante deve solicitar esclarecimentos sobre os elementos constitutivos da proposta.

9. No caso previsto no número anterior é rejeitada a proposta cujo preço não se encontre devidamente justificado por razões objectivas, tais como a economia do método do serviço, o processo de fabrico, a originalidade do projecto, o processo de construção, as soluções técnicas escolhidas ou as condições excepcionalmente favoráveis de que o proponente dispõe para a execução da obra, do fornecimento ou da prestação do serviço.

1. Corresponde ao que no regime anterior estabeleciam os artigos 69º e 70º do RRDP e 95º do REOP, anteriormente vigentes.

2. Resulta claro do nº 1 que a entidade contratante não pode optar por qualquer outro critério de adjudicação, tendo que utilizar o da proposta economicamente mais vantajosa ou o do preço mais baixo. A adopção deste último pressupõe que o caderno de encargos procede à definição de todos os restantes factores respeitantes à execução do contrato, que, por isso, se impõem aos concorrentes, só o preço ficando submetido à concorrência. Do mesmo modo que se não pode dizer que a adjudicação é feita segundo o critério do preço mais baixo quando, para além do preço, outros aspectos da execução são submetidos à concorrência, também só poderá dizer-se que será feita segundo aquele critério, quando o preço é o único elemento sobre que versa a concorrência. Neste caso, o preço é o único elemento do contrato submetido à concorrência. Será, portanto, o caso da *adjudicação necessária* ou *automática*. A adjudicação, então, não envolve nenhum juízo de valor, mas apenas de verificação.

3. A enumeração da alínea a) do nº 1, como expressamente refere, não é taxativa. Como factores determinantes da proposta economicamente mais vantajosa, são geralmente considerados os seguintes: qualidade, preço, custo de utilização, valia técnica, características estéticas e/ou funcionais, custo da utilização, rendibilidade, características ambientais, assistência técnica, serviço pós-venda, prazo de entrega, prazo de execução, compromissos em matéria de peças sobressalentes, segurança de abastecimento e garantia.

4. Como resulta do disposto no nº 1, a aplicação dos critérios de adjudicação subentende que há mais que uma proposta em apreciação e, por isso, é possível escolher uma de entre elas. Essa escolha é naturalmente impossível, e, portanto, não há lugar à aplicação deste artigo, se existe uma única proposta apresentada, admitida e em condições de ser aceite, o que, aliás, decorre de não ter sido excluída, razão pela qual será a proposta adjudicatária, salvo verificando-se alguma das causas legais de não adjudicação constantes do nº 1 do artigo 100º.

5. Já há muito foi abandonada a obrigatoriedade da adjudicação necessária, ou automática à proposta de preço mais baixo. Tal sistema, porque adoptado genericamente, revelava-se com frequência pernicioso por permitir uma concorrência que, por vezes, chegava a fazer perigar a sobrevivência das empresas bem dimensionadas, quando o certo é que a grande maioria das empresas, mormente no âmbito da construção civil era, nessa altura, de pequena dimensão, não possuindo uma organização e apetrechamento técnico e financeiro que lhes permitissem, em verdade e em termos de boa eficiência, assumir a responsabilidade de grande parte dos contratos postos a concurso. Dessa insuficiência, designadamente no domínio das empreitadas de obras públicas, se tinham necessariamente de ressentir as obras que lhes eram adjudicadas. E disso mesmo se apercebeu a Comissão elaboradora do Projecto do Decreto-Lei nº 48 871, que afirmou[264]:

E deste sistema têm resultado, com frequência, prejuízos consideráveis para a Administração, já que, adjudicada a obra a um concorrente menos capaz ou idóneo (e são, na maior parte dos casos, as empresas menos apetrechadas técnica, administrativa ou financeiramente as que oferecem preços mais baixos), a prevista economia de custo transforma-se em agravamento, por vezes extraordinário quando não sucede cair-se numa rescisão ou em soluções de compromisso que não só encarecem pesadamente os trabalhos como retardam a sua conclusão, com grave dano para o interesse público (...). Afigurou-se-nos, por isso, preferível deixar ao dono da obra a mais ampla liberdade de apreciação e apontar, mediante apropriada estruturação do preceito em exame (artigo 88º), que o preço em vez de constituir o único critério determinante da adjudicação, nem sequer é o mais

---

[264] Nota Explicativa, 31.3 daquele diploma legal que, em Portugal, aprovou a primeira versão do REOP.

importante, devendo, em regra, prevalecer sobre ele as condições da proposta respeitantes à boa execução técnica da obra e ao prazo de conclusão dos trabalhos.

Por outro lado, parece-nos conveniente estabelecer que o interesse público, quer geral quer global, de que se revistam certas condições da proposta pode também representar critério adicional válido de preferência na adjudicação.

Este regime não só não dá ao preço, necessariamente, um papel por si só determinante da escolha do adjudicatário, como estabelece algumas medidas preventivas relativamente aos *preços anormalmente baixos* (artigo nºs 8 e 9).

6. O critério referido na alínea a) do nº 1 começou por designar-se por critério da *proposta mais vantajosa*, só mais tarde tendo sido acrescentado o termo *economicamente*. Não obstante, a fórmula adoptada é geradora de dúvidas pois que, como dizem M. e R. ESTEVES DE OLIVEIRA[265], *apurar qual a proposta economicamente mais vantajosa em função de diversos factores de apreciação – por exemplo, o preço, a qualidade técnica, os prazos de entrega ou as garantias de execução – não é a mesma coisa que determinar qual é a proposta mais vantajosa, em termos globais, em função desses mesmos factores.* Parece-nos que se impõe um certo pragmatismo na aplicação do preceito e que esse critério terá um momento decisivo de influência na escolha dos factores de apreciação – designadamente dos factores *preço, prazo de execução, qualidade técnica* e *custo de utilização* –, sua ordenação e respectiva ponderação, que constarão do programa do procedimento, escolha essa que dependerá das características do objecto do contrato a celebrar. A economicidade do critério manifesta-se, depois, na apreciação das propostas, mas após a ponderação dos factores, cada um de per si, pela ordem e valor com que foram anunciados. Se, após o resultado assim obtido, e sem prejuízo dele, ainda for possível intervir o factor económico, assim se fará.

7. No nº 2 deste preceito aplica-se o princípio da separação das fases do procedimento, impedindo que, nesta fase, se leve em consideração o que devia ser considerado na fase da qualificação dos concorrentes (artigo 85º). Como já foi salientado em comentário àquele artigo, os concorrentes que a Comissão de Avaliação considerou habilitados segundo as vertentes profissional, técnica e financeira, passaram à fase seguinte em posição de total igualdade, não sendo legítimo proceder a ulteriores avaliações desses aspectos. Por isso, a decisão sobre a adjudicação não poderá fundamentar-se em pretensas diferenças entre os concorrentes admitidos quanto a aspectos ligados a essas capacidades. Trata-se, nesta fase de habilitação, de avaliar concorrentes e não

---

[265] *Concursos...*, págs. 538 e 539 (nota).

as respectivas propostas. Portanto, na análise das propostas a comissão não poderá, em caso algum, ter em consideração, directa ou indirectamente, a aptidão dos concorrentes já avaliada. De resto, o nº 2 do artigo 86º estabelece, reforçando, que na análise das propostas apenas devem intervir os critérios de adjudicação, devendo a Comissão, portanto, abstrair da entidade que as apresentou.

8. Os nºs 3, 4, 5 e 6 estabelecem medidas de protecção à indústria e comércio nacionais ou dos países integrantes das organizações internacionais aí referidas, em consonância com o estabelecido no artigo 51º.

O COMESA – Common Market for Eastern and Suther Africa é integrado pelos seguintes Estados-membros: Burundi, Comoros, República Democrática do Congo, Djibouti, Egipto, Eritrea, Etiópia, Kenia, Líbia, Madagascar, Malawi, Mauritius, Rwanda, Seychelles, Sudão, Suazilândia, Uganda, Zambia e Zimbabwe.

São membros da SADC – Southern African Devolopment Community os seguintes Estados: Africa do Sul, Angola, Botswana, República Democrática do Congo, Lesotho, Malawi, Maurutius, Moçambique, Namíbia, Seychelles, Suazilândia, Tanzânia, Zâmbia e Zimbabwe.

9. Nos nºs 8 e 9 estabelece-se o regime relativo às *propostas de preço anormalmente baixo*. O que é uma resultante de, para efeitos de adjudicação, não dar ao preço um papel por si só e necessariamente, determinante da escolha do adjudicatário.

Nos termos daquelas disposições legais, a proposta de preço anormalmente baixo *não pode ser rejeitada* sem antes a entidade adjudicante ouvir o concorrente e lhe pedir esclarecimentos sobre os elementos constitutivos da sua proposta, devendo analisá-los sob os aspectos estabelecidos no nº 3 deste preceito.

Acontece, porém, que o preceito não diz o que considera *preço anormalmente baixo*, tratando-se de mais um conceito indeterminado, dos muitos que este diploma legal utiliza no âmbito da discricionariedade que atribui à entidade contratante, cujos contornos só poderão ser determinados caso a caso, mas sempre exigindo uma exaustiva fundamentação. De um modo geral, pode dizer-se que, na base da consideração de uma proposta como de preço anormalmente baixo, estará o facto de, exclusivamente sob o ponto de vista, do preço, ela surgir como isolada e surpreendentemente distanciada do conjunto das restantes, sem que daí resulte, necessariamente, que se trata de um preço distorcido e aviltante e lesivo da sã concorrência, pois que pode ser justificado nos termos previstos nos nºs 2 e 3 deste preceito. Convém salientar, por outro lado, que, decorre do texto do nº 8 que a entidade contratante está obrigada a pedir esclarecimentos sobre proposta que entenda anormalmente baixa sempre e em qualquer caso, quer para efeitos de a eleger, quer para a rejeitar relativamente à adjudicação. A proposta será rejeitada se o concorrente não justifica o preço proposto ou a sua justificação não é aceite pela entidade contratante.

Finalmente, salienta-se que, como claramente resulta do nº 9, a elencagem das *razões objectivas* justificativas do preço proposto é meramente exemplificativa, nada impedindo que a entidade contratante considere outras que tenham sido invocadas e aceites.

10. Como se vê, não obstante as medidas legais impostas por lei à entidade adjudicante para garantia da transparência da sua actuação, esta sempre será dominada por uma larga margem de discricionariedade, quer na *enunciação* e *ordenação* dos factores e subfactores que irão determinar a proposta economicamente mais vantajosa, quer na *ponderação* que lhes for atribuída e mesmo na sua aplicação às propostas admitidas ao procedimento[266].

O que justifica uma referência, ainda que muito breve, ao instituto jurídico-administrativo da *discricionariedade*.

Para o exercício da respectiva competência, a Administração Pública detém um conjunto de poderes. Destes, uns são *poderes vinculados,* sendo o seu exercício de tal modo regulado por lei que só podem (e devem) ser exercidos quando e nos termos que a lei determinar; outros daqueles poderes, são os *poderes discricionários*. Nestes, porque o seu exercício tem mais a ver com questões de ordem técnica que jurídica, a lei deixa aos respectivos titulares o encargo de ajuizar sobre a oportunidade e conveniência das possíveis opções; *deixa-lhes a liberdade de escolha do procedimento a adoptar em cada caso como o mais ajustado à realização do interesse público protegido pela norma que o confere*[267].

Mas, *discricionariedade* não é sinónimo de *arbitrariedade*, ou, como ensinou MARCELLO CAETANO, *não pode rigorosamente falar-se em* actos discricionários:

---

[266] Todavia, refere SÉRVULO CORREIA (*ob. e loc. cit.*) que *em face desta obrigatoriedade de uma prévia especificação do quadro completo dos pressupostos, o momento da discricionariedade reporta-se mais à elaboração das regras do concurso do que à sua aplicação para efeito da escolha do co-contratante. Mas isso não significa que desapareça uma margem de livre decisão neste segundo momento. Só que ela assentará sobretudo em juízos de prognose para efeitos do preenchimento de alguns dos pressupostos indicados através de conceitos jurídicos indeterminados (rendibilidade e valor técnico, por exemplo). E poderá ainda exercer-se uma discricionariedade propriamente dita no momento da escolha quando os preceitos que especificam a totalidade dos pressupostos em que se baseará a decisão não organizam a sua escala de precedências.*

[267] Cfr. MARCELLO CAETANO, *Manual...*, I, pág. 214.

não há actos discricionários, existem apenas actos praticados no exercício de poderes discricionários cumulativamente com poderes vinculados[268]. Assim é que, embora a lei deixe ao detentor do poder discricionário a liberdade de resolução, esta pressupõe, além do mais, uma ponderada e legal avaliação e exame dos respectivos pressupostos e dos vários interesses em jogo, por forma a que o fim a atingir e que subentendeu a atribuição desse poder, possa ser atingido e pelo processo legalmente admitido.

Deste modo, e por um lado, o uso daquele poder *apenas* pode visar a prossecução do fim para cuja realização foi conferido e não para atingir qualquer outro fim. O que, desde logo, constitui importante limitação ao exercício do poder discricionário. Quando um poder deste tipo é utilizado para um fim diverso do visado com a sua atribuição, há um *desvio do poder* que invalida o acto nesse exercício praticado[269].

Por outro lado, e como já se referiu, a resolução em que se concretiza o exercício de um poder discricionário assenta em pressupostos de facto e de direito que devem ser reais e correctos, sob pena de erro na formação da vontade decisória que vai inquinar a resolução final.

Mas, além destes *limites externos* ao exercício do poder discricionário, vêm-se-lhe apontando *limites internos*, traduzidos na necessidade de respeitar determinados princípios fundamentais de actuação da Administração Pública, tais como: o *princípio da justiça*, o *princípio da imparcialidade*, o *princípio da igualdade*, o *princípio da proporcionalidade e o princípio da boa administração*[270].

O princípio da justiça significa que na sua actuação a Administração Pública deve harmonizar o interesse público específico que lhe cabe prosseguir com os direitos e interesses legítimos dos particulares eventualmente afectados. O princípio da imparcialidade significa que a Administração deve comportar-se sempre com isenção e numa atitude de

---

[268] *Ob. cit.*, pág. 485.

[269] É de notar, porém, que, por um lado, os actos praticados no exercício de poderes discricionários podem ser impugnados, como qualquer acto administrativo, por incompetência ou vício de forma. Por outro, como a doutrina vem salientando, rigorosamente, qualquer poder administrativo deve ser exercido apenas na prossecução do fim para que foi atribuído, pelo que o *desvio do poder*, sendo típico do exercício de poderes discricionários, não é ilegalidade característica desse exercício (cfr. FREITAS DO AMARAL, *Curso de Direito Administrativo*, II, pág. 312 e OSWALDO GOMES, *Fundamentação do Acto Administrativo*, pág. 131).

[270] A Procuradoria-Geral da República de Portugal, no parecer nº 102/85, publicado no *B.M.J.*, 354º, pág. 145, refere ainda o *princípio da coerência racional*. As NPAA consagram o *princípio da legalidade* (artigo 3º), o *princípio da prossecução do interesse público* (artigo 4º), o *princípio da proporcionalidade* (artigo 5º), o *princípio da imparcialidade* (artigo 6º), o *princípio da colaboração da Administração com os particulares* (artigo 7º), o *princípio da participação* (artigo 8º), o *princípio da decisão* (artigo 9º) e o *princípio do acesso à justiça* (artigo 10º).

equidistância perante todos os particulares que com ela entram em relação, não privilegiando ninguém, nem discriminando contra ninguém[271].

Portanto, aquela actuação deve processar-se sem discriminações, favoritismos ou perseguições e sem que os agentes administrativos estejam pessoalmente interessados no objecto da sua própria decisão, seja por razões familiares, económicas, políticas ou outras (artigo 6º). Este desígnio obtém-se quando, para a decisão, os vários interesses em jogo são ponderados com os mesmos cuidado, interesse e protecção.

Segundo o *princípio da igualdade, todos são iguais perante a Constituição e a lei*[272]; isto é, *todos os cidadãos têm a mesma dignidade social e são iguais perante a lei*[273] –, consistindo na *necessidade de tratar igualmente as situações iguais e desigualmente as situações desiguais*[274]. Este princípio revela-se particularmente relevante no domínio da actividade discricionária da Administração, pois que, no âmbito da sua actividade vinculada, aquela mais não pode fazer senão aplicar a solução legalmente prevista para cada situação concreta, pelo que a todas as situações iguais terão que corresponder as mesmas soluções.

Mas a obediência ao princípio da igualdade não pode ser de tal modo rigorosa que transforme a actividade discricionária da Administração numa actividade vinculada à regra da precedência, pois que situações temporais diferentes podem impor soluções diferentes para o mesmo tipo de situação.

Os juízos emitidos no âmbito da discricionariedade são juízos de conveniência e de oportunidade, pelo que a solução conveniente em determinado momento pode já não o ser em momento diferente ou em situação diferente. É que o exercício do poder discricionário deve igualmente pautar-se pelo *princípio do exame individual de cada situação,* por tal modo que o facto da escolha da decisão ser de sua livre apreciação, não dispensa a Administração de proceder ao cuidadoso exame das circunstâncias do caso, não podendo aquela decisão fundamentar-se em considerações genéricas de princípio, com

---

[271] FREITAS DO AMARAL, *ob. cit.,* pág. 311. Salienta, porém, SÉRVULO CORREIA (*ob. cit.,* pág. 698) que *imparcialidade não pode significar uma independência entre a decisão e a consideração da pessoa do destinatário, antes residirá na identidade da bitola aplicada ao julgamento das condições de cada concorrente.*

[272] Artigo 23º, nº1 da Constituição da República de Angola, que, no nº 2, especifica: *Ninguém pode ser prejudicado, privilegiado, privado de qualquer direito ou isento de qualquer dever em razão da sua ascendência, raça, etnia, cor, deficiência, língua, local de nascimento, religião, convicções políticas, ideológicas ou filosóficas, grau de instrução, condição económica ou social ou profissão.*

[273] Assim o enuncia o artigo 13º da Constituição da República Portuguesa.

[274] Cfr. FREITAS DO AMARAL, *ob. cit.,* pág. 357.

negligência relativamente às particularidades do caso[275]. E nem tal obrigação se pode considerar um limite ao exercício do poder discricionário, porque é inerente ao poder de escolha em que aquele se traduz.

A decisão, porém, terá de ser sempre devidamente fundamentada, designadamente nos termos estabelecidos nos artigos 67º e seguintes das NPAA[276].

O princípio da proporcionalidade, é um princípio geral da actuação da Administração consistente na adequação das decisões aos fins visados, ou, como refere o artigo 5º das NPAA, para além *dos termos proporcionais aos objectivos a atingir.*

Finalmente, tem-se ainda apontado como limite ao exercício do poder discricionário o *princípio do erro manifesto,* segundo o qual será sempre passível de censura o acto, ainda que praticado no exercício daquele poder, que traduza de modo evidente um erro na apreciação dos seus motivos determinantes, isto é, quando a inadequação da medida aos motivos é manifesta[277], costumando a doutrina e a jurisprudência aludir a *erro grosseiro.*

Como se pode verificar, alguns dos princípios que se deixam enunciados bem se podem considerar integrados noutros mais genéricos, designadamente no princípio da justiça, ou são sua decorrência lógica. Mas, independentemente disso, e não obstante a sua consagração expressa na lei, designadamente nas NPAA, o controlo da sua observância afigura-se-nos muito frequentemente eivado de dificuldades práticas.

O certo é que, concluindo, a violação destes *limites internos,* como a dos referidos *limites externos* da actividade discricionária da Administração traduzir-se-á em violação de lei que afecta a validade do acto respectivo. Também aqui, o poder discricionário que a Administração detém para a escolha do adjudicatário, se bem que dificulte o controlo do respectivo exercício só pelo facto de ser discricionário, não o afasta, impondo-se que a fundamentação do acto seja feita de forma completa, clara e objectiva. Aquele controlo, no mínimo, sempre traduzirá uma averiguação sobre se existe uma correcta adequação material e jurídica dos motivos em relação à decisão.

ARTIGO 100º
Causas de não adjudicação

1. Não há lugar a adjudicação nos seguintes casos:
a) quando não tenha sido apresentada qualquer proposta;

---

[275] LAUBADERE, *Traité de Droit Administratif,* 1976, pág. 273.
[276] FREITAS DO AMARAL, *ob. cit.,* págs. 358 e 360.
[277] Cfr. LAUBADÈRE, *ob. e loc.* citados.

b) quando todas as propostas tenham sido excluídas;
c) quando, por circunstância imprevista, seja necessário alterar os aspectos fundamentais das peças do concurso após o termo do prazo de apresentação das propostas;
d) quando o interesse da entidade contratante imponha o adiamento do concurso por prazo não inferior a um ano;
e) quando houver forte presunção de conluio entre todos os concorrentes;
f) quando, no programa do concurso, exista cláusula de não adjudicação.

2. A decisão de não adjudicação, bem como os respectivos fundamentos, deve ser notificada a todos os concorrentes.
3. No caso da alínea c) do nº 1 do presente artigo é obrigatório dar início a um novo procedimento no prazo máximo de seis meses a contar da notificação da decisão de não adjudicação.

1. Corresponde ao que no regime anterior estabelecia o artigo 71º do RRDP anteriormente vigente.

2. Quando uma entidade pública abre um concurso para a adjudicação de um contrato, actua, obviamente, após uma opção estudada e com determinantes necessariamente ligadas à realização de interesses públicos que legalmente lhe caiba satisfazer. E procede nesse sentido fazendo revestir os seus actos da credibilidade que deve acompanhar toda a actividade da Administração, e que estão na base dos *princípios da boa fé e da tutela da confiança.* Isso mesmo determina que, em princípio, os concursos de adjudicação devem terminar com a realização do objectivo que cada um se propõe, isto é, com a adjudicação.

Mas a verdade é que, mesmo que o programa de concurso nada sobre isso diga, aquela adjudicação não terá que ter necessariamente lugar, havendo mesmo casos em que ela *não pode ter lugar.*

Esta questão tem a ver com a natureza jurídica do acto de abertura do procedimento do concurso e a posição que neste ocupam a entidade adjudicante e os nele participantes, sobre a qual aqui se dá apenas uma breve notícia.

As propostas dos concorrentes funcionam como promessas unilaterais de contratar nas condições que apresentam e nas que resultam dos elementos patenteados a concurso. Já o mesmo se não pode dizer relativamente ao anúncio do concurso. Com ele, a entidade que abre o concurso não se compromete a celebrar o contrato, podendo vir a não o celebrar nem sequer com o concorrente que apresenta proposta de mais baixo preço ou mesmo a mais vantajosa. O anúncio indica apenas que a entidade que abriu o concurso está na disposição de celebrar o contrato anunciado nas condições constantes desse anúncio e dos demais documentos que para esse efeito ficam patenteados aos interessados em colaborar com a Administração, com ela celebrando esse contrato nessas condições. Com efeito, segundo a doutrina tradicional, com a abertura do concurso a entidade que o abriu apenas anuncia a sua disposição de, em princípio, contratar. Mas isso não significa que, assim, se obrigue a celebrar esse contrato, pois pode vir a decidir não proceder à adjudicação, quer porque lhe não interessa qualquer das propostas apresentadas, quer porque deixou de considerar ser essa a melhor forma de realizar o interesse público subjacente ao concurso, quer ainda porque concluiu que a concorrência que deve caracterizar o concurso foi viciada, assim viciando o respectivo resultado, tudo nos termos a seguir referidos. É apenas uma promessa de contratar[278].

Segundo SÉRVULO CORREIA[279], a orientação que confere à declaração unilateral em que a abertura do concurso se traduz a natureza de uma *promessa unilateral de contrato* não explica suficientemente o direito que em geral se reconhece ao concorrente, em caso de não adjudicação, a ser indemnizado das despesas que suportou para se candidatar ao concurso. Para aquele Autor, a abertura do concurso corresponde a uma *oferta ao público* que revela *uma proposta que faz parte de um contrato em expectativa e que apresenta duas particularidades decorrentes de se inserir num procedimento de individualização de um co-contraente para um único e específico contrato: à proposta da Administração não hão-de corresponder declarações de aceitação das quais decorra a conclusão do contrato, mas sim novas propostas provenientes dos interessados; em face das novas propostas provenientes dos interessados, cumpre à Administração pronunciar-se mais uma vez aceitando uma delas. Pelas propostas com as quais os candidatos à contratação respondem à proposta da Administração exerce-se um duplo efeito: por um lado, aqueles obrigam-se a contratar se forem escolhidos; pelo outro, preenchem "cláusulas em branco" da proposta de contrato da Administração, completando o esquema contratual relativamente aberto gizado na proposta administrativa(...). Ao abrir o concurso, a Administração vincula-se perante o público, ou perante os limitados destinatários quando for esse o caso, a levar avante o procedimento pré-contratual e, designadamente, a apreciar as propostas com intenção de escolher a melhor de entre as que não estiverem aquém dos limites da aceitabilidade.*

---

[278] Aliás, nem da adjudicação resulta um direito à assinatura do contrato, que pode não vir a ser celebrado pela entidade adjudicante se isso lhe for determinado por um interesse público suficientemente justificativo, sem prejuízo do direito do adjudicatário a ser indemnizado das despesas que eventualmente tenha feito com a prestação da caução (artigo 115º, nº 5). (cf. CYRILLE ÉMERY, *ob. cit.*, pág. 238).

[279] *Ob. cit.*, págs. 700 e 701.

MARCELO REBELO DE SOUSA entende[280] que aquela orientação é insuficiente, pois contempla apenas uma parte da realidade jurídica decorrente da abertura do concurso. O *procedimento administrativo do concurso inicia-se antes do respectivo anúncio, com a deliberação ou decisão de abrir o concurso. A abertura do concurso público contém duas realidades jurídicas distintas e autónomas, embora entre si ligadas.*

Uma é uma proposta contratual dirigida ao público (ou oferta ao público) abrangendo as regras processuais a que obedece o concurso.

Quanto a estas regras processuais existe, por parte da Administração Pública, mais do que um mero convite a contratar. Há uma proposta contratual, e a mera resposta de potenciais concorrentes implica a aceitação dessas regras, fechando um contrato, mas um mero contrato preliminar, regendo o procedimento de concurso público.

Em tese, nada impedia que a Administração Pública definisse liminar e unilateralmente as regras do concurso, mas a prática é a de formular uma proposta contratual a ser aceite pelos eventuais concorrentes. Com a aceitação destes, implícita ou mesmo explícita nas respectivas propostas substanciais, fica celebrado com eles um contrato preliminar que vigorará até ao termo do procedimento a que respeita. (...) este contrato preliminar é verdadeiramente administrativo no seu contexto e na lógica global do interesse público prevalecente.

Simultaneamente com uma proposta contratual da espécie oferta ao público, contém a abertura do concurso um convite a contratar concernente ao contrato administrativo final.

(...) Assim encarada, a abertura do concurso encerra uma dupla realidade jurídica, o que é muito frequente em Direito: representa uma proposta de contrato preliminar, relativo às regras do concurso, e ainda um convite a contratar quanto ao contrato administrativo a que finalmente respeita.

3. Durante algum tempo discutia-se sobre se, ocorrendo qualquer das circunstâncias neste artigo enumeradas, a entidade que abriu o concurso *podia* não proceder à adjudicação ou *devia* não proceder à adjudicação[281]. Este preceito não deixa lugar a dúvidas legítimas: a não adjudicação é um dever da entidade contratante, pois determina que, em qualquer dos casos que enumera, *não há lugar à adjudicação*.

4. Mas assente que o preceito estabelece os casos em que o dono da obra *deve* não proceder à adjudicação, ocorre questionar se, para além desses,

---

[280] *Ob. cit.*, págs. 45 e seguintes; cf. FAUSTO QUADROS, *loc. Cit.*, pág. 705.

[281] As leis sobre o regime da contratação utilizaram expressões diversas, tais como: *"direito de não adjudicação", "terá o direito de não proceder à adjudicação", "pode decidir não adjudicar".*

outros fundamentos pode haver em que o dono da obra *pode* não proceder à adjudicação. Isto é, a lei limitar-se-ia a referir casos em que o dono da obra *não pode* proceder à adjudicação, mas não impede que o dono da obra não proceda à adjudicação em outras hipóteses que julgue disso merecedoras. Esta é também uma questão que este preceito resolve, na alínea f) do seu nº 1, aliás no sentido positivo, como, era o entendimento da doutrina.

5. Outra questão se poderá colocar que consiste em saber se, nestes casos em que o programa do concurso contém uma cláusula de não adjudicação, esta é obrigatória ou se é discricionariamente decidida pela Administração. Parece que a resposta depende da forma como em cada caso essas hipóteses tiverem sido previstas e da sua natureza. Em todo o caso, pode dizer-se que a defesa da boa fé contratual e a tutela da confiança que devem merecer os actos da Administração Pública, enfim, a sua credibilidade e a própria estabilidade do mercado da contratação pública, impõem que só razões muito importantes de natureza pública devem ter a virtualidade de fundamentar uma decisão de não adjudicação.

6. Nas alíneas a) e b) prevê-se a situação de o concurso ficar deserto por não ter sido apresentada ou admitida qualquer proposta. Nestes casos, a não adjudicação não é uma decisão da entidade contratante, é um imperativo decorrente da impossibilidade de ocorrer.

7. Quanto à alínea e), o *conluio representa a falta de seriedade na apresentação de propostas a concurso, em que os concorrentes acordam, em troca de dádivas ou outros benefícios, em afastar algum ou alguns ou em apresentar preços simulados, por forma a garantir a vitória da proposta de um deles*[282].

8. Relativamente à *forte presunção* da existência de conluio, trata-se de situação a averiguar com base em índices objectivos que, segundo um critério de normalidade e de senso comum não deixe dúvidas razoáveis quanto à sua verificação.

9. Quanto aos efeitos da decisão de não proceder à adjudicação, no que toca à responsabilidade, M. e R. ESTEVES DE OLIVEIRA[283] distinguem conforme a decisão de não adjudicar é tomada durante o procedimento concursal, em fase anterior à da adjudicação, ou no seu final, portanto na altura em que a

---

[282] ARNALDO GONÇALVES, *Legislação da Construção Civil*, Coimbra Editora, 1984, pág. 547).
[283] *Concursos,,,,* págs. 571 e seguintes

decisão adjudicatória deveria ter lugar. No primeiro caso, consideram que todos os concorrentes estão em igualdade de posição e, portanto, com os mesmos direitos. No segundo, pode verificar-se haver um concorrente *com uma posição procedimentalmente protegida quanto à definição da melhor proposta e, aí, poderá haver um direito (reforçado) de indemnização, mas só dele próprio, pré--adjudicatário, em posição especial (face à dos restantes concorrentes) no confronto da entidade adjudicante, no plano substantivo e até eventualmente contencioso.* A questão não é isenta de dúvidas. Designadamente, quando a decisão de não adjudicar é justificada por causa inerente aos concorrentes (propostas inaceitáveis ou conluio), parece claramente que aqueles não devem ter essa protecção. Seria assim se a decisão de não adjudicar fosse uma decisão arbitrária, como suce-deria se fosse tomada apenas para a adjudicação não ser feita ao titular da proposta que se apresenta como a mais vantajosa. Mas, nesse caso, é a própria decisão que é ilegal e, consequentemente, geradora de responsabilidade civil. Se a adjudicação não tem lugar por razões de interesse público, devida e vali-damente apresentadas, parece não haver fundamento para uma indemnização que ultrapasse o limite dos danos emergentes. E se o fundamento da decisão de não adjudicação radica no conluio dos concorrentes ou se todas as pro-postas têm, injustificadamente, preço anormalmente baixo, nestes casos não deve haver lugar a indemnização, por manifesta falta de fundamento lógico. Quando existir direito a indemnização, esta respeitará aos danos emergentes, isto é, às despesas que os indemnizandos fizeram para participar no concurso.

ARTIGO 101º
Notificação da decisão de adjudicação
1. A decisão de adjudicação deve ser notificada ao adjudicatário, determinando-se-lhe que preste, no prazo máximo de seis dias, a caução definitiva, cujo valor expressamente se indica nessa notificação.
2. A adjudicação deve ser notificada aos restantes concorrentes logo que se comprove a prestação de caução, sendo-lhes indicado o prazo, o local e a hora em que se encontra disponível para consulta pública, o processo do concurso.

1. Corresponde ao que estabeleciam os artigos 74º do RRDP e 100º do REOP anteriormente vigentes.

2. Embora o preceito o não refira, na salvaguarda dos princípios da igual-dade, da transparência e da concorrência, a notificação deve ser feita ao mesmo tempo a todos os concorrentes, acompanhada do relatório final da análise das propostas.

3. Essa notificação só é feita após a prestação de caução pelo adjudicatário, já que, se isso não suceder, a adjudicação caduca e será de novo feita ao concorrente que estiver ordenado no lugar subsequente (artigo 107º, nº 2).

4. Todavia, deve ser feita *logo* que o adjudicatário tenha prestado a caução definitiva, o que deverá fazer no prazo que na notificação lhe for indicado se não constar do programa do concurso, que, em qualquer dos casos, não poderá ser superior a seis dias úteis (artigo 356º, nº 1). Este deverá ser o prazo que o adjudicatário deverá observar se nem o programa de concurso nem a notificação indicarem um prazo menor.

5. A notificação deve ser feita *logo* após a prestação da caução, no sentido de o ser sem demora, isto é, sem que decorra qualquer prazo de dias, como até resulta do prazo curto facultado ao adjudicatário para aquela prestação de caução, que, notoriamente, é mais carecida de formalidades. Fazer a notificação mais tarde, designadamente após a celebração do contrato, é, na prática e manifestamente, dificultar ou mesmo impedir os restantes concorrentes de utilizar as garantias cautelares de defesa relativamente à decisão de adjudicação.

6. Sobre o conceito de adjudicação, ver a anotação ao artigo 98º.

7. Cfr. os artigos 354º e 355º.

ARTIGO 102º
Publicidade da adjudicação

1. As adjudicações que resultem de propostas de valor superior a noventa e um milhões de Kwanzas devem ser comunicadas, pelo órgão competente para a decisão de contratar, ao Gabinete da Contratação Pública para efeitos de publicitação no Portal da Contratação Pública.

2. A informação referida no número anterior deve identificar o seguinte:

a) a entidade pública contratante;

b) a prestação do serviço em causa;

c) o adjudicatário;

d) o preço.

1. Corresponde ao que estabelecia o artigo 26º do REOP anteriormente vigente.

2. O preceito visa a transparência da actividade da Administração Pública e, designadamente, possibilitar o controlo dos custos dos contratos públicos de valor considerado suficientemente elevado e bem assim o controlo da actividade desenvolvida neste sector pelas entidades submetidas ao regime legal da contratação pública.

3. Cfr. os artigos 11º, 12º, 352º e 364º nº 2.

SECÇÃO VIII
CAUÇÃO DEFINITIVA

ARTIGO 103º
Função

1. O adjudicatário deve garantir através de uma caução definitiva o exacto e pontual cumprimento das obrigações que assume com a celebração do contrato.
2. A entidade pública contratante pode recorrer à caução, sem necessidade de prévia decisão judicial ou arbitral, para satisfação de quaisquer importâncias que se mostrem devidas por força do não cumprimento por aquele das obrigações legais ou contratuais.

1. Corresponde ao que, no regime anterior, estabeleciam os artigos 75º do RRDP e 102º do REOP.

2. Diferentemente do que sucede com a *caução provisória*, que visa garantir que o concorrente honrará o compromisso assumido com a sua proposta e, em caso de adjudicação, cumprirá o dever de outorgar o contrato (artigos 66º, nº 2 e 116º, nº 2), a função da *caução definitiva* é a de garantir o cumprimento do contrato ponto por ponto e nos prazos estabelecidos. É pois, destinada a garantir a seriedade da proposta e do compromisso que encerrava, *a seriedade de quem decide, livre e voluntariamente, participar na contratação pública*[284].

Por outro lado, essa função é apenas a de *caucionar*, não podendo considerar--se cláusula penal ou figura indemnizatória semelhante. Daí que, pelo cumprimento das obrigações que o contraente particular assume, respondam não apenas a caução prestada, mas também os reforços que aquela recebe com as deduções sobre os pagamentos a efectuar (artigo 297º) e ainda, na insuficiência dessas quantias, o património global do empreiteiro, como garantia geral dos seus credores (artigos 247º, nº 6 e 318º). Isso mesmo estabelece como princípio geral o nº 2 do artigo 328º, nº 2º. O que se pode dizer é que, quanto à

---

[284] EMILIO JIMÉNEZ APARICIO, *Comentarios a la Legislación de Contratos de las Administraciones Públicas...*, pág. 476.

caução e às deduções nos pagamentos, como estabelece o preceito, o dono da obra desde logo pode dispor delas, independentemente de decisão judicial, enquanto que, para se pagar à custa do património geral do empreiteiro, só pela via judicial o pode fazer.

3. Cfr. os artigos 66º, 67º, 68º, 104º, 105º, 106º, 107º.

ARTIGO 104º
Valor da caução
O valor da caução é fixado no caderno de encargos até um montante máximo correspondente a 20% do valor total da adjudicação.

1. Corresponde ao que, no regime anterior, estabeleciam os artigos 75º do RRDP e 103º do REOP.

2. Segundo este preceito, o valor da caução definitiva é fixado no caderno de encargos. Todavia, não parece que esta seja a peça procedimental adequada para essa fixação, antes o sendo, como estabelece o artigo 66º para a caução provisória, o programa do procedimento. Com efeito, se o caderno de encargos, por definição, *é a peça do procedimento que contém as cláusulas jurídicas, administrativas e técnicas gerais e especiais a incluir no contrato* (artigo 47º, nº 1), é manifesto que as regras da prestação da caução definitiva não se destinam a ser incluídas no contrato, respeitando não à sua execução, mas a preparar a sua celebração[285].

3. Resulta do preceito que, tal como sucede para a caução provisória, a entidade adjudicante fixará, discricionariamente, o valor da caução definitiva, mas, para ambos os casos, estabelece um limite de valor a essa discricionariedade.

As diferenças de regime de uma e outra são as seguintes:

	Exigência obrigatória/ facultativa	Valor limite	Base da percentagem	Documento em que é fixada
Caução provisória	Facultativa	5%	Valor estimado do contrato	Programa do procedimento
Caução definitiva	Obrigatória	20%	Valor da adjudicação	Caderno de encargos

---

[285] Neste sentido, ver M. e R. ESTEVES DE OLIVEIRA, *Concursos...*, pág. 584.

FASES DA FORMAÇÃO DO CONTRATO **ART. 105º** 203

4. O preceito estabelece como base de cálculo do limite do valor da caução definitiva o valor *total* da adjudicação. Mas sendo a adjudicação feita necessariamente pelo preço constante da proposta, em princípio esse será o *preço total* na altura em que a adjudicação é feita. Pode esse preço sofrer alterações ao longo da execução do contrato, mas, obviamente, já não se trata do preço da adjudicação e nem sequer do preço do contrato.

5. Cfr. os artigos 66º, 67º, 68º, 103º, 105º, 106º, 107º.

ARTIGO 105º
Modo de prestação da caução

1. A caução definitiva é prestada por depósito em dinheiro, títulos ou mediante garantia bancária ou seguro-caução, pela mesma forma prescrita para a caução provisória no artigo 67º da presente lei.
2. O adjudicatário pode utilizar o depósito provisório para prestação da caução definitiva.

1. Corresponde ao que, no regime anterior, estabeleciam os artigos 76º do RRDP e 104º do REOP.

2. Salienta-se que a opção por qualquer dos meios de prestação de caução estabelecidos no nº 1 deste preceito constitui um direito do adjudicatário que não pode ser retirado ou condicionado pela entidade adjudicante.

3. Mas, escolhido pelo adjudicatário qualquer daqueles modos de prestação de caução, terá de fazê-lo com obediência às exigências legais, designadamente as estabelecidas no artigo 67º, não estando na discricionariedade da entidade pública contratante prescindir delas, antes devendo recusar a caução não assim prestada. Por isso, uma caução não prestada com obediência a essa norma corresponderá à falta de prestação da caução, com as consequências da caducidade da adjudicação, nos termos do artigo 107º[286].

4. Sobre o seguro-caução, ver estudo do Prof. JOSÉ DE OLIVEIRA ASCENSÃO, em *O Direito*, 100º, págs. 306 e seguintes.

5. Cfr. os comentários ao artigo 67º e ainda aos artigos 66º, 68º, 103º, 104º, 106º, 107º.

---

[286] Neste sentido, ver M. e R. ESTEVES DE OLIVEIRA, *Concursos...*, pág. 585.

ARTIGO 106º
Libertação da caução

1. No prazo máximo de 90 dias contados do cumprimento de todas as obrigações contratuais por parte do contraente particular, a entidade contratante promove a libertação da caução prestada.

2. A demora na libertação da caução confere ao contraente particular o direito de exigir à entidade pública contratante juros sobre a importância da caução, calculados sobre o tempo decorrido desde o dia seguinte ao termo do prazo referido no número anterior, nas condições a estabelecer por diploma próprio.

1. Corresponde ao que estabeleciam os artigos 77º do RRDP e 210º do REOP anteriormente vigentes.

2. Esta LCP optou por, seguindo o critério do RRDP, estabelecer neste local o regime da libertação da caução definitiva. Afigura-se-nos que teria mais lógica sistemática se adoptasse o critério seguido pelo REOP e regulasse esta matéria após estabelecer o regime da execução do contrato, da sua liquidação e do prazo de garantia, como no artigo 315º faz para o contrato de empreitada de obras públicas no que respeita a todas a quantias retidas e à caução prestada. Com efeito, estamos numa fase de formação do contrato e não após a sua execução; ainda não foi estabelecido o regime da celebração do contrato e até ainda nem foram reguladas as consequências da falta de prestação da caução, o que faz no artigo seguinte.

3. O prazo para a libertação da caução, de 90 dias úteis (artigo 356º), conta-se da recepção definitiva, quando a ela haja lugar, ou da extinção do contrato, qualquer que seja a sua causa: resolução sanção, resolução convencional, caducidade etc..

No caso da extinção do contrato, a libertação deve ter lugar desde que as respectivas contas se encontrem liquidadas e saldadas relativamente às obrigações do contraente particular.

4. Quanto à recepção definitiva, só com esta é que se verifica o reconhecimento, por parte do contratante público, de que o contrato foi cumprido, pelo que, só então, observado o disposto nos artigos 309º e 310º, no que respeita aos resultados do inquérito administrativo, deixará de existir razão para que o dono da obra retenha as importâncias a que o contraente particular tem direito ou mantenha em vigor a caução que aquele prestou. Só a aprovação pelo contratante público do auto do recepção definitiva tem a virtualidade de libertar o contraente particular de qualquer vínculo obrigacional respeitante ao contrato, deixando de ter a responsabilidade contratual.

5. Cfr. os artigos 66º, 68º, 103º, 104º, 105º, 107º, 303º, 315º.

ARTIGO 107º
Não prestação da caução

1. A adjudicação caduca se, por facto que lhe seja imputável, o adjudicatário não prestar, em tempo e nos termos estabelecidos nos artigos anteriores, a caução que lhe seja exigida.
2. No caso previsto no número anterior, o órgão competente para a decisão de contratar deve adjudicar o contrato à proposta ordenada em lugar subsequente.

1. Corresponde ao que estabeleciam os artigos 78º do RRDP e 101º do REOP anteriormente vigentes.

2. Este preceito regula a hipótese de o concorrente adjudicatário não prestar a caução no prazo que para isso lhe foi fixado, nos termos referidos no artigo 105º.

Como ficou dito em comentário ao artigo 105º, o adjudicatário pode escolher qualquer dos modos de prestação de caução estabelecidos naquele preceito, mas o meio escolhido terá de ser implementado com obediência às exigências legais, designadamente as estabelecidas no artigo 67º, não estando na discricionariedade da entidade pública contratante prescindir delas, antes devendo recusar a caução não assim prestada. Com efeito, a caução não prestada com obediência a essa norma corresponderá à falta de prestação da caução, com as consequências da caducidade da adjudicação, nos termos do artigo 107º. M. e R. ESTEVES DE OLIVEIRA, manifestam-se no sentido de que, neste caso, deve permitir-se que o adjudicatário substitua a caução por outra que satisfaça as exigências legais, dando-se-lhe, para isso, prazo não superior ao que lhe foi facultado para a sua apresentação[287]. Nada temos a opor a essa solução, salvo se o prazo para isso concedido impedir que nova adjudicação seja feita ao candidato ordenado no lugar subsequente por, entretanto, expirar o prazo de manutenção da sua proposta.

3. E o regime continua a ser o mesmo, quer o adjudicatário pura e simplesmente não tenha prestado a caução, quer a tenha prestado após o decurso do prazo para isso fixado ou, não estando fixado, no prazo de seis dias (artigo 101º, nº 1). Na verdade, certo sendo que em ambas as hipóteses pode disso ter sido impedido por facto atendível como suficientemente justificativo, também o não é menos que à entidade contratante interessa fazer tudo o que

---

[287] Em *Concursos...*, pág. 586.

possível e conveniente for para salvar a celebração do contrato, procedendo a nova adjudicação, se houver segundo concorrente classificado. Assim evitando a delonga que certamente implicará uma repetição do procedimento do concurso por já não ser possível a adjudicação a outro concorrente, com os encargos e perdas de tempo inerentes e sempre com o grave risco de não ser feita a uma proposta mais vantajosa que aquela, porque essa havia sido objecto da adjudicação primitiva.

Assim sendo, e em qualquer daqueles casos, ou o concorrente, no referido prazo de seis dias, veio justificar-se perante a entidade contratante alegando o facto impeditivo da sua falta ou atraso, ou não o fez. Nesta última hipótese, a adjudicação terá de considerar-se logo sem efeito. E essa será igualmente a consequência de o adjudicatário se ter vindo justificar, mas tal justificação não ter sido aceite pela entidade contratante. Esta será uma decisão que aquela entidade toma no uso de um poder discricionário. Se entende que o facto impeditivo é suficientemente justificativo, deve considerar sanada a falta do adjudicatário e, se este ainda não prestou a caução, fixar-lhe novo prazo para o efeito. O que não pode é dispensar o adjudicatário de prestar a caução.

4. O preceito não regula a questão da responsabilidade do adjudicatário faltoso relativamente aos danos que poderão decorrer da sua falta, isto é, relativamente ao excesso de despesa ou aumento de preço resultante da adjudicação ao concorrente ordenado na posição subsequente. Esse aumento de encargos deverá ser suportado pelo adjudicatário através da caução provisória, sem prejuízo do recurso ao seu património geral. Tal recurso está expressamente previsto nos artigos 247º, nº 6 e 318º, podendo considerar-se que são a aplicação do princípio de que, para além das garantias especiais eventualmente existentes, o património do devedor é a garantia geral dos credores (artigo 601º do CC).

5. Cfr. os artigos 66º, 68º, 103º, 104º, 105º, 106º.

SECÇÃO IX
CELEBRAÇÃO DO CONTRATO

ARTIGO 108º
Redução do contrato a escrito

1. Salvo nos casos previstos no artigo seguinte, o contrato deve ser reduzido a escrito.
2. As despesas e os encargos inerentes à redução do contrato a escrito são da responsabilidade do adjudicatário, salvo disposição em contrário constante do programa do procedimento.

1. Corresponde ao que, no regime anterior, estabeleciam os artigos 12º do RRDP e 106º do REOP.

2. Nos termos do disposto no artigo 126º das NPAA, *os contratos administrativos são sempre celebrados por escrito, salvo se a lei estabelecer outra forma.* É o que, em termos semelhantes, dispõe o nº 1.

3. A redução do contrato a escrito traduz-se na elaboração do respectivo clausulado em suporte de papel ou, em caso de desmaterialização do procedimento, em suporte informático, neste caso com as respectivas assinaturas electrónicas[288].

4. Foi longamente debatida a questão de saber se, designadamente para a empreitada de obras públicas, se impunha que o contrato constasse de escritura pública. A orientação dominante era a de que a lei apenas obrigava a que esses contratos fossem reduzidos a escrito, embora se salientasse a vantagem da escritura pública por constituir título executivo, o que aconselhava a sua adopção para as obras importantes em que fosse de recear o aparecimento de litígios ou o incumprimento por parte do empreiteiro.

Contrariando o entendimento generalizado de que a contratação pública é eminentemente formalista[289-290], o regime estabelecido neste preceito, nos casos em que o clausulado do contrato é elaborado em suporte papel, dispensa a escritura pública, o que, no entanto, deve ser objecto de opção da entidade contratante[291].

5. Cfr. os artigos 109º a 115º.

---

[288] Cfr. o artigo 94º do CCP de Portugal.

[289] Considerando o termo no sentido estrito da formalização do contrato. Numa visão em alguns aspectos de duvidosa conciliação com o regime desta LCP, EMILIO JIMÉNEZ APARICIO, considera que a forma escrita exigida não é condição da existência e validade do contrato (não é uma formalidade *ad substantiam*), mas também se não limita a ser mero instrumento de prova do contrato (formalidade *ad probationem)*; refere que essa forma *carece de toda a virtualidade constitutiva: o contrato existe e é válido desde a adjudicação, sendo a formalização em documento administrativo um mero requisito de eficácia, necessário para poder pôr em vigor o contrato e iniciar a sua execução* (*Comentários a la Legislación de Contratos de las Administraciones Publicas*, pág. 583).

[290] Entendimento esse que não é exclusivo deste país (cfr. EMILIO JIMÉNEZ APARICIO, *Comentários a la Legislación de Contratos de las Administraciones Publicas*, pág. 582, aliás citando GARCIA DE ENTERRIA E T. R. FERNANDEZ).

[291] Em Espanha, a anterior Ley de Contratos de las Administraciones Públicas conferia ao co-contratante o direito de requerer a redução do contrato a escritura pública, suportando os respectivos encargos. Cfr. FRANCIS LEFEBVRE, *Contratos Públicos...*, pág. 151.

ARTIGO 109º
Inexigibilidade ou dispensa de redução de contrato a escrito

1. Salvo previsão expressa no programa do procedimento, não é exigível redução do contrato a escrito nos seguintes casos:

a) quando se trate de contrato de locação ou de aquisição de bens móveis ou de aquisição de serviços cujo preço não exceda cinco milhões de Kwanzas;

b) quando se trate de contrato de empreitada de obras públicas cujo preço não exceda dezoito milhões de Kwanzas.

2. A redução do contrato a escrito pode ser dispensada pelo órgão competente para a decisão de contratar, mediante decisão fundamentada, quando:

a) a segurança pública interna ou externa o justifique;

b) por motivos de urgência imperiosa resultante de acontecimentos imprevisíveis pela entidade contratante, seja necessário dar imediata execução ao contrato.

3. Ainda que seja dispensada a redução a escrito, estes contratos só podem ser celebrados quando, apesar de se prescindir da forma escrita, existam os documentos mínimos que permitam provar a existência do contrato para qualquer posterior eventual inspecção e/ou auditoria.

1. Corresponde ao que estabeleciam os artigos 12º do RRDP e 106º do REOP anteriormente vigentes.

2. Como é próprio do âmbito da actuação discricionária da Administração Pública, esta LCP utiliza, com alguma frequência, conceitos de conteúdo indeterminado, para ser preenchido em cada caso concreto de harmonia com o circunstancialismo específico que o caracteriza. Assim, na alínea b) do nº 2 se refere a *urgência imperiosa*.

3. Para que a entidade pública contratante possa decidir dispensar a redução do contrato a escrito, além da ocorrência de uma situação de *urgência imperiosa*, impõe o preceito que essa situação seja decorrente de *acontecimentos imprevisíveis*. Embora no texto legal se exprima essa imprevisibilidade *"pela entidade contratante"*, parece tratar-se de um imprevisibilidade objectiva e não apenas na perspectiva daquela entidade: esta não previu nem, em condições normais, era razoável exigir que tivesse previsto. Esta é a única forma de satisfazer a *ratio legis*. Por outro lado, deve tratar-se de situação não imputável à entidade adjudicante. Impõe-se, ainda que a necessidade de satisfação do interesse público em causa seja incompatível com os prazos inerentes aos procedimentos que, em situação normal, deveriam ser adoptados.

Trata-se, normalmente, de situações decorrentes de fenómenos catastróficos naturais ou tecnológicos[292].

4. Ainda relativamente à alínea b) do nº 2, o que caracteriza a *urgência* na actuação da Administração Pública, segundo FREITAS DO AMARAL e MARIA DA GLÓRIA GARCIA[293] é *o facto de ser uma categoria ordinária, ainda que eventual; o facto de implicar formas simplificadas de agir; o facto de dar origem ao exercício de um poder legalmente reconhecido à Administração para situações especiais impostas pelos factos. (...) A acção administrativa no quadro da urgência está, por isso, sujeita ao princípio da legalidade e os actos praticados no seu âmbito subordinados à satisfação dos fins ou interesses secundários prefixados na lei.* Tem a ver com casos em que a Administração se vê confrontada com situações factuais de *perigo iminente e actual que ameace a satisfação de certo interesse público ou a satisfação prioritária de certos interesses públicos*[294].

5. Cfr. os artigos 108º, 110º a 115º.

ARTIGO 110º
Conteúdo do contrato

1. O contrato deve conter, sob pena de nulidade o seguinte:

a) a identificação das partes e dos respectivos representantes, assim como do título em que intervêm;
b) a indicação do acto de adjudicação e do acto de aprovação da minuta do contrato;
c) a descrição do objecto do contrato;
d) o preço contratual;
e) o prazo de execução das principais prestações objecto do contrato;
f) a referência à caução prestada pelo adjudicatário.

2. Fazem sempre parte do contrato, independentemente da sua redução a escrito os seguintes elementos:

a) o caderno de encargos;
b) os esclarecimentos e as rectificações relativos ao caderno de encargos;

---

[292] Cfr. CATHERINE RIBOT, *La Passation des Marchés Publics...*, pág. 170.

[293] *O Estado de Necessidade e a Urgência em Direito Administrativo*, ROA, 59º, II, pág. 515.

[294] Na legislação espanhola vem sendo regulada na contratação pública, uma *tramitação de emergência* que, segundo FRANCIS LEFEBVRE (*Contratos Públicos...*, pág. 184) só se justifica *quando a Administração tenha que actuar de maneira imediata por causa de acontecimentos catastróficos, de situações que suponham grave perigo ou de necessidades que afectem a defesa nacional.*

c) a proposta adjudicada;

d) os esclarecimentos sobre a proposta adjudicada prestados pelo adjudicatário.

3. Sempre que a entidade contratante considere conveniente, o clausulado do contrato pode também incluir uma reprodução do caderno de encargos completada por todos os elementos resultantes dos documentos referidos nas alíneas a) e c) do número anterior.

4. A entidade contratante pode excluir, expressamente, do contrato os termos ou condições constantes da proposta adjudicada que se reportem a aspectos da execução do contrato, não regulados pelo caderno de encargos e que não sejam considerados estritamente necessários a essa execução.

5. Em caso de divergência entre os documentos referidos no nº 2 do presente artigo, a prevalência é determinada pela ordem pela qual são indicados nesse número.

1. Corresponde ao que, no regime anterior, estabeleciam os artigos 14º do RRDP e 107º do REOP.

2. Quanto à alínea a) do nº 1, quando se tratar de delegação de poderes, deve atender-se ao disposto nos artigos 12º a 18º das NPAA.

Quanto à alínea b), o acto de adjudicação é praticado pelo órgão competente para a decisão de contratar (artigo 98º), incidindo sobre a proposta escolhida de harmonia com o respectivo critério constante do programa do procedimento (artigo 99º), tendo em conta os factores e subfactores pré-estabelecidos (artigo 99º).

A minuta do contrato é também aprovada pelo órgão competente para tomar a decisão de contratar (artigo 111º), visando essa aprovação a verificação da conformidade do conteúdo do contrato com aquela decisão e demais documentação que, nos temos do nº 2 deste artigo, integram o contrato.

Nos termos da alínea c), o contrato deve conter a descrição das prestações e contra-prestações que integram o seu objecto, a cumprir nos termos constantes do caderno de encargos (artigo 47º).

Na alínea d) faz-se referência ao preço, que deve aí ser quantificado.

Quanto à alínea e), a menção do prazo de execução das principais prestações é feita sem prejuízo do dever de a proposta ter de incluir um plano de trabalhos, nos casos em que tal é legalmente imposto, como sucede no caso do contrato de empreitada de obras públicas (artigos 70º, nº 2 c) e 245º).

Quanto à alínea f) e à prestação da caução, ver os artigos 103º a 107º.

3. Para além dos elementos mencionados neste preceito, deve o contrato igualmente conter as cláusulas decorrentes da aceitação de variantes pela entidade adjudicante (artigo 64º), o regime de pagamento e de revisão de preços, sendo caso disso, o direito a prémios por antecipação do prazo contratual, condições da sua atribuição e seu valor (artigos 307º e 319º) ou no caso de apresentação de projecto base pelos concorrentes (artigo 187º, nº 3) e qualquer outra cláusula que aquela entidade considere necessária, desde que não seja desconforme com os documentos que integram o contrato, designadamente com o caderno de encargos.

4. O nº 1 deste preceito comina de nulidade a falta de qualquer dos elementos aí referidos. O que, em certos casos, pode assumir uma consequência de efeitos desproporcionados e mesmo não razoáveis, como sucederá, designadamente, quando se não trata propriamente de falta de algum desses elementos, mas da sua indicação por forma errada ou imprecisa, ainda que de fácil correcção ou esclarecimento.

5. Quanto ao nº 2, deve ter-se presente que os elementos constitutivos do contrato não se confundem com peças contratuais, embora que estas tenham valor contratual. Assim, as actas de reunião do júri, como as demais peças do processo de adjudicação, mesmo que não sejam elementos constitutivos do contrato, têm valor para efeitos de interpretação deste[295].

6. Quanto ao nº 4, é óbvio que a exclusão só se verificará se e na medida em que os termos ou condições não foram aceites pela entidade adjudicante[296]. Por outro lado, a exclusão tem de ser feita por forma expressa, não podendo a entidade adjudicante limitar-se a omiti-los na minuta. Além disso, aquela exclusão dos termos ou condições obedece ainda aos seguintes requisitos de verificação cumulativa, agora não meramente formais:

- Respeitar a aspectos da execução do contrato;
- Não estarem regulados pelo caderno de encargos;
- Não serem considerados rigorosamente[297] necessários à execução ou, nesse caso, serem considerados desproporcionados.

---

[295] Cfr. JEROME MICHON, *Les Marchés Publics en 100 Questions,* ed. Le Moniteur, Paris, 2006, pág. 81.

[296] A nosso ver com razão, esta possibilidade de supressão já foi considerada, pelo menos à primeira vista, *uma grave desconformidade com as exigências básicas do princípio da auto-vinculação agravada pelo facto de o art. 102º/1 do Código* (dos Contratos Públicos de Portugal, correspondente ao artigo 113º, nº 1 desta LCP) *não permitir ao concorrente recusar a minuta do contrato com fundamento nesse desvirtuamento da sua proposta* (VIEIRA DE ALMEIDA & ASSOCIADOS, *Código dos Contratos Públicos,* coordenação de MÁRIO ESTEVES DE OLIVEIRA e outros, Almedina, 2008, pág. 819).

[297] Cfr. *Dicionário da Língua Portuguesa Contemporânea,* Academia das Ciências de Lisboa, ed. Verbo, I, pág. 1602.

7. Sendo o contrato declarado nulo por causa não imputável ao contratante particular, tem este direito a ser indemnizado do dano emergente relativo às despesas feitas de que aquela entidade tenha aproveitado e bem assim do lucro cessante, em decorrência de responsabilidade extra-contratual.

Todavia, quanto à parte da prestação contratual entretanto eventualmente prestada, para que aquele dever de indemnização exista, necessário é que, por um lado, essa prestação tenha decorrido nos termos que foram estabelecidos no contrato e, por outro, que tenha enriquecido o património da entidade contratante (cfr. artigo 320º)[298].

8. Cfr. os artigos 108º, 110º a 115º.

ARTIGO 111º
Aprovação da minuta do contrato

1. A minuta do contrato deve ser aprovada pelo órgão competente para a decisão de contratar depois de comprovada a prestação de caução pelo adjudicatário.

2. Depois de aprovada a minuta do contrato a celebrar, o órgão competente para a decisão de contratar deve remetê-la ao adjudicatário.

1. Corresponde ao que, no regime anterior, estabeleciam os artigos 13º e 72º do RRDP e 98º do REOP.

2. A minuta do contrato não pode deixar de reflectir o conteúdo do caderno de encargos e o da proposta do adjudicatário, constituindo uma *"fusão" do conteúdo desses dois documentos*[299]. Qualquer alteração nele introduzida seria a subversão do concurso, da vontade manifestada pela entidade contratante nas peças do procedimento e da vontade do adjudicatário expressa na sua proposta.

3. Como expressamente estabelecia o anterior RRDP no seu artigo 13º, a aprovação da minuta do contrato tem por objectivo verificar:

- se foram cumpridas as disposições legais e regulamentares aplicáveis;
- se a redacção corresponde ao que se determina nas decisões de contratar e de autorização da despesa;
- se foram cumpridas as normas legais relativas à formação do contrato;
- se foram observadas as normas relativas à realização das despesas públicas;
- se o clausulado do contrato está conforme os objectivos a prosseguir.

4. Cfr. os artigos 108º a 116º.

---

[298] Cfr. MARCELLO CAETANO, *Manual...*, I, pág. 471.

[299] M. e R. ESTEVES DE OLIVEIRA, *Concursos...*, pág. 579.

ARTIGO 112º
Aceitação da minuta do contrato

A minuta do contrato a celebrar considera-se aceite pelo adjudicatário quando haja aceitação expressa ou quando não haja reclamação nos cinco dias subsequentes à recepção da minuta pelo adjudicatário.

1. Corresponde ao que, no regime anterior, estabelecia o artigo 98º do REOP.

2. Regula-se a aceitação expressa e tácita da minuta do contrato pelo adjudicatário.

3. No âmbito das garantias administrativas dos contratantes particulares, estabelece o nº 2 do artigo 14º que as impugnações administrativas são facultativas, sendo que essas impugnações são a reclamação e o recurso hierárquico (artigo 14º, nº 1). Quando suceda que a lei, à falta de reclamação, faz corresponder a aceitação tácita do acto, essa reclamação é *necessária* para evitar que isso suceda. Porém, o regime da aceitação tácita da minuta do contrato não tem a ver com aquela questão da *necessidade* das impugnações, que apenas se coloca para efeitos do acesso à impugnação contenciosa. Não é disso que aqui se trata, pois apenas se visa obter um consenso pré-contratual sobre o clausulado do contrato a celebrar.

4. Assim, a elaboração da minuta do contrato deve ser da iniciativa da entidade adjudicante, que procede a essa elaboração de modo unilateral, mas que, pragmaticamente, submete à aprovação da outra parte contratante antes da sua formalização em contrato a outorgar. Por outro lado, a necessidade desta formalidade radica no facto de o clausulado do contrato a celebrar, como resulta do artigo seguinte, dever rigorosamente respeitar tanto o clausulado do caderno de encargos e demais elementos patenteados a concurso, como o conteúdo jurídico da proposta preferida. Assunto já abordado em comentário ao artigo anterior.

5. Cfr. os artigos 108º a 116º.

ARTIGO 113º
Reclamação da minuta do contrato

1. As reclamações da minuta do contrato só podem ter por fundamento a previsão de obrigações que contrariem ou que não constem dos documentos que integram o contrato.
2. No prazo de 10 dias a contar da recepção da reclamação, o órgão que aprovou a minuta do contrato deve notificar o adjudicatário da sua decisão, equivalendo o silêncio à aceitação da reclamação.

1. Corresponde ao que, no regime anterior, estabeleciam os artigos 73º do RRDP e 99º do REOP.

2. Sobre a natureza jurídica desta reclamação, ver o comentário ao artigo anterior.

3. O nº 1 deste preceito confere ao adjudicatário o direito de não aceitar a minuta do contrato se esta contraria os elementos que, segundo o artigo 110º, devem integrar o contrato e que, na parte que aqui interessa, correspondem aos termos em que a entidade contratante se auto-vinculou ao abrir o procedimento de adjudicação e em conformidade com os elementos que patenteou para provocar a concorrência e aqueles em que o adjudicatário, com a sua proposta, respondeu a essa concorrência. Como ficou referido em comentário ao artigo 111º, a minuta do contrato tem de reflectir o conteúdo do caderno de encargos e o da proposta do adjudicatário, constituindo uma *"fusão" do conteúdo desses dois documentos*[300].

Trata-se ainda do respeito pelo princípio da estabilidade dos elementos patenteados no procedimento. Segundo PAULO OTERO[301], *à data da celebração do contrato de empreitada de obras públicas precedido de concurso público, a Administração carece de qualquer poder para se afastar do objecto material da empreitada em relação ao qual foi aberto o respectivo procedimento do concurso público que terminou no acto de adjudicação ao concorrente agora co-contratante.* Qualquer alteração nele introduzida seria a subversão do concurso, da vontade manifestada pela entidade contratante nas peças do procedimento e da vontade do adjudicatário expressa na sua proposta.

Portanto, o fundamento da reclamação tanto pode consistir na previsão indevida de obrigações, como na indevida privação de direitos.

4. Estabelece o nº 1 que as reclamações *só podem ter por fundamento* o estabelecimento de obrigações não decorrentes dos elementos integrantes do contrato, portanto, só com esse fundamento são admissíveis reclamações. Não seria razoável nem conveniente outro regime senão o ali estabelecido. Se todo e qualquer pretexto pudesse ser invocado pelo adjudicatário para discordar da minuta do contrato, dar-se-lhe-ia a possibilidade de, a seu bel prazer, perturbar gravemente a normal tramitação do procedimento preparatório da celebração do contrato. Trata-se, pois, de uma enumeração taxativa

---

[300] M. e R. ESTEVES DE OLIVEIRA, *Concursos...*, pág. 579.
[301] *Loc. citado*, pág. 922.

dos fundamentos da reclamação e que são pressupostos da sua apresentação. Assim, aquela só poderá ser aceite para decisão se se fundamentar em algum ou alguns dos factos que constam no nº 1 deste artigo. Qualquer reclamação que se baseie em outro fundamento deve ser liminarmente indeferida.

5. A LCP não atribui expressamente ao adjudicatário o direito de se recusar a celebrar o contrato no caso de não obter deferimento para a reclamação que tenha apresentado contra a minuta. É duvidoso que não possa, por isso, desistir da celebração do contrato. Do que não há dúvida é que tem o direito de reagir contenciosamente contra a imposição de celebrar o contrato nos termos de uma minuta que, a seu ver, não reflecte o teor do caderno de encargos e da proposta. Do mesmo modo, se desistir do contrato e vier a ser judicialmente reconhecido que não tinha para isso fundamento legal, será responsável pelos danos daí decorrentes para a entidade pública contratante[302] [303].

6. Cfr. os artigos 108º a 116º.

ARTIGO 114º
Prazo para a celebração do contrato
1. O contrato deve ser celebrado no prazo de 30 dias contados da data da aceitação da minuta ou da decisão sobre a reclamação.
2. O órgão competente para a decisão de contratar deve comunicar ao adjudicatário, com a antecedência mínima de 15 dias, a data, a hora e o local em que deve ocorrer a outorga do contrato.

1. Corresponde ao que estabeleciam os artigos 78º do RRDP e 105º do REOP anteriormente vigentes.

---

[302] Com efeito, até ao RJEOP de Portugal, aprovado pelo Decreto-Lei nº 59/99, de 2 de Março, era reconhecido ao empreiteiro o direito de se recusar a celebrar o contrato no caso de não ser integralmente deferida a reclamação que tivesse apresentado contra a minuta, embora, para isso, tivesse que comunicar ao dono da obra, no prazo de cinco dias contados do conhecimento daquela decisão, que desistia da empreitada. Salientávamos então que não deixava de ser estranho que o empreiteiro preferido pudesse, só por isso e sem quaisquer consequências, desistir da empreitada, ficando desobrigado de contratar (Cfr. nosso *Regime Jurídico das Empreitadas de Obras Públicas*, Almedina, 10ª edição, pág. 406).

[303] Neste sentido, ver MARGARIDA O. CABRAL (*ob. cit.*, pág. 103). Esta Autora entende ainda que o regime anteriormente vigente *sempre será preferível a um sistema em que o concorrente tenha sempre de celebrar o contrato – ainda que a entidade adjudicante tenha indeferido ilegitimamente a sua reclamação –, ficando submetido a obrigações que não propôs nem constavam do caderno de encargos, e tendo de esperar por uma decisão do tribunal para ver respeitados os seus direitos.*

2. Pelo menos no que respeita ao contrato a cuja celebração o procedimento adjudicatório se destina, a respectiva relação contratual entre a entidade contratante e o adjudicatário só nasce com a outorga do contrato[304]. O que não significa que, sempre e em qualquer caso, com esse acto, o contrato se torne logo exequível e, portanto, que daí nasça a obrigação para o adjudicatário do imediato início da sua execução. Por exemplo, no caso do contrato de empreitada de obras públicas, isso só sucede com a consignação dos trabalhos (artigo 236º), que, salvo estipulação de modo diverso, tem lugar no prazo de 30 dias após aquela assinatura do contrato (artigo 238, nº 1). Em todo o caso, o acto da outorga do contrato encerra definitivamente o procedimento pré-contratual, que, assim, e seja o que for que venha a suceder, desempenhou definitiva e portanto inalteravelmente o seu papel. Por outro lado, pode dizer-se que só com esse acto o adjudicatário está definitivamente escolhido e encontrado.

3. A LCP não regula as consequências da não outorga do contrato por parte da entidade contratante por facto que lhe seja imputável. Considerando que a iniciativa da celebração do contrato cabe àquela entidade, a imposição de um prazo para a sua celebração só pode significar que, caso não cumpra esse prazo, o adjudicatário pode recusar-se a outorgá-lo posteriormente. Sobre as consequências dessa omissão, o CCP de Portugal (artigo 105º) atribui ao adjudicatário o direito a ser indemnizado por todas as despesas e demais encargos em que comprovadamente incorreu com a elaboração da proposta e com a prestação da caução ou, em alternativa, optar por uma espécie de *execução específica*[305] da adjudicação, exigindo judicialmente a celebração do contrato. Não parece que, no âmbito da LCP, haja lugar a esta última solução, mas face aos princípios da responsabilidade civil pré-contratual, o referido direito a indemnização afigura-se-nos irrecusável.

4. Cfr. os artigos 108º a 116º, 354º, 355º e 356º.

---

[304] Ver sobre esta questão o comentário ao artigo 98º.

[305] Em direito civil, a *execução específica* é a faculdade que, no contrato-promessa, é conferida a uma das partes de *obter sentença que produza os efeitos da declaração negocial do faltoso* (artigo 830º, nº 1 do CC), isto é, da parte que prometeu celebrar o negócio prometido e faltou a esse compromisso. É exactamente o direito a obter essa sentença judicial que imponha a celebração do contrato em falta, que naquele preceito do CCP é atribuído ao adjudicatário. Neste caso, se a entidade adjudicante persistir na sua passividade e não proceder às diligências atinentes à celebração do contrato, constitui-se em responsabilidade pelas perdas e danos daí decorrentes para o co-contratante (artigo 334º).

ARTIGO 115º
Representação na outorga do contrato

1. Na outorga do contrato, a representação das entidades contratantes referidas na alínea a) do artigo 4º da presente lei, cabe à pessoa ou às pessoas nas quais tenha sido delegado o poder para o efeito.

2. No caso das entidades contratantes referidas nas alíneas b) a e) do artigo 4º da presente lei, a representação na outorga do contrato cabe ao órgão designado no respectivo diploma orgânico ou nos respectivos estatutos.

3. Nos casos em que o órgão competente, nos termos dos números anteriores, seja um órgão colegial, a representação na outorga do contrato cabe ao presidente desse órgão.

4. A competência prevista nos números anteriores pode ser delegada nos termos gerais.

1. Corresponde ao que, no regime anterior, estabelecia o artigo 15º do RRDP.

2. A identidade das partes e dos respectivos representantes e bem assim do título em que intervêm constitui uma das menções que obrigatoriamente devem constar do contrato e cuja omissão implica a nulidade deste (artigo 110º, nº 1 a))[306].

3. A representação ocorre quando uma pessoa jurídica, com base num instrumento jurídico válido (*representação voluntária*) ou num preceito legal (*representação legal*), celebra um negócio jurídico em nome e no interesse de outrem, na esfera jurídica de quem os respectivos efeitos se produzem (artigo 258º do CC)[307]. Não se confunde, além do mais, com a delegação de poderes, em que o delegado exerce os poderes em nome próprio. *Numa palavra, o delegado não é um representante do delegante, é um órgão da pessoa colectiva de que faz parte*[308]. Por outro lado, o representante não se limita a executar o que lhe é indicado pelo seu representado (como sucede com o *núncio*); ainda que actuando em nome deste, manifesta a sua própria vontade, que produzirá os respectivos efeitos independentemente do interesse do representado, desde que aquele actue nos limites da representação.

---

[306] Esclarecem os Autores do *Guia de Leitura e Aplicação* do CCP de Portugal, coordenado por MÁRIO ESTEVES DE OLIVEIRA e outros da Vieira de Almeida & Associados, Almedina, 2008, pág. 851, que *a norma tem de ser interpretada e aplicada "cum grano salis", dado que os representantes podem incapacitar-se ou serem destituídos e naturalmente que, nestes casos, as partes não terão que recorrer a um adicional ao contrato para se proceder à designação do substituto*, acrescentando que, *nesses casos, os representantes das partes são designados e habilitados mediante comunicação escrita formal à contraparte.*

[307] Sobre o instituto da representação ver PIRES DE LIMA e ANTUNES VARELA, *Código Civil Anotado*, I, 2ª ed., pág. 258.

[308] FREITAS DO AMARAL, *Curso de Direito Administrativo...*, I, pág. 841.

4. Se a proposta objecto de adjudicação tiver sido apresentada por uma associação de concorrentes, porque estes, após a adjudicação, têm de associar--se antes da celebração do contrato (artigo 53º, nºs 4 e 5), o respectivo estatuto orgânico deverá regular a quem, para este efeito, cabe a representação da associação.

5. Quanto à associação de entidades contratantes, é o protocolo da sua constituição que deve designar qual dos seus membros é o representante da associação (artigo 33º, nº 3), devendo entender-se que, se aquele protocolo nada sobre isso dispuser, devem intervir na outorga do contrato os legais ou estatutários representantes de todas as entidades públicas que integram a associação (cfr. o nº 3 do artigo 121º).

Ainda quanto à associação de entidades públicas contratantes, embora isso não resulte expressamente do artigo 60º nem dos anexos IV, V e VI, parece que do programa do concurso e do anúncio deve constar não apenas a identidade daquelas entidades públicas, mas também o que entre elas foi deliberado quanto à respectiva representação no procedimento[309].

6. O nº 4 contém uma norma habilitante da delegação de poderes. Sobre a delegação de poderes, ver os artigos 12º a 18º das NPAA.

7. Ver comentário ao artigo 113º.

ARTIGO 116º
Caducidade do contrato

1. A adjudicação caduca se, por facto que lhe seja imputável, o adjudicatário não comparecer no dia, na hora e no local fixados para a outorga do contrato, bem como, no caso de o adjudicatário ser uma associação, se os seus membros não se tiverem associado nos termos previstos no nº 4 do artigo 53º da presente lei.

2. Nos casos previstos no número anterior, o adjudicatário perde a caução prestada a favor da entidade contratante devendo o órgão competente para a decisão de contratar adjudicar o contrato à proposta ordenada em segundo lugar.

1. Corresponde ao que, no regime anterior, estabeleciam os artigos 78º do RRDP e 105º do REOP.

---

[309] Neste sentido, M. e R. ESTEVES DE OLIVEIRA, *Concursos...*, pág. 246.

2. A falta de comparência do adjudicatário à outorga do contrato não pode deixar de provocar a caducidade da adjudicação que lhe foi feita.

O preceito apenas refere, como causa da caducidade da adjudicação, a não outorga do contrato pelo adjudicatário e a não constituição de associação por uma adjudicatária associação de candidatos ou concorrentes. Todavia, esse mesmo efeito deve decorrer da não prestação da caução, senão mesmo no caso da não aprovação ou aceitação da minuta do contrato[310]

3. Como acto constitutivo de direitos que é, a declaração de caducidade da adjudicação, seja qual for o respectivo fundamento legal, deve ser precedida de audiência prévia do adjudicatário, como resulta do regime geral estabelecido nos artigos 52º e seguintes das NPAA.

4. A adjudicação à proposta ordenada em segundo lugar é, nos termos do nº 2 deste preceito, um dever da entidade adjudicante e não uma mera faculdade[311]. Deste modo, actualmente, não tem pertinência questionar se, nestas circunstâncias, a entidade adjudicante está ou não vinculada a efectuar a adjudicação.

Em caso de caducidade da adjudicação, o concorrente que ocupa o lugar subsequente na respectiva ordenação, tem exactamente os mesmos direitos e deveres do adjudicatário ou dos adjudicatários cuja falta deu causa a essa caducidade.

Por outro lado, não se pode, para isso, tomar em consideração a *inaceitabilidade* de qualquer das propostas[312], posto que se trata de propostas não excluídas, sendo que, o contrário seria negar a essência do próprio procedimento que as aceitou à concorrência. Se a proposta em que foi feita a adjudicação está mais ou menos longe de oferecer as vantagens da primeira, essa é uma questão que fica resolvida com a admissão da proposta, da sua avaliação e ordenação segundo os factores e subfactores aplicáveis. O resto poderá ter exclusivamente a ver com prejuízos eventualmente sofridos pela entidade

---

[310] Ver, quanto a esta questão, o comentário ao artigo 113º.

[311] Este dever existe sem prejuízo do regime de não adjudicação estabelecido no artigo 100º.

[312] M. e R. ESTEVES DE OLIVEIRA, *Concursos e Outros Procedimentos de Adjudicação Administrativa...*, a pág. 589 pronunciam-se no sentido de que a adjudicação só pode deixar de ter lugar *com base em motivos de interesse público ligados a interesses ou necessidades detectáveis no procedimento em causa ou, por exemplo, quando, em aspectos fulcrais, a segunda proposta esteja longe de oferecer as vantagens daquela que se classificara em 1º lugar, eventualmente, até, cair no domínio da inaceitabilidade.*

adjudicante por causa do ou dos adjudicatários faltosos e, consequentemente, da respectiva responsabilização, como adiante se dirá.

Finalmente, só isso explica e justifica que todas as propostas admitidas mantenham os seus efeitos pelo respectivo prazo legal (artigo 74º).

5. Obviamente que, ocorrendo essa caducidade, a adjudicação ao concorrente da proposta classificada no lugar subsequente subentende que essa proposta está no prazo de validade estabelecido de harmonia com o artigo 74º. Todavia, conforme foi referido em comentário aos artigos que estabelecem essa caducidade, ainda que tenha decorrido aquele prazo, se o concorrente nisso concordar, nada obsta à adjudicação, pois que esse prazo é estabelecido em favor exclusivo dos concorrentes.

6. Quanto às consequências da não outorga do contrato por causa imputável à entidade contratante, ver comentário ao artigo 115º.

7. Cfr. os artigos 108º a 110º.

CAPÍTULO III
CONCURSO LIMITADO POR PRÉVIA QUALIFICAÇÃO
SECÇÃO I
DISPOSIÇÕES GERAIS

ARTIGO 117º
Regime

O concurso limitado por prévia qualificação rege-se, com as necessárias adaptações, pelas disposições que regulam o concurso público, em tudo o que não esteja especialmente previsto nos artigos seguintes.

Corresponde ao que, no regime anterior, estabeleciam os artigos 79º do RRDP e 109º do REOP.

ARTIGO 118º
Fases do procedimento

O programa de concurso limitado por prévia qualificação integra as seguintes fases:

a) apresentação das candidaturas e qualificação dos candidatos;
b) apresentação e análise das propostas e adjudicação.

1. Existe manifesto lapso na utilização do vocábulo *"programa"* pois claramente se quis dizer *"procedimento"*.

2. Quer no concurso limitado por prévia qualificação (artigo 118º), quer no procedimento de negociação (artigo 133º), os procedimentos são estruturados por fases claramente delimitadas por aqueles preceitos. O que já não sucede quanto ao concurso público, para o qual nenhum preceito demarca a sua tramitação por fases e, ainda ao contrário do que sucede com aqueles procedimentos, nem sequer as epígrafes dos capítulos aludem a fases, salvo no respeitante ao leilão electrónico (artigo 91º) que, de resto, pode existir ou não.

3. A estruturação de um procedimento de adjudicação de contrato público em fases tem o intuito de autonomizar essas mesmas fases que o integram. Essa autonomização concretiza-se na obrigatoriedade da prática dos actos procedimentais estabelecidos para serem praticados em cada uma das fases e aos respectivos efeitos jurídicos. Deste modo, os actos próprios de uma determinada fase do procedimento não poderão, em princípio, ser praticados numa outra fase, quer por antecipação, quer por atraso, se daí advier ofensa de algum dos princípios por que se rege esse procedimento.

4. A primeira fase destina-se, portanto, a proporcionar o aparecimento de *"candidatos a concorrentes"* à adjudicação e à sua selecção para este efeito, isto é, à determinação daqueles que, tendo apresentado a sua candidatura, são aceites para efeitos de apresentarem proposta com vista à adjudicação do contrato, por se entender satisfazerem os requisitos para isso constantes do programa de concurso a que se refere o artigo 120º. A segunda fase destina-se ao estudo das propostas pela Comissão de Avaliação, à sua análise e valoração segundo o critério definido no programa do concurso e as demais regras dos artigos seguintes.

5. Quanto aos conceitos de candidato e de concorrente, ver o artigo 50º e respectivo comentário.
Ver ainda os artigos 22º, 25º, 27º, 117º, 120º a 131º.

ARTIGO 119º
Anúncio
1. O procedimento de concurso limitado por prévia qualificação inicia-se com a publicação na III Série do Diário da República através do modelo constante do Anexo V da presente lei e num jornal de grande circulação no País.

JORGE ANDRADE DA SILVA

2. É aplicável ao concurso limitado por prévia qualificação o disposto no artigo 58º da presente lei.

1. Corresponde ao que estabeleciam os artigos 80º e 98º do RRDP e 111º do REOP anteriormente vigentes.

Por manifesto lapso, no nº 1, a seguir a "República" não se inclui "de um anúncio".

2. Relativamente ao âmbito e local da publicitação do procedimento, o preceito estabelece um mínimo, não excluindo, portanto, que essa publicitação se faça em mais que um jornal, e mesmo por outros meios de comunicação, certo sendo que não poderá deixar de sê-lo no Portal da Contratação Pública, por expressa imposição do artigo 364º, nº 2.

3. O artigo 58º, para que o nº 2 remete, estabelece o regime do preenchimento do requisito da capacidade técnica e dos meios da sua comprovação. É, pois, manifesto o lapso, devendo a remissão considerar-se feita para o artigo 59º, que regula a publicitação do anúncio em concurso público.

4. Cfr. os artigos 56º, 73º, 99º, 127º, 135º, 145º, 159º, 161º, 164º, 166º e 168º.

ARTIGO 120º
Programa do concurso

1. O programa de concurso limitado por prévia qualificação deve indicar:

a) a identificação do concurso;

b) o órgão que tomou a decisão de contratar;

c) o endereço e a designação do serviço de recepção das candidaturas, com menção do respectivo horário de funcionamento e a data limite de apresentação das candidaturas;

d) quando a apresentação das candidaturas deva ser efectuada por via electrónica, a indicação do respectivo correio electrónico e a data e a hora limite de apresentação das candidaturas;

e) o modo de apresentação das candidaturas;

f) a documentação necessária à instrução das candidaturas;

g) as condições de carácter profissional, técnico e financeiro ou de qualquer outra natureza que os interessados devem preencher;

h) a explicitação dos critérios de selecção de candidaturas;

i) o número mínimo e o máximo de candidatos que se pretende convidar a apresentarem propostas;

j) o critério de adjudicação, com explicitação, no caso de o mesmo ser o da proposta economicamente mais vantajosa, dos factores que nela intervêm, por ordem decrescente de importância.

2. O programa do concurso pode indicar requisitos mínimos de capacidade técnica e financeira que os candidatos devem preencher, sob pena de exclusão.

1. Corresponde ao que estabelecia o artigo 81º do RRDP anteriormente vigente.

2. Ainda que integrado na secção das *disposições gerais*, resulta claro do texto deste artigo que tem o seu âmbito de aplicação quase limitado à *fase da apresentação das candidaturas e qualificação dos candidatos*, só a alínea j) dizendo respeito às propostas. Para a *fase da apresentação das propostas* esse papel é desempenhado pelo convite a que se reporta o artigo 127º.

3. O programa do concurso é um documento, não destinado a integrar o contrato (artigo 110º), elaborado e patenteado pela entidade pública contratante, que aos seus termos se auto-vincula, visando informar os potenciais interessados na adjudicação sobre as condições em que a ela poderão concorrer, portanto sobre as regras da concorrência, assim como sobre o regime geral do respectivo contrato a celebrar. Tem um papel complementar do anúncio do concurso.

Nele estão contidas as normas que regem os concursos quanto às seguintes matérias: consulta do processo, reclamações ou dúvidas sobre as peças patenteadas, inspecção do local dos trabalhos, modo e local de entrega das candidaturas, local, dia e hora do acto público do concurso, categorias, subcategorias e classes das autorizações exigidas aos candidatos, regime dos esclarecimentos a prestar pelos concorrentes, se há lugar ao leilão electrónico e respectivo regime (artigo 92º), se as despesas inerentes à redução do contrato a escrito ficarem a cargo da entidade contratante (artigo 108º, nº 2), se, apesar de a lei dispensar a forma escrita para o contrato, este dever ser reduzido a escrito ou se trate de caso que a lei permite à entidade contratante dispensar a forma escrita e esta a dispense (artigo 109º), minuta do contrato, adjudicação, impostos e outros encargos, legislação aplicável e regime de fornecimento de cópias, atribuição de prémios e critério respectivo em caso de apresentação de projecto base pelos concorrentes (artigo 187º, nº 3).

Os demais elementos relativos às propostas, sua apresentação, seus documentos, prestação de caução, etc., serão indicados no convite a enviar aos candidatos que, por terem sido qualificados, passaram a ser "concorrentes" (artigo 127º).

4. Como expressamente estabelece o CCP de Portugal, no seu artigo 165º, os requisitos mínimos de capacidade técnica *devem ser adequados à natureza das prestações objecto do contrato a celebrar, descrevendo situações, qualidades, características ou outros elementos de facto* relativos a determinados aspectos que aquele preceito enumera exemplificativamente, dos quais podem aqui interessar o seguintes:

- a experiência curricular dos candidatos;
- os recursos humanos, tecnológicos, de equipamento ou outros utilizados, a qualquer título, pelos candidatos;
- o modelo e a capacidade organizacionais dos candidatos, designadamente no que respeita à direcção e integração de valências especializadas, aos sistemas de informação de suporte e aos sistemas de controlo de qualidade;
- a capacidade dos candidatos adoptarem medidas de gestão ambiental no âmbito da execução do contrato a celebrar.

5. O requisito mínimo de capacidade financeira, continuando a seguir aquele Código, *deve reportar-se à aptidão estimada dos candidatos para mobilizar os meios financeiros previsivelmente necessários para o integral cumprimento das obrigações resultantes do contrato a celebrar.*

6. A fixação dos requisitos mínimos, sendo discricionária, não é arbitrária. Essa fixação, exactamente por respeitar a *requisitos mínimos*, estabelece desde logo uma fasquia de exigência técnica e/ou financeira que afasta da adjudicação quem não obedeça a esse grau mínimo de exigência. Portanto, é um factor de limitação da concorrência. Por isso, utilizar este procedimento adjudicatório sem que seja necessário face à natureza das prestações contratuais a adjudicar ou erigir requisitos mínimos inadequados ou desproporcionados, constitui uma viciação das regras da concorrência. O que ofende aqueles valores da proporcionalidade, adequação e concorrência, colocando em crise a validade da respectiva decisão e da própria decisão de escolha do procedimento.

7. Cfr. ainda os artigos 50º, 53º e 54º.

SECÇÃO II
APRESENTAÇÃO DE CANDIDATURAS
E QUALIFICAÇÃO DOS CANDIDATOS

ARTIGO 121º
Documentos da candidatura

1. A candidatura integra todas as declarações exigidas ao candidato e os documentos destinados a comprovar a sua idoneidade, habilitações profissionais, capacidade técnica e capacidade financeira.

2. A declaração referida na primeira parte do artigo anterior deve ser assinada pelo candidato ou pelo representante que tenha poderes para o obrigar.

3. Quando a candidatura seja apresentada por uma associação, a declaração referida no nº 1 deve ser assinada pelo representante comum dos membros que o integram, caso em que devem ser juntos à declaração os instrumentos de mandato emitidos por cada um dos seus membros ou, não existindo representante comum, deve ser assinada por todos os seus membros ou respectivos representantes.

1. Não tem correspondência na legislação anterior.

2. O termo *"candidatura"* é frequentemente utilizado em várias acepções: num sentido subjectivo, é o estado de candidato; num sentido objectivo é o acto pelo qual um interessado na participação de um procedimento que comporta uma fase de qualificação prévia declara à entidade adjudicante essa a sua vontade de nele participar; num sentido material traduz o conjunto dos documentos destinados à qualificação do candidato, incluindo a declaração da sua apresentação conforme modelo legal. É neste último sentido que o termo é aplicado neste artigo.

3. Os documentos que integram a candidatura e necessários para comprovar a idoneidade profissional e as capacidades técnica e financeira ou de qualquer outra natureza devem constar do programa do concurso (artigo 120º, nº 1 g)).

4. O nº 2 deste artigo estabelece o regime de assinatura da *declaração referida na primeira parte do artigo anterior* e o nº 3 refere-se a *declaração referida no número 1*. Acontece, porém, que o artigo anterior tem dois números e em nenhum deles se faz referência directa a qualquer declaração exigida aos candidatos. Resulta até do disposto no nº 3 que se escreveu *"artigo"* quando se pretendeu escrever *"número"*. Só que a dificuldade não acaba aí. Com efeito, a primeira parte do *número anterior* refere-se a *"declarações exigidas ao candidato "*, sem especificar quais, certo sendo que o artigo anterior não explicita essas declarações. Aparentemente, o preceito, incluindo portanto os seus nºs 2 e 3, terá sido inspirado no artigo 168º do CCP português cujos nºs 2 e 3 são, em substância, em tudo semelhantes aos mesmos números deste artigo. Naquele CCP o referido nº 1 trata de uma declaração de modelo anexo àquele código, para a apresentação da candidatura, com enumeração dos documentos juntos para prova das capacidades técnica e financeira e ainda de que não está incurso em qualquer das situações que, nos termos do artigo correspondente ao artigo 54º desta LCP, constituem impedimentos legais de participar no procedimento. Ora a exigência desta declaração, como de qualquer outra, deve constar do programa do concurso, nos termos da alínea f) do nº 1 do artigo 120º.

Parece que é neste sentido que o preceito deve ser interpretado.

5. Cfr. os artigos 33º, 56º, 57º, 58º e 69º.

ARTIGO 122º
Modo de apresentação das candidaturas

1. O programa do concurso deve determinar o modo de apresentação das candidaturas, de entre o meio ou os meios previstos no número seguinte, indicando, consoante o caso, o serviço, a morada, o número de fax ou o endereço electrónico para esse efeito.

2. As candidaturas devem ser apresentadas com os seguintes requisitos:

a) presencialmente, no endereço da entidade pública contratante indicado no programa de concurso;

b) por carta registada com aviso de recepção;

c) por telefax;

d) por correio electrónico.

3. A candidatura deve ser acompanhada dos documentos referidos no nº 1 do artigo anterior e elencados no programa do concurso.

4. O órgão competente para a decisão de contratar pode sempre exigir ao candidato a apresentação dos originais de quaisquer documentos da candidatura, cuja reprodução tenha sido apresentada, em caso de fundada dúvida sobre o seu conteúdo ou autenticidade.

1. Corresponde ao que, no regime anterior, estabelecia o artigo 82º do RRDP.

2. Cfr. os artigos 71º e 72º e respectivas anotações.

ARTIGO 123º
Apresentação de candidaturas por associações
Quando o candidato for uma associação de pessoas singulares ou colectivas, os documentos destinados à qualificação podem ser apresentados por apenas um ou alguns dos seus membros, salvo se o programa de concurso dispuser em contrário.

Não tem correspondência na legislação anterior.
Cfr. os artigos 53º, 70º, 121º e respectivas anotações.

ARTIGO 124º
Prazo para a apresentação das candidaturas
1. O prazo para a apresentação das candidaturas pode ser fixado livremente pela entidade contratante.
2. Na fixação do prazo para a apresentação das candidaturas, deve ser tido em conta o tempo necessário à respectiva elaboração, em função da natureza, das características, do volume e da complexidade dos documentos que a constituem.

Não tem correspondência na legislação anterior.
Cfr. o artigo 73º e respectiva anotação.

ARTIGO 125º
Admissão e selecção das candidaturas
1. Recebidas as candidaturas, a Comissão de Avaliação procede à verificação dos requisitos exigidos no programa do concurso e à selecção dos candidatos em função dos critérios fixados.
2. A entidade contratante decide, sob proposta da Comissão de Avaliação, sobre a exclusão e selecção das candidaturas, em despacho devidamente fundamentado, o qual deve estar disponível para consulta dos candidatos.
3. Sempre que possível, o número de candidatos seleccionados não deve ser inferior a cinco.

1. Corresponde ao que, no regime anterior, estabelecia o artigo 83º do RRDP.

2. A Comissão de Avaliação averigua se os candidatos não estão incursos em algum dos impedimentos previstos no artigo 54º e, além disso, se satisfazem os requisitos exigidos no programa do concurso (artigo 120º, alínea g)) e, portanto, necessários para que sejam considerados com idoneidade profissional e capacidade técnica e financeira para a fase seguinte do procedimento, isto é, para a apresentação de propostas. Essa apreciação terá necessariamente que ser efectuada nos termos estabelecidos nos critérios de selecção constantes do anúncio (artigo 120º, alínea h)).

Todos os candidatos que preencham esses requisitos serão qualificados e passarão à fase seguinte do procedimento, como concorrentes, em condições de igualdade.

3. Cfr. o artigo 88º e respectiva anotação.

ARTIGO 126º
Reclamações

1. Os candidatos não seleccionados são notificados do despacho referido no número anterior, podendo dele reclamar no prazo de dois dias.
2. A reclamação deve ser decidida no prazo de cinco dias.

1. Corresponde ao que estabelecia o artigo 84º do RRDP anteriormente vigente.

2. Esta LCP não prevê, para a fase da qualificação dos candidatos, a elaboração de um relatório preliminar de que constem os candidatos não seleccionados, relativamente ao qual haja lugar à audiência prévia, não parecendo que esta se imponha por aplicação da norma de remissão contida no artigo 117º. Poderá dizer-se que o contraditório que se realizaria através da audiência prévia é aqui garantido pela faculdade de reclamar, no prazo de dois dias, para o superior hierárquico da entidade contratante (artigo 16º, nº 1).

3. Nos termos do disposto no artigo 18º, a reclamação da decisão de não qualificação deve ser objecto de audiência dos contra-interessados, que, neste caso, não poderá deixar de ter lugar. E, por isso, o prazo de cinco dias para a sua decisão conta-se a partir do prazo fixado para a audiência. As dúvidas surgem quanto a este último prazo para a audiência dos contra-interessados que, em geral e nos termos do nº 1 do artigo 19º, é de cinco dias e que, assim, seria maior que o facultado ao candidato não seleccionado para reclamar, o que não parece nem coerente, nem justo. O prazo geral para a reclamação é de cinco dias (artigo 16º, nº 1) e, por isso, com coerência, no regime geral, igual prazo é fixado para a audiência dos contra-interessados no nº 1 do artigo 19º. Assim, ao menos por analogia, porque, neste caso, o prazo de reclamação é de dois dias, o mesmo prazo deve ser fixado para aquela audiência.

SECÇÃO III
APRESENTAÇÃO DAS PROPOSTAS E ADJUDICAÇÃO

ARTIGO 127º
Convite

1. Com a notificação da decisão de selecção, o órgão competente para a decisão de contratar deve enviar aos candidatos qualificados, em simultâneo, um convite para a apresentação de propostas.

2. O convite para a apresentação de propostas deve indicar:

a) a identificação do concurso;

b) a referência ao anúncio do concurso;

c) os documentos de instrução das propostas;

d) se é admissível a apresentação de propostas variantes e o número máximo de propostas variantes admitidas;

e) o prazo para a apresentação das propostas;

f) o local de apresentação das propostas e o respectivo horário de funcionamento, ou, quando a apresentação das propostas deva ser efectuada por via electrónica, a indicação do respectivo correio electrónico e a data e hora limite de apresentação das mesmas;

g) o prazo de obrigação de manutenção das propostas, quando diferente do previsto no nº 1 do artigo 74º da presente lei;

h) o modo de prestação da caução e o respectivo valor.

1. Corresponde ao que, no regime anterior, estabelecia o artigo 85º do RRDP.

2. A fase anterior tinha por objectivo escolher, de entre os candidatos, os concorrentes à adjudicação, com todos os direitos e deveres que isso para estes implica.

De entre os efeitos da decisão de qualificação, tem grande interesse a estabilidade da pré-qualificação, isto é, como salientam M. e R. ESTEVES DE OLIVEIRA, *a realização dos concursos de pré-qualificação tem na sua base, apesar da lei não dispor expressamente sobre o assunto, a ideia de que os agrupamentos ou empresas a seleccionar se hão-de apresentar ao concurso limitado subsequente (ao concurso de adjudicação) com a mesma composição e configuração com que se candidataram à pré--qualificação (ao concurso de selecção)*[313].

Aqueles Autores, porém, admitem limites àquele princípio, designadamente no que respeita a alterações da estrutura orgânica não relevantes para efeitos

---

[313] *Concursos...,* pág. 197.

das obrigações assumidas, só importando *aqueles aspectos, "items" ou rubricas em função dos quais deviam ser instruídas e avaliadas as suas candidaturas e que foram, portanto, pela positiva ou pela negativa, determinantes da respectiva pré-qualificação.*

3. A exigência de que o convite seja enviado a todos os concorrentes em simultâneo destina-se a salvaguardar, além de outros, os princípios da transparência, da imparcialidade, da igualdade e da concorrência.

4. O convite, em última análise, com relação à fase da apresentação das propostas, desempenha as funções que no concurso público são desempenhadas pelo programa do concurso. Na verdade, embora o artigo 120º, que dispõe sobre o programa do concurso, esteja integrado na secção das *disposições gerais,* resulta claro do seu texto que tem o seu âmbito de aplicação quase limitado à *fase da apresentação das candidaturas e qualificação dos candidatos,* salvo a sua alínea j) que diz respeito às propostas.

5. Cfr. os artigos 60º, 93º, 110º e 120º.

ARTIGO 128º
Procedimentos subsequentes
Ao acto público de abertura das propostas e procedimentos subsequentes até à celebração do contrato aplica-se o disposto nos artigos 75º a 102º da presente lei.

Corresponde ao que, no regime anterior, estabeleciam os artigos 86º do RRDP e 110º do REOP.

CAPÍTULO IV
CONCURSO LIMITADO SEM APRESENTAÇÃO DE CANDIDATURAS

ARTIGO 129º
Regime aplicável
O concurso limitado sem apresentação de candidaturas rege-se, com as necessárias adaptações, pelas disposições que regulam o concurso público em tudo o que não seja incompatível com o disposto nos artigos seguintes.

1. Corresponde ao que, no regime anterior, estabelecia o artigo 87º do RRDP.

2. O artigo 23º, na sua alínea c), define este procedimento como sendo um *sistema em que a entidade contratante convida as pessoas singulares ou colectivas que* *considera mais idóneas e especializadas, para apresentarem as suas propostas*, o qual segundo o artigo 25º, alínea b), pode ser utilizado *quando o valor estimado do contrato for igual ou superior ao constante no nível 2 e inferior ao constante no nível 8 da Tabela de Limites de Valores constante do Anexo I* desta LCP.

Portanto, neste tipo de procedimento adjudicatório, a escolha das entidades a convidar para apresentar proposta não é feita com base num prévio procedimento especialmente regulado, mas no conhecimento directo que a entidade contratante tem dessas entidades e da aptidão e credibilidade que lhes reconhece, tendo em conta o objecto do contrato a celebrar. Não há, pois lugar, à prévia qualificação dessas entidades.

3. Nos termos do disposto na alínea b) do artigo 25º, as entidades contratantes podem adoptar este procedimento quando o valor estimado do contrato a celebrar for igual ou superior a 18.000.000,00 de Kz e inferior a 500.000.000,00 Kz.

ARTIGO 130º
Convite

O convite para a apresentação de propostas deve ser simultaneamente formulado a, pelo menos, três entidades, podendo, para esse efeito, ser utilizado qualquer meio escrito.

1. Corresponde ao que, no regime anterior, estabeleciam os artigos 87º a) do RRDP e 111º do REOP.

2. Como ficou dito em comentário ao artigo anterior, nesta modalidade de concurso os convites são enviados às empresas que merecem a confiança da entidade contratante, confiança essa alicerçada no conhecimento e experiência que este delas tem. Com efeito, não existe neste procedimento uma fase qualificação e selecção das entidades interessadas: a entidade contratante escolhe quem bem entender, portanto discricionariamente, sem prejuízo do dever de fundamentar essa escolha, designadamente com base naqueles conhecimento e experiência adquiridos (artigo 67º das NPAA)[314].

3. Este preceito não estabelece um limite máximo para os potenciais concorrentes a convidar, deixando o seu número à discricionariedade da entidade adjudicante. O que, certamente, se deve à preocupação de, na medida do

---

[314] Neste sentido, M. e R ESTEVES DE OLIVEIRA, *Concursos...*, pág. 208, onde igualmente se referem à sindicabilidade deste acto.

JORGE ANDRADE DA SILVA

possível, não reduzir as potencialidades da concorrência, assim deixando essa fixação ao que, em cada caso, for considerado conveniente e, eventualmente, possível. Mas já tem sido constante a preocupação legal de, nesta modalidade de procedimento adjudicatório, fixar um *limite mínimo* para o número de candidatos a convidar, exactamente para garantir um mínimo de concorrência, ainda que limitada.

ARTIGO 131º
Prazo para a entrega das propostas

O prazo para a entrega das propostas não pode ser inferior a seis dias a contar da data do envio do convite.

1. Corresponde ao que, no regime anterior, estabeleciam os artigos 87º c) do RRDP e 112º do REOP.

2. Cfr. os artigos 60º, 62º, 73º, 75º, 79º, 100º, 127º, 169º e 356º.

CAPÍTULO V
PROCEDIMENTO DE NEGOCIAÇÃO

ARTIGO 132º
Regime aplicável

O procedimento de negociação rege-se, com as necessárias adaptações, pelas disposições que regulam o concurso limitado por prévia qualificação, em tudo o que não esteja especialmente previsto nos artigos seguintes.

1. Não tem correspondência na legislação anterior.

2. Quanto ao conceito de procedimento por negociação, ver a anotação ao artigo 23º. Aí se diz que o procedimento negociação é *um sistema de contratação que consiste no convite aos interessados, em geral ou limitadamente, para apresentarem as suas candidaturas ou propostas que, depois de analisadas e valoradas, são objecto de discussão e negociação com a entidade contratante, a fim de as harmonizar com o interesse público, escolhendo-se a proposta adjudicatária em função não só da proposta inicial, mas também, das correcções resultantes da negociação.* Portanto, através deste procedimento, é facultada à entidade contratante a possibilidade de estabelecer com os concorrentes escolhidos, se possível em número não inferior a cinco (artigo 125º, nº 3), negociações que lhe pareçam convenientes e úteis, quanto a aspectos do contrato a celebrar.

3. Só é possível optar por este procedimento quando o valor estimado do contrato a celebrar for igual ou inferior a 36.000.000,00 Kz (artigo 25º, alínea c)) e, independentemente do valor estimado do contrato, nos casos expressamente previstos nos artigos 28º, 29º e 30º, para cujos comentários se remete.

4. Diversamente do que sucede com os dois procedimentos antes regulados nesta LCP – o concurso público e o concurso limitado – este procedimento não tem sido incluído nos designados *concursos*, podendo levar a concluir que, nele, a concorrência está afastada. O que não corresponde à realidade. Com efeito, só o facto da imposição do anúncio (artigo 135º) significa que a concorrência tem aqui papel tão relevante como no concurso público ou no concurso limitado. O que há de característico na tramitação deste procedimento é a fase da negociação das propostas[315].

5. Adoptando este preceito, como regime subsidiário, o estabelecido no concurso limitado por prévia qualificação, implicitamente impede que, na sua tramitação, seja adoptado o regime estabelecido para o concurso limitado sem apresentação de candidaturas, designadamente no que respeita à necessidade de haver uma fase de apresentação de candidaturas e outra de qualificação, como de resto, estabelece o artigo seguinte.

6. No domínio do regime anterior, colocava-se a questão de saber se, também nesta modalidade de concurso, a entidade adjudicante estava obrigada a pré-fixar os critérios de adjudicação. Invocando, para isso, os princípios da justiça, da imparcialidade e da igualdade, PEDRO ROMANO MARTINEZ e J. M. MARÇAL PUJOL[316] pronunciaram-se pela afirmativa, o mesmo sucedendo com M. e R. ESTEVES DE OLIVEIRA, que, em apoio dessa orientação, invocaram a remissão que no preceito correspondente a este se fazia para o regime do concurso limitado por prévia qualificação e a referência expressa que era feita para a necessidade de no anúncio constarem os critérios de adjudicação[317]. Em sentido contrário, MARGARIDA O. CABRAL entendia que, nesta modalidade

---

[315] Sobre o assunto, ver, MARAGARIDA OLAZABAL CABRAL, *O Concurso Público nos Contratos Administrativos*, Almedina, 1997, págs. 126 e seguintes e M. e R. ESTEVES DE OLIVEIRA, *Concursos...*, págs. 211 e 212.

[316] *Ob. cit.*, págs. 90 a 92.

[317] *Ob. cit.*, pág. 213.

de procedimento, *não se exige nem uma pré-determinação do âmbito ou dos aspectos negociáveis, nem a definição prévia de critérios de adjudicação, o que definitivamente afasta este procedimento do concurso público... A Administração não se auto-vincula a quaisquer critérios de selecção, podendo escolher em função da maneira como decorrerem as negociações*[318].

Este artigo 132º remete para o regime do concurso limitado por prévia qualificação o qual, no programa do concurso, impõe que seja indicado *o critério de adjudicação, com explicitação, no caso de o mesmo ser o da proposta economicamente mais vantajosa, dos factores que nela intervêm, por ordem decrescente de importância.* Assim, actualmente, aquela questão não tem aqui pertinência.

ARTIGO 133º
Fases do procedimento

O procedimento de negociação integra as seguintes fases:

a) apresentação das candidaturas e a qualificação dos candidatos;

b) apresentação e análise das propostas;

c) negociação das propostas;

d) adjudicação.

1. Tanto o procedimento por negociação como concurso limitado por prévia qualificação (artigo 118º) têm a sua tramitação estruturada por fases claramente delimitadas por aqueles preceitos. O que já não sucede quanto ao concurso público, para o qual nenhum preceito demarca a sua tramitação por fases e, ainda ao contrário do que sucede com aqueles procedimentos, nem sequer as epígrafes dos capítulos aludem a fases, salvo no respeitante ao leilão electrónico (artigo 91º) que, de resto, pode existir ou não.

A estruturação de um procedimento de adjudicação de um contrato administrativo público em fases tem *o intuito de autonomizar as fases que o integram.* Essa autonomização concretiza-se na prática dos actos procedimentais estabelecidos para terem lugar em cada uma das fases e nos respectivos efeitos jurídicos. Deste modo, os actos próprios de uma determinada fase do concurso não poderão, em princípio, ser praticados numa outra fase, quer por antecipação, quer por atraso, se daí advier ofensa de algum dos princípios por que se rege o procedimento.

2. Cfr. o artigo 118º.

---

[318] *Ob. cit.,* pág. 127.

ARTIGO 134º
Admissibilidade de leilão electrónico
No procedimento de negociação, a entidade pública contratante pode recorrer a um leilão electrónico.

1. Este preceito não tem correspondência no regime anterior.

2. O regime estabelecido neste artigo é o oposto ao adoptado pelo Código dos Contratos Públicos de Portugal, que, no seu artigo 195º, impede a utilização do leilão electrónico no procedimento por negociação. Em comentário àquele artigo, defendemos[319] que consistindo o leilão electrónico *num processo interactivo baseado num dispositivo electrónico destinado a permitir aos concorrentes melhorar progressivamente as suas propostas, depois de avaliadas, obtendo-se a nova pontuação através de um tratamento automático* (artigo 91º, nº 2) e, por seu turno, consistindo o procedimento de negociação num *sistema em que a entidade contratante convida as pessoas singulares ou colectivas que considera mais idóneas e especializadas, para apresentarem as suas propostas* (artigo 23º, alínea c)) a negociação seria incompatível com o leilão: ou se opta por um ou por outro. Porém, este preceito, aliás tal como sucede com as directivas comunitárias da contratação pública, assim não dispõe, permitindo a sua utilização[320].

ARTIGO 135º
Anúncio
1. O procedimento de negociação inicia-se com a publicação na III Série do Diário da República e num jornal de grande circulação no País de um anúncio de admissão de candidaturas, nos termos do modelo constante do Anexo VI da presente lei, do qual faz parte integrante.
2. Ao procedimento de negociação é aplicável o disposto nos nº 2 a 5 do artigo 59º da presente lei.

1. Corresponde ao que estabeleciam os artigos 88º e 98º do RRDP anteriormente vigente.
2. Relativamente ao âmbito e local da publicitação do procedimento, o preceito estabelece um mínimo, não excluindo, portanto, que essa publicitação

---

[319] *Código dos Contratos Públicos*, 3ª edição, Almedina, 2010, pág. 553.
[320] Directiva nº 2004/17/CE, artigo 56º, nº 2 e Directiva nº 2004/18/CE, artigo 54º, nº 2), ambas do Parlamento Europeu e do Conselho, de 31 de Março.

se faça em mais que um jornal, e mesmo por outros meios de comunicação, certo sendo que não poderá deixar de sê-lo no Portal da Contratação Pública, por expressa imposição do artigo 364º, nº 2.

3. Cfr. os artigos 59º e 119º.

ARTIGO 136º
Programa do procedimento

Para além dos elementos previstos no nº 1 do artigo 60º da presente lei, o programa do procedimento de negociação deve indicar o seguinte:

a) se a negociação é restringida aos concorrentes cujas propostas foram ordenadas nos primeiros lugares e, nesse caso, qual o número mínimo e máximo de propostas ou de concorrentes a seleccionar;

b) quais os aspectos da execução do contrato a celebrar que a entidade adjudicante não está disposta a negociar;

c) se a negociação deve decorrer, parcial ou totalmente, por via electrónica e os respectivos termos.

1. Este preceito não tem correspondência no regime anterior.

2. A indicação referida na alínea b) não deixará de ser cumprida se o programa do procedimento referir apenas os aspectos da execução do contrato que a entidade adjudicante admite serem objecto de negociação e é possível que esse seja o procedimento normal.

3. Cfr. os artigos 46º, 62º, 120º, 136º, 146º e 160º.

ARTIGO 137º
Remissão

1. A fase de apresentação das candidaturas e qualificação dos candidatos segue os termos do disposto nos artigos 121º a 126º da presente lei.

2. À fase de apresentação e análise das propostas aplicam-se as regras dos artigos 127º e 128º da presente lei, com as especialidades assinaladas nos artigos seguintes.

1. Este preceito não tem correspondência no regime anterior.

2. Manda aplicar o regime da apresentação de candidaturas e da qualificação dos candidatos e da apresentação das propostas, sua avaliação e demais procedimentos preparatórios da adjudicação, previstos para o concurso limitado por prévia qualificação.

ARTIGO 138º
Negociação

1. Recebidas e analisadas as propostas, a Comissão de Avaliação deve notificar os concorrentes, com uma antecedência mínima de três dias, da data, da hora e do local da primeira sessão de negociação, agendando as restantes sessões nos termos que forem convenientes.

2. Na notificação referida no número anterior a comissão deve indicar o formato a seguir nas negociações, nomeadamente se decorrem em separado ou em conjunto com os diversos concorrentes.

3. Os concorrentes devem fazer-se representar nas sessões de negociação pelos seus representantes legais ou pelos representantes comuns das associações concorrentes, se existirem, podendo serem acompanhados por técnicos por eles indicados.

4. As propostas que não sejam alteradas na sessão de negociação, bem como as entregues pelos concorrentes que não compareçam à sessão são consideradas, para efeitos de apreciação, nos termos em que inicialmente foram apresentadas.

5. De cada sessão de negociação deve ser lavrada uma acta, assinada por todos os intervenientes, devendo fazer-se menção da recusa de algum dos representantes dos concorrentes em assiná-la.

6. As actas e quaisquer outras informações ou comunicações, escritas ou orais, prestadas pelos concorrentes à entidade adjudicante ou à Comissão de Avaliação devem manter-se sigilosas durante a fase de negociação.

1. Corresponde ao que estabelecia o artigo 90º do RRDP anteriormente vigente.

2. Quanto ao nº 1, ver os artigos 354º, 355º e 356º.

3. Relativamente ao disposto no nº 3, considerando a variedade e especificidade de ordem técnica e mesmo jurídica de que se podem revestir as questões integradas nas negociações, é de todo razoável e normal que as partes se possam fazer acompanhar por quem, nessas matérias e pela respectiva formação, esteja habilitado a prestar-lhes os esclarecimentos e aconselhamentos de que necessitem com vista ao normal e correcto desenvolvimento das negociações.

Assim, tal como, relativamente à Comissão de Avaliação, o nº 5 do artigo 42º prevê expressamente a possibilidade de se fazer assessorar de peritos e consultores a nomear pela entidade competente para a decisão de contratar, também, quanto aos participantes no procedimento, este preceito permite que, nas negociações, se façam acompanhar pelos técnicos, peritos ou consultores se o entenderem necessário ou conveniente. Num caso como no outro, aqueles auxiliares das partes participarão nas reuniões, mas, obviamente, sem direito a voto.

4. A fase da negociação não se destina a sanear as propostas apresentadas e admitidas, mas a melhorá-las, ou, como se diz na alínea d) do artigo 23º, *a fim de as harmonizar com o interesse público, escolhendo-se a proposta adjuduicatária em função não só da proposta inicial, mas também das correcções resultantes da negocição.* Deixa assim claro que, para efeitos de adjudicação, devem ser tomadas em consideração não só as propostas iniciais como também as propostas finais.

É o que reafirma o nº 4 deste preceito.

5. Quanto à acta e à sua assinatura, nada obsta a que possa ser assinada com declaração de reserva quanto a algum aspecto do seu conteúdo que não mereça a concordância do subscritor. *Reserva, é uma modalidade de protesto através da qual alguém emite uma declaração deixando claro que pretende acautelar que certo comportamento seu não seja validamente interpretado como reconhecimento de um direito alheio ou como renúncia a um direito próprio*[321]. De qualquer modo, a recusa da assinatura da acta não pode deixar de significar a não adesão a qualquer acordo que nela se tenha feito constar.

6. O secretismo conferido no nº 6 às actas e informações durante a fase das negociações implica que não fiquem abrangidas pelo *princípio da administração aberta* estabelecido nos artigos 34º e seguintes das NPAA e, portanto, que fiquem retiradas do direito de acesso ali conferido.

Poderá dizer-se que o carácter sigiloso do teor das negociações, pela sua manifesta importância para que aquelas decorram com seriedade, boa fé e imparcialidade, incide quer sobre as actas, informações ou comunicações feitas pelos concorrentes à entidade contratante, como, de um modo geral, sobre tudo o que nessas negociações se integra. Esse dever de sigilo recai, pois, sobre todas as partes negociadoras, sendo de recear sérias dificuldades na garantia da sua preservação. De qualquer modo, parece que a violação desse dever confere à outra parte razão justificativa para o rompimento das negociações. Por outro lado, como resulta do disposto no nº 6 esse sigilo só se mantém durante a fase das negociações, readquirindo o processo o seu carácter público com a conclusão daquela fase.

---

[321] J. M. SANTOS BOTELHO, A. J. PIRES ESTEVES e J. CANDIDO DE PINHO, *Código do Procedimento Administrativo*, Almedina, 3ª edição, pág. 227.

7. Acta, na definição de ARNALDO GONÇALVES, é o documento que, contém a *descrição ou resumo fiel e objectivo do que houver ocorrido numa reunião ou assembleia, apresentada sob a forma escrita e com respeito das formalidades prescritas pela lei, quando as houver*[322], ou, o documento que contém *o registo escrito dos actos ocorridos e das deliberações ou determinações tomadas numa sessão de qualquer assembleia*[323]. A acta não é, em si mesma, o acto administrativo – decisão ou deliberação – antes constituindo o documento que o representa[324] para lhe conferir estabilidade, certeza e firmeza no mundo jurídico[325]. Não se impõe que o relato feito na acta o seja de modo exaustivo, bastando que o seja *resumidamente*, ainda que por forma suficientemente expressiva do integral conteúdo das várias manifestações de vontade que regista, quer se trate de intervenções de assistentes ao acto, quer das deliberações que suscitam ao júri e respectiva fundamentação.

8. Cfr. Os artigos 47º, 41º a 43º.

ARTIGO 139º
Procedimentos subsequentes

Encerrada a fase de negociação e apreciadas as propostas, a Comissão de Avaliação elabora um relatório fundamentado com a ordenação das propostas, seguindo-se em tudo o mais o disposto na presente lei para o concurso limitado por prévia qualificação.

1. Corresponde ao que estabelecia o artigo 91º do RRDP anteriormente vigente.

2. Cfr. os artigos 127º e 128º.

---

[322] *Legislação da Construção Civil*, Coimbra Editora, pág. 506.

[323] *Dicionário de Língua Portuguesa Contemporânea*, Verbo, 2001, I, pág. 69.

[324] M. SANTOS BOTELHO, A. J. PIRES ESTEVES e J. CANDIDO DE PINHO, *Código do Procedimento Administrativo*, Almedina, 3ª edição, pág. 157.

[325] ESTEVES DE OLIVEIRA, COSTA GONÇALVES e PACHECO DE AMORIM, *CPA Comentado*, Almedina, 2ª edição, pág. 183.

CAPÍTULO VI
PROCEDIMENTOS ESPECIAIS
SECÇÃO I
CONCURSOS PARA TRABALHOS DE CONCEPÇÃO

ARTIGO 140º
Concursos para trabalhos de concepção

1. Os concursos para trabalhos de concepção são os procedimentos que permitem à entidade pública contratante adquirir, nomeadamente nos domínios artístico, do ordenamento do território, do planeamento urbano, da arquitectura, da engenharia civil ou do processamento de dados, um plano ou um projecto, seleccionado por um júri de concurso, com ou sem a atribuição de prémio.

2. Os concursos para trabalhos de concepção podem ou não conferir o direito à celebração de um contrato na sua sequência.

3. Os prémios referidos no nº 1 do presente artigo podem consistir quer em menções honrosas quer no pagamento de quantias pré-determinadas.

1. Corresponde ao que estabelecia o artigo 94º do RRDP anteriormente vigente.

2. Neste capítulo, subordinado à epígrafe de procedimentos especiais, a LCP regula o concurso para trabalhos de concepção, os sistemas de aquisição dinâmica electrónica e as regras de aplicação à contratação de serviços, sendo que, em rigor, quanto aos dois primeiros, se trata antes da adaptação dos procedimentos gerais a objectivos específicos que implicam desvios relativamente à disciplina geral desses procedimentos[326] e, quanto ao último, se trata de um regime especial para a adjudicação do contrato de aquisição de serviços de consultoria.

3. A noção de concurso para trabalhos de concepção dada por este preceito praticamente coincide, mesmo no seu texto, com a dada nas directivas comunitárias relativas à contratação pública[327]. Portanto, é um procedimento que visa proporcionar a celebração de um contrato de prestação de serviços com um conteúdo de especial natureza intelectual e técnica: a obtenção de um ou mais trabalhos de concepção ao nível de plano ou projecto.

---

[326] Cfr. MARCELO REBELO DE SOUSA e ANDRÉ SALGADO DE MATOS, *Contratos Públicos...*, 2ª ed., pág. 121.

[327] Artigo 1º, nº 10 da DC nº 2004/17/CE e artigo 1º, nº 11, alínea e) da DC nº 2004/18/CE, ambas do Parlamento Europeu e do Conselho, de 31 de Março.

FASES DA FORMAÇÃO DO CONTRATO **ART. 140º** 241

4. O *planeamento urbanístico* consiste na elaboração de estudos no âmbito da legislação e dos procedimentos jurídicos e financeiros com vista a facultar às entidades públicas competentes o conhecimento e a evolução do meio urbano, de modo a habilitá-las a definir soluções de ordenamento quanto à extensão, natureza e localização do desenvolvimento urbano e protecção dos espaços, a tomar opções e a intervir na respectiva implementação prática.

É, pois, uma actividade que se traduz na elaboração de estudos e programas que visam criar novas áreas urbanas ou refazer áreas existentes tendo em vista a melhoria da qualidade de vida da respectiva população, a humanização dos agregados populacionais e a funcionalidade dos espaços edificados. Visa igualmente assegurar condições favoráveis ao desenvolvimento das actividades económicas, sociais e culturais, para o que promove a racionalização, reabilitação e modernização dos centros urbanos e a coerência dos sistemas em que se inserem.

5. O *ordenamento do território é, fundamentalmente, a gestão da interacção homem/ espaço natural. Consiste no planeamento das ocupações, no potenciar do aproveitamento das infra-estruturas existentes e no assegurar da preservação de recursos limitados.*[328]

É a forma de organizar as estruturas humanas e sociais num espaço geográfico determinado, tendo como objectivo valorizar as potencialidades do território, desenvolver as estruturas ecológicas de que depende a vida e a expressão cultural da paisagem, para dessa forma melhorar a qualidade e dignidade de vida das populações. O ordenamento do território deve basear-se nas regiões naturais e ser suporte de políticas sustentadas e estruturadas de uso dos recursos. Deve ter como objectivos humanizar os espaços urbanos, desenvolvê-los criteriosamente e incentivar o sector agrícola, de forma a favorecer sistemas de produção ecologicamente equilibrados. Ou

É a acção e a prática de dispor num espaço, ordenada e prospectivamente, os homens e as suas actividades, os equipamentos e os meios de comunicação, tendo em conta as disparidades naturais, humanas, económicas e mesmo estratégicas. O campo de aplicação das políticas de ordenamento do território é diversificado: definição, evolução e reforço da rede urbana; desenvolvimento e localização das actividades; desenvolvimento e prioritização das redes de infraestruturas rodoviárias, ferroviárias, aéreas, portuárias e das redes de infraestruturas imateriais (telecomunicações, informática, etc.); implantação de equipamentos/pólos de atracção económica (universidades, centros de investigação...); ordenamento de regiões turísticas (montanha e litoral), associado à protecção do ambiente e do património cultural. Ou

---

[328] HUGO M. SOARES LOPES, *Considerações sobre o Ordenamento do Território*, http://www.ipv.pt/ millenium/ect7_hmsp.htm

É o processo integrado da organização do espaço biofísico, tendo como objectivo o uso e a transformação do território, de acordo com as suas capacidades e vocações, e a permanência dos valores de equilíbrio biológico e de estabilidade geológica, numa perspectiva de aumento da sua capacidade de suporte de vida[329].

6. Salienta-se o carácter meramente exemplificativo da enumeração dos domínios em que se pode utilizar este procedimento. Na base da utilização do concurso para trabalhos de concepção estará certamente a impossibilidade da entidade adjudicante de, face à magnitude ou complexidade dos trabalhos, através dos seus próprios recursos humanos e técnicos, proceder a esses trabalhos de concepção.

7. Nos termos do disposto no nº 2 deste preceito, ao concurso de trabalhos de concepção não tem de seguir-se, necessariamente, o contrato de prestação de serviços conducente à execução do objecto daquele concurso a ser celebrado com o adjudicatário ou adjudicatários ou ainda com qualquer dos restantes concorrentes. Só assim será se essa intenção constar do anúncio ou dos termos de referência.

8. Cfr. os artigos 141º e seguintes.

ARTIGO 141º
Procedimentos dos concursos para trabalhos de concepção
1. Os concursos para trabalhos de concepção seguem a modalidade do concurso público ou do concurso limitado por qualificação.
2. Quando a decisão quanto ao procedimento aplicável recaia sobre o concurso limitado por qualificação, devem ser definidos critérios de selecção claros e não discriminatórios, devendo o número de candidatos convidados a participar no concurso ter em conta a necessidade de se assegurar uma concorrência efectiva.
3. Os concursos para trabalhos de concepção devem seguir a forma do concurso limitado por prévia qualificação, entre outros casos, quando a complexidade do objecto do concurso aconselhe maior exigência de qualificação técnica dos participantes, nomeadamente experiência anterior reconhecida em domínios específicos.

1. Corresponde ao que estabelecia o artigo 94º do RRDP anteriormente vigente.
Nos nºs 1 e 2 , por lapso, "qualificação" não foi procedido de "prévia".

---

[329] *Glossário de Termos*, ed. da CCRN – Comissão de Coordenação da Região Norte, Porto, Portugal, 1998, págs. 124 e 125.

2. Resulta do nº 1 que, quanto à modalidade do procedimento a adoptar, a regra é a do concurso público. Porém, para o caso de a complexidade do respectivo objecto exigir especial capacidade técnica dos candidatos, impõe-se lançar mão do concurso limitado por prévia qualificação, que tem a sua aplicação vocacionada exactamente para o caso de o objecto do contrato a celebrar exigir especial qualificação técnica do co-contratante (nº 3). Isso mesmo deve constituir a fundamentação da opção por esta modalidade de procedimento, como estabelece o nº 2 do artigo 143º.

Em qualquer dos casos, porém, isso tem apenas a ver com a possibilidade de acesso ao procedimento – aberto ou limitado – já que a tramitação deste obedece ao regime constante das disposições seguintes.

O disposto no nº 3 deste preceito decorre dessa mesma circunstância: se o objecto do contrato exige especial capacidade técnica, os respectivos requisitos devem ser os adequados à realização desse mesmo objecto.

3. Cfr. os artigos 57º, 58º, 85º, 140º, 142º e seguintes.

ARTIGO 142º
Início do concurso para concepção

1. O concurso para concepção tem início com a decisão de seleccionar um ou mais trabalhos de concepção, a qual cabe ao órgão competente, por lei ou por delegação, para a decisão de autorizar a despesa relativa aos prémios ou pagamentos a que os concorrentes tenham direito, podendo essa decisão estar implícita nesta última.

2. Quando o concurso de concepção não implique o pagamento de prémios aos concorrentes, a decisão de seleccionar um ou mais trabalhos de concepção cabe ao órgão da entidade pública contratante que for competente para o efeito, nos termos da respectiva lei orgânica.

1. Este preceito não tem correspondência no regime anterior.

2. Cfr. os artigos 31º e 34º, 140º e 141º, 143º e seguintes.

ARTIGO 143º
Decisão de escolha da modalidade do concurso de concepção

1. A decisão de escolha da modalidade do concurso de concepção cabe ao órgão competente para a decisão prevista no número anterior.

2. A decisão de escolha da modalidade do concurso limitado por prévia qualificação deve ser fundamentada.

1. Este preceito não tem correspondência no regime anterior.

2. Cfr. os artigos 32º, 140º a 142º, 144º e seguintes.

ARTIGO 144º
Associação de entidades públicas contratantes

As entidades públicas contratantes podem associar-se com vista à adopção de um concurso para trabalhos de concepção, sendo aplicável, com as necessárias adaptações, o disposto no artigo 53º da presente lei.

1. Este preceito não tem correspondência no regime anterior.

2. A remissão que é feita para o artigo 53º deve-se a lapso, já que esse preceito trata da associação mas de candidatos ou concorrentes; a associação de entidades públicas contratantes é regulada no artigo 33º, para o qual se deve entender aquela remissão.

3. Cfr. os artigos 33º, 140º a 143º, 145º e seguintes.

ARTIGO 145º
Anúncio do concurso para concepção

1. O concurso para trabalhos de concepção deve ser publicitado no Diário da República através de anúncio conforme modelo aprovado por Decreto Executivo do Ministro das Finanças e do Ministro que tenha a seu cargo a construção.

2. O anúncio referido no número anterior ou um resumo dos seus elementos mais importantes, deve ser posteriormente divulgado por qualquer meio considerado conveniente, nomeadamente através da sua publicação em plataforma electrónica utilizada pela entidade pública contratante.

1. Este preceito não tem correspondência no regime anterior.

2. Relativamente ao âmbito e local da publicitação do procedimento, o preceito estabelece um mínimo, não excluindo, portanto, que essa publicitação se faça em mais que um jornal, e mesmo por outros meios de comunicação, certo sendo que não poderá deixar de sê-lo no Portal da Contratação Pública, por expressa imposição do artigo 364º, nº 2.

3. Cfr. os artigos 59º, 119º, 135º, 140º a 144º, 146º e seguintes.

ARTIGO 146º
Termos de referência

1. *Nos concursos para trabalhos de concepção deve ser previamente aprovado um documento, designado por termos de referência, que deve indicar o seguinte:*

a) a identificação do concurso, bem como a respectiva modalidade escolhida;

b) uma descrição, tão completa quanto possível, das características, das particularidades, das referências e de quaisquer outros requisitos de natureza estética, funcional ou técnica que os trabalhos de concepção apresentados devem observar;

c) a entidade pública contratante;

d) o órgão que tomou a decisão de seleccionar um ou mais trabalhos de concepção e, no caso de esta ter sido tomada no uso de delegação ou de subdelegação de competência, a qualidade em que aquele decidiu, com menção das decisões de delegação ou de subdelegação e do local da respectiva publicação;

e) a identidade dos membros, efectivos e suplentes, que compõem o júri e, quando for o caso, as respectivas habilitações profissionais específicas;

f) as habilitações profissionais específicas de que os concorrentes devem ser titulares, se for o caso;

g) os documentos que materializam os trabalhos de concepção a apresentar;

h) o prazo e o local para a apresentação dos documentos referidos na alínea anterior;

i) o critério de selecção, explicitando claramente os factores e os eventuais subfactores que o densificam;

j) o montante global dos eventuais prémios de participação a atribuir aos concorrentes cujos trabalhos de concepção não sejam excluídos;

l) o número de trabalhos de concepção apresentados a seleccionar;

m) o valor do prémio de consagração a atribuir a cada um dos concorrentes seleccionados.

2. *Quando for adoptada a modalidade de concurso limitado por prévia qualificação, os termos de referência devem, ainda, indicar:*

a) os requisitos mínimos de capacidade técnica que os candidatos devem preencher;

b) os documentos destinados à qualificação dos candidatos;

c) o prazo e o local para a apresentação das candidaturas.

3. *Os termos de referência podem, ainda, conter quaisquer regras específicas sobre o concurso consideradas convenientes pela entidade pública contratante, desde que não tenham por efeito impedir, restringir ou falsear a concorrência, bem como ser acompanhados de quaisquer documentos complementares necessários à cabal descrição referida na alínea b) do nº 1 do presente artigo ou indicar a entidade e o local onde esses documentos podem ser obtidos directamente pelos interessados.*

4. Os termos de referência podem, também, prever a obrigatoriedade de apresentação dos trabalhos de concepção através de correio electrónico ou de outro meio de transmissão electrónica de dados, caso em que devem definir os termos a que deve obedecer essa apresentação de forma a garantir o respectivo anonimato.

5. As normas dos termos de referência prevalecem sobre quaisquer indicações constantes dos anúncios com elas desconformes.

1. Este preceito não tem correspondência no regime anterior.

2. Os *termos de referência* constituem um documento procedimental que visa fornecer aos concorrentes os elementos que, nos procedimentos concursais, constam do programa de concurso e do caderno de encargos: a entidade adjudicante fornece os elementos quanto à sua identidade, quanto à natureza do procedimento, aos requisitos de habilitação para a participação no procedimento, à tramitação deste, à *"compensação monetária"* (prémio) a atribuir pela participação e pela selecção, os elementos que servem de base à concepção, o que se pretende dos concorrentes, critério de selecção, etc..

Esta é a única peça do procedimento, sendo aprovada pela entidade competente para decidir sobre a selecção de um ou mais trabalhos de concepção.

3. Cfr. os artigos 46º, 60º, 120º, 140º a 145º, 147º e seguintes e 160º.

ARTIGO 147º
Júri do concurso

1. O júri do concurso para os trabalhos de concepção, designado pelo órgão competente para a respectiva decisão é composto, em número ímpar, por um mínimo de três membros efectivos, um dos quais preside e dois suplentes.

2. Quando, nos termos de referência, for exigida aos concorrentes a titularidade de habilitações profissionais específicas, a maioria dos membros do júri deve ser titular da mesma habilitação.

3. Ao funcionamento do júri do concurso para trabalhos de concepção é aplicável o disposto nos nº 1, 3, 4, 5 e 6 do artigo 41º e nos artigos 42º a 44º da presente lei.

4. As deliberações do júri do concurso sobre a ordenação dos trabalhos de concepção apresentados ou sobre a exclusão dos mesmos por inobservância da descrição a que se refere a alínea b) do nº 1 do artigo anterior têm carácter vinculativo para a entidade pública contratante, não podendo, em qualquer caso, ser alteradas depois de conhecida a identidade dos concorrentes.

1. Este preceito não tem correspondência no regime anterior.

2. A entidade competente para designar o júri, considerará, para isso, a natureza dos trabalhos a apresentar, designadamente, como resulta dos *termos de referência* (artigo 146º), as características, as particularidades, as referências e quaisquer outros requisitos de natureza estética, funcional ou técnica que os trabalhos de concepção devem observar.

3. No sentido de garantir a imparcialidade, a isenção e a independência do júri, neste tipo de procedimentos, é comum exigir expressamente que os seus membros sejam alheios aos participantes no procedimento. Como essa circunstância só é verificável após o júri tomar conhecimento da identidade dos concorrentes, só nessa altura essa questão poderá ser resolvida através dos membros suplentes.

4. No que respeita ao funcionamento do júri, nos termos do disposto no nº 3:

- inicia as suas funções no dia determinado no despacho que designa o seu presidente;
- de entre os seus membros, ou de entre o pessoal dos serviços da entidade pública contratante, nomeia um secretário a quem compete, designadamente, lavrar as actas;
- pode ser assessorado por peritos ou consultores designados pelo o órgão competente para a decisão de contratar;
- as razões relativas aos votos de vencido devem constar da respectiva acta, sob a forma de declaração de voto;
- compete-lhe receber as candidaturas, conduzir o acto público do concurso, proceder à apreciação das candidaturas e das propostas, elaborar os respectivos relatórios e bem assim as propostas de decisão quanto à admissão das candidaturas das propostas e da adjudicação e ainda exercer as competências delegadas pelo órgão competente para a decisão de contratar, não sendo, contudo, delegáveis as decisões quanto à qualificação dos candidatos e à de adjudicação;
- os seus membros e colaboradores estão obrigados a guardar sigilo e a assegurar a confidencialidade dos elementos do mesmo.

5. Na remissão feita pelo nº 3 para o artigo 41º, não se faz referência ao nº 2 deste último preceito, segundo o qual as deliberações são tomadas por maioria dos votos dos membros presentes, não sendo admitidas abstenções. Em vez de, como faz com os artigos 42º a 44º, se limitar a remeter para o artigo

41º, o nº 3 faz uma enumeração de vários números deste último, excluindo dessa enumeração o nº 2. O que parece só fazer sentido se, efectivamente, pretender excluir a aplicação desse nº 2. Nem em qualquer outro preceito há norma a esta correspondente. E, no entanto, aparentemente, não pode ser outro o regime para a tomada das deliberações do júri, que, de resto, parece estar implicitamente contido neste, não só porque exige que o júri seja composto por um número ímpar de membros (nº 1), como também porque ao remeter para o nº 6 do artigo 41º, que manda constar da acta os votos de vencidos, pressupõe que a deliberação é tomada por maioria.

6. O nº 4 contém duas disposições: por um lado, impõe à entidade adjudicante o teor da deliberação do júri tomada quer sobre a ordenação dos trabalhos concorrentes segundo o respectivo mérito, quer sobre a exclusão de trabalhos apresentados, com fundamento na falta de observância das características e requisitos que os trabalhos, segundo os *termos de referência*, devem observar; por outro, confere estabilidade a essa deliberação, que tem de manter-se inalterada a partir do momento em que cesse o anonimato a que se reporta o artigo seguinte.

Quanto à primeira daquelas disposições, o ali estabelecido é-o sem prejuízo de sobre a entidade adjudicante impender o dever de, nos termos gerais,[330] fundamentar a sua decisão, sempre que entenda, quanto ao mais, não seguir as deliberações do júri constantes do seu relatório final, como estabelece o nº 1 do artigo 153º.

Quanto à segunda, além do mais, por uma questão de transparência, igualdade e imparcialidade, só após o relatório final se conhece a identidade dos autores dos trabalhos, cuja admissão e ordenação não podem, por isso, ser afectadas.

7. Cfr. os artigos 41º, 42º, 43º, 44º, 140º a 146º, 148º e seguintes.

ARTIGO 148º
Anonimato

1. No concurso para concepção, qualquer que seja a modalidade adoptada, a identidade dos concorrentes autores dos trabalhos de concepção apresentados só pode ser conhecida e revelada depois de elaborado o relatório final do concurso.

---

[330] Cf. os artigos 67º e seguintes das NPAA.

2. A entidade pública contratante, o júri do concurso e os concorrentes devem praticar ou abster-se de praticar, se for o caso, todos os actos necessários ao cumprimento do disposto no número anterior.

1. Este preceito não tem correspondência no regime anterior.

2. O anonimato está garantido pelo procedimento regulado no artigo 151º, onde se estabelecem os procedimentos necessários para o que, nos invólucros exteriores, apenas consta a designação do concurso e da entidade contratante. Portanto, na recepção dos projectos ou planos não deve registar-se a identidade e morada das pessoas que os entregaram.

3. O objectivo, como já ficou salientado no comentário ao artigo anterior, é claramente o de garantir isenção, imparcialidade e transparência na deliberação do júri, que deve apreciar os trabalhos com essas imparcialidade e independência, tendo exclusivamente em conta o seu mérito intrínseco e não o decorrente do nome dos seus autores.

4. Cfr. os artigos 41º, 42º, 43º, 140º a 147º, 149º e seguintes.

ARTIGO 149º
Apresentação dos trabalhos de concepção
Cada concorrente pode apresentar vários trabalhos de concepção.

1. Este preceito não tem correspondência no regime anterior.

2. Do disposto neste artigo pode concluir-se que não é possível à entidade contratante incluir nos *termos de referência* uma cláusula que impeça os concorrentes de apresentar mais que um trabalho ou mesmo estabelecer um número máximo ou mínimo de trabalhos a apresentar. O que, de resto, seria contrário à concorrência que se pretende

3. Cfr. os artigos 140º a 148º, 150º e seguintes.

ARTIGO 150º
Fixação dos prazos para a apresentação dos documentos
O prazo para a apresentação dos documentos destinados à qualificação, quando a modalidade escolhida for a de concurso limitado por prévia qualificação, bem como o prazo para a apresentação dos documentos que materializam os trabalhos de concepção, são

fixados livremente pela entidade pública contratante, tendo em conta o tempo necessário à respectiva elaboração, em função da natureza das características e da complexidade inerentes ao concurso em causa.

1. Este preceito não tem correspondência no regime anterior.

2. Traduz, mais uma vez, o poder discricionário da entidade contratante de adaptar certos trâmites do procedimento ao que for mais conveniente em função das características dos trabalhos a apresentar e, portanto, dos objectivos determinantes do procedimento.

3. A entidade adjudicante escolhe *livremente* o prazo para apresentação dos documentos de qualificação e os trabalhos de concepção. A fixação desse prazo é, portanto, objecto de uma decisão discricionária da entidade adjudicante. Mas não de uma decisão arbitrária. Com efeito, deve ser fundamentada e impõe-se que seja fixado um prazo razoável e adequado segundo a natureza dos documentos e dos trabalhos de concepção, a respectiva complexidade, as exigências técnicas e tudo o mais que é normalmente exigível para a concepção desses trabalhos e elaboração da respectiva proposta[331]. A violação dessas regras traduzirá, em última análise, um desvirtuamento das regras da concorrência, que fere a decisão de invalidade.

4. Os prazos referidos neste artigo são fixados nos *termos de referência* (artigo 146º, nº 1, alínea h) e nº 2 alínea c)). Por outro lado, devem ser contados continuamente, portanto, não se suspendendo aos sábados, domingos e feriados, como decorre do nº 2 do artigo 356º, senão directamente, ao menos por analogia.

5. Cfr. os artigos 140º a 149º, 151º e seguintes.

ARTIGO 151º
Regras do concurso público

1. Quando a modalidade escolhida for a de concurso público, os documentos que materializam cada um dos trabalhos de concepção devem ser encerrados em invólucro opaco, fechado e lacrado, no rosto do qual deve ser escrita apenas a palavra «Trabalho» e a designação do concurso.

2. Em invólucro com as características indicadas no número anterior, deve ser encerrado um documento com a identificação e os contactos do concorrente, no rosto do qual deve ser escrita apenas a palavra «Concorrente» e a designação do concurso.

---

[331] Ver, por exemplo, o nº 4 do artigo 168º.

3. Os invólucros a que se referem os números anteriores são encerrados num outro, igualmente opaco, fechado e lacrado, que se denomina «Invólucro exterior», indicando--se apenas a designação do concurso e da entidade adjudicante.

4. Os documentos que materializam os trabalhos de concepção, bem como todos os invólucros referidos nos números anteriores, devem ser elaborados e apresentados de tal forma que fique assegurado o total e absoluto anonimato dos concorrentes, não podendo conter qualquer elemento que permita, de forma directa ou indirecta, identificar o seu autor ou autores.

5. O invólucro exterior pode ser entregue directamente ou enviado por correio registado, sem indicação do remetente, devendo, em qualquer caso, a respectiva recepção ocorrer dentro do prazo e no local fixados para a apresentação dos trabalhos de concepção.

6. A recepção dos invólucros exteriores deve ser registada, anotando-se a data e a hora em que os mesmos são recebidos e, no caso de entrega directa, deve ser apenas entregue ao seu portador um recibo comprovativo dessa entrega.

7. Depois do termo fixado para a apresentação dos trabalhos de concepção, o júri do concurso atribui um número a cada um dos invólucros exteriores, abre-os e escreve esse mesmo número nos respectivos invólucros referidos nos n°s 1 e 2 do presente artigo.

8. O júri do concurso deve proceder, em seguida, à abertura dos invólucros que contém os documentos que materializam os trabalhos de concepção apresentados pelos concorrentes, procedendo à sua apreciação e elaborando um relatório final, assinado por todos os seus membros, no qual deve indicar, fundamentadamente o seguinte:

a) a ordenação dos trabalhos de concepção apresentados de acordo com o critério de selecção fixado nos termos de referência;

b) a exclusão dos trabalhos de concepção:

i) cujos invólucros tenham sido apresentados após o termo do prazo fixado nos termos de referência;

ii) cujos documentos que os materializam ou os invólucros referidos nos n°s 1 a 3, contenham qualquer elemento que permita, de forma directa ou indirecta, identificar o seu autor ou autores;

iii) que não observem as exigências do artigo 152º.

9. O júri do concurso só pode proceder à abertura dos invólucros referidos no n° 2 depois de integralmente cumprido o disposto no número anterior.

10. No caso de os termos de referência estabelecerem a obrigatoriedade de apresentação dos trabalhos de concepção através de correio electrónico ou de outro meio de transmissão electrónica de dados, o disposto nos números anteriores é aplicável com as necessárias adaptações.

1. Este preceito não tem correspondência no regime anterior.

2. Neste preceito são estabelecidas as regras procedimentais da arrumação de todos os elementos documentais identificadores do concorrente e aqueles em que se consubstanciam os trabalhos de concepção apresentados, com especiais preocupações de garantir o seu anonimato, desde a sua recepção até à sua apreciação e elaboração do relatório final pelo júri (artigo 148º). Estranhamente, todas as operações efectuadas sob a égide do júri decorrem na intimidade deste e não em sessão pública, pelo que, numa interpretação literal do preceito, nenhuma garantia existiria de que tais regras foram observadas, designadamente as que visam preservar o anonimato dos trabalhos até à elaboração do relatório final. E a verdade é que se devem considerar essenciais, tanto para os participantes no procedimento como para o júri, as formalidades que visam garantir esse anonimato e, portanto, a imparcialidade e a isenção do júri e, consequentemente, a transparência do procedimento[332]. Por isso, se entende que a disposição só tem sentido útil se for interpretada como dispondo que o dever de anonimato só acaba após a divulgação do relatório final do júri.

3. Os participantes no procedimento devem, pois, acondicionar os trabalhos de concepção a apresentar com rigorosa observância das regras aqui estabelecidas, sob pena de exclusão, se daí decorrer a possibilidade de, por qualquer forma, ser identificado o respectivo autor (nº 8, b), ii)).

4. Cada participante utiliza, pois, três invólucros, todos opacos e todos eles apresentados fechados e lacrados:

– o invólucro com a designação *"trabalhos"*, que contém os documentos integradores dos trabalhos de concepção;
– o invólucro com a designação de *"concorrente"*, que contém os elementos identificadores do autor dos trabalhos de concepção apresentados;
– o *"invólucro exterior"*, no qual são inseridos aqueles dois.

5. Apesar de exigir que os invólucros, além de opacos e fechados, sejam *lacrados,* o preceito não faz qualquer referência à aplicação de sinete bem visível no lacre, o que parece estar implícito naquela exigência para que a lacragem exerça a sua função.

6. O *invólucro exterior* pode ser entregue em mão contra recibo à entidade competente, ou ser-lhe enviado pelo correio sob registo. Em qualquer dos

---

[332] Sobre a razão de ser deste formalismo, do dever do seu cumprimento e consequências do seu incumprimento, ver M. e R. ESTEVES DE OLIVEIRA, *Concursos ...*, págs. 372 e seguintes.

casos, com vista a salvaguardar o anonimato, não pode conter outra indicação que não seja a identificação e endereço da entidade contratante, conforme consta dos *termos de referência* (artigo 146º, nº 1, alínea h)), não podendo, por isso, conter referência ao remetente. Nada impede que o concorrente envie o *invólucro exterior* em carta sem registo, desde que, evidentemente, obedeça a todas as demais condições legais. Poderá pretender-se que, ao referir *"correio registado",* o preceito terá visado estabelecer o único meio de prova que o concorrente pode utilizar na hipótese de ter enviado a sua proposta pela via postal e não ser recebida em devido tempo. Mas afigura-se-nos que nem isso. A entidade contratante só tem a ver com a recepção do invólucro no prazo para isso determinado. Se isso não ocorreu, a indagação das respectivas causas e consequente responsabilidade, são assuntos a que aquela entidade é alheia e que apenas respeitam ao concorrente. Do que resulta que a referida alusão ao registo parece de todo inócua.

7. Seria recomendável a exigência de que as inscrições nos invólucros sejam dactilografadas, para impedir que, através da letra, se violasse o princípio do anonimato. Ainda que o não diga expressamente, parece que isso mesmo cabe no princípio geral, estabelecido no nº 4 deste preceito, da proibição de os invólucros conterem qualquer elemento que, por qualquer forma, directa ou indirecta, permita identificar o autor ou autores dos trabalhos de concepção apresentados.

8. Não se prevê aqui a audiência prévia dos concorrentes e, consequentemente, a elaboração de um relatório preliminar, o que constitui um desvio ao regime geral estabelecido no artigo 52º das NPAA.

9. Cfr. os artigos 140º a 150º, 152º e seguintes.

ARTIGO 152º
Regras do concurso limitado por prévia qualificação

1. Quando a modalidade escolhida for a de concurso limitado por prévia qualificação, os documentos destinados à qualificação devem ser encerrados em invólucro opaco, fechado e lacrado, no rosto do qual deve ser escrita apenas a palavra «Candidatura», o nome ou a denominação social do candidato, a designação do concurso e da entidade pública contratante.

2. O invólucro referido no número anterior pode ser entregue directamente ou enviado por correio registado, devendo, em qualquer caso, a respectiva recepção ocorrer dentro do prazo e no local fixado para a apresentação das candidaturas.

3. A recepção dos invólucros deve ser registada, anotando-se a data e a hora em que os mesmos são recebidos e, no caso de entrega directa, a identidade das pessoas que a efectuaram, sendo entregue a estas, um recibo comprovativo dessa entrega.

4. Depois do termo (do prazo)[333] fixado para a apresentação das candidaturas, o júri do concurso procede à sua apreciação, qualificando os candidatos que, tendo apresentado as respectivas candidaturas tempestivamente, cumpram os requisitos mínimos de capacidade técnica fixados nos termos de referência.

5. Efectuada a qualificação, o júri do concurso envia aos candidatos qualificados, em simultâneo, um convite para a apresentação dos trabalhos de concepção de acordo com as regras fixadas nos termos de referência.

6. Cumprido o disposto no número anterior, o concurso de concepção prossegue os seus termos de acordo com o disposto no artigo anterior.

7. O relatório final do concurso deve ainda indicar, fundamentadamente, quais os candidatos a excluir, quer por não preencherem os requisitos mínimos de capacidade técnica exigidos nos termos de referência, quer por terem apresentado as respectivas candidaturas após o termo do prazo fixado para o efeito.

8. No caso de os termos de referência preverem a obrigatoriedade de apresentação dos trabalhos de concepção através de correio electrónico ou de outro meio de transmissão electrónica de dados, o disposto nos números anteriores é aplicável com as necessárias adaptações.

1. Este preceito não tem correspondência no regime anterior.

2. Ver o comentário ao artigo anterior, pois, neste, trata-se de adaptar o regime ali estabelecido ao concurso limitado por prévia qualificação. Salienta-se apenas que, por serem previamente qualificados e, por isso, identificados os convidados a apresentação de trabalhos, as regras tendentes a manter o anonimato, na fase da apresentação dos trabalhos de concepção, são as constantes do artigo anterior.

3. Cfr. os artigos 140º a 150º, 152º e seguintes.

ARTIGO 153º
Decisão de selecção e prémios

1. O órgão competente para a decisão de lançar o concurso para trabalhos de concepção deve seleccionar um ou mais trabalhos de concepção, consoante o número fixado nos termos de referência do concurso, de acordo com o teor e as conclusões do relatório final, nomeadamente com as deliberações vinculativas tomadas pelo júri.

---

[333] Por manifesto lapso, neste local do texto do preceito falta *"do prazo"*.

FASES DA FORMAÇÃO DO CONTRATO **ART. 153º** 255

2. Da decisão de selecção deve também constar a atribuição dos prémios de consagração aos concorrentes seleccionados, bem como a atribuição dos eventuais prémios de participação.
3. A decisão de selecção referida nos números anteriores deve ser notificada simultaneamente a todos os concorrentes e, quando a modalidade escolhida for a de concurso limitado por prévia qualificação, também aos candidatos excluídos.

1. Este preceito não tem correspondência no regime anterior.

2. No nº 2, como, aliás, já constava das alíneas j) e m) do nº 1 do artigo 146º, distingue-se claramente entre *prémios de participação* e *prémios de consagração*.

Os primeiros visam incentivar os potenciais interessados a participar no concurso e, eventualmente, a uma compensação dos custos inerentes a essa participação; os segundos, visam distinguir a qualidade e mérito de trabalhos de concepção em cotejo com os demais que tenham sido apresentados.

3. Quanto aos *prémios de participação*, a sua atribuição, como resulta do disposto no nº 2, só tem lugar se nos *termos de referência* estiver prevista a sua atribuição e nas condições aí estabelecidas (alínea j) do nº 1 do artigo 146º).

Da redacção daquela disposição não parece de concluir que os *prémios de consagração* serão sempre atribuídos. Não há fundamento lógico que o sustente, e isso mesmo prevê o nº 4 do artigo 187º para o caso de, em procedimento de adjudicação de empreitada de obras públicas, o projecto base ser a apresentar pelos concorrentes. Pode mesmo pretender-se que, sob aquele prisma, a terem de ser sempre atribuídos prémios, isso deveria acontecer com os de participação e só com esses.

4. Pode o júri deliberar que os trabalhos de concepção não têm mérito que justifique a adjudicação e, neste caso, obviamente, não há lugar à atribuição de prémios de consagração, ainda que essa atribuição esteja prevista nos termos de referência. Mais duvidosa é a questão de saber se essa não atribuição dos prémios de consagração poderá ocorrer havendo selecção de trabalhos ou, mais simplesmente, adjudicação. Parece que a solução deve decorrer das regras constantes dos *termos de referência* quanto à sua atribuição.

Mas outra questão se pode ainda colocar, que é a de saber se a entidade adjudicante está vinculada à implementação prática dos trabalhos de concepção ordenados no primeiro lugar pelo júri ou se, apesar de esses serem os seleccionados e eventualmente premiados, aquela entidade pode optar por outro para a respectiva execução. É isso que parece decorrer, se não directamente por analogia, do nº 2 do artigo 140º.

5. Cfr. os artigos 140º a 152º, 154º e 155º.

ARTIGO 154º
Caducidade da decisão de selecção

1. Quando os termos de referência do concurso para concepção exigirem aos concorrentes a titularidade de habilitações profissionais específicas, os concorrentes seleccionados devem apresentar documentos comprovativos das mesmas no prazo de cinco dias a contar da notificação da decisão de selecção.

2. A decisão de selecção caduca se o concorrente seleccionado não apresentar os documentos referidos no número anterior no prazo nele fixado.

3. No caso previsto no número anterior, deve o órgão competente para a decisão seleccionar o trabalho de concepção ordenado no lugar seguinte.

1. Este preceito não tem correspondência no regime anterior.

2. Trata-se, mais uma vez, do exercício do poder discricionário da entidade contratante no sentido de adaptar a tramitação do procedimento ao que for mais conveniente em função das características e objectivos determinantes do procedimento.

3. Cfr. os artigos 107º, 116º, 140º a 153º e 155º.

ARTIGO 155º
Prevalência

As normas constantes do presente capítulo relativas ao concurso de concepção prevalecem sobre quaisquer disposições dos termos de referência e respectivos documentos complementares com elas desconformes.

1. Este preceito não tem correspondência no regime anterior.

2. Cfr. os artigos 140º a 154º.

SECÇÃO II
SISTEMAS DE AQUISIÇÃO DINÂMICA ELECTRÓNICA

ARTIGO 156º
Noção

1. A entidade contratante pode celebrar contratos de aquisição de bens móveis ou de serviços de uso corrente através de um procedimento especial totalmente electrónico designado por sistema de aquisição dinâmica electrónica.

2. Para efeitos do disposto no número anterior, consideram-se bens e serviços de uso corrente, aqueles cujas especificações técnicas se encontram totalmente estandardizadas.

1. Este preceito não tem correspondência no regime anterior.

2. Este tipo especial de procedimento de adjudicação insere-se num conjunto de medidas adoptadas por esta LCP no sentido da simplificação e agilização procedimental, desmaterializando e, por vezes, desburocratizando a tramitação dos procedimentos, com recurso às novas tecnologias de comunicação e informação, designadamente através dos meios electrónicos. É o que sucede igualmente com os leilões electrónicos e com as centrais de compras.

3. Trata-se de *um processo de aquisição inteiramente electrónico para a compra de bens ou serviços de uso corrente, cujas características geralmente disponíveis no mercado satisfazem a entidade adjudicante, limitado no tempo e aberto, ao longo de toda a sua duração, a qualquer operador económico que satisfaça os critérios de selecção e tenha apresentado uma proposta indicativa conforme com o caderno de encargos*[334].

Acerca deste procedimento, escreveu MARIA JOÃO ESTORNINHO[335]: *Este sistema permite às entidades adjudicantes, socorrendo-se dos meios electrónicos, analisar um número elevado de propostas de operadores que constam de uma lista de fornecedores previamente elaborada. (...) Trata-se de um sistema que se pretende flexível (permitindo-se que, a qualquer momento, possam ser apresentadas propostas melhores do que as propostas indicativas que inicialmente tenham surgido) e concorrencial (podendo os operadores económicos aderir ao sistema, em qualquer fase, apresentando propostas de acordo com o caderno de encargos).*

4. Da noção dada resulta que este procedimento tem o âmbito da sua aplicação duplamente limitado: apenas abrange os contratos de aquisição de bens móveis ou de serviços, mas, mesmo neste âmbito, limitado aos bens e serviços *de uso corrente*, no sentido explicitado no nº 2. Assim, quanto aos contratos administrativos, fica vedada a sua aplicação designadamente aos contratos de empreitada de obras públicas e aos contratos de locação de bens móveis e bem assim aos contratos de aquisição de bens móveis ou de aquisição de serviços se os bens ou serviços a locar ou a adquirir não forem de *uso corrente*. Por outro lado, como dispõe o nº 3 do artigo 158º, é vedado

---

[334] Directivas nº 2004/17/CE e nº 2004/18/CE, ambas de 31 de Março e do Parlamento Europeu e do Conselho, no nº 5 do respectivo artigo 1º.
[335] *Direito Europeu dos Contratos Públicos – Um Olhar Português*, Almedina, 2006, pág. 353.

o recurso a este sistema se daí puder resultar viciação do princípio da concorrência, impedindo-a, restringindo-a ou falseando-a[336].

5. Na base do conceito *de bens ou serviços de uso corrente*, como resulta do nº 2, está a circunstância de as características técnicas dos bens ou serviços serem fixas em termos de oferta e, por isso, insusceptíveis de poderem intervir no facto concorrencial.

ARTIGO 157º
Fases do sistema

O sistema de aquisição dinâmica electrónica compreende as seguintes fases:

a) instituição do sistema e formação do catálogo electrónico;
b) convite;
c) adjudicação.

1. Este preceito não tem correspondência no regime anterior.

2. A estruturação de um procedimento de adjudicação de contrato público em fases tem o intuito de autonomizar as fases que o integram. Essa autonomização concretiza-se na obrigatoriedade da prática dos actos procedimentais estabelecidos para serem praticados em cada uma das fases e aos respectivos efeitos jurídicos. Deste modo, os actos próprios de uma determinada fase do procedimento não poderão, em princípio, ser praticados numa outra fase, quer por antecipação, quer por atraso, se daí advier ofensa de algum dos princípios por que se rege esse procedimento.

3. Ver comentários aos artigos 25º, 31º, 32º, 118º e 133 º.
Cfr. os artigos seguintes.

ARTIGO 158º
Instituição do sistema

1. A decisão de instituição do sistema cabe ao órgão competente para a decisão de contratar.
2. A escolha do procedimento para a instituição do sistema é efectuada de acordo com as regras previstas no artigo 25º da presente lei, atendendo ao valor estimado de aquisições de bens móveis ou de serviços de uso corrente, pela entidade contratante, no período de tempo fixado para a duração do sistema.

---

[336] Cfr. CATHERINE RIBOT, *La Passation des Marches Publics...*, pág. 129.

3. A entidade contratante não pode instituir um sistema de aquisição dinâmico de modo a impedir, restringir ou falsear a concorrência.

4. Não podem ser cobradas aos interessados ou aos concorrentes quaisquer despesas relacionadas com a instituição, manutenção e a operatividade do sistema.

1. Este preceito não tem correspondência no regime anterior.

2. Salienta-se que a lei não estabelece qualquer limite mínimo para o período de duração do sistema, mas já impõe para essa duração o limite máximo de quatro anos (artigo 160º, nº 1a)).

3. Ver comentários aos artigos 25º, 31º, 32º e artigos seguintes.

ARTIGO 159º
Anúncio

1. O anúncio de instituição do sistema deve ser publicado na III Série do Diário da República e num jornal de grande circulação no País.

2. É aplicável a este anúncio o disposto nos nºs. 2 a 5 do artigo 59º da presente lei.

1. Este preceito não tem correspondência no regime anterior.

2. Relativamente ao âmbito e local da publicitação do procedimento, o preceito estabelece um mínimo, não excluindo, portanto, que essa publicitação se faça em mais que um jornal, e mesmo por outros meios de comunicação, certo sendo que não poderá deixar de sê-lo no Portal da Contratação Pública, por expressa imposição deste preceito e do artigo 364º, nº 2.

3. Cfr. os artigos 59º, 119º, 135º, 145º, 160º e seguintes.

ARTIGO 160º
Programa do procedimento

1. Para além do disposto nas alíneas a), b), f) e k) do artigo 60º da presente lei, o programa do procedimento deve ainda:

a) fixar a duração do sistema de aquisição dinâmica electrónica, o qual não pode ter uma duração superior a quatro anos;

b) fornecer todas as informações necessárias ao acesso dos interessados ao sistema de aquisição dinâmica electrónica, indicando o equipamento electrónico utilizado, as modalidades e os aspectos técnicos de ligação ao sistema.

2. O programa do procedimento deve ser integralmente disponibilizado, até ao encerramento do sistema, de forma gratuita e directa, na plataforma electrónica utilizada pela entidade contratante.

1. Este preceito não tem correspondência no regime anterior.

2. As especificações dos elementos constantes do artigo 60º que o programa de concurso deve conter são: a identificação do concurso, o órgão que tomou a decisão de contratar, o modo de apresentação das propstas e o critério que preside à adjudicação, com explicitação dos factores de apreciação das propostas e respectiva ponderação, por ordem decrescente de importância, materializados em grelha de avaliação.

3. Cfr. os artigos 46º, 60º, 120º, 136º, 146º, 161º e seguintes.

ARTIGO 161º
Formação do catálogo electrónico

1. Dentro do prazo fixado para o efeito no anúncio referido no artigo 159º da presente lei, os interessados podem apresentar versões iniciais de propostas tendentes à formação do catálogo electrónico.

2. No prazo de 15 dias a contar do termo do prazo da recepção no sistema da versão inicial de proposta, a entidade contratante deve notificar o respectivo apresentante da sua aceitação ou rejeição.

3. Devem ser rejeitadas as versões iniciais das propostas cujos atributos, termos ou condições violem o caderno de encargos.

4. Os interessados cujas versões iniciais de propostas sejam rejeitadas podem apresentar uma versão alterada das mesmas no prazo de cinco dias a contar da data da notificação de rejeição.

5. A decisão da entidade contratante relativamente à admissão das versões alteradas das propostas deve ser tomada no prazo de 15 dias.

6. São admitidos no sistema, e incluídos no catálogo electrónico, todos os interessados que apresentem uma versão inicial da proposta ou uma versão alterada da mesma, que não seja rejeitada.

1. Este preceito não tem correspondência no regime anterior.

2. Do regime estabelecido neste preceito, salienta-se:

- Os participantes no procedimento cujas propostas sejam rejeitadas devem ser disso notificados;
- Esses interessados – e só esses – podem apresentar, no prazo de cinco dias, uma versão de proposta que seja a alteração da versão inicial rejeitada;
- A não notificação de rejeição das versões de proposta – inicial ou alterada – corresponde à sua aceitação.

3. Cfr. os artigos 162º e seguintes.

ARTIGO 162º
Convite

1. O procedimento de formação do contrato a celebrar ao abrigo do sistema de aquisição dinâmica electrónica inicia-se com o envio, em simultâneo, a todos os concorrentes que integram o catálogo electrónico, de um convite para apresentarem uma versão definitiva de proposta para o contrato a celebrar.

2. No convite, a entidade contratante deve indicar:

a) o prazo para a apresentação das versões definitivas das propostas, que não pode ser inferior a cinco dias a contar da data do envio do convite;
b) as quantidades de bens ou de serviços de uso corrente a adquirir.

3. Durante o período de vigência do sistema, a entidade contratante pode endereçar aos concorrentes que fazem parte do catálogo electrónico tantos convites quanto os que sejam necessários para a satisfação das suas necessidades de bens ou de serviços de uso corrente.

1. Este preceito não tem correspondência no regime anterior.

2. Cfr. os artigos 93º, 127º e 130º.

ARTIGO 163º
Adjudicação

1. A adjudicação é efectuada à versão definitiva de preço mais baixo.
2. O concorrente adjudicatário fica obrigado a apresentar os documentos de habilitação referidos nas alíneas a) a d) do nº 1 do artigo 58º, no prazo de dois dias, sob pena de caducidade da decisão de adjudicação.

3. Após a entrega e validação dos documentos de habilitação, a entidade contratante, na sequência da autorização da despesa pelo órgão competente, procede à requisição electrónica dos materiais, dos bens ou dos serviços incluídos no catálogo electrónico.
4. A factura do fornecimento ou da aquisição de serviços deve ser enviada à entidade contratante por meio electrónico, podendo o respectivo pagamento, após conferência, ser feito também por meio electrónico.

1. Este preceito não tem correspondência no regime anterior.

2. Nos termos do artigo 156º, a possibilidade de aquisição através dos *sistemas de aquisição dinâmica electrónica* só pode ter por objecto bens móveis ou serviços *de uso corrente*, isto é, bens ou serviços *cujas especificações técnicas se encontrem totalmente estandardizadas* e que, por consequência, não podem constituir elementos do contrato a celebrar susceptíveis de serem submetidos à concorrência. Justifica-se, por isso, que o factor preço assuma uma relevância decisiva, portanto, determinante da adjudicação, nos termos do nº 1.

3. No âmbito da LCP, este é o único procedimento em que a habilitação é feita após a adjudicação, portanto, constituindo ónus apenas do adjudicatário (cfr. os artigos 69º, 117º, 132º e 146º).

SECÇÃO III
REGRAS APLICÁVEIS À CONTRATAÇÃO DE SERVIÇOS
SUBSECÇÃO I
CONSULTORES

ARTIGO 164º
Método de contratação de serviços de consultoria
1. Salvo disposição em contrário na presente lei ou em legislação especial, a contratação de serviços de consultoria deve obedecer a um processo de selecção prévia.
2. Os serviços de consultoria podem ser contratados a pessoas singulares e a pessoas colectivas, públicas ou privadas, incluindo universidades e institutos de pesquisa.
3. Os critérios de avaliação na selecção de consultores pessoas colectivas são os seguintes:
a) qualidade da proposta técnica;
b) preço para a execução dos serviços a contratar.

4. Na selecção de um consultor para prestar serviços de consultoria, a entidade contratante deve ter como objectivo a contratação de serviços de qualidade, com base no princípio da concorrência e de acordo com as modalidades previstas na presente lei.

5. O consultor deve actuar e executar os serviços com diligência, profissionalismo e competência, no estrito interesse da entidade contratante, devendo, sempre que possível, assegurar a transferência de conhecimentos do consultor para a entidade contratante.
6. Na selecção de consultores pessoas singulares, a entidade contratante deve ter em conta a experiência e as qualificações da pessoa a contratar e obedecer às seguintes regras:

a) os consultores devem ser seleccionados com base na comparação de, pelo menos, três candidatos de entre aqueles que reúnam os requisitos publicados em anúncio e manifestem interesse na execução dos serviços de consultoria;
b) se menos de três candidatos manifestarem interesse em prestar os serviços de consultoria, a entidade contratante pode seleccioná-los de entre os consultores da lista de consultores candidatos que a entidade possua ou da lista que tenha sido preparada nos termos previstos no artigo 9º ou de entre consultores que já tenham prestado serviços de consultoria à entidade contratante, desde que justificado por razões de urgência e a relevância dos serviços;
c) os consultores pessoas singulares seleccionados devem preencher todos os requisitos relevantes de qualificações e capacidade para a realização dos serviços, devendo a sua capacidade ser auferida[337] com base no seu historial académico, experiência e, quando necessário, no conhecimento das condições locais e outros factores relevantes;
d) o consultor seleccionado deve ser convidado a apresentar as propostas técnica e financeira antes da celebração do contrato de aquisição.

1. Este preceito não tem correspondência no regime anterior.

2. O preceito não especifica o que deve entender-se por *serviços de consultoria*, pelo que, na ausência de um sentido estritamente técnico-jurídico, se terá de adoptar a expressão pelo seu sentido corrente. A consultoria é a actividade desenvolvida na prestação de aconselhamento nos vários domínios da ciência e da técnica por quem, pela sua formação, é especialmente qualificado na respectiva área[338]. Realiza-se geralmente através de análises, de diagnósticos e de proposição de soluções. Os campos de actuação mais frequentes são os económico, financeiro, jurídico, técnico e de gestão empresarial.

3. Cfr. os artigos seguintes.

---

[337] É manifesto que se quis escrever *"aferida"* tal como na alínea a) do nº 3, se quis escrever: *"qualidade técnica da proposta".*
[338] Cfr. *Dicionário da Língua Portuguesa Contemporânea* , I, da Academia das Ciências de Lisboa, ed. Verbo, 2001, pág. 941.

ARTIGO 165º
Conflitos de interesses

1. Ficam impedidos de prestar serviços de consultoria às entidades contratantes os consultores em situação de conflito de interesses, considerando-se, para efeitos do presente diploma, como conflito de interesses todas as situações que potencialmente possam impedir o consultor de prestar consultoria profissional de um modo objectivo e imparcial e no interesse exclusivo da entidade contratante.

2. Considera-se que existe conflito de interesses, nomeadamente nas seguintes situações:

a) quando o consultor tenha participado, directa ou indirectamente, na elaboração dos termos de referência e de outros documentos relacionados com a matéria objecto da contratação;

b) quando o consultor tenha sido anteriormente contratado pela entidade contratante para a elaboração ou execução de um serviço e a entidade contratante entender que o objecto da nova consultoria a ser contratada está relacionado com o serviço anterior, excepto nos casos de continuação desses serviços de consultoria;

c) quando os serviços de consultoria, pela sua natureza, estejam em conflito com outro serviço executado pelo mesmo consultor;

d) tratando-se de consultores pessoas colectivas, quando um ou mais dos sócios, directores, membros do Conselho de Administração ou do pessoal técnico pertençam ao quadro de pessoal permanente ou temporário da entidade contratante;

e) quando o consultor mantenha um relacionamento com a entidade contratante, directamente ou através de terceiros, que lhe permita influenciar as decisões da entidade contratante.

3. A verificação de uma situação de conflito de interesses resulta na desqualificação e rejeição da proposta apresentada pelo consultor candidato ou na invalidade do contrato de aquisição entretanto celebrado.

1. Este preceito não tem correspondência no regime anterior.

2. O preceito visa salvguardar a independência e a imparcialidade do consultor e, consequentemente, a credibilidade do resultado da sua actuação. Presume-se que a falta daquelas qualidades se reflece negativamente na actividade, quer por efeito dos interesses próprios, quer pela ligação directa ou indicrecta, actual ou pretérita à matéria sobre a qual a actividade de consultoria deve ser desenvolvida.

Por outro lado, o preceito presume que o conflito de interesses e, consequentemente, a falta de independência e imparcialidade decorrem da mera verificação de determinadas situações que, aliás de modo exemplficativo, enumera.

3. Cfr. os artigos 7º, 8º, 9º, 50º 51º, 52º, 53º e 54º.

SUBSECÇÃO II
PROCEDIMENTOS

ARTIGO 166º
Fases do processo de selecção

1. O processo de selecção de consultores deve observar, pela ordem indicada, as seguintes fases:

a) elaboração dos termos de referência;

b) determinação do custo estimado da contratação e elaboração do respectivo orçamento;

c) anúncio do processo de contratação, nos termos dos artigos 119º e 145º;

d) preparação da lista de consultores candidatos;

e) preparação e emissão da solicitação de propostas que deve incluir:

i) uma carta-convite;

ii) instruções aos consultores candidatos;

iii) termos de referência;

iv) uma minuta do contrato de aquisição;

f) recepção das propostas;

g) avaliação das propostas técnicas, com vista a análise de qualidade;

h) abertura pública das propostas financeiras;

i) avaliação das propostas financeiras;

j) avaliação final de qualidade e custo;

k) adjudicação da proposta;

l) negociação, com observância do disposto no número seguinte e celebração do respectivo contrato de aquisição.

2. A entidade contratante deve negociar apenas com o consultor candidato cuja proposta tenha sido classificada em primeiro lugar na avaliação técnica.

1. Este preceito não tem correspondência no regime anterior.

2. A estruturação de um procedimento de adjudicação de contrato público em fases tem o intuito de autonomizar as fases que o integram. Essa autonomização concretiza-se na obrigatoriedade da prática dos actos procedimentais estabelecidos para serem praticados em cada uma das fases e aos respectivos efeitos jurídicos. Deste modo, os actos próprios de uma determinada fase do procedimento não poderão, em princípio, ser praticados numa outra fase, quer por antecipação, quer por atraso, se daí advier ofensa de algum dos princípios por que se rege esse procedimento.

3. Cfr. os artigos 118º, 133º e 157º.

ARTIGO 167º
Termos de referência

1. Os termos de referência são os documentos que definem claramente os objectivos, âmbito dos serviços, prazos obrigações e responsabilidades dos consultores candidatos, bem como os serviços a contratar e as qualificações exigidas.

2. Os termos de referência devem incluir, igualmente, as informações disponíveis relativas à entidade contratante de que os consultores candidatos necessitem para elaborar as suas propostas.

1. Este preceito não tem correspondência no regime anterior.

2. Os *termos de referência* constituem uma peça procedimental que visa fornecer aos interessados os elementos que, nos procedimentos concursais, constam do programa de concurso e do caderno de encargos, isto é, não só os requisitos a que deve obedecer a entidade a contratar, como o conteúdo das prestações que integram o contrato a celebrar, designadamente as respectivas especificações técnicas e jurídicas.

3. Cfr o artigo 146º.

ARTIGO 168º
Anúncio e convite para a apresentação de propostas

1. A entidade contratante deve publicar um anúncio nos termos do artigo 119º, solicitando que os candidatos manifestem o seu interesse em participar do processo de contratação.

2. A entidade contratante deve, também, divulgar a manifestação de interesse dos consultores candidatos ao Gabinete para a Contratação Pública, para publicação simultânea no Portal da Contratação Pública.

3. As informações solicitadas devem limitar-se ao mínimo necessário para que a entidade contratante possa determinar se as qualificações dos consultores são adequadas ao objecto do contrato a celebrar.

4. O prazo para responder a uma manifestação de interesse de prestação de serviços de consultoria deve ser suficiente para que os consultores candidatos possam elaborar as suas propostas, não podendo ser inferior a 15 dias.

5. A entidade contratante deve estabelecer a lista de consultores candidatos com um mínimo de três consultores pré-qualificados, devendo emitir um convite para a apresentação de propostas de prestação de serviços de consultoria aos candidatos pré-qualificados, o qual deve conter os seguintes elementos:

a) *indicação da intenção de contratar os serviços, a data, a hora e o local de recepção e abertura das propostas;*

b) *os elementos necessários à elaboração das propostas pelos consultores candidatos, os critérios de selecção, os requisitos e os respectivos pesos das propostas técnica e financeira, bem como a pontuação mínima para selecção;*

c) *os termos de referência;*

d) *a minuta do contrato de aquisição a celebrar.*

6. *Os consultores candidatos podem, por escrito, solicitar esclarecimentos sobre o convite para a apresentação de propostas previsto no número anterior, no primeiro terço do prazo fixado para a recepção das propostas, devendo a entidade contratante responder, também por escrito, no segundo terço do mesmo prazo, enviando cópias da resposta a todos os consultores da lista de consultores candidatos.*

1. Este preceito não tem correspondência no regime anterior.

2. Quanto ao anúncio, e relativamente ao âmbito e local da publicitação do procedimento, o preceito estabelece um mínimo, não excluindo, portanto, que essa publicitação se faça em mais que um jornal, e mesmo por outros meios de comunicação, certo sendo que não poderá deixar de sê-lo no Portal da Contratação Pública, por expressa imposição deste artigo e do 364º, nº 2.

3. Para além da sua notificação a todos os interessados que constam da lista de consultores candidatos organizada nos termos do nº 5, os esclarecimentos devem ser disponibilizados na plataforma electrónica utilizada pela entidade contratante e juntos às peças do procedimento que se encontrem patentes para consulta.

4. Os esclarecimentos sobre o convite podem igualmente ser prestados por iniciativa da entidade contratante no mesmo prazo, se nisso vir necessidade ou conveniência.

5. Visto que o pedido de esclarecimentos e a sua prestação não afectam o decurso normal do prazo de apresentação das propostas, a imposição de prazo para o pedido dos esclarecimentos e para a sua prestação justifica-se com a necessidade de os interessados os poderem levar em consideração na elaboração das suas propostas. A própria finalidade do preceito legal só restaria útil se os esclarecimentos fossem prestados o mais brevemente possível, mas sempre em momento tal que os interessados pudessem dispor de um prazo razoável para os estudar e elaborar as suas propostas tomando-os em consideração.

6. Ainda no que respeita à extensão do dever de prestar esclarecimentos, pode colocar-se a questão de saber se esse dever de prestar e o da respectiva junção ao processo se verificam relativamente a todos e quaisquer esclarecimentos pedidos. Há que interpretar a lei com razoabilidade e não cremos que estivesse no pensamento do legislador esclarecimentos de dúvidas artificiais, desrazoáveis ou mesmo fúteis. O que se pretende é que o convite possa ser correctamente interpretado por todos os interessados e que a apreensão do seu conteúdo seja a todos acessível em igualdade de condições. Assim se justifica que tais formalidades só sejam de observar para os esclarecimentos que razoavelmente se considerem necessários ou mesmo úteis à correcta interpretação daqueles elementos e respeitem a aspectos essenciais da tramitação procedimental e do contrato, podendo ter influência, directa ou indirecta na economia e substância das propostas ou na forma e prazo da sua apresentação.

7. Cfr os artigos 59º, 62º, 93º, 119º, 127º, 130º, 135º, 145º, 159º, 162º e 166º.

ARTIGO 169º
Prazos

1. O convite para a apresentação de propostas previsto no artigo anterior deve fixar um prazo razoável e suficiente para que os consultores candidatos possam preparar as suas propostas, de acordo com a natureza e a complexidade dos serviços, não devendo esse prazo ser inferior a 30 ou superior a 90 dias.

2. O prazo concedido para os consultores candidatos expressarem o seu interesse em participar do processo de contratação não pode ser menor do que o período estabelecido no nº 4 do artigo anterior, nem maior do que a metade do período permitido para a solicitação de propostas.

1. Este preceito não tem correspondência no regime anterior.

2. Os prazos referidos neste artigo devem ser contados continuamente, portanto, não se suspendendo aos sábados, domingos e feriados, já que se inserem no decurso do prazo de apresentação das propostas e esse é o regime de contagem desse prazo, como decorre do nº 2 do artigo 356º.

3. Cfr. os artigos 73º, 124º e 150º.

ARTIGO 170º
Orçamento

O orçamento deve basear-se na avaliação feita pela entidade contratante sobre os recursos necessários para a execução dos serviços de consultoria.

Este preceito não tem correspondência no regime anterior.

ARTIGO 171º
Lista de consultores candidatos

1. A participação no processo de contratação pode ser feita com base numa lista de consultores candidatos elaborada pela entidade contratante, com um mínimo de três e um máximo de seis consultores para cada contratação.

2. A lista de consultores candidatos deve ser elaborada tendo em conta os consultores que tenham manifestado o seu interesse e que possuam as qualificações necessárias.

3. A entidade contratante deve, a todo o tempo, garantir que, pelo menos, metade dos consultores incluídos na lista de consultores candidatos sejam consultores nacionais, salvo nos casos de comprovada inexistência de consultores nacionais qualificados, para o efeito, no mercado.

4. A entidade contratante deve preparar um relatório justificando a escolha dos consultores que integrem a lista de consultores candidatos.

1. Este preceito não tem correspondência no regime anterior.

2. Cfr. os artigos 50º, 51º, 52º, 53º e 54º.

TITULO IV
CENTRAIS DE COMPRAS
CAPÍTULO I
DISPOSIÇÕES GERAIS

ARTIGO 172º
Centrais de compras

1. As entidades públicas contratantes podem constituir centrais de compras para centralizar a contratação de empreitadas de obras públicas, a locação e a aquisição de bens e de serviços.

2. As entidades referidas no número anterior podem, ainda, constituir centrais de compras exclusivamente destinadas a um determinado sector de actividade.

1. Este preceito não tem correspondência no regime anterior.

2. A contratação através das *centrais de compras* é meramente facultativa.

3. Trata-se de *sistemas de negociação e contratação centralizados, destinados à aquisição de um conjunto padronizado de bens e serviços ou à execução de empreitadas de obras públicas, em benefício de entidades adjudicantes*[339].

Constituem um sistema de racionalização técnica da contratação pública[340], que visa, fundamentalmente, imprimir uma maior eficácia à contratação pública, com redução de custos[341], através da concentração de um grande volume de aquisições de bens e serviços que se destinam a satisfazer necessidades de entidades adjudicantes[342]. Trata-se de concentrar numa única entidade a celebração de contratos que, a não ser assim, se processaria de modo disperso e fraccionado pelas diversas entidades interessadas[343]. Obtendo os bens e serviços através da *central de compras*, a entidade contratante pode obter benefícios múltiplos: economia de procedimentos, preços, prazos de obtenção dos bens e serviços e aprovisionamento[344], isto é, poupança financeira, transparência, eficiência e agilização dos procedimentos. Mais especificamente, considerou-se que dali podem decorrer para a Administração pública benefícios que se traduzem:

a) *Na minimização do custo do abastecimento do sector, através de melhor utilização dos recursos financeiros disponíveis ou subaproveitados, procurando beneficiar das economias de escala, racionalizando e simplificando os processos de aquisição, utilizando adequadamente a capacidade de negociação de preços;*

b) *Na possibilidade de facultar aos responsáveis dos diversos departamentos alternativas de abastecimento, devidamente estudadas por uma entidade especialmente vocacionada para o efeito, evitando-se deste modo a multiplicação de esforços de prospecção de mercados a que os diferentes departamentos devem proceder no sentido de apresentar uma gestão racional;*

c) *Na possibilidade de definição de níveis de consumo adequados, quer através da análise comparativa dos consumos dos diferentes departamentos, quer através de*

---

[339] Artigo 3º do Decreto-Lei nº 200/2008, de 9 de Outubro, de Portugal.

[340] Cfr. DC nº 2004/18/CE e *Contratación Administrativa*, coordenada por HILARIO LLAVRADOR CISTERNES, ed. Aranzadi, Navarra, 2009, pág. 275.

[341] Cfr. MARCELO REBELO DE SOUSA e ANDRÉ SALGADO DE MATOS, *Contratos Públicos...*, pág. 114.

[342] Cfr. MARIA JOÃO ESTORNINHO, *Direito Europeu...*, pág. 351.

[343] Sobre as vantagens desta concentração, ver ainda PEDRO LUIS MARTÍNEZ PALLARES, *Dicionário de Contratación Pública*, direcção de JOSÉ BERMEJO VERA, ed. Iustel, Madrid, 2009, pág. 133.

[344] Cfr. CYRILLE ÉMERY, *ob. cit.*, pág. 196.

estudos de padronização. Tal actuação facultará aos serviços indicadores que lhes permitam avaliar a eficiência dos meios utilizados e compatibilizará gradualmente as dotações orçamentais com as exigências de consumo, de modo a evoluir-se para um sistema de abastecimento mais racional[345]. Por isso mesmo, esta técnica foi considerada como um meio facultado ao Estado de disciplinar a actividade económica, obstando à descoordenação e diversidade de centros e critérios de decisão quanto às aquisições, aliadas à ausência de padrões de consumo na Administração Pública[346].

ARTIGO 173º
Principais actividades das centrais de compras

1. As centrais de compras destinam-se, nomeadamente a:

a) adjudicar propostas de execução de empreitadas de obras públicas, de fornecimento de bens móveis e de prestação de serviços, a pedido e em representação das entidades públicas contratantes;

b) alocar ou adquirir bens ou serviços destinados a entidades públicas contratantes, nomeadamente de forma a promover o agrupamento de encomendas;

c) celebrar acordos-quadro, designados contratos de aprovisionamento, que tenham por objecto a posterior celebração de contratos de empreitadas de obras públicas ou de locação ou de aquisição de bens móveis ou de aquisição de serviços.

2. Para os efeitos do exercício das actividades previstas no numero anterior, as centrais de compras estão sujeitas às disposições da presente lei.

3. Nos casos previstos nas alíneas a) e b) do nº 1 do presente artigo, as despesas inerentes ao procedimento de formação de cada contrato a celebrar em concreto são da responsabilidade da entidade pública contratante beneficiária, salvo disposição legal expressa em contrário.

1. Este preceito não tem correspondência no regime anterior.

2. Em consonância com o disposto no nº 1 do artigo anterior, o nº 1 deste preceito estabelece o âmbito objectivo da actividade das centrais de compras, que desenvolvem de harmonia com as normas desta LCP:

- Adjudicação de propostas em sede de procedimentos pré-contratuais destinados à formação de contratos de empreitada de obras públicas, de

---

[345] Relatório preambular do Decreto-Lei nº 507/79, de 24 de Dezembro, de Portugal.
[346] Mesmo relatório preambular do Decreto-Lei nº 507/79.

locação ou aquisição de bens móveis e de aquisição de serviços, a pedido e em representação das entidades adjudicantes;

- Locação ou aquisição de bens móveis ou serviços destinados a entidades adjudicantes, de modo a promover o agrupamento de encomendas de bens ou serviços;
- Celebração acordos-quadro que permitam a posterior formação de contratos ao seu abrigo, por parte das entidades contratantes.

ARTIGO 174º
Princípios orientadores

No exercício das suas actividades, além do respeito pelas regras da contratação pública, as centrais de compras devem orientar-se pelos seguintes princípios:

a) segregação das funções de contratação, de compras e de pagamentos;

b) utilização de ferramentas de compras electrónicas com funcionalidades de catálogos electrónicos e de encomenda automatizada;

c) adopção de práticas aquisitivas por via electrónica baseadas na acção de negociadores e especialistas de elevada qualificação técnica, com vista à redução de custos;

d) preferência pela aquisição dos bens e serviços que promovam a protecção da indústria nacional e o ambiente;

e) promoção da concorrência.

1. Este preceito não tem correspondência no regime anterior

2. O preceito começa por salvaguardar a aplicação dos princípios gerais da actividade administrativa especialmente os que mais respeitam à contratação pública.

As NPAA, como princípios gerais da actuação dos órgãos da Administração Pública, menciona os seguintes: princípio da legalidade (artigo 3º), princípio da prossecução do interesse público (artigo 4º), princípio da proporcionalidade (artigo 5º), princípio da imparcialidade (artigo 6º), princípio da colaboração com os particulares (artigo 7º), princípio da participação (artigo 8º), princípio da decisão (artigo 9º) e princípio do acesso à justiça (artigo 10º).

No âmbito da contratação pública, como expressamente dispõe o nº 4 do artigo 1º do CCP de Portugal, são *especialmente* aplicáveis os princípios da transparência, da igualdade e da concorrência[347].

---

[347] Sobre esta matéria, ver MARCELO REBELO DE SOUSA e ANDRÉ SALGADO DE MATOS, *Contratos Públicos...*, págs, 81 e seguintes.

Para além desses, outros existem de aplicação igualmente obrigatória neste domínio, como salienta MARCELO REBELO DE SOUSA[348], destacando-se aqui os seguintes: *princípio da tutela da confiança, princípio da força vinculativa contratual* e *princípio da objectividade.*

3. Salientando aqui apenas e em breve nota os que foram considerados especialmente aplicáveis à contratação pública, começa-se pelo *princípio da transparência.*

Está intimamente ligado aos princípios da igualdade, da justiça, da proporcionalidade, da prossecução do interesse público e com o da participação dos interessados. De harmonia com este princípio, a *Administração Pública deve agir com transparência, na formação da vontade, do conteúdo, na forma e no fim prosseguido, o que significa que tem de fundamentar os seus actos, nos termos da Constituição e da lei, tem de garantir a cabal audição dos particulares interessados e não lhes pode sonegar informação quer sobre o andamento dos processos em que sejam directamente interessados, quer sobre as resoluções definitivas que sobre eles forem tomadas*[349].

Deste princípio decorre a necessidade de serem adoptados expedientes de publicidade da tramitação procedimental da contratação pública. Está intimamente ligado e mesmo ao serviço dos princípios da igualdade e da não discriminação[350].

O *princípio da igualdade* está relacionado com o princípio da imparcialidade. É um princípio estruturante da contratação pública[351]. Como escreveram GOMES CANOTILHO e VITAL MOREIRA[352], a *imparcialidade respeita essencialmente às relações entre a administração pública e os particulares, podendo circunscrever-se a dois aspectos fundamentais:* a) *o primeiro consiste em que no conflito entre o interesse público e os interesses particulares, a administração deve proceder com isenção na determinação da prevalência do interesse público, de modo a não sacrificar desnecessariamente e desproporcionalmente os interesses particulares (imparcialidade na aplicação do princípio da proporcionalidade);* b) *o segundo refere-se à actuação da administração pública em face dos vários cidadãos, exigindo-se igualdade de tratamento dos interesses dos cidadãos através de um critério uniforme de prossecução do interesse público.*

---

[348] *Concurso Público na Formação do Contrato Administrativo...*, págs. 33 e seguintes..

[349] MARCELO REBELO DE SOUSA, *Concurso Público na Formação do Contrato Administrativo...*, págs. 41 e 42.

[350] Cfr. XAVIER BEZANÇON, CHRISTIAN CUCCHIARINI e PHILIPPE COSSALTER, *Le Guide de la Commande Publique*, ed. Le Moniteur, Paris, 2007, pág. 33.

[351] Cfr. CLÁUDIA VIANA, *Os Princípios Comunitários na Contratação Pública*, Coimbra Editora, 2007, págs. 111 e seguintes.

[352] *Constituição da República Portuguesa Anotada*, Coimbra Editora, 1ª ed., II, pág. 21.

O *princípio da igualdade,* escreve FREITAS DO AMARAL, *impõe que se trate de modo igual o que é juridicamente igual e de modo diferente o que é juridicamente diferente, na medida da diferença*[353], contendo, portanto, nessas situações, a proibição da discriminação e a obrigação da diferenciação. *Em suma, os actos de gestão pública deverão abster-se de introduzir discriminações injustificáveis entre os cidadãos, por injustificáveis se entendendo aquelas que não decorrem da dissemelhança essencial de situações – entendida ela no contexto de certo enquadramento jurídico específico – nem constituem discriminações impostas pela necessidade de concretizar o desígnio da superação de desigualdades pré-existentes*[354].

Determina o *princípio da concorrência* que, na formação dos contratos, deve garantir-se o mais amplo acesso aos procedimentos dos interessados em contratar, e em cada procedimento deve ser consultado o maior número de interessados, no respeito pelo número mínimo que a lei imponha. Este princípio visa proporcionar ao contraente público *o cotejo sem condicionantes ilegítimas que esvaziem de sentido tal comparação de propostas contratuais*[355].

3. Este preceito reproduz textualmente o artigo 3º do Decreto-Lei nº 200/2008, de 9 de Outubro, de Portugal.

CAPITULO II
CONSTITUIÇÃO E GESTÃO DAS CENTRAIS DE COMPRAS

ARTIGO 175º
Actos constitutivos

1. Os actos constitutivos das centrais de compras públicas devem regular, nomeadamente as seguintes matérias:

a) âmbito objectivo, designadamente as actividades a desenvolver, o tipo ou tipos de contratos abrangidos e, se for o caso, identificação do sector de actividade a que se destina;
b) âmbito subjectivo, designadamente as entidades abrangidas;
c) natureza obrigatória ou facultativa do recurso à central de compras por parte das entidades abrangidas.

---

[353] *Curso de Direito Administrativo...,* II, pág. 125
[354] MARCELO REBELO DE SOUSA, *O Concurso Público na Formação do Contrato Administrativo...,* pág. 34.
[355] MARCELO REBELO DE SOUSA, *O Concurso Público na Formação do Contrato Administrativo...,* pág. 67.

2. Os actos constitutivos das centrais de compras podem ainda prever critérios de remuneração dos serviços prestados, designadamente nas relações contratuais com terceiros que não sejam entidades adjudicantes, tendo em conta os indicadores de desempenho adequado, como o volume de compras ou a poupança gerada.

1. Este preceito não tem correspondência no regime anterior.

2. Este preceito reproduz textualmente o artigo 4º do Decreto-Lei nº 200/2008, de 9 de Outubro, de Portugal.

ARTIGO 176º
Viabilidade e racionalidade económico-financeira
A criação de centrais de compras deve ser sempre precedida de um estudo que deve incidir sobre a necessidade, viabilidade económico-financeira e vantagens, designadamente na perspectiva dos ganhos de qualidade e eficiência, da criação da central de compras, bem como a sua conformidade com o regime legal aplicável.

1. Este preceito não tem correspondência no regime anterior.

2. Este preceito reproduz quase textualmente o artigo 8º do Decreto-Lei nº 200/2008, de 9 de Outubro, de Portugal.

ARTIGO 177º
Gestão por terceiros
1. As entidades gestoras das centrais de compras podem atribuir a gestão de algumas das suas actividades a um terceiro, independentemente da sua natureza pública ou privada, desde que tal se encontre expressamente previsto nos respectivos actos constitutivos.
2. O terceiro referido no número anterior deve oferecer garantias de idoneidade, qualificação técnica e capacidade financeira adequadas à gestão das actividades da central de compras em causa.
3. O disposto no presente artigo não prejudica a aplicabilidade das normas que regem a contratação pública à selecção do terceiro.

1. Este preceito não tem correspondência no regime anterior.

2. Este preceito reproduz textualmente os nºs 1, 2 e 4 do artigo 6º do Decreto-Lei nº 200/2008, de 9 de Outubro, de Portugal.

ARTIGO 178º
Contratos de gestão com terceiros

O contrato de gestão celebrado para os efeitos previstos no artigo anterior deve ser reduzido a escrito e regular, designadamente as seguintes matérias:
a) prestações especificamente abrangidas pelo objecto do contrato de gestão;
b) garantia de continuidade e qualidade na execução das prestações por parte do terceiro;
c) definição de actividades acessórias que o terceiro pode prosseguir e respectivos termos;
d) critérios de remuneração do terceiro e modo de pagamento;
e) duração do contrato.

1. Este preceito não tem correspondência no regime anterior.

2. Este preceito reproduz quase textualmente o nº 3 do artigo 6º do Decreto-Lei nº 200/2008, de 9 de Outubro, de Portugal.

ARTIGO 179º
Criação das centrais de compras

1. Diploma próprio regula a constituição, estrutura orgânica e funcionamento das centrais de compras do Estado.
2. O Estado pode criar centrais de compras gerais ou destinadas apenas a um sector de actividade específico e vocacionadas para satisfazer necessidades especiais e diferenciadas.

1. Este preceito não tem correspondência no regime anterior.

2. Sobre este preceito ver o artigo 7º do Decreto-Lei nº 200/2008, de 9 de Outubro, de Portugal.

TÍTULO V
EMPREITADAS DE OBRAS PÚBLICAS
CAPÍTULO I
DISPOSIÇÕES GERAIS

ARTIGO 180º
Noção

1. Entende-se por empreitada de obras públicas, o contrato oneroso que tenha por objecto a execução, ou a concepção e execução de uma obra pública.
2. Para efeitos do número anterior, entende-se por obra pública qualquer trabalho de construção, concepção e construção, reconstrução, ampliação, alteração, reparação,

conservação, limpeza, restauro, adaptação, beneficiação e demolição de bens imóveis, executados por conta de um dono de obra pública.

3. Para efeitos do presente regime jurídico, entende-se por dono de obra pública:

a) qualquer das entidades públicas contratantes enunciadas no artigo 4º da presente lei;

b) quaisquer pessoas colectivas que, independentemente da sua natureza pública ou privada, celebrem estes contratos no exercício de funções materialmente administrativas.

1. Corresponde ao nº 1 do artigo 1º do anterior REOP, relativamente ao qual apresenta alterações.

2. O nº 1 deste artigo 1º dá a noção *empreitada de obras públicas* com base no conceito de *obra pública*, objecto do nº 2, que, por sua vez, utiliza o conceito de *dono de obra pública*, dado pelo nº 3. De resto, o conceito de empreitada de obras públicas já foi dado na alínea a) do artigo 3º, e de modo substancialmente igual.

Começa a noção por salientar o carácter *oneroso* do contrato. O que, evidentemente, embora englobe as situações normais, em que há um *preço* a pagar pelo dono da obra, não exclui os casos excepcionais em que isso não suceda, mas em que o contrato implica uma contrapartida de outro género económico a satisfazer pelo dono da obra e a que corresponde um benefício económico para o empreiteiro, como sucederá no caso de pagamentos em espécie, disponibilização de bens móveis ou imóveis, permuta, benefícios fiscais, isenção de taxas e, de um modo geral, todas as situações em que, mesmo não havendo obrigação contratual de pagamento de um preço, ou além desse pagamento, através do contrato a entidade contratante proporciona directamente ou indirectamente ao adjudicatário vantagens que podem assumir a natureza de contraprestações indirectas ou mesmo encobertas.

3. O conceito de *obra pública* dado pelo nº 2 está de harmonia com a descrição do objecto do contrato de empreitada de obras públicas contido na definição que desse contrato dá a alínea a) do artigo 3º. Aliás, é uma noção que se não afasta substancialmente da que vem sendo adoptada, pelo menos desde o século passado, pelos vários diplomas legais que, em Portugal, regeram e regem esta matéria, pela doutrina e pela jurisprudência. O que, de resto, não tem suscitado grandes questões.

Referindo alguns dos tipos de trabalhos que traduzem uma obra, dir-se-á:

– *Obras de construção*: as obras de criação de novas edificações;

278   JORGE ANDRADE DA SILVA

– *Obras de reconstrução*: as obras de construção subsequentes à demolição total ou parcial de uma edificação existente, das quais resulte a manutenção ou a reconstituição da estrutura das fachadas, da cércea e do número de pisos;
– *Obras de ampliação*: as obras de que resulte o aumento da área de pavimento ou de implantação, da cércea ou do volume de uma edificação existente;
– *Obras de alteração*: as obras de que resulte a modificação das característi-cas físicas de uma edificação existente ou sua fracção, designadamente a respectiva estrutura resistente, o número de fogos ou divisões interiores, ou a natureza e cor dos materiais de revestimento exterior, sem aumento da área de pavimento ou de implantação ou da cércea;
– *Obras de reparação*: obras destinadas a repor a situação das edificações anterior a danos nelas provocados por causas naturais ou humanas;
– *Obras de conservação*: as obras destinadas a repor uma edificação nas con-dições existentes à data da sua construção, reconstrução, ampliação ou alteração, designadamente as obras de restauro, reparação ou limpeza;
– *Obras de limpeza*: obras destinadas a remover impurezas que por causas naturais ou humanas apresenta uma edificação;
– *Obras de restauro*: obras destinadas a repor uma edificação em estado de aparência e funcionalidade;
– *Obras de adaptação*: obras destinadas a viabilizar que um terreno ou uma edificação possam desempenhar uma nova determinada função ou realizar um novo objectivo;
– *Obras de beneficiação*: obras destinadas a permitir que um terreno ou edifica-ção possam desempenhar uma nova função ou realizar um novo objectivo, para além daqueles a que estava afectado ou de os realizar mais adequa-damente;
– *Obras de demolição*: as obras de destruição, total ou parcial, de uma edifi-cação existente.

4. Tanto quanto se sabe, nunca foi questionada a natureza administrativa do contrato de empreitada de obras públicas.

Contrato administrativo, estabelece o nº 1 do artigo 122º das Normas do Procedimento e da Actividade Administrativa[356] é *o acordo de vontades pelo qual é constituída, modificada ou extinta uma relação jurídica de direito público entre a Administração e um particular tendo como fim a realização de um interesse público,*

---

[356] Que aqui têm vindo a ser referidas pela sigla NPAA e foram aprovadas pelo Decreto-Lei nº -A/95, de 15 de Dezembro.

sendo que, *relação jurídica de direito público é aquela que, por via de regra, confere poderes de autoridade ou impõe restrições de interesse público à Administração perante os particulares ou que atribui direitos ou impõe deveres públicos aos particulares perante a Administração*[357].

Dispõe o nº 2 daquele preceito que são contratos administrativos designadamente os seguintes: empreitada de obras públicas, concessão de obras públicas, concessão de serviços públicos, concessão de exploração do domínio público, concessão de uso privativo do domínio público, concessão de exploração de jogos de fortuna e azar, fornecimento contínuo e prestação de serviços para fins de imediata utilidade pública. Todavia, para efeitos de aplicação desta LCP, os contratos administrativos típicos são o contrato de empreitada de obras públicas, o contrato de locação, o contrato de aquisição de bens móveis e imóveis, o contrato de aquisição de serviços, o contrato de concessão de obras públicas e o contrato de concessão de serviços públicos (artigo 2º).

5. Os contratos de empreitada de obras públicas têm um regime jurídico substancialmente diferente do aplicável aos contratos de empreitada de direito privado. Assim, quanto a estes, uma vez celebrado, o contrato *deve ser pontualmente cumprido e só pode modificar-se por mútuo consentimento dos contraentes ou nos casos admitidos na lei* (nº 1 do artigo 406º do Código Civil). Deste princípio resultam, pois, três comandos: o cumprimento do contrato é obrigatório; só o mútuo consenso das partes pode legitimar a sua modificação; ambos os contraentes estão reciprocamente em posição de igualdade. Não é o que necessariamente sucede nos contratos administrativos, já que, nestes, tendo sempre como fundamento o primado do interesse público que com o contrato se visa satisfazer[358], verificadas determinadas condições, a Administração pode rescindir unilateralmente o contrato independentemente de incumprimento da outra parte e, por outro lado, pode introduzir alterações no seu conteúdo durante a respectiva execução. Ao celebrar o contrato, a Administração Pública contratante não deixou de ser detentora do poder público com base no qual o celebrou, de que não pode renunciar ou abdicar e cujo exercício a coloca em manifesta posição de desigualdade relativamente ao outro contraente. É assim que, independentemente do que, quanto a isso, esteja especialmente previsto no contrato, sempre a Administração será detentora do *poder de direcção*

---

[357] DIOGO FREITAS DO AMARAL, *Curso de Direito Administrativo*, I, Almedina, Coimbra, 2001, pág. 518.
[358] Cfr. MARIA JOÃO ESTORNINHO, *Requiem pelo Contrato Administrativo*, Almedina, Coimbra, 1990, pág. 118.

e fiscalização na execução do contrato, do poder de alteração, do poder sancionatório e do poder de rescisão unilateral[359].

O *poder de direcção e fiscalização* traduz-se na faculdade que a Administração detém de, em qualquer altura, não apenas verificar se o contrato está a ser correctamente cumprido, o que fará através de visitas, inspecções, vistorias, pedidos de esclarecimentos, etc., mas mesmo de interferir na sua execução por forma directa e imperativa através de *ordens* escritas dadas ao outro contratante, de observância obrigatória para este.

O *poder de alteração* traduz uma das mais salientes particularidades dos contratos administrativos. Com ele, a Administração tem a faculdade de, no decurso do processo executivo do contrato, alterar o conteúdo das suas prestações, quer qualitativa, quer quantitativamente, de harmonia com as exigências resultantes da evolução do interesse público que o contrato visa realizar. É o que se costuma designar por *mutabilidade do contrato administrativo* e que, sendo da essência desse contrato, não tem que estar especialmente nele prevista, nem sendo renunciável pelo seu detentor. Tal poder, porém, não é de modo algum absoluto, não pode ser exercido de qualquer modo e em quaisquer circunstâncias. Por um lado, a alteração imposta tem de ser determinada e fundamentada pela melhor forma de prossecução do interesse público subjacente ao contrato, e, por outro, terá que limitar-se a ser a alteração da prestação estabelecida e não a imposição de uma *nova* prestação que, por isso, deveria ser objecto de contrato diferente. Por último, as alterações deverão respeitar o *equilíbrio económico do contrato*, por forma a que as distorções que prejudiquem aquele equilíbrio sejam objecto de correcções necessárias ao seu restabelecimento. De resto, o valor das alterações, desde que estas impliquem uma redução de trabalhos que represente mais de $1/5$ do *valor inicial da adjudicação* ou da sua substituição por trabalhos de espécie não prevista no contrato em, pelo menos, $1/4$ do *valor total da empreitada*, confere ao outro contraente o direito de rescindir o contrato (artigo 208º, nºs 1 e 2)[360].

---

[359] Cfr. o artigo 122º das NPAA.

[360] Escrevem FREITAS DO AMARAL, FAUSTO QUADROS e VIEIRA DE ANDRADE em *Aspectos Jurídicos da Empreitada de Obras Públicas*, Almedina, Coimbra, 2002, pág. 169: *O exercício do poder de modificação unilateral está, porém, limitado. Em primeiro lugar, sendo um poder essencialmente discricionário, ele não pode deixar de respeitar os princípios e regras gerais que disciplinam a actividade administrativa, o princípio da boa fé e o dever de fundamentação expressa. Concretizando: o poder de modificação unilateral só deve ser utilizado quando for necessário e apenas com o alcance imposto pela mutação verificada no interesse público; o poder de modificação unilateral não pode ser utilizado em termos abusivos ou gravemente atentórios das legítimas expectativas do contratante privado; enfim, o exercício do poder de modificação unilateral deve ser convenientemente justificado pelo contraente público.*

O *poder sancionatório* tem ainda por fundamento o fim de interesse público que o contrato procura realizar e que se não satisfaz com o mero recurso *à excepção do não cumprimento* que caracteriza os contratos de direito privado. O que explica que as sanções aplicáveis pela Administração, longe de visarem prioritariamente objectivos indemnizatórios, têm intuitos intimidativos para a outra parte, no sentido de a determinar ao cumprimento pontual do contrato, única forma de aquele interesse público ser satisfeito pelo modo próprio e em tempo oportuno. Tais sanções, quer assumam a forma de multa ou outra (tomada de posse administrativa dos trabalhos, confiscação de materiais, etc.), traduzem-se em decisões unilaterais que gozam do benefício da execução prévia, dispensando, portanto, para a sua imediata execução, a prévia apreciação ou imposição judicial.

Finalmente, o *poder de resolução unilateral* não tem aqui o sentido de resolução-sanção do contrato, que não é privativo dos contratos administrativos, como se referiu. Neste caso, o poder de resolução resulta, não do incumprimento do contrato pela outra parte, mas do facto de se tratar de medida imposta, sempre e ainda, pela melhor forma de realizar o interesse público subjacente ao contrato. O que, obviamente, não contende com o direito de indemnização que à outra parte contratante possa caber e em geral cabe nestas circunstâncias.

Para terminar, dir-se-á que o contrato administrativo é, geralmente, celebrado *intuitu personnae*, pois não é indiferente a pessoa que colabora com a Administração na prossecução do interesse público em jogo.

O esquema que muito sucintamente fica referido corresponde ao *critério de sujeição ou subordinação* com base no qual se tem distinguido os contratos administrativos dos contratos de direito privado. Convém salientar, todavia, que esta *subordinação*, para além de outras já referidas, tem uma limitação particularmente importante e que se traduz em a Administração não ter, em termos genéricos, o poder de, por acto unilateral, definir situações verificadas no decorrer da execução do contrato.

6. Ainda relativamente a esta matéria, importa ter presente o disposto no artigo 128º das NPAA, segundo o qual, tratando-se de actos que procedem à interpretação de cláusulas contratuais ou sobre a respectiva validade, portanto, fora do âmbito do exercício dos poderes de autoridade antes referidos, não se trata de actos administrativos definitivos e executórios, mas actos opinativos

---

Em segundo lugar, como decorre hoje do dispositivo legal acima transcrito e é desde há muito sustentado pela jurisprudência e pela doutrina, o poder de modificação unilateral enfrenta limites específicos: o objecto do contrato, por um lado, e, por outro, o equilíbrio financeiro do contrato.

ou, como também se diz, *actos negociais*, cuja eficácia depende do seu prévio reconhecimento por decisão judicial. O que significa que, havendo divergência entre as partes quanto a esses aspectos do contrato, só através de decisão *declarativa* judicial é resolvida.

Por outro lado, nos termos do artigo 129º daquelas NPAA, *salvo disposição legal em contrário, a execução das prestações contratuais só pode ser obtida através dos tribunais competentes.* Do que decorre que a *executoriedade* desses actos é substituída pela sua *executividade*, no sentido de que o contratante particular não é obrigado a executar contra a sua vontade, forçadamente, o que entende não ser obrigado, pois só através do tribunal pode ocorrer a sua execução forçada e não pela própria autoridade e força da entidade que o impõe. O que já tem a ver com actos de qualquer natureza da autoria do dono da obra. Relativamente a esses actos, a sua executividade revela-se na possibilidade da sua execução se impor por si própria, sem necessidade de prévio reconhecimento judicial; o que está em equação é a respectiva *execução* e não tratar-se de actos meramente opinativos ou de actos administrativos definitivos.

7. Na alínea b) do nº 3, considera-se *dono de obra* mesmo as pessoas colectivas privadas, se e na exacta medida em que exerçam *funções materialmente administrativas.*

É uma concepção que se afasta do conceito tradicional de contrato administrativo, e que tem origem nas doutrinas francesa e alemã, desde há muito admitindo que, em certos casos, é possível a celebração de um contrato administrativo entre duas pessoas de direito privado. É o que sucede, por exemplo, com os contratos de empreitada celebrados por empresas privadas concessionárias de serviços públicos com vista à exploração desses serviços, aliás prevista neste mesmo diploma através da definição do âmbito subjectivo da sua aplicação, nos termos do nº 2 do artigo 2º. Como factor decisório, parece dever intervir o conceito genérico de contrato administrativo e, portanto, há que indagar se tem lugar a criação, modificação ou extinção de uma *relação jurídica de direito administrativo*. Portanto, será empreitada de obras públicas a contratada no exercício de actividade de funções públicas, com os respectivos poderes de autoridade. Como acontece com as entidades privadas que exerçam actividades integradas no âmbito de actuação da Administração Pública, tais como as sociedades anónimas de capitais públicos, as empresas concessionárias de obras e de serviços públicos e as instituições particulares de solidariedade social.

8. Quer a noção dada pelo artigo 3º, quer a que resulta deste preceito só consideram empreitada os trabalhos realizados em *imóveis*.

O que não era pacífico. Com efeito, para alguns, embora tivesse por objecto bens móveis, tratar-se-ia de contrato de empreitada o celebrado para a aquisição de navios, casas pré-fabricadas, etc., *se o contrato tem de obedecer às plantas, orçamentos, cadernos de encargos e aceitar a fiscalização do outro contraente*.

Não foi a solução adoptada.

9. O artigo 204º do Código Civil não diz *o que* são coisas imóveis, mas apenas *quais* as coisas que considera imóveis. Na enumeração legal das coisas imóveis estão as *partes integrantes dos prédios rústicos e urbanos*. Muito embora, como se viu, as empreitadas de obras públicas tenham que ter por objecto bens imóveis, a verdade é que sempre implicarão a aplicação de coisas móveis, quer se trate da construção dos próprios imóveis, quer de trabalhos em coisas imóveis já existentes. Tal aplicação traduz-se na *integração* de coisas móveis em imóveis, passando aquelas, por isso, a ter a mesma natureza imóvel, nos termos da referida disposição legal. Por outro lado, não é indiferente a forma de prestação das coisas móveis a integrar no imóvel: se essas coisas são prestadas por quem as integra no imóvel, trata-se, ainda, de um contrato de empreitada de que tal prestação é parte; se não são prestadas por quem as aplica no imóvel, só esta aplicação, e não o fornecimento das coisas, integra o contrato de empreitada.

Por outro lado, não é necessário que os imóveis sobre que incidem os trabalhos sejam do domínio público ou pertençam à entidade pública contratante da empreitada; o que é necessário, como ficou dito, é que a obra vise satisfazer um interesse público e que seja adjudicada pela pessoa colectiva a quem tenha sido conferida por lei competência para o satisfazer. Assim, por exemplo, foi como empreitada de obra pública que, por vezes, se qualificou o trabalho de desaterro de terrenos particulares após bombardeamentos na última guerra mundial; é obra pública a realizada num prédio particular a fim de o adaptar à instalação e funcionamento de um serviço público, para o que fora arrendado.

10. Em conclusão, para que de uma empreitada de obras públicas se trate, torna-se necessária a coexistência de três elementos fundamentais:

a) *Elemento material,* que respeita ao objecto da empreitada e que deve traduzir-se em trabalhos de construção, reconstrução, ampliação, alteração, reparação, conservação, limpeza, restauro, adaptação, beneficiação ou demolição de imóveis;

284 JORGE ANDRADE DA SILVA

b) *Elemento intencional*, que se traduz no fim de interesse colectivo que com a obra se visa satisfazer;

c) *Elemento pessoal*, em função do qual a obra deve ser adjudicada por alguma das entidades referidas no artigo 4º ou por uma pessoa colectiva privada no exercício de funções materialmente administrativas.

11. Cfr. os artigos 1º e 2º.

ARTIGO 181º
Partes do contrato

1. São partes do contrato de empreitada de obras públicas o dono da obra e o empreiteiro.
2. O dono da obra é a pessoa colectiva que manda executá-la ou, no caso de serem mais do que uma, aquela a quem pertençam os bens ou que fique incumbida da sua administração, nos termos estabelecidos no nº 3 do artigo anterior.
3. Sempre que, na presente lei, se faça referência a decisões e deliberações do dono da obra, entende-se que são tomadas pelo órgão que, segundo as leis ou os respectivos estatutos, for competente para o efeito ou, no caso de omissão na lei e nos estatutos, pelo órgão superior de administração.

1. Corresponde ao que dispunha o artigo 4º do anterior REOP, que em substância não altera.

2. O nº 2 reporta-se às obras executadas em comparticipação ou coligação de entidades públicas contratantes.

3. No que ao dono da obra diz respeito, para que o contrato seja válido, torna-se desde logo necessário que tenha sido celebrado pela entidade legalmente competente para a promoção da execução da obra, isto é, que o fim de interesse público que com a obra se procura atingir se integre nas suas atribuições legais, que possa legalmente pôr a própria obra em execução e que as respectivas despesas tenham sido autorizadas pela entidade para isso competente nos termos do que estabelece o artigo 34º.

A competência genérica da Administração Pública para realizar as suas atribuições através da celebração de contratos administrativos está estabelecida no artigo 121º das NPAA, nos termos do qual *na prossecução das atribuições da pessoa colectiva em que se integram os seus órgãos podem celebrar contratos administrativos.*

Quanto à outra parte contratante, o empreiteiro, este, para além da capacidade geral para contratar, nos termos da lei civil, deve satisfazer determinados requisitos tendentes, além do mais, a assegurar a sua capacidade técnica e financeira e a sua idoneidade moral, e de um modo geral, cumprir as condições de acesso e permanência na actividade da construção civil e obras públicas, designadamente quanto à categoria, subcategoria e classe de alvará exigidas no anúncio e no programa do procedimento e da classe correspondente ao valor da proposta, nos termos do artigo 56º, nº 1.

4. Cfr. os artigos 28º, 55º, 57º, 58º, 69º, 85º, 120º, 121º, 146º, 152º e 177º.

ARTIGO 182º
Representação das partes

1. Durante a execução do contrato o dono da obra é representado pelo director de fisca- lização da obra e o empreiteiro pelo director técnico da obra, salvo quanto às matérias em que, por força da lei ou de estipulação contratual, se estabeleça outra representação.
2. Sem prejuízo de outras limitações previstas no contrato, o director de fiscalização da obra não tem poderes de representação em matéria de modificação, resolução ou revogação do contrato.
3. O empreiteiro obriga-se, sob reserva da aceitação pelo dono da obra, a confiar a direcção técnica da empreitada a um técnico com a qualificação mínima e a experiência indicadas no respectivo caderno de encargos.
4. O director técnico da empreitada deve acompanhar assiduamente os trabalhos e estar presente no local da obra, sempre que, para tal seja convocado.

1. O dono da obra é nela representado pelo *director de fiscalização da obra.* O nº 2 deste preceito, estabelece o princípio de que, no âmbito da execução do contrato, o representante do dono da obra tem competência para exercer todos os poderes daquele, salvo os que a lei e o contrato impeçam, desde logo dali excluindo os da alteração do objecto do contrato e da resolução ou revogação deste. O que significa que, de entre os poderes de conformação do objecto do contrato, a fiscalização pode exercer os poderes de direcção e fisca- lização, sendo que o poder de alteração unilateral, o de rescisão e o de aplicar multas contratuais cabe ao dono da obra (artigos 203º, 274º, 287º e 320º).

2. Dali decorre que, salva disposição legal ou estipulação em contrário (nº 1), para todos os efeitos legais, incluindo os de natureza contenciosa, os actos naquele âmbito praticados pelo director da fiscalização ou por outro representante do dono da obra, têm o mesmo valor e efeito que teriam se fossem praticados pelo próprio dono da obra, como resulta do instituto da *representação jurídica*. Nesta, o representante actua praticando actos jurídicos *em nome* do representado, pelo que, os efeitos do acto praticado pelo representante dentro dos limites da representação se produzem directamente na esfera jurídica do representado (artigo 258º do CC).

3. O *director de fiscalização da obra*, é um técnico habilitado nos termos legais, a quem incumbe assegurar a verificação da execução da obra em conformidade com o projecto de execução e, quando aplicável, o cumprimento da licença ou comunicação prévia, bem como o cumprimento das normas legais e regulamentares aplicáveis e bem assim o desempenho das competências previstas na LCP.

A extensão dos poderes de representação do *director de fiscalização* deve constar do contrato, mas deverá dispor dos poderes bastantes e estar habilitado com os elementos indispensáveis para resolver todas as questões que lhe sejam postas pelo director de obra para o efeito da normal prossecução da execução dos trabalhos, com a limitação estabelecida no nº 2 e já referida.

4. Por sua vez, o empreiteiro tem de confiar a direcção da obra a um técnico com a qualificação e experiência mínimas que no caderno de encargos eventualmente seja exigida e merecedor da aceitação do dono da obra e que aquele deverá indicar antes da consignação dos trabalhos. Este dever, que é aqui expressamente enunciado, já resultava do facto de o caderno de encargos dispor nesse sentido. Com efeito, geralmente, os cadernos de encargos contêm os requisitos a que deve obedecer o *director da obra*, constituindo essa uma cláusula contratual com o carácter vinculativo de qualquer outra (artigo 110º, nº 2, a)).

Trata-se de um *técnico* a quem incumbe assegurar a execução da obra, cumprindo o projecto de execução e, quando aplicável, as condições da licença ou comunicação prévia, bem como o cumprimento das normas legais e regulamentares

Compete-lhe também assinar os autos elaborados relativamente a eventos que devam constar desse instrumento.

A este técnico deverão ser dirigidas as ordens, avisos e notificações respeitantes a aspectos técnicos da obra, devendo estar presente nesta, sempre que para isso seja convocado. Visto que a indicação do director técnico carece da aprovação do dono da obra, este pode, fundamentadamente, exigir a sua substituição.

5. O nº 4 tem implícito o dever do director da obra de nesta estar em permanência durante a execução dos trabalhos, ou, na sua ausência, ali deixar o respectivo substituto. Se, quanto ao empreiteiro, este dever de permanência na obra está estabelecido neste e nos artigos 225º e 227º, não existe preceito de conteúdo semelhante para o representante do dono da obra. É questão que o caderno de encargos ou o contrato deverão regular. Com o dever de presença do empreiteiro ou de quem o represente, pretende-se evitar que o andamento normal dos trabalhos seja perturbado, retardado ou interrompido por essa ausência, salvaguardando-se assim uma pronta e efectiva ligação entre a entidade que decide – o dono da obra – e a que faz executar essa decisão – o empreiteiro ou o seu representante.

A verdade é que a garantia do regular andamento do processo executivo da obra tanto pode exigir a presença de um como do outro, designadamente do técnico autor do projecto, o que justifica que a disposição se dirija a ambos.

6. Cfr. os artigos 225º, 227º, 265º, 266º, 267º, 268º, 269º e 270º.

ARTIGO 183º
Impedimentos

1. Não é permitido a funcionários, agentes ou outros titulares de cargos públicos, a intervenção, a qualquer título, directa ou indirecta, na fiscalização de uma empreitada, se tiverem algum interesse pessoal, directo ou por interposta pessoa, singular ou colectiva, face ao respectivo empreiteiro ou em empresa participada, sua sócia ou fornecedora.
2. São aplicáveis quanto à fiscalização da empreitada, as regras sobre impedimentos, escusa, suspeição e ética previstas nos artigos 6º, 7º e 8º da presente lei.

1. O nº 1 corresponde ao que dispunha o artigo 5º do anterior REOP, que segue de perto.

2. Trata-se de uma norma que visa salvaguardar e garantir a transparência, a imparcialidade, a isenção e a insuspeição do exercício da fiscalização da empreitada. Reflecte o regime geral que impede a intervenção na actividade da Administração Pública a funcionário ou agente ou titular de órgão daquela Administração que nessa actividade tenha interesse, directo ou indirecto, por si ou seu cônjuge ou parente, enfim, quando se encontre numa situação que, com razoabilidade, possa colocar em causa a independência, a imparcialidade e a isenção com que exerceria essa actividade. Isso, de resto, já resulta do artigo 19º das NPAA que impede *ao titular de órgão ou funcionário da Administração Pública intervir em procedimento administrativo ou em actos de contrato da Administração Pública* num conjunto de casos que enumera e nos quais cabem os referidos neste preceito.

Por outro lado, o exercício da fiscalização deve obedecer, da parte dos respectivos agentes, aos requisitos de conduta estabelecidos no artigo 6º para a fase da preparação dos procedimentos adjudicatórios, aos impedimentos para a intervenção nos procedimentos de contratação nos termos do artigo 7º e na respectiva participação, de harmonia com o disposto no artigo 8º.

3. O preceito está redigido com grande abrangência parecendo assim ultrapassar a questão de saber se a enumeração que faz das situações de impedimento é taxativa ou meramente exemplificativa. Estes são casos em que, em abstracto, a lei presume, de modo definitivo, que não haveria garantias de observância daqueles valores, mas não exclui que outras situações de impedimento possam ocorrer. O que interessa e está em equação é a salvaguarda dos referidos valores.

4. Cfr. os artigos 6º, 7º, 8º, 41º, 54º e 165º.

CAPÍTULO II
TIPOS DE EMPREITADAS
SECÇÃO I
DISPOSIÇÃO GERAL

ARTIGO 184º
Tipos de empreitada e modos de retribuição do empreiteiro

1. De acordo com o modo de retribuição estipulado, as empreitadas de obras públicas podem ser:

a) por preço global;
b) por série de preços;
c) por percentagem.

2. É lícito adoptar, na mesma empreitada, diversos modos de retribuição para distintas partes da obra ou diferentes tipos de trabalho.

3. A empreitada pode ser de partes ou da totalidade da obra e, salvo convenção em contrário, implica o fornecimento pelo empreiteiro dos materiais a empregar.

1. O disposto nos nºs 1 e 2 corresponde ao que estabeleciam os nºs 1 e 2 do artigo 3º do anterior REOP, que não altera.

2. O contrato de empreitada de obras públicas, como contrato oneroso que é, implica que à prestação do empreiteiro corresponda, da parte do dono da obra, a obrigação de lhe pagar um preço[361]. Esse preço pode estar desde logo determinado no momento da celebração do contrato ou tal determinação ser relegada para momento posterior, caso em que, naquela altura, apenas se fixa o critério com base no qual se processará a referida determinação do preço e se estima o preço provável. Conforme esses critérios, existem várias modalidades de empreitada de obras públicas, de entre as quais este preceito escolheu as seguintes: *por preço global, por série de preços e por percentagem.*

3. A empreitada é *por preço global* (ou, como também se diz, *por preço único e fixo, a corpo, a forfait ou per avisionem*), quando o seu preço é previamente determinado para todos os trabalhos a executar; o preço é *único*, está logo *fixado* no momento da celebração do contrato, pelo que, para essa fixação, não existem operações ulteriores, designadamente de cálculo ou medição (cfr. o artigo 185º).

Trata-se, como se vê, de uma modalidade de empreitada claramente favorável ao dono da obra que, assim, fica a coberto das vicissitudes por que os custos dos elementos de produção eventualmente passem, de erros de cálculo que o empreiteiro porventura tenha cometido sobre as reais dimensões da obra ou das dificuldades da sua execução.

Porém, tudo isto só em princípio, já que, na realidade, o processo não pode desenvolver-se com uma rigidez total, sob pena de, injustamente, se adulterar *o equilíbrio económico do contrato* e conduzir a um injusto enriquecimento do dono da obra, sem causa e à custa do empreiteiro que, assim, em vez de ser um colaborador da Administração Pública na realização de determinado fim de interesse público, acabaria por ser submetido a um sacrifício superior ao exigido à generalidade dos cidadãos, transformando-o, num plano de fiscalidade, num contribuinte especial relativamente àquele interesse público. Aliás, a obra até pode vir a ser adjudicada a um estrangeiro. Assim, não será justo fazer o empreiteiro suportar as consequências onerosas de erros de concepção e até de medição se estes lhe não forem imputáveis; as flutuações dos preços dos elementos de produção são aleatórias, pelo menos na intensidade com que se verificam, traduzindo consequências de política económica a que o empreiteiro é totalmente alheio e relativamente ao que a sua capacidade de previsão é restrita; e alheio será o empreiteiro à verificação de casos de força

---

[361] Como se diz em comentário ao artigo 180º, a onerosidade do contrato de empreitada de obras públicas, em regra, traduz-se no pagamento de um preço ao empreiteiro, mas não exclui que essa mesma onerosidade seja representada por uma contrapartida de outro género económico a satisfazer pelo dono da obra e a que corresponde um benefício económico para o empreiteiro.

maior que alterem significativamente as circunstâncias em que o contrato foi celebrado, como alheio é às alterações que o dono da obra, unilateral e imperativamente, introduza ao conteúdo das prestações e que o empreiteiro, nos termos legais, seja obrigado a acatar sem colocar em causa a subsistência do contrato.

Por tudo isso, só em termos relativos se pode afirmar que, na empreitada por preço global, tal preço está desde logo fixado. O *preço* global não tem, pois, que ser um *preço firme, inalterável*. Não obstante, nos termos do disposto no nº 2 do artigo seguinte *só podem ser contratadas por preço global as obras cujos projectos permitam determinar, com pequena probabilidade de erro, a natureza e as quantidades de trabalhos a executar, bem como os custos dos materiais e da mão-de-obra a empregar.*

O que ficou dito explica que não seja recomendável ou mesmo possível a utilização desta modalidade de empreitada quando, por exemplo, se trata de trabalhos complexos que exigem a aplicação de técnicas novas e cuja realização não pode ser objecto de prévia planificação rigorosa, ou quando existe uma incerteza ou mesmo desconhecimento das circunstâncias em que os trabalhos se vão desenvolver.

4. A empreitada é *por série de preços* quando a remuneração do empreiteiro resulta da aplicação dos preços unitários previstos no contrato para cada espécie de trabalho a realizar às quantidades dos trabalhos realmente executados, como diz o artigo 199º. Esta modalidade de empreitada implica, pois, para a determinação do respectivo preço, operações de medição das quantidades de trabalho executado em cada uma das espécies previstas. Assim, há, para esse fim, dois elementos essenciais: as espécies de trabalho a executar (aterro, desaterro, demolições, parede, pintura, etc.) e os preços unitários previstos para cada uma dessas espécies de trabalho; como há uma lista de preços para cada uma dessas espécies de trabalhos, diz-se que há séries de preços; porque o preço final só é conhecido após a conclusão da obra através do produto da aplicação dessas séries de preços às quantidades de trabalhos cuja execução se verifica pela sua medição, também se chama a este tipo de empreitada *por medição*. Assim, em virtude de no caderno de encargos e na lista de trabalhos, apenas constarem os trabalhos que, previsivelmente, se têm por necessários, só a final se pode verificar se e em que medida essa previsão foi confirmada pela realidade. Como acentuam FREITAS DO AMARAL e RUI MEDEIROS[362], *esta conclusão não significa, obviamente, que o dono da obra conceda uma espécie de cheque*

---

[362] *Obras Públicas – Do Pagamento do Prémio pela Conclusão Antecipada da Empreitada*, edição Azevedo Perdigão Advogados Lisboa, 2001, pág. 202.

em branco ao empreiteiro quanto às quantidades de trabalho a realizar. Pelo contrário, nos termos do artigo 26º do RJEOP, a realização de quantidades de trabalho não incluídas no contrato há-de ter lugar no quadro da figura dos trabalhos a mais e deve ser ordenada pelo dono da obra.

5. Uma outra modalidade de empreitada é a designada *por percentagem* e que a doutrina francesa designa por *despesas controladas.*

Nesta modalidade de empreitada, a retribuição do empreiteiro traduz-se no reembolso das despesas por ele feitas com mão-de-obra, materiais, estaleiros, transportes, seguros, depreciação e reparação do equipamento, taxas acessórias e demais encargos gerais, a que acresce uma percentagem convencionada e que se destina a cobrir as despesas de administração da empresa e o seu lucro (Cfr. artigo 218º). Esta *constitui uma modalidade próxima da administração directa (a que por isso se tem chamado, às vezes, «régie interessada») que se aplica sobretudo no decurso de uma empreitada em execução, para a realização de alguma obra não prevista no caderno de encargos. Os trabalhos, neste caso, são feitos pelo empreiteiro, por conta e ordem duma pessoa colectiva de direito público à qual são facturados, pelo custo, os materiais, a mão-de-obra, o uso das máquinas, utensílios, energia e tudo o mais necessário à execução dos trabalhos, desde que os dispêndios sejam feitos com o acordo do dono da obra – que acompanhará todos os processos de aquisição de materiais e de execução da obra, sugerindo ou impondo o que for necessário para se obterem melhores condições – tudo acrescido da percentagem estipulada no caderno de encargos para despesas de administração e remuneração do empreiteiro*[363]. Na verdade, o caderno de encargos e o contrato devem fixar essa percentagem, e o contrato será mesmo nulo se não contiver tal especificação. Por outro lado, deverão ainda ser fixados no contrato, sob pena de nulidade deste, a percentagem destinada a cobrir as depreciações dos utensílios e máquinas e o quantitativo destinado aos encargos com a instalação dos estaleiros, que assim se considera definitivamente fixado (cfr. artigos 218º e 223º).

Do regime jurídico deste tipo de empreitada ressalta que o risco do empreiteiro fica particularmente reduzido, pois não terá mesmo que temer uma eventual flutuação de preços dos elementos de produção, ainda que inferior ao que a lei considera de revisão obrigatória. Os únicos factores de natureza aleatória, aliás em grau muito menor do que nas modalidades anteriores, são os das percentagens estipuladas para despesas de administração e lucro, para depreciação do equipamento e das quantias fixadas para instalação dos estaleiros. Não há pois razão para se aplicar, nesta modalidade de empreitada,

---

[363] MARCELLO CAETANO, *Manual de Direito Administrativo*, I, 9ª ed., Almedina, Coimbra, pág. 930.

o regime jurídico da revisão de preços. O grande inconveniente que se tem apontado a este tipo de empreitada é o de não incentivar o empreiteiro ao desenvolvimento célere do processo executivo da obra, como resultado da segurança de que disfruta relativamente às oscilações dos custos de produção da obra.

Por último refere-se que, como decorre do exposto, esta modalidade de empreitada não é incompatível com a sua submissão à concorrência que, nesse caso, incidirá sobre a percentagem destinada a cobrir as despesas de administração e lucro do empreiteiro.

6. Tem vindo a ser legalmente facultada às entidades adjudicantes de empreitadas de obras públicas a possibilidade de adoptarem processos diferentes para a fixação da retribuição do empreiteiro para partes distintas da obra ou para tipos diversos de trabalhos. Porém, sempre se ressalvou que tal prática não poderia implicar verdadeiros desdobramentos das empreitadas, processo que possibilitaria desvios relativamente aos comandos legais que impõem o princípio geral da submissão a concurso da adjudicação das empreitadas de obras públicas.

7. Estabelece o nº 3 o princípio de que, se o contrato não dispuser de modo diverso, o fornecimento dos materiais cabe ao empreiteiro, princípio que é comum à empreitada de direito privado (artigo 1210º do CC).

SECÇÃO II
EMPREITADA POR PREÇO GLOBAL

ARTIGO 185º
Conceito e âmbito
1. Diz-se por preço global a empreitada cujo montante da remuneração, correspondente à realização de todos os trabalhos necessários para a execução da obra ou parte da obra objecto do contrato, é previamente fixado.
2. Só podem ser contratadas por preço global as obras cujos projectos permitam determinar, com pequena probabilidade de erro, a natureza e as quantidades dos trabalhos a executar, bem como os custos dos materiais e da mão-de-obra a empregar.

1. Corresponde ao que estabelecia o artigo 7º do anterior REOP, sem alteração de regime.

2. Ver a anotação ao artigo anterior.

Como ali se referiu, o actual regime jurídico das empreitadas de obras públicas, como o que vigorava anteriormente, não erigiu esta modalidade de empreitada em modalidade-regra, pois que o nº 2 impõe que **só** *podem ser contratadas por preço global as obras relativamente às quais seja possível calcular, sobre o projecto, com pequena margem de erro, os custos dos materiais e mão-de-obra a empregar.* Impõe-se assim que, quando se trate de obra relativamente a cuja planificação seja admitida, como provável, uma margem de erro significativa, se opte pela empreitada *por série de preços.* Nesse sentido, o artigo seguinte determina que as características da obra e as condições técnicas da sua execução devem ser definidas *com a maior precisão,* o que significa que, quando essa precisão não for possível, se deverá optar pela modalidade da empreitada por série de preços. Como se disse na anotação ao artigo anterior, esta é especialmente vocacionada para os casos em que se desconhecem, com razoável precisão, as quantidades ou as espécies de trabalhos a executar.

ARTIGO 186º
Objecto da empreitada

O dono da obra deve definir, com a maior precisão possível, nos elementos escritos e desenhados do projecto e no caderno de encargos, as características da obra e as condições técnicas da sua execução, bem como a qualidade dos materiais a aplicar e apresentar mapas de medições de trabalhos, tão próximos quanto possível das quantidades de trabalhos a executar, nos quais assentem a análise e o ordenamento por custos globais das propostas dos concorrentes à empreitada.

1. Corresponde ao artigo 8º do anterior REOP, sem alteração da substância.

2. O disposto neste artigo, bem como nos artigos 190º, 191º e 195º, pretende que das peças do processo constem de modo claro os elementos da obra a executar com vista a uma clara averiguação das responsabilidades em caso de erros ou omissões. Entende-se que uma incompleta ou imperfeita definição dos trabalhos, mesmo que as consequências das omissões e erros do projecto e demais peças patenteadas se façam injustamente recair sobre o empreiteiro, acaba, bem vistas as coisas, por não servir os interesses reais do dono da obra, nomeadamente se se tratar do Estado ou de outra pessoa colectiva de direito público.

Um contrato de empreitada que se alicerça num projecto errado, num caderno de encargos imperfeito, exige constantes ajustamentos e alterações, quando não acarreta mesmo demolição de trabalhos já realizados, resolvendo--se, afinal, pelos inevitáveis atrasos de execução e acréscimo de encargos (porque nem todos serão absorvidos pelo adjudicatário), com prejuízos graves para o dono da obra. E nem com uma nem com outra coisa se compadece o interesse público.

3. Cfr. artigos 47º (caderno de encargos), 190º (reclamações quanto a erros e omissões do projecto), 191º (rectificações de erros ou omissões do projecto), 195º (objecto da empreitada) e 253º (especificações dos materiais).

Particularmente no que respeita ao caderno de encargos, ele deve especificar e completar os aspectos do regime geral que o presente diploma reserva expressamente para serem preenchidos de acordo com as condições especiais de cada empreitada: modo da sua execução, quantidades, materiais, preço, etc. (cfr. artigos 47º, 60º, 61º, 64º, 190º, 245º, 253º, 254º, 256º, 258º, 264º, 266º, 267º, 285º, 288º e 312º).

Quanto aos elementos que devem integrar o projecto, as peças escritas e peças desenhadas, ver artigo 48º.

ARTIGO 187º
Apresentação de projecto base pelos concorrentes

1. Quando se trate de obras cuja complexidade técnica ou especialização o justifiquem, o dono da obra posta a concurso pode solicitar aos concorrentes a apresentação de projecto base, devendo para o efeito definir, com suficiente precisão, em documento pelo menos com o grau equivalente ao de programa base, os objectivos que deseje atingir, especificando os aspectos que considere vinculativos.

2. Escolhido no concurso um projecto base, serve este para a elaboração do projecto de execução.

3. Na hipótese prevista no presente artigo, o dono da obra pode atribuir prémios aos autores dos projectos melhor classificados, caso em que deve fixar, no programa do concurso os respectivos critérios de atribuição.

4. Para efeitos do número anterior deve ser estritamente respeitada a ordem de classificação estabelecida pela respectiva Comissão de Avaliação, sendo contudo, possível a não atribuição, total ou parcial, de prémio, caso os trabalhos sejam considerados não satisfatórios.

1. Corresponde ao artigo 9º do anterior REOP, com algumas alterações.

2. Sobre a evolução do regime de apresentação de projecto pelos concorrentes, no relatório preliminar do Decreto-Lei nº 341/88, de 28 de Dezembro, de Portugal, escreveu-se:

A forma tradicionalmente utilizada para a concretização de uma obra compreende a elaboração de um projecto com base no qual se promove um concurso ou ajuste directo com os construtores para a sua execução.

Nos últimos vinte anos tem-se generalizado, no entanto, o recurso a formas de consulta, adjudicação e contratação diferentes das tradicionais.

Contam-se, entre essas, as de concepção-construção, contrato de gestão e cooperação no projecto.

Destas modalidades, a mais corrente é a de concepção-construção, solução recomendável nos casos em que a especificidade dos projectos a ela obriga, isto é, mais precisamente, em que as técnicas de execução e a natureza dos equipamentos condicionam as relações a adoptar para satisfazer os programas das obras. Há mesmo casos em que a ligação entre a concepção e a construção é de tal forma específica que a solução mais económica para um dado equipamento consiste na adopção dessa fórmula de realização, desde que precedida da definição minuciosa de um programa, por parte da entidade cliente.

Porém, quando os procedimentos de concepção-construção se generalizam, qualquer que seja o tipo de equipamento em causa, pode-se ser conduzido a desperdícios inconvenientes e injustificados. Aliás, da experiência internacional, tem-se concluído que o recurso sistemático a essa modalidade é característica dos países pouco desenvolvidos que não dispõem de meios humanos para acompanhar a execução dos empreendimentos ou, mais grave ainda, não estão sequer em condições de definir o programa de necessidades.

Quando utilizada de forma não criteriosa, a solução conduz, muitas vezes, a projectos pouco cuidados, pouco imaginativos e a preços, em regra, mais elevados. No que se refere a prazos, apenas é competitiva quando se recorre ao emprego de sistemas de industrialização maciça. O seu uso tem, pois, de ser devidamente ponderado e rodeado de todas as precauções.

O processo de elaboração do projecto seguido de concurso para a sua execução continua a ser o mais recomendável, isto independentemente de se celebrar ou não um contrato de gestão global ou de se promover a cooperação na execução do projecto, modalidades estas através das quais se poderão colher alguns dos benefícios da concepção-construção, evitando, por outro lado, os inconvenientes que lhe estão associados.

Assim, o recurso a esta modalidade deve ser excepcional e apenas determinada por necessidades de natureza técnica. Poderá mesmo entender-se que, para além de outras razões, não é de desprezar o facto de, por um lado, a utilização sistemática dessa modalidade conduzir frequentemente ao favorecimento das empresas empreiteiras mais bem apetrechadas, por só aquelas disporem de serviços próprios para a elaboração daqueles projectos e, por outro, implicar uma multiplicidade de projectos, por vezes muito dispendiosos, condenados, salvo um, à inutilidade.

3. Quanto aos vários documentos que conduzem à elaboração do projecto de execução, vem-se referindo designadamente os seguintes:

- *Programa preliminar*, que é o documento fornecido pelo dono da obra ao projectista para definição dos objectivos, características orgânicas e funcionais e condicionamentos financeiros da obra, bem como dos respectivos custos e prazos de execução a observar.
- *Programa base*, que é o documento elaborado pelo projectista a partir do programa preliminar resultando da particularização deste, visando a verificação da viabilidade da obra e do estudo de soluções alternativas, o qual, depois de aprovado pelo dono da obra, serve de base ao desenvolvimento das fases ulteriores do projecto.
- *Estudo prévio*, que é o documento elaborado pelo projectista, depois da aprovação do programa base, visando a opção pela solução que melhor se ajuste ao programa, essencialmente no que respeita à concepção geral da obra.
- *Projecto*, isto é o conjunto de documentos escritos e desenhados que definem e caracterizam a concepção funcional, estética e construtiva de uma obra, compreendendo, designadamente, o projecto de arquitectura e projectos de engenharia.
- *Projecto de execução* é o documento elaborado pelo projectista, a partir do estudo prévio ou do anteprojecto aprovado pelo dono da obra, destinado a facultar todos os elementos necessários à definição rigorosa dos trabalhos a executar.

4. Resulta do disposto neste preceito que o sistema da concepção/construção só excepcionalmente é admitido, mais concretamente quando ocorram os pressupostos nele enunciados. Estabelecia um já ultrapassado Código dos Contratos Públicos de França, que *não pode utilizar-se este procedimento, seja qual for o valor do contrato, senão quando razões de ordem técnica tornam necessária associação do empreiteiro aos estudos da obra. Estes motivos devem estar relacionados com o destino ou as técnicas de realização da obra. Dizem respeito a uma obra de que a finalidade principal é uma produção cujo processo condiciona a concepção e a execução,* *assim como as obras cujas características, tal como as suas excepcionais dimensões ou particulares dificuldades técnicas, exigem um apelo aos meios e às técnicas próprias das empresas.*

A justificação com base na complexidade técnica ou de especialização para a opção por esta modalidade, referida no nº 1, tem lugar, como acto preparatório, no procedimento da tomada da decisão de contratar, e, portanto, de abrir o respectivo procedimento de concurso.

Por outro lado, a *solicitação* ali igualmente indicada constitui uma condição para concorrer e, por isso, deve constar dos respectivos anúncio e programa de concurso.

5. Cfr. os artigos 46º, 188º, 196º, 207º e 216º.

ARTIGO 188º
Variantes ao projecto

1. O dono da obra posta a concurso pode autorizar, mediante declaração expressa constante do respectivo programa, que os concorrentes apresentem variantes ao projecto ou a parte dele e com o mesmo grau de desenvolvimento, conjuntamente com a proposta para a execução da empreitada tal como posta a concurso.

2. Depois de aprovada, a variante substitui, para todos os efeitos, o projecto do dono da obra na parte respectiva.

1. Corresponde ao artigo 10º do anterior REOP, relativamente ao qual apresenta ligeiras diferenças.

2. A variante, para o ser, deve ter a sua base no projecto, ao qual introduz alterações traduzidas em novas soluções técnicas que representem uma concepção nova, uma *forma nova* de prosseguir o interesse público que a obra objecto da empreitada visa satisfazer. Há-de ser o produto de *um estudo técnico específico e uma nova criação do espírito,* como se diz em decisão judicial portuguesa, há-de constituir uma forma diferente de satisfazer o interesse público subjacente à obra. Por outras palavras, é *o projecto elaborado no todo ou em parte como alternativa a outro já existente, sem modificação dos seus objectivos e condicionantes*[364].

---

[364] Artigo 1º, alínea z) das Instruções para a Elaboração de Projectos de Obras, aprovadas pela Portaria nº 701-H/2008, de 29 de Julho, de Portugal.

3. Para que o concorrente possa validamente apresentar uma variante ao projecto patenteado a concurso, é, pois necessário que o programa do concurso expressamente o consinta, como aliás igualmente já resulta do nº 2 do artigo 60º.

4. Do que se trata aqui é de variante à própria concepção da obra e não de variante a qualquer especificação do caderno de encargos, isto é, à proposição de meios ou processos diferentes dos previstos para executar a obra, tal como consta do projecto.

5. Resulta claro do texto legal que nada obsta a que o mesmo concorrente apresente mais que uma variante ao projecto ou à parte dele referida, para isso, no programa de concurso, se e no número máximo que este o permitir (artigo 8º, alínea a)), só que, naturalmente, todos e cada um deles deverão ser acompanhados dos elementos necessários à sua correcta apreciação.

Além disso, a apresentação de variante ou variantes ao projecto não dispensa o concorrente de apresentar proposta relativamente ao projecto posto a concurso, como impõe a alínea b) do artigo 87º que comina essa omissão com a exclusão da proposta.

6. Cfr. os artigos 46º, 100º, 196º e 207º.

ARTIGO 189º
Elementos e método de cálculo dos projectos base e variantes

1. Os projectos base e as variantes da autoria do empreiteiro devem conter todos os elementos necessários para a sua perfeita apreciação e para a justificação do método de cálculo utilizado, podendo sempre o dono da obra exigir quaisquer esclarecimentos, pormenores, planos e desenhos explicativos.

2. Nos casos em que a República de Angola não disponha de normas e regulamentos adoptados para os efeitos previstos no número anterior, o dono da obra pode aprovar e aceitar outros métodos apresentados e devidamente justificados pelo empreiteiro.

1. Corresponde ao artigo 11º do anterior REOP, relativamente ao qual não apresenta diferenças substantivas.

2. Relativamente à disposição do nº 2, tem-se entendido também que a proposta se pode basear num método de cálculo diferente do que é utilizado no país, sendo, por isso, válidos métodos diferentes daqueles, desde que a proposta obedeça às condições exigidas pelo programa do concurso e caderno de encargos.

3. Cfr. os artigos 60º, 61º, 64º, 110º, 187º, 196º, 207º e 216º.

ARTIGO 190º
Reclamações quanto a erros e omissões do projecto

1. No prazo que, para o efeito, for estabelecido no caderno de encargos, de acordo com a dimensão e complexidade da obra, que não deve ser inferior a quinze dias nem superior a noventa dias, contados da data da consignação, o empreiteiro pode reclamar:

a) Contra erros ou omissões do projecto, relativos à natureza ou volume dos trabalhos, por se verificarem diferenças entre as condições locais existentes e as previstas ou entre os dados em que o projecto se baseia e a realidade;

b) Contra erros de cálculo, erros materiais e outros erros ou omissões das folhas do mapa de medições, por se verificarem divergências entre estas e o que resulta das restantes peças do projecto.

2. Findo o prazo estabelecido no número anterior, admite-se ainda reclamações com fundamento em erros ou omissões do projecto, desde que, cumulativamente:

a) sejam arguidos nos 10 dias subsequentes ao da verificação; e

b) o empreiteiro demonstre que lhe era impossível descobri-los mais cedo.

3. Na reclamação prevista nos dois números anteriores, o empreiteiro deve indicar o valor que atribui aos trabalhos, a mais ou a menos, resultantes da rectificação dos erros ou omissões reclamados.

4. O dono da obra deve pronunciar-se sobre as reclamações apresentadas pelo empreiteiro no prazo máximo de 60 dias, contados da data da respectiva apresentação.

5. Se o dono da obra verificar, em qualquer altura da execução, a existência de erros ou omissões no projecto, devidos a causas cuja previsão ou descoberta fosse impossível mais cedo, deve notificar dos mesmos o empreiteiro, indicando o valor que lhes atribui.

6. Sobre a interpretação e o valor dados pelo dono da obra aos erros ou omissões a que alude o número anterior pode o empreiteiro reclamar no prazo de 10 dias.

1. Corresponde ao artigo 12º do anterior REOP que em substância mantém.

2. O preceito não estabelece expressamente um prazo suplectivo para a reclamação do empreiteiro, aplicável se, desviando-se do determinado no nº 1, o caderno de encargos não o estabelecer. Parece que, nesse caso, deve valer o prazo correspondente ao limite máximo de duração ali estabelecido – 90 dias.

Esse prazo é contado nos termos do estabelecido no artigo 356º, isto é, em dias úteis, suspendendo-se, portanto, nos sábados, domingos e feriados.

3. Do mesmo modo, este artigo também não estabelece regime especial para o caso de, no prazo estabelecido no nº 4, o dono da obra não notificar o empreiteiro da sua decisão sobre a reclamação deste. Tem lugar a aplicação do regime geral do efeito negativo do silêncio da Administração Pública relativamente às pretensões que lhe sejam apresentadas, estabelecido no artigo 58º, nº 1 das NPAA. Nesse caso, portanto, ocorre indeferimento tácito da reclamação.

4. Segundo J. M. DE OLIVEIRA ANTUNES[365], para este efeito, a *"Omissão" consiste num trabalho indispensável à execução da empreitada, mas que não consta do projecto ou não consta para efeitos de remuneração do empreiteiro no mapa de medições*, enquanto que um *"Erro" consiste na incorrecta quantificação, no projecto ou no mapa de medições, de um trabalho indispensável à execução da empreitada.* Deste modo, poderá dizer-se que tanto o erro como a omissão hão-de revelar-se através de deficiência dos elementos patenteados a concurso pelo dono da obra relativamente à realidade, só tendo relevância para este efeito se a correcção do erro ou o preenchimento da falta ocasionarem trabalhos não previstos, na sua quantidade ou na sua espécie ou mesmo à execução em condições mais onerosas que as que subentenderam a elaboração da lista de preços unitários.

5. O direito do empreiteiro de reclamar quanto a erros e omissões do projecto radica na fiabilidade que devem merecer os elementos patenteados no concurso e com base nos quais o empreiteiro elaborou a sua proposta. Aliás, foram patenteados para isso mesmo, pois constituem elementos componentes da declaração da entidade adjudicante sobre as condições em que está disposta a contratar a empreitada.

Com efeito, o dono da obra, de entre os elementos que servem de base ao concurso, patenteia as peças do projecto que *serão as necessárias para uma correcta definição da obra, nomeadamente as relativas à sua localização, ao volume dos trabalhos, ao valor estimado para efeitos de concurso, à natureza do terreno, ao traçado geral e a outros pormenores construtivos e técnicos necessários à boa execução dos trabalhos* (artigo 48º, nº 1). Por outro lado, deve patentear, além do mais, a memória descritiva, os mapas das espécies e quantidades de trabalhos e o programa de trabalhos (nº 2) e ainda as peças desenhadas que, além de outros

---

[365] *Contrato de Empreitada – Manual de Execução, Gestão e Fiscalização*, ed. Quid Júris, 2002, pág. 111.

elementos considerados necessários, devem conter *a planta de localização, as plantas, os alçados, os cortes* e os demais pormenores indispensáveis para uma exacta pormenorização da obra e ainda, quando existirem, os estudos geológico e geotécnico (nº 3) ou, na sua falta, definir as características geológicas do terreno previstas para o procedimento (nº 4). Acresce ainda que, o artigo 186º, no respeitante à empreitada por preço global, determina que o dono da obra deve definir, com a maior precisão possível, nos elementos escritos e desenhados do projecto e no caderno de encargos, as características da obra e as condições técnicas da sua execução, bem como a qualidade dos materiais a aplicar e apresentará mapas de quantidades de trabalhos *tão próximos quanto possível das quantidades de trabalhos a executar, nos quais assentarão a análise e o ordenamento por custos globais das propostas dos concorrentes à empreitada.*

Estes são os elementos com base nos quais o empreiteiro formulou a sua proposta, porque para isso foram patenteados, pelo que não é legítimo pôr em causa a sua credibilidade. Se esses elementos não são correctos, por causa dessa incorrecção a proposta do empreiteiro não estará adequada à realidade, o que, a suceder sem culpa sua, lhe confere o direito à reposição do equilíbrio financeiro do contrato, assim se evitando um injusto locupletamento do dono da obra à custa do empreiteiro. Trata-se, afinal, de responsabilizar pelas consequências do erro a entidade que o cometeu.

6. Ainda dentro deste tema, com alguma frequência, entidades adjudicantes fazem constar nos programas de concurso ou caderno de encargos que os dados de campo, estudos ou previsões o são sob reserva ou a título de mera informação, ou ainda que os concorrentes devem confirmar no terreno a correcção dos elementos patenteados. Afigura-se-nos que se trata de uma prática inconveniente e carecida de suporte lógico e legal. Só para o caso de o projecto ou variante ser da autoria do empreiteiro releva a declaração de reserva (artigo 216º, nº 1). Obrigar os concorrentes a, no prazo do concurso, procederem à confirmação da correcção de todos os elementos desenhados e escritos patenteados a procedimento, para além de uma multiplicação ilógica da mesma tarefa, desnecessária e tantas vezes muito cara, se seguida com rigor, pode muito simplesmente inviabilizar candidaturas, com as negativas consequências na desejada concorrência, posto que até pode ser impossível fazê-lo por carência de meios técnicos ou, muito simplesmente, por não ser viável no prazo do concurso. A que acresce o indesejável e desprestigiante descrédito quanto ao rigor e mesmo competência com que, assumidamente, o dono da obra abre o concurso. De resto, e como já ficou salientado, isso mesmo impõem o necessário equilíbrio financeiro do contrato e o princípio do não enriquecimento à custa alheia, já que o dono da obra é que iria beneficiar da correcção desses erros que, repete-se, são da sua exclusiva autoria.

7. Quanto à natureza do regime legal das reclamações relativas a erros ou omissões do projecto, salvo obviamente no que expressamente for declarado como suplectivo, vigora o princípio dominante no regime jurídico dos contratos administrativos, segundo o qual, sempre que uma norma expressamente se não disser suplectiva, as dúvidas que quanto à sua natureza surgirem deverão ser resolvidas no sentido da sua injuntividade, a menos que outros elementos claramente conduzam para conclusão diferente. Assim, deve entender-se que o regime legal das reclamações por erros e omissões do projecto não pode ser afastado ou substituído nos cadernos de encargos. Nestes, e em cada caso concreto, em obediência àquele princípio, só podem adoptar-se medidas específicas se, e na medida, em que expressamente a lei o deixar para a discricionariedade do dono da obra; na parte restante é de acatamento obrigatório. Assim, uma cláusula de caderno de encargos que viole aquele preceito é ilegal e, portanto, anulável, senão mesmo nula[366].

8. O nº 2 limita a possibilidade de reclamações após o decurso do prazo estabelecido no nº 1 aos erros e omissões do projecto que se demonstre ser impossível detectar mais cedo. Ficam assim excluídos, além de outros, os erros de cálculo, erros materiais e erros de medições, por ser manifesta a possibilidade de serem detectados naquele prazo. Por outro lado, a enumeração dos fundamentos da reclamação feita no nº 1 parece taxativa, não podendo, portanto, haver reclamações senão pelos motivos ali referidos. Assim, quanto aos erros e omissões traduzidos em *diferenças entre as condições locais existentes e as previstas*, há que distinguir conforme essas diferenças são aparentes ou não aparentes: no primeiro caso devem ser reclamadas no prazo estabelecido no nº 1 deste artigo; no segundo, nos termos do nº 2, devem sê-lo no prazo de 10 dias contados da sua cognoscibilidade pelo empreiteiro.

Importa ainda referir, no que toca à responsabilidade pelos erros e omissões por divergência *entre os dados em que o projecto se baseia e a realidade*, que se o projecto é da autoria do dono da obra, será este o responsável pelos encargos decorrentes da correcção; se o projecto é da autoria do empreiteiro, a este cabe essa responsabilidade, salvo se os erros e omissões são decorrentes

---

[366] Neste sentido, PEDRO ROMANO MARTINEZ e MARÇAL PUJOL, *Empreitada de Obras Públicas*, Almedina, Coimbra, pág. 34.

dos elementos para isso fornecidos pelo dono da obra para a sua elaboração (artigo 191º, nº 2 *in fine*).

9. O nº 5 estabelece o regime da correcção de erros ou omissões do projecto pelo dono da obra, permitindo-lhe que o faça *em qualquer altura da execução*, portanto, até à recepção provisória da obra (artigo 303º). Mas, essa faculdade está limitada aos erros e omissões do projecto revelados por elementos que não estavam ao seu alcance quando o elaborou, por só com o processo da execução da obra se tornarem conhecidos.

Questão diferente é a de saber se o dono da obra está sujeito a um prazo para proceder à notificação do empreiteiro imposta por aquela disposição legal. Afigura-se-nos que o interesse público subjacente à obra pode afastar uma tal imposição, entendimento que tem algum apoio no facto de a correcção se poder fazer *em qualquer altura da execução*. Mas, como decorre da disposição legal, esta possibilidade de correcção *em qualquer altura da execução* só existe relativamente aos erros ou omissões *devidos a causas cuja previsão ou descoberta fosse impossível mais cedo*, afastando tudo o que for devido a negligência ou incompetência do dono da obra. A existência desses erros ou omissões deve ser revelada, apenas, no decorrer do processo executivo da obra, sendo impossível, antes disso, prever a sua existência e prover à sua correcção.

10. Os erros ou omissões do projecto, na empreitada por preço global, revestem-se de particular gravidade já que, nesta modalidade, o empreiteiro compromete-se a realizar todos os trabalhos necessários à execução da obra por certo preço. Todavia, como se viu, não seria justo nem conveniente responsabilizar o empreiteiro por todo e qualquer erro ou omissão do projecto, mormente se este foi elaborado pelo dono da obra. Daí o direito que é reconhecido ao empreiteiro de deduzir reclamações contra estes erros ou omissões. E como erros do projecto se podem considerar, entre outros, os que versem sobre a classificação dos produtos das escavações, a constituição geológica dos terrenos e outros dados obtidos no campo.

11. Na falta de acordo entre o dono da obra e o empreiteiro quanto aos valores referidos nos nºs 3, 5 e 6 pode qualquer das partes submeter a questão a decisão judicial ou, se nisso acordarem, arbitral (artigo 338º).

12. Cfr. os artigos 191º, 209º, 216º e 235º.

ARTIGO 191º
Rectificações de erros ou omissões do projecto

1. Rectificado qualquer erro ou omissão do projecto, o respectivo valor é acrescido ou deduzido ao valor da adjudicação.

2. No caso de o projecto-base ou da variante ter sido da sua autoria, o empreiteiro deve suportar os danos resultantes de erros ou omissões desse projecto ou variante ou do correspondente mapa de medições, excepto se os erros ou omissões resultarem de deficiências dos dados fornecidos pelo dono da obra.

1. Reproduz o artigo 13º do anterior REOP, quase textualmente.

2. Se o projecto é da autoria do empreiteiro, pode ocorrer uma de três situações:
- Projecto baseado em dados de campo fornecidos pelo dono da obra sem reservas (artigo 216º, nº 2) – responsabilidade do dono da obra;
- Projecto baseado em elementos colhidos pelo empreiteiro ou fornecidos pelo dono da obra sob reserva – responsabilidade do empreiteiro (191º, nº 2);
- Erros ou omissões que por natureza fosse impossível descobrir mais cedo – responsabilidade do dono da obra: não se trata de erro de concepção ou que fosse possível ao empreiteiro evitar, pelo que deve considerar-se integrante dos riscos normais da obra.

3. Sempre que a responsabilidade caiba ao empreiteiro, este terá que proceder à correcção dos erros, à sua custa e sem que isso implique prorrogação legal do prazo de execução do contrato.

4. Cfr. anotação ao artigo anterior e ainda 187º, 188º, 189º, 190º, 192º, 193º, 243º e 310º.

ARTIGO 192º
Valor das alterações ao projecto

A importância dos trabalhos, a mais ou a menos, que resultar de alterações ao projecto é, respectivamente, adicionada ou diminuída ao valor da adjudicação.

1. Reproduz o nº 1 do artigo 14º do anterior REOP com ligeira e irrelevante diferença de redacção.

2. Tem manifesto interesse saber se os trabalhos ordenados e não previstos são efectivamente resultantes de alterações ao projecto ou se, em verdade, se traduzem em *obra nova*. Segundo VAZ SERRA[367], as obras novas consistem em trabalhos que, tendo embora *alguma relação, alguma conexão com a obra originária, todavia, não só não são necessárias para a realizar, como não podem considerar-se parte dela* (v. g., *construção de um caminho contíguo ao edifício objecto da empreitada; levantamento de um novo andar na casa a construir; construção de uma casa de habitação em vez do moinho objecto da empreitada; trabalhos exigidos pelo dono da obra depois de esta ser acabada e aceita*).

Alterações *são modificações das modalidades das obras, e respeitam, portanto, à obra convencionada, limitando-se a alterar alguma ou algumas modalidades (v. g., quanto ao tipo, qualidade ou origem dos materiais, à forma da obra, à sua estrutura, dimensões ou funcionamento, ao tempo ou lugar da execução da obra) isto é, entram sempre no plano da execução da obra, apresentando-se como necessárias, ou, ao menos, como oportunas para a realização dela.*

Ou, como refere PEDRO ROMANO MARTINEZ[368], *obras novas ou trabalhos extra-contratuais são aqueles que têm autonomia relativamente à obra prevista no contrato, ou foram realizados depois da entrega (...). São, por conseguinte, os trabalhos que constituem uma obra independente, como por exemplo, a elevação de outro andar, ou que foram executados depois da obra entregue.*

3. Cfr. os artigos 204º e 259º.

ARTIGO 193º
Pagamentos

1. O pagamento do preço da empreitada pode efectuar-se em prestações periódicas fixas ou em prestações variáveis, em qualquer dos casos, sempre em função das quantidades de trabalho periodicamente executadas.

2. Quando o pagamento tenha de fazer-se em prestações fixas, o contrato deve fixar os seus valores, as datas dos seus vencimentos e a sua compatibilização com o plano de trabalhos aprovado.

3. Nos casos previstos no número anterior, a correcção que o preço sofrer, por virtude de rectificações ou alterações ao projecto, é dividida pelas prestações que se vencerem posteriormente ao respectivo apuramento, salvo estipulação em contrário.

---

[367] *Boletim do Ministério da Justiça*, de Portugal, 145º, págs. 88 e seguintes.
[368] Cfr. PEDRO ROMANO MARTINEZ, *Contrato de Empreitada*, Almedina, 1994, pág. 147.

4. Se o pagamento tiver de fazer-se de acordo com as quantidades de trabalho periodi-camente executadas, realiza-se por medições e com base nos preços unitários contratuais, mas apenas até à concorrência do preço da empreitada.

5. Se, realizados todos os trabalhos, subsistir ainda um saldo a favor do empreiteiro, este deve ser-lhe pago com a última prestação.

1. Corresponde ao artigo 15º do REOP anteriormente vigente, com peque-nas variantes de redacção que não afectam o regime.

2. Judiciosamente, PEDRO ROMANO MARTINEZ e JOSÉ M. MARÇAL PUJOL obser-vam que as regras constantes deste preceito *talvez se deduzissem de um princípio geral de boa fé na execução dos contratos (art. 762º, nº 2 CC). O legislador pretendeu, contudo, não deixar margem para dúvidas; sendo, porém, preciso não esquecer que, por mais minuciosa que a lei seja, sempre ficam aspectos por regulamentar*[369].

3. Cfr. os artigos 961º (variante do empreiteiro), 198º (cálculo dos paga-mentos), 222º (pagamentos na empreitada por percentagem), 276º (suspensão por falta de pagamento), 288º a 302º (pagamentos), 316º (dedução de quan-tias reclamadas em inquérito administrativo), 317º (pagamento de trabalhos posteriores à recepção provisória) e 319º (liquidação das multas e prémios).

SECÇÃO III
EMPREITADA POR SÉRIE DE PREÇOS

ARTIGO 194º
Conceito

A empreitada é estipulada por série de preços quando a remuneração do empreiteiro resulta da aplicação dos preços unitários, previstos no contrato, para cada espécie de tra-balho a realizar, tendo em conta a quantidade desses trabalhos efectivamente executados.

1. Reproduz quase textualmente o artigo 16º do anterior REOP, que em substância não altera.

2. Cfr. comentário ao artigo 184º.

---

[369] *Empreitada de Obras Públicas*, Almedina, Coimbra, 1995, pág. 37.

ARTIGO 195º
Objecto da empreitada

1. Nas empreitadas por série de preços, o contrato tem sempre por base a previsão das espécies e das quantidades dos trabalhos necessários para a execução da obra relativa ao projecto patenteado, obrigando-se o empreiteiro a executar pelo respectivo preço unitário do contrato todos os trabalhos de cada espécie.

2. Se, nos elementos do projecto ou no caderno de encargos existirem omissões quanto à qualidade dos materiais, o empreiteiro não poderá empregar materiais que não correspondam às características da obra ou que sejam de qualidade inferior aos usualmente empregues em obras que se destinem a idêntica utilização e da mesma categoria.

1. Reproduz o artigo 17º do anterior REOP, aliás corrigindo a referência que aquele no nº 2 fazia a *"quantidade"* onde queria dizer *"qualidade"*.

2. A norma do nº 2, é a aplicação do princípio de que, na execução da empreitada, procura-se salvaguardar a solidez e a perfeição da obra. O caderno de encargos deve conter todos os elementos referentes aos materiais a aplicar na obra e, quando for caso disso, os locais donde devem ser extraídos (artigos 253º e seguintes). Se, porém, for omisso nesta matéria, o empreiteiro terá de actuar com observância das boas regras da arte e numa base de boa fé e honestidade, não podendo valer-se dessa omissão para aplicar na obra materiais de qualidade inferior à exigida pelas características, categoria daquela e fim a que se destina; deve respeitar sempre as respectivas normas oficiais eventualmente em vigor e as características habituais em obras análogas – artigo 253º, nº 5. Aliás, em qualquer altura, o empreiteiro poderá solicitar a aprovação dos materiais a aplicar, que se considera concedida se o fiscal da obra, nos oito dias seguintes, se não pronunciar; no caso de não obter essa aprovação, pode ainda reclamar no prazo de cinco dias (artigos 258º e 259º). O empreiteiro deverá retirar dos estaleiros os materiais rejeitados no prazo que para isso lhe for fixado pelo fiscal da obra (artigo 264º, nº 1).

3. Cfr. ainda os artigos 49º (especificações técnicas), 199º a 217º, 253º, nº 2 (substituição de materiais), 256º (aplicação de materiais de proveniência diferente da estipulada), 262º (substituição dos materiais rejeitados) e 266º, alínea *c)* (aprovação dos materiais a aplicar).

ARTIGO 196º
Projecto ou variante do empreiteiro

1. Quando a adjudicação de uma empreitada resulte de projecto-base apresentado pelo empreiteiro, compete a este a elaboração do projecto de execução, nos termos estabelecidos para a empreitada por preço global.

2. O projecto de execução de uma empreitada pode ser alterado de acordo com as variantes propostas pelo empreiteiro, nos mesmos termos estabelecidos para a empreitada por preço global.

3. Com a variante, o empreiteiro deve apresentar a previsão das espécies e quantidades dos trabalhos necessários para a execução da obra e a respectiva lista de preços unitários.

4. Os trabalhos correspondentes às variantes são executados em regime de preço global, se o empreiteiro o propuser e o dono da obra aceitar, devendo o empreiteiro apresentar um plano de pagamentos do preço global e calculando-se este pela aplicação dos preços unitários às quantidades previstas.

1. Corresponde ao artigo 19º do REOP, que substituiu, apresentando ligeiras alterações.

2. O disposto no nº 1 traduz a essência da modalidade concepção/construção. Refira-se, apenas, que *projecto base,* é o documento elaborado pelo projectista correspondente ao desenvolvimento do *estudo prévio* aprovado pelo dono da obra, destinado a estabelecer, em definitivo, as bases a que deve obedecer a continuação do estudo sob a forma de *projecto de execução,* sendo este o documento elaborado pelo projectista a partir do estudo prévio ou do projecto base aprovado pelo dono da obra, destinado a facultar todos os elementos necessários à definição rigorosa dos trabalhos a executar[370]

3. Tal como sucede para a empreitada por preço global (artigo 188º), a possibilidade de os concorrentes apresentarem variantes ao projecto elaborado pelo dono da obra, há-de ser expressamente prevista no programa de concurso, bem como os requisitos a que terão de obedecer (artigo 60º, nº 1, alínea *h)).* Efectivamente, só assim se afastam dúvidas sobre a sua admissão e, consequentemente, se proporciona igualdade de situações para todos os concorrentes. Esta igualdade de situações, de resto, interessa mesmo ao próprio dono da obra, pois só ela possibilita verdadeira concorrência.

4. Cfr. ainda artigos 100º, 188º, 207º e 215º.

---

[370] *Instruções para a Elaboração de Projectos de Obras,* que constituem o anexo I à Portaria nº 701-H/2008. de 29 de Julho, de Portugal.

ARTIGO 197º
Trabalhos não previstos

1. Os trabalhos cuja espécie ou quantidade não tenham sido incluídos na previsão que serve de base ao contrato são executados pelo empreiteiro como trabalhos a mais.
2. Sempre que a totalidade dos trabalhos a mais previstos no número anterior exceder 20% do valor dos trabalhos contratados, torna-se obrigatória a negociação entre as partes de uma adenda ao contrato, que tem por especial objecto estes trabalhos.

1. Corresponde ao artigo 18º do anterior REOP, cujo regime mantém.

2. Em rigor, e como resulta do próprio texto do preceito, o nº 1 está contido no próprio conceito de empreitada *por série de preços*: pressupõe que as quantidades e a qualidade dos trabalhos a incluir no contrato constituem uma mera previsão com razoável probabilidade de se não confirmar, já que, se fosse possível determinar, com razoável precisão e pequena margem de erro, as quantidades e as espécies de trabalhos a executar, a modalidade de empreitada que se impunha era a empreitada *por preço global* (artigo 185º, nº 2). Por outro lado, também se integram na previsão do nº 1 do artigo 203º.

3. Do disposto no nº 2 resulta que, enquanto o valor dos trabalhos a mais que o previsto não exceder 20% do contrato, o empreiteiro é obrigado a executá-los pelos preços unitários do contrato se e na medida em que se trate de trabalhos de espécie prevista e a executar nas mesmas condições; tratando-se de trabalhos de espécie não prevista ou a realizar em condições diferentes das previstas, os preços são os que forem acordados ou, na falta de acordo, os que forem fixados por arbitragem ou judicialmente.

Se o valor dos trabalhos não previstos na estimativa em que o contrato se baseou exceder 20%, o empreiteiro só é obrigado a executá-los se, sobre as respectivas condições, chegar a acordo com o dono da obra (nº 2). Esse acordo não tem que constar de contrato adicional, mas de uma mera adenda ao contrato (nº 2 e artigo 203º, nº 8). Não se chegando a acordo, não parece haver lugar à rescisão do contrato pelo empreiteiro, mas apenas à não imposição dos trabalhos a mais. O direito de rescisão do contrato pelo empreiteiro com fundamento em alteração ao objecto do contrato apenas pode ter lugar por supressão de trabalhos (artigo 208º, nº 1) ou por substituição de trabalhos previstos por outros de espécie diferente (artigo 208º, nº 2).

4. Cfr. os artigos 185º, 192º, 199º, 203º e 206º.

ARTIGO 198º
Cálculo dos pagamentos

1. Periodicamente, deve proceder-se à medição dos trabalhos executados de cada espécie para efeitos de pagamento das quantidades apuradas, às quais serão aplicados os preços unitários.

2. A periodicidade relativa à medição dos trabalhos e dos pagamentos é obrigatoriamente expressa no contrato.

1. Reproduz quase textualmente o artigo 20º do anterior REOP.

2. Nos termos do nº 1 do artigo 288º, sempre que o caderno de encargos ou o contrato não estabeleçam coisa diferente, as medições serão feitas mensalmente e sempre com a assistência do empreiteiro ou seu representante, do que se lavrará auto (nº 2); o caderno de encargos poderá também fixar os métodos ou critérios a que as medições deverão obedecer, se assim se julgar conveniente (nº 3).

3. Do disposto no nº 2 parece resultar que a menção no contrato da periodicidade relativa à medição dos trabalhos e dos pagamentos é uma formalidade essencial a juntar às enunciadas no nº 1 do artigo 110º e cuja omissão gera a nulidade do contrato.

4. Cfr. artigos 196º, 222º, 245º, 271º, 284º, 288º a 294º e 316º a 318º.

SECÇÃO IV
DISPOSIÇÕES COMUNS ÀS EMPREITADAS POR PREÇO GLOBAL E POR SÉRIE DE PREÇOS

ARTIGO 199º
Lista de preços unitários

Os concorrentes devem apresentar com as suas propostas as listas de preços unitários que lhes tenham servido de base.

1. Reproduz quase textualmente o artigo 25º do anterior REOP.

2. A *lista de preços unitários* constitui um documento elaborado pelo concorrente, com base no mapa das espécies e quantidades de trabalhos patenteada a concurso (artigo 48º, nº 2 b)), que contém a indicação do *preço unitário* correspondente a cada uma das parcelas daquele mapa.

Cada um dos preços unitários reflecte o somatório dos custos directos e indirectos de cada unidade de trabalho de cada espécie. Assim:

- Custos directos: mão de obra, materiais, amortização e conservação do equipamento e outros encargos relativos a combustível, energia, rendas, etc..
- Custos indirectos: estaleiro, encargos gerais de empresa, encargos fiscais e margens de risco e de lucro.

3. A apresentação de lista de preços unitários é, pois, obrigatória, quer se trate de empreitada por preço global, quer se trate de empreitada por série de preços.

A importância da lista de preços unitários revela-se, particularmente, nestas modalidades de empreitada, na determinação do valor dos trabalhos a mais ou a menos resultantes de alterações ao projecto (artigos 190º e 203º), no cálculo dos pagamentos periódicos a efectuar, na determinação da situação dos trabalhos (artigos 193º e 195º) e na liquidação dos trabalhos efectuados nos casos de caducidade do contrato por morte, falência ou interdição do empreiteiro (artigo 234º).

4. A lista de preços unitários é um dos documentos que integram a proposta (artigo 70º, nº 3, b)).A sua falta determina a não admissão da proposta (artigo 83º).

5. Cfr. os artigos 34º, 110º e 244º.

ARTIGO 200º
Encargos do empreiteiro

Constitui encargo do empreiteiro, salvo o estipulado em contrário, o fornecimento dos aparelhos, instrumentos, ferramentas, utensílios e andaimes indispensáveis à boa execução da obra.

1. Reproduz quase textualmente o artigo 22º do REOP anteriormente vigente.

2. Os meios de produção da obra são fornecidos pelo empreiteiro, procedendo o preceito a uma enumeração aliás não exaustiva e tecnicamente não muito rigorosa, desses meios, que englobam também, ainda exemplificativamente, os tapumes, o estaleiro e tudo o mais que seja necessário às operações do procedimento executivo da obra.

3. Cfr. o artigo seguinte.

ARTIGO 201º
Trabalhos preparatórios ou acessórios

1. *O empreiteiro tem a obrigação de, salvo o estipulado em contrário, realizar à sua custa todos os trabalhos preparatórios ou acessórios que, por natureza ou segundo o uso corrente, a execução da obra implique.*

2. *Constitui, em especial, obrigação do empreiteiro, salvo estipulação em contrário, a execução dos seguintes trabalhos:*

a) a montagem, a construção, a desmontagem, a demolição e a manutenção do estaleiro;

b) os necessários para garantir a segurança de todas as pessoas que trabalhem na obra, incluindo o pessoal dos subempreiteiros e do público em geral, para evitar danos nos prédios vizinhos e para satisfazer os regulamentos de segurança, higiene e saúde no trabalho e de polícia das vias públicas;

c) o restabelecimento, por meio de obras provisórias, de todas as servidões e serventias que seja indispensável alterar ou destruir para a execução dos trabalhos e para evitar a estagnação de águas que os mesmos trabalhos possam originar;

d) a construção dos acessos ao estaleiro e das serventias internas deste;

e) a colocação de placa contendo as menções previstas no artigo 229º da presente lei;

f) outros trabalhos previstos em regulamentação específica.

1. Corresponde ao artigo 23º do anterior REOP, com ligeiras alterações.

2. *Estaleiro* é o local onde se efectuam os trabalhos, bem como os locais onde se desenvolvem actividades de apoio directo à obra. Envolve um conjunto heterogéneo de elementos destinados a servirem de base e de apoio às operações estruturais, administrativas e técnicas em que a execução da obra se traduz: terrenos, construções, infra-estruturas e respectivo equipamento que servem de apoio à execução da obra. Portanto, nesse conjunto, incluem-se desde os vários meios relativos ao pessoal (cantina, camaratas, instalações de lazer, etc.), às instalações directamente ligadas à execução da obra (armazéns, oficinas, segurança, fiscalização, etc.), aos serviços administrativos (escritórios), aos elementos infra-estruturais (redes de esgotos, de electricidade, telefone, telefax, telex, etc.) e ainda aos respectivos transportes. O estaleiro tem componentes fixas que, portanto, não variam com a natureza e volume da obra, e componentes que variam em função daqueles factores.

3. Nunca esteve em causa que sobre o empreiteiro impende a obrigação de proceder à *execução* das operações de construção, montagem, demolição, desmontagem e manutenção do estaleiro. O que não tem tido solução uniforme é a questão de saber a quem cabe suportar os encargos daí decorrentes, isto é, os *custos de estaleiro* e o processo da determinação desses custos.

Do disposto no nº 1 deste preceito resulta a atribuição pura e simples desse encargo ao empreiteiro, embora este, naturalmente, faça repercutir esse encargo sobre o preço proposto para a execução da empreitada. Portanto, não se trata de um custo que o empreiteiro possa autonomizar – um preço unitário –, antes se diluindo nos custos gerais da construção através da sua inclusão em cada um dos preços unitários respeitantes às várias espécies de trabalhos em que se traduzam as operações de construção, montagem, demolição, desmontagem e manutenção do estaleiro da obra.

Consequentemente, ao empreiteiro cabe a obrigação não apenas de *executar* esses trabalhos, mas também, como se de qualquer outro trabalho preparatório da empreitada se tratasse, de suportar o encargo económico representado pelos custos de construção, montagem, manutenção, demolição e desmontagem do estaleiro, ainda que, obviamente, fazendo-o reflectir no preço proposto, mas sem qualquer individualização. Assim, este custo não tem autonomia e a sua repercussão no preço proposto efectua-se através da sua diluição nos custos gerais da construção, mais especificamente, através da sua consideração no cálculo e fixação de cada um dos preços unitários respeitantes às respectivas espécies de trabalhos.

4. Da conjugação deste artigo com outros do presente diploma, pode dizer-se que constituem deveres do empreiteiro, no que respeita à execução da empreitada, designadamente os seguintes:

Deve fornecer, à sua custa, os aparelhos, instrumentos, ferramentas, utensílios e andaimes indispensáveis à execução dos trabalhos (artigo 200º), e bem assim, suportando ainda os respectivos encargos, fornecer o estaleiro e proceder à sua montagem e desmontagem (artigo 201º);

Deve cumprir os regulamentos de segurança e polícia das vias públicas, tomar as medidas preventivas necessárias em vista da segurança do seu pessoal, do pessoal dos subempreiteiros e do público em geral e de evitar danos nos prédios vizinhos (artigo 201º, alínea *b*));

Deve restabelecer, por meio de obras provisórias, todas as servidões ou serventias que haja necessidade de alterar ou destruir para a execução dos trabalhos e para evitar estagnação de águas em virtude dos mesmos trabalhos (artigo 201º, alínea *c*));

Deve construir os acessos ao estaleiro e as serventias internas deste (artigo 201º, alínea *d*));

Deve pagar as indemnizações devidas pela constituição de servidões ou ocupação temporária de prédios particulares, necessárias à execução da obra (artigo 202º);

Deve manter a polícia e a boa ordem no local dos trabalhos e retirar daí o pessoal que desrespeita o dono da obra ou seus agentes, a boa disciplina ou os seus deveres (artigo 226º);

Deve acompanhar, por si ou por seu representante, o dono da obra ou os seus delegados nas visitas de inspecção aos trabalhos e em todos os actos para que seja convocado (artigo 227º, nº 1);

Deve afixar no local dos trabalhos, de forma bem visível, placa contendo a identificação da obra, do dono da obra e do empreiteiro, com menção do alvará ou outro título habilitante (artigo 229º);

Deve pagar ao seu pessoal salários não inferiores à tabela de salários mínimos em vigor, que deverá estar afixada, de forma bem visível no lugar da obra, depois de autenticada pela fiscalização (artigo 231º);

Deve ter todo o seu pessoal seguro contra acidentes de trabalho e doenças profissionais, exibindo a respectiva apólice antes do início das obras e sempre que tal lhe seja exigido pelo fiscal da obra (artigo 232º);

Deve iniciar os trabalhos na data fixada no respectivo plano (artigo 248º, nº 1);

Deve ser ele a executar a empreitada, não podendo ceder a sua posição contratual sem autorização do dono da obra (artigo 235º);

Deve permanecer no local dos trabalhos durante a execução da obra ou aí manter um seu representante com os poderes necessários para responder perante o fiscal da obra pela marcha dos trabalhos (artigo 225º).

5. Cfr. os artigos 225º, 229º, 232º e 266º.

ARTIGO 202º
Servidões e ocupação de prédios particulares

É da conta do empreiteiro, salvo estipulação em contrário, o pagamento das indemnizações devidas pela constituição de servidões, ou pela ocupação temporária de prédios particulares, necessárias à execução dos trabalhos adjudicados e efectuados, nos termos da lei.

1. Reproduz, quase sem alteração, o artigo 24º do anterior REOP.

2. Estabelece o artigo 1349º do Código Civil que, sempre que seja indispensável, para reparar algum edifício ou construção, levantar andaimes, colocar objectos sobre prédios alheios, fazer passar por ele materiais ou praticar outros actos análogos, é o dono do prédio obrigado a consentir nesses actos, ficando com o direito a ser indemnizado pelo prejuízo que, por esse motivo, lhe advenha (n.ºs 1 e 3).

Sobre este encargo, escreveu CUNHA GONÇALVES[371]:

Os actos mencionados no artigo 2314.º não são taxativos; referem-se todos aos prédios urbanos; mas o direito de acesso pode, em alguns casos, ser usado em relação a prédios rústicos, hortas, jardins ou simples terrenos. E posto que este artigo se refira a prédios já construídos será aplicável também a construções novas, que não podem ser, evidentemente, erguidos junto à extrema dum terreno, sem que se levante andaime no prédio vizinho para as respectivas obras.

E sobre a indispensabilidade de usar tal meio, escreve o mesmo Autor:

Portanto, a mesma servidão não pode ser reclamada para actos dispensáveis, para simples melhoramentos. Mas não se exige uma necessidade absoluta; basta, a necessidade relativa, isto é, a servidão não deixa de ser indispensável pelo facto de poder ser suprida por meios extraordinários.

3. Cfr. os artigos 201.º e 266.º, alínea *m*).

ARTIGO 203.º
Execução de trabalhos a mais

1. Consideram-se trabalhos a mais aqueles cuja espécie ou quantidade não tenham sido previstos ou incluídos no contrato, nomeadamente no respectivo projecto, se destinem à realização da mesma empreitada e se tenham tornado necessários na sequência de uma circunstância imprevista, desde que se verifique qualquer das seguintes condições:

a) quando esses trabalhos não possam ser técnica ou economicamente separados do contrato, sem inconvenientes graves para o dono da obra;

b) quando esses trabalhos, ainda que separáveis da execução do contrato, sejam estritamente necessários ao seu acabamento.

2. O empreiteiro é obrigado a executar os trabalhos a mais previstos no número anterior, caso lhe sejam ordenados por escrito pelo dono da obra e o fiscal da obra lhe forneça os respectivos planos, desenhos, perfis, mapa da natureza e volume dos trabalhos e demais elementos técnicos indispensáveis para a sua perfeita execução e para a realização das medições.

3. A obrigação cessa quando o empreiteiro opte por exercer o direito de rescisão ou quando, sendo os trabalhos a mais de espécie diferente dos previstos no contrato, o empreiteiro alegue,

---

[371] *Tratado de Direito Civil*, Vol. XII, pág. 38.

dentro de 10 dias após a recepção da ordem, e a fiscalização verifique, que não possui nem o equipamento nem os meios humanos indispensáveis para a sua execução.

4. O projecto de alteração deve ser entregue ao empreiteiro com a ordem escrita de execução.

5. Do projecto de alteração não podem constar, a não ser que haja sido estipulado em contrário, preços diferentes dos contratuais ou dos anteriormente acordados para trabalhos da mesma espécie e a executar nas mesmas condições.

6. Quando, em virtude do reduzido valor da alteração ou por outro motivo justificado, não exista ou não se faça projecto, deve a ordem de execução conter a espécie e a quantidade dos trabalhos a executar e os preços unitários daqueles para os quais não existam ainda preços contratuais ou acordados por escrito.

7. Havendo acordo entre as partes, podem os trabalhos ser executados em regime de percentagem.

8. A execução dos trabalhos a mais deve ser averbada ao contrato de empreitada como sua adenda.

1. Corresponde ao artigo 26º do anterior REOP, ao qual introduz algumas alterações.

2. O nº 1 dá a noção de *trabalhos a mais.*

O instituto dos trabalhos a mais e a menos tem directamente a ver com o conteúdo do contrato, portanto com a definição das obrigações contratuais do empreiteiro no que toca ao volume e espécie de trabalhos que tem de executar de harmonia com os elementos desenhados e escritos que integram o projecto da obra e com o caderno de encargos; os trabalhos dizem-se *a mais* ou *a menos* exactamente porque excedem ou são suprimidos relativamente àqueles que contratualmente foram fixados como sendo os necessários para realizar a obra objecto do contrato. Esta questão é, pois, uma decorrência da alteração do contrato, no que respeita às obrigações do empreiteiro nessa matéria.

Poderia pretender-se que essa mesma questão só se põe na medida em que se trata de trabalhos a mais ou a menos decorrentes de imposição unilateral do dono da obra, porque se essa alteração fosse produto de acordo entre as partes contratantes, deixaria de ter especial relevância, já que esse acordo englobaria, necessariamente, a solução de acerto do preço resultante dessa alteração.

Mas, se isso é verdade no contrato de empreitada de direito privado, em que domina o princípio da autonomia da vontade, já o mesmo não sucede no domínio do contrato de empreitadas de obras públicas, no qual, como contrato público que é, à vontade das partes contratantes se sobrepõe o rigor das regras que visam salvaguardar o interesse público geral e especial.

3. Como resulta do que ficou dito, a questão da introdução de alterações ao objecto do contrato após a sua celebração e mesmo durante a sua execução pelo empreiteiro não é exclusiva do contrato de empreitada de obras públicas, porquanto também na empreitada de direito privado as alterações podem ocorrer e, com igual frequência, ocorrem.

No contrato de empreitada de obras públicas, como contrato de direito público que é, os trabalhos a mais são decorrentes do poder que detém o dono da obra de impor alterações ao objecto do contrato, quer porque se tornou necessário suprir omissões ou corrigir erros do projecto, quer porque aquele entendeu alterá-lo: ponto é que, num e noutro casos, assim proceda com vista à satisfação, nas melhores condições, do interesse público subjacente à obra.

O poder do dono da obra de impor trabalhos a mais ou a menos constitui, pois, uma manifestação do seu poder público de modificar o objecto do contrato; é um dos *poderes de autoridade* ou *poderes exorbitantes* que detém relativamente à outra parte contratante e, porventura, o mais caracterizador do contrato como contrato de direito público. O poder de introduzir unilateral e imperativamente alterações ao conteúdo obrigacional do contrato traduz o que se costuma designar por *jus variandi* e se isso é consequência, não de acto individualizado da entidade contratante, mas de actuações normativas de carácter geral, *fait du Prince* ou ainda *factum principis*.

Só que essa possibilidade de introduzir alterações ao contrato, mesmo com carácter de imposição relativamente ao empreiteiro, não é exclusiva do contrato de empreitada de obras públicas, pois que o mesmo sucede no contrato civil de empreitada, onde, nos termos do artigo 1216º do Código Civil, o dono da obra pode introduzir alterações ao plano contratado, desde que o seu valor não ultrapasse a quinta parte do preço nem haja alteração da natureza da obra. Mas, como já antes foi referido, também na empreitada de obras públicas esse poder é estabelecido no artigo 197º, nº 2, nos termos do qual se o valor dos trabalhos a mais exceder 20% do valor do contrato, só se com isso concordar e com os respectivos termos o empreiteiro os executará. O que acontece é que, nos termos deste preceito, ao contrário do que sucede no contrato civil, no contrato de empreitada de obras públicas essas alterações só podem ser feitas se forem *necessárias* para a realização do interesse público subjacente à obra, limite esse que não existe no contrato civil em que a vontade do dono da obra é, quanto a esse aspecto, soberana, desde que se contenha nos limites da natureza da obra (artigo 1216º do CC).

4. Poderá dizer-se que, conceitualmente, a questão dos *trabalhos a mais e a menos*, em rigor, só tem pertinência na modalidade de empreitada por preço global. Com efeito, esses trabalhos são *a mais* que os previstos no contrato, isto é, que o *valor inicial da adjudicação*, sendo que essa previsão é que foi determinante para a fixação das obrigações e direitos do empreiteiro (execução da empreitada e recebimento do preço contratado) e correspondentes direitos e obrigações do dono da obra. Só nessa modalidade de empreitada foi fixada, com incidência contratual, a quantidade e espécies de trabalhos e, pelo preço proposto, só a essas o empreiteiro se obrigou pelo contrato. Se, por facto a que é alheio, há necessidade de executar mais trabalhos que os previstos, põe-se a questão da respectiva remuneração.

Na empreitada por série de preços, em rigor, não é pertinente falar em *trabalhos a mais* ou *a menos*, porquanto, nessa modalidade, o valor da adjudicação inicial tem um papel meramente indicador, limitando-se a ser uma previsão que se espera poder vir a ser concretizada, mas do que se não tem elementos razoavelmente seguros, o que determinou a opção por esta modalidade de empreitada: aplica-se, exactamente, quando se não sabe antecipadamente, com razoável grau de probabilidade, a quantidade ou a espécie dos trabalhos a executar, pelo que se não podem fixar no contrato. Quando muito, pode tomar-se como referência os trabalhos estimados com base nos elementos desenhados e escritos. E só relativamente a estes se pode falar em *trabalhos a mais* ou *a menos*. Isso mesmo estabelece o nº 1 do artigo 197º, significativamente aludindo aos trabalhos não incluídos na *previsão* que foi feita, estabelecendo que sejam considerados como trabalhos a mais. É que, como atrás já foi referido, o facto de, na empreitada por série de preços, à data da adjudicação e do contrato, não serem conhecidas as quantidades ou as espécies de trabalhos que, na realidade, vão integrar a empreitada, *não significa, obviamente, que o dono da obra conceda uma espécie de cheque em branco ao empreiteiro quanto às quantidades de trabalho a realizar.* Pelo contrário, nos termos deste artigo, a realização de quantidades de trabalhos não incluídas no contrato há-de ter lugar no quadro da figura dos *trabalhos a mais e deve ser ordenada pelo dono da obra*[372], submetendo-se ao regime geral dos trabalhos a mais estabelecido neste artigo.

5. Para que se trate de trabalhos a mais, é necessária a verificação cumulativa dos seguintes requisitos:

a) Que *não hajam sido previstos ou incluídos no contrato*, por isso mesmo, como acima foi salientado, são a mais que os estipulados no contrato. E isso tanto pode ser consequência de, na altura, não terem sido julgados necessários,

---

[372] FREITAS DO AMARAL e RUI MEDEIROS, *Obras Públicas – Do pagamento de Prémio pela Conclusão Antecipada da Empreitada*, ed. Azevedo Perdigão Advogados, Lisboa, 2001, pág. 60.

EMPREITADAS DE OBRAS PÚBLICAS **ART. 203º** 319

como porque se cometeu um erro ou uma omissão no caderno de encargos ou no projecto.

b) Que *se destinem à realização da mesma empreitada*, isto é, que se integrem no objecto e fim do contrato; que não possam e devam ser objecto de uma empreitada autónoma; que haja entre a empreitada e os trabalhos uma relação de indispensável *complementaridade*: sem esses trabalhos o resultado da obra não realizaria o fim a que se propõe, ou não realizaria de modo satisfatório o objectivo de interesse público que se pretende realizar. Assim, por exemplo, não pode considerar-se *trabalhos a mais* os necessários a construir mais uns quilómetros de auto-estrada relativamente aos que constam do objecto do contrato.

Os trabalhos só se destinam à realização da mesma empreitada se puder dizer-se que, sob os pontos de vista *lógico, técnico e funcional*, deveriam dela fazer parte desde o início, o que só não sucedeu por circunstâncias imprevistas, mas ligadas ao processo de elaboração do projecto ou mesmo à melhor forma de conceber a realização do interesse público subjacente à obra. Não se trata de alterações que visam uma melhor execução do que foi previsto, mas antes executar algo que não foi projectado, portanto, neste aspecto, obra nova. Como já foi referido por certa doutrina, há variações, *modificações qualitativas que cabem no âmbito do objecto, quando as alterações são necessárias* para a completa e melhor execução da obra, *indispensáveis para a execução da obra tal como resulta do contrato e do projecto, ou tornadas necessárias por sucessivas modificações introduzidas na obra para lhe assegurar a correspondência ou a melhor correspondência ao seu fim;* há trabalhos extracontratuais *quando se trata de obras novas que, embora tendo uma certa relação ou conexão com a obra, não são necessárias à sua completa, ou melhor execução, nem entram, no plano da mesma, mas são, na sua objectividade, obras com uma individualidade distinta da da obra originária; têm carácter por assim dizer autónomo e consistem quase sempre em obras complementares, estranhas ao plano originário da obra considerada, não só objectivamente, mas também em relação ao contrato celebrado entre as partes*[373].

c) Que *se tornem necessários na sequência de uma circunstância imprevista*.

Portanto, como já resulta do que acaba de dizer-se, deve tratar-se de trabalhos decorrentes de uma circunstância que não foi prevista, porque, se o tivesse sido, seriam contemplados no projecto da obra e no contrato.

---

[373] Parecer nº 40/87 da Procuradoria-Geral Portuguesa, *Diário da República*, II série, nº 219, de 1987.09.23.

Discute-se se o preceito exige a *imprevisibilidade* da circunstância de que resulta a necessidade dos trabalhos, ou se basta o facto de não ter sido prevista. Domina a primeira posição.

d) Que *esses trabalhos não possam ser técnica ou economicamente separados do contrato sem inconveniente grave para o dono da obra.*

A não ocorrer este requisito, a ordem de trabalhos a mais poderia, eventualmente, limitar-se a materializar um modo de fuga aos procedimentos de adjudicação legalmente impostos ou de obter uma obra diferente da contratada.

Quanto a este último requisito, parece mais facilmente determinável a inviabilidade da separação técnica do que a separação económica. Aparentemente, essa separação, em qualquer dos casos, será sempre possível e só assim se entende que a lei obrigue a que sejam objecto de empreitada autónoma se foi ultrapassado o limite máximo legal dos trabalhos a mais. A questão é que, para que sejam executados na empreitada original, deve dessa separação decorrer *inconveniente grave para o dono da obra*. Ora parece que será difícil não suceder que de um e outro caso não decorram esses graves inconvenientes. Pense-se só nos atrasos na obra decorrentes do enxerto de uma ou mais empreitadas na empreitada original, nos gravíssimos inconvenientes de empreitadas simultâneas na mesma obra, etc., etc..

e) Que *esses trabalhos, ainda que separáveis da execução do contrato, sejam estritamente necessários ao seu acabamento.*

Quanto ao requisito da *estrita necessidade,* parece que se não exige a sua *indispensabilidade,* bastando a sua *necessidade.* O que significa que a indispensabilidade não é determinante, não sendo condição *sine qua non.* Mas os trabalhos têm de ser *necessários,* não bastando que sejam úteis. Aliás, pode pretender-se que o texto legal, impondo a condição de serem *estritamente* necessários parece pretender um rigor que se aproxima da verdadeira indispensabilidade. Mas, continua a não ser bastante que os trabalhos sejam necessários ou até indispensáveis para que possam ser ordenados como trabalhos a mais. Trata-se, de qualquer modo, de matéria de sindicabilidade muito difícil e, muitas vezes, mesmo impossível, por se situar no domínio da discricionariedade técnica[374].

f) Que *lhe sejam ordenados por escrito pelo dono da obra (n.º 2).*

A forma escrita é a forma normal de comunicação entre o dono da obra

---

[374] Em acórdão do Tribunal de Contas de Portugal, dizia-se que o conceito de *"trabalhos a mais" é um conceito vago ou indeterminado, no âmbito da chamada discricionariedade técnica, em que a determinação do respectivo conteúdo é uma questão complexa e de difícil sindicabilidade* (reclamação n.º 185/94).

ou seu representante e o empreiteiro, e a única que, em princípio, vincula qualquer das partes, sem prejuízo do princípio do não enriquecimento sem causa, quando aplicável[375] (cfr. artigos 204º, 268º e 354º).

6. Estabelece o nº 3 que o empreiteiro não é obrigado a executar os trabalhos a mais que lhe forem ordenados por escrito, verificando-se alguma das seguintes situações:

a) Opte pela rescisão do contrato se, evidentemente, a isso tiver direito, o que sucederá por supressão de trabalhos de valor superior a ¹/₅ do valor do contrato (artigo 208º, nº 1) ou por substituição de trabalhos previstos por outros de espécie diferente no valor de, pelo menos, ¼ do *valor total da empreitada* (artigo 208º, nº 2), isto é, do valor do contrato com a alteração decorrente de trabalhos a mais e a menos.

b) Se trate de trabalhos de espécie não prevista no contrato, desde que alegue, no prazo de 10 dias, que não possui meios humanos ou equipamento indispensáveis para a sua execução. O que implica dois esclarecimentos: o primeiro é o de que basta que o empreiteiro careça de qualquer daqueles factores da execução: equipamento ou recursos humanos; o segundo é o de que a cessação da obrigação de executar os trabalhos deve ocorrer também quando, embora tratando-se de trabalhos de espécie prevista, são para realizar em condições diversas das previstas, desde que tudo seja confirmado pela fiscalização.

7. Para além de o empreiteiro não dever acatamento às ordens que lhe não sejam dadas por escrito, igualmente essa obrigação cessa quando o fiscal da obra, juntamente com essa ordem (cfr. nº 4), não forneça os elementos técnicos que se referem nesta disposição, pois, sem eles, não pode a ordem ser

---

[375] Pode ser delicada a questão de saber se deve ou não ser pago ao empreiteiro o valor das obras que este fez por sua iniciativa, sem ordem escrita do dono da obra. Se este reconhece serem necessárias e mesmo que, de qualquer modo, sempre teriam de ser feitas, independentemente do que resultar do instituto do enriquecimento sem causa senão mesmo do equilíbrio económico do contrato, a resposta afirmativa parece impor-se, designadamente se foram feitas sem oposição do dono da obra ou por ele aceites, expressa ou tacitamente. Quanto às obras indispensáveis à boa execução dos trabalhos contratuais, a jurisprudência francesa manifestou-se no sentido de que só a oposição expressa do dono da obra à execução desses trabalhos retira o direito ao seu pagamento (cfr. STÉPHANE BRACONNIER, *Droit des Marchés Publics,* ed, Imprimerie Nationale, Paris, 2002, pág. 304). Afigura-se-nos que a solução, num e noutro caso, subentende que ao empreiteiro era impossível colher a ordem do dono da obra em tempo útil. Todavia, um excesso de rigor na exigência da prova desse facto pode constituir um factor inibitório do empreiteiro, pouco compatível com a sua desejável colaboração.

perfeitamente executada. Só assim não será na hipótese prevista no nº 6. Por outro lado, o empreiteiro deve assegurar-se de que a ordem escrita é regular e emitida pela autoridade competente.

Tem interesse que a ordem escrita se faça acompanhar do projecto das alterações ou da discriminação dos trabalhos a executar, pois o prazo para o exercício do direito de rescisão, quando a ele haja lugar, conta-se a partir da recepção daquela ordem, nos termos do disposto na alínea *b)* do artigo 209º. O mesmo se deve entender na contagem do prazo para alegar a falta de equipamento ou de meios humanos indispensáveis para a execução da ordem. Se a ordem escrita não é acompanhada daqueles elementos, parece que o empreiteiro lhe não deve obediência, mas, mesmo que assim se não entenda, o prazo referido no nº 4 deste artigo só começará a decorrer a partir da sua entrega (alínea c) do artigo 209º).

8. O facto de a lei falar em equipamento e meios humanos *indispensáveis* para a execução da obra, não legitima a interpretação no sentido de subsistir a obrigação de acatar a ordem se o equipamento do empreiteiro for suficiente para, de alguma maneira, executar a obra. Trata-se de uma *perfeita* execução do contrato, pois, de outra forma, não se estaria a realizar o interesse público, mas a prejudicá-lo. À Administração só interessa uma perfeita execução da obra, pelo que deve entender-se que aquela obrigação deixa de existir desde que a fiscalização verifique que o empreiteiro não possui o equipamento nem os meios necessários para uma *perfeita* execução.

E se se verificar divergência entre o empreiteiro e a fiscalização quanto à ocorrência de falta de equipamento ou de meios humanos para a execução dos trabalhos? Visto a questão não estar especialmente contemplada, deve ter lugar a aplicação do princípio geral do artigo 329º, nos termos do qual se a solução não for encontrada através dos meios graciosos, sê-lo-á através da arbitragem ou dos tribunais judiciais.

9. Quanto ao disposto no nº 6, ver o artigo 206º e quanto ao nº 7, ver os artigos 218º a 223º.

10. Estabelece o nº 8 que a execução de trabalhos a mais deve ser averbada ao contrato como sua adenda, o que significa que não é necessário que conste de um contrato adicional.

11. Cfr. ainda os artigos 192º, 198º, 208º, 210º, 221º e 237º.

ARTIGO 204º
Supressão de trabalhos

Fora dos casos previstos no artigo anterior, o empreiteiro só deixa de executar quaisquer trabalhos incluídos no contrato desde que, para o efeito, o fiscal da obra lhe dê ordem por escrito e dela constem especificamente os trabalhos suprimidos.

1. Reproduz, sem relevante alteração, o artigo 27º do anterior REOP.

2. É uma aplicação do princípio de que o empreiteiro deve cumprir o contrato ponto por ponto, tal como está determinado no caderno de encargos, no projecto e nos demais elementos patentes no concurso, peças estas que se consideram partes integrantes daquele contrato (artigo 110º). A execução da obra só pode desviar-se dos dados fornecidos naqueles elementos, se e na exacta medida em que for ordenado por escrito ao empreiteiro pelo fiscal da obra (artigo 203º). Isto mesmo implica que ao empreiteiro esteja vedado não apenas fazer trabalhos a mais que lhe não tenham sido ordenados, como também suprimir outros incluídos no contrato sem que, nesse sentido, receba ordem escrita. Em caso de violação desta regra, a responsabilidade do empreiteiro pode não se limitar ao prejuízo resultante de tais alterações lhe não serem levadas em conta; efectivamente, isso pressupõe, por um lado, que se traduzem em obras a mais, e, por outro, que o dono da obra, apesar de feitas sem sua ordem, as aceitou. As alterações assim feitas podem, porém, consistir em obra a mais não ordenada nem aceite pelo dono ou em supressão de trabalhos, e, em qualquer dos casos, compete ao empreiteiro fazer, à sua custa, o que necessário for para que o contrato seja rigorosamente cumprido.

3. Questão diferente daquela é a de saber se deve ou não ser pago ao empreiteiro o valor das obras que este fez sem ordem escrita do dono da obra, mas que este reconheça serem necessárias e mesmo que sempre teriam de ser feitas. Ainda que a questão não seja isenta de dúvidas, vem sendo cada vez mais reconhecido que o empreiteiro pode ver-se pago do valor desses trabalhos, face ao instituto do enriquecimento sem causa, senão mesmo ao do equilíbrio económico do contrato[376]. Mas, como se disse, a questão é duvidosa, designadamente se isso implica alterações ao projecto.

---

[376] Ver FREITAS DO AMARAL, FAUSTO QUADROS e VIEIRA DE ANDRADE, *Aspectos Jurídicos da Empreitada de Obras Públicas*, Almedina, 2002, págs. 254 e seguintes. Ver ainda a anterior nota de radapé.

4. Se da supressão de trabalhos ordenada pela fiscalização decorrer uma redução do valor total dos trabalhos a executar pelo empreiteiro relativamente aos que foram contratados, este terá direito a uma indemnização correspondente a 10% do valor da diferença se outra percentagem mais elevada não for prevista no caderno de encargos ou no contrato (artigo 213º).

5. Cfr. os artigos 203º, 207º, 208º, 210º, 248º e 291º.

ARTIGO 205º
Inutilização de trabalhos já executados

Se, das alterações impostas, resultar inutilização de trabalhos já feitos de harmonia com o contrato ou com ordens recebidas, não é o seu valor deduzido do montante da empreitada e o empreiteiro tem ainda direito à importância despendida com as demolições a que houver procedido.

1. Corresponde ao artigo 28º do anterior REOP, que não altera na sua substância.

2. Salienta-se que, embora a lei o não refira, nem por isso se deixará de deduzir o valor dos materiais aproveitáveis e provenientes da demolição, quando for caso disso. Se assim não sucedesse, o empreiteiro, ou iria receber duas vezes pelos materiais que forneceu, ou iria receber por materiais que não forneceu, se esse fornecimento tivesse sido feito pelo dono da obra[377]. Em qualquer dos casos, haveria um injustificado locupletamento do empreiteiro à custa do dono da obra. Aliás, o prejuízo do empreiteiro pela inutilização resulta não só de ter efectuado trabalho não aproveitável, mas também dos trabalhos de demolição e, se ele subministra os materiais, dos que aplicou e terá de substituir.

Quanto às demolições, trata-se, efectivamente, de um trabalho que vai para além do contratado e cujo valor, como tal, deve ser pago ao empreiteiro, neste sentido se devendo entender a expressão do texto legal: *importância despendida com as demolições.*

3. Cfr. os artigos 191º, 192º, 203º e 204º.

---

[377] Neste sentido, PEDRO ROMANO MARTINEZ e MARÇAL PUJOL, *Empreitada de Obras Públicas...*, pág. 56.

ARTIGO 206º
Fixação de novos preços

1. O empreiteiro pode reclamar contra os novos preços constantes no projecto de alteração ou dos indicados na ordem de execução, apresentando, simultaneamente, a sua lista de preços, no prazo de 20 dias a contar, respectivamente, da data de recepção do projecto ou da data da ordem.

2. Quando a complexidade do projecto de alteração o justifique, o empreiteiro pode pedir a prorrogação do prazo previsto no número anterior por período não superior a 20 dias, salvo em casos excepcionais devidamente justificados.

3. A reclamação deve ser decidida pelo director de fiscalização da obra no prazo de 30 dias.

4. A falta de decisão no prazo previsto no número anterior tem como efeito a aceitação dos preços indicados na lista do empreiteiro, salvo se, dentro do referido prazo, o director de fiscalização da obra comunicar ao empreiteiro que carece de um período de tempo superior ao legalmente fixado para proferir a sua decisão.

5. Enquanto não houver acordo sobre todos ou alguns dos preços ou não estiverem estes fixados por arbitragem ou judicialmente, os trabalhos respectivos liquidam-se, logo que medidos, com base nos preços unitários constantes do projecto de alteração ou da ordem de execução.

6. Logo que, por acordo, por arbitragem ou judicialmente, ficarem determinados os preços definitivos, são pagas ao empreiteiro as diferenças que porventura existam a seu favor quanto aos trabalhos já realizados.

7. Se, no projecto ou na ordem de execução não constarem preços unitários, o empreiteiro apresenta a sua lista no prazo estabelecido no nº 1, sendo por esta liquidados os trabalhos medidos, até à fixação dos preços definitivos.

8. À decisão do dono da obra sobre a lista de preços do empreiteiro aplica-se o disposto no nº 3, devendo as diferenças que se apurarem relativamente aos trabalhos já medidos e pagos, entre os preços da lista e os que vierem a ser finalmente fixados, serem compensados, pagando ou recebendo o empreiteiro, consoante lhe couber.

9. Nos casos a que se refere o presente artigo, não havendo acordo sobre quaisquer preços, pode qualquer das partes recorrer à arbitragem por três peritos, sendo um designado pelo dono da obra, outro pelo empreiteiro e o terceiro por acordo entre os dois.

1. Corresponde ao artigo 29º do anterior REOP sem alterações relevantes.

2. Este preceito estabelece o regime jurídico das consequências decorrentes do poder do dono da obra de, unilateralmente, por iniciativa exclusivamente sua ou em sequência a proposta do empreiteiro, introduzir alterações ao objecto do contrato.

326 JORGE ANDRADE DA SILVA

Em qualquer dos casos, se há alterações quanto a quantidades de trabalhos de espécies previstas no contrato, estas têm os respectivos preços previamente estabelecidos por constarem, necessariamente, da lista de preços unitários (artigo 199º). A menos que sejam a executar em condições mais gravosas que as previstas no caderno de encargos. O que significa que a questão da fixação do preço só se coloca relativamente a *novos* preços, isto é, relativamente a preços de espécie não prevista no contrato ou, ainda que previstas, a realizar em condições mais onerosas.

3. Cfr. os artigos 193º, 194º, 204º e 207º.

ARTIGO 207º
Alterações propostas pelo empreiteiro

1. Em qualquer momento dos trabalhos, o empreiteiro pode propor ao dono da obra variantes ou alterações ao projecto relativamente a parte ou partes dele ainda não executadas.
2. As variantes ou alterações previstas no número anterior obedecem ao disposto sobre os projectos ou variantes apresentados pelo empreiteiro, mas o dono da obra pode ordenar a sua execução desde que aceite o preço global ou os preços unitários propostos pelo empreiteiro ou com este chegue a acordo sobre os mesmos.
3. Se da variante ou alteração aprovada resultar economia, sem decréscimo da utilidade, duração e solidez da obra, o empreiteiro terá direito a metade do respectivo valor.

1. Reproduz quase textualmente o artigo 30º do REOP anterior.

2. O empreiteiro tem de executar a obra com estrita obediência ao que se dispõe no contrato, caderno de encargos, projecto e outros elementos patenteados, bem como às ordens de alterações que lhe hajam sido dadas por escrito, nos termos dos artigos anteriores. Porém, a lei confere-lhe o direito de propor ele próprio alterações ou variantes à parte ainda não executada do projecto da obra. Apesar de remunerada, a actividade do empreiteiro traduz-se numa colaboração com o dono da obra na realização de um fim de interesse público, a lei cria mesmo incentivos a essa colaboração, como acontece neste caso: desde que da variante ou alteração propostas pelo empreiteiro e aprovadas pelo dono da obra resulte economia sem prejuízo da utilidade, duração e solidez da obra, o empreiteiro receberá metade do respectivo valor.

3. O direito que o nº 3 deste artigo confere ao empreiteiro, traduz a orientação deste regime jurídico no sentido de *interessar* o empreiteiro na execução da obra[378]. É certo que o empreiteiro, como *colaborador* que é da Administração

---

[378] Cfr. FREITAS DO AMARAL, FAUSTO QUADROS e VIEIRA DE ANDRADE, *Aspectos Jurídicos...* pág. 198.

na realização do interesse público que com a obra se procura prosseguir, deve pôr nela toda a sua diligência e competência e, com esse fundamento, podem mesmo os seus serviços ser *requisitados* para a realização de trabalhos a mais nos termos dos artigos 203º e 208º. Procura-se, porém, obter do empreiteiro uma colaboração activa, positiva e empenhada e não uma actividade cega na execução das ordens que lhe são dadas. Por isso, é seu dever chamar a atenção do dono da obra para os defeitos que julgue existir no projecto ou naquelas ordens, e até sugerir as soluções que entenda técnica ou economicamente mais adequadas sobre todo o processamento da execução da obra. No sentido de se obter essa colaboração activa e positiva, cria a lei este incentivo.

4. É de manifesto interesse prático saber quando se está perante uma *variante* ou uma *alteração* ao projecto propostas pelo empreiteiro, por forma a conceder-lhe o direito à participação na economia que da primeira resulte para a obra. Assunto já aqui tratado em comentário ao artigo 188º e que já foi objecto da seguinte decisão judicial[379]:

I. Os termos «variantes» e «alterações» usados no artigo 26º do Decreto-Lei nº 48 871, de 19.2.1969, não são equivalentes, correspondendo antes a diferentes conceitos.

II. Ao contrário do que sucede com as alterações ao projecto, a «variante» constitui, na parte respectiva, um projecto diferente do apresentado pelo dono da obra, exigindo por isso um estudo técnico específico.

III. A substituição de telha «Marselha» pela chapa de fibrocimento como solução para a cobertura dos edifícios não integra o conceito de «variante» e, por isso, não confere ao empreiteiro o direito a metade do valor da economia que tenha resultado dessa alteração (artigo 26º nº 3).

IV. A referida substituição corresponde a uma simples alteração de materiais, enquadrando-se no disposto no artigo 142º[380] do supracitado diploma legal, pelo que o empreiteiro não aufere qualquer benefício pelo facto de a substituição ter sido proposta por ele, e dela ter resultado uma diminuição do custo da obra (artigo 142º, nº 3).

Consta do relatório daquela decisão judicial:

Mas o que deve entender-se por «variantes»? «Variantes» e alterações serão uma e a mesma coisa, como pretende a Autora?

---

[379] Sentença do Tribunal Administrativo do Círculo do Porto (Portugal), de 1978.12.13, processo nº 2611), publicada na revista *Direito Administrativo*, I, nº 2.
[380] Este argumento não tem pertinência quanto a este diploma legal, já que o nº 3 deste preceito prevê *variante* e *alteração*.

Embora sentindo sérias dificuldades na sua caracterização conceitual, decorrentes, desde logo, do facto de o legislador não nos fornecer nenhuma pista de investigação, temos para nós que estamos diante de duas realidades distintas.

Por um lado, se as duas palavras tivessem a mesma significação, não se compreenderia que o legislador as colocasse uma junto à outra, separadas apenas pela disjuntiva «ou». É que, como se sabe, «a lei não emprega palavras inúteis» (v. a propósito, o Acórdão do S. T. A., de 9.12.1976, Acórdãos Doutrinais, n.ºs 188-189, pág. 706).

Por outro lado, seria de todo em todo inadmissível que o legislador, depois de utilizar ambos os termos – «alterações» e «variantes» – nos dois primeiros números do apontado artigo 26º, acabasse por aludir tão-só a «variante» no n.º 3 do mesmo preceito.

A omissão do vocábulo «alteração» nesse número, terá, pois, de reputar-se intencional.

Esta a conclusão a que nos conduz a hermenêutica jurídica, já que é de presumir que o legislador soube exprimir o seu pensamento em termos adequados (v. n.º 3 do artigo 9º do Cód. Civil).

Assente que «variantes» e «alterações» não serão uma e a mesma coisa, como distingui-las? A tarefa é intrincada.

No entanto, sempre se dirá que, ao contrário das «alterações», a «variante» pressuporá um estudo específico, uma colaboração efectiva, inovadora, por parte do empreiteiro.

A «variante» há-de constituir um projecto diferente, numa determinada parte, exigindo, por isso, um estudo técnico ou uma criação nova, capaz de merecer ser conceituado como projecto, ainda que só de pormenor.

Nem de outra forma se poderia compreender que o legislador retribuísse o empreiteiro com metade da economia resultante da execução da variante proposta. É que, como diz a Ré, «só o trabalho e a criação de espírito merecem, ser pagos».

5. Mas, é evidente que o direito de propor alterações ou variantes se não confunde com poder executá-las sem que previamente sejam aceites pelo dono da obra. Encare-se, porém, a hipótese de o empreiteiro, *motu proprio* ou sem esperar aceitação do dono da obra para a sua proposta nesse sentido, ter introduzido alterações ou executado variantes ao projecto. Se o dono da obra, após terem sido executadas, as não aceita, tem lugar a aplicação do disposto no artigo 286º (defeitos da execução da obra); mas pode suceder que o dono da obra, se tivesse sido previamente consultado pelo empreiteiro, ou tendo-o sido, se este tivesse aguardado a sua resposta, daria a sua aprovação às alterações introduzidas ou às variantes executadas. Poderá aplicar-se o regime previsto para a existência de prévia aprovação? Entendemos que não. Já o artigo 1214º do CC estabelece, em relação às empreitadas de obras particulares, e para as alterações feitas pelo empreiteiro sem autorização, que *se o dono quiser aceitá-la tal como foi executada, não fica obrigado a qualquer suplemento de preço nem a indemnização por enriquecimento sem causa*. O mesmo, e até por maioria de razão, se deve passar nas empreitadas de obras públicas. Ainda que com algumas dúvidas, entendemos, também, que esta deverá ser a solução mesmo que as alterações sejam não apenas convenientes mas até necessárias. Só assim se eliminam as dificuldades resultantes da distinção entre obras úteis e necessárias.

6. Cfr. artigos 60º, 100º, 187º, 188º, 196º, 214º e 266º.

ARTIGO 208º
Direito de rescisão por parte do empreiteiro

1. Quando, compulsados os trabalhos a mais ou a menos resultantes de ordens dadas pelo dono da obra, de supressão parcial de alguns, de rectificação de erros e omissões do projecto ou de alterações neste introduzidas, se verifique que há uma redução superior a 1/5 do valor da adjudicação inicial, tem o empreiteiro o direito de rescindir o contrato.

2. O empreiteiro tem, também, o direito de rescisão sempre que, da variante ou alteração ao projecto, provenientes do dono da obra, resulte substituição de trabalhos incluídos no contrato por outros de espécie diferente, embora destinados ao mesmo fim, desde que o valor dos trabalhos substituídos represente 1/4 do valor total da empreitada.

3. O facto de o empreiteiro não exercer o direito de rescisão com base em qualquer alteração, ordem ou rectificação, não o impede de exercer tal direito a propósito de alterações, ordens ou rectificações subsequentes.

4. Para os efeitos do disposto no nº 1, consideram-se compensados os trabalhos a menos com trabalhos a mais, salvo se estes últimos não forem da mesma espécie dos da empreitada objecto do contrato.

1. Corresponde ao artigo 31º do REOP anteriormente vigente, a que não introduz alterações.

2. Uma primeira nota é a de que não é reconhecido ao empreiteiro a rescisão do contrato por lhe ser imposta a execução de *trabalhos a mais*. Terá esse direito se se tratar de *trabalhos a menos*, isto é, de supressão de trabalhos contratados ou então de substituição de trabalhos por outros de espécie diferente.

Uma segunda nota é a de que, aos trabalhos substituídos *de espécie diferente* devem equiparar-se os trabalhos que, embora sejam de espécie prevista no contrato, têm de ser executados em *condições diferentes* das previstas para os trabalhos de espécie prevista. São situações de todo análogas e que este mesmo diploma assim trata (artigo 203º, nº 5).

A terceira nota destina-se a salientar a diferença entre o regime do direito de rescisão no caso da supressão de trabalhos que, para existir, tem de ter um valor *superior* a $^1/_5$ do *preço contratado*, enquanto que no caso de substituição de trabalhos estes devem ter um valor *pelo menos igual* já não ao preço do contrato, mas ao *valor total da empreitada*, portanto, levando em consideração o valor dos trabalhos a menos e dos trabalhos a mais, independentemente de serem ou não de espécie prevista. E é assim porque a regra do nº 5 aplica-se apenas ao cálculo do valor dos trabalhos retirados e não ao *valor do contrato* ou, como diz o preceito, ao *valor da adjudicação inicial*, que é um valor fixo.

3. Nos termos do disposto no nº 3, o empreiteiro pode exercer o direito de rescisão sempre que tenha fundamento legal para isso, ainda que, em oportunidades anteriores no domínio da mesma empreitada, o não tenha feito. Só assim é possível que, na apreciação da existência desse direito, seja de considerar o valor acumulado dos trabalhos a mais ou a menos; a não ser deste modo, de resto, fácil seria ao dono da obra subtrair ao empreiteiro o direito à rescisão, dividindo os trabalhos a mais ou a menos por várias ordens de execução de modo a nenhuma delas atingir o limite legal.

4. Se o empreiteiro, podendo, não opta pelo direito de rescisão do contrato, executará os trabalhos na sua totalidade pelos preços do contrato, não sendo possível acordar em novos preços mesmo na parte que excedeu o limite legal. Só assim se justifica o direito de rescisão. Quer dizer: até ao limite legal, o empreiteiro nada pode exigir devendo realizar os trabalhos pelos preços contratados; para além desse limite, se os não quiser executar naquelas condições, só lhe resta rescindir o contrato.

5. Cfr. artigos 192º, 203º, 204º, 209º, 210º, 237º, 306º, 321º e 324º.

6. Poderá o caderno de encargos condicionar a adjudicação à renúncia pelo empreiteiro ao direito de rescisão? Poderá ser convencionado um limite diferente do legalmente estabelecido para o seu exercício? Poderá o empreiteiro espontaneamente renunciar *ab initio* a esse direito?

Destinando-se o presente diploma legal a regular os precisos termos em que é possível contratar uma empreitada de obras públicas, tem de considerar-se que, salvo nos casos em que expressamente se admite convencionar em contrário, toda a restante disciplina se impõe às partes contratantes, sendo as respectivas normas de interesse e ordem pública, como decorre do simples facto de serem normas de direito público. É o princípio da presunção da injuntividade das normas que regulam os contratos administrativos[381]. Assim, estas questões terão de resolver-se pela negativa. Dir-se-á, porém, que se o empreiteiro pode, no decorrer da empreitada, exercer ou não esse direito conforme entenda, parece lógico que o possa fazer logo na celebração do contrato ou concordar com um limite maior para o exercício do direito de rescisão. Aliás, ele sabe de antemão que se sujeitará apenas às alterações e não às modificações radicais da natureza da obra (trabalhos extracontratuais – cfr. anotação ao artigo 203º). Pelas razões apontadas, porém, não é de admitir tal doutrina nas empreitadas de obras públicas, embora já não repugne aceitar-se nas empreitadas de obras particulares.

7. Para a empreitada por percentagem, está fixado o limite do valor dos trabalhos a mais que o empreiteiro é obrigado a executar sem poder rescindir o contrato: ¼ do valor dos trabalhos inicialmente contratados (artigo 221º, nº 1).

8. Poderia colocar-se a questão de saber se, para efeitos do direito de rescisão pelo empreiteiro, se devem considerar os que resultem de alterações por aquele propostas. Parece que a negativa se impõe, pois não faria sentido que o empreiteiro pudesse rescindir o contrato com base nas consequências de alterações que ele próprio havia proposto. Aliás, pode dizer-se que o nº 1 deste preceito soluciona a questão nesse sentido, já que apenas se reporta aos trabalhos a mais ou a menos *resultantes de ordens do dono da obra*.

Resposta diferente pode merecer a questão do direito à indemnização por redução dos trabalhos, ainda que consequente a alterações propostas pelo empreiteiro, como se refere em comentário ao artigo 213º.

ARTIGO 209º
Prazo do exercício do direito de rescisão

O direito de rescisão deve ser exercido no prazo improrrogável de trinta dias, contados a partir:

a) da data em que o empreiteiro seja notificado da decisão do dono da obra sobre a reclamação quanto a erros e omissões do projecto ou do 60º dia posterior ao da apresentação dessa reclamação, no caso de o dono da obra não se ter, entretanto, pronunciado sobre ela;

b) da data da recepção da ordem escrita para a execução ou supressão de trabalhos, desde que essa ordem seja acompanhada do projecto, se for caso disso ou da discriminação dos trabalhos a executar ou a suprimir;

---

[381] SÉRVULO CORREIA, *Legalidade e Autonomia Contratual nos Contratos Administrativos*, Almedina, 1987, pág. 709.

c) da data da recepção do projecto ou da discriminação dos trabalhos a executar ou a suprimir, quando tal data não coincidir com a da ordem;
d) da data da recepção da comunicação escrita em que o dono da obra se pronuncie sobre a lista de preços apresentada pelo empreiteiro.

1. Transcreve quase literalmente o artigo 32º do anterior REOP.

2. Há quem censure o legislador por adoptar o termo tradicional de *rescisão* para designar esta forma de extinção do contrato, considerando-o uma influência do direito civil do século XIX, que o actual Código Civil abandonou para passar a designá-la por *resolução* do contrato[382]. Outros, porém, entendem que, no âmbito do direito administrativo, faz sentido a utilização daquele termo para os casos em que a extinção tem lugar por vontade de um dos contratantes[383]. O certo é que a legislação portuguesa sobre os contratos públicos continuou a adoptar a *rescisão* e só com o recente Código dos Contratos Púbicos veio estabelecer, como causas de extinção dos contratos, as seguintes: o cumprimento, a impossibilidade definitiva de cumprimento e todas as restantes causas de extinção das obrigações reconhecidas pelo direito civil (caducidade, condição resolutiva, extinção de uma das partes, etc.), a revogação por acordo das partes e a resolução por via judicial, arbitral ou por iniciativa de qualquer das partes nos casos em que a lei lhes atribui esse direito (artigos 330º e seguintes daquele CCP).

3. Um é o prazo para o empreiteiro exercer o direito de rescisão, aqui fixado em 30 dias, outro é o prazo para o empreiteiro se escusar à execução de trabalhos a mais que lhe forem ordenados por não ter o equipamento ou os meios humanos indispensáveis à sua perfeita execução, que o nº 3 do artigo 203º fixa em dez dias.

4. As hipóteses em que ao empreiteiro é conferido o direito à rescisão do contrato são as seguintes:

- quando, compensados os trabalhos a menos com os trabalhos a mais de espécie prevista no contrato, existe uma diferença para menos correspondente a mais de $1/5$ do valor da adjudicação inicial (artigo 208º, nº 1);

---

[382] Ver, por exemplo, PEDRO ROMANO MARTINEZ e MARÇAL PUJOL, *Empreitada de Obras Públicas...*, pág. 56
[383] Cfr. J. M. SANTOS BOTELHO, PIRES ESTEVES e J. CÂNDIDO DE PINHO, *Código do Procedimento Administrativo* (Portugal), Almedina, 1993, pág. 538.

- quando, em substituição de trabalhos previstos, lhe sejam ordenados trabalhos de espécie não prevista no contrato cujo valor atinja ou ultrapasse 1/4 do valor total do contrato (artigo 208º, nº 2);
- quando o dono da obra, sem a sua concordância, retirar quaisquer trabalhos ou parte da obra para os fazer executar por outrem (artigo 235º, nºs 3 e 5);
- se a consignação dos trabalhos não for feita no prazo de seis meses, contados da data em que deveria efectuar-se (artigo 240º, nº 1, alínea a));
- se, tendo sido feitas uma ou mais consignações parciais, o retardamento da consignação ou consignações subsequentes acarretar a interrupção dos trabalhos por mais de seis meses, seguidos ou interpolados (artigo 240º, nº 1, alínea b));
- se houver suspensão dos trabalhos resultante de caso de força maior por período superior a 1/5 do prazo estabelecido para a execução da empreitada (artigo 275º, nº 2, alínea a));
- se, por facto que lhe não é imputável nem devido a caso de força maior, os trabalhos estiverem suspensos por período superior a 1/10 do prazo estabelecido para a execução da empreitada (artigo 275º, nº 2, alínea b));
- se, por facto do dono da obra ou dos seus agentes, resultar maior dificuldade na execução da empreitada com agravamento de encargos de valor superior a 1/6 do valor do contrato (artigo 282º, nº 2);
- se o dono da obra se atrasar na realização de qualquer pagamento por período de tempo superior a seis meses (artigo 299º, nº 2).

5. O prazo estabelecido neste artigo para o exercício do direito de rescisão por parte do empreiteiro refere-se apenas às hipóteses que têm por fundamento a redução do volume dos trabalhos ou imposição de trabalhos a mais de espécie diferente dos contratados. Para as outras hipóteses, rege o artigo 324º, nº 1, que estabelece, para isso, o prazo de 30 dias contados da verificação do facto justificativo do direito de rescisão. Aí se indicam os termos do procedimento a utilizar para o exercício desse direito.

Poderá pretender-se que esse direito só existe se, no momento em que é exercido, subsistir a situação de facto que fundamenta o seu exercício; assim, por exemplo, se a consignação dos trabalhos se não fez no prazo de seis meses (artigo 240º, nº 1 a)), mas, quando o empreiteiro apresentou o requerimento da rescisão, já aquela havia tido lugar, deixaria de verificar-se o fundamento do direito. Não pode, porém, entender-se assim. Decorridos os seis meses, o direito à rescisão acha-se constituído; por outro lado, o facto de, entretanto, se fazer a adjudicação, não anula o prejuízo que o empreiteiro teve com o seu atraso; por último, a entender-se de outro modo, furtar-se-ia ao empreiteiro o prazo legal para o exercício do direito de rescisão, pois ele sentir-se-ia na necessidade de o exercer logo no primeiro dia desse prazo, para evitar que, entretanto, a consignação tivesse lugar.

6. Cfr.:

quanto à alínea *a)* o artigo 190º e o nº 1 do artigo 208º;
quanto à alínea *b)* os artigos 203º e 204º;
quanto à alínea *c)* o artigo 203º;
quanto à alínea *d)* o artigo 206º.

ARTIGO 210º
Cálculo do valor dos trabalhos para efeito de rescisão

1. Para o cálculo do valor dos trabalhos a mais ou a menos consideram-se os preços fixados no contrato, os posteriormente alcançados por acordo ou arbitragem e os resultantes das cominações estatuídas no artigo 208º e 213º, conforme os que forem aplicáveis.

2. Na falta de acordo em relação a alguns preços não fixados aplicar-se-ão os seguintes:

a) no caso dos nºs 5 e 6 do artigo 206º, os indicados pelo empreiteiro, se o dono da obra não se pronunciar sobre a reclamação no prazo de sessenta dias ou a eles se não opuser e os indicados pelo dono da obra se, na hipótese contrária, este os fixar;

b) no caso do nº 1 do artigo 206º, não havendo reclamação do empreiteiro, os indicados pelo dono da obra;

c) os do projecto de alteração, se este existir e os contiver;

d) no caso do nº 1 do artigo 212º[384], os da ordem, se os contiver.

3. O empreiteiro pode, também, para cálculo do valor dos trabalhos, basear-se nos preços que propôs, quando sobre eles não exista acordo.

1. Corresponde ao artigo 33º do anterior REOP de que não adoptou a alínea e) do nº 2 que era do seguinte teor:

e) os da decisão do dono da obra prevista no nº 8 do artigo 28º [385], basear-se-ão nos preços que propôs, quando sobre eles exista desacordo.

---

[384] Afigura-se-nos que há lapso na referência aqui feita ao nº 1 do artigo 212º, resultando do artigo 33º do anterior REOP que se quis referir ao nº 6 do artigo 203º e é com base nessa convicção que aqui foi elaborado o esquema do nº 3.

[385] Há manifesto lapso, pois a referência deve considerar-se feita para o nº 8 do artigo 29º, que se reportava à decisão do dono da obra sobre a lista de preços do empreiteiro.

EMPREITADAS DE OBRAS PÚBLICAS **ART. 210º** 335

2. Importa salientar que o regime estabelecido para cálculo do valor dos trabalhos tem o seu campo estritamente limitado, por um lado aos trabalhos a mais ou a menos e, por outro, à determinação da existência do direito de rescisão do empreiteiro.

3. Esquematicamente, o regime deste preceito traduz-se no seguinte:

- Trabalhos de espécie constante da lista de preços unitários-----Os da lista (artigo 210º, nº 1)
- Trabalhos de espécie não constante da lista de preços unitários:
  - Havendo acordo ou arbitragem-----Os fixados por acordo ou arbitragem (artigo 210º, nº 1)
  - Não havendo acordo nem arbitragem:
    - Houve reclamação do empreiteiro:
      - Aprovação tácita-------Os propostos pelo empreiteiro (artigo 210º, nº 2, a))
      - Desaprovação expressa------Os indicados pelo dono da obra (artigo 210º, nº 2, a))
      - Em qualquer caso-----Os propostos pelo empreiteiro (artigo 210º, nº 3)
    - Não houve reclamação do empreiteiro:
      - O dono da obra indicou preços-------Os indicados pelo dono da obra (artigo 210º, nº 2, b))
      - Há projecto de alteração com preços-----Os indicados pelo dono da obra (artigo 210º, nº 2 c))
      - Não havendo projecto (artigo 203º, nº 6)-----Os preços indicados na ordem de execução (artigo 210º, nº 2 d)).

4. O nº 3 tem a sua fonte no artigo 34º do Decreto-lei nº 235/86, de 18 de Agosto, cujo conteúdo normativo se manteve no artigo 33º do Decreto-Lei que o substituiu, o nº 405/93, de 10 de Dezembro, ambos de Portugal. Tal como o nº 3 deste preceito, aqueles dispunham que para cálculo do valor dos trabalhos, para efeitos de rescisão, podia o empreiteiro basear-se nos preços que propôs e sobre os quais não tenha havido acordo. O projecto do diploma legal que precedeu o primeiro daqueles, o Decreto-lei nº 48.871, de 19 de Fevereiro de 1969, acrescentava àquela disposição que, com essa opção, o empreiteiro se sujeitava ao seguinte: *se pelos os preços definitivamente fixados se apurar que não assistia o direito de rescisão ao empreiteiro, perderá este a favor do dono da obra o montante da caução definitiva por qualquer forma prestada e será ainda responsável pelas despesas e encargos de acabamento da obra, desde que ultrapassem o contratualmente previsto para os trabalhos subsistentes e o que resultava* *da aplicação dos preços unitários respectivos aos trabalhos a mais até então ordenados e ainda não executados.*

Este acréscimo não foi adoptado por qualquer daqueles preceitos por manifesta desnecessidade, pois decorre dos princípios gerais da responsabilidade civil contratual.

5. Cfr. os artigos 320º, 322º e 324º.

ARTIGO 211º
Exercício do direito de rescisão

1. Verificando-se todas as condições de que depende a existência do direito de rescisão, este exerce-se mediante requerimento do empreiteiro, acompanhado de estimativa do valor dos trabalhos em causa, com exacta discriminação dos preços unitários que lhe serviram de base.
2. Recebido o requerimento, o dono da obra procede à imediata medição dos trabalhos efectuados e tomará em seguida posse da obra.

1. É a transcrição praticamente integral do artigo 34º do anterior REOP.

2. Esta disposição, inserindo-se na regulamentação do procedimento de rescisão por parte do empreiteiro, vem na sequência do estabelecido nos preceitos anteriores e, assim, pressupõe que aquele manifestou ao dono da obra a vontade de rescindir o contrato, requerendo-o no prazo estabelecido no artigo 209º. Na verdade, para quê proceder a essa verificação se o empreiteiro não manifestou vontade de rescindir o contrato? Assim, primeiro deve haver lugar ao requerimento com as alegações e prova exigidas e só depois se averigua sobre se os factos alegados são verídicos e se preenchem os pressupostos legais da resolução. Antes dessa verificação, não pode o requerimento operar automaticamente a resolução. Aliás, a verificação pode ser até demorada, quer em razão dos cálculos que só por si implica, quer em razão da necessidade de dirimir desacordos que eventualmente existam. E, nestas circunstâncias, é impensável que só com o requerimento o empreiteiro possa suspender os trabalhos. Julgamos, pois, que o disposto no artigo 324º tem aqui plena aplicação, dando-se a rescisão e consequente suspensão dos trabalhos apenas com o deferimento do requerimento[386].

O que a disposição legal parece pretender é que, no requerimento, o empreiteiro deve alegar todos os fundamentos de facto e de direito em que baseia a sua pretensão.

---

[386] Neste sentido, PEDRO ROMANO MARTINEZ e MARÇAL PUJOL, *Empreitada de Obras Públicas...*, pág. 65.

EMPREITADAS DE OBRAS PÚBLICAS · ART. 212º

3. O requerimento de rescisão deve ser acompanhado da *estimativa do valor dos trabalhos em causa*, isto é, da demonstração do fundamento do direito de rescisão através da indicação do valor que atribui aos trabalhos a mais ou a menos, substituídos ou suprimidos de que decorre o direito à rescisão.

4. Cfr. artigos 320º, 322º e 324º.

ARTIGO 212º
Correcção de preços

1. Quando a assinatura do contrato tenha lugar decorridos mais de cento e oitenta dias sobre a data da apresentação da proposta, por causas não imputáveis ao empreiteiro adjudicatário, pode este, antes de assinar o contrato, requerer que se proceda à correcção do preço ou dos preços respectivos, com base em fórmulas que as partes para o efeito acordarem entre si ou, na falta de acordo, por aplicação da fórmula tipo, prevista na legislação especial sobre revisão de preços, considerando-se susceptível de revisão a totalidade de cada um dos preços a actualizar.

2. No caso de não ser admitida a correcção, o adjudicatário poderá desistir da empreitada

1. Corresponde ao artigo 35º do anterior REOP a que não introduz alterações.

2. O preceito não estabelece nenhum limite mínimo para a desactualização dos preços.

Na proposta de revisão de preços que o empreiteiro apresenta com o respectivo requerimento, deve indicar o valor da revisão que propõe e bem assim a fórmula que, para isso, adoptou. Se o dono da obra não concorda com esse valor ou com a adopção dessa fórmula e, no caderno de encargos foram fixadas fórmulas para a revisão de preços (artigo 285º, nº 2), a estas se atenderá; se o caderno de encargos as não fixa, aplica-se a fórmula tipo prevista na legislação sobre revisão de preços. Relativamente a este assunto, na falta de legislação angolana própria, vem sendo adoptada a fórmula prevista na legislação portuguesa sobre a revisão de preços das empreitadas de obras públicas[387].

---

[387] Era o Decreto-Lei nº 348-A/86, de 16 de Outubro, substituído pelo Decreto-Lei nº 6/2004, de 6 de Janeiro, sendo que, nos termos do artigo 6º deste último, a fórmula polinomial geral aplicável à estrutura de custos e à natureza e volume dos trabalhos é a seguinte:

$$Ct = a\frac{St}{So} + b\frac{Mt}{Mo} + b'\frac{M't}{M'o} + \frac{M''t}{M''o} + \ldots\ldots + c\frac{Et}{Eo} + d$$

Ct é o coeficiente de actualização mensal a aplicar ao montante sujeito a revisão, obtido a partir de um somatório de parcelas com uma aproximação de seis casas decimais e arredondadas para mais quando o valor da sétima casa decimal seja igual ou superior a 5, mantendo-se o valor da sexta casa decimal no caso contrário;

338 JORGE ANDRADE DA SILVA

Se o dono da obra indefere o requerimento do empreiteiro no sentido da correcção de preços, o empreiteiro pode desistir[388] da empreitada. Porque a desistência é um direito potestativo do empreiteiro, este, querendo exercê--lo, isso mesmo deve comunicar ao dono da obra para que não possa ser-lhe imputada a responsabilidade pela não outorga no contrato (artigo 116º).

3. Cfr. os artigos 113º, 116º e 285º.

ARTIGO 213º
Indemnização por redução do valor total dos trabalhos

1. Sempre que, em consequência de alteração ao projecto ou de rectificação de erros de previsão, ou, ainda, de supressão de trabalhos nos termos do artigo 204º, o empreiteiro execute um volume total de trabalhos de valor inferior em mais de 20% aos que foram objecto do contrato, tem direito à indemnização correspondente a 10% do valor da diferença verificada, se outra mais elevada não for estabelecida no caderno de encargos ou no contrato.
2. A indemnização é liquidada na conta final.

1. Este artigo corresponde ao artigo 36º do REOP anteriormente vigente, relativamente ao qual apresenta uma única alteração, mas de manifesta relevância: enquanto no regime anterior o empreiteiro teria sempre direito a 10% do valor da diferença verificada, independentemente do valor dos trabalhos que

St é o índice dos custos de mão-de-obra relativo ao mês a que respeita a revisão;
S_0 é o mesmo índice, mas relativo ao mês anterior ao da data limite fixada para a entrega das propostas;
$Mt, M't, M''t, \ldots$ são os índices dos custos dos materiais mais significativos incorporados ou não, em função do tipo de obra, relativos ao mês a que respeita a revisão, considerando-se como mais significativos os materiais que representem, pelo menos, 1% do valor total do contrato, com uma aproximação às centésimas;
$M_0, M'o, M''o_{,,} \ldots$ são os mesmos índices, mas relativos ao mês anterior ao da data limite fixada para a entrega das propostas;
Et é o índice dos custos dos equipamentos de apoio, em função do tipo de obra, relativo ao mês a que respeita a revisão;
Eo é o mesmo índice, mas relativo ao mês anterior ao da data limite fixada para a entrega das propostas;
a, b, b', b ", ..., c são os coeficientes correspondentes ao peso dos custos de mão-de-obra, dos materiais e dos equipamentos de apoio na estrutura de custos da adjudicação ou da parte correspondente, no caso de existirem várias fórmulas, com uma aproximação às centésimas;
d é o coeficiente que representa, na estrutura de custos, a parte não revisível da adjudicação, com aproximação às centésimas; o seu valor é 0,10 quando a revisão seja apenas feita por fórmula e, em qualquer caso, a soma de $q+b+b'+b''+\ldots+c+d$ deverá ser igual á unidade.
[388] *Desistir* e não *rescindir* o contrato, pois este ainda não foi celebrado.

tivessem sido suprimidos, agora só terá esse direito se esse valor for superior a 20% dos que foram objecto do contrato principal.

2. A meta dos 20% do preço contratual para o valor dos trabalhos suprimidos constitui um elemento necessário à existência do direito, mas não à sua medida, isto é, não é esse valor limite o que se deve considerar para cálculo da indemnização a pagar ao empreiteiro, pois os 10%, uma vez atingida aquela percentagem, incidem sobre toda a diferença verificada.

3. Trata-se de mais uma medida de protecção das normais e legítimas expectativas de lucro do empreiteiro. As suas estimativas foram feitas com base num certo volume de obra a executar e os cálculos assim efectuados o determinaram a concorrer pelo preço que propôs. A não existir esta protecção, poderiam resultar ulteriormente frustradas aquelas expectativas por uma diminuição do volume dos trabalhos. Assim, a final, tidos em consideração os trabalhos efectuados a mais e a menos (artigo 192º), se o volume total da obra executada tiver um valor inferior ao valor contratado para a empreitada em mais de 20%, terá o empreiteiro direito a receber pelo menos 10% da diferença.

Esta é uma indemnização que a lei considera corresponder, em princípio, ao lucro que o empreiteiro teria se realizasse integralmente os trabalhos contratados.

Mas, além de continuar a não atender ao dano efectivo (artigo 320º, nº 2), o preceito não é isento de dúvidas. Na verdade, referindo o texto legal que a indemnização será a correspondente a 10% da diferença, se outra *mais elevada* não for estabelecida no caderno de encargos ou no contrato, parece estabelecer que aquela percentagem, em qualquer caso, representa a *indemnização mínima* a que o empreiteiro tem direito, sem que esse mínimo admita convenção em termos diversos. Isto é: a liberdade contratual teria como limite esse mínimo, que teria que ser respeitado.

Não parece que assim se deva entender. Por parte do empreiteiro está-se no domínio dos direitos disponíveis e, se ele pode pura e simplesmente renunciar ao exercício desse direito, por maioria de razão pode aceitar um valor indemnizatório inferior ao que resulta da aplicação daquela percentagem. O que ali se pretende dizer é que o caderno de encargos não pode estabelecer uma percentagem inferior a 10% e que, se o fizer, tem aplicação a percentagem de 10%, a menos que o empreiteiro renuncie a esse direito nos termos que ficam referidos.

4. A indemnização a que o empreiteiro tem direito nos termos deste preceito não deixa de ser devida se a diminuição dos trabalhos é resultante de alterações no projecto propostas pelo próprio empreiteiro. A lei não distingue nem há razão para distinguir. Se a proposta dessas alterações é aceite pelo dono da obra, é porque o interesse público assim o justifica e não por a respectiva iniciativa caber ao empreiteiro, pelo que não há razão para este ser obrigado a abrir mão da margem de lucro que legitimamente esperava relativamente a essa parcela dos trabalhos contratados.

5. A quantia a que o empreiteiro tem direito com este fundamento é cumulável com a que lhe caiba ao abrigo do disposto no nº 3 do artigo 207º: metade do valor da economia que resultar das variantes ao projecto propostas pelo empreiteiro e das quais resulte essa economia sem decréscimo da utilidade, duração e solidez da obra. Uma e outra têm fundamentos diferentes: a primeira funciona como *indemnização,* a segunda como *prémio* que incentive o empreiteiro à execução nas melhores condições económicas sem prejuízo da natureza e fim da obra.

6. Cfr. os artigos 189º, 190º, 192º e 320º.

ARTIGO 214º
Esgotos e demolições
Quaisquer esgotos ou demolições de obras, que houver necessidade de fazer e que não tenham sido previstos no contrato são sempre executados pelo empreiteiro em regime de percentagem.

1. Corresponde ao artigo 37º do anterior REOP, de que, praticamente, não difere.

2. O preceito parece deixar claro que se impõe o recurso à empreitada por percentagem, afastando outras modalidades, designadamente a da empreitada por série de preços como acabou por adoptar o Regime Jurídico das Empreitadas de Obras Públicas de Portugal[389].

Pode questionar-se a utilidade e até a conveniência deste preceito. Com efeito, parece nada justificar que os trabalhos não previstos resultantes de esgotos e demolições que se revelem necessário executar não fiquem sub-

---

[389] Decreto-Lei nº 405/93, de 10 de Dezembro, certo sendo que este preceito não foi adoptado pelo Decreto-Lei nº 59/99, de 2 de Março.

metidos ao regime geral dos trabalhos a mais do artigo 203º[390]. Por outro lado, impor que esses trabalhos sejam executados em regime da empreitada por percentagem é impedir o dono da obra de escolher outro procedimento que, porventura, fosse mais conveniente ao interesse público. Como aquele RJEOP de Portugal acabou por adoptar. O que o preceito parece não impedir é que sejam executados fora do âmbito do contrato, por administração directa.

3. Cfr. os artigos 218º a 223º.

ARTIGO 215º
Responsabilidade por erros de execução

1. O empreiteiro é responsável por todas as deficiências e os erros relativos à execução dos trabalhos ou à qualidade, à forma e às dimensões dos materiais aplicados, quer nos casos em que o projecto não fixe as normas a observar, quer nos casos em que sejam diferentes dos aprovados.
2. A responsabilidade do empreiteiro cessa quando os erros e os vícios de execução tenham resultado de obediência a ordens ou instruções escritas transmitidas pelo fiscal da obra ou que tenham obtido a concordância expressa deste, através de inscrição no livro de obra.

1. Corresponde ao artigo 38º do REOP anterior, que reproduz quase textualmente.

2. Como resulta de vários preceitos deste diploma, o empreiteiro tem de executar a obra com estrita observância do que consta no caderno de encargos, projecto, contrato e outras peças do processo que daquele fazem parte integrante (artigo 110º, nº 2), só deles se podendo desviar quando e na medida em que para isso receba do dono da obra ordem escrita. E assim terá de ser, quer no que respeita à execução da obra tal como consta do projecto, quer quanto à qualidade, forma, dimensões e origem dos materiais a aplicar (artigo 258º). Se o projecto nada diz quanto aos materiais a aplicar, estes terão que ser condizentes com as características da obra, não podendo ser de qualidade inferior aos usualmente empregados em obras da mesma categoria (artigos 195º, nº 2, 253º, nºs 1 e 2 e 266º, alínea c)).

Deixa, porém, de existir aquela responsabilidade se os erros ou vícios de execução são resultantes de ordens ou instruções dadas por escrito ao emprei-

---

[390] Neste sentido, PEDRO R. MARTINEZ e MARCEL PUJOL, *Empreitada de Obras Públicas*, Almedina, Coimbra, pág. 69.

teiro pelo fiscal da obra ou com as quais este expressamente tenha concordado. Todavia, o empreiteiro não deve ser um frio e indiferente executor do projecto, mas antes um colaborador do dono da obra na realização do fim de interesse público que aquela visa satisfazer. Por isso, como estabelece o nº 2 do artigo 253º, sempre que entenda que as características dos materiais não são as mais aconselháveis ou convenientes, deverá comunicar o facto ao fiscal da obra. O empreiteiro *é um conhecedor da sua arte e os elementos fornecidos pelo dono da obra, bem como as instruções deste, devem ser apreciadas criteriosamente; daí que sobre ele recaia o dever de avisar o comitente de qualquer incorrecção*[391].

3. Cfr. o artigo 217º.

ARTIGO 216º
Responsabilidade por erros de concepção

1. Pelas deficiências técnicas e os erros de concepção dos projectos e dos restantes elementos patenteados no concurso ou em que posteriormente se definam os trabalhos a executar respondem o dono da obra ou o empreiteiro, conforme aquelas peças sejam apresentadas pelo primeiro ou pelo segundo.

2. Quando o projecto ou variante for da autoria do empreiteiro, mas estiver baseado em dados de campo, estudos ou previsões fornecidos, sem reservas, pelo dono da obra, é este responsável pelas deficiências e erros do projecto ou da variante que derivem da inexactidão dos referidos dados, estudos ou previsões.

1. Corresponde ao artigo 39º do REOP anteriormente vigente, relativamente ao qual apresenta uma divergência aparentemente relevante: aquele preceito, na primeira hipótese do nº 1 e no caso contemplado no nº 2, responsabilizava solidariamente o dono da obra e o projectista, o que o actual preceito não faz, remetendo para as relações entidade contratante/projectista qualquer responsabilidade deste último. E, exactamente porque se tratava da relação contratual entre a entidade adjudicante e o projectista, não se vê bem o efeito prático dessa solidariedade, pelo que, parece, a diferença só aparentemente é relevante.

2. Os artigos 187º, 188º e 207º, prevêm a hipótese de o programa de concurso permitir aos concorrentes apresentar o projecto da obra ou propor variantes ao projecto ou a parte dele. Quaisquer erros ou deficiências que contenham,

---

[391] PEDRO ROMANO MARTINEZ, *Contrato de Empreitada*, Almedina, pág. 198.

importam, com a sua rectificação, trabalhos a mais. Em consonância com o disposto no nº 2 do artigo 191º, segundo este preceito, a responsabilidade pelo custo desses trabalhos caberá a quem tiver elaborado o projecto e restantes peças do procedimento. Se a parte do projecto em que se verificaram erros ou omissões é da autoria do empreiteiro, a ele caberá, à sua custa, proceder às necessárias rectificações. O nº 2 deste preceito estabelece uma excepção à regra contida no nº 1: se o empreiteiro elaborar o projecto ou variante com base em elementos fornecidos, sem reservas, pelo dono da obra, será este o responsável pelas consequências dos erros ou deficiências disso decorrentes.

3. Nos termos desta disposição, há que distinguir quatro hipóteses:

Se o projecto ou variante for da autoria do empreiteiro, mas este os elaborou baseando-se em dados de campo, estudos ou previsões fornecidos sem reservas pelo dono da obra, a responsabilidade pela inexactidão desses dados cabe ao dono da obra;

Se o projecto ou variante for da autoria do empreiteiro, mas este os elaborou baseando-se em dados de campo fornecidos expressamente sob reserva pelo dono da obra, ao empreiteiro compete proceder aos necessários estudos in loco para prevenir inexactidões, pelo que se estas se vierem a verificar a responsabilidade é sua;

Se o projecto ou variante for da autoria do empreiteiro, tendo este de proceder aos necessários estudos do local da obra, sem que o dono desta lhe forneça quaisquer dados de campo, ao primeiro cabe a responsabilidade pelas inexactidões do projecto que venham a verificar-se;

Se o projecto é da autoria do dono da obra, todas as inexactidões existentes entre aquele e as condições do local são da sua exclusiva responsabilidade.

4. *O concurso baseia-se em elementos definidores da obra a executar, patenteados pelo dono dela. Justo é, pois, que este responda pela sua exactidão e que se não lancem, directa ou indirectamente, sobre o empreiteiro os encargos derivados de erros por que não é responsável.*

Por outro lado, uma incompleta ou imperfeita definição dos trabalhos, mesmo que as consequências das omissões e erros do projecto e demais peças patenteadas se façam injustamente recair sobre o empreiteiro, acaba, bem vistas as coisas, por não servir os interesses reais do dono da obra, nomeadamente se se tratar do Estado ou de outra pessoa colectiva de direito público.

Um contrato de empreitada que se alicerça num projecto errado, num caderno de encargos imperfeito, exige constantes ajustamentos e alterações, quando não acarreta mesmo demolição de trabalhos já realizados, resolvendo-se, afinal, pelos inevitáveis atrasos de execução e acréscimo de encargos (porque nem todos serão absorvidos pelo adjudicatário), em prejuízos graves para o dono da obra. E nem com uma nem com outra coisa se compadece o interesse público.

Por tudo isto se impunha:

a) Exigir uma exacta definição da obra posta a concurso;

b) Responsabilizar o dono da obra pela correcção dos elementos que patenteia.

Não se vê, com efeito, outro processo de dar ao concurso e ao contrato uma base firme e séria.

Exigir dos concorrentes que, por si próprios, revejam e rectifiquem o projecto e as suas medições (colhendo inclusiva e inevitavelmente os dados de campo necessários, refazendo os cálculos, ponderando, até, a finalidade e a conveniência das soluções técnicas adoptadas, etc.) e analisem, completem e, onde necessário, corrijam o caderno de encargos, não se harmoniza nem com a sua posição natural na relação pré-contratual estabelecida, nem, na maioria dos casos, com as suas qualificações, nem, ainda, com a curteza do prazo do concurso, nem, por último, com os interesses da economia nacional, atento o volume de despesas que determinaria a inútil multiplicação dos mesmos estudos (tantos quantos os concorrentes).

A todas estas considerações de ordem prática – tendentes a fazer recair sobre o dono da obra o «risco» dos seus erros de previsão –, uma última acresce, a reclamar a mesma solução. É que o dono da obra, afinal, o que põe a concurso é a empreitada definida pelas peças patenteadas – isto é, trabalhos da natureza e volume nelas afirmados. Tais peças têm, pois, em princípio, de considerar-se parte integrante do «convite a contratar» por ele formulado. Parece, assim, lógico e sumamente equitativo que, verificado que os trabalhos a efectuar são na realidade de natureza ou de volume diversos dos previstos, o dono da obra suporte o acréscimo de encargos daí derivado, pois é ele quem colhe o respectivo benefício. Basta pensar-se que se as previsões fossem formuladas com correcção, como deveriam ser, o dono da obra teria indubitavelmente de suportar esse encargo. Como admitir, portanto, que um erro ou omissão só a ele imputável o liberte de tal gravame?[392].

5. Cfr. os artigos 48º, 187º, 188º, 190º, 191º, 195º e 196º.

---

[392] *Nota Explicativa* ao projecto do Decreto-Lei nº 48 871, de 19 de Fevereiro de 1969, de Portugal que aprovou a primeira versão do RJEOP.

ARTIGO 217º
Efeitos da responsabilidade

Quem incorrer na responsabilidade estabelecida nos dois artigos anteriores deve custear as obras, as alterações e as reparações necessárias à adequada supressão das consequências da deficiência ou do erro verificado, bem como indemnizar a outra parte ou terceiros pelos prejuízos sofridos.

1. Corresponde ao artigo 40º do anterior REOP, com pequenas alterações de redacção.

2. Se é possível colocar em dúvida a utilidade dos dois anteriores preceitos, pelo menos por igualdade de razão isso sucederá quanto a este[393]. Com efeito, nos dois artigos anteriores, estabeleceu-se o regime da atribuição da responsabilidade pelos erros na execução da obra (artigo 215º) e na sua concepção (artigo 216º), que já decorria do regime geral da responsabilidade contratual; neste artigo estabelece-se o conteúdo dessa mesma responsabilidade, o que se traduz na aplicação do princípio geral sobre esta matéria estabelecido no artigo 562º do Código Civil:

Quem estiver obrigado a reparar um dano deve reconstituir a situação que existiria se não se tivesse verificado o evento que obriga à reparação.

Trata-se do *princípio da reposição natural,* segundo o qual, o legalmente responsável pela verificação de determinado dano deve repor as coisas na situação que se verificava antes da ocorrência do facto que provocou esse dano, isto é, *reconstituir a situação em que as coisas estariam se não tivesse ocorrido o facto danoso.* Essa reconstituição pode implicar obras de demolição do que está mal executado ou construção que vise a correcção de erros verificados. Mas não só a isto se reduz a responsabilidade, pois abrange igualmente a obrigação de indemnizar prejuízos que a outra parte ou terceiros tenham sofrido. Assim, essa obrigação abrange os danos de natureza patrimonial que o facto gerador da responsabilidade causou (artigo 563º do CC), quer os *danos emergentes* quer os *lucros cessantes,* isto é, não apenas os prejuízos sofridos que se traduzem numa diminuição do já existente património do lesado, como a parte de que esse património se não viu acrescido pelo facto gerador da responsabilidade.

3. Cfr. os artigos 191º e 286º.

---

[393] Como fazem PEDRO R. MARTINEZ e MARCEL PUJOL, *Empreitada de Obras Públicas...,* pág. 71.

SECÇÃO V
EMPREITADA POR PERCENTAGEM

ARTIGO 218º
Conceito

1. Diz-se empreitada por percentagem, o contrato pelo qual o empreiteiro assume a obrigação de executar a obra por preço correspondente ao seu custo, acrescido de uma percentagem destinada a cobrir os encargos de administração e a remuneração normal da empresa.

2. O recurso à modalidade prevista no número anterior depende de prévio despacho de autorização, devidamente fundamentado, do Ministro da Tutela.

1. É a reprodução, praticamente textual, do artigo 41º do REOP anteriormente vigente.

2. A execução dos trabalhos e a realização das despesas decorrem sob controlo do dono da obra, pelo que já se chamou a esta modalidade a empreitada por *administração indirecta*, próxima da modalidade a que a legislação francesa já designou por *empreitada por despesas controladas*.

3. Não obstante o disposto no nº 2, deve entender-se que no caso de trabalhos de esgotos ou demolições não previstos, a sua execução em regime de percentagem não necessita de prévia autorização ministerial, por estar legalmente autorizada (ou mesmo imposta) pelo artigo 214º.

4. Cfr. as anotações aos artigos 184º, nº 1, alínea *c*), 219º a 223º e 267º.

ARTIGO 219º
Custo dos trabalhos

1. O custo dos trabalhos é o que resultar da soma dos dispêndios correspondentes aos materiais, ao pessoal, à direcção técnica, aos estaleiros, aos transportes, aos seguros, aos encargos inerentes ao pessoal, a depreciação e a reparação de instalações, de utensílios e de máquinas e a tudo o mais necessário para a execução dos trabalhos, desde que tais dispêndios sejam feitos de acordo com o dono da obra, nos termos estabelecidos no caderno de encargos.

2. Não se inclui no custo qualquer encargo administrativo.

1. Reproduz, sem alteração de regime, o artigo 42º do anterior REOP.

2. Cfr. as anotações ao artigo 184º.

3. Os encargos administrativos não se incluem no custo dos trabalhos, pois estão integrados na percentagem acordada nos termos do artigo seguinte, que se destina precisamente a cobrir esses encargos e lucros da empresa.

4. Nos termos do nº 1 deste preceito, os dispêndios a efectuar devem sê-lo nos termos que o caderno de encargos determinar, inclusivamente no que respeita a depreciação de utensílios, máquinas. O que, geralmente, é fixado sob a forma de uma percentagem.

ARTIGO 220º
Encargos administrativos e lucros

A percentagem para cobertura dos encargos administrativos e da remuneração do empreiteiro é a que, para cada caso, se fixar no contrato de empreitada.

1. Transcreve, praticamente sem alterações, o artigo 43º do anterior REOP.

2. Cfr. as anotações ao artigo 184º.

ARTIGO 221º
Trabalhos a mais ou a menos

1. O empreiteiro não é obrigado a executar trabalhos a mais que excedam ¼ do valor dos trabalhos objecto do contrato.
2. Aplica-se ao contrato o disposto nos artigos 203º e 204º da presente lei.

1. Corresponde ao artigo 44º do anterior REOP, que reproduz quase textualmente.

2. Decorre do disposto neste artigo que se forem ordenados trabalhos a mais de valor superior ao limite estabelecido no nº 1, tal facto não dá ao empreiteiro o direito à rescisão do contrato, mas apenas ao direito de se recusar a executá-los. Direito que é de natureza potestativa e que, portanto, o empreiteiro só exerce se quiser.

ARTIGO 222º
Pagamentos

1. Salvo o estipulado em contrário, os pagamentos são feitos mensalmente, com base em factura apresentada pelo empreiteiro, correspondente ao custo dos trabalhos executados durante o mês anterior, acrescido da percentagem a que se refere o artigo 297º.

2. A factura deve discriminar todas as parcelas que se incluem no custo dos trabalhos e deve ser acompanhada dos documentos justificativos necessários.
3. Os pagamentos sofrerão o desconto para garantia nos termos gerais.

1. Corresponde ao artigo 45º do anterior REOP.

2. A referência que no nº 1 se faz ao artigo 297º deve-se a lapso, não só porque isso resulta claro do artigo 45º do REOP, em que se inspirou, como também, e principalmente, porque o artigo 297º trata do desconto para garantia, a que se reporta o nº 3 deste preceito e que, como é óbvio, não são acréscimos, mas deduções. A percentagem ali referida é, manifestamente, a relativa aos encargos administrativos e lucros, portanto a referência deve entender-se feita ao artigo 220º.

3. O. carácter supletivo desta disposição restringe-se aos prazos de pagamento, pois o caderno de encargos não poderá dispensar o meio de prova indicado para as despesas feitas. Por outro lado, como resulta do que se deixou dito, os pagamentos abrangem não apenas o *custo dos trabalhos* referidos no artigo 219º, como elementos que entrem no cômputo do preço total da empreitada (artigo 220º).

4. Os descontos para reforço da garantia a efectuar nos pagamentos parciais são de 5% (artigo 297º, nº 1) e podem ser substituídos por depósito de títulos, por caução bancária ou por seguro caução (artigo 297º, nº 4).

5. Cfr. os artigos 288º a 292º e 297º.

ARTIGO 223º
Regime subsidiário
São aplicáveis subsidiariamente a este contrato e em particular à responsabilidade pela concepção e execução da obra, as disposições respeitantes às outras modalidades de empreitada que não forem incompatíveis com a sua natureza específica.

1. Reproduz de modo praticamente textual o artigo 46º do anterior REOP.

2. Cfr. os artigos 215º, 216º e 217º.

CAPÍTULO III
EXECUÇÃO DA EMPREITADA
SECÇÃO I
DISPOSIÇÕES GERAIS

ARTIGO 224º
Notificações relativas à execução da empreitada

1. As notificações das resoluções do dono da obra ou do seu fiscal são obrigatoriamente feitas ao empreiteiro ou seu representante por escrito e assinadas pelo fiscal da obra.

2. A notificação é feita mediante entrega do texto da resolução notificada em duplicado, devolvendo o empreiteiro ou o seu representante um dos exemplares com recibo.

3. No caso de o notificado se recusar a receber a notificação ou a passar o recibo, o fiscal da obra lavra auto do ocorrido, perante duas testemunhas que com ele assinem e considera feita a notificação.

1. Corresponde ao artigo 119º do REOP anteriormente vigente, com algumas alterações de texto que não alteram o regime.

2. Resulta do disposto neste artigo que as notificações relativas à execução da empreitada são pessoais, no sentido de que terão de ser feitas na pessoa do empreiteiro ou do seu representante. No caso de recusa em receber a notificação ou assinar o respectivo recibo, lavrar-se-á auto da ocorrência perante duas testemunhas.

3. Quanto ao regime do conteúdo e forma da notificação regem os artigos 38º a 42º das NPAA, que estabelecem:

Artigo 38º (Dever de notificar)

Os interessados deverão ser sempre notificados dos actos administrativos que:

a) decidem sobre quaisquer pretensões por eles formuladas;

b) imponham deveres, sujeições ou sanções ou causem prejuízos;

c) criem, extingam, aumentem ou diminuam direitos ou interesses legalmente protegidos ou afectem as condições do seu exercício.

Artigo 39º (Dispensa de notificação)

1. O dever de notificação referido no artigo anterior será dispensado nos casos adiante indicados:

a) quando sejam praticados oralmente na presença dos interessados;

b) quando o interessado, através de qualquer intervenção no procedimento, revele perfeito conhecimento do conteúdo dos actos em causa.

2. *Os prazos cuja contagem se inicie com a notificação começam a correr no dia seguinte àquele em que ocorrer a intervenção respectivamente nos casos previstos nas alíneas a) e b) do número anterior.*

Artigo 40º (Conteúdo da notificação)
1. *Deverão constar da notificação:*
   a) o texto integral do acto administrativo;
   b) a identificação do procedimento administrativo, incluindo a indicação do autor (do acto) e a data deste;
   c) O órgão competente para apreciar a impugnação do acto e o prazo para este efeito, no caso de o acto não ser susceptível de recurso contencioso.
2. *Quando o acto tiver deferido inteiramente a pretensão do interessado ou respeite à prática de diligências processuais, o texto integral pode ser substituído pela indicação resumida do seu conteúdo e objecto*

Artigo 41º (Prazo das notificações)
Não se achando fixado prazo especial, os actos administrativos devem ser notificados no prazo de 8 dias.

Artigo 42º (Forma das notificações)
1. *As notificações podem ser feitas:*
   a) por via postal, desde que exista distribuição domiciliária na localidade de residência ou sede do notificando;
   b) pessoalmente, se esta forma de notificação não prejudicar a celeridade do procedimento ou se for inviável a notificação por via postal;
   c) por telegrama, telefone, telex ou telefax, se a urgência do caso recomendar o uso de tais meios;
   d) por edital a afixar nos locais do estilo, ou anúncio a publicar no Diário da República.
2. *A notificação feita por telegrama, telefone, telex ou telefax, deverá ser confirmada nos termos das alíneas a) e b) do número anterior, consoante os casos, no dia útil imediato, sem prejuízo de a notificação se considerar feita na data da primeira comunicação.*

4. Cfr. os artigos 182º, 247º, nº 1, 268º, 269º, nº 3, 270º, 271º, 278º, 283º, 286º e 304º.

ARTIGO 225º
Ausência do local da obra do empreiteiro ou seu representante
1. *O empreiteiro ou o seu representante não podem ausentar-se do local dos trabalhos sem o comunicar ao fiscal da obra, deixando um substituto aceite pelo dono da obra.*

EMPREITADAS DE OBRAS PÚBLICAS **ART. 225º** 351

2. O empreiteiro que não possa residir na localidade da obra deve designar um representante com residência permanente nessa localidade e que disponha de poderes necessários para o representar, em todos os actos que requeiram a sua presença e, ainda, para responder perante a fiscalização pela marcha dos trabalhos.

1. Corresponde ao artigo 120º do anterior REOP, relativamente o qual apresenta as seguintes alterações:

- Diversamente do regime anterior, em que a ausência do local dos trabalhos tinha que ser autorizada pelo dono da obra, actualmente basta a comunicação dessa ausência do empreiteiro ao dono da obra;
- O preceito deixou aqui de fazer referência expressa ao dever do empreiteiro de confiar a direcção técnica da empreitada a técnico com a qualificação mínima exigida pelo caderno de encargos, dever que decorre do próprio caderno de encargos que é uma peça integradora do contrato (artigo 110º, nº 2 a)) e que está expressamente estabelecido no nº 3 do artigo 182º;
- Também deixou de fazer aqui referência ao dever do director técnico de acompanhar assiduamente a execução dos trabalhos e estar presente sempre que seja convocado, sendo que o primeiro é uma exigência da própria função do director de obra e a segunda consta do artigo 122º, nº 1 e ambos do nº 4 do artigo 182º.

2. Frequentemente, o regime jurídico das empreitadas de obras públicas revela o carácter *institucional* deste contrato. O empreiteiro é um colaborador do dono da obra, ainda que interessado, na realização do interesse público que tal obra visa satisfazer[394]. Não obstante, o poder de direcção da execução do contrato cabe, inalienavelmente, ao dono da obra, ainda que o tenha de exercer nos limites e nos termos por lei estabelecidos. De resto, o recurso àquela colaboração do empreiteiro não exclui, mas até impõe, que o dono da obra (a Administração Pública) vele permanentemente por uma idónea execução do contrato, como responsável último que é, perante a colectividade,

---

[394] A posição do particular como colaborador da Administração na realização do interesse público, *implicou, antes de mais, que tenha havido tendência para atribuir à Administração o direito de exigir do seu co-contraente um esforço e uma diligência superiores ao que seria exigível num contrato privado. Mas esta ideia de colaboração também conduziu à criação de esquemas especiais de apoio da Administração ao seu contraente particular. Contudo, a principal consequência desta associação do particular à prossecução do interesse público consistiu na sua vinculação à própria mutabilidade do contrato administrativo. Aceitando colaborar com a Administração, o particular comprometer-se-ia inevitavelmente a acompanhar as próprias alterações do interesse público, adaptando as suas prestações às novas exigências* (MARIA JOÃO ESTORNINHO, *Requiem pelo Contrato Administrativo*, Almedina, 1990, págs. 118 e 119).

pela satisfação, nas melhores condições, do interesse público subjacente à obra. Trata-se, como se referiu, de um poder inalienável, como inalienável é aquela responsabilidade.

O exercício do poder de direcção implica uma pronta e fácil comunicação ao empreiteiro das manifestações de vontade do dono da obra, o que é feito, de modo imperativo, normalmente pelas *ordens de serviço* que podem constar do *livro da obra*. A presença do empreiteiro ou de um seu representante no local da obra facilita essa comunicação, pese embora o actual desenvolvimento, rapidez e fácil acesso aos modernos meios de comunicação. Mas, parece, não é apenas ou até principalmente com esse fim que sempre se exigiu a permanência do empreiteiro ou de um seu representante no local da obra. Isso igualmente facilita ao próprio empreiteiro uma pronta e completa assistência e orientação ao processo executivo da obra e ao escrupuloso cumprimento do projecto, caderno de encargos, etc.. Deve ter-se presente que o contrato de empreitada é celebrado *intuitu personnae* e que a escolha do empreiteiro foi determinada, pelo menos também, pela sua capacidade técnica e idoneidade moral, cabendo-lhe, por isso, a orientação permanente dos trabalhos.

Aqueles objectivos são salvaguardados também com o dever de permanência do empreiteiro ou seu representante, não havendo necessidade de aí residir permanentemente.

3. Com os requisitos de permanência no local da obra, pretende-se, portanto, evitar que o andamento normal dos trabalhos seja perturbado, retardado ou interrompido pela ausência do empreiteiro ou de quem o represente, salvaguardando-se assim uma pronta e efectiva ligação entre a entidade que decide – dono da obra – e a que faz executar essa decisão – empreiteiro ou seu representante. Sucede, porém, que não se estabelece qualquer sanção específica para a violação deste dever do empreiteiro, ao contrário do que sucede para a violação do dever que lhe cabe de manter a polícia e a boa ordem no local dos trabalhos e de estar presente em todos os actos em que a sua presença seja exigida – artigo 227º. Nem parece mesmo que se possa aplicar à hipótese ventilada a multa referida no nº 4 deste último artigo, pois aí se diz que se refere aos deveres estabelecidos nesse e no artigo antecedente, assim se excluindo a sua aplicação a qualquer outra hipótese.

O dono da obra terá que fixar no contrato ou no caderno de encargos, de um modo geral ou especial, a multa correspondente à violação deste dever.

4. Ainda sobre o dever de residência do empreiteiro ou de seu representante, embora a lei nada sobre isso expressamente disponha, implica alguns requisitos de observância obrigatória:

- Esse dever mantém-se até à recepção provisória da totalidade da obra, altura em que cessam os trabalhos de execução da empreitada;
- O empreiteiro deve designar o seu delegado logo após a consignação, senão mesmo no próprio auto que desta é lavrado. Se o não fizer espontaneamente, deve, para isso, ser fixado um prazo pelo dono da obra de modo que, no início dos trabalhos, lá permaneça o empreiteiro ou seu representante.
- O delegado ou representante do empreiteiro deve ser aceite pelo dono da obra, não bastando que o seja pela fiscalização, rigor para que se não encontra justificação. A entender-se assim, mais prático será que o empreiteiro, logo no início da execução dos trabalhos, submeta à aprovação do dono da obra as pessoas que o poderão substituir na sua ausência.

5. Cfr. os artigos 182º, 265º, 266º, 267º e 268.

ARTIGO 226º
Segurança e ordem no local dos trabalhos

1. O empreiteiro é obrigado a garantir a segurança e a boa ordem no local dos trabalhos.
2. Para efeitos da observância da obrigação de boa ordem no local dos trabalhos prevista no número anterior, o empreiteiro deve retirar deste local, por sua iniciativa ou imediatamente após ordem do dono da obra nesse sentido, o pessoal que tenha tido comportamento perturbador dos trabalhos, designadamente por menor probidade no desempenho dos respectivos deveres, por indisciplina ou por desrespeito aos representantes, aos agentes do dono da obra ou aos representantes ou agentes do empreiteiro, dos subempreiteiros ou de terceiros.
3. A ordem prevista no número anterior deve ser fundamentada por escrito, quando o empreiteiro o exija, sem prejuízo da imediata suspensão do trabalhador ou pessoal em causa.

1. Corresponde ao artigo 122º do REOP antes vigente, relativamente ao qual, sem introduzir alterações substanciais, trata as situações com maior desenvolvimento.

2. O nº 4 do artigo 227º comina a violação deste dever com a multa de Kz: 50 000,00 que, em caso de reincidência, será elevada para o dobro. O facto de se estabelecer sanção especial para o não cumprimento da ordem dada ao empreiteiro, parece impedir que, com este fundamento, o dono da obra possa rescindir o contrato. Na realidade, o poder de rescisão que, em termos gerais, o nº 1 do artigo 270º confere ao dono da obra pelo não cumprimento de ordem legalmente dada, restringe-se às ordens *sobre matéria relativa à execução* da obra nos termos do contrato, o que, em rigor, não é o caso.

3. Cfr. os artigos 182º, 201º e 227º.

ARTIGO 227º
Actos em que é exigida a presença do empreiteiro

1. O empreiteiro ou o seu representante acompanha os representantes do dono da obra nas visitas de inspecção aos trabalhos, quando para tal seja convocado, bem como em todos os actos em que a sua presença for exigida.

2. Sempre que, nos termos da presente lei ou do contrato, deva lavrar-se auto da diligência efectuada, o mesmo deve ser assinado pelo fiscal da obra e pelo empreiteiro ou seu representante, ficando um duplicado na posse deste.

3. Se o empreiteiro ou o seu representante se recusar a assinar o auto, nele se deve fazer menção disso e da razão do facto, o que será confirmado por duas testemunhas, que também o assinarão.

4. A infracção ao disposto no presente artigo, bem como no anterior, é punida com a multa no montante de Kz: 50 000,00, actualizado através da UCF, elevada ao dobro em caso de reincidência.

5 – A multa contratual referida no número anterior deve ser cobrada pelo fiscal da obra e os valores depositados na conta do Tesouro Nacional, mediante DAR – Documento de Arrecadação de Receitas.

1. Corresponde ao artigo 122º do REOP anterior cujo regime mantém, sem relevantes alterações de redacção.

2. *Auto é todo o acto processual e o documento que o consubstancia, de natureza solene, que condensa os factos de especial importância ou gravidade no decorrer de uma obra e, por intermédio do qual, estes passam a constar do respectivo processo*[395]. Assim, nesse auto, terá que ficar registado tudo o que aconteceu durante o acto e as próprias circunstâncias de tempo, lugar ou outras em que decorreu, pelo que sempre teriam de nele ficar exaradas as reclamações ou reservas do empreiteiro, os esclarecimentos do dono da obra e tudo o mais que um ou outro entendam de interesse para efeitos contratuais. Deste modo, se o empreiteiro quiser apresentar reclamações ou reservas sobre a diligência efectuada e factos

---

[395] ARNALDO GONÇALVES, *Legislação da Construção Civil*, 1984, pág. 519. Cfr. também MARCELLO CAETANO, *Manual de Direito Administrativo cit.*, I, pág. 472.

a ela inerentes, deve fazê-lo no próprio auto para ele as devendo ditar, constituindo aquele o respectivo meio de prova cuja autenticidade, como documento autêntico que é, só pode ser ilidida com a arguição da respectiva falsidade.

3. O nº 4 deste preceito qualifica de contratual a multa aplicável à violação do comando nele contido – não acompanhamento do dono da obra nas visitas de inspecção aos trabalhos – e no artigo anterior – não cumprimento da ordem de retirar do local da obra o pessoal que tenha desrespeitado o dono da obra. Tem interesse averiguar se, efectivamente, se trata de uma multa contratual, no sentido estrito da expressão, ou antes de uma sanção de natureza pública, uma manifestação de autoridade, do exercício do poder sancionatório do dono da obra. Os meios de impugnação judicial e o respectivo regime jurídico variam conforme se trate de acto de execução do contrato ou, como parece decorrer do preceito, de um acto administrativo. E, efectivamente, está em causa o interesse público da preservação do prestígio do ente público que é o dono da obra e dos seus agentes, das boas condições para o desenvolvimento e ritmo dos trabalhos por forma a que o interesse público que lhes está subjacente se realize nas melhores condições. O quantitativo da multa aplicável[396], só por si, mostra que não traduz uma indemnização ou sequer uma compensação por eventuais prejuízos decorrentes da violação daqueles deveres pelo empreiteiro, antes se resume a um expediente intimidativo no sentido de determinar o empreiteiro ao cumprimento desses deveres[397].

4. Cfr. os artigos 182º, 265º a 270º, 287º e 307º.

ARTIGO 228º
Publicidade
A afixação de publicidade no local dos trabalhos depende de autorização do dono da obra.

1. Corresponde ao artigo 127º do anterior REOP sem alterações significativas.

---

[396] A actualização dos valores de impostos, multas e juros e outras receitas fiscais é feita através do UCF (Unidade de Correcção Fiscal) que, nos termos do disposto no nº 2 do artigo 1º da Lei nº 10/03, de 25 de Abril, é fixada por despacho ministerial,

[397] No mesmo sentido, ver PEDRO R. MARTINEZ e JOSÉ M. M. Y PUJOL, *ob. cit.*, págs. 200 e 201, este último autor no estudo *Aplicação do Regime Jurídico das Empreitadas de Obras Públicas* às *Obras Particulares*, na Revista da Ordem dos Advogados Portugueses, 54º, pág. 550 e ESTEVES DE OLIVEIRA, *Direito Administartivo*, I., Almedina, Coimbra pág. 697.

2. Relativamente ao disposto neste preceito importa esclarecer:

• A autorização compete ao dono da obra e não à fiscalização, sem prejuízo da delegação de poderes, nos termos gerais;

• Tal como expressamente referia o artigo 127º do anterior REOP, o empreiteiro não pode fazer a publicidade, por si ou por interposta pessoa ou consentir que seja feita, sem autorização prévia;

• Não está abrangida pela proibição a publicidade que é imposta por lei, incluindo a estabelecida no artigo seguinte (identificação da obra, do dono da obra, do empreiteiro, seus alvarás e dos subempreiteiros).

3. Cfr. os artigos 265º a 270º.

ARTIGO 229º
Menções obrigatórias no local dos trabalhos

Sem prejuízo do disposto em lei especial, o empreiteiro deve, para efeitos do disposto na alínea e) do artigo 201º, afixar no local dos trabalhos, de forma bem visível, a identificação da obra, do dono da obra e do empreiteiro, com menção do respectivo alvará ou de outro título habilitante.

1. Não tem correspondência no REOP.

2. No âmbito da matéria deste preceito, o empreiteiro deve:

• Afixar no local dos trabalhos, de forma bem visível:
A identificação da obra;
A identificação do dono da obra;
A identificação do empreiteiro seu alvará ou outro título habilitante;
A tabela de salários mínimos a que o empreiteiro se encontra sujeito e autenticada pela fiscalização.

• Manter patente no local da obra em bom estado de conservação:
Cópia dos alvarás ou títulos de registo dos subempreiteiros;
Livro de registo da obra;
Um exemplar do projecto, do caderno de encargos, do contrato e demais documentos a que se subordina a execução da obra;
O horário de trabalho em vigor;
O texto dos contratos colectivos aplicáveis.

• Patentear nos estaleiros os elementos do projecto respeitantes aos trabalhos aí em curso.

3. Cfr. os artigos 201º e 228.

ARTIGO 230º
Salários

1. O empreiteiro é obrigado a pagar ao pessoal empregado na obra salários não inferiores à tabela de salários mínimos que estiver em vigor para o respectivo sector.

2. A tabela de salários mínimos a que o empreiteiro se encontra sujeito, depois de autenticada pela fiscalização, deve estar afixada de forma bem visível no local da obra.

3. A tabela referida no número anterior é também obrigatória para os tarefeiros e subempreiteiros.

4. Sempre que se verifique que o empreiteiro paga salários de montante inferior ao que se encontra adstrito nos termos da respectiva tabela, tal facto deve ser imediatamente comunicado pela fiscalização da obra às autoridades competentes.

1. Corresponde ao que dispunham os artigos 123 e 124º do anterior REOP, que reproduz com pequenos acertos de redacção.

2. O preceito estabelece vários deveres para o empreiteiro:
- Pagamento de salários não inferiores aos que estabelece a tabela de salários mínimos aprovada para o sector;
- Submeter a tabela dos salários mínimos a que se encontra obrigado a autenticação da fiscalização;
- Afixar a tabela autenticada em local bem visível da obra;
- Velar para que o mesmo se verifique relativamente aos tarefeiros e pessoal dos subempreiteiros.

3. Salienta-se que a tabela que o empreiteiro é obrigado a fazer autenticar e a afixar não é a tabela dos salários efectivamente pagos pelo empreiteiro e subempreiteiros, embora nada impeça que também a afixe. Aquele dever de autenticação e afixação recai sobre a tabela dos salários mínimos em vigor para o sector, para que a fiscalização e os trabalhadores possam controlar a legalidade respectiva.

4. Cfr. os artigos 103º, 231º e 267º.

ARTIGO 231º
Pagamento dos salários

1. O empreiteiro deve pagar os salários aos trabalhadores nos termos do disposto na Lei Geral do Trabalho, podendo, contudo, efectuá-lo com intervalos diferentes quando as circunstâncias locais o imponham e tal seja informado aos trabalhadores e ao fiscal da obra.

2. Em caso de atraso do empreiteiro no pagamento dos salários, o dono da obra poderá satisfazer os que se encontrarem comprovadamente em dívida, descontando nos primeiros pagamentos a efectuar ao empreiteiro as somas despendidas para esse fim.

1. Corresponde ao artigo 125º do anterior REOP, que transcreve de modo quase textual.

2. Quando se verifiquem atrasos no pagamento de salários, permite a lei que o dono da obra se substitua ao empreiteiro satisfazendo os que se encontrem comprovadamente em dívida e descontando a importância assim despendida nos primeiros pagamentos que aquele tiver de efectuar. Poderá porventura pretender-se, por a lei falar em primeiros pagamentos, que a quantia despendida pelo dono da obra não terá de ser integralmente descontada no primeiro pagamento que houver de fazer ao empreiteiro. Não parece que assim se deva entender, pois seria prejudicar o comando legal através de um procedimento que, inclusivamente, se poderia estender por todos os pagamentos. A razão de a lei se ter exprimido no plural parece residir, não no intuito de possibilitar que essa quantia seja distribuída por mais de um pagamento quando haja possibilidade do desconto se fazer de uma só vez, mas exactamente para a hipótese de isso não ser possível, o que pode ocorrer por aquela quantia ser superior ao montante do crédito do empreiteiro.

Por outro lado, não se impõe ao dono da obra que efectue o pagamento de salários que o empreiteiro não satisfez; o dono da obra decidirá discricionariamente sobre isso, ajuizando sobre se assim é conveniente para a tramitação normal do processo executivo da obra.

Como último requisito legal para que o dono da obra satisfaça os salários, é necessário que estes se encontrem *comprovadamente* em dívida, isto é, que se achem vencidos.

3. Esse pagamento parece referir-se não apenas aos salários propriamente ditos, como também a quaisquer remunerações suplementares (gratificações, subsídios, etc.) que por lei o empreiteiro deva satisfazer ao pessoal, conforme o regime estabelecido na Lei Geral do Trabalho[398]. Só assim se realiza o objectivo visado de evitar perturbações no normal processo executivo da obra por falta de cumprimento pelo empreiteiro das suas obrigações laborais. Como ficou referido em comentário ao artigo 229º e aquela Lei impõe, o empreiteiro tem o dever de afixar, por forma bem visível, a tabela de salários mínimos a

---

[398] Lei nº 2/2000, de 11 de Fevereiro, que foi objecto de diversas alterações.

cuja observância está obrigado, o mesmo devendo suceder com a cópia de todas as folhas de pagamentos dos salários, sempre que isso lhe for exigido pela Fiscalização[399].

4. No que respeita ao regime dos salários, daquela Lei Geral do Trabalho de Angola salienta-se:

- O empreiteiro responde solidariamente com o tarefeiro pelos valores dos salários e indemnizações devidos aos trabalhadores (artigo 24º);
- Um dos direitos do trabalhador é o de receber um salário justo e adequado ao seu trabalho (artigo 45º, nº 1 e));
- O salário não pode ser inferior ao estabelecido na convenção colectiva de trabalho aplicável para o trabalho de que é contrapartida ou na sua falta ao salário mínimo nacional (artigo 164º, nº 4);
- O salário mínimo nacional é fixado periodicamente por decreto do Conselho de Ministros (artigo 168º, nº 1);
- O salário mínimo nacional pode assumir três modalidades: salário mínimo nacional garantido único, salário mínimo nacional por grandes agrupamentos económicos e salário mínimo nacional por áreas geográficas (artigo 169º, nº 1);
- O salário mínimo nacional é aplicado a todos os trabalhadores em regime de trabalho completo (artigo 171º, nº 1);
- Os conflitos individuais de trabalho são dirimidos pelos Tribunais Provinciais através da Sala do Trabalho (artigo 306º, nº 1);
- Todo o conflito individual de trabalho é obrigatoriamente submetido a tentativa prévia de conciliação (artigo 307º).

5. Cfr. os artigos 103º, 230º e 267º.

ARTIGO 232º
Seguros

1. O empreiteiro deve efectuar junto de seguradoras estabelecidas na República de Angola os seguintes seguros:

a) contra acidentes de trabalho e doenças profissionais, de todos os trabalhadores ao serviço do empreiteiro ou que prestem serviço na obra;

b) por danos próprios da obra, pelo valor da empreitada mencionado no respectivo contrato;

---

[399] Assim o impunha o Caderno de Encargos tipo (*íten* 8.4.2) aprovado pela Portaria nº 104/2001, de 21 de Fevereiro de Portugal, já revogada.

c) de responsabilidade civil contra terceiros;
d) de responsabilidade profissional do empreiteiro.

2. O dono da obra pode, sempre que o entenda conveniente, incluir no caderno de encargos cláusulas relativas a seguros de execução da obra.

1. Corresponde ao estabelecido nos nºs 1, 2 e 4 do artigo 126º do anterior REOP, com alterações.

2. Nos termos do nº 1, alínea b) do artigo 85º da Lei Geral do Trabalho[400], o empregador é obrigado a segurar todo o seu pessoal contra acidentes do trabalho e doenças profissionais.

3. Os contratos de seguro a que este preceito se reporta têm objectos diferentes: o previsto na alínea a) do nº 1, que deverá sempre ser contratado, tem por objecto os acidentes de trabalho do pessoal do empreiteiro; o previsto na alínea b) cobre o risco inerente à qualidade da execução da obra, portanto, distinto do seguro do projecto base apresentado pelo concorrente, quando for exigido pelo caderno de encargos, que tem por objecto a cobertura dos riscos e danos directa ou indirectamente emergentes de deficiente concepção do projecto.

4. Cfr. os artigos 265º a 270º.

ARTIGO 233º
Higiene, saúde e segurança
O empreiteiro obriga-se a cumprir e a fazer cumprir pelo seu pessoal o disposto na legislação em matéria de protecção, saúde e segurança no trabalho.

1. Corresponde ao que estabelecia o nº 3 do artigo 126º do REOP anteriormente vigente, que em substância mantém.

2. De entre a legislação sobre a matéria, ver:
- Os artigos 85º a 93º da Lei Geral do Trabalho[401], que regula as obrigações da entidade empregadora, colaboração entre empregadores, obrigações dos trabalhadores, e a respectiva responsabilidade civil e criminal, medidas imediatas em caso de acidente de trabalho e acções de prevenção;

---

[400] Lei nº 2/000, de 11 de Fevereiro.
[401] Lei nº 2/000, de 11 de Fevereiro.

EMPREITADAS DE OBRAS PÚBLICAS   ART. 234º   361

- O Decreto nº 31/94, de 5 de Agosto, que estabelece a obrigação das empresas com mais de 50 trabalhadores ou com índice elevado de risco, de criar e organizar um serviço de segurança e higiene no trabalho;
- O Decreto nº 53/05, de 15 de Agosto, que estabelece o regime jurídico dos acidentes de trabalho e doenças profissionais complementa o sistema de segurança no trabalho, na perspectiva da reparação dos danos provocados na eventualidade da ocorrência de acidente de trabalho ou de doença profissional;
- O Decreto nº 80/06, de 30 de Outubro, sobre as regras que devem ser observadas na realização das obras de construção.

3. Cfr. os artigos 58º, 201º e 344º.

ARTIGO 234º
Morte, interdição ou falência do empreiteiro

1. Se, depois de assinado o contrato, o empreiteiro falecer ou, por sentença judicial, for interdito, inabilitado ou declarado em estado de falência, o contrato caduca.

2. O dono da obra pode, segundo a sua conveniência, aceitar que os herdeiros do empreiteiro falecido tomem sobre si o encargo do seu cumprimento, desde que se habilitem, para o efeito, nos termos legais.

3. O dono da obra pode também, de acordo com a sua conveniência, quando o empreiteiro se apresente ao tribunal para declaração de falência e tenha o acordo de credores, aceitar que a execução do contrato continue com a sociedade formada pelos credores, a requerimento destes e conquanto as obras não tenham entretanto sofrido interrupções.

4. Verificada a caducidade do contrato, procede- se à medição dos trabalhos efectuados e à sua liquidação pelos preços unitários respectivos, se existirem, ou, no caso contrário, pelos que forem fixados por acordo, por arbitragem ou judicialmente, observando-se, na parte aplicável, as disposições relativas à recepção e liquidação da obra, precedendo inquérito administrativo.

5. Por virtude da caducidade, os herdeiros ou credores têm direito à seguinte indemnização:

a) 5% do valor dos trabalhos não efectuados, se a morte ou falência ocorrer durante a execução do contrato;

b) o valor correspondente às despesas comprovadamente efectuadas para execução do contrato, de que os futuros executantes possam ter proveito e que não sejam cobertas pela aquisição dos estaleiros, equipamento e materiais a que se refere o nº 7 seguinte, no caso da morte ou da falência ocorrerem antes do início dos trabalhos.

6. Não há contudo lugar a qualquer indemnização:

a) se a falência for classificada culposa ou fraudulenta;

b) se se provar que a impossibilidade de solver os compromissos existia já à data da apresentação da proposta;

c) se os herdeiros ou credores do empreiteiro não se habilitarem a tomar sobre si o encargo do cumprimento do contrato.

7. O destino dos estaleiros, dos equipamentos e dos materiais existentes na obra ou a esta destinada regulam-se pelas normas aplicáveis no caso da rescisão do contrato pelo empreiteiro.

8. As quantias que, nos termos dos números anteriores, se apurar serem devidas, serão depositadas em instituição de crédito, para serem pagas a quem se mostrar com direito.

1. Corresponde ao artigo 128º do anterior REOP, relativamente ao qual apresenta meras alterações de forma.

2. O regime estabelecido neste preceito constitui um claro desvio à natureza *intuitu personnae* deste contrato, justificado pela "salvação" do contrato, se isso for a melhor forma de salvaguardar o interesse público. Mas pode dizer-se que no juízo de *conveniência* que o dono da obra discricionariamente fará, inclui, necessariamente, a apreciação sobre as qualidades dos herdeiros ou da sociedade resultante do acordo de credores.

Para que as obras possam ser continuadas pelos herdeiros ou credores do empreiteiro, impõe a lei condições, designadamente a inexistência de impedimentos legais à contratação e a titularidade de capacidade profissional, técnica e financeira exigidas ao adjudicatário falecido, interdito ou falido.

3. Também como acima ficou referido, no regime anterior impunha-se como condição para a não caducidade do contrato no caso de falência, que as obras não tivessem sofrido interrupção. Mal se compreende que este requisito, seja imposto apenas para o caso de falência, quando é certo que em qualquer das hipóteses podia haver interrupção dos trabalhos. A igualdade de tratamento para ambas as situações não foi, porém, estabelecida no novo regime.

4. As *interdições* (por anomalia psíquica, surdez-mudez ou cegueira) vêm reguladas nos artigos 138º a 151º do Código Civil; as *inabilitações* (por anomalia psíquica, surdez-mudez, cegueira, habitual prodigalidade, abuso de bebidas alcoólicas ou de estupefacientes) vêm reguladas nos artigos 152º a 156º do mesmo CC.

5. Quanto ao nº 4, ver os artigos 303º a 305º (recepção da obra), 306º a 308º (liquidação da obra) e 309º a 311º (inquérito administrativo).

O inquérito administrativo visa averiguar sobre a existência de dívidas que o empreiteiro haja contraído por causa da obra na aquisição de materiais, ordenados, salários, trabalhos executados por terceiros, indemnizações, etc. – artigo 310º.

Parece, porém, que a utilidade de tal inquérito não existe quando se trate de falência do empreiteiro (ou processo de recuperação de empresa), pois o lugar próprio para a reivindicação dos créditos por parte dos credores daquele é o processo judicial respectivo. Neste processo, através de requerimentos para reclamações de créditos ou em acções que a ele serão apensadas, deverão os credores fazer valer os seus direitos.

6. Cfr. os artigos 309º a 312º e 320º a 328º.

ARTIGO 235º
Cessão da posição contratual

1. O empreiteiro não pode ceder a sua posição contratual na empreitada, no todo ou em parte, sem prévia autorização do dono da obra.

2. Salvo casos especiais, a cessão da posição contratual de empreitadas deve ser autorizada na totalidade.

3. O dono da obra não pode, sem a concordância do empreiteiro, retirar da empreitada quaisquer trabalhos ou parte da obra para os fazer executar por outrem.

4. Se o empreiteiro ceder a sua posição contratual na empreitada sem observância do disposto no nº 1, pode o dono da obra rescindir o contrato.

5. Se o dono da obra deixar de cumprir o disposto no nº 4, tem o empreiteiro direito de rescindir o contrato.

1. Corresponde ao artigo 129º do REOP, que adopta com ligeiras alterações de redacção.

2. Este preceito reflecte o carácter vinculativo das cláusulas contratuais relativamente a ambas as partes contratantes. É até um caso em que a natureza pública do contrato não obsta a um tratamento igualitário de ambas.

3. Quanto ao direito de rescisão do empreiteiro atribuído neste preceito, justifica-se porque a empreitada forma um todo económico, tendo eventualmente para ele importância decisiva a execução de toda a obra, já que o possível prejuízo que possa ter previsto sofrer em certa parte dela, poderia igualmente esperar vê-lo compensado noutra parte, porventura a retirada pelo dono da obra.

4. A cessão da posição contratual dá-se quando o empreiteiro transmite a outrem, com o assentimento do dono da obra, a sua posição de adjudicatário desta, obrigando-se o novo empreiteiro perante aquele a cumprir integralmente as cláusulas do respectivo contrato[402]. O assentimento do dono da obra é elemento integrador da cessão, que, sem ele, não é válida. Efectivamente, sendo o contrato de empreitada de obras públicas celebrado *intuitu personnae,* mal se entenderia que a pessoa do empreiteiro pudesse ser livremente mudada no contrato sem que ao dono da obra fosse dada a possibilidade de apreciar a idoneidade moral, técnica e financeira do substituto, quando é certo que essa mesma idoneidade foi objecto de especial atenção no procedimento de escolha do adjudicatário. É isto uma consequência da própria natureza do contrato e que, por isso, nem tem que, necessariamente, constar do caderno de encargos ou do título contratual. Por isso, o novo empreiteiro há-de oferecer, pelo menos, as mesmas garantias que o adjudicatário primitivo, incluindo, como é óbvio, a titularidade dos certificados de classificação de empreiteiro de obras públicas e das autorizações exigidas para a obra. Por outro lado, para além desta substituição, nada mais é alterado no contrato celebrado, limitando-se o novo empreiteiro a continuar a execução iniciada pelo adjudicatário que cedeu a sua posição na empreitada. Por último, sendo o contrato celebrado por escrito, há-de a autorização do dono da obra ser igualmente dada por escrito, e a cessão terá também de obedecer à forma pela qual o contrato foi celebrado, mesmo que o tenha sido por escritura pública. É princípio geral o de que os actos jurídicos se modificam ou extinguem pela mesma forma por que foram constituídos.

5. A cessão da posição contratual não se confunde com a *subempreitada,* neste diploma objecto dos artigos 340º a 347º[403]. Naquele, o contrato inicial sofre uma alteração quanto a uma das partes contratantes – o empreiteiro – que é ali substituída por outra que fica titular dos correspondentes activo e passivo; na subempreitada, não se verifica qualquer alteração no contrato,

---

[402] MARCELLO CAETANO, *Manual de Direito Administrativo cit.*, II, 10ª ed., pág. 1043.
[403] Sobre este tema, ver *O Contrato de Subempreitada de Obras Públicas*, de JOSÉ LUÍS ESQUÍVEL, Almedina, Coimbra, 2002, págs. 25 e seguintes e *Subempreitadas de Obras Públicas e Subcontratação*, por J. M. DE OLIVEIRA ANTUNES e ANABELA COSTA POUSEIRO, ed. Quid Juris, Lisboa, 2001

que se mantém tal como foi celebrado, apenas o empreiteiro se faz substituir por outro na execução de certa parte da obra, que, não obstante e face ao seu dono, corre sob a exclusiva responsabilidade daquele. Por outras palavras, a posição obrigacional do empreiteiro decorrente do contrato não é afectada pela subempreitada, sem prejuízo do direito de regresso que o empreiteiro eventualmente possa ter relativamente ao seu substituto. Por outro lado, o dono da obra nada deve ao subempreiteiro a quem, como resulta do que ficou dito, o não ligam quaisquer laços obrigacionais, sem embargo do regime estabelecido nos artigos 265º a 272º[404].

6. Tal como o direito que o nº 4 confere ao empreiteiro pode ou não ser exercido por este, igualmente não parece existir fundamento para que o dono da obra tenha necessariamente de rescindir o contrato em caso de cessão da posição contratual por si não autorizada. O que se pode dizer é que a cessão não surtirá efeitos se o empreiteiro substituto não obedecer aos requisitos legais exigidos para a obra (v.g. titularidade do certificado de classificação de empreiteiro de obras públicas). Neste caso, porém, deve ainda entender-se que o adjudicatário primitivo poderá continuar a obra se o dono desta não optar pela rescisão. Esta parece ser a solução que mais se coaduna com o interesse público em causa.

7. O preceito não estabelece a extensão da responsabilidade do empreiteiro que deu origem à rescisão do contrato por ter cedido a sua posição nele sem para isso ter obtido autorização do dono da obra. Que essa responsabilidade abrange não apenas o depósito, garantias e outras quantias retidas, mas também os bens que constituem o património geral do empreiteiro, está estabelecido, como princípio geral, no nº 2 do artigo 328º.

8. Cfr. os artigos 309º a 312º e 320º a 328º.

---

[404] Cfr. PEDRO ROMANO MARTINEZ, em *Contrato de Empreitada*, Almedina, Coimbra, 1994, pág. 122, onde se refere a ineficácia da subempreitada que, em violação do contratado, não foi autorizada pelo dono da obra.

SECÇÃO II
CONSIGNAÇÃO DA OBRA

ARTIGO 236º
Conceito e efeitos da consignação da obra

Chama-se consignação da obra ao acto pelo qual o representante do dono da obra faculta ao empreiteiro os locais onde tenham de ser executados os trabalhos e as peças escritas ou desenhadas complementares do projecto que sejam necessárias para que possa proceder-se a essa execução.

1. Transcreve, quase literalmente, o artigo 130º do anterior REOP.

2. Pela consignação o empreiteiro fica a dispor de todos os elementos que ao dono da obra cabe facultar-lhe para que possa dar início aos trabalhos de execução da empreitada; por ela se entrega ao empreiteiro o próprio local onde os trabalhos devem executar-se e bem assim todas as peças desenhadas e escritas que integram o processo[405].

O acto da consignação é particularmente relevante, pois é a partir dele – e não da celebração do contrato – que começa a contar-se o prazo contratual dentro do qual o empreiteiro deverá executar a obra (artigo 237º, nº 1). O que se entende, pois é só com o acto da consignação que fica a dispor dos elementos para isso absolutamente necessários.

3. Refere STÉPHANE BRACONNIER[406] que, ao participar no concurso e, como adjudicatário, ao celebrar o contrato de empreitada, o empreiteiro assumiu um compromisso que se revela em três aspectos: um, de natureza orgânica, nos termos do qual deverá, pessoalmente, executar o contrato, sem prejuízo do recurso à subcontratação (artigos 340º e seguintes) e salvo transmissão nos caso de morte, interdição ou falência do empreiteiro (artigo 234º) ou de cessão voluntária da sua posição contratual (artigo 235º); outro, de natureza temporal, que se traduz na obrigação de realizar a obra no prazo contratado, considerando as prorrogações graciosas e legais (artigo 237º); um terceiro, da natureza material, segundo o qual deverá executar a obra de acordo com o estabelecido no caderno de encargos, projecto e documentos que o compõem e ainda com as ordens dadas pelo dono da obra, incluindo as alterações unilateralmente por este impostas (artigo 203º).

---

[405] Cfr. MARCELLO CAETANO, *Manual de Direito Administrativo cit.*, II, 10ª ed., pág. 984.
[406] *Droit des Marchés Publics*, Imprémérie Nationale, Paris, 2002 , pág. 273.

ARTIGO 237º
Prazo para a execução da obra e sua prorrogação

1. O prazo fixado no contrato para a execução da obra começa a contar a partir da data da consignação, quando outra não for especialmente expressa no contrato.

2. Sempre que, por imposição do dono da obra ou em virtude de deferimento de reclamação do empreiteiro, tenha lugar à execução de trabalhos a mais, o prazo contratual para a conclusão da obra é prorrogado a requerimento do empreiteiro.

3. O cálculo da prorrogação do prazo prevista no número anterior será feito:

a) Sempre que se trate de trabalhos a mais da mesma espécie dos definidos no contrato, proporcionalmente ao que estiver estabelecido nos prazos parcelares da execução constantes do plano de trabalhos aprovado e atendendo ao seu enquadramento geral na empreitada;

b) Quando os trabalhos forem de espécie diversa dos que constam no contrato, por acordo entre o dono da obra e o empreiteiro, considerando as particularidades técnicas da execução.

1. Corresponde ao artigo 131º do anterior REOP, com inovações relativas à disposição do nº 3.

2. Quanto ao início da contagem do prazo, o preceito é claro no sentido de que o regime que estabelece é meramente suplectivo, podendo o contrato fixar o que as partes, no caso, entenderem mais adequado.

Por outro lado, esse prazo conta-se seguidamente, portanto não se interrompendo nos sábados, domingos e feriados (artigo 356º[407]).

3. Já se considerou que o nº 1 deste preceito devia ressalvar as frequentes situações em que, apesar de se ter procedido à consignação, não foram ainda fornecidos ao empreiteiro todos os elementos escritos e desenhados que lhe permitam dar início aos trabalhos, caso em que o prazo contratual só se deveria contar a partir do fornecimento desse elementos[408]. Não nos parece que a censura seja pertinente, já que, sem que sejam facultados ao empreiteiro os locais onde hajam de ser executados os trabalhos e as peças escritas e desenhadas complementares do projecto necessárias para que possa

---

[407] Embora este artigo 356º não inclua no seu nº 2 o prazo de execução do contrato, crê-se que só por lapso isso sucedeu, como decorre dos diplomas legais em que se inspirou e que, para esse prazo, estabelecem o regime da contagem contínua.

[408] PEDRO R. MARTINEZ e JOSÉ M. M. PUJOL, *ob. cit.,* pág. 213.

proceder-se à execução (artigo 236º), não há consignação, e, sem esta, não se inicia a contagem do prazo contratual.

4. A obra pode não ser executada no prazo para isso previsto no contrato por três ordens de factores, que podem intervir isolada ou conjuntamente:

a) por facto imputável ao dono da obra, caso em que o empreiteiro tem direito ao prolongamento do prazo contratual, nos termos estabelecidos no nº 2 deste preceito;

b) por facto imputável ao empreiteiro, que, por isso, pode ser sujeito à aplicação de multas contratuais, nos termos estabelecidos no artigo 287º;

c) por facto não imputável a qualquer das partes, antes constituindo facto de terceiro a que o empreiteiro é alheio, caso fortuito ou de força maior, sendo que, em qualquer deles, não responde o empreiteiro pelo atraso dele decorrente e tendo direito ao correspondente prolongamento do prazo de execução, nos termos do nº 1 do artigo 281º.

5. A prorrogação do prazo contratual só se justifica se a execução dos trabalhos a mais causou perturbação no normal desenvolvimento do plano de trabalhos, isto é, se foi causa de não cumprimento do prazo contratual. Esse é, portanto, um pressuposto do direito do empreiteiro à prorrogação do prazo de execução da obra.

6. Por outro lado, a aplicação da regra da proporcionalidade estabelecida na alínea a) do nº 3 pressupõe não só que os trabalhos a mais são de espécie prevista no contrato, como também que são para executar nas mesmas condições, pois se o são em condições mais gravosas pode, apesar de serem de espécie prevista, justificar o direito à prorrogação.

7. Pressuposto da prorrogação do prazo de execução, é ainda que isso mesmo seja requerido pelo empreiteiro. O preceito não fixa prazo para esse requerimento, pelo que terá como limite temporal o próprio prazo contratual.

No que respeita à prorrogação por trabalhos a mais de espécie prevista no contrato, o resultado da proporção referida na alínea a) do nº 3 constitui um limite máximo, pelo que nada obsta, e até, em regra, convém ao interesse público, que tal prazo seja encurtado por acordo entre o empreiteiro e o dono da obra.

8. No REOP anteriormente vigente, havia sido adoptado o critério de fixar a prorrogação do prazo em função do valor dos trabalhos relativamente ao valor da empreitada, sistema que podia conduzir a soluções menos equitativas, já que o prazo de execução de uma obra não depende necessariamente, ou não depende apenas, do seu valor.

O critério actualmente em vigor é, sem dúvida, mais ajustado pois, quanto a trabalhos de espécie prevista no contrato, aproveita para isso elementos já nele existentes assim ficando subentendido o acordo das partes; quanto aos trabalhos de espécie não prevista, procura encontrar-se esse acordo. O preceito não regula expressamente o regime a adoptar na falta de acordo, mas não é difícil concluir que, nesse caso, a divergência tem que ser decidida por arbitragem ou judicialmente, nos termos gerais.

9. Não existe desconexão entre o disposto neste artigo e no nº 1 do artigo 248º. O artigo 237º estabelece que, salvo se o contrato dispuser de modo diverso, o prazo contratado para a execução se conta da data da consignação, o que não quer dizer que logo a partir de tal data os trabalhos tenham de iniciar-se; isso dependerá do que a tal respeito estiver previsto no plano de trabalhos.

10. Cfr. os artigos 189º, 191º, 192º, 196º, 203º, 207º, 221º,236º, 238º a 244º.

ARTIGO 238º
Prazo da consignação

1. No prazo máximo de 30 dias contados da data da assinatura do contrato, deve fazer-se a consignação da obra, comunicando-se ao empreiteiro, por carta registada com aviso de recepção, o dia, a hora e o lugar em que deve apresentar-se.

2. Quando o empreiteiro não compareça no dia fixado e não tenha justificado a falta, é-lhe marcado pela entidade que deve proceder à consignação um prazo improrrogável para se apresentar e, se no decurso dele, não comparecer, caduca o contrato, respondendo civilmente o empreiteiro pela diferença entre o valor da empreitada no contrato caducado e aquele por que a obra vier a ser de novo adjudicada, com perda definitiva da caução.

3. Se, dentro do prazo aplicável referido no nº 1, não estiverem ainda na posse do dono da obra todos os terrenos necessários para a execução dos trabalhos, faz-se a consignação logo que essa posse seja adquirida.

1. Corresponde ao artigo 132º do anterior REOP que mantém na sua substância, mas:

- O anterior regime permitia que a comunicação ao empreiteiro referida no nº 1 fosse também feita directamente contra recibo, não significando

370 JORGE ANDRADE DA SILVA

a omissão dessa referência na actual redacção que assim não possa ser, nos termos do artigo 224º, nº 2;

- No nº 2 diz-se que a não comparência do empreiteiro após segunda convocatória implica, além do mais, perda definitiva da caução, o que constitui manifesto lapso, já que, como constava no REOP, se trata da *perda da caução definitiva*.

2. Afigura-se-nos que, ao contrário do que já se pretendeu relativamente ao preceito a este correspondente na legislação portuguesa[409], o nº 2 deste artigo não cria duas indemnizações: perda da caução, por um lado e, por outro, a indemnização pela diferença de preço da empreitada no caso de o adjudicatário faltar injustificadamente à consignação dando origem à caducidade do contrato. O que ali se pretendeu dizer é que a caução prestada desde logo se aplica ao fim a que é destinada, sendo retida para, também à sua custa, se pagar aquele prejuízo. Não faz sentido lógico, nem existe fundamento legal, para que o dono da obra, apesar de indemnizado do prejuízo sofrido, ainda beneficie do valor da caução. Porém, porque, neste caso, não parece que se atribua à perda da caução um fim exclusiva e especificamente indemnizatório, mas também de intimidação ao cumprimento, parece que se, por rara coincidência, as forças dessa caução forem mais que suficientes para cobrir aquele prejuízo, não haverá lugar à devolução da parte restante.

3. Do regime estabelecido no nº 1 deste artigo e no nº 2 do artigo 240º, resulta que o dono da obra deve proceder à consignação dos trabalhos no prazo máximo de 30 dias, pois se isso não suceder, sem culpa do empreiteiro, terá este direito a ser indemnizado pelos danos sofridos como consequência necessária desse facto. A assim não se entender, o prazo fixado no nº 1 deste artigo carecerá de efeito útil. Na verdade, estabelecendo a alínea *a)* do nº 1 do artigo 240º que o direito de rescisão para o empreiteiro só existe se a consignação se não efectuar no prazo de seis meses, contados da data em que aquela deveria ter-se efectuado, o dono da obra passaria a ter para isso seis meses sem que ao empreiteiro fosse atribuído qualquer direito. Por último, dir-se-á que a aplicação directa à hipótese do disposto no nº 2 do artigo 240º resulta do facto de o nº 3 deste último artigo permitir a conclusão de que os dois números anteriores tratam de hipóteses distintas. Ora, se o nº 1 se refere aos casos em que o retardamento da consignação dá ao empreiteiro o

---

[409] PEDRO R. MARTINEZ e JOSÉ M. M.PUJOL, *ob. cit.*, pág. 214.

direito à rescisão do contrato, o nº 2 só pode referir-se aos casos em que o retardamento não lhe confere esse direito.

4. Resulta claro da norma do nº 2 que, no caso de o adjudicatário não comparecer na primeira data designada para a consignação, não está na discricionariedade do dono da obra proceder ou não à segunda convocatória, conforme entenda conveniente. Esta segunda convocatória é um direito do empreiteiro e um correspondente dever do dono da obra.

5. No que respeita à responsabilidade do empreiteiro pelas consequências da sua falta, este preceito, como aqueles em que se inspirou, estabelece que aquela se traduz na diferença entre o preço global do contrato caducado e o preço por que a obra viesse a ser de novo adjudicada. Ora, a verdade é que o prejuízo resultante para o dono da obra pode não se limitar, e normalmente não se limitará, a essa diferença. Pode parecer que ao utilizar a expressão *responde civilmente*, o legislador pretendeu remeter os critérios de determinação da extensão da responsabilidade para as regras do direito civil, o que compreenderia todos os danos causados por essa falta. Só que essa interpretação é dificilmente conciliável com a expressa referência do preceito à diferença de valor dos contratos inicial e substituto.

6. Ao contrário do que, até certa altura, constava do Regime Jurídico das Empreitadas de Obras Públicas de Portugal, em que era estabelecido que, para a efectivação dessa responsabilidade, responderia quer a caução, quer os seus bens, este preceito não faz essa referência. Nem é necessário já que o disposto no nº 2 do artigo 328º constitui um princípio aplicável a todos os casos de rescisão pelo dono da obra a título de sanção e de extinção do contrato por culpa do empreiteiro. Segundo esse princípio, *se os depósitos, garantias e quantias devidos não chegarem para a cobertura integral das responsabilidades do empreiteiro, este pode ser executado nos bens e direitos que constituírem o seu património.*

Parece resultar do preceito legal que mesmo na hipótese de o prejuízo do dono da obra ser inferior ao valor do depósito de garantia, sempre o empreiteiro o perderá em favor daquele, o que já não tem explicação lógica nem é justo.

7. Perante a redacção do nº 2 deste artigo, pode pôr-se a questão de saber se a falta não justificada do empreiteiro implica a caducidade *automática* do contrato, ou se o dono da obra poderá, apesar disso, proceder à consignação dos trabalhos. Parece nada justificar que se trata de um poder/dever, mas antes de um poder discricionário do dono da obra.

8. O disposto no n.º 3 deve ser interpretado sem prejuízo do recurso às consignações parciais, nos termos do artigo seguinte. O que é necessário é que o dono da obra esteja na posse dos terrenos necessários para que a execução se possa iniciar nos termos previstos no plano de trabalhos e ainda que esteja assegurada a posse dos restantes terrenos que garantam o regular desenvolvimento daquele plano.

9. Cfr. os artigos 108º, 236º, 237º e 239º a 244º.

ARTIGO 239º
Consignações parciais

1. Nos casos em que, pela extensão e importância da obra, as operações de consignação sejam demoradas ou não possam efectuar-se logo na totalidade por qualquer outra circunstância, pode o dono da obra proceder a consignações parciais, começando pelos terrenos que, com base nas peças escritas ou desenhadas, permitam o início dos trabalhos, desde que esteja assegurada a posse dos restantes elementos em tempo que garanta a não interrupção da empreitada e o normal desenvolvimento do plano de trabalhos.

2. Se se realizarem consignações parciais, a data do início da execução da obra é a da primeira consignação parcial, desde que a falta de oportuna entrega de terrenos ou peças escritas e desenhadas não determine qualquer interrupção da obra ou não prejudique o normal desenvolvimento do plano de trabalhos.

3. Se, no caso do número anterior, a falta de oportuna entrega de terrenos ou peças escritas ou desenhadas do projecto determinar qualquer interrupção da obra ou prejudicar o normal desenvolvimento do plano de trabalhos, considera-se iniciada a obra na data da última consignação parcial, podendo, no entanto, o prazo ser alterado, por acordo entre o dono da obra e o empreiteiro, em correspondência com os volumes de trabalho a realizar a partir dessa data.

1. Corresponde ao artigo 133º do anterior REOP relativamente ao qual, com algumas alterações de redacção, não inova.

2. A possibilidade de se proceder a consignações parciais existe, pois, quando se verifiquem cumulativamente os seguintes requisitos:

a) Respeitar a consignação inicial aos terrenos que, com base nas peças escritas ou desenhadas, permitam o início dos trabalhos;

b) Estar assegurada a posse dos restantes terrenos em tempo que garanta a não interrupção da obra e o normal desenvolvimento do plano de trabalhos;

c) Tratar-se de caso em que as operações de consignação demandem muito tempo pela extensão ou importância da obra, ou que, por qualquer outra circunstância, não possa efectuar-se logo a consignação total da obra.

3. A utilização de expressões vagas, num texto legal onde deve imperar a preocupação da certeza das soluções, é sempre de evitar. É o que sucede com a expressão referida no nº 1 *"demoradas"* que permite as mais díspares interpretações. E consideração semelhante merece a expressão *"por qualquer outra circunstância"* usada para o caso de não poder ser feita a consignação total, onde cabe quase tudo.

4. Cfr. os artigos 108º, 236º a 238º e 240º a 244º.

ARTIGO 240º
Retardamento da consignação

1. O empreiteiro pode rescindir o contrato:

a) se não for feita consignação no prazo de seis meses contados a partir da data em que devia ser efectuada;

b) se, tiverem sido feitas uma ou mais consignações parciais, o retardamento da consignação ou das consignações subsequentes acarretar a interrupção dos trabalhos por mais de seis meses, seguidos ou interpolados.

2. Todo o retardamento das consignações que, não sendo imputável ao empreiteiro, obste ao início da execução da empreitada ou de que resulte a interrupção da obra ou pertur-bação do normal desenvolvimento do plano de trabalhos, dá ao empreiteiro o direito de ser indemnizado pelos danos sofridos, como consequência necessária desse facto.

3. Se, nos casos dos dois números anteriores, o retardamento da consignação for devido a caso fortuito ou de força maior, a indemnização a pagar ao empreiteiro limitar-se-á aos danos emergentes.

1. Corresponde ao artigo 134º do REOP anterior, com pequenos acertos de texto.

2. No nº 1 estabelecem-se as hipóteses em que o empreiteiro poderá res-cindir o contrato por retardamento da consignação. Se optar pela rescisão, deverá requerê-la ao dono da obra no prazo de 30 dias contados do termo do prazo referido no nº 1 deste artigo, fundamentando o seu pedido e instruindo-o com os documentos que possam comprovar as razões invocadas – nº 1 do artigo 324º.

3. Do disposto neste artigo resulta que, quanto à interrupção dos trabalhos, há que distinguir conforme ela tem ou não uma duração superior a seis meses. No primeiro caso, tem o empreiteiro direito a obter a rescisão do contrato; no segundo, apenas terá direito a ser indemnizado. Esta indemnização deve englobar tanto os danos emergentes como os lucros cessantes, salvo se o retardamento da consignação resultar de caso fortuito ou de força maior, pois, nesse caso, limitar-se-á aos danos emergentes[410]. Este entendimento baseia-se no facto de, no nº 3, seguindo um princípio aplicável aos casos de danos sofridos pelo empreiteiro em consequência de factos não culposos do dono da obra[411], o legislador restringir o âmbito da indemnização, e não parece contrariado pelo disposto no nº 2 do artigo 244º que se refere à indemnização devida ao empreiteiro apenas *pelo facto de ter sido ilegitimamente impedido de executar oportunamente o seu direito de rescisão.*

4. Cfr. a nota 2 ao artigo 238º e o artigo 324º.

5. O nº 3 do artigo 195º define o *caso de força maior* como sendo *o facto de terceiro, facto natural ou situação, imprevisível e inevitável, cujos efeitos se produzam independentemente da vontade ou das circunstâncias pessoais do empreiteiro, tais como actos de guerra ou de subversão, de epidemias, de ciclones, de tremores de terra, de fogo, de raio, de inundações, de greves gerais ou sectoriais e quaisquer outros eventos da mesma natureza que impeçam o cumprimento do contrato.* MARCELLO CAETANO definiu-o como sendo *o facto imprevisível e estranho à vontade dos contraentes que impossibilita absolutamente de cumprir as obrigações contratuais*[412]. Tal como aquela, também esta noção realça quer a independência do facto em relação à vontade das partes, quer a sua imprevisibilidade[413]. Mas, além de imprevisível[414], o facto deve ser irresistível, no sentido de inevitável, o que o afasta do caso fortuito,

---

[410] Cfr. MÁRIO ESTEVES DE OLIVEIRA, *Direito Administrativo,* I, Almedina, Coimbra, pág. 714.

[411] Cfr. FREITAS DO AMARAL, FAUSTO QUADROS e VIEIRA DE ANDRADE, *Aspectos Jurídicos da Empreitada de Obras Públicas,* Almedina, 2002, págs. 329 e seguintes.

[412] *Manual de Direito Administrativo cit,* II, pág. 623 e e *Princípios Fundamentais do Direito Administrativo,* pág. 200; cfr. também ESTEVES DE OLIVEIRA, *ob. cit.,* pág. 718.

[413] Mas não só. Cfr. JEAN RIVERO, *Direito Administrativo,* Almedina, Coimbra, pág. 318.

[414] Sobre a aplicação da teoria da imprevisão neste domínio, ver FREITAS DO AMARAL, FAUSTO QUADROS e VIEIRA DE ANDRADE, *Aspectos Jurídicos da Empreitada de Obras Públicas,* Almedina, Coimbra, 2002, págs 519 e seguintes.

que, como se verá, seria evitável se fosse previsível. A doutrina civilista[415], como se referiu, distinguindo entre *caso de força maior* e *caso fortuito*, põe o acento da distinção, segundo o critério mais difundido, na *imprevisibilidade* e *irresistibilidade* do facto. O caso fortuito seria de todo em todo imprevisível e portanto inevitável, enquanto que o primeiro, ainda que previsível, não poderia ser evitado quer no seu sucedimento, quer nas suas consequências. O *caso fortuito*, se fosse previsível, poderia ser evitado, assentando assim na sua imprevisibilidade a relevância jurídica que se lhe reconhece; *o caso de força maior*, mesmo que possa ser previsto é irresistível, inevitável.

6. Cfr. os artigos 108º, 236º a 239º e 241º a 244º.

ARTIGO 241º
Auto da consignação

1. Da consignação é lavrado auto, no qual se deve fazer referência ao contrato e nele deve mencionar-se o seguinte:

a) as modificações que, em relação ao projecto, se verifiquem ou se tenham dado no local em que os trabalhos hão-de ser executados e que possam influir no seu custo;

b) as operações executadas ou a executar, tais como restabelecimento de traçados, implantação de obras e colocação de referências;

c) os terrenos e as construções de que se dê posse ao empreiteiro;

d) quaisquer peças escritas ou desenhadas, complementares do projecto que no momento forem entregues ao empreiteiro;

e) As reclamações ou reservas apresentadas pelo empreiteiro relativamente ao acto da consignação e os esclarecimentos que forem prestados pelo representante do dono da obra.

2. O auto da consignação será lavrado em duplicado e assinado pelo representante do dono da obra que fizer a consignação e pelo empreiteiro ou representante deste.

3. Nos casos de consignação parcial devem lavrar-se tantos autos quantas as consignações.

1. Corresponde ao artigo 135º do REOP ao qual introduz pequenas e não significativas modificações de texto.

2. No domínio da legislação portuguesa anterior ao RJEOP estabelecido pelo Decreto-Lei nº 48 871, já se entendeu que a consignação e respectivo

---

[415] Cfr. Prof. MÁRIO JÚLIO DE ALMEIDA COSTA, *Direito das Obrigações*, Almedina, Coimbra, 1968, pág. 446 e Prof. MANUEL DE ANDRADE, *Obrigações*, Almedina, Coimbra, pág. 417.

auto não eram formalidades essenciais e que o facto de se não terem realizado não afectava a legalidade da rescisão a que o empreiteiro desse causa durante a execução da obra. Assim, nem sempre haveria necessidade de se proceder à consignação dos trabalhos e à elaboração do auto respectivo, dependendo essa necessidade da natureza e volume dos trabalhos a realizar. Naquele diploma legal e nos que se lhe seguiram – que esta LCP segue de muitíssimo perto – parece estar afastada aquela não essencialidade da consignação e do respectivo auto. De facto, o artigo 237º não só manda proceder à consignação da obra sem distinguir se a natureza e volume dos trabalhos a justificam ou não, como até tem implícita a regra de que a consignação deverá ter sempre lugar. Se esse acto fosse dispensável, teria sempre de se colocar a questão de saber a partir de que momento se contava o prazo contratual para a execução da obra. E também qual o critério que deveria presidir na decisão sobre a necessidade ou desnecessidade da consignação? Tal decisão seria unilateralmente tomada pelo dono da obra? Isso implicaria furtar-se ao empreiteiro a possibilidade de formular reclamações e, consequentemente, uma eventual indemnização por lhe não ter sido permitido usar do direito de rescisão que, nos termos do nº 2 do artigo 244º, só é possível desde que aquele tenha expressamente manifestado no auto de consignação a sua vontade de rescindir o contrato, especificando o fundamento legal respectivo. Finalmente, só através da existência da consignação e da sua consubstanciação em auto se pode concluir que não se verificaram os pressupostos do direito de rescisão do contrato pelo empreiteiro, no termos do nº 1 do artigo 240º.

Cremos, pois, que a consignação e a elaboração do respectivo auto são formalidades essenciais[416].

3. (FÓRMULA)

(a) ...

AUTO DA CONSIGNAÇÃO DA OBRA

Aos ... dias do mês de ... de dois mil e ... no local onde deve proceder-se à execução dos trabalhos respeitantes à empreitada de ... adjudicada a .... e a que se reporta o contrato celebrado em ... do mês de ... de dois mil e .... como representante da (a) *... compareceu o Senhor ... e como representante do empreiteiro adjudicatário estava presente o Senhor ... a quem foram prestadas todas as indicações e informações julgadas convenientes e necessárias para uma total e completa definição das condições de execução dos trabalhos,*

---

[416] Neste sentido, PEDRO R. MARTINEZ e JOSÉ M. M. PUJOL, *ob. cit.*, pág. 220.

sendo-lhe entregues cópias do projecto e das demais peças escritas e desenhadas a que se referem o caderno de encargos e o contrato.

Verificou-se que não havia modificações em relação ao projecto (havendo-as devem ser aqui registadas). Foi dada posse ao empreiteiro adjudicatário dos seguintes terrenos (e construções se for caso disso): ... Pelo Senhor ... representante do empreiteiro adjudicatário foi declarado que aceitava e reconhecia como totalmente exactos os elementos que lhe foram entregues, pelos quais se podia proceder à execução da empreitada nos termos previstos e contratados, sem qualquer reserva ou reclamação (havendo alterações ou reclamações, deverão aqui ficar registadas). ...

Pelo Senhor representante da (a) ... foi dito que procedia à consignação dos trabalhos. ...

E não havendo mais nada a tratar, foi dado por findo este acto da consignação da obra e lavrado o presente auto que foi lido em voz alta na presença dos supra indicados intervenientes que o acharam conforme e o vão assinar. ...

E eu ... servindo de secretário nesta diligência, o elaborei e igualmente assino.

a) *Designação do dono da obra.*

4. Cfr. os artigos 108º, 236º a 240º e 242º a 244º.

ARTIGO 242º
Modificação das condições locais e suspensão do acto da consignação

1. Quando se verifiquem, entre as condições locais existentes e as previstas no projecto ou nos dados que serviram de base à sua elaboração, diferenças que possam determinar a necessidade de um projecto de alteração, o acto de consignação é suspenso na parte relativa a tais diferenças, podendo, no entanto, prosseguir quanto às zonas da obra que não sejam afectadas pelo projecto de alterações, desde que se verifiquem as condições estabelecidas para a realização de consignações parciais.

2. A consignação suspensa só poderá prosseguir depois de terem sido notificadas ao empreiteiro as alterações introduzidas no projecto, elaborando-se, para o efeito, o respectivo auto.

1. Transcreve textualmente o artigo 136º do REOP, cuja substância não altera.

2. O factor decisivo da suspensão é a necessidade de se elaborar um projecto de alteração. Essa suspensão, porém, não prejudica a possibilidade de se proceder a consignações parciais, desde que se verifiquem os requisitos estabelecidos no artigo 239º.

As alterações implicarão trabalhos a mais em relação aos contratados, o que dá lugar à aplicação do disposto nos artigos 203º, 206º e 208º. Por outro lado, o prazo contratado para a execução da obra poderá ser prorrogado a requerimento do empreiteiro, nos termos do disposto nos nºs 2, 3 e 4 do artigo 237º.

3. Compete ao dono da obra apreciar e decidir, discricionariamente, não apenas se houve modificação das condições locais, mas ainda se estas se revestem de relevância justificativa de alteração ao projecto. Pelo que o empreiteiro, quanto a isso, não tem legitimidade para se opor. Já quanto à segunda parte da disposição do nº 1, pode o empreiteiro entender que essas modificações impedem a execução da obra com base em consignações parciais, devendo no auto respectivo manifestar a sua discordância e reagir pelos meios garantísticos postos ao seu dispor (artigos 241º, nº 1, alínea e) e 243º).

4. Cfr. os artigos 108º, 236º a 241º e 243º e 244º.

ARTIGO 243º
Reclamação do empreiteiro

1. O empreiteiro deve exarar as suas reclamações no próprio auto de consignação, podendo limitar-se a enunciar o seu objecto e a reservar o direito de apresentar por escrito exposição fundamentada no prazo de 10 dias.

2. Se o empreiteiro não proceder como se dispõe no número anterior, toma-se como definitivos os resultados do auto, sem prejuízo, todavia, da possibilidade de reclamar contra erros ou omissões do projecto, se for caso disso.

3. A reclamação exarada ou enunciada no auto é decidida pelo dono da obra no prazo de 20 dias, a contar da data do auto ou da entrega da exposição, conforme os casos e com essa decisão tem o empreiteiro de conformar-se para o efeito de prosseguimento dos trabalhos.

4. Atendida pelo dono da obra a reclamação considera-se como não efectuada a consignação na parte em relação à qual deveria ter sido suspensa.

5. Presume-se atendida a reclamação não decidida no prazo fixado nº 3 do presente artigo.

1. Corresponde ao artigo 137º do REOP, a que não introduz inovações.

2. Como expressamente prevê este preceito, o facto de o empreiteiro não deduzir reclamações no auto de consignação, ou mesmo a sorte destas, se as tiver havido, não prejudica a possibilidade de, nos termos do artigo 190º, reclamar contra erros ou omissões do projecto, quando entenda ser caso disso, o que bem se compreende, pois é natural que só mais tarde possa conhecer a existência desses erros ou omissões.

As reclamações assim formuladas devem, pois, ser decididas pelo dono da obra que deverá expedir a respectiva notificação no prazo de 20 dias, sob pena do seu deferimento tácito (nº 5).

3. Da parte final do nº 3 pode pretender-se concluir que a reclamação do empreiteiro suspende a consignação em relação à parte da obra a que se reporta. Efectivamente, se a lei se preocupa em dizer que o inconformismo do empreiteiro em relação às decisões do dono da obra objecto das reclamações que apresentou não o desobriga do prosseguimento dos trabalhos, é porque tal não sucede até que essas decisões sejam proferidas, o que implicaria dar efeito suspensivo às reclamações até à respectiva decisão. Mas não parece que assim se deva interpretar. No número seguinte, prevê-se que a decisão favorável ao empreiteiro implica a anulação da adjudicação na parte em relação à qual *deveria ter sido suspensa*. Isto só pode querer dizer que a adjudicação não foi suspensa, o que retira, portanto, carácter suspensivo às reclamações. Assim, nem as reclamações do empreiteiro, nem o recurso hierárquico que eventualmente interponha das decisões, têm efeito suspensivo.

4. Quando, por retardamento da consignação o empreiteiro pretenda rescindir o contrato, deve, no auto de consignação, expressamente manifestar essa sua vontade e o seu fundamento factual e legal, o que constitui requisito para a percepção da indemnização a que eventualmente tenha direito, nos termos do artigo seguinte.

5. Estabelece o nº 4 que se presume atendida a reclamação *não decidida* no prazo de 20 dias contados do auto ou da entrega da reclamação. Parece claro que se pretendeu não bastar que a decisão fosse tomada, mas que fosse levada ao conhecimento do empreiteiro. Todavia, pode suceder que, com o sistema adoptado, não se consiga atingir aquele intento, já que entre a *expedição da notificação da decisão e a recepção da mesma*, por causas estranhas a ambas as partes, pode decorrer algum tempo e, entretanto, o empreiteiro não pode concluir sobre se houve ou não adjudicação. Mas tem de considerar-se que, face aos modernos meios de comunicação, se o dono da obra quiser, essa será situação dificilmente verificável. Aliás, se a notificação for feita conforme determina o nº 2 do artigo 224º, por entrega directa do respectivo texto, o problema sempre ficará resolvido.

6. Cfr., além dos artigos anteriores, os 289º e 313º.

7. Cfr. os artigos 108º, 236º a 242º e 244º.

ARTIGO 244º
Indemnização

1. Se, no caso de o empreiteiro querer usar o direito de rescisão por retardamento do acto da consignação, esse direito lhe for negado pelo dono da obra e posteriormente se verificar, pelos meios competentes, que tal negação não era legítima, deve o dono da obra indemnizá-lo dos danos resultantes do facto de não haver podido exercer o seu direito oportunamente. 2. A indemnização deve limitar-se aos danos emergentes do cumprimento do contrato que não derivem de originária insuficiência dos preços unitários da proposta ou dos erros desta e só é devida quando o empreiteiro, na reclamação formulada no auto de consignação, tenha manifestado expressamente a sua vontade de rescindir o contrato, especificando o fundamento legal.

1. Corresponde ao artigo 138º do REOP que reproduz quase textualmente.

2. Não se trata, neste artigo, da indemnização devida ao empreiteiro pelo retardamento da consignação não justificativo da rescisão do contrato. O prejuízo que eventualmente sofra nestas circunstâncias, ser-lhe-á indemnizado nos termos do artigo 240º. Trata-se, antes, da indemnização devida pelos prejuízos por ele sofridos em resultado de lhe não ter sido oportunamente reconhecido o direito à rescisão. Figuram-se, assim, as seguintes hipóteses:

- Retardamento na consignação que não dá lugar à rescisão do contrato – artigo 240º;
- Retardamento na consignação em virtude do qual o empreiteiro exerceu o seu direito de rescisão do contrato e que lhe foi reconhecido – artigo 240º;
- Retardamento na consignação em virtude do qual o empreiteiro exerce o seu direito de rescisão que lhe não é reconhecido pelo dono da obra – artigo 244º.

3. O condicionalismo da existência do direito de rescisão pelo empreiteiro por retardamento da consignação está regulado no nº 1 do artigo 240º.

O recebimento da indemnização pressupõe que o empreiteiro, no auto de consignação, manifestou expressamente a sua vontade de rescindir o contrato e o fundamento legal do direito a que se arroga (nº 2), mas que esse direito lhe não foi reconhecido pelo dono da obra. Pressupõe ainda que sobre essa decisão o empreiteiro, pela via legal (impugnação administrativa ou judicial), obteve decisão favorável à sua pretensão.

4. Como antes se referiu, a indemnização aqui regulada é autónoma e acresce à que ao empreiteiro eventualmente caiba pelo facto da rescisão do contrato. Esta visa unicamente o ressarcimento dos prejuízos sofridos pelo facto de lhe ter sido vedado exercer oportunamente o seu direito de rescisão. E os conteúdos de uma e outra são diferentes, já que visam a cobertura de prejuízos diversos: no primeiro caso, limitar-se-á aos danos emergentes do facto de o empreiteiro ter continuado a execução do contrato, apesar do direito de rescisão que lhe assistia e que não lhe foi oportunamente reconhecido; no segundo caso, a indemnização visará quer os danos emergentes, quer os lucros cessantes, salvo se o retardamento se dever a caso imprevisto ou de força maior, hipótese em que se limitará aos primeiros – artigo 240º. Por aqui se vê que, para o cômputo do montante daquela indemnização, apenas há a considerar os danos sofridos pelo empreiteiro desde o auto de consignação até à rescisão, pois até à data daquele auto os prejuízos eventualmente sofridos são englobados na indemnização por rescisão[417].

Acrescenta-se, por último, que desta indemnização são excluídos, como não podia deixar de ser, os prejuízos sofridos pelo empreiteiro em resultado de facto seu ligado à sua proposta e aos respectivos preços unitários.

5. Cfr. os artigos 108º e 236º a 243º.

SECÇÃO III
PLANO DE TRABALHOS

ARTIGO 245º
Objecto e aprovação do plano de trabalhos

1. O plano de trabalhos destina-se à fixação da ordem, da sequência, do prazo e do ritmo de execução de cada uma das espécies de trabalhos que constituem a empreitada e à especificação dos meios com que o empreiteiro se propõe executá-los e deve incluir, obrigatoriamente, o

---

[417] PEDRO R. MARTINEZ e J. M. MARÇAL PUJOL entendem (*ob. cit.*, pág. 222) não haver fundamento lógico para a indemnização ao empreiteiro se limitar aos danos emergentes e não abranger, igualmente, os lucros cessantes, pois, *ao impedir o exercício do direito de resolução, o dono da obra pode ter obstado a que o empreiteiro realizasse outra obra, com os consequentes lucros cessantes.*

correspondente plano de pagamentos, com a previsão do escalonamento e da periodicidade dos mesmos durante o prazo contratual.

2. No prazo estabelecido no caderno de encargos ou no contrato e que não pode exceder 90 dias, contados da data da consignação, o empreiteiro deve apresentar ao representante do dono da obra, para aprovação, o seu plano definitivo de trabalhos.

3. O dono da obra deve pronunciar-se sobre o plano de trabalhos no prazo máximo de 30 dias, podendo introduzir fundamentadamente as modificações que considere convenientes, mas não lhe sendo todavia permitido, salvo acordo prévio com o empreiteiro, alterá-lo nos pontos que hajam constituído condição essencial de validade da proposta do empreiteiro.

4. Aprovado o plano de trabalhos, com ele se deverá conformar a execução da obra.

1. Corresponde ao artigo 139º do REOP anteriormente vigente, ao qual apenas fez alguns acertos de redacção.

2. O plano de trabalhos é um documento elaborado pelo empreiteiro em que descreve o ritmo que se compromete a imprimir na execução da obra, com que meios a vai executar e como deverá proceder-se aos pagamentos. Em termos idênticos aos usados no nº 1 deste artigo, o CCP de Portugal (artigo 361º, nº 1) estabelece que *o plano de trabalhos destina-se, com respeito pelo prazo de execução da obra, à fixação da sequência e dos prazos parciais de execução de cada uma das espécies de trabalhos previstas e à especificação dos meios com que o empreiteiro se propõe executá-los, bem como à definição do correspondente plano de pagamentos.* Caracterizando esta peça contratual dir-se-á que:

- Trata-se da preparação, planeamento e coordenação de todos os trabalhos, incluindo os necessários à implementação das normas vigentes no domínio da segurança, higiene e saúde no trabalho;
- É o documento que habilita o dono da obra a fiscalizar a construção e a controlar o ritmo e segurança da sua execução;
- Sem um plano de trabalhos não poderia haver uma eficaz fiscalização do processo executivo da obra.
- O plano de trabalhos deve, designadamente:
  - Definir com precisão as datas de início e de conclusão da empreitada, bem como a sequência, o escalonamento no tempo, o intervalo e o ritmo de execução das diversas espécies de trabalhos, incluindo os trabalhos preparatórios, distinguindo as fases que porventura se considerem vinculativas e a unidade de tempo que serve de base à programação;

- Indicar as quantidades e a qualificação profissional da mão-de-obra necessária, em cada unidade de tempo, à execução da empreitada;
- Indicar as quantidades e natureza das instalações e do equipamento necessário, em cada unidade de tempo, à execução da empreitada;
- Especificar quaisquer outros recursos, exigidos ou não no caderno de encargos, que serão mobilizados para a realização da obra.
- Incluir um diagrama da execução das diversas espécies de trabalhos.

3. No programa do concurso devem ficar especificadas as prescrições a que o programa de trabalhos deve obedecer. Entre outros documentos, o empreiteiro já instruíra a sua proposta com o programa de trabalhos, a memória justificativa e descritiva do processo de execução da obra, o cronograma financeiro e o plano de pagamentos.

Deverão estes documentos, que foram considerados para efeitos de adjudicação, ser respeitados pelo plano definitivo de trabalhos, em nome, além do mais, dos princípios da concorrência, da igualdade dos concorrentes, da transparência do procedimento. E ainda do princípio da estabilidade dos elementos patenteados no concurso.

4. Nada estabelece a lei quanto ao significado do silêncio do dono da obra no prazo fixado no nº 3 para se pronunciar sobre o plano definitivo de trabalhos. Afigura-se-nos violento e inconveniente interpretar esse silêncio no sentido da não aprovação do plano. Efectivamente, se assim se não entendesse, o empreiteiro desconhecia sempre os motivos da rejeição e ficaria, por isso, na impossibilidade de saber os termos em que deveria elaborar novo plano. Assim, embora a lei seja omissa, a necessidade prática aconselha que, nesse caso, o silêncio do dono da obra seja interpretado como traduzindo aprovação do referido plano. No RJEOP de Portugal, esta questão foi expressamente resolvida neste sentido pelo Decreto-Lei 405/93, de 10 de Dezembro, cujo preceito a este correspondente passou a referir expressamente que, não havendo pronúncia do dono da obra naquele prazo, o plano de trabalhos se considerava *definitivamente aprovado*. Assim, embora a lei seja omissa, que mais não seja por uma questão de necessidade prática, o silêncio do dono da obra deve ser interpretado no sentido da aprovação do plano definitivo de trabalhos.

5. Visto que o empreiteiro já apresentou plano de trabalhos (artigo 70º, nº 3, *c*)), se nada nele pretender alterar, não há razão para que de novo o apresente. Se o não apresenta nem nada diz dentro desse prazo, deve valer esse plano que, de resto, já foi implicitamente aceite pelo dono da obra, pois que instruía a proposta que veio a ser objecto de adjudicação. Se vem declarar que mantém aquele plano, começa logo a contar-se o prazo dentro do qual o dono da obra sobre ele se deverá pronunciar.

6. Cfr. os artigos 193º, 60º, 70º, 246º e 247º.

ARTIGO 246º
Modificação do plano de trabalhos

1. O dono da obra pode alterar, em qualquer momento, o plano de trabalhos em vigor, ficando o empreiteiro com o direito a ser indemnizado dos danos sofridos em consequência dessa alteração.

2. O empreiteiro pode, em qualquer momento, propor modificações ao plano de trabalhos ou apresentar outro para substituir o vigente, justificando a sua proposta, sendo a modificação ou o novo plano aceites desde que deles não resulte prejuízo para a obra ou prorrogação dos prazos de execução.

1. Corresponde ao artigo 140º do anterior REOP, com algumas alterações de ordem meramente formal.

2. Já ficou repetidamente referido que um dos poderes do dono da obra característicos do contrato administrativo[418] e, designadamente, do contrato de empreitada de obras públicas é o de, unilateralmente, impor alterações ao conteúdo do contrato sempre que isso seja determinado pelo objectivo de satisfazer o interesse público subjacente à obra, acompanhando as vicissitudes por que este for passando. É um dos seus *poderes exorbitantes (jus variandi)*. E também aqui se tem salientado que o fundamento desse poder radica no facto de, nestes contratos, o co-contratante particular prestar a sua colaboração na satisfação desse interesse público, ainda que o faça interessadamente, sob o ponto de vista económico[419].

A mutabilidade do plano de trabalhos é uma das manifestações desse poder de autoridade. É uma das aplicações do princípio da mutabilidade do contrato de empreitada de obras públicas, como contrato administrativo que é.

O dono da obra pode, pois, em qualquer altura, alterar o plano de trabalhos em vigor. Porém, o uso desse poder, sendo discricionário, não pode ter lugar

---

[418] Cfr. artigos 120º, nº 2 a) e 122 a) das NPAA.

[419] Sobre o poder de alteração unilateral do contrato de empreitada de obras públicas, ver também FREITAS DO AMARAL, FAUSTO QUADROS e VIEIRA DE ANDRADE, *Aspectos Jurídicos da Empreitada de Obras Públicas*, Almedina, 2002, págs 168 e seguintes.

em quaisquer circunstâncias, dado os graves efeitos que pode ocasionar no equilíbrio financeiro do contrato. Por isso mesmo, este preceito legal determina que, se, dessa alteração, resultarem prejuízos para o empreiteiro, terá este o direito à respectiva indemnização, o que deve requerer ao dono da obra.

3. Além disso, porém, a alteração ao plano de trabalhos pode ter lugar por iniciativa do próprio empreiteiro que, inclusivamente, pode propor a sua total substituição. Todavia, o dono da obra só o poderá aceitar se, daí, não resultar aumento do prazo de execução da obra ou qualquer prejuízo para esta, quer no que respeita ao processo da sua execução, quer quanto à solidez e demais aspectos técnicos (nº 2). Mas o texto legal parece levar a concluir que a inversa é igualmente verdadeira: o dono da obra só o não poderá aceitar com aquele fundamento.

4. O preceito não regula a hipótese de haver necessidade de alterar o plano de trabalhos, não por decisão unilateral do dono da obra ou por proposta do empreiteiro, mas por facto a ambos alheio. Parece que deve seguir-se um procedimento semelhante ao regulado no nº 2, mas com o direito do empreiteiro à prorrogação do prazo contratual se isso implicou suspensão total ou parcial de trabalhos com influência no cumprimento do plano (artigo 280º)

5. Cfr. os artigos 60º, 203º, 204º, 205º, 207º, 245º, 247º, 266º e 324º.

ARTIGO 247º
Atraso no cumprimento do plano de trabalhos

1. Se o empreiteiro, injustificadamente, retardar a execução dos trabalhos previstos no plano em vigor, de modo a pôr em risco a conclusão da obra dentro do prazo resultante do contrato, o fiscal da obra pode notificá-lo para apresentar, nos 11 dias seguintes, o plano dos diversos trabalhos que, em cada um dos meses seguintes, conta executar, com indicação dos meios de que se vai servir.

2. Se o empreiteiro não cumprir a notificação prevista no número anterior, ou se a resposta for dada em termos pouco precisos ou insatisfatórios, o fiscal da obra, quando autorizado pelo dono da obra, deve elaborar novo plano de trabalhos, acompanhado de uma memória justificativa da sua viabilidade, e deve notificar o empreiteiro.

3. Nos casos do número anterior, o plano de trabalhos deve fixar o prazo suficiente para o empreiteiro proceder ao reajustamento ou à organização dos estaleiros necessários à execução do plano notificado.

4. Se o empreiteiro não der cumprimento ao plano de trabalhos, por si próprio apresentado ou que lhe tenha sido notificado, nos termos dos números antecedentes, pode o dono da obra requerer a posse administrativa das obras, bem como dos materiais, edificações, estaleiros, ferramentas, máquinas e veículos nela existentes, encarregando pessoa idónea da gerência e administração da empreitada por conta do empreiteiro e procedendo aos inventários, às medições e às avaliações necessários.

5. Cumprido o que se dispõe no número anterior, a empreitada continua assim administrada até à conclusão dos trabalhos, ou é posta de novo em praça, em qualquer altura da sua execução, conforme for mais conveniente aos interesses do dono da obra.

6. Em ambos os casos de que trata o número antecedente, qualquer excesso de despesa ou aumento de preços que se verifique é pago por conta das verbas que se deverem ao empreiteiro e pelas cauções prestadas, sem prejuízo do direito que ao dono da obra assiste de se fazer pagar mediante todos os bens daquele, se as referidas quantias forem insuficientes.

7. Se da administração por terceiros ou do procedimento adoptado resultar qualquer economia, pertence esta ao dono da obra e nunca ao empreiteiro, ao qual devem ser, todavia, neste caso, restituídos o depósito de garantia e as quantias retidas logo que, decorridos os prazos de garantia, a obra se encontre em condições de ser definitivamente recebida.

8. No caso previsto no nº 4 do presente artigo, pode também o dono da obra, quando o julgue preferível, optar pela rescisão pura e simples do contrato, com perda para o empreiteiro da caução prestada ou garantia e das quantias retidas.

1. Corresponde ao artigo 141º do anterior REOP, com uma importante alteração de substância, pois não foi adoptado o nº 8 do anterior preceito que estabelecia:

No caso do número anterior, terá ainda o empreiteiro direito a ser pago, na medida em que a economia obtida o permita, das importâncias correspondentes à amortização do seu equipamento durante o período em que foi utilizado depois da posse administrativa ou do valor do aluguer estabelecido para a utilização desse equipamento pelo novo empreiteiro.

2. Como se verifica, o prazo concedido ao empreiteiro para proceder ao reajustamento ou reorganização dos estaleiros deve constar do próprio plano de trabalhos elaborado pelo fiscal da obra (nº 3).

3. Por detrás do regime aqui estabelecido para os atrasos de execução em relação ao plano de trabalhos, está a preocupação de assegurar, na medida, do possível, a execução da obra no prazo contratado. Daí que a lei presuma, desde logo, que tal prazo não será respeitado se o empreiteiro não for observando a ordem, o prazo e o ritmo a que se comprometeu através do plano de trabalhos. As consequências, porém, não podem advir seja qual for o atraso e sejam quais forem as suas causas. A rescisão como sanção é um evento que, só por si e em princípio, não convém a qualquer das partes, pelo que só deve ter lugar quando, em face do interesse público a realizar, surge como única via. A lei não esqueceu os vários interesses em jogo nesta eventualidade e estabeleceu as condições em que serão aplicadas as medidas previstas para tal hipótese. Para isso, é necessário que se verifiquem *cumulativamente* os seguintes requisitos:

a) Que os atrasos sejam injustificados, o que sucederá, quer quando o empreiteiro não apresenta para eles justificação alguma, quer quando os justifica de modo que o dono da obra considere insuficiente. Ter-se-ão de considerar como suficientemente justificados os atrasos derivados da suspensão temporária dos trabalhos por motivo não imputável ao empreiteiro, como sucederá nos casos de força maior, caso fortuito ou da própria natureza dos trabalhos previstos, quando haja lugar à execução de trabalhos a mais por imposição do dono da obra ou deferimento de reclamação do empreiteiro (artigos 237º, 271º, nº 2, 280º, 281º e 283º);

b) Que ponham em risco a conclusão da obra no prazo contratado. Há atrasos que serão recuperáveis. Para que o juízo sobre essa recuperabilidade não ficasse de todo na discricionariedade do dono da obra, a lei estabelece um critério: *susceptibilidade de pôr em risco a execução da obra no prazo do contrato.* Portanto, só os atrasos irrecuperáveis podem dar lugar às sanções que a lei estabelece.

c) Não cumprimento do plano de trabalhos, com referência a meses, apresentado pelo empreiteiro, ou, do imposto pelo dono da obra se o primeiro não for apresentado ou o seja de modo impreciso ou insatisfatório.

4. A tomada de posse administrativa das obras, cujo direito é conferido pelo nº 4 ao dono da obra, deve ser por este requerida por ofício ao magistrado administrativo competente. Nesse ofício, deve solicitar-se que a tomada de posse se verifique nos cinco dias seguintes à recepção daquele, *indicando desde logo a entidade a quem, em sua representação, deve ser notificada a data da posse* (artigo 322º, nº 1).

5. Estabelece ainda aquele nº 4 que a posse administrativa incide sobre as obras, materiais, edificações, estaleiros, máquinas e veículos existentes na obra, *encarregando,* o seu dono, *pessoa idónea da gerência e administração da empreitada por conta do empreiteiro.*

Por um lado, não oferece dúvida que os materiais, edificações, etc., objecto daquela posse administrativa, são apenas os afectos à obra e junto dela existentes; por outro, parece nada obrigar ao recurso a terceiro para gerência e administração da empreitada se o dono da obra tiver para isso serviço competente e idóneo.

6. No nº 6, confere-se ao dono da obra o direito de se fazer pagar *mediante* todos os bens que constituem o património geral do empreiteiro. Trata-se apenas, a nosso ver, de uma redacção menos feliz e até, claramente, menos rigorosa. Certamente não se pretendeu que os bens do património geral do empreiteiro *fossem entregues* ao dono da obra para que este, com eles ou com o produto da sua venda a que procedesse, se pagasse. O património geral do empreiteiro deixaria de ser a garantia geral dos credores (artigo 601º do Código Civil) para passar a ser uma nova garantia especial do dono da obra

7. Como dispõe o nº 7, se da nova gerência e administração da obra resultar economia, o empreiteiro pode ver-lhe restituídos o depósito de garantia e as deduções nos pagamentos. Todavia, diversamente do que estabelecia o preceito a este correspondente no RJEOP de Portugal[420], não estabelece que, além disso, tem ainda o empreiteiro *o direito a ser pago, na medida em que economia obtida o permita, das importâncias correspondentes à amortização do seu equipamento durante o período em que foi utilizado depois da posse administrativa ou do valor do aluguer estabelecido para a utilização desse equipamento pelo novo empreiteiro.* Esse silêncio deve ser considerado como uma regulamentação de sentido negativo.

8. Por outro lado, o preceito igualmente não confere expressamente ao empreiteiro qualquer direito relativamente ao valor dos materiais de que foi tomada posse administrativa e que o empreiteiro havia pago aos respectivos fornecedores, certo sendo que nada irá receber com referência à parte da obra em que vierem a ser aplicados. Parece que o seu direito a esse valor, na hipótese de se verificar aquela economia, é indiscutível. A não ser assim, verificar-se-ia um injusto enriquecimento do dono da obra à custa do empreiteiro.

9. Quanto às consequências do incumprimento do empreiteiro, há que distinguir:

- Se o dono da obra encarregou outra entidade da gerência e administração da obra por conta do empreiteiro ou optou por submeter a concurso a

---

[420] Artigo 161º, nº 7 da versão do RJEOP aprovada pelo Decreto-Lei nº 59/99, de 2 de Março.

conclusão da obra, pelos encargos daí decorrentes para além dos previstos no contrato respondem as verbas em dívida ao empreiteiro nos termos do contrato, as cauções prestadas, as deduções nos pagamentos e ainda, se for necessário, o património geral do empreiteiro (n°s 4, 5 e 6);
- Se o dono da obra optou pela rescisão do contrato, o empreiteiro perde a caução ou garantia prestadas e as deduções efectuadas nos pagamentos. Neste caso, não serão afectados os créditos de que o empreiteiro seja titular relativamente ao dono da obra na data da posse administrativa das obras (n°s 6 e 8).

10. Cfr. os artigos 60º, 188º, 193º, 203º, 204º, 207º, 245º, 246º, 266º, 322º e 324º.

SECÇÃO IV
EXECUÇÃO DOS TRABALHOS

ARTIGO 248º
Data do início dos trabalhos

1. Os trabalhos devem iniciar na data fixada no respectivo plano.

2. O dono da obra pode consentir que os trabalhos sejam iniciados em data posterior, quando o empreiteiro alegue e prove as razões justificativas do atraso.

3. Caso o empreiteiro não inicie os trabalhos de acordo com o plano, nem obtenha adiamento, o dono da obra pode rescindir o contrato ou optar pela aplicação da multa contratual, por cada dia de atraso, correspondente a um por mil do valor de adjudicação, se outro montante não estiver estabelecido no caderno de encargos.

4. No caso de rescisão do contrato, são aplicáveis as normas prescritas para a não comparência do empreiteiro ao acto de consignação.

1. Corresponde ao artigo 142º do anterior REOP que reproduz quase textualmente.

2. A norma do nº 1 mais não é do que a aplicação do princípio geral do cumprimento dos contratos ponto por ponto, isto é, nos seus precisos termos, quer quanto ao conteúdo das prestações que constituem o seu objecto, quer quanto à tempestividade dessa prestação.

3. O adiamento referido no nº 2 tem que ser requerido, com alegação e prova dos fundamentos respectivos, antes da data fixada no plano de trabalhos para o início da execução destes. Aí se estabelece que o dono da obra *poderá consentir* que os trabalhos se iniciem mais tarde, o que implica que esse consentimento tenha que ser solicitado pelo empreiteiro e, portanto, antes da data em que os trabalhos devam iniciar-se. A partir dessa data, se isto não suceder, fica desde logo o empreiteiro sujeito à aplicação de multas ou à rescisão.

4. Poderia pretender-se, com base no texto do preceito, que o dono da obra apenas pode consentir que os trabalhos comecem com atraso, mas já não que se iniciem mais cedo, pois que não refere esta hipótese. Não parece que essa interpretação se imponha, nem é razoável, nem confirmada na prática. Que o empreiteiro se antecipe à data programada para o início dos trabalhos, sendo isso possível, em princípio nenhum prejuízo causará ao dono da obra e, nesse caso, nada justifica que não seja autorizado a fazê-lo. O facto de o texto legal apenas se referir ao atraso no início dos trabalhos deve-se certamente ao facto de essa ser a hipótese em que, normalmente, o incumprimento do plano de trabalhos é susceptível de causar aquele dano[421].

5. Ainda reportando-nos ao texto deste preceito, colocando em alternativa a rescisão do contrato com a aplicação da multa contratual, poderia levar a concluir que, ao dono da obra, só restava optar por uma dessas medidas. Não parece que seja a interpretação mais adequada. Poderá entender-se que o preceito apenas visa colocar na disponibilidade do dono da obra as medidas sancionatórias de maior gravidade, não impedindo a adopção de outras de menor gravidade, se o interesse público subjacente ao contrato, e em decorrência deste, o aconselhar.

6. Continuando a considerar o mesmo texto, poderia com base nele pretender-se ainda que o dono da obra estaria impedido de, após a data fixada para o início dos trabalhos, considerar como justificativas as razões alegadas e provadas pelo empreiteiro, isentando-o das sanções que deveriam ter lugar. Mas, nenhuma razão parece existir que obste a isso. De resto, os motivos que impediram o empreiteiro de iniciar os trabalhos na data estabelecida podem igualmente tê-lo impedido de obter do dono da obra, em devido tempo, o referido consentimento; podem esses motivos ter ocorrido precisamente no

---

[421] Em Portugal, o RJEOP aprovado pelos diplomas legais posteriores ao Decreto-lei nº 235/86, de 18 de Agosto, em que esta LCP manifestamente se inspirou, passaram a referir expressamente a possibilidade de ser autorizada aquela antecipação. O que, portanto, nem era absolutamente necessário.

dia em que ia verificar-se o seu início. São aspectos que só caso por caso se poderão apreciar e julgar, sendo certo, porém, que apenas deverão ser considerados como suficientemente justificativos os casos imprevistos ou de força maior a cuja ocorrência o empreiteiro tiver sido alheio.

7. As multas por incumprimento de prazos parcelares serão anuladas *quando se verifique que as obras foram bem executadas e que os atrasos no cumprimento dos prazos parcelares foram recuperados, tendo a obra sido concluída dentro do prazo legal do contrato* (artigo 287º, nº 3). Do que decorre que, verificando-se este condicionalismo, não fica na discricionariedade do dono da obra anular ou não as multas, tendo o empreiteiro, portanto, direito à creditação do seu valor. Mas não a quaisquer juros, pois que não só o seu direito à anulação se constitui com a conclusão da obra, como a retenção do montante das multas foi legal.

Pode parecer que, no âmbito desta previsão, não se incluem as multas por início dos trabalhos com atraso, mas não parece que assim seja de concluir e a razão de ser é a mesma em ambas as situações. De resto, a primeira parte do preceito evidencia que o seu conteúdo normativo abrange *as multas contratuais*, sem distinguir, e a referência que na segunda parte é feita aos prazos parcelares não tem a virtualidade de restringir a eles o âmbito de aplicação do preceito. Aliás, a legislação portuguesa, em que esta LCP se inspirou[422], manda expressamente aplicar aquele regime mesmo se o atraso *no início dos trabalhos foi motivado por incúria ou má orientação dos mesmos pelo empreiteiro*. Assim, deve entender-se que as multas contratuais derivadas do incumprimento dos prazos parcelares e do início dos trabalhos podem ainda ser anuladas ou reduzidas se a conclusão da obra, apesar de tudo, vier a verificar-se dentro do prazo global do contrato, acrescido das prorrogações concedidas ao empreiteiro, salvo se o não cumprimento daqueles prazos tiver acarretado qualquer espécie de prejuízo.

8. As sanções que este artigo estabelece para os atrasos do empreiteiro surgem como correspondência ao direito que o artigo 240º lhe confere quando haja atrasos na consignação imputáveis ao dono da obra. Aliás, justifica-se que os atrasos do empreiteiro sejam mais rigorosamente disciplinados, já que afectam o interesse público que está subjacente à conclusão atempada da obra, quando o certo é que os verificados na consignação se devem, em princípio, à necessidade de possibilitar a execução da obra nas melhores con-

---

[422] Cfr., por exemplo, Caderno de Encargos-tipo, aprovado pela Portaria nº 104/2001, de 21 de Fevereiro, 5.3.5 e 5.3.6.

dições e, portanto, visam uma cabal satisfação daquele interesse. Por isso é que o empreiteiro, com a adjudicação da obra, se deve preparar de modo a estar completamente habilitado a iniciar a execução daquela na data acordada.

9. Ainda quanto à multa, deve notar-se a sua autonomia em relação a outras previstas como cominação para outros factos omitidos pelo empreiteiro. Efectivamente, se o caderno de encargos prevê multa especial para o não início dos trabalhos na data marcada, não tem lugar a aplicação da sanção prevista no artigo 287º, mas a que estabelece aquele caderno; e se este nenhuma multa prevê para esta hipótese, aplica-se a estabelecida no nº 3, que é de 1 por mil do valor da adjudicação em relação a cada dia do atraso.

10. Tal como acontece em outras ocasiões, por exemplo no nº 5 do artigo 227º, a multa aqui prevista é no texto legal qualificada de contratual. O que justifica considerações semelhantes às ali feitas. Importa averiguar se, em rigor técnico-jurídico, de facto assim é, porquanto disso dependerá, além do mais, o meio processual de que o empreiteiro poderá e deverá lançar mão no caso de não concordar com a sua aplicação e pretender impugná-la judicialmente. Tal como naquele caso, também neste, a nosso ver, não se trata de questão que fundamentalmente tenha a ver com o conteúdo das prestações contratuais, mas constituindo uma disciplina imposta pela preservação do interesse público que a obra a executar visa satisfazer. Portanto, de um acto de autoridade.

11. Cfr. os artigos 245º, 287º, 321º, 322º e 323º.

ARTIGO 249º
Elementos necessários para a execução
e medição dos trabalhos

1. Nenhum elemento da obra pode ser começado sem que ao empreiteiro tenham sido entregues, devidamente autenticados, os planos, os perfis, os alçados, os cortes, as cotas de referência e as demais indicações necessárias para perfeita identificação e execução da obra de acordo com o projecto ou suas alterações e para a exacta medição dos trabalhos, quando estes devam ser pagos por medições.

2. Devem ser demolidos e reconstruídos pelo empreiteiro, à sua custa, sempre que isso lhe seja ordenado por escrito, todos os trabalhos que tenham sido realizados com infracção do disposto no nº 1 do presente artigo ou executados em desconformidade com os elementos nele referidos.

1. É a transcrição quase textual do artigo 143º do anterior REOP.

2. Não se regula aqui expressamente a hipótese de o empreiteiro se recusar a demolir e reconstruir os trabalhos realizados com violação do disposto no nº 1, ou executados em desconformidade com os elementos nele referido. Nem essa referência é necessária. A recusa do empreiteiro em demolir e reconstruir essa parte da obra, traduz um não cumprimento de uma ordem dada pelo dono da obra, pelo que, nos termos do disposto no artigo 270º, este pode rescindir o contrato ou responsabilizar o empreiteiro por danos emergentes da desobediência, que podem consistir no encargo resultante da necessidade de mandar executar a demolição e reconstrução por outrem.

3. Nos termos do disposto nº 2 do artigo 268º, as ordens dadas ao empreiteiro só podem por ele ou contra ele ser invocadas se o foram por escrito, pelo que a referência a essa forma feita no nº 2 é desnecessária (ver os artigos 215º, nº 2 e 224º, nº 1).

4. Cfr. os artigos 186º, 236º, 241º, 250º e 271º a 280º.

ARTIGO 250º
Demora na entrega dos elementos necessários para a execução e medição dos trabalhos

Se a demora na entrega dos elementos técnicos mencionados no nº 1 do artigo anterior implicar a suspensão ou interrupção dos trabalhos ou o abrandamento do ritmo da sua execução, procede-se segundo o disposto para os casos de suspensão dos trabalhos pelo dono da obra.

1. Transcreve, com irrelevante acerto de forma, o artigo 144º do anterior REOP.

2. *Desde que nenhum trabalho pode ser começado pelo empreiteiro, sem que este haja recebido da fiscalização (...) todas as indicações necessárias à sua perfeita execução e oportuna medição, tem de entender-se que o atraso, além do razoável, de que a fiscalização se torne culpada no fornecimento de tais elementos deve interromper a contagem do prazo contratual, quando ele haja começado a correr. Doutro modo não seria possível falar-se em relação jurídica entre o dono da obra e o empreiteiro, muito menos em vinculação das partes pelo contrato. O prazo contratual só pode correr para o empreiteiro, na medida em que a Administração praticar os actos que segundo a lei e o contrato são condição necessária para que aquela efectue as prestações contratuais*[423].

---

[423] MARCELLO CAETANO, na revista portuguesa *O Direito*, nº 98.

3. Este preceito vem, praticamente sem alteração, desde o Decreto-Lei nº 48.871, de 19 de Fevereiro de 1969[424], e assim, todos os diplomas legais que lhe seguiram, falam em *suspensão* e *interrupção dos trabalhos* como se se tratasse de ocorrências de diferente natureza. E não se vê claramente qual é, para este efeito, a diferença. Mas, das várias disposições que regulam a matéria, parece resultar que se considera que a suspensão se processa por um período determinado de tempo e a interrupção por um período de tempo não determinado. Porém, como se disse, o regime aplicável é o mesmo para ambas as hipóteses.

4. Cfr. os artigos 236º, 238º, nº 3, 239º, nº 2, 241º, nº 1, alínea *d*), 249º e 271º a 280º.

ARTIGO 251º
Objectos de arte e antiguidades

1. Todos os objectos de arte, de antiguidades, as moedas e quaisquer substâncias minerais ou de outra natureza, com valor histórico, arqueológico ou científico, encontrados nas escavações ou demolições, devem ser entregues, pelo empreiteiro, ao fiscal da obra, por auto, donde conste especificamente a natureza da entrega.

2. Quando a extracção ou a desmontagem dos objectos envolverem trabalhos, conhecimentos ou processos especializados, o empreiteiro deve comunicar o achado ao fiscal da obra e suspender a execução da obra até receber as instruções necessárias.

3. O descaminho ou a destruição de objectos compreendidos entre os mencionados neste artigo serão participados pelo dono da obra ao Ministério Público para o competente procedimento.

4. De todos os achados dará o dono da obra conhecimento à entidade competente do Executivo.

1. Corresponde ao artigo 145º do anterior REOP a que faz acertos de redacção.

2. Da redacção do nº 2, não pode concluir-se que fica ao critério exclusivo do empreiteiro a decisão sobre se a extracção ou desmontagem dos objectos envolvem trabalhos, conhecimentos ou processos especializados. E o mesmo se diga quanto a saber quais os objectos que têm valor histórico,

---

[424] O primeiro diploma legal a publicar em Portugal um estruturado Regime Jurídico das Empreitadas de Obras Públicas.

arqueológico ou científico. Em qualquer das hipóteses não pode, obviamente, considerar-se o empreiteiro ilibado de responsabilidade só por entender que os objectos não têm interesse ou que a sua extracção ou desmontagem não exigem trabalhos ou processos especializados. Isso seria frustrar a finalidade do preceito subordinando o interesse que lhe está subjacente à cultura e à diligência do empreiteiro. Por outro lado, nem sempre é fácil imputar-se a obrigação de reconhecer esse interesse, até porque ele próprio varia, não havendo possibilidade de se estabelecer critérios objectivos. Se há, objectos de arte, antiguidades, moedas e outros cujo valor histórico, arqueológico ou científico é evidente para a generalidade das pessoas, outros há, e em grande número, que exigem conhecimentos especializados para que se lhes possa reconhecer aqueles atributos. Estes são factores que influem na determinação da responsabilidade do empreiteiro. A este, há que exigir a consulta do dono da obra sempre que lhe surjam dúvidas neste campo e que as levante sempre que entenda, para a sua responsabilidade ficar salvaguardada.

3. Haverá que ter em conta que, geralmente, se *consideram obras de arte ou objectos arqueológicos as esculturas, pinturas, gravuras, desenhos, móveis, peças de porcelana, de faiança e de ourivesaria, vidros, esmaltes, tapeçarias, rendas, jóias, bordados, tecidos, trajos, armas, peças de ferro forjado, bronzes, leques, medalhões, moedas, inscrições, instrumentos musicais, manuscritos iluminados e de um modo geral todos os objectos que possam constituir modelo de arte ou representar valiosos ensinamentos para os artistas ou pelo seu mérito sejam dignos de figurar em museus públicos de arte, e ainda todos aqueles que mereçam o qualificativo de históricos*[425].

4. Se, pelo facto do disposto no nº 2, o empreiteiro suspender a obra, tratar-se-á, como é evidente, duma suspensão que lhe não é imputável, pelo que terá lugar o disposto nos artigos 272º e seguintes.

5. Segundo o artigo 1324º do CC, o achador que descobrir coisa móvel de algum valor, escondida ou enterrada e não puder determinar o dono dela, torna-se proprietário de metade do achado, pertencendo a outra metade ao proprietário da coisa móvel ou imóvel onde o achado se encontrava. Afigura--se-nos claro que este regime não tem aplicação no caso da empreitada ou, pelo menos, na parte em que beneficia o achador[426]. O empreiteiro é um

---

[425] Critério já utilizado em Portugal pelo Regulamento da Lei nº 1700, aprovado pelo Decreto-Lei nº 11 445. de 13 de Fevereiro de 1926.

[426] Ao contrário do que defendem PEDRO R. MARTINEZ e J. M. MARÇAL PUJOL (*ob. cit.*, pág. 233), segundo os quais *não parece que, com este preceito, o legislador pretendesse afastar a aplicação dos artigos do Código Civil, designadamente no que respeita à compensação a efectuar ao achador.*

comissário do dono da obra, nenhum direito real tendo sobre os locais em que os trabalhos se vão desenvolver e sobre o que neles existe. Por isso, nunca se poderá dizer que *não podia determinar o dono do achado*. Por outro lado, o acto do achamento integra ainda uma prestação contratual.

6. Cfr. os artigos 265º a 270º.

SECÇÃO V
MATERIAIS

ARTIGO 252º
Preferência dos produtos nacionais

1. Em caso de equivalência de preço e qualidade, o empreiteiro, salvo estipulações expressas em contrário, deve dar preferência, para aplicação na obra, aos materiais produzidos pela indústria nacional.

2. A qualidade dos materiais nacionais ou importados deve ser devidamente comprovada pelo Laboratório de Engenharia de Angola.

1. Corresponde ao artigo 146º do anterior REOP relativamente ao qual apresenta apenas alguns acertos de redacção.

2. A preferência pelos materiais produto da indústria nacional estabelecida neste artigo cede se o contrato dispuser de modo diverso, o que quer dizer que, nesse caso, não tem necessariamente de entrar em equação para a decisão o parâmetro qualidade/preço.

3. Resulta ainda claro do preceito que o cumprimento do dever de preferência aos produtos nacionais é controlado por acção conjugada da fiscalização e do Laboratório de Engenharia de Angola. Efectivamente, nos termos do disposto na alínea c) do artigo 266º, a fiscalização, antes de aprovar os materiais de origem estrangeira, deve submetê-los a exame daquela instituição laboratorial, condicionando essa aprovação à conclusão do referido exame sobre se se verificam ou não os pressupostos estabelecidos neste artigo para a preterição dos materiais de origem nacional.

4. Cfr. o artigos 51º.

ARTIGO 253º
Especificações

1. Todos os materiais que se empregarem nas obras devem ter a qualidade, as dimensões, a forma e as demais características designadas no respectivo projecto, com as tolerâncias regulamentares ou admitidas no caderno de encargos.

2. Sempre que o empreiteiro julgue que as características dos materiais fixadas no projecto ou no caderno de encargos não são tecnicamente aconselháveis ou as mais convenientes, deve comunicar o facto ao fiscal da obra e elaborar uma proposta fundamentada de alteração.

3. No caso previsto no número anterior, a proposta deve ser acompanhada de todos os elementos técnicos necessários para a aplicação dos novos materiais e da execução dos trabalhos correspondentes, bem como da alteração de preços a que a aplicação daqueles materiais possa dar lugar e do prazo em que o dono da obra deve pronunciar-se.

4. Se o dono da obra não se pronunciar sobre a proposta no prazo nela indicado e não ordenar por escrito a suspensão dos respectivos trabalhos, o empreiteiro deve utilizar os materiais previstos no projecto ou no caderno de encargos.

5. Sempre que o projecto, o caderno de encargos ou o contrato não fixem as características dos materiais, a escolha dos mesmos cabe ao empreiteiro, o qual deve, em todo o caso, respeitar as normas oficiais e as características habituais em obras análogas.

6. Qualquer especificação do projecto ou cláusula do caderno de encargos ou do contrato em que se estabeleça que incumbe ao dono da obra ou ao seu fiscal a fixação, das características técnicas dos materiais será nula.

7. O aumento ou a diminuição de encargos resultante de alteração das características técnicas dos materiais será, respectivamente, acrescido ou deduzido ao preço da empreitada.

1. Corresponde ao artigo 147º do anterior REOP, com pequenos e não relevantes acertos de redacção.

2. Sendo o projecto e o caderno de encargos peças integrantes do contrato (artigo 110º), a norma do nº 1 mais não é do que a aplicação do princípio geral do cumprimento dos contratos ponto por ponto, isto é, nos seus precisos termos.

3. Como aqui com frequência tem sido salientado, ainda que remunerada pelo serviço que presta, a actuação do empreiteiro não pode traduzir-se numa fria e indiferente execução do projecto da obra. Em vários pontos do regime jurídico das empreitadas de obras públicas, se revela o apelo à colaboração por parte do empreiteiro com o dono da obra na realização do interesse público que com essa obra se visa satisfazer. O contrato de empreitada celebrado com o empreiteiro pretende criar, assim, uma *instituição* em que a organização e actuação daquele se integram e cuja direcção cabe ao dono da obra, se bem que exercida dentro dos limites do contrato e nos termos da lei. Nessa instituição, o empreiteiro deve, portanto, colaborar com o dono da obra na rectificação de projectos e ordens, chamando a atenção daquele para defeitos que eventualmente contenham, sugerir soluções mais adequadas ou económicas, pronunciando-se sobre a qualidade dos materiais sempre que lhe pareçam impróprios ou menos convenientes, enfim, como se disse, em virtude da natureza pública do interesse que por seu intermédio se realiza, ele não pode limitar-se a uma cega e indiferente execução dos projectos ou ordens que lhe são dadas. Daí, o disposto no nº 2.

4. O empreiteiro, juntamente com a proposta de alteração dos materiais, que deverá fundamentar, elabora um estudo técnico e económico da alteração que propõe. Note-se que, nesta hipótese, é o empreiteiro que deverá designar o prazo dentro do qual o dono da obra se deve pronunciar. Os trabalhos, na parte a que os materiais em causa respeitam, deverão ser suspensos, independentemente de ordem nesse sentido dada pelo dono da obra, sob pena de se frustrar o objectivo que se pretendeu obter com a proposta do empreiteiro. De resto, o empreiteiro tem sempre a possibilidade de salvaguardar a sua responsabilidade pela suspensão marcando o prazo máximo de dez dias para que o dono da obra se pronuncie sobre as alterações que propõe (artigo 271º). Decorrido este prazo, o dono da obra ou se pronuncia ou manda suspender os trabalhos; se nenhuma destas atitudes tomar, o empreiteiro aplicará os materiais previstos no projecto ou no caderno de encargos. O entendimento de que a proposta do empreiteiro implica a suspensão dos trabalhos na parte a que se refere, não é prejudicado pelo disposto no nº 4, que prevê a ordem escrita do dono da obra para a suspensão. Esta suspensão refere-se, exclusivamente, ao momento em que expira o prazo para o dono da obra se pronunciar sobre a proposta; a partir daí, a suspensão dos trabalhos, sem ordem escrita para tal, passa a ser da responsabilidade do empreiteiro. O próprio texto legal leva àquela conclusão, ao estabelecer que só nessa altura o empreiteiro aplicará os materiais se o dono da obra não mandar suspender os trabalhos ou não se pronunciar sobre a proposta.

5. Embora o empreiteiro deva propor a alteração dos materiais sempre que entenda não serem tecnicamente aconselháveis ou os mais convenientes, sem embargo de ter de fundamentar a sua proposta e de a fazer acompanhar de estudo técnico ou económico, a verdade é que não se prevê que da sua diligência lhe possa advir qualquer interesse económico, já que, para este caso, não existe disposição equivalente à contida no nº 3 do artigo 207º. O nº 7 deste artigo, ao regular as consequências que as alterações possam ter no valor do contrato, não dá ao empreiteiro o direito conferido naquele, apesar da aparente semelhança das situações e de, também aqui, haver motivo para incentivar o empreiteiro no sentido da sua colaboração com o dono da obra para a execução desta nas melhores condições técnicas e económicas. Como é referido na anotação àquele artigo 207º, poderá interpretar-se tal facto como revelador da diferença conceitual entre *variantes* e *alterações* ao projecto, só àquelas se reconhecendo razão justificativa para a participação económica do empreiteiro no resultado, por só esse caso exigir, por parte daquele, *um estudo específico, uma colaboração efectiva, inovadora, por só ali existir um projecto diferente, ainda que apenas de pormenor.* Aliás, naquele caso, como se disse, trata-se de uma colaboração que o empreiteiro *pode* prestar; neste, de uma actividade que *deve* exercer. Efectivamente, o nº 2 impõe um dever ao empreiteiro que este terá de cumprir quando julgue que as características estabelecidas para os materiais não são as tecnicamente aconselháveis ou convenientes. Não se estabelece, porém, qualquer sanção para a falta de cumprimento desse dever, porventura pela dificuldade em averiguar quando tem lugar.

6. O nº 6 contém uma disposição que funciona claramente em favor do empreiteiro. Este, ao contratar a obra, fá-lo na mira de um lucro, para o que, em face dos elementos patentes no concurso, elabora os seus estudos e orçamentos. Impor-se-lhe que, *no decorrer da obra,* caiba ao dono desta ou seu representante a fixação das características técnicas dos materiais, seria anular o orçamento feito, já que os preços dos materiais seriam naquele momento indetermináveis. Seria, pois, impossível orçamentar devidamente a obra.

O mesmo já não sucede, evidentemente, se o dono da obra fixa aquelas características no projecto ou no caderno de encargos, hipóteses em que o empreiteiro poderá proceder àqueles estudos e assim ajuizar sobre se pode, e em que condições, candidatar-se à execução.

7. Cfr. os artigos 254º, 255º e 256º e respectivas anotações.

ARTIGO 254º
Exploração de pedreiras, burgaleiras, areeiros e semelhantes
1. Os materiais a aplicar na obra, provenientes da exploração de pedreiras, de burgaleiras, de areeiros ou de semelhantes, são, em regra, extraídos nos locais fixados no projecto, no

caderno de encargos ou no contrato e, quando tal exploração não for especificamente imposta, noutros que mereçam a preferência do empreiteiro, sendo, neste caso, a aplicação dos materiais precedida de aprovação do fiscal da obra.

2. Se o empreiteiro aceitar a extracção dos materiais nos locais fixados no projecto, no caderno de encargos ou no contrato e se, durante a execução da obra e por exigência desta, for necessário que passe a explorar todos ou alguns deles em lugares diferentes, deve proceder--se à rectificação dos custos dos trabalhos onde esses materiais são aplicados, aumentando-se ou deduzindo-se o acréscimo ou a redução de encargos consequentes da transferência dos locais de extracção.

3. Quando a extracção dos materiais for feita em locais escolhidos pelo empreiteiro, a sua transferência não determina qualquer alteração do custo dos trabalhos, salvo nos casos previstos nos artigos seguintes ou se resultar da imposição pelo dono ou pelo fiscal da obra da aplicação de materiais com características diferentes das fixadas no projecto ou no caderno de encargos.

4. Para rectificação do custo dos trabalhos devem seguir-se as disposições relativas às alterações do projecto.

1. Corresponde ao artigo 148º do anterior REOP que, para além de pequenas alterações de redacção que não alteram o regime, se referia igualmente às *britadeiras*, querendo, certamente, referir-se às briteiras, isto é, aos locais em que se extrai a brita.

2. A aprovação dos materiais aqui prevista para a hipótese de o empreiteiro não estar obrigado a extraí-los de local determinado, é regulada pelos artigos 258º e seguintes.

Do teor desta disposição conclui-se que, em regra, os locais de extracção dos materiais devem estar especificados no projecto, no caderno de encargos ou no contrato e daí serem extraídos, salvo na hipótese prevista no nº 2. Todavia, se no projecto, no caderno de encargos ou no contrato nada constar a tal respeito, fica o empreiteiro com a liberdade de os extrair donde entenda, ainda que subordinando-se à aprovação já referida. Quanto aos meios que para efeito pode utilizar, ver o artigo seguinte.

3. A forma de expressão utilizada no início do nº 2 pode deixar parecer que o empreiteiro terá a possibilidade de não aceitar a extracção dos materiais nos locais fixados no projecto, no caderno de encargos ou no contrato. Ora isso só é possível se tiver sido admitida a apresentação de propostas variantes (artigo 64º) e aí o empreiteiro tiver proposto outros locais para extracção dos materiais e tal proposta tiver merecido aceitação. Se o caderno de encargos e projecto se impõem ao empreiteiro, implicitamente o obrigam à extracção dos materiais nos locais neles especificados. Aliás, a isso mesmo se obrigou ele ao celebrar o contrato, de que, nos termos do artigo 110º, o projecto e o caderno de encargos fazem parte integrante.

4. O nº 2, regula a hipótese de, durante a execução da obra e *por motivos a ela inerentes*, ser necessário que os materiais passem a ser extraídos, na sua totalidade ou em parte, em local diferente do que consta no projecto, no caderno de encargos ou no contrato. Se essa necessidade advém *por motivos alheios à obra*, regula o artigo 256º. No primeiro caso, manda a lei que se proceda à rectificação dos custos dos trabalhos, quer daí resulte um acréscimo, quer uma redução desses custos; no segundo, determina que se proceda à rectificação do custo dos trabalhos onde esses materiais sejam aplicados.

5. Pode colocar-se a questão de saber se a rectificação dos custos tem um âmbito diferente conforme a necessidade de extrair os materiais de local diferente do contrato foi imposta por motivos inerentes ou alheios à obra. No sentido afirmativo – em que a rectificação, no último caso, só se verificaria na hipótese de aumento dos custos – poderá dizer-se, por um lado, que se a disciplina fosse a mesma para ambas as hipóteses não haveria justificação para a distinção e para a diferente redacção do preceito legal; por outro lado, justificar-se-ia essa distinção, já que, tratando-se de motivos inerentes à própria obra, haverá razão para que o empreiteiro veja rectificado o preço se o custo da obra diminui, mas, se os motivos são alheios à obra em causa, já não é justo que o empreiteiro seja afectado pela diminuição do custo, particularmente na hipótese de os materiais estarem a ser extraídos em local por si escolhido. Acresce que, enquanto no primeiro caso a alteração do local de extracção apenas pode ser motivada por necessidade, no segundo pode sê-lo igualmente por conveniência.

Porém, apesar destas razões, não parece que, no que respeita à rectificação dos custos, o legislador tivesse querido estabelecer regime diverso, conforme a alteração do local de extracção dos materiais é determinada por motivos inerentes à obra ou a ela alheios. Este preceito inspirou-se no artigo 145º do Decreto-Lei nº 235/86, 18 de Agosto, que, para Portugal, aprovou o Regime Jurídico das Empreitadas de Obras Públicas e que, por seu turno, teve a sua origem no artigo 143º do Decreto-Lei nº 48 871. O projecto daquele artigo, para este último diploma, estabelecia que, nesta hipótese, o dono da obra devia proceder *pela forma estipulada nos números 2 e 4 do artigo 146º* (que corresponde ao artigo 256º do actual diploma legal), à *rectificação do custo dos trabalhos onde esses materiais são aplicados.* O regime projectado seria, portanto, o mesmo para ambas as hipóteses. A divergência da redacção bem pode não traduzir a intenção de modificar o regime projectado, antes a de evitar sucessivas remissões para outros artigos. De resto, *rectificar* significa estabelecer o valor certo, que pode ser superior ou inferior ao convencionado.

6. Cfr. os artigos 253º, 255º e 256º e respectivas anotações.

ARTIGO 255º
Contratação dos fornecimentos

1. Quando no projecto, no caderno de encargos ou no contrato não se fixarem pedreiras, burgaleiras ou areeiros de onde o empreiteiro possa extrair os materiais necessários para a construção, este tem a obrigação de obter, utilizando os meios legais à sua disposição, os materiais de que necessita para a realização da empreitada, responsabilizando-se pela extracção, transporte e depósito de materiais.

2. No caso previsto no número anterior, o empreiteiro deve apresentar, quando lhe seja exigido pelo dono da obra ou seus representantes, os contratos ou ajustes que, para o efeito, tiver celebrado com os proprietários.

3. Enquanto durarem os trabalhos de empreitada os terrenos por onde se tenha de fazer o acesso aos locais de exploração de pedreiras, de burgaleiras ou de areeiros, ficam sujeitos ao regime legal de servidão temporária.

1. É a transcrição quase literal do artigo 149º do anterior REOP.

2. Ao contrário do que sucede no regime português, onde este se inspirou, para a obtenção dos materiais necessários à execução da empreitada, não se prevê especificamente o recurso à *expropriação,* que é um instrumento jurídico através do qual o Estado, perante a necessidade ou conveniência de utilizar determinados bens imóveis para um determinado fim de utilidade pública, procede à extinção dos direitos privados sobre eles constituídos, com a transferência definitiva da respectiva propriedade para o património da pessoa a cujo cargo esteja a prossecução desse fim, devendo esta pagar ao titular dos direitos extintos uma indemnização compensatória.

Não é, portanto, reconhecido ao empreiteiro o direito de requerer a expropriação, mas apenas o de adquirir os bens para isso, *utilizando os meios legais à sua disposição,* isto é, os negócios ou instrumentos jurídicos gerais de aquisição de bens facultados pelo direito civil.

3. No nº 3, submete-se ao regime de *servidão temporária* os terrenos que tenham de ser utilizados como acesso aos locais de exploração de pedreiras, saibreiras ou areeiros. *Ora, esta ocupação de terrenos é um acto que a Administração tem o direito de praticar mediante simples notificação ao proprietário e subsequente indemnização. (...) E assim definiremos ocupação temporária a utilização directa e imediata pela Administração pública, independentemente de acto administrativo e da intervenção dos proprietários, mas mediante indemnização, de terrenos particulares, para fins determinados de interesse público e durante o tempo estritamente necessário à sua prossecução.*

A integral realização de certos fins de utilidade pública pode exigir que lhe sejam sujeitos bens de propriedade particular. Nesse caso o proprietário conserva os seus direitos sobre os bens do respectivo património, ficando, porém, estes onerados por servidões administrativas ou sofrendo esses direitos restrições de utilidade pública mais ou menos importantes.

(...) A servidão administrativa é um encargo imposto num prédio, mas em benefício ou proveito da utilidade pública de bens dominiais, quer estes possam corresponder à noção de prédio quer não, como sucede com as estradas, as águas públicas, as linhas de transmissão e distribuição de energia, os aeródromos e aeroportos, as obras de fortificação militar, os paióis, etc..

Por outro lado, todas as servidões administrativas são impostas por lei, não sendo necessário acto jurídico para as constituir.

É a lei que, pelo facto de existência de bens dominiais, onera os prédios vizinhos destes com determinados encargos.

Encargos que têm unicamente por objectivo permitir que a função de utilidade pública do domínio seja cumprida como deve ser. De modo que, ao contrário do que sucede no Direito Privado, não aumentam o valor económico dos bens dominantes, aliás fora do comércio jurídico.

(...) A servidão administrativa deve ser constituída de modo a permitir que os prédios servientes continuem a ser utilizados pelos seus donos como dantes, segundo o princípio do mínimo prejuízo e nesse caso não haverá lugar ao pagamento de indemnização. A obrigação deste só nascerá quando a servidão impeça a continuação da fruição normal de todo ou de parte do prédio serviente, de modo a diminuir efectivamente o seu valor. Neste caso haverá um sacrifício excepcional imposto ao proprietário como violação do princípio da igualdade dos cidadãos nos encargos públicos, justificativo de indemnização.

(...) São exemplos de servidões administrativas as impostas nas praias do mar ou nas margens dos rios, as de atravessadouro sobre terrenos particulares quando indispensáveis

para o acesso a bens dominiais, a de aqueduto público, as das faixas marginais das rodovias e das ferrovias, as das linhas telegráficas, telefónicas e de transmissão de energia, as das zonas confinantes com os aeródromos, as das zonas confinantes com instalações militares ou de interesse para a defesa nacional, etc.[427].

4. Cfr. os artigos 253º, 254º e 256º e respectivas anotações.

ARTIGO 256º
Novos locais de exploração

Se, durante a execução dos trabalhos, o dono da obra, por motivos alheios a esta, tiver necessidade ou conveniência de aplicar materiais provenientes de locais diversos dos fixados no projecto, no caderno de encargos, no contrato ou dos escolhidos pelo empreiteiro, pode ordená-lo, desde que proceda à rectificação do custo dos trabalhos onde esses materiais sejam aplicados.

1. É a transcrição praticamente literal do artigo 150º do REOP anteriormente vigente.

2. Este preceito, como sucede com tantos outros deste diploma, materializa dois princípios que são fundamentais na contratação pública e que estão intimamente ligados: o *princípio da mutabilidade do objecto do contrato* e o *princípio do reequilíbrio financeiro do contrato*.

Sinteticamente, segundo o primeiro, o dono da obra, no exercício dos seus poderes públicos de modificação objectiva do contrato, pode alterar o conteúdo das prestações que integram o seu objecto. É o poder tradicionalmente designado por *jus variandi*. Trata-se de ir acompanhando a evolução que, durante a execução do contrato, sofre o interesse público que este visa satisfazer e conformar a relação jurídica contratual introduzindo unilateralmente modificações nas cláusulas contratuais e quanto ao modo de execução da empreitada, por razões impostas por aquele interesse público, isto é, para que este seja satisfeito nas melhores condições.

Só que o *poder de autoridade* que o dono da obra detém de, unilateralmente, alterar o conteúdo das prestações contratuais tem condições e limites de exercício, uma das quais consiste no dever que impende sobre o dono da obra de proceder ao reequilíbrio financeiro do contrato afectado por aquele exercício.

---

[427] MARCELLO CAETANO, *Princípios Fundamentais de Direito Administrativo*, Almedina, 1996, págs. 370 e seguintes.

Assim, de harmonia com o *princípio do reequilíbrio financeiro do contrato*, quando, por facto do dono da obra, ocorre uma maior onerosidade das prestações contratuais, o empreiteiro tem direito a uma indemnização que reponha a equação financeira vigente à data da celebração do contrato.

A consagração genérica destes princípios está contida no artigo 122º das NPAA, nos termos seguintes:

Salvo quando outra coisa resulta da lei ou da natureza do contrato, a Administração Pública pode:

a) modificar unilateralmente o conteúdo das prestações, desde que seja respeitado o objecto do contrato e o seu equilíbrio financeiro

(...).

3. Cfr. os artigos 253º, 254º e 255º e respectivas anotações.

ARTIGO 257º
Materiais pertencentes ao dono da obra
ou provenientes de outras obras ou demolições

1. Se o dono da obra julgar conveniente empregar nela materiais que lhe pertençam, provenientes de demolições ou de outras obras é o empreiteiro obrigado a fazê-lo, descontando-se, se for caso disso, no preço da empreitada, o respectivo custo ou rectificando--se o preço dos trabalhos em que devam utilizar-se.

2. O disposto no número anterior não será aplicável se o empreiteiro demonstrar já haver adquirido os materiais necessários para a execução dos trabalhos ou na medida em que o tiver feito.

1. Reproduz, quase textualmente, o artigo 151º do anterior REOP, salvo o facto de, na parte final do nº 1, ter omitido a remissão para o preceito correspondente ao artigo 206º.

2. O disposto neste artigo contém um desvio ao princípio geral da administração dos materiais pelo empreiteiro, estabelecido no nº 3 do artigo 184º.

3. A rectificação do preço far-se-á segundo as regras estabelecidas no artigo 206º, não obstante a omissão acima referida.

ARTIGO 258º
Aprovação de materiais

1. Sempre que deva ser verificada a conformidade das características dos materiais a aplicar com as estabelecidas no projecto, no caderno de encargos ou no contrato, o empreiteiro submeterá os materiais à aprovação do fiscal da obra, que os deve submeter a exame no Laboratório de Engenharia de Angola.

2. Em qualquer momento pode o empreiteiro solicitar a aprovação referida no número anterior, a qual se considera concedida se o fiscal da obra se não pronunciar nos dez dias subsequentes, a não ser que os ensaios exijam período mais longo, facto que, naquele prazo, deve ser comunicado ao empreiteiro.

3. O empreiteiro é obrigado a fornecer as amostras de materiais que forem solicitadas pelo fiscal da obra para serem submetidas a exame no Laboratório de Engenharia de Angola.

4. A colheita e a remessa das amostras devem ser feitas de acordo com as normas oficiais em vigor ou com outras que, porventura, sejam impostas pelo contrato.

5. O caderno de encargos da empreitada deve especificar os ensaios, cujo custo de realização deva ser suportado pelo empreiteiro, entendendo-se, em caso de omissão, que os encargos com a realização dos ensaios são da conta do dono da obra.

1. É o correspondente ao artigo 152º do REOP, que transcreve de modo praticamente textual.

2. A aplicação na obra dos materiais provenientes de pedreiras, burgaleiras, areeiros ou semelhantes só não tem de ser precedida de aprovação da fiscalização, quando aqueles são extraídos dos locais fixados no projecto, no caderno de encargos ou no contrato, nos termos do nº 1 do artigo 254º.

3. Quanto ao disposto no nº 5, ver o nº 4 do artigo seguinte.

4. Cfr. ainda os artigos 49º, 195º, 215º, 253º, 257º e 259º.

ARTIGO 259º
Reclamação contra a não aprovação de materiais

1. Se for negada a aprovação e o empreiteiro entender que deveria ter sido concedida por os materiais satisfazerem as condições do contrato, pode pedir a imediata colheita de amostras e apresentar ao fiscal da obra a sua reclamação fundamentada, no prazo de cinco dias.

2. Considera-se deferida a reclamação, se o fiscal da obra se não pronunciar sobre ela nos cinco dias subsequentes, a não ser que exijam período mais longo, quaisquer novos ensaios a realizar, facto que, naquele prazo, deve ser comunicado ao empreiteiro.

3. Em caso de indeferimento pelo fiscal da obra, cabe recurso hierárquico, para instrução do qual se pode proceder a novos ensaios.

4. O empreiteiro terá direito a ser indemnizado pelo prejuízo sofrido e pelo aumento de encargos resultante da obtenção e aplicação de outros materiais quando, pelos meios competentes, venha, a final, a ser reconhecida a procedência da sua reclamação.

5. Os encargos com os novos ensaios a que a reclamação do empreiteiro dê origem impendem sobre a parte que não tiver razão.

1. Corresponde ao artigo 153º do REOP, que transcreve com pequenos acertos de redacção.

2. Poderá eventualmente dizer-se do nº 1 deste preceito – como daqueles em que se inspirou –, que é desnecessariamente descritivo, já que o empreiteiro só reclamará se para isso tiver fundamento, isto é, *se for negada a aprovação e o empreiteiro entender que deveria ter sido concedida*. E, por outro lado, só terá fundamento para reclamar se o seu entendimento for oposto ao sentido daquela decisão, isto é, se, a seu ver, *os materiais satisfazerem as condições do contrato*. Por isso, bastaria dispor que, em caso de reclamação, o empreiteiro *pode pedir a imediata colheita de amostras*. Mas, em contrário, também se poderá afirmar que *quod abundat non nocet*.

3. A norma do nº 2 deve ser interpretada no sentido de que o deferimento tácito da reclamação ocorre se, no prazo de cinco dias subsequentes à sua apresentação, o dono da obra não utilizar um dos meios legais de comunicação para notificação do empreiteiro da sua decisão (artigos 224º, 354º e 355º), não bastando que essa decisão seja tomada naquele prazo. Só assim se dá efeito útil à disposição legal, pois o contrário seria não estabelecer prazo para a formação do acto tácito[428].

4. O certo é que a reclamação do empreiteiro terá, como é regra geral, que ser fundamentada e só pode ter por fundamentado o facto de, em seu entendimento, os materiais rejeitados satisfazerem as condições do contrato. Pode eventualmente não se impor sempre, necessariamente, a imediata colheita de amostras, mas, parece, é o que normalmente sucederá, tendo que ser feita imediatamente, isto é, mesmo antes de o empreiteiro apresentar a sua recla-

---

[428] No RJEOP de Portugal, a partir do que foi aprovado pelo Decreto-Lei nº 405/93, de 10 de Dezembro, o preceito a este correspondente (artigo 154º) já refere expressamente que o deferimento tácito se forma com a falta de expedição da notificação da decisão do dono da obra no prazo de cinco dias.

mação formal. Teve-se decerto em vista assegurar que os materiais de que as amostras são colhidas sejam efectivamente os rejeitados pela fiscalização e no estado em que o foram. Quer a reclamação seja apresentada simultaneamente ou não, aquela recolha deve constar de auto assinado pelos representantes de ambas as partes. Quanto ao prazo de cinco dias, ele conta-se a partir da notificação da rejeição dos materiais.

5. O recurso hierárquico referido no nº 3 tem efeito suspensivo, nos termos do princípio geral estabelecido no nº 1 do artigo 112º das NPAA, segundo o qual *o recurso hierárquico suspende a eficácia do acto recorrido, salvo quando a lei disponha em contrário ou quando o autor do acto considere que a sua execução não imediata causa grave prejuízo ao interesse público.*

6. Cfr. a anotação ao artigo 265º e ainda os artigos 49º, 195º, 215º, 253º e 257º a 264º.

ARTIGO 260º
Efeitos da aprovação dos materiais

1. Aprovados os materiais postos ao pé da obra, não podem os mesmos ser posteriormente rejeitados, salvo se ocorrerem circunstâncias que modifiquem a sua qualidade.
2. No acto da aprovação dos materiais, pode o empreiteiro exigir que se colham amostras de qualquer deles.
3. Se a modificação da qualidade dos materiais for devida a circunstâncias imputáveis a culpa do empreiteiro, deverá este substituí-los à sua custa mas, se for devida a caso de força maior, tem o empreiteiro direito a ser indemnizado, pelo dono da obra, dos prejuízos sofridos com a substituição.

1. Corresponde ao artigo 154º do anterior REOP, que reproduz quase textualmente.

2. No que respeita à repartição da responsabilidade pela deterioração dos materiais postos ao pé da obra, o texto da lei apenas prevê as hipóteses de essa deterioração ter sido provocada por facto do empreiteiro ou por caso de força maior, e já não a de ser devida a facto de terceiro ou até por culpa do próprio dono da obra.

Para aquele efeito, importa separar as várias hipóteses das causas de modificação da qualidade dos materiais. Assim:

- *Por facto imputável ao empreiteiro*, responde este por, ter culpa na ocorrência do facto lesivo;
- *Por caso de força maior*, integra-se no chamado risco administrativo que ao dono da obra cabe suportar, o que se fará por aplicação do princípio da reposição do equilíbrio financeiro do contrato;
- *Por causa imputável ao dono da obra*, responde este, por ter culpa nessa ocorrência, aplicando-se também o princípio da reposição do equilíbrio financeiro do contrato;
- *Por facto de terceiro*, responde o empreiteiro por, durante a execução da empreitada, ter à sua guarda o estaleiro da obra, incluindo os materiais nele existentes.

3. A norma do nº 1 é a consequência lógica da credibilidade e boa fé que deve merecer a actuação das partes, neste caso, do dono da obra. De resto, como salientam, PEDRO ROMANO MARTINEZ e J. M. MARÇAL PUJOL[429], o procedimento que o preceito impede seria contraditório, constituiria um abuso de direito e seria *venire contra factum proprium*.

4. Quanto à noção de caso de força maior, ver os artigos 240º e 281º e respectivas anotações.

ARTIGO 261º
Aplicação dos materiais

1. Os materiais devem ser aplicados pelo empreiteiro em absoluta conformidade com as especificações técnicas do contrato.

2. Na falta de especificações devem ser observadas as normas oficiais em vigor ou, se estas não existirem, os processos propostos pelo empreiteiro e aprovados pelo dono da obra sob proposta do fiscal da obra.

1. Corresponde ao artigo 155º do anterior REOP, que reproduz com pequenos acertos de texto.

2. Como tem sido notado[430], a primeira parte do preceito é de todo desnecessária, já que a obrigação ali estabelecida está incluída na obrigação geral de cumprir o contrato ponto por ponto (cfr. artigo 406º do Código Civil).

3. Cfr. os artigos 253º e seguintes.

---

[429] *Ob. cit.*, págs. 241 e 242.
[430] Cfr. PEDRO ROMANO MATINEZ e J. M. MAÇAL PUJOL, *ob. cit.*, pág. 242.

ARTIGO 262º
Substituição de materiais

1. Devem ser rejeitados, removidos para fora da zona dos trabalhos e substituídos por outros, com os necessários requisitos os materiais que:

a) sejam diferentes dos aprovados;
b) não tenham sido aplicados em conformidade com as especificações técnicas do contrato ou, na falta destas, com as normas ou processos a observar e que não possam ser utilizados de novo.

2. As demolições, a remoção e a substituição dos materiais são de conta do empreiteiro.
3. Se o empreiteiro entender que não se verificam as hipóteses previstas nas alíneas a) e b) do nº 1, poderá pedir a colheita de amostras e reclamar.

1. Reproduz quase textualmente o artigo 156º do anterior REOP.

2. No que toca à remoção dos materiais rejeitados por deficiências na sua aplicação, subordina-a a lei à verificação cumulativa de dois requisitos: por um lado, que não possam ser de novo aplicados, o que a fiscalização decidirá (artigo 266º) e, por outro, que aquelas deficiências se traduzam na inobservância das condições técnicas da sua aplicação especificadas no contrato, ou, na sua falta, nas normas ou processos a observar, isto é, segundo as regras da arte.

3. O direito de reclamação previsto no nº 3 é exercido nos termos do artigo 259º, para cuja anotação se remete.

4. Quanto à remoção dos materiais rejeitados, ver o artigo 264º.

5. Cfr. os artigos 49º, 193º, 215º e 253º a 264º.

ARTIGO 263º
Depósito de materiais não destinados à obra

O empreiteiro não pode depositar nos estaleiros, sem autorização do fiscal da obra, os materiais ou os equipamentos que não se destinem à execução dos trabalhos da empreitada.

1. Reproduz, quase sem alterações, o artigo 157º do REOP.

2. Cfr. o artigo seguinte.

ARTIGO 264º
Remoção de materiais

1. Se o empreiteiro não retirar dos estaleiros, no prazo que o fiscal da obra fixar, de acordo com as circunstâncias, os materiais definitivamente reprovados ou rejeitados e os materiais ou o equipamento que não respeitem à obra, pode o fiscal fazê-los transportar para onde mais lhe convenha, pagando o que necessário for, tudo à custa do empreiteiro.

2. Depois de terminada a obra, o empreiteiro é obrigado a remover do local, no prazo fixado pelo caderno de encargos, os restos dos materiais, os entulhos, o equipamento, os andaimes e tudo o mais que tenha servido para a execução dos trabalhos e, se o não fizer, o dono da obra deve mandar proceder à remoção, à custa do empreiteiro.

1. Reproduz, praticamente sem alteração, o artigo 158º do REOP anteriormente vigente.

2. Tendo em conta que o caderno de encargos é parte integrante do contrato (artigo 110º, nº 2 alínea a)), o dever imposto pela disposição do nº 1 já decorre da obrigação de cumprir o contrato ponto por ponto.

3. A ordem de remoção – e, consequentemente, o respectivo dever – apenas pode ter por objecto os materiais *definitivamente* reprovados ou rejeitados, não abrangendo, portanto, aqueles cuja rejeição foi objecto de reclamação ou de recurso hierárquico ainda pendentes de decisão (artigo 259º).

4. O prazo para a remoção deve ser fixado *de acordo com as circunstâncias* e, consequentemente, atendendo à natureza dos materiais, sua quantidade, ao local em que se encontram, local para onde serão removidos, às dificuldades de acesso ou de transporte, urgência da remoção e a tudo o mais que possa condicionar a remoção.

5. Se o empreiteiro não procede à remoção no prazo que para isso lhe foi designado, o fiscal pode promovê-la à custa do empreiteiro para o local que entenda conveniente. Ao referir que *tudo* o que respeitar à remoção será da conta do empreiteiro, permite a lei que lhe sejam debitadas todas as despesas de transporte, mão-de-obra, despesas de armazenagem ou depósito, etc..

6. Os materiais a remover, uma vez terminada a obra, podem ter sido extraídos de pedreiras, burgaleiras ou areeiros pertencentes ao dono da obra ou serem provenientes de outras obras suas ou demolições. Aplica-se esta disposição a estes materiais não pertencentes ao empreiteiro? A resposta afirmativa não prejudica o conteúdo do preceito. Efectivamente, este não se pronuncia sobre a propriedade dos materiais e tudo o que tenha servido à execução da obra, nem quanto ao local para onde deverão ser removidos, mas apenas sobre o *dever de remoção*, que atribui ao empreiteiro.

7. Cfr. os artigos 254º, 258º, 259º, 260º, 262º e 263º.

SECÇÃO VI
FISCALIZAÇÃO

ARTIGO 265º
Fiscalização e agentes

1. A execução dos trabalhos é fiscalizada pelos representantes do dono da obra que este, para tal efeito, designe.

2. Quando a fiscalização seja constituída por dois ou mais representantes, o dono da obra designa um deles para chefiar, como fiscal da obra, e, sendo um só, a este compreende tais funções.

3. A obra e o empreiteiro ficam também sujeitos à fiscalização que, nos termos da legislação em vigor, incumbe a outras entidades.

4. A fiscalização referida no número anterior deve exercer-se de modo a que:

a) seja dado prévio conhecimento ao fiscal da obra de qualquer diligência no local de trabalho;

b) sejam, imediatamente e por escrito, comunicadas todas as ordens dadas e notificações feitas ao empreiteiro que possam influir no normal desenvolvimento dos trabalhos.

5. O fiscal nomeado para a obra não pode, em circunstância alguma, ser o projectista da obra.

1. Corresponde ao artigo 159º do anterior REOP relativamente ao qual, para além de acertos de redacção, apresenta duas alterações:

a) Não contém a disposição do anterior nº 5 sobre o dever do empreiteiro que não resida no local da obra de designar um seu representante que aí tenha residência permanente, que, nesta LCP, constitui o nº 2 do artigo 225º;

b) Introduz o nº 5 deste preceito, que não existia naquele.

2. Há necessidade de ser dado conhecimento ao empreiteiro da identidade dos agentes fiscalizadores designados pelo dono da obra, bem como qual deles exerce a chefia da fiscalização. O empreiteiro só deve obediência às ordens por aqueles dadas ou por quem, como fiscal da obra, se mostrar credenciado pelo respectivo dono. Por outro lado, também o empreiteiro terá de confiar a direcção da obra a um técnico com a qualificação mínima que no caderno de encargos for exigida, merecedor da aceitação do dono da obra e que aquele deverá indicar antes da consignação dos trabalhos. No acto dessa indicação, terá o empreiteiro de juntar uma declaração subscrita por aquele técnico, em que se responsabiliza por aquela direcção técnica e se compromete a desempenhar tal cargo com proficiência e assiduidade. A este técnico poderão ser dirigidas as ordens, avisos e notificações respeitantes a aspectos técnicos da obra, devendo estar presente nesta, sempre que para isso seja convocado.

3. Como ficou salientado, o poder de fiscalização conferido ao dono da obra destina-se a facultar-lhe a possibilidade de acompanhar de perto o processo executivo daquela e, consequentemente, verificar se são observadas as condições e requisitos constantes das peças escritas e desenhadas que integram o contrato[431], e bem assim se a obra está a ser executada de harmonia com o respectivo cronograma físico, a fim de, como diz FREITAS DO AMARAL[432], evitar surpresas prejudiciais ao interesse público, de que a Administração só viesse, porventura, a aperceber-se demasiado tarde. A actividade fiscalizadora do dono da obra visa, afinal, assegurar permanentemente que o contrato seja cumprido pontualmente, quer no sentido da observância das suas cláusulas técnicas, quer no que respeita ao desenvolvimento temporal da execução da obra[433]. Esse desiderato só pode ser atingido na medida pretendida se a função da fiscalização for objecto de permanente aperfeiçoamento e empenho, como será salientado na apreciação do artigo 266º.

Por outro lado, se é certo que essa fiscalização se impõe no contrato público de empreitada, exactamente pela natureza pública dos interesses prosseguidos por esse contrato, também existe no contrato privado de empreitada (artigo 1209º do Código Civil), onde igualmente *tem por fim principal impedir que o empreiteiro oculte vícios de difícil verificação* no momento da entrega[434]. Só que, naquele, o *poder de fiscalização* exerce-se em conjugação com os *poderes de direcção* e de *alteração* unilateral do contrato, que, ao menos no mesmo grau, não existe no contrato civil de empreitada. Como ensinou MARCELLO CAETANO[435], a

---

[431] Cfr. MARCELLO CAETANO, *Manual cit.*, II, pág. 985

[432] *Curso de Direito Administrativo cit.*, II, pág. 633.

[433] Cfr. AUGUSTO ATHAÍDE, *Poderes Unilaterais da Administração sobre o Contrato Administrativo*, Rio de Janeiro, 1981, pág. 103, e ESTEVES DE OLIVEIRA, *ob. cit.*, pág. 694.

[434] PIRES DE LIMA e ANTUNES VARELA, *Código Civil Anotado*, II, pág. 549.

[435] *Manual cit.*, I, pág. 617.

414   JORGE ANDRADE DA SILVA

Administração não se limita a acompanhar as prestações, a verificar se estão conformes com as normas que as regulam e com o objecto do contrato, a aplicar sanções quando assim não sucede, pois exerce o poder de direcção sobre a outra parte, à qual dá ordens e instruções sobre o modo de cumprir as obrigações assumidas. Nessa tarefa, como refere noutro local[436], os agentes da fiscalização *dirigem efectivamente os trabalhos, pautando dia a dia a conduta do empreiteiro e interpretando as cláusulas contratuais*[437].

O que explica que o dono da obra seja chamado a responder perante terceiros pelas consequências dos factos ilícitos (actos e omissões) do empreiteiro ocorridos por causa da empreitada em execução, sem prejuízo do direito de regresso que contra aquele possa ter relativamente ao que, por isso, teve de despender.

4. Nos agentes da fiscalização avulta a figura do *director de fiscalização*, que, nos termos do nº 1 do artigo 182º, representa o dono da obra durante a execução do contrato.

Relativamente ao *director da fiscalização*, cabe salientar que:

- É um técnico devidamente habilitado, a quem incumbe assegurar a verificação da execução da obra em conformidade com o projecto de execução e o cumprimento das normas legais e regulamentares aplicáveis e bem assim o desempenho das competências previstas na LCP[438];
- Actua na execução do contrato de empreitada de obras públicas em representação do dono da obra (artigo 182º, nº 1);
- Como representante do dono da obra, os seus actos são praticados em nome daquele e não em nome próprio;
- Por isso mesmo, os efeitos dos actos que pratica produzem-se na esfera jurídica do dono da obra (artigo 258º do CC);
- A validade desses está condicionada aos limites dos poderes de representação (artigo 258º do CC).

5. Cfr. os artigos 183º, 203º, 204º, 206º, 215º, 224º, 225º, 227º, 230º, 247º, 251º, 253º, 254º, 258º a 270º, 272º, 273º, 283º, 286º, 294º, 300º, 303º e 351º.

---

[436] Sobre a fiscalização das empreitadas de obra públicas, ver ainda J. M. DE OLIVEIRA ANTUNES, *Contrato de Empreitada – Manual de Execução, Gestão e Fiscalização*, ed. Quid Juris, 2002, págs. 43 e seguintes.

[437] MORAIS ANTUNES, *Interfaces do Sector das Obras Públicas*, Revista do Tribunal de Contas, 36º, Lisboa, págs. 61 e 62.

[438] Cfr. a alínea d) do artigo 3º da Lei nº 31/2009, de 3 de Julho, de Portugal.

ARTIGO 266º
Função da fiscalização

À fiscalização incumbe vigiar e verificar o exacto cumprimento do projecto e suas alterações, do contrato, do caderno de encargos e do plano de trabalhos em vigor, e designadamente:

a) verificar a implantação da obra, de acordo com as referências necessárias, fornecidas ao empreiteiro;

b) verificar a exactidão ou o erro eventual das previsões do projecto, em especial, e com a colaboração do empreiteiro, no que respeita às condições do terreno;

c) aprovar os materiais a aplicar, sujeitando a exame os que devam sê-lo, pelo Laboratório de Engenharia de Angola;

d) vigiar os processos de execução;

e) verificar as características dimensionais da obra;

f) verificar, em geral, o modo como são executados os trabalhos;

g) verificar a observância dos prazos estabelecidos;

h) proceder às medições necessárias e verificar o estado de adiantamento dos trabalhos;

i) averiguar se foram infringidas quaisquer disposições do contrato e das leis e regulamentos aplicáveis;

j) verificar se os trabalhos são executados pela ordem e com os meios estabelecidos no respectivo plano;

l) comunicar ao empreiteiro as alterações introduzidas no plano de trabalhos pelo dono da obra e a aprovação das propostas pelo empreiteiro;

m) informar da necessidade ou conveniência do estabelecimento de novas serventias ou da modificação das previstas e da realização de quaisquer aquisições ou expropriações, pronunciar-se sobre todas as circunstâncias que, não havendo sido previstas no projecto, confiram a terceiro direito a indemnização e informar das consequências contratuais e legais desses factos;

n) resolver, quando forem da sua competência ou submeter, com a sua informação, no caso contrário, à decisão do dono da obra todas as questões que surjam ou lhe sejam postas pelo empreiteiro e providenciar no que seja necessário para o bom andamento dos trabalhos, para a perfeita execução, segurança e qualidade da obra e facilidade das medições;

o) transmitir ao empreiteiro as ordens do dono da obra e verificar o seu correcto cumprimento;

p) praticar todos os demais actos previstos em outros preceitos da presente lei.

1. Corresponde ao artigo 160º do anterior REOP, que transcreve sem qualquer alteração.

2. Sendo certo que a colaboração dos particulares (empreiteiros) é necessária para a realização das obras públicas, a verdade é que a Administração não delega a sua função e continua, apesar disso, responsável perante a colectividade pela boa realização da obra e pela segurança pública que, a não ser assim, poderiam ser comprometidas por uma execução defeituosa. Por isso, os poderes de direcção, de controlo e de vigilância pertencem em exclusivo ao dono da obra, como poderes originários e inalienáveis, consequência da natureza pública do fim que se pretende realizar.

O empreiteiro é um colaborador, mas completamente estranho à direcção propriamente dita. Esta, como ficou salientado na anotação ao artigo 265º, revela-se particularmente na vigilância sobre o cumprimento do caderno de encargos ponto por ponto, na emanação de ordens, no prosseguimento regular dos trabalhos, no controle sobre o aspecto técnico dos materiais, dos métodos de trabalho, do ritmo da execução, da segurança e comodidade do público e sobre o aspecto administrativo relativo ao pessoal, relações entre este e o empreiteiro e deste com o público em geral, resolução de situações imprevistas, etc.. Para isso, a fiscalização faz vistorias, exames ou inspecções, pede pareceres técnicos, procede a medições, levanta autos, formula quesitos ao empreiteiro, pede-lhe esclarecimentos ou dá-lhe ordens.

3. O carácter institucional das relações empreiteiro-dono da obra, que em vários pontos do presente diploma se procura realçar, é particularmente notório na natureza da actuação da fiscalização. Procura-se obter um estreito entendimento e uma efectiva colaboração entre eles com vista à realização da obra nas melhores condições. E não há dúvida de que desse entendimento e dessa colaboração muito dependem a qualidade da execução, a normalidade do seu processamento e, de um modo geral, o integral cumprimento do contrato sem incidentes. Assim, tal como ao empreiteiro se exige que não seja um frio executor do projecto, caderno de encargos e contrato, igualmente se impõe que a fiscalização não limite a sua acção a uma mera vigilância do comportamento do empreiteiro, antes com ele devendo colaborar na resolução de todos os problemas que suscite a execução dos trabalhos; sem prejuízo da sua função de vigilância daquela execução, o próprio interesse público subjacente à obra impõe que, antes de repressiva, aquela acção deva ser orientadora, no sentido de prevenir activa e construtivamente possíveis dificuldades, obstáculos ou deficiências. É o que resulta quer do diploma, quer deste artigo e, particularmente, da sua alínea *n)* e do nº 3 do artigo 268º. Para se obter a desejada qualidade da construção, nos termos e prazos contratados, necessário se torna que a própria fiscalização permanentemente se empenhe num constante aperfeiçoamento, com vista a estar habilitada a resolver, com a oportunidade e eficiência exigidas pelo interesse público em causa, os vários incidentes ou anomalias que se revelem no desenrolar do procedimento executivo da obra[439].

Por outro lado, porém, é igualmente função primordial da fiscalização velar para que a obra seja executada nos precisos termos das estipulações contratuais e segundo as regras da arte, deste modo se impedindo que o empreiteiro possa ocultar vícios de execução que seriam de difícil ou impossível verificação no momento da recepção e no prazo de garantia[440]. O direito de fiscalização da obra é reconhecido ao seu dono pela generalidade das legislações, quer se trate de obra pública, quer de obra particular[441]. Essa fiscalização, porém, deve ser exercida apenas nos limites em que se justifica e sempre sem perturbar o normal andamento dos trabalhos, não devendo igualmente revestir-se de feição vexatória para o empreiteiro, o que o n.º 3 do artigo 268.º reconhece.

4. Ver:
- quanto à alínea b), os artigos 190.º e 191.º;
- quanto à alínea c), os artigos 253.º e seguintes;
- quanto à alínea d), os artigos 248.º a 251.º;
- quanto à alínea e), o artigo 186.º;
- quanto à alínea g), os artigos 110.º, 118.º e 236.º;
- quanto à alínea h), os artigos 288.º e seguintes;
- quanto à alínea i), os artigos 224.º a 235.º;
- quanto à alínea j), os artigos 159.º a 161.º;
- quanto à alínea l), os artigos 245.º a 247.º;
- quanto à alínea m), os artigos 201.º, 202.º e 256.º;
- quanto à alínea n), os artigos 203.º, 208.º, 225.º, 226.º, 229.º, 230.º, 236.º, 254.º, 258.º, 259.º, 262.º a 264.º, 271.º, 286.º, 293.º e 303.º.

---

[439] Cfr. o estudo de MORAIS ANTUNES, *Interfaces do Sector das Obras Públicas*, na Revista do Tribunal de Contas, de Portugal, 36.º, pág. 53.

[440] Cfr. Profs. PIRES DE LIMA e ANTUNES VARELA, *ob. e loc. cit.*

[441] Cfr. Prof. VAZ SERRA, *Empreitada*, BMJ., n.º 145, págs. 128 e seguintes. Ver ainda, sobre esta matéria, JOÃO CURA MARIANO, *Responsabilidade Contratual do Empreiteiro pelos Defeitos da Obra*, Almedina, 2004.

ARTIGO 267º
Função da fiscalização nas empreitadas por percentagem

Quando se trate de trabalhos realizados por percentagem, a fiscalização, além de promover o necessário para que a obra se execute com perfeição e dentro da maior economia possível, deve:

a) acompanhar todos os processos de aquisição de materiais e tomar as providências que sobre os mesmos se mostrem aconselháveis ou se tornem necessárias, designadamente sugerindo ou ordenando a consulta e a aquisição a empresas que possam oferecer melhores condições de fornecimento, quer em qualidade, quer em preço;
b) vigiar todos os processos de execução, sugerindo ou ordenando, neste caso com a necessária justificação, a adopção dos que conduzam a maior perfeição ou economia;
c) visar todos os documentos de despesa, quer de materiais, quer de salários;
d) velar pelo conveniente acondicionamento dos materiais e pela sua guarda e aplicação;
e) verificar toda a contabilidade da obra, impondo a efectivação dos registos que considere necessários.

1. Reproduz, sem qualquer alteração, o artigo 161º do REOP anteriormente vigente.

2. Como se referiu oportunamente, o nº 2 do artigo 218º restringe significativamente o recurso a esta modalidade de percentagem, que está sempre dependente de prévia autorização devidamente fundamentada do Ministro da Tutela.

3. Cfr. os artigos 218º a 223º.

ARTIGO 268º
Modo de actuação da fiscalização

1. Para realização das suas incumbências, a fiscalização deve dar ao empreiteiro ordens, fazer-lhe avisos e notificações, proceder a verificações e a medições e praticar todos os demais actos necessários.
2. Os actos referidos no número anterior só poderão provar-se, contra ou a favor do empreiteiro, mediante documento escrito.
3. A fiscalização deverá processar-se sempre de modo a não perturbar o andamento normal dos trabalhos e sem diminuir a iniciativa e correlativa responsabilidade do empreiteiro.

1. Corresponde ao artigo 162º do anterior REOP, que transcreve com pequenos acertos de redacção.

2. Que todas as comunicações feitas ao empreiteiro respeitantes à execução da empreitada têm obrigatoriamente de ser feitas por escrito, estabelece-o já, de modo genérico, o nº 1 do artigo 224º. Ali se dispõe também que ao empreiteiro será entregue um exemplar da comunicação, ficando o dono da obra com outro devidamente assinado por aquele em prova do seu recebimento (nº 2). No caso de recusa em receber a notificação ou ordem, ou em assinar o recibo, o fiscal lavrará auto da ocorrência perante duas testemunhas que com ele o assinarão, tendo-se a notificação como feita. Como o empreiteiro não pode ausentar-se da obra sem autorização do fiscal e sem ali deixar um representante ou substituto deste aceite pelo dono da obra (artigo 225º), só por motivo de recusa do empreiteiro as ordens ou as notificações e avisos deixarão de ser feitos pessoalmente e de modo normal.

3. O nº 3 traduz a ideia já salientada em anotação aos artigos 265º e 266º de que a fiscalização deve ser um factor cooperador da realização da obra nas melhores condições, só se justificando a sua actuação repressiva na exacta medida do necessário e do legalmente permitido para que aquele objectivo seja atingido. Esta obrigação de limitar o exercício do *poder de fiscalização* ao necessário com rigoroso acatamento do princípio da proporcionalidade foi enunciada por MARCELLO CAETANO nestes termos[442]: *Os limites do poder de fiscalização e, quando seja caso disso, do poder de direcção são, por um lado, o próprio contrato, de cujas cláusulas e, sobretudo, de cujo objecto não é lícito à Administração afastar-se, e por outro lado o dever de não onerar, dificultar ou impedir o cumprimento do contrato sem fundamento justo.*

Acresce que, como referia um anteprojecto do Código Civil português, a fiscalização deve actuar por forma que *não perturbe, contra a boa fé, o andamento ordinário dos trabalhos e não seja efectuada de maneira vexatória para o empreiteiro*[443].

Também, como se referiu, aqui tem aplicação o princípio da proporcionalidade, estabelecido no artigo 5º das NPAA: *As decisões dos órgãos da Administração que entrem em choque com direitos subjectivos ou interesses legalmente protegidos dos cidadãos não podem afectar essas posições em termos desproporcionais aos objectivos a atingir*[444].

---

[442] *Manual cit.*, I, pág. 617.

[443] PIRES DE LIMA e ANTUNES VARELA, *ob. e loc. cit.*.

[444] Sobre o princípio da proporcionalidade na actividade da Administração Pública, ver MARCELO REBELO DE SOUSA, *ob. cit.*, págs. 26 e 34, ESTEVES DE OLIVEIRA, *ob. cit.*, pág. 260 e *Código do Procedimento Administrativo Comentado*, I, págs. 153 e segs., SANTOS BOTELHO, PIRES ESTEVES e CÂNDIDO DE PINHO, *Código do Procedimento Administrativo*, 3ª ed., págs. 67 e segs.

4. As ordens de serviço traduzem-se em actos que exprimem imperativamente ao empreiteiro, no decurso da execução dos trabalhos e sob uma forma determinada, a vontade do dono da obra. Ou, como refere RAMÓN PARADA[445] são *actos pelos quais a Administração, com base no seu poder de supremacia, faz nascer para uma determinada pessoa um dever de conduta positiva ou negativa, cuja inobservância sujeita o obrigado a uma sanção.* As ordens são de execução imediata obrigatória, não podendo o empreiteiro deixar de as cumprir a pretexto de com elas não concordar. Desde que digam respeito a actos administrativos, portanto, praticados no exercício dos seus poderes públicos de modelação do objecto do contrato, gozam do *privilégio da presunção de legalidade* e de *executividade*, portanto, obrigando por si e cuja execução coerciva imediata a lei permite, independentemente de sentença declaratória judicial prévia sobre a sua validade (artigos 127º, 128º e 129º das NPAA)[446]. Entretanto, isto não impede que, nos termos do artigo 269º, o empreiteiro reclame contra ordens que repute ilegais, contrárias ao contrato ou perturbadoras dos trabalhos (nº 1), só que o fiscal da obra, se entender tratar-se de trabalhos urgentes ou destinados a obstar a perigo iminente, poderá confirmar por escrito a ordem que, a partir daqui, terá de ser imediatamente executada.

5. Questão que já se pôs, é a de saber se a força executória da ordem de serviço é bilateral, isto é: o empreiteiro tem de obedecer às ordens de serviço que lhe sejam dadas por escrito, mas só tem que obedecer às que revistam esta forma? Poderá recusar-se a acatar toda e qualquer ordem que lhe seja dada verbalmente? A questão põe-se não obstante o disposto neste e no artigo 270º. A responder-se pela afirmativa, a forma escrita funcionaria como garantia para o empreiteiro e como condição de responsabilidade do dono da obra. ANDRÉ FLAMME afirma que a força executória das ordens de serviço actua nos dois sentidos: por um lado, o empreiteiro tem direito à ordem escrita, e, por outro, ela obriga igualmente a Administração[447]. Mas também há quem entenda que as ordens verbais obrigam ao seu cumprimento, embora devam ser confirmadas por escrito no prazo mais breve possível[448]. A ordem escrita garante ao empreiteiro o modo certo e explícito de conhecimento da

---

[445] *Derecho Administrativo*,I,15ª ed., Marcial Ponds, Madrid, 2004, pág. 386.

[446] Cfr. MARCELLO CAETANO, *Manual cit.*, 9.ª ed., I, pág. 428, e ESTEVES DE OLIVEIRA, *ob. cit.*, pág. 694.

[447] *Traité Théorique et Pratique Des Marchés Publics*,II, Paris, 1969, pág. 12.

[448] Neste sentido, ver, por exemplo, EDUARDO GARCÍA ENTERRÍA e TOMAS RAMÓN FERNANDEZ, *Curso de Derecho Administrativo*, I, ed. Thompson/Civitas, 12ª ed., Madrid, 2004, pág. 742.

vontade do dono da obra. É duvidoso que da recusa por parte deste em dar a sua ordem por escrito resulte, desde logo e sem mais, o direito do empreiteiro de se escusar à execução. Hoje existem instrumentos de comunicação de grande rapidez que permitem ao empreiteiro confirmar formalmente ao dono da obra a ordem verbal recebida e pedir a sua confirmação por escrito, sendo que, neste caso e independentemente do silêncio daquele, a ordem de algum modo passará a constar de escrito[449]. E se, não obstante os pedidos insistentes do empreiteiro, não lhe for dada por escrito ordem que implique trabalhos a mais e ele os realizou, não terá direito ao seu valor? FLAMME responde afirmativamente, admitindo que a existência de tal ordem pode ser provada por qualquer meio de prova dos geralmente admitidos, desde que haja um começo de prova por escrito. Porém, não é sem esforço que se poderá admitir caber tal entendimento no nº 2 deste artigo 268º. Sem embargo de, também neste caso, o empreiteiro utilizar a comunicação acima referida, dificilmente se poderá deixar de dar relevância às ordens verbais invocadas pelo empreiteiro e reconhecidas pelos agentes do dono da obra ou cuja realidade seja demonstrada pelo empreiteiro e ainda àquelas cuja existência resulta do próprio processo. Igual tratamento deverão merecer as ordens dadas verbalmente que respeitem a trabalhos indispensáveis. A tal conclusão nos leva pelo menos os princípios da boa fé e do não enriquecimento sem causa.

6. Uma outra questão traduz-se em averiguar se e em que casos o empreiteiro tem direito a ser pago dos trabalhos que executou sem que previamente lhe tenham sido ordenados, mesmo verbalmente. Com efeito, bem pode suceder que, por circunstância imprevista, o empreiteiro, na execução do projecto da obra, seja confrontado com a necessidade de adoptar medidas imediatas para as quais, em rigor, necessitaria de ordem do dono da obra, mas que a urgência ou outra circunstância impeditiva da obtenção tempestiva dessa autorização obriga a que seja adoptada sem essa ordem.

Face às actuais facilidades de comunicação, não será frequente que uma tal emergência ocorra. Em todo o caso, tratando-se de trabalhos meramente úteis, por deles resultar apenas uma melhoria na execução ou no seu resultado, o empreiteiro não os deve executar sem ordem nesse sentido, sob pena de correr o risco de o dono da obra os não aceitar e, consequentemente, não ser de

---

[449] O nº 3 do artigo 304º do Código da Contratação Pública de Portugal, embora enuncie o princípio de que as ordens devem ser dadas por escrito, admite as ordens verbais quando as circunstâncias o impuserem, caso em que devem ser *reduzidas a escrito e notificadas ao co-contratante no prazo de cinco dias, salvo justo impedimento.*

impor o seu pagamento nem sequer com o fundamento no enriquecimento sem causa. Na verdade, ou esse enriquecimento não existiu ou, porque se não trata de um proveito decorrente da correcção de uma deficiência imputável ao dono da obra, este podia obtê-la sem o acréscimo dessa despesa[450]. Tratando-se de trabalhos necessários por indispensáveis para a execução da obra segundo as regras da arte, devem ser pagos ao empreiteiro, cabendo a este o ónus de provar que fez as diligências normalmente exigíveis para obter a ordem, previamente e em tempo útil[451]. Poderá considerar-se, porém, que um excesso de rigor na exigência dessas diligências pode constituir um factor inibitório da iniciativa do empreiteiro não compatível com a sua desejada *colaboração*.

7. Há quem interprete a exigência legal do formalismo escrito para as ordens de serviço como constituindo mera preocupação de prova, no sentido que uma ordem dada pela forma legalmente estabelecida não pode ser posta em causa, quer quanto à sua existência, quer quanto à sua proveniência, quer quanto ao seu conteúdo[452].

Independentemente disso, no caso de se terem frustrado as diligências do empreiteiro para obter a confirmação escrita das ordens transmitidas verbalmente, mesmo em sede de reunião periódica de obra, como acima ficou referido, é aconselhável que aquele dirija ao dono da obra uma comunicação escrita confirmando a recepção da ordem verbal e seu conteúdo e pedindo a sua confirmação escrita, munindo-se da prova da respectiva recepção por aquele.

8. No caso de trabalhos executados em regime de subempreitada, as ordens de serviço devem ser dirigidas pelo menos também ao empreiteiro subcontratante, pois é sempre este quem directamente responde para com o dono da obra (artigo 346º)[453].

9. Cfr. os artigos 204º, 224º, 266º, 270º e 271º.

---

[450] Os tribunais franceses já decidiram que, quanto a trabalhos executados pelo empreiteiro sem que este prove terem-lhe sido ordenados, se forem úteis ao dono da obra, este pode aceitá-los, mas o empreiteiro não pode pretender receber mais que as despesas que fez nessa execução, com exclusão de qualquer lucro (cfr. STEPHANE BRACONNIER (*Droit des Marcés Publics*, ed. Impremerie Nationale, Paris, 2002, pág. 289).

[451] DANIEL CHABANOL e JEAN-PIERRE JUGUELET e FRANÇOIS BOURRACOT, *Le Régime Juridique des Marchés Publics.*, ed. Le Moniteur, Paris, 2005, pág. 161.

[452] DANIEL CHABANOL, JEAN-PIERRE JUGUELET e FRANÇOIS BOURRACOT, *ob. cit.*, págs. 171 e 172. Escreve STEPHANE BRACONNIER (*ob. cit.*, pág. 289): *Uma ordem de serviço verbal não é em si irregular (...). Todavia, é difícil produzir a prova da sua existência e o titular do contrato arrisca-se então a ter algumas dificuldades em obter o pagamento dos trabalhos a mais que realizou com base numa ordem verbal.*

[453] Cfr. STEPHANE BRACONNIER, *ob.cit.*, pág. 288.

ARTIGO 269º
Reclamação contra ordens recebidas

1. Se o empreiteiro reputar ilegal, contrária ao contrato ou perturbadora dos trabalhos qualquer ordem recebida, deve apresentar ao fiscal da obra, no prazo de cinco dias, a sua reclamação, em cujo duplicado é passado recibo.

2. Se a ordem não tiver sido da autoria do fiscal da obra, este deve encaminhar imediatamente a reclamação para a entidade competente, pedindo as necessárias instruções.

3. O fiscal da obra deve notificar o empreiteiro no prazo de trinta dias, da decisão tomada, correspondendo o seu silêncio ao deferimento da reclamação.

4. Em casos de urgência ou de perigo iminente, pode o fiscal da obra confirmar por escrito a ordem de que penda reclamação, exigindo o seu imediato cumprimento.

5. Nos casos do número anterior, bem como quando a reclamação for indeferida, será o empreiteiro obrigado a cumprir prontamente a ordem, tendo direito a ser indemnizado do prejuízo e do aumento de encargos que suporte, se vier a ser reconhecida a procedência da sua reclamação.

6. Das decisões do fiscal da obra ou do seu representante cabe sempre recurso hierárquico para o órgão de que ele depender, o qual tem efeito meramente devolutivo.

1. Corresponde ao artigo 163º do anterior REOP que, com acertos de redacção transcreve e com a única alteração de omitir, no nº 5, a seguir a *ordem*, o seguinte: *ficando, porém, liberto de toda a responsabilidade civil ou criminal que desse cumprimento resultar.*

2. Na realidade, aquela frase no texto do anterior preceito contém um juízo sobre um comportamento que ali era impertinente e impróprio. Esse juízo terá de ser feito pela entidade para isso legalmente competente, no local próprio, integrado num processo adequado e *a posteriori*, isto é, após a prática dos actos e com a ponderação das respectivas circunstâncias.

3. No nº 1, como sucede em outros preceitos deste diploma, a disposição não apenas atribui o direito à reclamação, que, aliás, em termos gerais já era atribuído pelo artigo 100º das NPAA, como refere os respectivos fundamentos, sendo que o seu real sentido útil reside em só com esses fundamentos a reclamação poder ser admitida, se bem que difícil seria que fosse apresentada com base em outros diferentes dos ali enumerados (artigo 101º daquelas NPAA).

4. O efeito do silêncio do fiscal da obra relativamente à reclamação do empreiteiro, estabelecido no nº 3, está de harmonia com os regimes do deferimento e do indeferimento tácito estabelecidos nos artigos 57º e 58º das NPAA.

5. Se a reclamação do empreiteiro vier a ser julgada procedente pelo fiscal da obra ou pelo dono desta, em recurso hierárquico interposto ou impugnação judicial da decisão sobre ela proferida, e o empreiteiro entretanto tiver sido obrigado a cumpri-la, terá o direito de ser indemnizado do prejuízo que desse cumprimento lhe tenha eventualmente resultado. No caso de ter sido suspenso o cumprimento da ordem e se vier a decidir que a reclamação era improcedente, estar-se-á em presença de suspensão por facto imputável ao empreiteiro (artigo 277º).

6. Registe-se a diferença de regime quanto aos efeitos do recurso hierárquico regulado neste preceito relativamente a esse recurso na fase da formação do contrato: neste caso o recurso é necessário e não facultativo, como naquele sucede (artigo 14º, nº 2) e tem efeito meramente devolutivo, ao contrário daquele que, em regra, tem efeito suspensivo (artigo 17º, nº 1).

7. Cfr. os artigos 203º, 224º, 251º, 265º a 267º, 279º a 281º, 286º, 294º, 295º, 331º e 332º.

ARTIGO 270º
Falta de cumprimento da ordem

1. Se o empreiteiro não cumprir ordem legal, dimanada do fiscal da obra, dada por escrito sobre matéria relativa à execução da empreitada, nos termos contratuais e não houver sido absolutamente impedido de o fazer por caso de força maior, assiste ao dono da obra o direito de, se assim o entender, rescindir o contrato por culpa do empreiteiro.
2. Se o dono da obra não rescindir o contrato, fica o empreiteiro responsável pelos danos emergentes da desobediência.

1. Transcreve, sem alteração de regime, o artigo 164º do anterior REOP.

2. Ao dono da obra, directamente ou através dos agentes da fiscalização, incumbe providenciar para que a execução dos trabalhos e o cumprimento do contrato, caderno de encargos e projecto se verifique, podendo mesmo, se o entender necessário, introduzir a este último as alterações convenientes, nos termos do presente diploma legal. Daí a necessidade de o incumprimento pelo empreiteiro das ordens que nesse sentido lhe foram dadas, quando legais e comunicadas pela forma legal, ser cominado com graves sanções, salvo se tiver sido motivado por caso de força maior. Porém, o legislador dá ao dono da obra a liberdade de decidir sobre se a gravidade do incumprimento justifica a mais rigorosa das medidas – a rescisão do contrato. Caso aquele entenda não ser razão que justifique a rescisão, não poderá optar por qualquer outra sanção, incluindo a aplicação de multa, subsistindo, porém, a responsabilidade do empreiteiro pelos danos resultantes da sua desobediência.

3. Estabelece o texto legal que a responsabilidade do empreiteiro pelo não cumprimento da ordem só não existe se este *houver sido absolutamente impedido de o fazer por caso de força maior*. Se tivermos em conta a distinção que doutrinalmente se tem feito entre *caso de força maior* e *caso imprevisto*[454] a forma usada é pleonástica, porquanto o caso de força maior só o será se impedir *absolutamente* o cumprimento[455].

4. Cfr. os artigos 202º, 203º, 204º, 221º, 251º, 265º a 267º, 270º, 279º, 280º, 286º, 294º, 295º, 331º e 332º.

Quanto ao conceito de *caso de força maior*, ver os comentários aos artigos 240º, 260º, 271º, 275º, 281º, 283º e 308º.

SECÇÃO VII
SUSPENSÃO DOS TRABALHOS

ARTIGO 271º
Suspensão dos trabalhos pelo empreiteiro

O dono da obra tem o direito a rescindir o contrato se o empreiteiro suspender a execução dos trabalhos por mais de dez, quando tal não tenha sido previsto no plano em vigor e não resulte:

a) de ordem ou autorização do dono da obra ou seus agentes ou de facto que lhes seja imputável;

b) de caso de força maior;

c) de falta de pagamento das prestações devidas por força do contrato ou dos trabalhos executados, quando hajam decorrido três meses sobre a data do vencimento e após notificação judicial do dono da obra;

d) da falta de fornecimento de elementos técnicos que o dono da obra estivesse obrigado a fazer;

e) de disposição legal em vigor.

---

[454] Cfr. MARCELLO CAETANO, *Manual cit.*, II, pág. 1282.
[455] Cfr. anotação aos artigos 240º e 281º.

1. Corresponde ao artigo 165º do anterior REOP, cujo regime não altera.

2. Na execução de obras públicas, como de resto nas obras particulares, a suspensão dos trabalhos pelo empreiteiro afecta gravemente o interesse que com a obra se pretende prosseguir, pelo que, se, para isso, não tiver havido motivo suficientemente justificativo, deverá haver lugar à aplicação de sanções pelo menos de gravidade correspondente ao prejuízo que originam. Daí que se preveja a possibilidade de rescisão do contrato quando a suspensão injustificada ultrapasse os período de dez dias.

De qualquer modo, há, quanto ao direito do empreiteiro de suspensão da obra, uma grande diferença entre o contrato de empreitada pública e o de empreitada de obra particular: neste, vigora o princípio da excepção do não cumprimento (*exceptio non adimpleti contratus*), enquanto que naquele não é qualquer incumprimento do dono da obra que dá ao empreiteiro o direito de suspender os trabalhos, pois essa suspensão só pode ocorrer nos casos e condições previstos nesta LCP.

3. O preceito estabelece o prazo de dez dias sem distinguir se correm seguida ou interpoladamente. Nem há que distinguir, sob pena de se frustrar a finalidade do comando, dando oportunidade ao empreiteiro de interromper a suspensão antes de atingido aquele prazo e de a renovar quando entender.

4. Não é imputável ao empreiteiro a responsabilidade pela suspensão dos trabalhos sempre que isso esteja previsto no plano de trabalhos definitivamente aprovado ou resultante das hipóteses enumeradas nas várias alíneas deste artigo. A importância de que se reveste não ser a suspensão imputável ao empreiteiro, revela-se não apenas no facto de lhe não ser aplicável a cominação deste artigo, sempre que tenha duração superior a dez dias – rescisão do contrato –, mas também para efeitos do disposto no artigo 280º – os prazos do contrato e do programa de trabalhos deverão ser prorrogados pelo período de suspensão assim verificado e para efeitos indemnizatórios dos danos resultantes de suplementar permanência em obra.

5. A ordem de suspensão a que se refere a alínea *a)* terá de ser dada por escrito, nos termos gerais estabelecidos nos artigos 224º e 268º.

Quanto ao caso de força maior, ver os artigos 240º, 260º, 271º, 275º, 281º, 283º e 308º e bem assim as respectivas anotações.

6. Na alínea *c)* previne-se a hipótese de mora do dono da obra no pagamento dos trabalhos de prestações contratuais ou de trabalhos executados, que, aliás, também são prestações de vidas (cfr. artigos 288º e seguintes). Para além do preço contratado, são prestações contratuais devidas pelo dono da obra, entre outras, os acertos de contas, o valor dos trabalhos a mais, o produto da revisão de preços, prémios, indemnizações, etc..

A suspensão dos trabalhos pelo empreiteiro, neste caso, só será legítima se, cumulativamente, se verificarem duas condições: haver decorrido pelo menos três meses sobre a data do vencimento e o empreiteiro ter feito notificar judicialmente o dono da obra da sua intenção de suspender os trabalhos por esse motivo. A justificação deste preceito está em que, como se diz na Nota Explicativa do Projecto do Decreto-Lei nº 48 871, de 19 de Fevereiro de 1969, de Portugal,[456] *uma empreitada só deve lançar-se depois de preparada em todos os seus aspectos e, portanto, também no financeiro. O adjudicante há-de ter aprestadas as quantias indispensáveis para pagar ao empreiteiro, nas datas contratualmente previstas, o valor dos trabalhos executados. Se assim não procede, injusto será fazer recair sobre o adjudicatário o encargo de continuar a obra sem receber aquilo a que tem indiscutível direito.*

7. No que respeita aos elementos técnicos a que se refere a alínea *d)*, ver artigos 45º e 249º.

Quanto ao processo de rescisão e respectivas consequências, ver artigos 320º e seguintes.

8. Sobre a *notificação judicial* estabelece o Código de Processo Civil:

Artigo 84º – As notificações avulsas serão requeridas no tribunal em cuja área resida a pessoa a notificar.

Artigo 261º – 1. As notificações avulsas dependem de despacho prévio que as ordene e são feitas pelo funcionário de justiça, na própria pessoa do notificando, à vista do requerimento, entregando-se ao notificado o duplicado e cópia dos documentos que o acompanhem.

2. O funcionário lavra certidão do acto, que é assinada pelo notificado.

3. O requerimento e a certidão são entregues a quem tiver requerido a diligência.

4. Os requerimentos e documentos para as notificações avulsas são apresentados em duplicado; e, tendo de ser notificada mais de uma pessoa, apresentar-se-ão tantos duplicados quantas forem as que vivam em economia separada.

---

[456] Este diploma legal, aqui repetidamente citado, foi o que aprovou em Portugal o primeiro Regime Jurídico das Empreitadas de Obras Públicas (RJEOP).

428 JORGE ANDRADE DA SILVA

Artigo 262º – 1. As notificações avulsas não admitem oposição alguma. Os direitos respectivos só podem fazer-se valer nas acções competentes. 2. Do despacho de indeferimento da notificação cabe agravo, mas só até à Relação.

ARTIGO 272º
Suspensão dos trabalhos pelo dono da obra

1. Sempre que circunstâncias especiais impeçam que os trabalhos sejam executados ou progridam em condições satisfatórias, bem como quando imponha o estudo de alterações a introduzir no projecto, o fiscal da obra pode, obtida a necessária autorização, suspendê-los, temporariamente, no todo ou em parte.

2. No caso de qualquer demora na suspensão envolver perigo iminente ou prejuízos graves para o interesse público, a fiscalização pode ordenar, sob sua responsabilidade, a suspensão imediata dos trabalhos, informando, desde logo, do facto o dono da obra.

1. Corresponde ao artigo 166º do anterior REOP a cujo texto introduz ligeiros acertos.

2. É de salientar que não é a fiscalização da obra quem, em princípio, decide a suspensão dos trabalhos; ela ordená-la-á por escrito, mas após para isso ter obtido autorização do dono da obra. O director da fiscalização só poderá tomar a iniciativa de decidir ele próprio a suspensão, se a demora na obtenção da autorização implicar perigo iminente ou grave prejuízo para o interesse público que determinou a execução da obra, ou outro, do que deverá dar imediato conhecimento ao respectivo dono. Neste caso, porém, assumirá a responsabilidade pelas consequências da suspensão se o dono da obra vier a considerar não ter existido motivo suficientemente justificativo daquela decisão.

3. Estabelece, pois, a lei, que a suspensão ordenada pelo director da fiscalização sem precedência de autorização do dono da obra, sempre que a demora daquela ordem envolva perigo iminente ou prejuízo grave para o interesse público, é da responsabilidade do fiscal. Importa saber em que se traduz essa responsabilidade. Se a fiscalização é exercida por funcionário ou funcionários da entidade pública dona da obra, pode eventualmente tratar-se, desde logo, de responsabilidade disciplinar decorrente de *defeituoso cumprimento ou desconhecimento das disposições legais e regulamentares ou das ordens superiores demonstrarem falta de zelo pelo serviço* ou outro comportamento disciplinarmente censurável[457] [458]. Se a fiscalização é exercida por entidade alheia ao dono da obra, a existir responsabilidade da fiscalização, será decorrente do incumprimento ou cumprimento defeituoso do contrato de prestação de serviços que vincula a fiscalização ao dono da obra.

A jurisprudência francesa, como de resto a de outros países, tinha como princípio absoluto o de não existir a responsabilidade pecuniária do funcionário para com a pessoa que representa em virtude de danos causados em serviço. Entendia-se que a natureza da função da Administração e o carácter em princípio desinteressado do exercício das funções administrativas justificavam aquele princípio, além de que, orientação oposta implicaria uma paralisia dos serviços, já que os funcionários seriam levados a retrair a sua acção pelo temor da responsabilidade que assim assumiriam. A este princípio, todavia, admitia-se várias excepções e entre elas a de se tratar de faltas pessoais cometidas na celebração ou execução de um contrato[459]. Muito embora se entenda ser este o caso do agente fiscal, não deve perder-se de vista que a suspensão dos trabalhos na hipótese do nº 2 deste artigo é um poder que a fiscalização *pode* e *deve* exercer, tornando-se, pois, responsável se podia e devia ordenar a suspensão e não o fez. Mas, exactamente porque assim é, a responsabilidade do fiscal da obra na decisão de suspensão só deve existir quando a sua falta for excepcionalmente grave[460], para se não cair no extremo oposto da inércia pelo aludido temor da responsabilidade.

4. Cfr. os artigos 203º, 224º, 251º, 265º a 267º, 273º, 279º a 281º, 200º, 294º, 295º, 331º e 332º.

ARTIGO 273º
Autos de suspensão

1. Tanto nos casos previstos no artigo anterior como em quaisquer outros em que o dono da obra ordene a suspensão, a fiscalização, com a assistência do empreiteiro ou seu representante, deve lavrar o auto no qual fiquem exaradas as causas que a determinaram, a decisão superior que a autorizou ou as razões de perigo iminente ou prejuízo grave que

---

[457] Cfr. PIRES DE LIMA e ANTUNES VARELA, *Código Civil Anotado*, II, pág. 551.

[458] Cfr. o Decreto nº 33/91, de 26 de Julho, que estabelece o regime disciplinar dos funcionários públicos e agentes administrativos.

[459] Cfr. A. PLANTEY, *Traité Pratique de la Fonction Publique*, 2ª ed., págs. 604 e 608.

[460] Cfr. A. PLANTEY, *Traité... cit.*, pág. 604.

conduziram a actuar sem autorização, os trabalhos que abrange e o prazo de duração previsto.

2. O empreiteiro ou o seu representante têm o direito de fazer exarar, no auto, qualquer facto que reputem conveniente à defesa dos seus interesses.

3. O auto de suspensão deve ser lavrado em duplicado e assinado pelo fiscal da obra e pelo empreiteiro ou representante deste.

4. Se o empreiteiro, ou o seu representante, se recusarem a assinar o auto, deve proceder-se de acordo com o disposto nos nºs 1 e 2 do artigo 270º da presente lei.

1. Corresponde ao artigo 167º do REOP anteriormente vigente, que reproduz com pequenos acertos de redacção.

2. Cfr. os artigos 250º, 270º, 272º, 277º e 279º.

ARTIGO 274º
Suspensão por tempo indeterminado

Sempre que, por facto que não seja imputável ao empreiteiro, este for notificado da suspensão ou paralisação dos trabalhos, sem que da notificação ou do auto de suspensão conste o prazo desta, presume-se que o contrato foi rescindido por conveniência do dono da obra.

1. Reproduz textualmente o artigo 168º do anterior REOP.

2. Tem manifesto interesse a questão de saber se a presunção estabelecida neste artigo é absoluta ou relativa. No sentido de que se trata de uma presunção *juris tantum,* em Portugal, pronunciou-se o Tribunal da Relação do Porto[461], admitindo como possível a prova de que o contrato não havia sido rescindido por conveniência do dono da obra. Para chegar a essa conclusão, baseia-se na consideração de que, em regra, as presunções são relativas, assim se devendo considerar em caso de dúvida. E cita ALBERTO DOS REIS[462]: *para que uma presunção legal se qualifique como juris et jure, é indispensável que a lei, de qualquer modo claro, signifique que o facto em que a presunção se traduz não admite prova em contrário ou não pode ser ilidido por prova em contrário. Se nada disser a tal respeito, conclui-se que a presunção é tantum juris.*

---

[461] *É juris tantum a presunção estabelecida no artigo 165º do Decreto-Lei nº 235/86, de 18 de Agosto, relativa à rescisão por conveniência do dono da obra.* (acórdão de 1993.06.07, *B.M.J.,* nº 428º, pág. 677)

[462] *Código de Processo Civil Anotado,* III, Coimbra Editora, pág. 249.

Esta interpretação seria corroborada pelo elemento literal traduzido na colocação do advérbio *sempre* no texto do preceito: se for colocado junto ao verbo, tem o claro significado de *«constantemente»*, *«invariavelmente»*, *«em quaisquer circunstâncias»*; se, como sucede neste preceito, for colocada no início da frase, a conjunção *«sempre que»* apenas significa *«quando»*, limitando-se a delimitar as situações de facto em que a presunção se verifica.

Concluindo que a questão é, pelo menos, duvidosa, pronuncia-se no sentido de que, mesmo assim, o nº 2 do artigo 350º do Código Civil impõe a consideração de que se trata de uma presunção *juris tantum*.

Parece-nos não ser de sufragar este entendimento. Cremos que foi intuito do legislador o de proteger o empreiteiro naquela situação, a cuja verificação é alheio, não se limitando, para isso, a estabelecer uma mera inversão do ónus da prova.

Pretendeu-se definir uma situação de incerteza quanto à sorte do contrato para cuja existência o empreiteiro não contribuiu e de que poderia sofrer as mais nefastas consequências, face à indeterminação da duração desse estado das coisas. Contra esta interpretação não pode invocar-se o disposto na alínea *b)* do nº 1 do artigo 275º, pois considerar que este preceito obviaria àquele inconveniente significaria afirmar a inutilidade deste artigo 274º.

A nosso ver, a intenção do legislador foi a de estabelecer uma presunção *juris et jure*, o que parece claramente revelado pela história do preceito e o que arredaria não só a dúvida manifestada por aquele aresto, como o argumento literal que utilizou, aliás com indisfarçada fragilidade.

O preceito do RJEOP de Portugal, em que este se inspira, já vem, sem qualquer alteração, do Decreto-Lei nº 48 871, de que era o artigo 163º. O seu Projecto estabelecia que o empreiteiro *tinha o direito de rescindir o contrato* sempre que, por facto que lhe não fosse imputável, os trabalhos fossem *definitivamente suspensos*, o que, parece, exigiria que o carácter definitivo da suspensão constasse da notificação e, por outro, que, após essa notificação, o empreiteiro requeresse a rescisão[463]. Não foi este o regime que foi adoptado por aquele artigo 163º. Dando claramente mais protecção ao empreiteiro, a lei não se limitou a atribuir-lhe o direito de rescisão do contrato a exercer naquelas condições, mas a considerar o contrato rescindido por conveniência do dono da obra. Esta alteração só se entende útil se esta presunção for inilidível, pois, a não ser assim, bastaria ter-se adoptado o regime que havia sido projectado. Poderá mesmo afirmar-se que o estabelecimento de uma presunção

---

[463] Cfr. o nº 3 do artigo 275º e o nº 1 do artigo 324º.

juris tantum, longe de ampliar a protecção do empreiteiro numa situação que não criou, iria diminuí-la, pois sem dúvida se sentiria mais protegido com um direito de rescisão do contrato do que com a inversão do ónus da prova quanto à verificação dessa rescisão.

3. Este preceito funciona independentemente do que contém o artigo seguinte. Neste último, a notificação ou o auto de suspensão referem a sua duração provável e assim se pode concluir sobre se os prazos aí fixados foram ou não ultrapassados; na hipótese contemplada por este artigo, a suspensão tem uma duração indeterminada, uma duração não fixada no auto de suspensão ou na notificação.

Assim, em face das consequências que derivam de nada constar do auto ou da notificação quanto à duração da suspensão, há que usar de prudência na sua elaboração.

4. Para que a presunção de rescisão se verifique, é necessário que, cumulativamente, se verifiquem os requisitos seguintes:

- Que o facto que determina a suspensão ou paralisação dos trabalhos não seja imputável ao empreiteiro, podendo, portanto, dever-se a caso de força maior, caso fortuito, a facto de terceiro ou do dono da obra; todavia, já se não verifica a presunção se a suspensão se deve à própria natureza dos trabalhos, pois, nesta hipótese, a aplicação deste preceito é expressamente afastada pelo artigo 279º;
- Que o empreiteiro seja notificado da suspensão ou paralisação dos trabalhos;
- Que da notificação ou do auto não conste a duração da suspensão. Saliente--se que não se exige que da notificação ou do auto conste que a suspensão se dá por tempo indeterminado; para que a presunção se verifique basta que da notificação ou do auto nada conste quanto à duração da suspensão.

5. Cfr. os artigos 203º, 224º, 251º, 265º a 267º, 279º a 281º, 286º, 294º, 295º, 331º e 332º.

ARTIGO 275º
Rescisão em caso de suspensão

1. O empreiteiro tem o direito de rescindir o contrato se a suspensão for determinada ou se mantiver:

a) por período superior a um ¹/₅ do prazo estabelecido para a execução da empreitada, quando resulte de caso de força maior;
b) por período superior a ¹/₁₀ do mesmo prazo, quando resulte de facto não imputável ao empreiteiro e que não constitua caso de força maior.

2. Verificando-se a hipótese prevista na alínea a) do número anterior, a indemnização a pagar ao empreiteiro limita-se aos danos emergentes.
3. Quando não se opere a rescisão, quer por não se completarem os prazos estabelecidos no nº 2, quer por a não requerer o empreiteiro, tem este direito a ser indemnizado dos danos emergentes, bem como, se a suspensão não resultar de caso de força maior, dos lucros cessantes.

1. Corresponde ao artigo 169º do anterior REOP, que reproduz sem alteração de conteúdo normativo.

2. Sobre a aplicação do disposto neste artigo, ver o comentário ao artigo 273º, onde se distinguem as hipóteses diversas que um e outro regulam. Isso mesmo, aliás, resulta do título que a cada um foi dado, especialmente pelo Projecto do Decreto-Lei nº 48 871: no primeiro, trata-se da *suspensão definitiva dos trabalhos*; neste, da *suspensão temporária*.

3. Os regimes do direito de rescisão e de indemnização pela suspensão dos trabalhos aqui estabelecidos, variam conforme a suspensão é ou não devida a caso de força maior. Assim:

A – Se é devida a caso de força maior:

- O direito de rescisão só existe se a suspensão se mantiver por período de tempo superior a um quinto do prazo contratado para a execução da obra;
- O empreiteiro tem direito a ser indemnizado pelos danos emergentes;
- Se a rescisão não tem lugar por não haver direito a ela ou por não ter sido requerida pelo empreiteiro, a indemnização igualmente será limitada aos danos emergentes.

B – Se é devida a qualquer outro motivo não imputável ao empreiteiro:

- O direito de rescisão só existe se a suspensão se mantiver por período de tempo superior a um décimo do prazo contratado para a execução da obra;
- O empreiteiro tem o direito a ser indemnizado não apenas pelos danos emergentes, mas igualmente pelos lucros cessantes (cfr. nº 1 do artigo 320º);

- Se a rescisão não se opera por não haver direito a ela ou por não ter sido requerida pelo empreiteiro, este tem direito a ser indemnizado pelos lucros cessantes e pelos danos emergentes da suspensão.

4. Para que a rescisão do contrato tenha lugar, como resulta do nº 4, terá o empreiteiro que a requerer (artigo 324º), e, embora a lei o não diga, deve fazê-lo antes de ter sido notificado para recomeçar os trabalhos, nos termos do artigo 276º, embora depois de decorrido o prazo que lhe dá esse direito. Por outro lado, os prazos de suspensão a que este artigo se refere devem correr ininterruptamente. Na verdade, uma vez que o empreiteiro é indemnizado pela suspensão nos termos do nº 3, não há razão para considerar que tem o direito de rescisão quando, pelo somatório de suspensão dos trabalhos, se atingiram aqueles prazos.

5. Cfr. os artigos 249º, 251º, 272º, 280º, 281º e 320º.

Quanto ao caso de força maior, ver os artigos 240º, 260º, 271º, 275º, 281º, 283º e 308º e bem assim as respectivas anotações.

ARTIGO 276º
Suspensão parcial

Se, por facto não imputável ao empreiteiro, for ordenada qualquer suspensão parcial de que resulte perturbação do normal desenvolvimento da execução da obra, de acordo com o plano de trabalhos em vigor, tem o empreiteiro direito a ser indemnizado dos danos emergentes.

1. Corresponde ao artigo 170º do anterior REOP, que reproduz sem alterações de regime.

2. *Os danos emergentes*, para efeitos de indemnização, deverão sempre traduzir-se numa diminuição efectiva do património do empreiteiro. Dificuldades surgem, por vezes, na distinção entre *danos emergentes e lucros cessantes*.

Cremos que o critério de distinção entre as duas formas do dano só pode ser um critério jurídico (formal), não um critério económico (substancial). Decisivo é só aqui que o lesado tenha ou não um direito ao bem atingido (ou sobre o bem atingido) no momento do facto danoso. Se se quisesse aplicar nesta distinção um critério económico, identificando a esfera do dano emergente com os casos em que o facto tivesse destruído uma utilidade actual ou um bem de que o lesado pudesse dispor naquele momento, chegar-se-ia a bem estranhas conclusões (...). Mas este critério assenta na falsa ideia de que o dano emergente é alguma coisa de sólido e de acabado, quando é certo que ele se traduz, como o lucro cessante, na frustração das utilidades ou das vantagens que o lesado tiraria do bem atingido pelo facto, de tal maneira que o cálculo do dano emergente também só pode ser feito – como o do lucro cessante – ponderando aquela situação hipotética em que o património do lesado se encontraria se não fosse o facto[464]. O dano emergente vai concretizar-se num certo resultado ou efeito concreto produzido no património do lesado e *efectivamente* suportado por este: na *avaliação concreta* desses prejuízos se traduz a determinação do montante a indemnizar por danos emergentes[465]. ANTUNES VARELA estabelece a distinção nos termos seguintes: no dano emergente, a diminuição do património do credor é estritamente ajustada à falta do objecto da prestação, enquanto o lucro cessante se traduz na privação do ganho ou vantagem que com a prestação o credor eventualmente teria obtido[466].

3. PEDRO R. MARTINEZ e J. M. M. Y. PUJOL, entendem, e afigura-se-nos que bem, que o estatuído neste preceito pressupõe que a suspensão parcial não é devida a facto imputável ao dono da obra ou aos seus representantes, pois, se o for, nada justifica que a indemnização se limite aos danos emergentes[467]. Não há razão para esta situação ter um regime diferente da contemplada no nº 4 do artigo 275º.

4. Cfr. os artigos 249º, 251º, 272º, 280º, 281º e 320º.

ARTIGO 277º
Suspensão por facto imputável ao empreiteiro

1. Quando a suspensão ordenada pelo dono da obra resulte de facto por este imputado ao empreiteiro, tal se menciona no auto, podendo o empreiteiro reclamar, por escrito, no prazo de 10 dias, contra essa imputação.

2. O dono da obra deve pronunciar-se sobre a reclamação nos 30 dias subsequentes.

3. Apurando-se que o facto imputado ao empreiteiro não é causa justificativa da suspensão, deve proceder-se segundo o disposto para a suspensão, por facto não imputável ao empreiteiro.

4. Apurando-se que a suspensão resulta de facto imputável ao empreiteiro, continua este obrigado ao cumprimento dos prazos contratuais, qualquer que seja o período de suspensão necessariamente derivado do respectivo facto, mas, se o dono da obra mantiver a suspensão

---

[464] PEREIRA COELHO, *O Problema da Causa Virtual da Responsabilidade Civil*, pág. 91, nota 43.

[465] MANUEL DE ANDRADE, *Teoria Geral das Obrigações*, I, 1958, pág. 345.

[466] Cfr. *Direito das Obrigações, Lições*, Coimbra, 1968, pág. 399.

[467] *Ob. cit.*, pág. 259.

por mais tempo do que o que resultaria necessariamente do dito facto, o tempo de suspensão excedente é tratado como provocado por facto não imputável ao empreiteiro.
5. No caso previsto na primeira parte do número anterior pode também o dono da obra, quando o julgue preferível, optar pela rescisão do contrato, com perda para o empreiteiro do depósito de garantia e das quantias retidas.

1. Corresponde ao artigo 171º do REOP, que reproduz com ligeiras alterações designadamente quanto ao direito de rescisão do dono da obra e à responsabilidade indemnizatória do empreiteiro.

2. A redacção do nº 5 deste artigo é claramente diferente da adoptada no nº 9 do artigo 247º para o caso de o dono da obra optar pela rescisão do contrato por atraso no cumprimento do plano de trabalhos. Nesta última, da rescisão resulta *a perda para o empreiteiro da caução prestada e das quantias cujo pagamento, não estando em atraso na data da posse administrativa, for devido ao empreiteiro;* na hipótese deste artigo, da rescisão resulta *a perda para o empreiteiro do depósito de garantia e das quantias retidas.*

Corresponderá esta diferença de redacção a um regime diferente, ou quando fala em *quantias retidas* o legislador refere-se a *quantias cujo pagamento, não estando em atraso, for devido ao empreiteiro?*

Poderá dizer-se que as quantias devidas ao empreiteiro mas por este ainda não exigíveis (cfr. artigo 298º) não são, em rigor, *retidas,* palavra que parece pressupor o vencimento das respectivas dívidas; por outro lado, aquele termo poderia reportar-se às deduções para garantia efectuadas nos pagamentos (artigo 297º). A verdade, porém, é que as situações são em tudo semelhantes na perspectiva do incumprimento do contrato, não se vendo razão para divergência de regimes.

3. A redacção do nº 3 deste artigo nada refere quanto ao efeito do silêncio do dono da obra no que toca à decisão sobre a reclamação, aliás como fazia o preceito que lhe correspondia (artigo 166º) no Decreto-Lei nº 48 871. Já o mesmo não sucedia nos diplomas legais que a este sucederam, que atribuíam a esse silêncio o mesmo efeito do apuramento da falta de responsabilidade do empreiteiro. E parece que não pode deixar de ser esse o efeito do silêncio do dono da obra, pois, a não ser assim, ficava o empreiteiro sem defesa quanto a essa passividade.

4. Esquematicamente, podem figurar-se do modo seguinte as hipóteses reguladas nos nºs 3, 4 e 5:

- O facto que determinou a suspensão e que foi imputado ao empreiteiro não é justificativo da suspensão – aplica-se o regime dos artigos 275º e 279º;
- O facto que determinou a suspensão não é imputável ao empreiteiro – aplica-se o regime dos artigos 275º e 280º;
- Se a suspensão é reconhecida como causada por facto imputável ao empreiteiro, pode o dono da obra optar pela rescisão com as consequências estabelecidas nos artigos 321º a 323º, ou pela continuação da execução da obra pelo empreiteiro, sem que este tenha o direito de obter a prorrogação do prazo contratado nos termos do artigo 280º;
- Toda a suspensão que não tenha como causa um facto imputado ao empreiteiro é da responsabilidade do dono da obra, pelo que se lhe aplica o disposto nos artigos 275º e 280º.

5. As sanções previstas nos nºs 4 e 5 são aplicadas no exercício do poder de autoridade que o dono da obra detém, o que merece comentário semelhante ao feito ao nº 5 do artigo 227º e ao nº 3 do artigo 248º.

6. A aplicação do disposto neste artigo, especialmente no que respeita ao direito de rescisão pelo dono da obra, deve conjugar-se com o disposto no artigo 271º.

7. O nº 4 apenas responsabiliza o empreiteiro pela suspensão que *necessariamente* resulte de facto que lhe é imputável. Há, assim, necessidade, para que se verifique aquela responsabilidade, que exista entre o aludido facto e a suspensão um *nexo causal*, isto é, que o facto seja, *pela sua natureza geral,* adequado a provocar a suspensão, ou, por outras palavras, que esta não se teria de todo em todo verificado, ou não se teria verificado com a duração com que se verificou, se o facto imputável ao empreiteiro não tivesse tido lugar[468].

8. Cfr. os artigos 249º, 251º, 272º, 280º, 281º e 320º.

ARTIGO 278º
Recomeço dos trabalhos

Nos casos de suspensão temporária, os trabalhos são recomeçados logo que cessem as causas que a determinaram, devendo para o efeito notificar-se por escrito o empreiteiro.

---

[468] Sobre o assunto, ver PEREIRA COELHO, *O Problema da Causa Virtual da Responsabilidade Civil*, págs. 233 e seguintes.

1. É a transcrição literal do artigo 172º do anterior REOP, com pequena alteração de texto.

2. Não obstante o actual preceito nada dizer, não poderá deixar de se lavrar auto da ocorrência, dada a importância da data do recomeço dos trabalhos, além do mais, para efeitos de contagem do prazo de execução da obra.

3. Cfr. os artigos 224º e 268º.

ARTIGO 279º
Natureza dos trabalhos

As disposições contidas nos artigos anteriores não são aplicáveis quando a suspensão derive necessariamente da própria natureza dos trabalhos previstos, em condições normais de execução.

Corresponde ao artigo 173º do REOP, que, manifestamente por lapso, omitia o *"não"*, antes de *"são aplicáveis"*.

ARTIGO 280º
Prorrogação do prazo contratual

Sempre que ocorra suspensão não imputável ao empreiteiro, nem decorrente da própria natureza dos trabalhos previstos, consideram-se prorrogados por período igual ao da suspensão, os prazos do contrato e do plano de trabalhos.

1. Corresponde ao artigo 174º do anterior REOP; que em substância mantém.

2. A propósito do termo *prorrogação* que usualmente é aplicado nestas e em circunstâncias semelhantes, escreveu MARCELLO CAETANO[469]:

Como se vê o Regulamento impõe à Administração que, verificada a exactidão das circunstâncias alegadas pelo empreiteiro e demonstrativas de lhe não ser imputável a responsabilidade do atraso, conceda (será concedida) a ampliação do prazo. Não se trata pois, de um favor, mas de verdadeira obrigação da Administração, correspondente a um direito do empreiteiro.

---

[469] *O Direito*, ano 97º, pág. 86.

Pode, por isso, discutir-se a propriedade do termo prorrogação para definir esta ampliação do prazo. Quando o tempo fixado no contrato não foi observado porque a Administração obstou a que o fosse, os dias não aproveitados pelo empreiteiro por culpa do outro contraente, a ele associado na execução da obra cuja direcção lhe compete, são dias que não devem contar para nenhum efeito *e que, por conseguinte, devem ser* compensados *por outros tantos dias.*

A Administração não tem pois, em rigor, de prorrogar ou até de ampliar o prazo contratual, mas apenas de facultar ao empreiteiro os dias de trabalho de que por sua culpa ou negligência o privou.

Estas considerações mantêm a sua pertinência face ao disposto no artigo 280º, se bem que, neste, o carácter vinculativo da compensação seja nítido.

O que se deixa dito deve igualmente valer, senão por maioria ao menos por igualdade de razão, se os trabalhos, embora não tenham chegado a ser suspensos, viram o seu normal desenvolvimento afectado.

3. Entre os elementos essenciais do contrato, está o prazo de execução da obra. A essencialidade deste elemento decorre directa e imediatamente da necessidade de uma oportuna, correcta e integral satisfação do interesse público que determinou a realização da obra. Mas isso mesmo implica que a determinação desse prazo seja resultante de um cuidadoso estudo, para que seja realista e, assim, exequível; a fixação de prazo *a priori* escasso para aquela execução, tidas em conta as condições normais em que se deve processar, é, desde logo, fomentar o aparecimento posterior de problemas e questões com o mais que provável incumprimento de tal prazo e, consequentemente, provocar atrasos na execução, morosidade dos trabalhos, enfim, adiamento da satisfação do interesse público determinante da obra. E a isso não obsta o regime de aplicação de multas, quer porque estas não substituem a satisfação daquele interesse, quer porque, de certo modo, nem deviam ter lugar, pois não houve uma anormal execução, mas tão só a fixação de um prazo de execução anormal por inadequado. Em todo o caso, mesmo nessa hipótese, o respeito pelas bases do concurso justifica a aplicação das multas por atrasos na execução da obra. Basta pensar que é sempre possível admitir que outros empreiteiros teriam participado no concurso se não fora terem concluído que o prazo de execução fixado pelo dono da obra era incumprível.

4. É impossível prever quais os eventos que poderão constituir causas justificativas de atrasos, e, consequentemente, de prorrogações dos prazos contratuais, pelo que isso não poderá ser estabelecido no caderno de encargos com um mínimo de objectividade. Na elaboração do calendário das obras há determinados factos que, pela regularidade com que se verificam, não podem deixar de ser levados em conta, sem embargo de, pela sua anormal frequência ou intensidade, poderem vir a constituir causa justificativa (v.g., condições atmosféricas impróprias para a execução dos trabalhos ou de determinada espécie de trabalhos). Tanto mais é assim, quanto é certo que, no processo executivo da obra, a realização de determinadas fases poderá pressupor e ser condicionada pela execução prévia de outras, o que pode, em consequência daqueles factos, ter sido impossível ou mais demorado. Mas este, como outros factores (v.g., inesperadas dificuldades na obtenção de meios de produção) só poderão constituir causas justificativas se, pela sua anormal frequência, intensidade ou duração, se manifestarem razoavelmente imprevisíveis.

5. Cfr. os artigos 237º, 246º e 287º.

SECÇÃO VIII
NÃO CUMPRIMENTO E REVISÃO DO CONTRATO

ARTIGO 281º
Caso de força maior e outros factos não imputáveis ao empreiteiro

1. Cessa a responsabilidade do empreiteiro por falta, deficiência ou atraso na execução do contrato, quando o incumprimento resulte de facto que lhe não seja imputável, nos termos previstos na presente lei.

2. Os danos causados nos trabalhos de uma empreitada por caso de força maior ou qualquer outro facto não imputável ao empreiteiro, nos termos da presente lei, são suportados pelo dono da obra quando não correspondam a riscos que devam ser assumidos pelo empreiteiro nos termos do contrato.

3. Considera-se caso de força maior, para efeitos da presente lei, o facto de terceiro, facto natural ou situação imprevisível e inevitável, cujos efeitos se produzam independentemente da vontade ou das circunstâncias pessoais do empreiteiro, tais como actos de guerra ou de subversão, de epidemias, de ciclones, de tremores de terra, de fogo, de raio, de inundações, de greves gerais ou sectoriais e quaisquer outros eventos da mesma natureza que impeçam o cumprimento do contrato.

1. Corresponde ao artigo 175º do REOP ao qual introduz algumas alterações. Assim:

- No nº 1, acrescentou "nos termos previstos na presente lei", com o que parece ter-se pretendido evidenciar o carácter restritivo do regime estabelecido.

- No nº 2, acrescentou igualmente aquela frase e ainda substituiu "seguros" por "assumidos", termo que, efectivamente, é mais adequado à situação, pois o que está em causa são as obrigações contratuais geradoras de responsabilidade e não a garantia da sua cobertura.
- No nº 3, substituiu-se a referência a "cataclismos naturais" por "outros eventos" a considerar como caso de força maior e que estes devem ser "da mesma natureza" dos ali enumerados, o que, permitindo o recurso à analogia, restringe o campo desta àqueles tipos de factos. Finalmente, substitui-se ali a fórmula "que afectem os trabalhos da empreitada" por "que impeçam o cumprimento do contrato", o que é menos abrangente, já que podem ocorrer factos que afectem o processo executivo da obra, mas não de modo a impedir o cumprimento do contrato nos termos acordados.

2. A noção de *caso de força maior* dada pelo nº 3, se bem que assente na *imprevisibilidade* do facto, não se pronuncia sobre os reflexos que daí poderão advir para a execução da obra. A doutrina civilista distingue entre *caso de força maior* e *caso fortuito*, pondo o acento da distinção, segundo o critério mais difundido, na *imprevisibilidade* e *irresistibilidade* do facto. O segundo, seria de todo em todo imprevisível e portanto inevitável, enquanto que o primeiro, ainda que previsível, não poderia ser evitado quer no seu sucedimento, quer nas suas consequências. O *caso fortuito*, se fosse previsível, poderia ser evitado, assentando assim na sua imprevisibilidade a relevância jurídica que se lhe reconhece; *o caso de força maior*, mesmo que possa ser previsto é irresistível, inevitável[470].

Tal como sucedia no domínio do diploma legal que o antecedeu, também este dá frequentemente relevância quer ao caso imprevisto, quer ao caso de força maior. Mas, como se disse, parece não haver perfeita coincidência conceitual entre ambos. Assim, nos trabalhos preparatórios do Decreto-Lei nº 48 871[471] referiu-se: LAUBADÈRE *aponta como características essenciais do caso de força maior: a* exterioridade *(tratar-se de um facto estranho e independente da vontade do contratante), a* imprevisibilidade *(observando que não se trata de uma imprevisibilidade absoluta, mas, apenas, relativa) e a* irresistibilidade *(traduzindo-se esta nota do conceito exactamente na circunstância de o caso de força maior determinar a* impossibilidade absoluta de cumprimento de uma ou mais obrigações contratuais).

---

[470]) Cfr. MÁRIO JÚLIO DE ALMEIDA COSTA, *Direito das Obrigações*, 1968, pág. 446 e MANUEL DE ANDRADE, *ob. cit.*, pág 417.

[471] Este foi o diploma legal que, em Portugal, aprovou a primeira versão do RJEOP.

E acrescenta que é pela irresistibilidade *que o caso de força maior se distingue da imprevisão e do fait du Prince, os quais, embora também estranhos à vontade do contraente e imprevisíveis, apenas originam uma maior dificuldade ou onerosidade do cumprimento, não o impedindo, todavia, absolutamente.*

MARCELLO CAETANO[472] definiu o caso de força maior como sendo *o facto imprevisível e estranho à vontade dos contraentes que impossibilita absolutamente de cumprir as obrigações contratuais.* Tal como na definição legal, também nesta se realça quer a independência do facto em relação à vontade das partes, quer a sua imprevisibilidade. Esse facto, porém, além de imprevisto deve ser irresistível, isto é, inevitável, o que afasta o caso fortuito que, como se viu, poderia ser evitado se fosse previsível.

Todavia, o caso de força maior só o será se *impedir absolutamente* o empreiteiro de cumprir as obrigações que assumiu, isto é, de realizar a obra em condições de perfeição, atempadamente e de acordo com o plano de trabalhos. Se o facto ainda que estranho à vontade do empreiteiro, imprevisto e irresistível não o impede de cumprir integralmente o contrato, apenas tornando esse cumprimento mais oneroso, não se traduz em caso de força maior, mas caso imprevisto[473]. Na realidade, este traduz-se *no facto estranho à vontade dos contraentes que, determinando a modificação das circunstâncias económicas gerais, torna a execução do contrato muito mais onerosa para uma das partes do que caberia no risco normalmente considerado*[474] [475].

3. Nem sempre é fácil ajuizar sobre se determinado facto deve ou não ser considerado como *caso de força maior* com vista à produção do respectivo efeito liberatório de responsabilidade. A jurisprudência belga, por exemplo, admite como casos de força maior, entre outros, os seguintes: atrasos ou faltas dos fornecedores dos materiais, recusa de licença de exportação do país fornecedor dos materiais a importar, ou de licença de importação do país onde a obra decorre, dificuldades na obtenção dos materiais devido à sua carência, dificuldades no recrutamento de mão de obra, dificuldades de transporte, etc.[476].

A noção do nº 3 parece incluir a discutida questão das intempéries, e sem

---

[472] *Manual cit.,* I, pág. 623.

[473] Cfr. ESTEVES DE OLIVEIRA, *ob. cit.,* pág. 718.

[474] MARCELLO CAETANO, *Manual cit.,* I, pág. 625.Cfr.sobre a teoria da inevitabilidade dos eventos, que baseia o conceito legal de *caso de força maior,* ver o Parecer da Procuradoria Geral da República, nº 20/78, *B.M.J.,* 281º, pág. 166, FREITAS DO AMARAL, FAUSTO QUADROS e VIEIRA DE ANDRADE, *Aspectos Jurídicos da Empreitada de Obras Públicas,* Almedina, 2002, págs 253 e 254.

[475] Cfr. as anotações aos artigos 240º e 271º.

[476] Cfr. M. A. FLAMME, *ob. cit.,* II, pág. 592.

dúvida que inclui a não menos discutida admissibilidade das greves, desde que gerais ou sectoriais.

Quanto às intempéries, parece que a questão, em princípio[477], só é de colocar quanto aos trabalhos a executar ao ar livre. Por outro lado, o prazo de execução do contrato já é estabelecido contando com o esperado por normal número de dias de condições atmosféricas que possam afectar ou mesmo impedir a normal execução dos trabalhos. Assim, também só é de colocar a questão se essas condições atmosféricas ocorreram com uma intensidade, periodicidade e gravidade anormais, caso em que poderão constituir caso de força maior[478].

No que respeita à greve, a orientação dominante até certa altura era a de que, em princípio, não seria de considerar caso de força maior, pois que se trata de um fenómeno, geralmente, de caracterização extremamente contingente e, quanto às que não sejam gerais ou sectoriais, a sua consideração como caso de força maior teria implícita a ideia de inevitabilidade e, consequentemente, de injustiça. Ora, bem pode suceder que assim não seja; pode na verdade suceder que a greve se verifique por *facto não independente da vontade ou das circunstâncias pessoais do empreiteiro*, não sendo nem *imprevisível* nem *irresistível ou inevitável*, ou seja, não integrando o caso de força maior. Mas entendia-se que para averiguar aquela irresistibilidade ou inevitabilidade não bastava partir das meras possibilidades teóricas, isto é, a greve não deixava de ser inevitável só porque era possível obstar à sua verificação ou prolongamento pela satisfação de todas e quaisquer reivindicações por mais irrealistas que sejam; não seria necessário que, para isso, se verifique a abdicação pura e simples da entidade patronal[479].

O certo é que, no regime vigente estabelecido pelo nº 3 deste artigo, as greves gerais e sectoriais podem ser consideradas como caso de força maior. E, parece, à greve geral e sectorial se deve equiparar a greve meramente política[480].

4. Apreciando um caso em que, por evento de força maior, resultou danificado ou perdido equipamento do empreiteiro ao serviço da obra, HENRIQUE

---

[477] Em princípio, mas não necessariamente limitado a esses trabalhos. Igualmente existirá essa causalidade e seus efeitos, por exemplo, se a intempérie impedir o transporte dos materiais necessários à execução dos trabalhos, ainda que interiores, se esse transporte seria feito de harmonia com o programado e demais requisitos técnicos, ou se, apesar de se tratar de trabalhos interiores, a sua execução é tecnicamente incompatível com as intempéries.

[478] Sobre o assunto, ver DANIEL CHABANOL e JEAN-PIERRE JUGUELET, *ob. cit.*, pág. 174.

[479] ESTEVES DE OLIVEIRA, a pág. 718 da *ob. cit.* e em nota, considera que a greve não estava incluída no âmbito do conceito de *força maior* dado pelo artigo 170º do Decreto-Lei nº 48 871, *pois que ao empreiteiro seria possível por hipótese, evitar essa greve ou contratar trabalhadores substitutos.*

[480] Cfr. M. A. FLAMME, *ob. cit.*, II, pág. 587.

MESQUITA[481] pronunciou-se no sentido de que, com a disposição então vigente e correspondente ao nº 2 deste artigo, não se visou responsabilizar o dono da obra por danos decorrentes de caso de força maior, nem transferir essa responsabilidade do empreiteiro para o dono da obra. *O objectivo do preceito era, tão-somente, isentar ou exonerar o empreiteiro de responsabilidade perante o dono da obra, conforme claramente decorre do facto de se tratar de uma norma integrada numa secção do diploma (Secção VIII) intitulada "Do não cumprimento e da revisão do contrato"(...) Nesse preceito, não se responsabiliza o "dono da obra", em caso de força maior, perante ninguém: estabelece-se apenas que ele suportará os danos que um evento irresistível cause na obra que constitui objecto da empreitada e que é propriedade sua. Aplica-se, por outras palavras, o princípio res suo domino perit. (...) E conclui: ocorrendo um evento de força maior, o dono da obra, mesmo que o empreiteiro se encontre em situação de mora, suporta os danos que tal evento cause nos bens de que é proprietário – ou seja, na obra propriamente dita. Mas o dono da obra não suporta os danos que o mesmo facto cause ao empreiteiro. Porque não existiu culpa de ninguém, cada um dos contratantes sofre os prejuízos que o acontecimento imprevisto e irresistível causou na sua esfera jurídica.*

5. Embora o nº 1 deste preceito pareça englobar no seu dispositivo todos os casos de incumprimento ou cumprimento defeituoso do contrato, apenas regula as situações em que isso sucede devido a casos de força maior. No artigo seguinte, contempla-se os casos em que isso sucede por facto imputável ao dono da obra e nos artigos 286º e 287º as situações de cumprimento defeituoso e de incumprimento por facto imputável ao empreiteiro.

6. Cfr. os artigos 240º, 270º, 271º, 275º, 283º, 286º, 287º, 303º e 308º.

ARTIGO 282º
Maior onerosidade

1. Se o dono da obra praticar ou der causa a facto de que resulte maior dificuldade na execução da empreitada, com agravamento dos encargos respectivos, terá o empreiteiro direito ao ressarcimento dos danos sofridos.

2. No caso de os danos provados excederem 1/6 do valor da empreitada, assiste ao empreiteiro, além disso, o direito de rescindir o contrato.

1. Corresponde ao artigo 176º do anterior REOP, que reproduz de modo praticamente textual.

---

[481] *Revista de Legislação e Jurisprudência*, Coimbra Editora, nº 3855, págs. 189 e 190.

2. Já chegou a ser projectado no ordenamento jurídico português, para um preceito correspondente a este, incluir nele uma norma nos termos da qual *O empreiteiro é livre de renunciar aos direitos previstos nos números anteriores*. Não chegou a constar do preceito legal respectivo por manifesta desnecessidade, pois estando-se, relativamente ao empreiteiro, no domínio dos direitos disponíveis, não há necessidade de disposição legal a declarar a admissibilidade da renúncia a esses direitos, por isso ser inerente àquela disponibilidade.

3. Este é mais um preceito caracterizado pela preocupação da garantia do equilíbrio financeiro do contrato, responsabilizando o dono da obra pelas consequências do agravamento das respectivas condições de execução, ainda que decorrentes de uma actividade lícita daquele, constituindo um princípio de aplicação genérica nas relações contratuais dono da obra/empreiteiro. A disposição do nº 1 visa *corrigir desequilíbrios de valor económico entre prestação e contraprestação surgidos em momento posterior à celebração do contrato por força de uma actuação, mesmo que lícita, de uma das partes – afinal, aquela a quem a obra aproveita* [482].

4. O *agravamento de encargos* a cujo ressarcimento a lei confere direito ao empreiteiro, abrange todos os custos que intervêm na composição do preço contratual, podendo mesmo abranger sobrecustos suportados com *gastos gerais mensais da obra* e com a *estrutura central das empresas*[483].

5. Cfr. a anotação ao artigo anterior e ainda os artigos 323º, 324º e 325º.

ARTIGO 283º
Verificação do caso de força maior

1. Ocorrendo facto que deva ser considerado caso de força maior, o empreiteiro deve, nos cinco dias seguintes àquele em que tome conhecimento do evento, requerer ao dono da obra que proceda ao apuramento do facto e à determinação dos seus efeitos.

2. Logo que o empreiteiro apresente o seu requerimento, a fiscalização deve proceder, com assistência dele ou do seu representante, à verificação do evento, lavrando-se auto do qual constem:

a) as causas do facto;

---

[482] Cfr. FREITAS DO AMARAL, FAUSTO QUADROS e VIEIRA DE ANDRADE, *Aspectos Jurídicos da Empreitada de Obras Públicas*, Almedina, 2002, pág. 227.

[483] Cfr. FREITAS DO AMARAL, FAUSTO QUADROS e VIEIRA DE ANDRADE, *Aspectos Jurídicos da Empreitada de Obras Públicas*, Almedina, 2002, págs. 224 e seguintes.

b) o estado das coisas depois do facto ou acidente e no que difere do estado anterior;

c) se tinham sido observadas as regras da arte e as prescrições da fiscalização;

d) se foi omissa alguma medida que, segundo as regras normais da prudência e da experiência, o empreiteiro devesse ter tomado para evitar ou reduzir os efeitos do caso de força maior;

e) se os trabalhos têm de ser suspensos, no todo ou em parte, definitiva ou temporariamente, especificando-se, no caso de interrupção parcial ou temporária, a parte da obra e o tempo provável em que a interrupção se verificará;

f) o valor provável do dano sofrido;

g) qualquer outra menção que se julgue de interesse ou que o empreiteiro ou o seu representante peça que se consigne.

3. O empreiteiro pode, imediatamente no auto ou nos dez dias subsequentes, formular requerimento fundamentado em que apresente as suas pretensões, conforme o que julgar ser seu direito, discriminando os danos a reparar e o montante destes, se for possível determiná-los nessa data e impugnar, querendo, o conteúdo do auto.

4. Recebido o requerimento do empreiteiro é ele remetido com o auto e devidamente informado pela fiscalização ao dono da obra, que deve notificar a sua decisão ao empreiteiro no prazo de trinta dias.

5. O mesmo procedimento, adaptado às circunstâncias, deve ser seguido quando o empreiteiro pretenda ser indemnizado com o fundamento na prática de actos que dificultem ou onerem a execução da empreitada.

6. Se o empreiteiro não apresentar tempestivamente os requerimentos previstos neste artigo, não pode mais invocar os seus direitos, salvo se o caso de força maior o tiver também impedido de requerer, oportunamente, o apuramento dos factos.

7. Se a fiscalização não proceder à verificação da ocorrência de acordo com o disposto no presente artigo, pode o empreiteiro ou seu representante proceder a ela, lavrando o auto em duplicado, com a presença de duas testemunhas e remetendo o original desde logo ao dono da obra.

1. Corresponde ao artigo 177º do anterior REOP ao qual introduz algumas alterações de redacção sem repercussão na sua substância.

2. É de notar que este preceito manda iniciar a contagem do prazo para requerer o apuramento do facto impeditivo e a determinação dos seus efeitos, a partir da tomada de conhecimento da ocorrência pelo empreiteiro. Parece, porém, que tendo em atenção a especial natureza dos interesses em causa, tal momento deverá ser o da cognoscibilidade da ocorrência, pois não é razoável que seja o dono da obra a sofrer as consequências de um seu tardio conhecimento pelo empreiteiro que, se fosse mais diligente, dela teria tido conhecimento mais cedo. Afigura-se-nos, pois, que neste sentido se deve interpretar o preceito.

3. Os vários elementos enumerados no nº 2, que deverão constar do auto de verificação da ocorrência, são condição e elementos essenciais quer para a averiguação da existência do direito de indemnização do empreiteiro, quer para a determinação da extensão e valor dos danos sofridos. Isto mesmo resulta do disposto no nº 1 que refere a diligência que visa ao *apuramento do facto e à determinação dos seus efeitos.* E decorre do nº 5 que o procedimento a adoptar será o mesmo, quer o empreiteiro tenha alegado caso de força maior, nos termos do artigo 281º, quer facto do dono da obra, ou agente deste, de harmonia com o artigo 282º, num ou noutro caso desde que tenha tornado a execução mais onerosa.

No que toca às circunstâncias ali enumeradas, apenas se dirá, quanto à referida na alínea *d)*, que a omissão de medidas pelo empreiteiro no sentido de evitar ou reduzir os efeitos da força maior, só é relevante se o empreiteiro, segundo as normas da arte, da prudência e experiência normais, *podia* e *devia* tomar tais medidas. Na verdade, não pode esquecer-se que se trata de casos de força maior, portanto *imprevisíveis* e *irresistíveis,* ou de factos do dono da obra ou seu agente.

4. Do disposto no nº 6 resulta que o empreiteiro não só *pode* como *deve* formular o requerimento em que fundamenta a sua pretensão no prazo indicado no nº 3 que, aliás, se pode revelar excessivamente curto –, sob pena de perder o direito que eventualmente lhe assista.

O prazo de dez dias não se conta a partir da data do acontecimento, mas a partir da data do auto. Aí o empreiteiro terá de alegar e provar não apenas os prejuízos sofridos, que deverá discriminar e, se for possível, quantificar, como o nexo causal que os liga ao facto ou factos que entende preencherem o caso de força maior ou que atribui a facto do dono da obra ou de agentes deste. Na elaboração deste requerimento, deve atender-se a que, como já foi decidido judicialmente, *não obstante a reclamação não estar sujeita a um formulário especial, a mera alusão a esses prejuízos feita em carta dirigida aos Serviços não constitui reclamação dos prejuízos.*[484]

---

[484] Acórdão do Supremo Tribunal Administrativo (Portugal), de 1969.05-29, *Acórdãos Doutrinais,* 91º, pág. 166.

5. Também neste preceito se não diz em que sentido se interpreta a falta de notificação ao empreiteiro, no prazo de quinze dias, da decisão que foi proferida sobre a pretensão que apresentou. Neste caso, afigura-se-nos que, de acordo com o princípio geral, o silêncio do dono da obra equivale ao indeferimento. Esta é ainda a conclusão que logicamente se extrai do facto de o legislador referir expressamente as hipóteses em que o silêncio equivale ao deferimento, como sucede, por exemplo, nos artigos 206º, nº 4, 113º, nº 2, 243º, nº 5, 258º, nº 2, 259º, nº 2, 269º, nº 3, 277º, 292º, nº 3 e 305º, nº 4. Excepção a este princípio é o nº 8 do artigo 322º, único caso em que o legislador faz, expressa, mas desnecessariamente, corresponder o silêncio do dono da obra ao indeferimento. Com efeito, é princípio geral de Direito Administrativo o de que o silêncio da Administração Pública sobre pretensão que lhe for apresentada equivale ao indeferimento, princípio esse que está genericamente formulado no nº 1 do artigo 58º das NPAA que estabelece:

Sem prejuízo do disposto no artigo anterior[485], a falta, no prazo fixado para a sua emissão, de decisão administrativa sobre pretensão dirigida a órgão administrativo competente confere ao interessado, salvo disposição em contrário, a faculdade de presumir indeferida essa pretensão, para poder, querendo, exercer o direito de impugnação.

6. As *regras da arte* a que, entre outras disposições deste diploma, se refere a alínea *c)* do nº 2 deste artigo, constituem um conjunto de normas avulsas, de natureza diversa, que se traduzem em informações de carácter técnico facultadas aos profissionais da construção civil, obtidas pela investigação científica e técnica ou pela via empírica.

7. Cfr. os artigos 240º, 270º, 271º, 275º, 281º, 282º, 286º, 287º, 303º e 308º.

ARTIGO 284º
Alteração das circunstâncias

Quando as circunstâncias em que as partes hajam fundado a decisão de contratar sofram alteração anormal e imprevisível, de que resulte grave aumento de encargos na execução da obra, que não caiba nos riscos normais, o empreiteiro tem direito à revisão do contrato para o efeito de, conforme a equidade, ser compensado do aumento dos encargos efectivamente sofridos ou se proceder à actualização dos preços.

1. Corresponde ao nº 1 do artigo 178º do anterior REOP, ao qual introduz as seguintes alterações:

---

[485] O artigo 57º daquela Lei estabelece o regime do deferimento tácito.

- No regime anterior, a revisão por alteração das circunstâncias só era admitida para os contratos com duração superior a um ano;
- Esse regime estabelecia expressamente que a verificação da alteração anormal das circunstâncias devia ser obtida segundo as regras da prudência e da boa fé, referência que, efectivamente, não tem pertinência, como a seguir se referirá.

2. Com efeito, referia-se que aquela anterior redacção poderia levar à conclusão de que o regime que estatui só seria aplicável se as partes fundaram a decisão de contratar segundo as regras da prudência e da boa fé, condição absurda já que a questão só se põe por as circunstâncias serem anormais e imprevistas.

Por outro lado, censurava-se o facto de o texto legal não esclarecer a conexão dos *riscos normais*, todavia, embora aceitando que a redacção podia ser mais explícita, não deixa dúvida de que se trata dos riscos normais inerentes ao contrato.

Finalmente, censurava-se o preceito por só regular a modificação do contrato decorrente da alteração dos preços. Quanto a este aspecto, visto que a redacção se manteve, a questão continua de pé, pelo que, como referem aqueles críticos, a sua solução só pode encontrar-se pela aplicação subsidiária do regime do direito civil, ainda que como tal não prevista no artigo 359º.

3. Um dos requisitos estabelecidos no preceito para a relevância da *alteração das circunstâncias* é o de que dela resulte *grave aumento de encargos na execução da obra*. Do que decorre que, quanto aos encargos resultantes dessa alteração, os que não puderem ser considerados *graves,* integram-se no *risco do negócio*, correndo por conta do empreiteiro; os que, como tal, devem ser considerados integram-se no chamado *risco administrativo*, que corre por conta do dono da obra.

Risco grave é um conceito indeterminado, portanto a averiguar em cada caso concreto, no exercício do poder discricionário do dono da obra, porventura integrado na chamada *discricionariedade técnica*, mas sempre com obediência aos princípios gerais da actuação administrativa, designadamente dos princípios da proporcionalidade, da boa fé e da justiça.

4. Estabelece este preceito que o contrato será revisto conforme a equidade. Sobre o conceito de equidade, transcreve-se FREITAS DO AMARAL, FAUSTO QUADROS e VIEIRA DE ANDRADE[486]:

---

[486] *Aspectos Jurídicos da Empreitada de Obras Públicas*, Almedina, 2002, págs. 33 e 37.

Existem, basicamente, duas grandes concepções acerca da relação entre equidade e direito:

a) Para uma concepção ampla, "forte", "mais intensa" ou "substitutiva", fundada, sobretudo, na reflexão sobre o próprio conceito de equidade, o julgamento de equidade, "contrastando com o jurídico, é por isso não jurídico e corresponde à sentença que surge do espírito do julgador perante os factos, à decisão salomónica que vale para o caso sub judice e para mais nenhum outro. Enfim, ao juízo que supõe a aceitação do "summum jus, summa injuria" (RITA AMARAL CABRAL, Anotação ao Acórdão Arbitral de 31 de Março de 1993, in Revista da Ordem dos Advogados, Janeiro de 1995, pp. 194-195). Nesta concepção, "(...)a devolução para a equidade investe o julgador no poder de criar, ex novo e autonomamente, o critério decisório, cometendo-lhe a tarefa de fixar, à revelia do direito constituído, como se fosse o "legislador" do caso concreto. O tribunal realizará (...) uma acção constitutiva ou ordenante, procedendo, para lá do plano da aplicação e execução do direito constituído, como se fosse o legislador do caso concreto. Em vez de agir como viva vox legis, o juíz passa a ser a própria vox legislatoris, muito embora lhe seja exigido que, nesta sua inventio jurídica, não abandone completamente o "espírito do direito" (Afonso Queiró) – como, aliás, deve fazer o legislador do Estado de direito democrático" (Acórdão Arbitral de 22 de Agosto de 1988, cit., p. 601). Em suma, para esta concepção, o julgador pode, na sua decisão, se necessário, ignorar por completo o direito positivo ou contrariá-lo;

b) Para uma concepção restrita, "fraca", "moderada", ou "integrativa", que parte da concepção aristotélica, e que também "colhe os contributos do jus praetorium romano definido como aquele "quod praetores introduxerunt adiuvandi vel supplendi vel corrigendi iuris civili gratia" e de "equity follows the law", aceita-se um "continuum entre direito e equidade, apreendendo esta como uma correcção de lacunas e inadequações que inevitavelmente surgem por força da generalidade da lei" (RITA A. CABRAL, ob. cit., p. 195). "Isto é: quando a aplicação estrita da norma em foco conduzir a consequências injustas, em virtude de na formulação dela não ter sido possível tomar em conta todas as circunstâncias juridicamente relevantes no caso concreto, o julgador segundo a equidade deve introduzir no texto aplicável as especificações necessárias para que a sua decisão se torne concretamente justa. Este trabalho de afinamento e completamento, por parte do juiz de equidade, de normas jurídicas já constituídas, assenta, ao fim e ao cabo, na suposição de que o autor delas teria feito o mesmo se tivesse presente ou se tivesse previsto a ocorrência de um caso com as características deste (Acórdão Arbitral de 22 de Agosto de 1988, cit., p. 600-601). Por outras palavras: o julgador que recorre à equidade pode adaptar em face das circunstâncias do caso, mas não ignorar, o espírito do Direito.

Aqueles Autores, referindo que, de harmonia com a jurisprudência arbitral dominante, optam pela segunda daquelas concepções, acrescentam:

Efectivamente, entende-se que, ao celebrarem um compromisso arbitral que confere aos árbitros o poder de decidir segundo a equidade, as partes não quiseram uma solução casual ou arbitrária, mas uma solução justa tirada a partir de certas regras. Ora, na busca "das regras que prossigam, possibilitem ou permitam a obtenção da justiça, em qualquer das suas acepções, acaba por se encontrar sempre o Direito" (MENEZES COR-DEIRO, *ob. cit., p. 161).*

Na verdade, o Direito vigente, num ordenamento devidamente estruturado, conforme às aspirações do seu tempo e dotado de um nível constitucional capaz, exprime, no seu grau mais elevado de desenvolvimento, aquilo que, numa sociedade, é considerado justo, ético, adequado e convincente. Apenas ficam de fora certas regras técnicas, como as atinentes a formalidades, a prazos ou a deveres instrumentais que, operando nos problemas uma simplificação excessiva, ditada pelas necessidades de celeridade, confrontadas com a complexidade do tráfego social, correspondem a outra ordem de carências que a equidade pode ignorar" (MENEZES CORDEIRO, *Da Boa Fé no Direito Civil, II, Coimbra, 1984, p. 1204).*

Partir-se-á, pois,(...) "do Direito estrito, expurgado de regras formais e limado de aspectos demasiado rígidos; o resultado assim obtido poderá ser adaptado, dentro de certos limites, de modo a melhor corresponder ao equilíbrio buscado pelas partes" (cfr. MENEZES CORDEIRO, *Anotação ao Acórdão Arbitral de 31-3-1993, cit., p. 162).*

De resto, entende o Tribunal, à luz dos contextos jurídico-metodológicos actualmente dominantes, que é deste modo que se deve aplicar normalmente o Direito ordinário. De facto, o legislador, tendo uma capacidade de previsão limitada, cria regras apenas para situações típicas ou mais comuns. Logo, ao julgador, estadual ou arbitral, tem de reconhecer-se a possibilidade de, perante os casos concretos que lhe são submetidos, e interpretando aquelas regras em conformidade com os princípios estruturantes do sistema jurídico, adaptá-las e eventualmente corrigi-las, dentro de certos limites, por forma a procurar realizar uma justa e equilibrada composição dos específicos interesses em confronto (v. ANTÓNIO CASTANHEIRA NEVES, *Questão-de-Facto-Questão-de-Direito ou o Problema Metodológico da Juridicidade, vol. 1, A Crise, Coimbra, 1967, pp. 312-332, referindo os pensamentos de Aristóteles, Kant e Stammler).*

Exemplificando, entende o Tribunal que a equidade difere do direito estrito, fundamentalmente, nos aspectos seguintes:

a) Ponderação exaustiva das circunstâncias específicas do caso concreto;

b) Predomínio da substância sobre a forma;

452 JORGE ANDRADE DA SILVA

c) Possível desconsideração de certas exigências legais quanto a prazos, formalidades e condicionamentos formais de direitos substantivos;

d) Atendimento, mesmo quando a lei para eles não remeta, dos usos, costumes, praxes e regras técnicas de uma certa arte ou profissão, ou de um dado sector da vida económica e social, que devam considerar-se aplicáveis;

e) Apelo constante, no domínio dos contratos, à ideia de justiça comutativa, com os seus corolários da equivalência das prestações, equilíbrio financeiro e justa repartição de riscos e responsabilidades;

f) Maior atenção à consideração de argumentos de razoabilidade das soluções e de confiança nas legítimas expectativas das partes;

g) Possibilidade de aplicação da lei com as necessárias adaptações (argumentos cum grano salis, mutatis mutandis, exceptis excipiendis, etc.);

h) Orientação do julgamento para obter a solução justa do caso concreto.

Segundo JOSÉ VIGÁRIO DA SILVA[487], a equidade *não se destina, à partida, a modificar o contrato e as normas que o regem, nem a pôr em causa as alterações contratuais firmadas por acordo ou por qualquer forma legalmente estabelecida.(...). O julgamento segundo a equidade não significa fazer tábua-rasa do contrato e suas alterações queridas ou consentidas, nem significa pôr de lado as normas jurídicas aplicáveis: significa apurar as condições contratuais originárias e as estabelecidas durante a execução dos trabalhos, bem como as normas legais aplicáveis e, face aos factos e circunstâncias concretas suprir as previsões lacunosas do texto contratual, de modo a realizar adequadamente o negócio, no respeito substancial pelo espírito e pela lógica nos quais os contraentes o pretendiam enformado, substituindo-se a estes na falta de determinação voluntária das regras contratuais; significa corrigir ou dar sem efeito condições contratuais que se revelem desequilibradoras da relação prestacional, favorecendo injustamente uma parte em relação à outra; significa interpretar as normas legais aplicáveis, de modo a compaginá-las com o escopo contratual, as circunstâncias concretas do caso e o equilíbrio das prestações, não as utilizando sempre que firam os princípios da boa fé, dos bons costumes, do fim social e económico prosseguidos pelas partes, por criarem, em concreto, situações de abuso do direito ou da iniquidade; significa, face a critérios técnicos e sem prejuízo das condições contratuais ajustadas, definir consequências e quantificá-las, de modo a retribuir em justiça o que for devido e a negar o que o não for; significa, em suma, preencher as lacunas do contrato; desviar a aplicação de condições contratuais ou normas legais que, no caso, se revelem, claramente e abertamente, injustas ou desequilibradoras da boa fé negocial e das prestações das partes; utilizar os conhecimentos do mercado e do sector,*

---

[487] Parecer jurídico não publicado.

nas suas condições específicas e nas regras práticas, para relevar e revelar na decisão os circunstancialismos típicos onde se insere a actividade, deles tirando conclusões no sentido de integrar o contrato e respectivas consequências; socorrer-se das regras práticas de gestão de empreendimentos para a compreensão dos problemas, dificuldades e situações, que se afigurem anormais e mereçam, por isso, um tratamento diferente do da norma ou condição reguladora; verificar as quantidades provadas e arbitrar as quantidades não definidas cabalmente; definir preços e valores, que não estejam consensuados.

Dir-se-á que a equidade realiza o direito que o caso concreto merece, ou por simples aplicação das condições contratuais e das normas legais, ora por criação de condições contratuais nos casos omissos, ora pelo desvio às normas legais e contratuais iníquas ou cujo rigor torne injusta a relação contratual, ora pela arbitragem de quantidades, qualidades ou preços não definidos contratualmente, nem provados pelos meios disponíveis, ora pela fixação de prazos e prorrogações com base nos elementos conhecidos, ora pelo estabelecimento de indemnizações (englobando juros de mora) quando se torna difícil apurar em concreto o seu valor, face à prova, ou às circunstâncias concretas do relacionamento entre as partes.

Neste contexto, a equidade diverge dos critérios normativos fixados na lei com a sua pureza e rigor, na medida em que cria sempre uma decisão de mérito para todas as questões postas, enquanto que a lei, nos casos em que não abre ao juiz a equidade, resolve a contenda de acordo com o ónus da prova, levando a decisão em branco (não provou = perdeu). Por outro lado, certas exigências formais (como a necessidade de ordem escrita da Fiscalização para certos actos do empreiteiro) não são tidas em consideração no julgamento segundo a equidade: o que importa é a realidade, nomeadamente, os acordos verbais. Finalmente, no julgamento segundo a equidade podem ser eliminados todos os empecilhos que desestabilizem o equilíbrio contratual, repondo-o, tal como acontece quando ao juiz é dado julgar segundo a equidade(redução da cláusula penal excessiva, modificação do preço e do prazo da empreitada – casos acima mencionados).

AFONSO D'OLIVEIRA MARTINS, sobre o conceito de equidade, escreveu[488] (670):

Julgar segundo a Equidade, significa encontrar uma solução para o litígio pendente que conduza à realização da justiça no caso concreto. Está em causa uma justiça anterior e superior à própria Justiça positiva ou legal e que se define por ser prudentemente atenta às circunstâncias da situação individual e concreta a que respeita o litígio.

Julgar segundo a Equidade implica decidir ex aequo et bono e mediante a aplicação dos princípios decorrentes do valor justiça, os quais servirão para guiar a faculdade discricionária do Juiz.

---

[488] Acórdão arbitral, de Agosto de 1999, não publicado.

Tais princípios podem ter hoje consagração a nível constitucional e legal. Todavia esse facto não os afasta de um juízo de Equidade que se quer extra-legal. É que se trata de princípios gerais que se limitam antes e acima do direito positivo e que este – quando é caso disso – se limita a declarar.

4. Cfr. o artigo seguinte.

ARTIGO 285º
Revisão de preços

1. O contrato deve prever obrigatoriamente o modo de revisão dos preços para o caso de, decorrido o primeiro ano de execução dos trabalhos, se verificar o agravamento da remuneração da mão-de-obra e do custo dos materiais mas, neste último caso, apenas se não tiver sido efectuado adiantamento de preço dos materiais adquiridos ou a adquirir para stock.

2. No caderno de encargos podem fixar-se fórmulas para revisão de preços.

1. Corresponde ao artigo 179º do anterior REOP, cuja substância mantém.

2. Como administrativo que é, o contrato de empreitada de obras públicas visa a realização de um interesse público, sendo regulado, prioritariamente, por normas de direito público. Não obstante, estruturalmente e no que respeita aos seus elementos essenciais, não há diferenças significativas entre aquele contrato administrativo e o contrato de empreitada de direito privado[489], certo sendo que, naquele, o fim público que visa realizar é determinante da sua disciplina jurídica, que, em regra, se impõe a ambas as partes contratantes. Todavia, a submissão do interesse particular do empreiteiro ao interesse público do contrato não é total nem incondicional; não é irrelevante para o dono da obra, por exemplo, a sorte económica do contrato no seu desenvolvimento e conclusão, antes havendo uma preocupação de salvaguardar o equilíbrio económico das respectivas contraprestações.

Quanto a este aspecto, é certo que o empreiteiro *reúne e organiza* os factores de produção e gere por sua conta essa combinação económica e técnica[490].

---

[489] Refere PEDRO ROMANO MARTINEZ (*Contrato de Empreitada*, Almedina, 1994, pág. 17) que no Brasil, em França, na Itália, na Bélgica, no Luxemburgo e na Suíça os contratos de empreitada de obras públicas, salvo quanto a alguns aspectos da sua formação, estão submetidos ao mesmo regime jurídico dos contratos de empreitada de obras particulares, portanto regem-se segundo as regras do direito civil.

[490] GALVÃO TELES, *Aspectos Comuns aos Vários Contratos*, Lisboa, 1951, pág. 76.

Por outro lado, como empresário que é, terá que correr o risco inerente à sua empresa e, consequentemente, em relação a toda a produção e respectivos custos. É o que aqui se vem designando por *risco do negócio*. Mas, na própria defesa do interesse do dono da obra, há que estabelecer um justo limite àquele risco, assim se evitando que, em função da sua eventualidade, quanto à verificação e ao montante, o empreiteiro se veja na necessidade de contratar por preço mais elevado que aquele por que contrataria se pudesse confiar que uma elevação significativa dos custos de produção lhe seria considerada.

Isso mesmo explica que a modificação das condições económicas que sobrevenha durante a execução da empreitada e que origine um desequilíbrio económico do contrato tornando prejudicial para o empreiteiro a sua execução, tenha sido considerada relevante e se viesse a admitir a revisão dos preços ou a atribuição de indemnizações com vista a restabelecer aquele equilíbrio. Este procedimento revelou-se particularmente oportuno e justo em virtude das profundas alterações económicas provocadas designadamente pelos conflitos mundiais, com a constante e importante desvalorização da moeda que em curto espaço de tempo se verificava. Desde há muito que se reconheceu que as medidas legislativas gerais seriam insuficientes para assegurar aos empreiteiros adjudicatários de obras públicas a possibilidade de cumprirem as obrigações contratuais por eles assumidas, dadas as constantes e profundas alterações dos custos dos materiais, dos equipamentos e da mão de obra, a que não é estranho, quanto a este último factor de produção, o enorme surto de emigração legal e clandestina verificado desde há décadas.

Um princípio que se nos afigura indiscutível é o de, num contrato deste tipo, dever legalmente assegurar-se por todos os meios legítimos e praticáveis, o equilíbrio das prestações contratuais. Se o proprietário recebe pelo preço convencionado obra de custo superior ao que serviu de base ao estabelecimento daquele preço, locupleta-se à custa do empreiteiro; e o locupletamento à custa alheia, quando não resulta de um risco conhecido e aceite (sem ofensa de preceitos e interesses de ordem pública) pelo prejudicado repugna ao Direito e à própria ideia de Justiça, traduzida no suum cuique tribuere.

Poderá dizer-se que o empreiteiro prevê ou deve prever uma margem destinada a cobrir aquelas flutuações. Todavia, o risco é de difícil senão mesmo impossível ponderação, visto ter por objecto fenómenos cuja emergência e proporção dependem de uma gama complexíssima de factores. E o empreiteiro não se encontra, manifestamente, em condições de o estimar, ainda que com uma grosseira margem de erro.

Ninguém ignora os delicados problemas que suscita o comportamento dos preços e dos salários numa economia capitalista e a impossibilidade em que os técnicos e os políticos se encontram (pelo menos na fase actual dos conhecimentos económicos e sociais) de o prever e dominar. Platónico seria pretender que os empreiteiros fizessem o que os governos não conseguem (...). Por outro lado, instalou-se no sector um número considerável de empresas sem estrutura técnica adequada, as quais, não sabendo apreciar ou sequer medir e orçamentar um projecto, ignorando os encargos obrigatórios que uma obra necessariamente implica, não sabendo programar racionalmente um trabalho nem antever o condicionalismo em que a sua realização se processará ou os meios que exige, partindo do princípio de que o artifício e a astúcia lhes permitirão cobrir todos os desequilíbrios orçamentais que porventura venham a verificar-se, se apresentam aos concursos com propostas baixíssimas, que a indústria séria, entrando em linha de conta com todos os factores relevantes, não pode (nem deve) acompanhar[491].

3. Tendo em consideração este e o preceito anterior, verifica-se que a lei estabelece dois sistemas de revisão de preços: um, o regulado no preceito anterior, aplicável em casos *excepcionais* em que ocorra uma alteração imprevisível das circunstâncias em que as partes fundaram a decisão de contratar, que ponha gravemente em causa o equilíbrio financeiro do contrato; o regulado neste preceito, que é uma revisão *normal* dos preços, por ser previsível que, normalmente, ocorrerá durante a execução do contrato, um agravamento dos custos da mão-de-obra, dos equipamentos e dos materiais, impondo-se o restabelecimento do equilíbrio financeiro do contrato por isso afectado. Portanto, subsistem, em simultâneo, dois regimes de revisão de preços: um, o da *revisão excepcional* contido no artigo 284º, e que dá acolhimento à teoria da imprevisão; outro, o regime da *revisão normal,* consagrado neste artigo. Trata-se de dois sistemas complementares que velam pela manutenção da justiça contratual – ideia à qual deve reconduzir-se o fundamento da teoria da imprevisão. O primeiro prevê uma compensação, a fixar em termos de equidade; o segundo leva ao estabelecimento de novos preços, segundo fórmulas pré-determinadas.

4. A revisão de preços é feita mediante a aplicação de uma fórmula que pretende traduzir, com razoável realismo, a influência das variações ocorridas nos mecanismos económicos sobre os preços da mão-de-obra, dos equipamentos e dos materiais. O regime legal da aplicação de uma fórmula de revisão unitária é o sistema que, em princípio, melhor retratará a realidade da obra, embora não impedindo que o caderno de encargos ou, no seu silêncio, as partes

---

[491] *Relatório da Gerência do triénio 1965-1967 do Grémio Regional dos Industriais de Construção Civil e Obras Públicas do Sul,* (Portugal) págs. 91 e seguintes.

contratantes optem pela utilização de mais de uma fórmula, se entenderem ser esse o sistema mais adequado para exprimir essa realidade.

5. Quanto aos adiantamentos ao empreiteiro para aquisição de materiais, ver o artigo 300º.

6. Cfr. os artigos 284º e 307º.

ARTIGO 286º
Defeitos de execução da obra

1. Quando a fiscalização reconheça que na obra existem defeitos ou que nela não foram observadas as condições do contrato, deve lavrar auto a verificar o facto e notificar o empreiteiro para, dentro de prazo razoável que lhe é designado, remediar os defeitos da obra.

2. Se for de presumir a existência dos referidos defeitos, mas não puderem ser comprovados por simples observação, o dono da obra pode, quer durante a execução dos trabalhos, quer depois da conclusão dos mesmos, mas dentro do prazo de garantia, ordenar as demolições necessárias, a fim de apurar se ocorrem ou não tais deficiências, lavrando-se em seguida auto, nos termos do número anterior.

3. Correm por conta do empreiteiro os encargos de demolição e reconstrução se se apurar existirem os defeitos; em caso contrário, correm por conta do dono da obra.

4. Dos autos e notificações referidos nos nºs 1 e 2 do presente artigo pode o empreiteiro reclamar e, se os trabalhos de demolição e reconstrução forem de apreciável valor ou puderem atrasar a execução do plano, poderá requerer que a presunção da existência dos defeitos seja confirmada por uma vistoria feita por três peritos, um de sua nomeação, outro indicado pelo dono da obra e o terceiro designado pelo director do Laboratório de Engenharia de Angola.

1. Corresponde ao artigo 180º do anterior REOP, que transcreve integral e quase textualmente[492].

2. A verificação de defeitos de execução é uma das funções da fiscalização (artigo 266º, alíneas a) d), e), f), j)), certo sendo que essa actividade se integra na que à fiscalização cabe de *vigiar e verificar o exacto cumprimento do projecto e suas alterações, do contrato e do plano de trabalhos em vigor* (artigo 266º). Portanto, trata-se de velar para que o contrato seja cumprido pelo empreiteiro nos precisos termos do seu clausulado e dos documentos que o integram (artigo

---

[492] Ver sobre esta matéria, JOÃO CURA MARIANO, *Responsabilidade Contratual do Empreiteiro pelos Defeitos da Obra*, Almedina, 2004.

110º). Por isso, se o contrato foi defeituosamente cumprido, o dono da obra tem o direito de obter do empreiteiro a eliminação dos defeitos de execução. E, para isso, não tem necessidade de esperar pela conclusão dos trabalhos da empreitada (artigo 304º), podendo ordenar a reparação dos defeitos à medida que a fiscalização dos trabalhos os detecte.

É o que este artigo regula.

3. Estabelece o nº 3 que o empreiteiro pode reclamar da ordem de correcção de defeitos *se os trabalhos de correcção e demolição forem de apreciável valor ou puderem atrasar a execução do plano.*

Trabalhos de considerável valor é um conceito indeterminado, portanto a averiguar em cada caso concreto, no exercício do poder discricionário do dono da obra, mas sempre com obediência aos princípios gerais da actuação administrativa, designadamente dos princípios da proporcionalidade, da boa fé e da justiça.

4. Cfr. os artigos 303º, 304º, 312º, 313º e 314º.

ARTIGO 287º
Multa por violação dos prazos contratuais

1. Se o empreiteiro não concluir a obra no prazo contratualmente estabelecido, acrescido de prorrogações graciosas ou legais, é-lhe aplicada, até ao fim dos trabalhos ou à rescisão do contrato, a seguinte multa contratual diária, se outra não for fixada no caderno de encargos:

a) um por mil do valor da adjudicação, no primeiro período correspondente a um décimo do referido prazo;

b) em cada período subsequente de igual duração, a multa sofre um aumento de 0,5 por mil, até atingir o máximo de cinco por mil sem, contudo e na sua globalidade, poder vir a exceder 20% do valor da adjudicação.

2. Se o empreiteiro não cumprir os prazos parciais vinculativos, quando existam, é-lhe aplicada multa contratual de percentagem igual a metade da estabelecida no número anterior e calculada pela mesma forma sobre o valor dos trabalhos em atraso.

3. A[493] requerimento do empreiteiro ou por iniciativa do dono da obra, as multas contratuais podem ser reduzidas a montantes adequados, sempre que se mostrem desajustadas em relação aos prejuízos reais sofridos pelo dono da obra, e serão anuladas quando se verifique que as obras foram bem executadas e que os atrasos no cumprimento de

---

[493] No texto oficial, por evidente lapso, consta "O".

prazos parciais foram recuperados, tendo a obra sido concluída dentro do prazo global do contrato.

4. Nos casos de recepção provisória de parte da empreitada, as multas contratuais a que se refere o nº 1 são aplicadas na base do valor dos trabalhos ainda não recebidos.

5. A aplicação de multas contratuais, nos termos dos números anteriores, deve ser precedida de auto lavrado pela fiscalização, do qual o dono da obra envia uma cópia ao empreiteiro, notificando-o para, no prazo de 10 dias, deduzir a sua defesa ou impugnação.

1. Corresponde ao artigo 181º do anterior REOP, que, com pequenos acertos de texto, reproduz.

2. Da letra do nº 1 deste preceito parece resultar que, verificados os atrasos no cumprimento do prazo contratual ou mesmo dos prazos parciais (nº 2), o dono da obra deve sempre aplicar as multas contratuais. Não parece que assim se deva interpretar o preceito que deve valer no sentido de que, verificado esse pressuposto, o dono da obra, discricionariamente, apreciará se é justa e oportuna a aplicação dessa sanção e se é conveniente para a realização do interesse público subjacente à obra.

3. Verificados os pressupostos para isso estabelecidos na segunda parte do nº 3, as multas *serão* anuladas, portanto, essa anulação escapa ao poder discricionário do dono da obra, sendo um acto vinculado. O que se entende, já que, nesse caso, não houve qualquer prejuízo para o dono da obra.

4. Quanto ao nº 2, ver o regime do plano de trabalhos estabelecido nos artigos 245º a 247º.

5. Quanto à oportunidade de aplicação das multas, ver o nº 4 do artigo 319º que, de resto, está em consonância com o que estabelece o nº 4 deste preceito.

6. Quanto ao nº 5, já no domínio do regime do Decreto-Lei nº 48 871, que não tinha esta disposição, entendíamos que a aplicação das multas devia ser precedida de auto com a possibilidade de defesa do empreiteiro.

7. A multa estipulada ou supletivamente prevista na lei, dada a sua natureza intimidatória com relação ao pontual cumprimento do contrato pelo empreiteiro, funciona como uma cláusula penal para a falta de cumprimento do contrato no prazo para isso nele fixado, atentas as prorrogações graciosas ou legais. Mas trata-se de uma cláusula penal de natureza compulsória e não indemnizatória ou compensatória. Daí que o empreiteiro tenha de pagar o respectivo montante, independentemente de o valor dos prejuízos efectivos que eventualmente resultem do seu incumprimento ficar àquem do valor das multas[494]. Que não tem carácter indemnizatório nem substitui a indemnização de prejuízos que eventualmente decorram do incumprimento do prazo, resulta até de a lei ter limitado o seu montante máximo a 20% do valor da adjudicação.

8. A aplicação das multas constitui, portanto, um acto administrativo sancionatório exercido no uso dos poderes de autoridade que o dono da obra detém, gozando do privilégio da executividade prévia por beneficiar da presunção de legalidade e, portanto, não subentendendo uma declaração judicial prévia da sua conformidade à lei. Significa isso que, caso o empreiteiro não concorde com a sua aplicação ou com o seu montante, terá que lançar mão dos meios contenciosos de impugnação de acto administrativo.

Por outro lado, o dono da obra não terá que esperar que a multa atinja os cinco por mil para rescindir o contrato.

9. Cfr. os artigos 103º, 227º, 248º e 319º.

CAPÍTULO IV
PAGAMENTOS
SECÇÃO I
PAGAMENTO POR MEDIÇÃO

ARTIGO 288º
Periodicidade e formalidades da medição
1. Sempre que deva proceder à medição dos trabalhos efectuados, esta deve realizar-se mensalmente, salvo disposição em contrário.
2. As medições devem ser feitas no local da obra, com a assistência do empreiteiro ou seu representante, e delas se deve lavrar auto, assinado pelos intervenientes, no qual estes exararam[495] tudo o que reputarem conveniente, bem como a colheita de amostras de quaisquer materiais ou produtos de escavação.

---

[494] DANIEL CHABANOL e JEAN-PIERRE JUGUELET, *Marchés Publics de Travaux – Droits et Obligations des Signataires, 3ª ed.*, Le Moniteur, Paris, 1999, pág. 176.
[495] Assim no texto legal, o que, certamente, se deve a lapso, devendo ter-se escrito "exararão". No texto do artigo 182º do REOP constava: *"no qual os interessados podem fazer exarar"*.

3. Os métodos e critérios a adoptar para realização das medições serão obrigatoria-mente estabelecidos no caderno de encargos e, em caso de alterações, os novos critérios de medição, que porventura, se tornem necessários, devem ser desde logo definidos.

1. Corresponde ao artigo 182º do anterior REOP, relativamente ao qual, para além de acertos de redacção, apresenta as seguintes alterações:

- No nº 1, onde se diz "disposição" em contrário, dizia-se "estipulação" em contrário, que são formas diferentes de remeter para o clausulado contratual.
- No nº 3 da redacção anterior, era expressamente referido relativamente às alterações "que dêem lugar à fixação de novos preços", o que a redacção deste preceito não diz parece que por manifesta desnecessidade, já que só nesse caso há necessidade de alterar os critérios de medição.
- Não passou ao actual preceito o nº 4 daquele artigo 182º que era do seguinte teor: *Se o dono da obra não proceder à medição dos trabalhos efectua-dos, em tempo oportuno, aplicar-se-á o disposto no artigo 188º.* O artigo 188º regulava as situações provisórias, para efeitos de medição dos trabalhos. E, efectivamente, a situação vem regulada no artigo 294º, nº 1, que manda o empreiteiro proceder à medição, que será provisória, além do mais, *quando a fiscalização, por qualquer motivo, deixe de fazê-la* (a medição mensal).

2. O escalonamento do pagamento do preço ao longo da execução da obra tem sido regra imutável do regime jurídico destas empreitadas. E, não obstante o disposto no artigo 295º, em regra é feito de harmonia com o valor dos trabalhos executados. O que significa que, por um lado, antes de atingido o momento em que contratualmente o pagamento deve ocorrer, nem o dono da obra a ele pode proceder, sem prejuízo do regime legal dos adiantamentos, nem o empreiteiro o pode exigir, não se constituindo aquele em mora, e, por outro, que não pode ser paga quantia superior ao valor dos trabalhos executados.

3. Como acima foi referido, no caso de o dono da obra, através da fiscali-zação (artigo 266º, alínea h)), não proceder à medição no prazo contratado ou, não sendo previsto prazo, mensalmente, aplica-se o regime estabelecido no artigo 208º para as situações provisórias: o empreiteiro deve apresentar até ao fim do mês seguinte àquele a que respeita um mapa dos trabalhos executados no mês anterior e que, após ter sido visado pela fiscalização, servirá como *se de situação de trabalhos se tratasse.*

Parece de entender que a mora do dono da obra só ocorre se, não tendo procedido em tempo devido à medição dos trabalhos, o empreiteiro apresentar, até ao fim do mês seguinte, o mapa das quantidades de trabalhos realizados, nos termos referidos.

4. Pode considerar-se carecida de pertinência a disposição do nº 2 na parte em que estabelece que as medições devem ser feitas no local da obra, pois, parece, não poderia ser de outra forma. E, na verdade, o artigo 182º do REOP não continha esta referência, tal como a não continham os preceitos correspondentes no RJEOP de Portugal, que só a partir da versão aprovada pelo Decreto-Lei nº 405/93, de 10 de Dezembro, passou a neles constar. Com o que, parece, se pretendeu acabar com certas práticas de medições por estimativa feitas em planta que abstraíam da realidade da situação da obra. Escreveu-se:

> *Sempre que os pagamentos hajam de realizar-se por medições, cumpre que estas:*
> *– sejam na* realidade *efectuadas;*
> *– traduzam com rigor os trabalhos executados.*

> *Sucede hoje com frequência que, a despeito do claramente estabelecido no artigo 48º e seguintes do decreto de 9 de Maio de 1906, as medições não se fazem no terreno, reduzindo-se a uma formalidade de gabinete*[496]. *Os adjudicantes limitam-se a estimar aproximadamente o volume dos trabalhos executados e a reconduzi-los, ainda que nelas não caibam, às categorias previstas no contrato.*

> *Não pode nem deve ser assim. As medições desempenham nas empreitadas um papel fundamental, não só para efeitos de pagamentos, mas também, por um lado, para averiguações dos desvios verificados entre as previsões e a realidade no atinente à natureza e volume dos trabalhos necessários à realização da obra, e, por outro lado, para a fixação da situação de facto a considerar (quanto a trabalhos feitos ou inutilizados) quando se introduzam alterações no projecto.*

> *Na empreitada por quantidades de trabalho*[497] *as medições assumem mesmo uma função essencial, na medida em que tudo aí implica ou pressupõe e muito se constrói e desenvolve a partir delas. E tanto assim que, por existirem e se admitir que serão efectivamente realizadas e com o máximo rigor possível, se não estenda a este tipo de*

---

[496] Cfr. o nº 2 do artigo 288º onde expressamente se estabelece que *as medições devem ser feitas no local da obra.*

[497] No diploma legal, *por séries de preços.*

contrato o regime estabelecido para a empreitada por preço único[498] *quanto aos erros e omissões do mapa de medições: o facto de às medições se proceder nos termos referidos e de os pagamentos se fazerem com base no que realmente se executa e assim se apura, põe o adjudicatário a coberto de todos os prejuízos e encargos que dos erros e omissões em causa para ele poderiam resultar.*

As considerações que acabam de alinhar-se justificam também que tenhamos julgado indispensável criar amplas possibilidades de rectificação das medições efectuadas, sempre que enfermem de quaisquer vícios (erros materiais, de cálculo, de apuramento de quantidades, de classificação dos trabalhos, omissões, etc.). Tanto ao dono da obra como ao empreiteiro deve ser permitido, a todo o momento (até à medição final, entenda-se) a arguição desses vícios, já que, subsistindo eles, se ameaça o equilíbrio financeiro da empreitada, acabando uma das partes por enriquecer ilegitimamente à custa da outra.

Aqui estão, sucintamente, as razões basilares determinantes do que se consigna nos artigos 180º, 181º e 182º [499].

5. Cfr. os artigos 198º, 211º, 266º, 289º, 294º, 296º e 317º.

ARTIGO 289º
Objecto da medição

Deve proceder-se, obrigatoriamente, à medição de todos os trabalhos executados, ainda quando não se considerem previstos no projecto nem devidamente ordenados e independentemente da questão de saber se devem ou não ser pagos ao empreiteiro.

1. Corresponde ao artigo 183º do REOP anteriormente vigente, que transcreve quase sem alteração de texto.

2. O preceito estabelece que os trabalhos a medir são todos e apenas os que foram realmente executados, e não os que resultam de uma medição feita em projecto. Aliás, o texto legal expressamente refere que os trabalhos executados devem ser medidos ainda que não estejam previstos no projecto. Nesta operação, apenas há a considerar os trabalhos realmente executados, sendo qualquer outra questão a resolver ulteriormente, designadamente a de saber se e em que medida correspondem aos que o projecto e o mapa das quantidades e espécies de trabalhos previam, e em caso negativo, se foram ou não ordenados pelo dono da obra.

---

[498] No diploma legal, *por preço global.*
[499] *Nota Explicativa ao Projecto* do Decreto-Lei nº 48 871 (Portugal), págs. 83 e 84.

3. O empreiteiro tem o dever de adequar o processo executivo da obra à possibilidade da sua medição e, consequentemente, se houver que medir trabalhos que se destinam a ficar ocultos, deve, com a necessária antecedência, disso informar a fiscalização para que esta promova essa medição[500].

4. Cfr. os artigos 198º, 211º, 234º, 266º, 288º, 290º, 294º, 296º e 317º.

ARTIGO 290º
Erros de medição

1. Se, em qualquer altura da empreitada, se reconhecer que houve erros ou faltas em algum ou alguns dos autos de medição, anteriormente lavrados, deve fazer-se a devida correcção no auto de medição que se seguir a esse reconhecimento, caso ambas as partes estejam de acordo quanto ao objecto e quantidades a corrigir.

2. Quando os erros ou faltas tiverem sido alegados por escrito pelo empreiteiro, mas não forem reconhecidos pela fiscalização, poderá aquele reclamar.

3. Quando os erros ou faltas forem alegados pela fiscalização, mas não forem reconhecidos pelo empreiteiro, faz-se a correcção no auto, de medição seguinte, podendo o empreiteiro reclamar dela.

1. Corresponde ao artigo 184º, que reproduz com pequenos acertos de redacção.

2. Estabelece o artigo 249º do Código Civil:

O simples erro de cálculo ou de escrita, revelado no próprio contexto da declaração ou através das circunstâncias em que a declaração é feita, apenas dá direito à rectificação desta.

3. Cfr. a anotação aos artigos 195º, 211º, 234º, 266º, 270º, 288º, 290º, 294º, 296º e 317º.

ARTIGO 291º
Situação de trabalhos

1. Feita a medição, elabora-se a respectiva conta-corrente, com especificação das quantidades de trabalhos apuradas, dos preços unitários, do total creditado, dos descontos a efectuar, dos adiantamentos concedidos ao empreiteiro e do saldo a pagar a este.

---

[500] Cfr. FRANCIS LEFEBVRE, *Contratos Públicos*, Madrid, 2004, pág. 88.

2. *A conta corrente e os demais documentos que constituem a situação de trabalhos devem ser verificados e assinados pelo empreiteiro ou um seu representante, ficando um duplicado na posse deste.*
3. *Quando se verifique que em qualquer destes documentos, existe algum vício ou erro, o empreiteiro deverá formular a correspondente reserva ao assiná-lo.*

1. Corresponde ao artigo 185º do anterior REOP, que reproduz com acertos de texto.

2. Se o empreiteiro se recusar a assinar o mapa das medições, a conta--corrente ou os documentos que constituem a situação dos trabalhos, deverá a fiscalização fazê-los assinar por duas testemunhas.

3. Uma interpretação meramente literal do nº 3 deste artigo poderia levar a concluir que o dono da obra estaria impedido de, espontaneamente, corrigir e sanar erros ou vícios que tivesse verificado existirem na conta corrente e demais documentos. Não se vê qualquer razão para que deixe de o fazer. O que poderá dizer-se, é que, se procedeu espontaneamente à correcção de erros ou vícios que entendeu existirem, mas com cuja existência ou forma de correcção o empreiteiro não concorda, este deverá formular a correspondente reserva, como até resulta do disposto no artigo seguinte.

4. Cfr. os artigos 292º, 296º, 299º e 317º.

ARTIGO 292º
Reclamação do empreiteiro

1. *Sempre que o empreiteiro tenha formulado reservas no auto de medição ou lhe tenha sido negado o reconhecimento dos erros ou das faltas que invocou, relativos a autos elaborados anteriormente ou tenham sido considerados outros que ele não reconheça ou, ainda, tenha formulado reservas nos documentos que instruem as situações de trabalhos, deve apresentar, nos 10 dias subsequentes, reclamação em que especifique a natureza dos vícios, dos erros ou das faltas e os correspondentes valores a que se acha com direito.*
2. *Se, no prazo fixado no número anterior, o empreiteiro não apresentar reclamação, entende-se que se conforma com as medições dos autos e os resultados dos documentos que instruem a situação dos trabalhos.*
3. *Apresentada a reclamação, a mesma considera-se deferida se o dono da obra não expedir a notificação da decisão no prazo de 30 dias a contar da data da apresentação, a não ser*

que tenha de proceder-se a ensaios laboratoriais, exame ou verificações que exijam maior prazo, facto que, no referido prazo de 30 dias, comunica ao empreiteiro.

4. As despesas com a realização de medições especiais para julgamento de reclamações do empreiteiro são suportadas por este, caso se reconheça que as medições impugnadas estavam certas.

1. Corresponde ao artigo 186º do REOP anterior, sem alterações de regime.

2. *Reserva* é a declaração de qualquer das partes do contrato que visa acautelar que um seu comportamento, positivo ou negativo, possa ser validamente interpretado pela outra parte como significando a aceitação de um direito alheio ou a renúncia a um direito próprio.

Trata-se, pois, de um instrumento jurídico facultado ao empreiteiro para reagir contra actos que não mereçam a sua aceitação, traduzindo-se numa espécie de protesto contra uma possível interpretação de renúncia a direito próprio ou de reconhecimento de direito alheio. Pela reserva, o empreiteiro declara expressamente que afasta um possível sentido de outra declaração ou comportamento não querido, para que se não produzam os respectivos efeitos jurídicos.

3. Cfr. os artigos 198º, 211º, 234º, 266º, 288º a 290º, 292º a 216º e 302º.

ARTIGO 293º
Liquidação e pagamento

1. Após a assinatura, pelo empreiteiro, dos documentos que constituem a situação de trabalhos promove-se a liquidação do valor correspondente às quantidades de trabalhos medidos sobre as quais não haja divergências, depois de deduzidos os descontos a que houver lugar nos termos contratuais, notificando-se o empreiteiro dessa liquidação para efeito de pagamento.

2. Quando não sejam liquidados todos os trabalhos medidos, deve mencionar-se o facto mediante nota explicativa inserta na respectiva conta corrente.

3. Se o julgamento das reclamações conduzir ao reconhecimento de que houve pagamento de quantias não devidas, deve deduzir-se no primeiro pagamento a efectuar ou no depósito de garantia se a reclamação respeitar ao último pagamento, a importância que se reconheça ter sido paga a mais.

1. Corresponde ao artigo 187º do REOP, que reproduz com pequenos acertos de redacção.

2. No n.º 3 regula-se a hipótese de, em resultado das reclamações do empreiteiro, se apurar que se procedeu a pagamento ao empreiteiro de quantias não devidas, ordenando-se o acerto de contas no pagamento subsequente. Mas não regula a hipótese inversa, isto é, a de se apurar que o empreiteiro tinha direito a pagamentos que não foram levados à conta. Nem era necessário que o fizesse, pois o reconhecimento da dívida impõe a respectiva rectificação da conta-corrente e consequente pagamento.

3. Cfr. os artigos 288º a 292º, 294º a 302º, 306º a 308º, 317º, 318º, 319º e 327º.

ARTIGO 294º
Situações provisórias

1. Quando a distância, o difícil acesso ou a multiplicidade das frentes, a própria natureza dos trabalhos ou outras circunstâncias impossibilitarem, eventualmente, a realização da medição mensal, bem como quando a fiscalização, por qualquer motivo, deixe de fazê-la, o empreiteiro apresenta, até ao fim do mês seguinte, um mapa das quantidades dos trabalhos efectuados no mês anterior, com os documentos respectivos.

2. Apresentado o mapa e visado pela fiscalização só para o efeito de comprovar a verificação de alguma das condições que, nos termos do número anterior, justifiquem o procedimento, é considerado como situação provisória de trabalhos e procede-se como se de situação de trabalhos se tratasse.

3. A exactidão das quantidades escritas nos mapas é verificada no primeiro auto de medição que se efectuar, com base no qual se procede às rectificações a que houver lugar.

4. Se o empreiteiro dolosamente inscrever no seu mapa trabalhos não efectuados, o facto é participado ao Ministério Público para competente procedimento criminal e à Comissão Nacional de Registo e Classificação dos Empreiteiros de Obras Públicas.

1. Corresponde ao artigo 188º do anterior REOP, que reproduz com não relevantes acertos de texto.

2. Para que a *situação provisória dos trabalhos* seja relevante, é necessário que se verifiquem, cumulativamente, as seguintes circunstâncias:

- A fiscalização (artigo 266º, alínea h)) não proceda à medição:
  - Por impossibilidade devida à dificuldade de acesso aos locais dos trabalhos;
  - Por impossibilidade devida ao número de locais de trabalhos;
  - Por qualquer outra razão;

- O empreiteiro apresente, até ao fim do mês seguinte o mapa das medições por si feitas dos trabalhos efectuados no mês anterior.

3. A inserção dolosa de elementos falsos no mapa de trabalhos, constitui o crime de burla, como expressamente já foi referido em preceito a este correspondente no RJEOP de Portugal. Este preceito limita-se a ordenar a participação do facto ao Ministério Público para efeitos de instauração do procedimento criminal correspondente.

4. A responsabilidade criminal cominada no nº 4, pressupõe, como acima se referiu, a inscrição *dolosa* no mapa de trabalhos não efectuados. O *dolo* existe quando alguém emprega sugestão ou artifício com *intenção ou consciência* de induzir alguém em erro ou de nele ser mantido. Trata-se, pois, dum erro intencional ou conscientemente provocado ou mantido[501].

5. Estabelecem os artigos 450º e 451º do Código Penal:

Artigo 450º

Será punido com prisão correccional por mais de seis mezes, podendo ser aggravada com a multa, e com suspensão dos direitos políticos por dois annos, segundo as circumstancias;

1º. O que, fingindo-se senhor de uma cousa, a alhear, arrendar, gravar ou empenhar;

2. O que vender uma cousa duas vezes a diferentes pessoas, ou seja mobiliaria ou immobiliaria a cousa vendida;

3. O que especialmente hypothecar uma cousa a duas pessoas, não sendo desobrigado do primeiro credor, ou não sendo bastante, ao tempo da segunda hypotheca especial, para satisfazer a ambas, havendo proposito fraudulento;

4. O que, de qualquer modo, alhear como livre uma cousa, especialmente obrigada a outrem, encobrindo maliciosamente a obrigação.

Artigo 451º

1. Será punido com as penas de furto, segundo o valor da cousa furtada ou do prejuízo causado, aquelle que defraudar a outrem, fazendo que se lhe entregue dinheiro ou moveis, ou quaesquer fundos ou títulos, por algum dos seguintes meios:

1º – Usando de falso nome ou de falsa qualidade;

---

[501] Cfr. PIRES DE LIMA e ANTUNES VARELA, *Código Civil Anotado*, I, pág. 164. Cfr. ainda MANUEL DE ANDRADE, *Teoria Geral da Relação Jurídica*, II, 1960, pág. 256.

2º – Empregando alguma falsificação de escripto;

3º – Empregando artificio fraudulento para persuadir a existencia de alguma falsa empreza, ou de bens, ou de credito, ou de poder suppostos, ou para produzir a esperança de qualquer accidente.

§ unico. A pena mais grave de falsidade, se houver logar, será applicada.

6. O preceito não estabelece o prazo para ser produzido o visto, nem o efeito da sua falta. Mas o prazo para pagamento conta-se a partir da data dos autos de medição ou, no caso das situações provisórias, a partir da apresentação dos mapas das quantidades de trabalhos, o que será suficiente para determinar a fiscalização a produzir ou negar o visto em tempo oportuno.

7. Quanto ao nº 4, ver os artigos 107º, 113º, 116º e 238º.

8. Este diploma legal não contém um preceito correspondente ao artigo 189º do anterior REOP, que era do seguinte teor:

(Situação final)

1. Ao assinar a conta corrente e demais documentos relativos à última situação de trabalhos, deve o empreiteiro declarar, por escrito, se mantém ou não as reclamações que tenha apresentado no decurso da empreitada e que ainda não se encontrem definitivamente resolvidas.

2. Entender-se-á que o empreiteiro desiste das reclamações que não declare expressamente manter nos termos do número anterior.

Não existindo este preceito nesta LCP, significa isso que, quanto às situações relativas às medições a fazer no decurso da execução da obra, *o empreiteiro mantém as reclamações de que não declare expressamente desistir*, portanto, que do seu silêncio nada resulta relativamente às reclamações pendentes. Um preceito legal a estabelecer que se mantinham as reclamações de que expressamente não se desistisse[502] seria inútil, já que isso mesmo sucedia ainda que a lei o não dissesse. Pelo que bem se entende que este diploma legal nada disponha sobre esse assunto.

---

[502] Como constava de algumas versões do RJEOP de Portugal.

SECÇÃO II
PAGAMENTO EM PRESTAÇÕES

ARTIGO 295º
Pagamento em prestações fixas

Quando o pagamento for feito em prestações fixas, o empreiteiro deve apresentar, para o obter, um mapa que defina a situação dos trabalhos efectivamente realizados, o qual será verificado pela fiscalização no prazo de 10 dias, lavrando-se auto da respectiva diligência.

1. Corresponde ao artigo 190º do anterior REOP, que reproduz sem qualquer alteração de regime.

2. Cfr. os artigos 193º, 245º e 266º.

ARTIGO 296º
Pagamento em prestações variáveis

Quando o pagamento for feito em prestações variáveis em função das quantidades de trabalhos executadas, observa-se, em tudo quanto for aplicável, o regime de medição dos trabalhos nas empreitadas por séries de preços.

1. Reproduz quase textualmente o artigo 191º do REOP.

2. Cfr. os artigos 288º a 294º.

SECÇÃO III
DISPOSIÇÕES COMUNS

ARTIGO 297º
Desconto para garantia

1. Das importâncias que o empreiteiro tiver a receber em cada um dos pagamentos parciais, deve ser deduzida uma percentagem de 5%, para garantia do contrato, em reforço da caução prestada, salvo se outra percentagem se fixar no caderno de encargos.

2. O disposto no número anterior aplica-se a quaisquer pagamentos que o dono da obra deva efectuar ao empreiteiro sendo, no entanto, a percentagem a deduzir a que corresponder à soma das cauções prestadas e seus reforços.

3. As importâncias deduzidas serão imediatamente depositadas numa qualquer instituição de crédito.

4. O desconto pode ser substituído por depósito de títulos ou por garantia bancária ou seguro caução, nos mesmos termos que a caução.

1. Corresponde ao artigo 192º do anterior REOP com pequenos acertos no texto.

2. Nos termos do disposto no nº 1, o caderno de encargos poderá fixar uma outra percentagem para as deduções nos pagamentos para garantia, percentagem que pode ser superior ou inferior a 5%.

Por outro lado, embora o preceito o não diga expressamente, a fixação de um máximo para a importância global dessas deduções cabe naquele amplo poder discricionário.

Não obstante, sempre terá que respeitar-se o princípio da proporcionalidade, o carácter oneroso do contrato e as inerentes e legítimas expectativas do empreiteiro.

De resto, o nº 2 é claro no sentido de que, por um lado, o regime das deduções se aplica a todo e qualquer pagamento que haja de efectuar-se ao empreiteiro e, por outro, que o valor das deduções não pode ultrapassar o valor global das cauções prestadas e seus reforços.

3. O artigo 104º estabelece que o valor da caução é fixado discricionariamente pela entidade adjudicante, mas num máximo de 20% do valor total da adjudicação.

4. Cfr. os artigos 222º, nº 3, 293º e 315º.

5. Além do desconto indicado neste artigo, há ainda que proceder às seguintes deduções:

- o montante dos ordenados ou salários eventualmente pagos pelo dono da obra (artigo 231º, nº 2);
- as quantias eventualmente pagas a mais ao empreiteiro (artigo 293º, nº 3);
- o montante dos adiantamentos eventualmente feitos ao empreiteiro (artigo 301º, nº 1);
- o montante das multas eventualmente aplicadas (artigo 310º, nº 1);
- o montante a reter das quantias devidas ao empreiteiro necessárias para pagar as dívidas deste aos subempreiteiros, nos termos do artigo 342º.

ARTIGO 298º
Prazos de pagamento

1. Os contratos devem precisar os prazos em que o dono da obra deve proceder ao pagamento dos trabalhos e das respectivas revisões e eventuais acertos, os quais não poderão exceder 60 dias, contados, consoante os casos:
a) das datas dos autos de medição a que se refere o artigo 288º da presente lei;
b) das datas de apresentação dos mapas das quantidades de trabalhos previstos no artigo 294º da presente lei;
c) das datas em que os acertos sejam decididos.

2. Nos casos em que os contratos não precisem os prazos a que se referem os números anteriores, entende-se que são de 60 dias.

1. Corresponde ao artigo 193º do anterior REOP, relativamente ao qual não apresenta alterações de regime.

2. Cfr. os artigos 193º, 198º, 222º, 245º, 271º, 284º, 285º, 293º, 294º, 295º, 296º, 299º, 306º, 317º, 319º e 356º.

ARTIGO 299º
Mora no pagamento

1. O empreiteiro só tem direito a juros pela mora no pagamento das contas liquidadas e aprovadas se essa mora exceder 90 dias a partir da notificação da liquidação respectiva ou da data contratualmente fixada, caso em que se lhe abona o juro de 5% ao ano, contado desde a data da notificação ou do vencimento contratual da prestação fixa.
2. Se o atraso na realização de qualquer pagamento se prolongar por mais de seis meses, tem o empreiteiro o direito de rescindir o contrato.

1. Corresponde ao artigo 194º do anterior REOP, cujo regime mantém.

2. Da conjugação deste artigo com o estabelecido na alínea c) do nº 2 do artigo 271º, resultam para o empreiteiro os seguintes direitos:

- Suspender os trabalhos se a falta de pagamentos das prestações devidas por força do contrato ou dos trabalhos executados se prolongar pelo menos por três meses sobre a data do vencimento, embora tenha de promover a notificação judicial do dono da obra;
- Rescindir o contrato se a demora naqueles pagamentos se prolongar por mais de seis meses;

- Juros à taxa de 5%, desde o dia seguinte à notificação da liquidação no caso dos pagamentos em prestações variáveis ou do vencimento, no caso de pagamento em prestações fixas.

3. Do disposto no nº 1 resulta que o direito a receber juros só nasce 90 dias após a notificação da liquidação no caso dos pagamentos em prestações variáveis ou na data contratualmente fixada, no caso de pagamento em prestações fixas; todavia, constituído esse direito, o seu conteúdo consiste no juro contado desde aquelas datas: notificação da liquidação ou na data contratualmente fixada.

4. O empreiteiro tem o direito de rescisão unilateral do contrato com os seguintes fundamentos:

- Quando, considerados os trabalhos a mais e a menos, ocorrer uma redução de trabalhos de valor superior a $1/5$ do valor da adjudicação inicial (artigo 208º, nº 1);
- Quando, mesmo não havendo trabalhos a mais, os trabalhos a menos impliquem uma redução de trabalhos de valor superior a $1/5$ do valor da adjudicação inicial (artigo 221º, nº 2);
- Quando, sem autorização do empreiteiro, o dono da obra retire quaisquer trabalhos ou parte da obra para os fazer executar por outrem (artigo 235º, nº 5);
- Quando a consignação dos trabalhos se faça com atraso superior a seis meses ou, no caso de consignações parciais, o retardamento de qualquer delas provocar interrupção dos trabalhos por mais de seis meses, seguidos ou interpolados (artigo 240º, nº 1);
- Quando, por maior onerosidade da execução devida a facto do dono da obra, os danos daí decorrentes excederem $1/6$ do valor da empreitada (artigo 282º, nº 2);
- Em caso de mora no pagamento por mais de seis meses (artigo 299º, nº 2).

5. Cfr, os artigos 209º, 211º, e 244º.

ARTIGO 300º
Adiantamentos ao empreiteiro

1. O dono da obra pode fazer ao empreiteiro adiantamentos pelos materiais postos ao pé da obra e aprovados.

2. Salvo estipulação diversa no contrato, o adiantamento não deve exceder 2/3 do valor dos materiais, no estado em que se encontrarem, valor que é determinado pela série de preços simples do projecto, se nele existirem, ou, no caso contrário, comprovado pela fiscalização.

3. Nos mesmos termos, pode o dono da obra conceder ao empreiteiro adiantamentos com base no equipamento posto na obra e cuja utilização ou aplicação tenha sido prevista no plano de trabalhos.

4. Nos casos previstos nos n°s 3 e 5 do presente artigo, o valor do equipamento é o aprovado pela fiscalização e o adiantamento não pode exceder 50% desse valor.

5. Pode, ainda, mediante pedido fundamentado e prestação de garantia bancária ou seguro caução, ser facultado ao empreiteiro o adiantamento da parte do custo da obra, necessário para aquisição de materiais sujeitos a flutuação de preço, bem como de equipamento, cuja utilização ou aplicação tenha sido prevista no plano de trabalhos aprovado.

6. O valor global dos adiantamentos feitos com base nos n°s 3 e 5 do presente artigo não pode exceder 50% da parte do preço da obra ainda por receber.

7. O adiantamento ao empreiteiro não pode ultrapassar 15% do valor global do contrato e os casos excepcionais devem ser regulados por diploma próprio.

8. O dono da obra não pode fazer adiantamentos fora dos casos previstos neste artigo.

1. Corresponde ao artigo 195º do anterior REOP a que não introduz alterações de regime, salvo quanto à disposição do nº 7, que é nova.

2. Os pagamentos aqui regulados, a efectuar antes da realização dos trabalhos e sem relação directa com estes, constituem uma espécie de financiamentos de materiais e equipamento a aplicar na obra, feitos pelo dono desta. Em relação aos adiantamentos aqui regulados, quatro princípios há que pôr em destaque e que se aplicam a qualquer das hipóteses aí previstas:

- A concessão dos adiantamentos fica na discricionariedade do dono da obra; ele concede-os ou não conforme entenda, ainda que, no caso afirmativo, se deva sujeitar ao regime imperativo neste artigo estabelecido;
- O valor dos adiantamentos será o que no contrato se tiver negociado, e só no silêncio dele se aplicará o regime estabelecido neste artigo que, assim, é supletivo. Sem prejuízo de, como se vai salientar, os adiantamentos terem, necessariamente, que se fundamentar nas bases factuais aqui previstas, e não em quaisquer outras;
- O valor global dos adiantamentos não pode exceder 15% do valor do contrato[503] (nº 7 deste artigo);

---

[503] Não parece que se deva interpretar a expressão *"valor global do contrato"* como englobando, para além do valor inicial do contrato, outros valores como os que, por contratos adicionais, lhe tenham acrescido, os resultantes de revisões de preços, de indemnizações, etc. Não há

EMPREITADAS DE OBRAS PÚBLICAS **ART. 300º** 475

- A concessão dos adiantamentos há-de sempre ter como condição a observância da regra fundamental de contabilidade pública, segundo a qual não se podem efectuar pagamentos antes da prestação do serviço.

3. Esses adiantamentos podem, pois, ser concedidos:

A – *Por conta dos materiais postos ao pé da obra e aprovados.*

Trata-se aqui apenas dos materiais já adquiridos e ainda não aplicados na obra, sujeitando-se, porém, a concessão dos adiantamentos à verificação cumulativa de dois requisitos: que os materiais estejam ao pé da obra, só esses se considerando para este efeito, e que tenham sido aprovados pela fiscalização, nos termos do artigo 258º e seguintes.

A concessão de adiantamentos, de harmonia com o disposto no nº 2 deste artigo e na ausência de estipulação contratual em termos diversos, não poderá exceder dois terços do valor desses materiais. Embora esse valor seja fixado pela série de preços do projecto ou, se este a não contiver, pelo fixado de acordo com a fiscalização da obra, terá que se atender sempre ao estado em que os materiais se encontram.

Relativamente a estes adiantamentos, não se aplica o limite estabelecido no nº 6: 50% do valor de obra por receber. O que se compreende já que os próprios materiais constituem, normalmente, garantia bastante dos adiantamentos (artigo 302º).

Na hipótese do valor dos materiais, para este efeito, dever ser *comprovado pela fiscalização*, nos termos do nº 2, se o empreiteiro não concordar com esse valor, não parece que lhe assista hipótese de recurso.

B – *Com base no equipamento posto na obra.*

Para que os adiantamentos possam ser concedidos com este fundamento, é necessário não apenas que o equipamento tenha sido aplicado ou utilizado na execução da obra, mas igualmente que isso mesmo haja sido previsto no plano de trabalhos aprovado nos termos dos artigos 245º e seguintes. O adiantamento não poderá exceder metade do valor do equipamento no estado em que se encontrar e que será fixado pela fiscalização. Em caso de divergência quanto a esse valor, cabe a solução exposta na alínea anterior. Além disso, o

---

qualquer fundamento para essa interpretação excessivamente literal e contraditória com o carácter restringente do preceito.

montante do adiantamento não poderá exceder metade do valor dos trabalhos realizados e ainda não pagos (nº 6).

C – *Para aquisição de materiais sujeitos a flutuação de preços ou equipamento de aplicação prevista no plano de trabalhos.*

Nesta hipótese, o adiantamento fica subordinado à prestação, pelo empreiteiro, de garantia bancária ou seguro-caução. Exige-se a garantia bancária ou seguro-caução e não a prestação de depósito em dinheiro ou títulos por, logicamente, se supor que o adiantamento se pretende, exactamente, pela impossibilidade ou dificuldade de o empreiteiro dispor de dinheiro. Esta garantia tem autonomia relativamente a qualquer outra exigida ao empreiteiro, designadamente a prestada para garantia geral para a boa execução da obra a que se reporta o artigo 103º.

Para que o adiantamento possa ser concedido, porém, é ainda necessário que o empreiteiro o requeira fundamentando a sua pretensão. O valor do adiantamento não poderá exceder metade do valor da obra realizada e ainda por receber (nº 6).

Os adiantamentos a que o nº 5 se refere podem fundamentar-se na necessidade de aplicação de equipamento na obra, ou de aquisição de materiais sujeitos a flutuação de preço. Ora, a verdade é que todos os materiais estão sujeitos a flutuações de preço, embora possa variar o prazo e a intensidade em que isso se verifica para as diversas espécies de materiais[504].

3. Já foi posta a questão de saber se os adiantamentos para aquisição de equipamento apenas eram legalmente admitidos no caso de aquele se destinar a ser incorporado na obra, ou se igualmente poderiam ter lugar para a aquisição de equipamento nela não *incorporável* mas apenas *utilizável.*

Fora da questão estava, desde logo, a concessão de adiantamentos para a aquisição de equipamento *não incorporável ou sequer utilizável* na obra. Não haveria qualquer razão lógica para que o dono da obra fizesse um tal financiamento ao empreiteiro, pois que o seu fim não tem qualquer relação com a obra. O problema, portanto, apenas se colocava relativamente ao equipamento *não incorporável mas utilizável* na obra, pois que, quanto ao que é directamente *incorporado* na obra, a admissibilidade dos adiantamentos não estava em causa.

A questão radicava em saber se ao utilizar o termo *aplicável,* a lei nele englobava quer a *incorporação* do equipamento na obra, quer a sua *utilização*

---

[504] Segundo o parecer nº 128/82, da Procuradoria-Geral da República (Portugal) estes adiantamentos devem ser considerados para efeitos de revisão de preços (*B.M.J.,* 328º pág. 160).

na execução dessa mesma obra. Para uns, os adiantamentos só podiam contemplar o primeiro caso: *o emprego da palavra «aplicação» traduziria uma intenção do legislador de excluir dos adiantamentos todo o equipamento que, de qualquer modo, não ficasse na obra, quer no sentido físico (as turbinas da barragem, por exemplo), quer em sentido ideal (o valor-hora de uma máquina, por exemplo)*[505]. Tal conclusão seria a resultante do facto de o legislador ter adoptado o termo *aplicação* e não *utilização*, e ainda do facto de, em princípio, o fornecimento do equipamento não incorporável na obra caber ao empreiteiro, sendo esta sua capacidade, de resto, factor determinante da adjudicação da obra.

Contra esta orientação, apontava-se a fragilidade que lhe advinha de, praticamente em exclusivo, se fundamentar numa interpretação meramente literal, além de ser difícil, senão mesmo impossível, a existência de equipamento utilizável na obra que nesta não fique, por isso, idealmente incorporado. É certo. Apesar da sua não incorporação física, o equipamento utilizado na execução da obra deixa nela sempre algo de si mesmo, parte da sua vida útil e, assim, nela e nessa parte fica incorporado, pelo que, por identidade de razão, a sua aquisição deveria poder ser objecto de adiantamentos. Neste sentido foi a questão resolvida pela redacção dada a este artigo que, para arredar dúvidas, utiliza os dois termos: *utilizar e aplicar.*

4. Quanto ao nº 8, é duvidosa a sua necessidade e o seu rigor. Parece dispensável, já que a parte restante do preceito só faz sentido se for interpretado como estabelecendo, taxativamente, os casos e condições em que ao dono da obra é permitido fazer adiantamentos ao empreiteiro. Na verdade, se o dono da obra pudesse fazer adiantamentos noutros casos ou em condições diversas das ali estabelecidas, o preceito deixava de ter pertinência lógica. Não é muito rigoroso, porque, aparentemente, apenas é imperativo quanto *aos casos previstos neste artigo*, o que poderia admitir a conclusão de que, nesses casos, os adiantamentos poderiam ser feitos em condições diferentes das estabelecidas no preceito. E isso, manifestamente, o preceito não pretende estabelecer.

5. Cfr. os artigos 301º e 302º

ARTIGO 301º
Reembolso dos adiantamentos

1. O reembolso dos adiantamentos previstos no nº 1 do artigo anterior faz-se à medida que os materiais forem sendo aplicados e por dedução nos respectivos pagamentos contratuais.
2. O reembolso dos adiantamentos previstos nos nºs 3 e 5 do artigo anterior efectua-se

---

[505] Parecer nº 128/82, da Procuradoria-Geral da República (Portugal) referido na nota anterior.

deduzindo no valor de cada um dos pagamentos contratuais posteriores, uma percentagem igual à que tais equipamentos representam relativamente à parte da obra que, na data da sua concessão, ainda estiver por liquidar.

Corresponde ao artigo 196º do anterior REOP, ao qual apenas faz pequenos acertos de texto.

ARTIGO 302º
Garantia dos adiantamentos

1. O dono da obra goza de privilégio mobiliário especial, graduado em primeiro lugar, sobre os materiais e os equipamentos a que respeitem os adiantamentos concedidos, não podendo o empreiteiro aliená-los, onerá-los ou retirá-los do local dos trabalhos sem prévio consentimento escrito daquele.

2. Nos casos previstos no nº 5 do artigo 300º, a garantia prestada é extinta na parte em que o adiantamento deva considerar-se suficientemente assegurado pelo privilégio, logo que os materiais e os equipamentos entrem na posse do empreiteiro.

3. Sem prejuízo do disposto no nº 2 e à medida que for sendo reembolsado o adiantamento, o dono da obra deve libertar a parte correspondente da garantia prestada.

1. Corresponde ao artigo 197º do anterior REOP, que reproduz com ligeiras e irrelevantes alterações de texto.

2. *Privilégio creditório* é a faculdade que a lei, em atenção à causa do crédito, concede aos credores, independentemente de registo, de serem pagos de preferência a outros – artigo 733º do Código Civil. Os privilégios creditórios podem ser gerais ou especiais, conforme abrangem o valor de todos os bens móveis do devedor, ou apenas o valor de determinados bens móveis. O privilégio aqui concedido ao dono da obra é especial, pois incide sobre os materiais e equipamentos a que respeitam os adiantamentos.

3. Este privilégio é *graduado em primeiro lugar*. A *graduação de créditos* é a fase do processo de execução que se segue à penhora, à convocação dos credores e à verificação dos créditos, visando estabelecer a ordem pela qual os créditos hão-de ser pagos.

Constituído um privilégio sobre bens determinados, este prevalece contra qualquer adquirente posterior da coisa, nos termos do artigo 750º. O credor goza, pois, do direito de sequela. Daí a disposição do nº 2 do artigo 747º. Não importa que a coisa se transmita. Os credores continuam a gozar de preferência legal em relação a quaisquer outros credores, e podem-na tornar efectiva em relação a qualquer proprietário dela[506].

4. Com pertinência, P. ROMANO MARTINEZ e J. J. MARÇAL PUJOL[507] levantam a questão de saber se este privilégio é graduado antes dos créditos por impostos e encargos judiciais, assim se sobrepondo ao regime geral que estabelecem os artigos 746º e 747º do Código Civil. Parece que estamos perante um regime especial que, portanto, se sobrepõe ao geral.

CAPÍTULO V
RECEPÇÃO E LIQUIDAÇÃO DA OBRA

SECÇÃO I
RECEPÇÃO PROVISÓRIA

ARTIGO 303º
Vistoria

1. Logo que a obra esteja concluída, procede-se, a pedido do empreiteiro ou por iniciativa do dono da obra, à sua vistoria para o efeito de recepção provisória.

2. O disposto no número anterior aplica-se igualmente à parte ou partes da obra que, por força do contrato, possam ou devam ser recebidas separadamente.

3. A vistoria é feita pelo representante do dono da obra, com a assistência do empreiteiro ou seus representantes, lavrando-se o auto que deve ser assinado por todos.

4. O fiscal da obra convocará, por escrito, o empreiteiro para a vistoria com a antecedência mínima de cinco dias e, se este não comparecer nem justificar a falta, realiza-se a diligência com a intervenção de duas testemunhas que também assinam o auto, notificando-se de imediato ao empreiteiro o conteúdo deste, para os efeitos do disposto nos nºs 3, 4 e 5 do artigo seguinte.

5. Se o dono da obra não proceder à vistoria nos 45 dias subsequentes ao pedido do empreiteiro e não for impedido de a fazer por causa de força maior ou em virtude da própria natureza e extensão da obra, considera-se esta, para todos os efeitos, recebida no termo desse prazo.

1. Corresponde ao artigo 198º do anterior REOP, a que, além de pequenos acertos de texto, acrescenta a disposição do nº 2.

---

[506] Cfr. PIRES DE LIMA e ANTUNES VARELA, *Código Civil Anotado*, I, pág. 582.

[507] *Ob. cit.*, pág. 296.

2. Como se diz no nº 1, a vistoria é feita *para o efeito de recepção provisória*, mas não se confunde com esta. A vistoria é feita pela fiscalização; a recepção provisória é feita pelo dono da obra, ainda que por acto que se pode resumir a homologar o auto de vistoria de que conste que a totalidade da obra ou as partes dela que especificar estão em condições de ser recebidas (artigo 305º, nº 1). Isto, sem prejuízo do que resulta da possibilidade de delegação de competências. Por outro lado, em qualquer caso, o prazo de garantia começa a contar-se a partir do auto de vistoria que declare estar a obra em condições de ser recebida (artigo 305º, nº 1).

3. Do nº 2 decorre que, salvo se tiver sido convencionado no contrato de modo diverso, o dono da obra não é obrigado a receber a obra por partes, como, aliás, é típico do cumprimento das obrigações contratuais[508]. Como expressamente estabelece o nº 2 do artigo 304º. O que significa que se apenas uma parte da obra estiver em condições de ser recebida, o dono da obra decide discricionariamente de acordo com o que considerar ser o melhor para o interesse público que com a obra se pretende satisfazer.

4. A vistoria, para a qual o empreiteiro deve ser convocado, sob pena de nulidade[509], destina-se a verificar se a obra foi executada em obediência ao que se encontra estabelecido no projecto, caderno de encargos, contrato e demais peças do processo, bem como se foram observadas as regras das várias artes e as disposições legais, pelo que terá de ser feita no próprio local da obra. Para além disso, da recepção provisória decorre a transferência da fruição desta para o dono da obra, deixando o empreiteiro de ter a responsabilidade da sua guarda. Por outro lado, a verificação da boa execução da obra em que a vistoria se traduz é independente da acção fiscalizadora que o dono da obra exerce ao longo do processo executivo, nos termos dos artigos 265º e seguintes, sendo que esta não substitui ou dispensa aquela[510]. Finalmente, a recepção integral da obra obsta a que o seu dono possa vir a reclamar do empreiteiro correcções por eventuais defeitos aparentes à data da recepção provisória, mas só quanto a estes, pois que os restantes, isto é, os que só após a recepção se revelaram, integram-se no âmbito da garantia que só cessa com a recepção definitiva.

---

[508] Cfr. O artigo 763º, nº 1 do Código Civil.
[509] Cfr. STEPHANE BRACONNIER, *ob. cit.*, pág. 306.
[510] Cfr. PEDRO ROMANO MARTINEZ, *ob. cit.*, pág. 151 e Prof. VAZ SERRA, *B.M.J.*, 145º, pág. 155.

5. Destinando-se pois a vistoria a verificar se o empreiteiro cumpriu com as cláusulas contratuais relativas à execução da empreitada, bem se entende que não seja feita pelo empreiteiro que, se assim não fosse, seria juiz em causa própria. Mas também se entende que lhe seja dada a oportunidade de ser ouvido nesse julgamento, facultando-lhe a possibilidade de a ela assistir e de manifestar a sua discordância quanto aos termos do auto, reclamando.

6. O nº 5 regula o caso da recepção provisória tácita: a obra considera-se tacitamente recebida se, requerida a vistoria pelo empreiteiro para esse efeito, o dono da obra a ela não proceder no prazo de 45 dias e disso não tenha sido impedido por caso de força maior. Por outro lado, não se verifica a recepção tácita se a vistoria não foi concluída naquele prazo *em virtude da própria natureza e extensão da obra*. Esta excepção não deve ser interpretada no sentido de se entender que funcione seja qual for o momento em que o dono da obra decida proceder à vistoria, para o que bastaria fazê-lo no último dia daquele prazo; nesta hipótese, a vistoria deixou de fazer-se nesse prazo não em virtude da extensão e natureza da obra, mas por facto do seu dono. O intuito da lei é claro: requerida a vistoria, logo o dono da obra a deve promover, e se teve culpa no facto de não estar feita no último dia daquele prazo, deve ser por isso responsabilizado[511]. *A razão de ser de tal disposição reside no facto de não se considerar razoável retardar a recepção e o início do prazo de garantia por facto inteiramente imputável ao dono da obra e de todo em todo injustificável*[512].

7. A doutrina e mesmo já alguma jurisprudência portuguesas têm vindo a entender que a recepção tácita da obra ocorre igualmente quando o dono da obra toma definitivamente posse dela, com intenção de a receber, como em princípio decorrerá do facto de a ter colocado ao serviço para que foi feita[513]. E assim, o Código dos Contratos Públicos de Portugal[514] estabelece no nº 8 do seu artigo 395º que *ainda que não tenha sido observado o disposto nos números anteriores, a obra considera-se tacitamente recebida sempre que a mesma seja*

---

[511] A efectivação desta vistoria constitui um direito do dono da obra e, ao mesmo tempo, um ónus seu. Um direito, porque, por esse forma, pode verificar se a obra foi realizada e se o foi nos termos que foram contratados; um ónus porque, se a ela não proceder de harmonia com o disposto no nº 5, a obra será considerada como tacitamente aceite. Neste sentido, ver PEDRO ROMANO MARTINEZ, *Contrato de Empreitada*, Almedina, 1994, pág. 149.

[512] *Nota Explicativa* do Decreto-Lei nº 48 871, 33-1, pág. 88 que, em Portugal, aprovou a primeira versão do RJEOP.

[513] Cfr. STEPHANE BRACONNIER, *ob. cit.*, pág. 307.

[514] Aprovado pelo Decreto-Lei nº 18/2008, de 29 de Janeiro.

482 JORGE ANDRADE DA SILVA

afecta pelo dono da obra aos fins a que se destina, sem prejuízo da obrigação de garantia regulada na presente secção e das sanções a que haja lugar nos termos da legislação aplicável, designadamente quando o empreiteiro não executou correctamente o plano de prevenção e gestão de resíduos de construção e demolição.

8. A presunção de recepção da obra pelo seu dono, verificado o condicionalismo referido, tem correspondência no nº 5 do artigo 1218º do Código Civil, quanto ao contrato de empreitada ali regulamentado. Também ali, o dono da obra, após a conclusão desta, deve proceder à sua verificação *dentro do prazo usual ou, na falta de uso, dentro do período que se julgue razoável depois de o empreiteiro colocar o dono da obra em condições de a poder fazer.* Se ao empreiteiro não forem comunicados os resultados da verificação no caso de aquele não comparecer nem justificar a falta, ou se esta não teve lugar, isso *importa aceitação da obra.* Esta presunção, tal como, segundo cremos, a estabelecida no artigo 219º, é uma presunção absoluta[515], portanto, inilidível[516].

9. A recepção provisória da obra traduz-se num acto unilateral do dono da obra, baseado numa vistoria aos trabalhos, pelo qual declara aceitar provisoriamente a obra, total ou parcialmente. Não obstante este preceito admitir que a recepção provisória possa ter lugar também por iniciativa do dono da obra, o normal será que seja o empreiteiro a avisar aquele de que a obra está acabada e em condições de ser recebida. Com a recepção da obra considera--se cumprido o contrato por parte do empreiteiro, sem prejuízo do prazo de garantia que, em caso de recepções parciais, se conta a partir de cada uma das recepções para o respectivo objecto[517].

10. Da vistoria lavrar-se-á auto de que deve constar, para além dos elementos identificadores da data, local e presenças e ausências de pessoas convocadas:

---

[515] Cfr. PIRES DE LIMA e ANTUNES VARELA, *Código Civil Anotado,* 1968, I, pág. 570.

[516] O que a VAZ SERRA (*B.M.J.,* 145º, pág. 168) *parece excessivo, pois o facto de o dono da obra não efectuar, sem justos motivos, a verificação, apesar de convidado a isso pelo empreiteiro, não significa que aceita a obra: tal facto significa apenas que o dono da obra não fez a verificação, apesar de não ter justos motivos para a omissão, e só a título de aceitação tácita, nos termos gerais, poderá esse facto ter a significação de que o dono da obra a aceita, o que depende das circunstâncias do caso concreto. Por outro* lado, ainda segundo o mesmo Autor, *a aceitação em tais condições só poderia exonerar o empreiteiro de responsabilidade pelos vícios aparentes, não pelos ocultos: ora, se os vícios são aparentes, também ele pode verificá-los, e, se entrega a obra com tais vícios, não pode razoavelmente queixar-se de que o dono dela venha depois exercer os seus direitos derivados desses vícios.* Só que, como referem PIRES DE LIMA e ANTUNES VARELA, na base da solução legal não está a presunção da vontade do dono da obra de a receber, mas a imposição de uma *sanção* por, podendo declarar a sua vontade, o não ter feito sem motivo justificado e sem o que o empreiteiro poderia sofrer sérios prejuízos.

[517] DANIEL CHABANOL & JEAN-PIERRE JOUGUELET, *ob. cit.* , pág. 269.

- se a obra foi executada de acordo com as regras técnicas e da arte aplicáveis;
- se a obra foi executada com observância do que estabelece o projecto, o caderno de encargos, o contrato e as alterações impostas ou acordadas posteriormente;
- se há correspondência entre os elementos da conta da empreitada e os trabalhos executados no respeitante à quantidade e qualidade dos materiais e dimensões da obra;
- todas as deficiências encontradas na obra;
- declaração de que a obra foi ou não foi recebida provisoriamente;
- notificação ao empreiteiro para proceder às modificações ou reparações necessárias, quando for caso disso;
- prazo concedido ao empreiteiro para proceder às modificações ou reparações.

11. Esquematicamente, os comandos estabelecidos neste preceito poderiam estruturar-se da forma seguinte:

A – **Necessidade da vistoria:** sem ela a obra não pode ser recebida, sem prejuízo dos casos legais de recepção tácita (nº 1);

B – **Quando deve ser efectuada a vistoria:** logo que a obra esteja concluída, no todo ou em parte (nº 2), de acordo com o prazo total ou os prazos parciais de execução da obra (nº 1);

C – **Promoção da vistoria**: pode ter lugar por iniciativa do dono da obra ou a pedido do empreiteiro (nº 1);

D – **Quem faz a vistoria:** o dono da obra, com a colaboração do empreiteiro (nº 3);

E – **Fins da vistoria:** verificar o integral e perfeito cumprimento das regras técnicas e jurídicas, contratuais e legais;

F – **Prazo para a vistoria:** 45 dias contados da recepção do pedido do empreiteiro (nº 5);

G – **Procedimento:**

- Notificação escrita ao empreiteiro com antecedência mínima de cinco dias (nº 3);
- Efectivação da vistoria com a colaboração do empreiteiro (nº 3);
- Na falta do empreiteiro:
  - Se justificou a falta e o dono da obra aceitou a justificação, marca nova data para a vistoria, notificando dela o empreiteiro (238º, nº 2, por analogia);

- Se a justificação da falta não foi apresentada ou não foi aceite, a vistoria tem lugar perante duas testemunhas (nº 4).

H – **Formalidade da vistoria:** deve constar de auto a assinar pelo dono da obra e pelo empreiteiro ou, na falta ou recusa deste, pelas duas testemunhas que a ela assistiram e por outros eventuais intervenientes (nº 4);

I – **Consequências da não realização, no prazo legal, da vistoria pedida pelo empreiteiro por facto imputável ao dono da obra:** recepção tácita da obra se a vistoria não tem lugar no prazo de 45 dias contados da recepção do pedido do empreiteiro (nº 5).

12. Quanto ao nº 2, ver o artigo 315º.

Quanto ao preceito no seu conjunto, ver os artigos 234º, 281º, 283º, 287º, 304º, 305º, 315º, 317º e 319º.

ARTIGO 304º
Deficiências de execução

1. Se, por virtude das deficiências encontradas, que tenham resultado de infracção às obrigações contratuais e legais do empreiteiro, a obra não estiver, no todo ou em parte, em condições de ser recebida, o representante do dono da obra deve especificar essas deficiências no auto, exarando ainda, neste, a declaração de não recepção, bem como as respectivas razões, notificando o empreiteiro e fixando o prazo para que este proceda às modificações ou reparações necessárias.

2. Pode o dono da obra fazer a recepção provisória da parte dos trabalhos que estiver em condições de ser recebida.

3. Contra o conteúdo do auto e a notificação feita pode o empreiteiro reclamar no próprio auto ou nos 10 dias subsequentes, devendo o dono da obra pronunciar-se sobre a reclamação no prazo de 30 dias.

4. Quando o empreiteiro não reclame ou seja indeferida a sua reclamação e não faça nos prazos marcados as modificações ou reparações ordenadas, assiste ao dono da obra o direito de as mandar efectuar por conta do empreiteiro, accionando as garantias previstas no contrato.

5. Cumprida a notificação prevista no nº 1, procede-se a nova vistoria, para o efeito de recepção provisória.

1. Corresponde ao artigo 199º do anterior REOP, praticamente sem alteração.

2. A verificação de defeitos de execução é uma das funções da fiscalização (artigo 266º, alíneas a) d), e), f), j)), certo sendo que essa actividade se integra na que à fiscalização cabe de *vigiar e verificar o exacto cumprimento do projecto e suas alterações, do contrato e do plano de trabalhos em vigor* (artigo 266º). Portanto, trata-se de velar para que o contrato seja cumprido pelo empreiteiro nos precisos termos do seu clausulado e dos documentos que o integram (artigo 110º). Por isso, se o contrato foi defeituosamente cumprido, o dono da obra tem o direito de obter do empreiteiro a eliminação dos defeitos de execução. E, para isso, não tem necessidade de esperar pela conclusão dos trabalhos da empreitada e fazê-lo na vistoria da recepção provisória; pode igualmente verificar a existência de defeitos e ordenar a sua reparação à medida que a obra vai sendo executada e a fiscalização dos trabalhos, os detecte (artigo 286º).

3. A reclamação do empreiteiro pode ter por objecto quer a decisão que julgou não estar a obra em condições de ser recebida, quer a decisão que fixou o prazo para proceder às modificações ou correcções necessárias e que entende não ser razoável. Este prazo deve ser o normalmente necessário para a execução dos trabalhos em que aquelas se traduzem, o que depende, pelo menos, do seu volume e da sua natureza.

4. Não diz a lei em que sentido interpretar o silêncio do dono da obra, quando este se não pronuncia sobre a reclamação do empreiteiro no prazo de 15 dias, como estabelece o nº 3. É mais um caso em que o silêncio deve ser entendido como indeferimento tácito, por aplicação do princípio geral estabelecido no artigo 58º da LPAA.

5. Cfr. os artigos 215º, 286º e 287º.

ARTIGO 305º
Recepção provisória

1. Quando, pela vistoria realizada, se verificar estar a obra em condições de ser recebida, assim se declara no auto, contando-se da data deste o prazo de garantia fixado no contrato.
2. O empreiteiro pode deduzir reclamações relativamente a qualquer facto ou circunstância consignados no auto, exarando-as nele ou apresentando-as por escrito nos dez dias subsequentes.
3. O dono da obra deve pronunciar-se sobre a reclamação no prazo de 30 dias, salvo se, tornando-se indispensável a realização de quaisquer ensaios, carecer de maior prazo para a decidir, caso em que deverá comunicar o facto ao empreiteiro, fixando desde logo o

período adicional de que necessita e que não será superior ao requerido para a realização e apreciação de tais ensaios.

4. Se o dono da obra não expedir a notificação de decisão nos prazos previstos nos números anteriores, a reclamação é deferida.

1. Este preceito reproduz o artigo 200º do anterior REOP, com ligeiros acertos de redacção.

2. O auto de recepção deve ser assinado pelo dono da obra ou por quem aquele conferiu para isso poderes, sob pena de ter de considerar-se não haver recepção expressa da obra. Não se exige uma declaração formal de aceitação da obra, sendo suficiente a assinatura do auto, desde que não resulte claro que esta assinatura teve outra finalidade, como, por exemplo, de assinalar a presença ao acto[518].

3. Só os erros ou deficiências que, segundo as regras da boa fé e da razoabilidade, possam afectar a solidez, segurança, funcionalidade e estética da construção devem justificar a não recepção da obra, não se incluindo ali os que, pela sua insignificância, podem ser rápida e facilmente reparados[519].

4. A data da recepção provisória marcará sempre o momento a partir do qual se contará o prazo de garantia, quer este tenha sido previsto no contrato, quer se aplique o supletivamente estabelecido no artigo 312º.

5. Segundo VAZ SERRA[520], *a aceitação da obra pelo dono dela é o acto pelo qual este declara querer considerar a obra feita como sendo a prestação do empreiteiro, isto é, o cumprimento da sua obrigação (negócio unilateral recipiendo).*

A propósito do contrato de empreitada de direito privado, refere[521] que essa *aceitação da obra* é um acto de vontade que traduz um negócio unilateral receptício.

Por outro lado, afirma ainda o mesmo Autor[522] que *a verificação final é independente das verificações que o comitente pode fazer no decurso da obra e, portanto, o resultado daquela pode ser negativo, ainda que nenhuma reserva tenha sido feita nas verificações anteriores. Essa verificação, se o contrato nada dispuser, deve ser realizada*

---

[518] DANIEL CHABANOL & JEAN-PIERRE JOUGUELET, *ob. cit.* , pág. 269.

[519] Cfr. PEDRO ROMANO MARTINEZ, *ob. cit.*, pág. 82.

[520] *B.M.J.*, 145º, pág. 172.

[521] *B.M.J.*, 145º, págs. 158 e 159.

[522] *B.M.J.*, 145º, pág. 155 e PEDRO ROMANO MARTINEZ, *ob. cit.*, pág. 151.

de acordo com os usos e as regras da arte, e sem causar prejuízo ou incómodo anormal ao empreiteiro[523].

6. O disposto no nº 1 tem a ver com os efeitos da recepção provisória da obra, que são, designadamente, os seguintes:

- Fixa a data da conclusão da obra para efeitos de averiguação do cumprimento do respectivo prazo contratual;
- Determina a impossibilidade de aplicação de sanções contratuais por incumprimentos até aí ocorridos (artigo 319º, nº 4);
- Estabelece o início do período de garantia da obra;
- Transfere para o dono da obra a propriedade desta e respectiva posse;
- Permite ao dono da obra colocá-la ao serviço do fim para que foi realizada;
- Transfere para o dono da obra o encargo de proceder à sua conservação e guarda;
- Transfere para o dono da obra as consequências do seu uso;
- Transfere para o dono da obra o risco pelas deteriorações por facto de terceiro.

7. Cfr. os artigos 287º, 303, 304º, 306º, 313º, 315º, 317º e 318º.

SECÇÃO II
LIQUIDAÇÃO DA EMPREITADA

ARTIGO 306º
Elaboração da conta

1. Em seguida à recepção provisória, deve proceder-se, no prazo de 60 dias, à elaboração da conta da empreitada.
2. Os trabalhos e os valores relativamente aos quais existam reclamações pendentes são liquidados à medida que aquelas forem definitivamente decididas.

1. Reproduz quase textualmente o artigo 201º do anterior REOP.

2. A conta final da empreitada é o conjunto dos documentos que consubstanciam apuramentos sobre os vários elementos definidores das posições

---

[523] *B.M.J.*, 145º, pág. 167.

credoras e devedoras até ao termo da execução dos trabalhos e do saldo correspondente.

3. Cfr. os artigos 293º, 294º, 307º, 308º e 317º.

ARTIGO 307º
Elementos da conta

A conta da empreitada integra os seguintes elementos:

a) uma conta corrente à qual são levados, por verbas globais, os valores de todas as medições e revisões ou eventuais acertos das reclamações já decididas, dos prémios vencidos e das multas contratuais aplicadas;

b) um mapa de todos os trabalhos executados a mais ou a menos do que os previstos no contrato, com a indicação dos preços unitários pelos quais se procedeu à sua liquidação;

c) um mapa de todos os trabalhos e valores sobre os quais hajam reclamações, ainda não decididas, do empreiteiro, com expressa referência ao mapa do número anterior, sempre que daquele também constem.

1. Corresponde ao artigo 202º do REOP antes vigente, com pequenas e irrelevantes alterações de texto.

2. Cfr. os artigos 293º, 294º, 308º e 317º.

ARTIGO 308º
Notificação da conta final ao empreiteiro

1. Elaborada a conta, é enviada uma cópia ao empreiteiro, por carta registada com aviso de recepção, para este assinar ou deduzir a sua reclamação fundamentada, no prazo de 30 dias.

2. Ao empreiteiro é facultado o exame dos documentos necessários à apreciação da conta.

3. Se o empreiteiro assinar a conta e não deduzir contra ela, no prazo fixado no nº 1, qualquer reclamação, entende-se que a aceita, sem prejuízo, todavia, das reclamações pendentes, que tenha declarado expressamente manter.

4. Se o empreiteiro, dentro do prazo fixado no nº 1, não assinar a conta, nem deduzir contra ela qualquer reclamação, e de tal não houver sido impedido por caso de força maior, entende-se que a aceita com os efeitos estabelecidos no número anterior.

5. Na sua reclamação, o empreiteiro não pode:

a) fazer novas reclamações sobre medições;

b) fazer novas reclamações sobre verbas que constituam mera e fiel reprodução das contas das medições ou das reclamações já decididas;
c) ocupar-se de reclamações pendentes e ainda não decididas.

6. Sobre a reclamação do empreiteiro deverá o dono da obra pronunciar-se no prazo de 60 dias.

1. Corresponde ao artigo 203º do anterior REOP que, em substância, não altera.

2. Segundo o que dispõe a segunda parte do nº 3 deste preceito, no acto da assinatura da conta, o empreiteiro deve declarar expressamente manter, no todo ou em parte, as reclamações pendentes deduzidas contra a conta corrente, sob pena de se entender que delas desiste. O projecto do Decreto-Lei nº 48 871[524] estabelecia que só se não manteriam as reclamações relativamente às quais o empreiteiro expressamente declarasse *desistir*. E, o diploma legal que àquele sucedeu, o Decreto-Lei nº 235/86, no seu artigo 185º, seguiu a orientação preconizada por aquele projecto: *Entender-se-á que o empreiteiro mantém as reclamações de que não declare expressamente desistir.* E, a nosso ver, esta última é a posição mais razoável e lógica, pois a desistência tácita pode ser devida a uma causa que nada tenha a ver com a vontade do empreiteiro reclamante. Mas é o regime estabelecido pela disposição daquele nº 3.

3. Esta LCP, quanto aos efeitos das decisões sobre as reclamações do empreiteiro, não tem utilizado um critério uniforme de se exprimir, referindo umas vezes que o dono da obra ou a fiscalização, no prazo fixado para a tomar, deve *expedir a notificação da decisão* (por exemplo, nos artigos 269º, nº 3, 292º, nº 3 e 305º, nº 4) e não apenas *tomar essa decisão*, enquanto que noutros se refere apenas do dever de decidir em determinado prazo. A verdade é que, logicamente, o dever de decidir não se esgota com o acto da tomada da decisão que, se não for notificada aos interessados, não produz os respectivos efeitos. Por isso, decorrido o prazo fixado para a tomada da decisão sem que esta tenha sido notificada ao empreiteiro, este tem o direito de presumir que a reclamação foi indeferida, por efeito do disposto no artigo 58º da LPAA, salvo se, como por vezes sucede, o preceito legal atribuir ao silêncio do dono da obra ou da fiscalização um efeito positivo de concordância.

E esse não é o caso presente.

---

[524] Diploma legal que em Portugal aprovou a primeira versão do RJEOP.

SECÇÃO III
INQUÉRITO ADMINISTRATIVO

ARTIGO 309º
Comunicações às autoridades locais

No prazo de 60 dias contados da recepção provisória, o dono da obra deve comunicar à competente autoridade administrativa da área em que os trabalhos foram executados a sua conclusão, indicando o serviço, e respectiva sede, encarregado da liquidação.

1. Corresponde ao artigo 204º do anterior REOP, cuja redacção praticamente mantém.

2. O *inquérito administrativo* destina-se a averiguar se o empreiteiro é devedor de alguma indemnização ou, qualquer outra prestação a que se tenha obrigado para com terceiros por motivo inerente à obra em causa, especialmente no que respeita às obrigações resultantes de expropriações, servidões, ocupações temporárias, aquisições, extracção, cessão da posição contratual ou depósito de materiais, ordenados, salários ou quaisquer trabalhos respeitantes à obra que haja mandado executar por terceiros, incluindo subempreitada. O resultado deste inquérito terá de ser levado em conta na liquidação final, nos termos do artigo 316º.

O processo de inquérito administrativo tem início com a comunicação do dono da obra à autoridade administrativa competente da área em que aquela se situa, participando-lhe a conclusão dos trabalhos e, bem assim, o serviço encarregado de proceder à liquidação e respectiva sede.

3. Tendo lugar logo após a recepção provisória, o inquérito administrativo pode não atingir integralmente o fim para que existe. Com efeito, durante o prazo de garantia da obra, pode haver lugar à execução de trabalhos, e frequentemente isso sucede, pelo que o empreiteiro pode, nesse período, contrair dívidas que deveriam ser reclamadas no inquérito administrativo, mas que o não poderão ser por entretanto aquele inquérito, porventura, estar já realizado. Seria porventura preferível que tal inquérito tivesse lugar após a recepção definitiva, tanto mais que só após esta se procede à restituição dos depósitos de garantia e à libertação da caução bancária – artigo 315º.

4. Todos os credores do empreiteiro que pretendam receber do dono da obra os seus créditos à custa da caução definitiva prestada, devem reclamá-los no inquérito administrativo, ainda que, por entretanto ter sido decretada a falência do empreiteiro, se trate de pretensão do administrador judicial da falência.

5. Cfr. os artigos 310º, 311º e 316º.

ARTIGO 310º
Publicação de editais

1. Recebida aquela comunicação, a entidade referida no artigo anterior, deve mandar afixar editais durante 20 dias, chamando todos os interessados para, até 10 dias depois do termo do prazo dos editais, apresentarem, na respectiva secretaria, por escrito e devidamente fundamentadas e documentadas, quaisquer reclamações a que se julguem com direito, nomeadamente por falta de pagamento de salários e de materiais, ou de eventuais indemnizações, bem como do preço de quaisquer trabalhos que o empreiteiro tenha mandado executar por terceiros.

2. A afixação pode ser substituída por duas publicações feitas, com uma semana de intervalo, num jornal local com expansão no município, contando-se o prazo de 10 dias para a apresentação de reclamações, a partir da data da segunda publicação.

3. Não são tidas em consideração as reclamações apresentadas fora do prazo estabelecido nos editais.

1. Corresponde ao artigo 205º do anterior REOP ao qual não introduz alterações substanciais.

2. Exemplo de anúncio:

INQUÉRITO ADMINISTRATIVO

Na secretaria da (*) de ... sita em ... corre seus termos um processo de inquérito administrativo respeitante à empreitada de ... (**) adjudicada por ... a ... .(***)

Assim, ficam por este meio convocados todos os interessados para reclamarem, com referência àquela empreitada, os direitos de que se julguem titulares, nomeadamente os seus créditos por falta de pagamento de ordenados, salários e materiais ou indemnizações e bem assim de quaisquer trabalhos que aquele empreiteiro haja mandado executar por terceiros, devendo as respectivas reclamações ser apresentadas, por escrito e devidamente fundamentadas e documentadas, na secretaria da ... (*) até ao termo do prazo de 10 dias contados a partir da segunda publicação deste anúncio.

(*) Entidade competente

(**) Designação da empreitada

(***) Dono da obra.

3. Os editais devem ser afixados nos locais habituais em que são afixados quaisquer editais emitidos pelas autoridades administrativas com vista à sua ampla divulgação e, além disso, no local da obra.

4. Embora no nº 2 se coloque em alternativa a afixação de editais com a publicação em jornal com expansão no município em que a obra se situa, nada impede que se adopte ambos aqueles meios de divulgação.

5. Cfr. os artigos 309º, 311º e 316º.

ARTIGO 311º
Processos das reclamações

1. Findo o prazo para a respectiva apresentação, a entidade referida nos artigos 309º e 310º da presente lei, deve enviar, dentro de 10 dias, ao serviço que estiver encarregado da liquidação, as reclamações recebidas.

2. O serviço liquidatário deve notificar, por carta registada com aviso de recepção, ou contra recibo, o empreiteiro e as instituições de crédito que hajam garantido as obrigações em causa para, no prazo de 20 dias, contestarem as reclamações recebidas, com a cominação de, não o fazendo, serem tidas por aceites e deferidas.

3. Havendo contestação, dela é dado conhecimento aos reclamantes dos créditos contestados, avisando-os de que só são retidas as quantias reclamadas caso, no prazo de 30 dias, seja proposta acção no tribunal competente para as exigir e ao serviço liquidatário seja enviada, nos 15 dias seguintes à propositura da acção, certidão comprovativa do facto.

1. Corresponde ao artigo 206º do REOP anterior, que reproduz quase textualmente.

2. O processo de inquérito administrativo, comporta, pois, as fases seguintes:
- Ofício à entidade administrativa competente da área em que se situa a obra a comunicar a conclusão desta e a indicar o serviço e respectiva sede encarregado da liquidação (artigo 309º);
- Afixação dos editais e/ou sua publicação (artigo 310º, nº 1);
- Remessa das reclamações recebidas por aquela entidade administrativa, no prazo de 10 dias, ao serviço encarregado da liquidação da obra (artigo 311º, nº 1);
- Notificação, feita por este serviço, através de carta registada com aviso de recepção ou contra recibo, ao empreiteiro e instituições de crédito que garantiram as obras em causa, para contestarem as reclamações no prazo

de 20 dias, sob cominação de, não o fazendo, serem aquelas consideradas aceites e deferidas (artigo 311º, nº 2);
- Notificação das contestações apresentadas aos credores com a cominação de que:
  - no prazo de 30 dias, devem intentar em juízo acção competente,
  - no prazo de 15 dias, contados da propositura da acção, provar este mesmo facto, junto do serviço liquidatário[525], através da certidão respectiva, sob pena de não serem retidas as quantias reclamadas (artigo 311º, nº 3).

3. Não estabelece a lei regra especial no que respeita à forma que devem revestir as reclamações e as contestações. No que respeita às impugnações administrativas em geral, o artigo 16º permite a sua apresentação em suporte de papel ou na respectiva plataforma electrónica (nº 3), devendo o interessado expor os fundamentos de facto e de direito da impugnação, podendo juntar documentos probatórios. Neste caso, se a reclamação ou a contestação são apresentadas em suporte de papel, parece que o devem ser com um número de cópias que permita ao serviço encarregado de proceder à liquidação da obra, notificar o empreiteiro e instituições bancárias do teor da reclamação.

4. Para que possam ser retidas as quantias reclamadas e contestadas pelo empreiteiro ou pela instituição bancária que caucionou as suas obrigações, é necessário que o credor reclamante submeta o diferendo a decisão judicial através de acção a intentar no prazo de 30 dias, contados após a notificação da contestação, e que, por outro lado, isso mesmo o credor reclamante prove, por certidão, nos posteriores 15 dias. Assim, tal retenção não será efectuada quer no caso da apresentação da certidão ser posterior ao termo daquele prazo de 15 dias, quer ainda quando, tendo sido apresentada dentro deste prazo, dela conste que a acção foi intentada após o decurso do aludido prazo de 30 dias. O prazo de 15 dias para apresentação da certidão conta-se a partir da propositura da acção, e não do termo do prazo dentro do qual o credor reclamante a poderia intentar. Só assim não será, nos termos da parte final do nº 4 do artigo 316º, se os credores reclamantes provarem que não intentaram atempadamente a acção judicial *por impossibilidade legal*. Salvo os casos subsumíveis ao justo impedimento, que consideramos aplicável ao abrigo do

---

[525] A acção considera-se proposta, intentada ou pendente logo que seja recebida na secretaria a respectiva petição inicial – artigo 267º, nº 1, do Código de Processo Civil.

artigo 359º, não se vê o que possa constituir *impossibilidade legal* de intentar aquela acção naquele prazo[526].

5. A tramitação normal e legal do processo executivo da obra posterior à recepção provisória não é afectada pelas vicissitudes próprias do inquérito administrativo, designadamente, não se suspende pelo facto das reclamações nele apresentadas ou das eventuais acções judiciais daí decorrentes. Assim, o prazo de garantia da obra e da recepção definitiva decorrem sem suspensão ou interrupção.

6. Cfr. os artigos 309º, 310º e 316º.

SECÇÃO IV
PRAZO DE GARANTIA

ARTIGO 312º
Duração do prazo

1. O prazo de garantia deve ser estabelecido no caderno de encargos, tendo em atenção a natureza dos trabalhos.

2. Na falta da estipulação prevista no número anterior, o prazo de garantia é de três anos.

1. Corresponde ao artigo 207º do anterior REOP, que reproduz textualmente, salvo quanto ao prazo que era de cinco anos[527].

2. No nº 1 deste preceito permite-se que o prazo de garantia seja fixado no caderno de encargos, conferindo-se natureza supletiva ao prazo de três anos estabelecido no nº 1. Como resulta do preceito, pretendeu-se que fosse a natureza da obra a, em cada caso concreto, determinar a duração conve-

---

[526] Cfr. artigo 146º do Código de Processo Civil.

[527] Há quem entenda, e, parece, com razão, que mesmo o prazo de cinco anos que o RJEOP de Portugal estabelecia era ainda curto para detectar vícios de construção nas obras de longa duração, face ao actual estado de evolução das técnicas e sistemas de construção, e comparativamente com o que se passa em algumas legislações europeias – 10 anos (ARNALDO GONÇALVES, *O Novo Regime Jurídico das Empreitadas de Obras Publicas*, pág. 226; cfr. também PEDRO ROMANO MARTINEZ, *ob. cit.*, pág. 202). Assim, mais curto terá de considerar-se o de três anos estabelecido neste preceito. Por outro lado, também havia quem se pronunciasse, a nosso ver igualmente com pertinência, no sentido de que aquele prazo de cinco anos é excessivo para os pequenos defeitos de construção, sendo preferível o prazo de dois anos fixado para a empreitada de direito privado (PEDRO ROMANO MARTINEZ e JOSÉ M. M. Y PUJOL, *ob. cit.*, pág. 309). O que este preceito resolve com razoabilidade.

niente. Mas, mais uma vez, não pode confundir-se esta discricionariedade com arbitrariedade. Não pode vincular-se o empreiteiro a um prazo de duração desproporcionada, desajustada e injustificada. É mesmo duvidoso que, em qualquer caso, o prazo possa ser de duração superior a três anos[528]. Mas, se o for, terá de constar da sua fixação a respectiva fundamentação.

3. Regula-se neste preceito o prazo durante o qual, uma vez concluída a obra, esta é posta à prova, para a hipótese de, no decurso desse prazo, acontecer algo que possa revelar vício de execução não aparente na altura da recepção provisória[529]. É justo que, se tal suceder, a responsabilidade pelo facto seja imputada ao empreiteiro. É o prolongamento da responsabilidade do empreiteiro, para além da recepção provisória da obra, por deficiente execução da obra. Só após o decurso desse tempo é a obra definitivamente recebida e o empreiteiro ilibado de responsabilidade relativamente ao que naquela possa acontecer. Esta prova terá de confinar-se, praticamente, à solidez e perfeição da obra (artigo 313º), mas, no decurso do período da sua duração, quaisquer deficiências de execução que se revelem terão de ser reparadas pelo empreiteiro à sua custa[530].

Assim, ficam excluídas da responsabilidade do empreiteiro as substituições de materiais e os trabalhos de conservação e de reparação cuja necessidade se fique a dever a desgaste e depreciação resultantes da utilização que entretanto se tenha dado à obra.

4. No contrato civil de empreitada, os direitos do dono da obra resultantes de vícios de execução desta, mesmo que desconhecidos do respectivo dono à data da sua aceitação, caducam se não forem exercidos no prazo de dois anos após a entrega da obra (nº 2 do artigo 1224º do Código Civil). Por outro lado, tratando-se de *construção, modificação ou reparação de edifícios ou outros imóveis destinados por sua natureza a longa duração e no decurso de cinco anos a contar da entrega, ou no decurso do prazo de garantia convencionado, a obra, por vício do solo ou da construção, modificação ou reparação, ruir total ou parcialmente, ou apresentar defeitos graves ou perigo de ruína, o empreiteiro é responsável pelo prejuízo para com o dono da obra* (artigo 1225º).

---

[528] O preceito do RJEOP português, nas versões aprovados pelos Decretos-Lei nºs 405/93 e 59/99, só permitia que o caderno de encargos estabelecesse um prazo inferior ao que supletivamente estabelecia, mas que, em ambas essas versões, era de cinco anos.

[529] STEPHANE BRACONNIER, *ob. cit.*, pág. 347.

[530] Desde que se não trate de vícios já aparentes na altura da vistoria para a recepção provisória e não ocultos com má fé pelo empreiteiro (cfr. VAZ SERRA, *B.M.J.*, 145º, pág. 159).

Em qualquer dos regimes referidos, procurou o legislador estabelecer um prazo que, na ausência de cláusula contratual diferente, reputa razoavelmente bastante para que o dono da obra examine cuidadosamente esta e diligencie no sentido de detectar eventuais vícios de execução. Mesmo que, por vezes, tal prazo se revele insuficiente, porque as partes se abstiveram de regular a questão, atendeu-se ao facto de o empreiteiro não poder ficar indefinidamente vinculado à obra, antes se impondo que, a partir de um prazo razoável, se liberte da inerente responsabilidade.

5. Pode colocar-se a questão de saber se, na empreitada de obras públicas, se aplica um regime vigente para as empreitadas de direito privado, segundo o qual a garantia abrangeria não apenas a responsabilidade por vícios de construção, modificação ou reparação, mas mesmo por vício do solo. Quanto aos primeiros, não há dúvida que o empreiteiro responde aí por facto próprio integrado nas suas obrigações contratuais, pois que se obrigou não apenas a executar a obra, mas a executá-la bem e de harmonia com as peças escritas e desenhadas que para isso lhe foram fornecidas pelo dono da obra e que fazem parte integrante do contrato (artigo 110º). Só assim não será se o empreiteiro demonstrar que o vício resultou de facto que lhe não é imputável e que não podia nem devia evitar. Já o mesmo se não pode dizer, sem mais, quanto aos vícios do solo que só podem ser imputados ao empreiteiro se for demonstrado que aquele os conhecia ou, nos termos da lei ou do contrato, os devia conhecer[531].

6. O prazo de garantia da obra é um prazo de caducidade, não se interrompendo nem se suspendendo, sob pena de ser susceptível de se prolongar indefinidamente, com as danosas e injustas consequências de insegurança para o empreiteiro. Se isto é válido para a empreitada civil[532], igualmente o é para a empreitada de obras públicas, nenhum preceito existindo a dispor de modo diferente[533].

7. Cfr. os artigos 313º e 314º.

---

[531] Cfr. PEDRO ROMANO MARTINEZ, *ob. cit.*, pág. 182.
[532] Cfr. PEDRO ROMANO MARTINEZ, *ob. cit.*, pág. 217.
[533] Cfr. PEDRO ROMANO MARTINEZ e JOSÉ M. M. Y. PUJOL, *ob. cit.*, pág. 309.

SECÇÃO V
RECEPÇÃO DEFINITIVA

ARTIGO 313º
Vistoria

1. Findo o prazo de garantia, por iniciativa do dono da obra ou a pedido do empreiteiro, procede-se a nova vistoria de todos os trabalhos da empreitada.

2. Se, pela vistoria, se verificar que as obras não apresentam deficiências, deteriorações, indícios de ruína ou de falta de solidez pelos quais deva responsabilizar-se o empreiteiro, procede-se à recepção definitiva.

3. Serão aplicáveis à vistoria e ao auto de recepção definitiva os preceitos correspondentes da recepção provisória.

1. Corresponde ao artigo 208º do anterior REOP, que reproduz com pequenos acertos de redacção.

2. A recepção definitiva da obra terá de ser precedida pela vistoria que a vai fundamentar. A esta vistoria e respectivo auto manda este preceito aplicar o regime estabelecido nos artigos 303º e seguintes quanto à recepção provisória. Assim, não são apenas as disposições contidas naquele artigo que se deverão aplicar, pois igualmente rege o que nos nºs 2, 3 e 4 do artigo 305º se estabelece quanto a reclamações a apresentar.

3. Como resulta do nº 2 deste artigo e do artigo seguinte e já ficou referido na anotação ao artigo anterior, a responsabilidade do empreiteiro não se estende a toda e qualquer deficiência ou deterioração que a obra apresente no fim do prazo de garantia, mas apenas àquelas que se devam a facto seu, isto é, ao processo de execução da obra e não sejam aparentes aquando da vistoria da recepção provisória.

4. Cfr. os artigos 234º, 303º a 305º, 314º, 315º e 317º.

ARTIGO 314º
Deficiências de execução

1. Se, em consequência da vistoria, se verificar que existem deficiências, deteriorações, indícios de ruína ou de falta de solidez, da responsabilidade do empreiteiro, somente se receberão os trabalhos que se encontrem em bom estado e que sejam susceptíveis de recepção parcial, procedendo o dono da obra, em relação aos restantes, nos termos previstos para o caso análogo da recepção provisória.

2. A responsabilidade do empreiteiro só existe desde que as deficiências ou vícios encontrados lhe sejam imputáveis e que, se resultarem do uso para que as obras haviam sido destinadas, não constituam depreciação normal consequente desse uso.

1. Corresponde ao artigo 209º do anterior REOP, com algumas alterações de texto mas mantendo o regime.

2. Ao contrário do que sucede na recepção provisória da obra, em que a recepção parcial só ocorre se o dono da obra o entender conveniente, na recepção definitiva a recepção parcial impõe-se ao dono da obra, que não pode deixar de receber a parte da obra que entende estar em condições de ser recebida. A diferença de regime justifica-se, por um lado, pelo facto de a obra já estar afectada ao fim a que se destina e, por outro, porque a não ser assim o empreiteiro continuaria a, sem fundamento, suportar o encargo da pendência da totalidade da garantia prestada.

3. Quanto à recepção parcial, no auto de vistoria deverão especificar-se as deficiências encontradas, exarando-se ainda a declaração de não recepção das obras e a notificação do prazo concedido ao empreiteiro para proceder às modificações ou reparações necessárias (artigo 304º, nº 1). Esse prazo deve ser razoável e, portanto, fixado em atenção à natureza e volume dos trabalhos.

4. No nº 2 restringe-se a responsabilidade do empreiteiro àquilo que resulta efectivamente de facto seu, isto é, às deficiências ou vícios da execução da obra que não tenham resultado do cumprimento de ordens ou instruções escritas do dono da obra (artigo 215º, nº 2), constituam depreciação normal consequente do uso, resultem de caso de força maior (artigo 195º) e ainda de facto de terceiro a que o empreiteiro seja alheio. Efectivamente, não parece, em face do disposto neste artigo, que sejam imputáveis ao empreiteiro os danos causados por facto, criminoso ou não, de terceiro.

5. Se o empreiteiro, no prazo marcado, não corrigir as deficiências verificadas no auto de vistoria para a recepção definitiva da obra, o dono desta poderá mandar efectuar as modificações ou reparações necessárias por conta do empreiteiro, debitando-lhe o que nisso for despendido. É o que resulta do disposto do nº 4 do artigo 304º, aplicável por força da segunda parte do nº 1 deste artigo.

6. Cfr. os artigos 234º, 303º a 305º, 313º, 315º e 317º.

SECÇÃO VI
RESTITUIÇÃO DAS GARANTIAS E QUANTIAS RETIDAS, EXTINÇÃO DA CAUÇÃO E LIQUIDAÇÕES EVENTUAIS

ARTIGO 315º
Restituição dos depósitos e quantias retidas
e extinção da caução

1. Feita a recepção definitiva de toda a obra, são restituídas ao empreiteiro as quantias retidas como garantia ou a qualquer outro título a que tiver direito e promover-se-á, pela forma própria, a extinção da caução prestada.

2. A demora superior a 90 dias na restituição das quantias retidas e na extinção da caução, quando imputável ao dono da obra, dá ao empreiteiro o direito de exigir juros das respectivas importâncias, à taxa vigente no mercado bancário, contado desde a data do pedido.

1. Corresponde ao artigo 210º do REOP anteriormente vigente relativamente ao qual se limita a apresentar pequenos acertos de redacção.

2. Só com a recepção integral e definitiva da obra é que se verifica o reconhecimento, por parte do dono da obra, de que o contrato foi cumprido, pelo que, só então, observado o que se dispõe no artigo seguinte no que respeita aos resultados do inquérito administrativo, deixará de existir razão para que o dono da obra retenha as importâncias a que o empreiteiro tem direito ou mantenha em vigor a caução que aquele prestou. Só a aprovação pelo dono da obra de auto do recepção definitiva tem a virtualidade de libertar o empreiteiro de qualquer vínculo obrigacional respeitante à obra, deixando de ter a responsabilidade pelas reparações de defeitos de construção que aquela eventualmente necessite e não sendo obrigado a cumprir ordens que lhe sejam transmitidas. Portanto, pode dizer-se que só se tais obrigações não existirem é que não há razão para a subsistência de qualquer garantia prestada pelo empreiteiro, pelo que só então a sua restituição ou libertação se impõe.

3. Mas em decorrência lógica desse entendimento, deverá considerar-se que em caso de recepção parcial definitiva da obra, deixará de haver fundamento para que o empreiteiro suporte os encargos relativos à caução prestada na proporção correspondente à parte da obra recebida.

O preceito não o estabelece expressamente, mas afigura-se-nos ser uma consequência lógica da recepção definitiva parcial.

4. Cfr. os artigos 101º, 103º a 107º, 110º, 111º, 116º, 238º, 247º, 297º, 302º e 316º.

ARTIGO 316º
Dedução de quantias reclamadas no inquérito administrativo

1. Quando, no inquérito administrativo houver reclamações, o montante a restituir ao empreiteiro dos depósitos de garantia, das importâncias eventualmente ainda em dívida e da caução será diminuído do valor das quantias reclamadas e que o empreiteiro não prove haver, entretanto, satisfeito.

2. O valor deduzido nos termos do número anterior terá as seguintes aplicações:

a) as importâncias correspondentes a reclamações confessadas pelo empreiteiro e pelas instituições garantes são directamente pagas aos reclamantes;

b) as importâncias correspondentes a reclamações contestadas pelo empreiteiro ou pelas instituições garantes são depositadas, em instituição de crédito, à ordem do tribunal por onde esteja a correr o processo respectivo, quando os reclamantes provem que este foi proposto no prazo de 30 dias após a data da recepção da comunicação da existência da contestação.

3. No caso da alínea a) do nº 2, devem convocar-se os interessados, por carta registada com aviso de recepção para, no prazo de 30 dias, receberem as importâncias a que tiverem direito.

4. O empreiteiro ou a instituição que a ele se tenha substituído tem direito a ser imediatamente reembolsado das quantias que não tenham sido tempestivamente recebidas nos termos do nº 3, bem como a requerer o levantamento da parte do depósito correspondente a quantias reclamadas, mas não exigidas judicialmente, no prazo de trinta dias contados da comunicação feita aos reclamantes de ter havido contestação às suas reclamações, salvo se estes provarem não o terem feito por impossibilidade legal.

1. Corresponde ao artigo 211º do anterior REOP que reproduz com alguns acertos de texto.

2. Tendo sido apresentadas reclamações no inquérito administrativo, pode suceder uma das hipóteses seguintes:

- Serem as reclamações aceites expressamente pelo empreiteiro, pela instituição bancária garante, ou por ambos;
- Serem as reclamações tacitamente aceites, por nem o empreiteiro nem a instituição bancária as terem contestado no prazo de 11 dias (nº 2 do artigo 311º);
- Serem contestadas naquele prazo pelo empreiteiro, pela instituição de crédito ou por ambos.

As consequência jurídicas são:

- Nos dois primeiros casos: as respectivas importâncias são pagas aos reclamantes para o que estes são notificados por carta registada com aviso de recepção com a cominação de que, se não requererem o seu pagamento no prazo de 30 dias, a contar da recepção do aviso, poderão as mesmas importâncias ser entregues ao empreiteiro ou à instituição de crédito, a requerimento destes.
- No último caso: as respectivas importâncias são depositadas à ordem do tribunal por onde correm os respectivos processos.

3. Não pode dizer-se que o regime assim estabelecido seja perfeito, podendo dar lugar a graves injustiças. Efectivamente, no caso de haver várias reclamações, pode o empreiteiro conluiar-se com um ou alguns dos seus credores e confessar essa dívida, contestando as restantes. Como aquela será logo paga, os restantes credores não poderão valer-se do expediente aqui previsto, pelo menos em toda a sua extensão, restando-lhes o recurso à garantia geral constituída pelo património do empreiteiro. Só assim não será se, antes daquele pagamento, se proceder a rateio em relação aos créditos reclamados, pagando-se o correspondente aos certos e depositando-se o correspondente aos contestados[534]. Todavia, esta é uma solução que não resulta do texto legal.

4. Quanto às importâncias referidas na alínea *a)* do nº 2, não tem o dono da obra que as depositar à ordem do juiz, pelo que pode pôr-se a questão de saber se poderá entregar aos reclamantes as quantias a que têm direito, se estes solicitarem o seu pagamento após o decurso do prazo de 30 dias, mas antes que o empreiteiro ou a instituição de crédito garante tenham requerido o seu reembolso.

Já nos pronunciamos pela positiva, mas, uma mais intensa reflexão faz-nos optar pela solução contrária.

É facto que a certeza quanto à existência e montante da dívida foi tácita ou expressamente confessada pelo devedor, pelo que deixou de haver dúvida quanto à existência do crédito e ao seu quantitativo. O que se pretendeu foi não obrigar o empreiteiro a ver retidas aquelas importâncias ou a garantia bancária enquanto os credores reclamantes quisessem, dando-lhes a possibilidade de obstar a isso pelo reembolso nos termos já ditos. Pelo que, sendo assim, poderá pretender-se nada impedir que o pagamento se faça se o emp-

---

[534] Neste sentido se pronunciou a Procuradoria-Geral da República (Portugal) num parecer publicado no Diário da República, II série, de 1955.01.04.

reiteiro, podendo usar dessa faculdade, o não fez antes que os seus credores se apresentassem a solicitar o pagamento dos seus créditos, não obstante o decurso do prazo de 30 dias.

Não parece, porém, que assim se deva entender, pois, por um lado, o prazo de 30 dias é um prazo de caducidade do direito dos credores de reclamar o reembolso; por outro lado, a disposição legal é inequívoca ao estabelecer que o direito do empreiteiro e instituições de crédito nasce *imediatamente* com o não exercício do direito pelos reclamantes naquele prazo; acresce que o preceito não estabelece um prazo para o empreiteiro e instituições pedirem o reembolso; finalmente, aquela solução traduzir-se-ia em obrigar o empreiteiro e as instituições a requerer o reembolso no exacto momento em que nasce esse seu direito, única forma de impedir que os credores que se atrasaram agora se lhes antecipassem. O que não é curial.

5. Na hipótese de as reclamações de créditos serem contestadas pelo empreiteiro, pela instituição de crédito ou por ambos, há a observar que:

- Os reclamantes dos créditos contestados são notificados da contestação por carta registada com aviso de recepção, com a cominação de que devem intentar judicialmente a competente acção para reconhecimento do seu crédito, no prazo de 30 dias (artigo 311º, nº 3);
- Provar por certidão, nos quinze dias posteriores àquele prazo, junto do serviço liquidatário da empreitada, que foi atempadamente intentada aquela acção (artigo 311º, nº 3), sob pena de tais quantias ficarem à disposição do empreiteiro;
- Feita esta prova, as importâncias correspondentes a esses créditos serão depositadas à ordem do tribunal onde a acção está pendente;
- A cominação do reembolso não terá lugar se os reclamantes provarem que não intentaram a acção e, portanto, disso não notificaram o serviço liquidatário da empreitada nos prazos estabelecidos, por impossibilidade legal.

6. Quanto à última daquelas hipóteses, pode bem suceder que, quando os reclamantes vierem alegar aquela *impossibilidade legal*, já as importâncias respectivas tenham sido entregues ao empreiteiro ou extinta a caução bancária, por, entretanto e nos termos da segunda parte do nº 4 deste artigo, já o empreiteiro ou a instituição de crédito isso mesmo terem requerido ao dono da obra. É evidente que o decurso daquele prazo sem que a acção tenha sido proposta dá ao empreiteiro ou à instituição de crédito o direito ao reembolso, pelo que aos credores reclamantes só vale fazer essa prova antes que o reembolso tenha sido requerido.

7. A não instauração atempada da acção não terá, portanto, as consequências apontadas se os reclamantes provarem que isso se deveu *a impossibilidade legal*. Não parece fácil figurar hipóteses de impossibilidade legal de praticar aqueles actos. A expressão *"impossibilidade legal"* parece ter sido usada no sentido de *justo impedimento*, tal como é previsto no artigo 146º do Código de Processo Civil. Assim, será impedimento justificativo o *evento não imputável à parte nem aos seus representantes ou mandatários, que obste à prática atempada do acto*.

Daqui resulta que para o motivo ser justificativo é necessário que o credor reclamante não seja *imprevidente*, isto é, que não tivesse o dever de se acautelar. Por outro lado, é necessário que não tenha tido culpa na sua ocorrência, quer no sentido de o não ter provocado, quer no de ter feito o que lhe era possível para que o facto não tivesse tido lugar. Por último, é necessário que, apesar disso, lhe tenha sido absolutamente impossível praticar o acto através de mandatário; pelo que, por exemplo, a doença pode ou não constituir justo impedimento, conforme a sua gravidade seja, ou não, tal que nem sequer por mandatário possibilite a prática do acto[535].

8. Quanto ao que dispõe o nº 4 deste artigo, se o reembolso não for efectuado no prazo de 90 dias, terá o empreiteiro ou as instituições de crédito direito a juros, nos termos estabelecidos no nº 2 do artigo 315º.

9. Cfr. os artigos 309º, 310º e 311º.

ARTIGO 317º
Pagamento dos trabalhos posteriores à recepção provisória

Se posteriormente à recepção provisória, o empreiteiro executar trabalhos que lhe devam ser pagos, aplica-se, para pagamentos parciais, o disposto quanto a pagamentos por medição e para a liquidação final deles, a fazer logo em seguida à recepção definitiva, o estabelecido para a liquidação da empreitada.

1. Corresponde ao artigo 212º do anterior REOP, com uma redacção algo diferente.

2. Cfr. os artigos 288º a 294º, 306º a 308º, 312º e 313º.

---

[535] Sobre o justo impedimento cfr. ALBERTO DOS REIS, *Comentários ao Código de Processo Civil*, 2º vol., págs. 72 e seguintes.

ARTIGO 318º
Deduções a fazer

Se, por qualquer razão legal ou contratualmente prevista, houver de fazer-se alguma dedução nos depósitos de garantia ou de exigir-se responsabilidade, a satisfazer por aqueles ou pelos bens do empreiteiro, procede-se à liquidação das quantias a deduzir ou do montante da responsabilidade.

1. Corresponde ao artigo 213º do anterior REOP, que transcreve quase textualmente.

2. Cfr. os artigos 191º, 202º, 206º, 215º, 217º, 223º, 230º, 247º, 257º, 258º, 264º, 277º, 286º, 292º, 304º, 316º, 319º e 323º a 328º.

SECÇÃO VII
LIQUIDAÇÃO, PAGAMENTO DE MULTAS E PRÉMIOS

ARTIGO 319º
Liquidação das multas e prémios

1. As multas contratuais aplicadas ao empreiteiro e os prémios a que tiver direito no decurso da execução da obra até à recepção provisória são descontados ou acrescidos no primeiro pagamento contratual que se lhes seguir.
2. As multas contratuais aplicadas e os prémios concedidos posteriormente à recepção provisória são liquidados e pagos nos termos estabelecidos para as deduções ou pagamentos nesse período.
3. Nenhuma sanção se considera definitivamente aplicada sem que o empreiteiro tenha conhecimento dos motivos da aplicação e ensejo de deduzir a sua defesa.
4. Feita a recepção provisória, não pode haver lugar à aplicação de multas contratuais correspondentes a factos ou situações anteriores.
5. O prémio relativo à conclusão antecipada da obra só se paga, após a data de recepção provisória.

1. Corresponde ao artigo 214º do anterior REOP, alterando a ordem dos nºs 3 e 4 e fazendo alguns acertos de redacção.

2. As multas a que o empreiteiro está sujeito podem resultar:

- Do incumprimento do dever de segurança e ordem no local dos trabalhos (artigos 226º e 227º, nº 4);

- Da falta de comparência do empreiteiro a actos para que a sua presença foi exigida (artigo 227º);
- Não início dos trabalhos de acordo com o plano aprovado, sem que previamente tenha obtido adiamento (artigo 248º);
- Não conclusão da obra no prazo estipulado, tendo em conta as prorrogações legais (artigo 280º) ou graciosas (artigo 237º) – (artigo 287º).

3. O disposto no nº 3 é a aplicação do princípio fundamental de que ninguém deve ser condenado sem ter a oportunidade de se defender. Assim, sempre que haja lugar à aplicação de multa deve disso ser o empreiteiro notificado, para deduzir a sua defesa. Tal decisão pode ser objecto de reclamação, de recurso hierárquico ou de recurso contencioso, nos termos gerais.

A aplicação deste princípio está especialmente prevista para o procedimento de aplicação de multa por violação de prazos contratuais, no nº 5 do artigo 287º. Por outro lado, mais não é que a aplicação do *princípio da audiência dos interessados*, estabelecido no artigo 52º da LPAA, de harmonia com o qual, *uma vez concluída a instrução, os interessados têm o direito de ser ouvidos no procedimento antes de ser tomada a decisão final*.

4. Cfr. os artigos 140º, 142º, 146º, 153º, 187º, 227º, 248º, 287º, 307º e 308º.

CAPÍTULO VI
RESCISÃO E RESOLUÇÃO CONVENCIONAL DA EMPREITADA

ARTIGO 320º
Efeitos da rescisão

1. Nos casos de rescisão, por conveniência do dono da obra, o empreiteiro tem o direito a ser indemnizado pelos danos emergentes e dos lucros cessantes que, em consequência, sofra.

2. Se o empreiteiro o preferir, quando a rescisão for por ele requerida, pode, em vez de aguardar a liquidação das perdas e danos sofridos, receber desde logo, como única indemnização, a quantia correspondente a 10% da diferença entre o valor dos trabalhos executados e o valor dos trabalhos adjudicados.

3. Se a rescisão for decidida pelo dono da obra a título de sanção aplicável por lei ao empreiteiro, este suporta inteiramente as respectivas consequências naturais e legais.

4. A rescisão não produz, em regra, efeito retroactivo.

506 JORGE ANDRADE DA SILVA

1. Corresponde ao artigo 215º do anterior REOP, que reproduz com ligeiros acertos de redacção.

2. Esta LCP, tal como sucedia com as várias versões do RJEOP de Portugal, em que se inspirou, utiliza o termo *"rescisão"* para os vários casos em que qualquer das partes tem o direito de fazer cessar o contrato, reservando o termo "resolução" para quando isso sucede por acordo das partes (artigo 326º). O que tem sido objecto de alguma crítica por se considerar uma prática desinserida da terminologia usada pelo Código Civil português de 1966, que prevê três causas de extinção do contrato: a *rescisão*, a *revogação* e a *denúncia*. A *resolução* corresponderá, *grosso modo*, aos casos aqui referidos como de rescisão unilateral do contrato; a *revogação* corresponde à cessação do contrato por acordo das partes (artigo 326º) e a *denúncia* ocorre quando uma das partes se manifesta no sentido de impedir uma renovação automática do contrato que, sem essa declaração, teria lugar nos termos contratuais[536].

3. Embora isso não pareça resultar do texto do nº 1 deste artigo, ao contrário do que sucedia com o preceito do RJEOP em que se inspirou, essa disposição aplica-se também nos casos em que a rescisão tem lugar no exercício de um direito do empreiteiro, como claramente resulta do nº 2. Nem se vê razão para um regime diferente.

4. A rescisão unilateral do contrato pelo dono da obra pode ter lugar por uma de duas razões, qualquer delas ditada pela defesa de um interesse público que ao dono da obra caiba realizar. Uma dessas razões é a da necessidade de dar satisfação à evolução sofrida por esse interesse público relativamente ao que se verificava à data da celebração do contrato, caso em que, usando um dos chamados *poderes exorbitantes* ou *poderes de autoridade* (*jus imperii*) da administração pública, sacrifica o contrato em favor desse interesse. Entre os motivos de rescisão, pode incluir-se o abandono do projecto por, entretanto, se revelar ultrapassado com vista à realização do interesse público que o determinou, o facto de o clausulado do contrato se tornar incompatível com a realização desse interesse público, por razões supervenientes de política administrativa, por também supervenientemente, o empreiteiro deixar de garantir a idoneidade

---

[536] Sobre o assunto, ver MARCELO REBELO DE SOUSA e ANDRÉ SALGADO DE MATOS, *Direito Administrativo Geral – Actividade Administrativa*, Tomo III, 2ª edição, D. Quixote, 2009, pág. 425, ANTUNES VARELA, *Das Obrigações em Geral*, II, 5ª ed., Almedina, 1992, págs. 272 e seguintes e PEDRO ROMANO MARTINEZ e J. M. MARÇAL PUJOL, *ob. cit.*, pág. 61.

EMPREITADAS DE OBRAS PÚBLICAS **ART. 320º** 507

técnica e financeira existente à data da celebração do contrato, etc.[537]. O outro fundamento para a rescisão unilateral do contrato reside num seu incumprimento pelo empreiteiro de tal modo grave que inviabiliza a manutenção do vínculo contratual em termos compatíveis com a defesa do interesse público em causa, caso em que a rescisão assume a feição de sanção ao empreiteiro.

5. Rescindido o contrato, dissolve-se o vínculo obrigacional que reciprocamente ligava as duas partes – dono da obra e empreiteiro; além disso, a parte que deu origem à rescisão constitui-se na obrigação de indemnizar a outra dos prejuízos sofridos por esse facto, quer eles se traduzam em danos emergentes, quer em lucros cessantes. Outra é a regra quando a rescisão se dá por facto não imputável a qualquer das partes. É o que sucede no caso da suspensão dos trabalhos devido a caso de força maior, por período superior a um quinto do prazo contratado para a execução da obra. Nesta hipótese, estabelece o nº 3 do artigo 275º que os únicos prejuízos a indemnizar ao empreiteiro, se este optar pela rescisão, são os danos emergentes[538].

6. A rescisão do contrato pode ser requerida pelo empreiteiro quando:

- lhe forem impostas alterações de que resulte, compulsados os trabalhos a mais e a menos, uma redução superior a $1/5$ do valor da adjudicação inicial (artigos 203º e 208º);
- lhe forem impostas alterações de que resulte substituição dos trabalhos incluídos no contrato por outros de espécie diferente de tal modo que os trabalhos substituídos representem, pelo menos, $1/4$ do valor total da empreitada (artigo 208º);
- o dono da obra, sem concordância do empreiteiro, retire daquela quaisquer trabalhos ou parte da obra, para os fazer executar por outrem (artigo 235º, nº 5);
- a consignação dos trabalhos não tiver lugar no prazo de seis meses ou quando, no caso de consignações parciais, os atrasos implicarem interrupção dos trabalhos por mais de seis meses, seguidos ou interpolados (artigo 240º);

---

[537] Cfr. STÉPHANE BRACONNIER, *ob. cit.*, pág. 296
[538] Quanto à noção de *dano emergente* e de *lucro cessante*, ver anotações aos artigos 166º e 167º. Cfr. ainda PEREIRA COELHO, O *Problema da Causa Virtual na Responsabilidade Civil*, pág. 96, MANUEL DE ANDRADE, *Teoria Geral das Obrigações*, I, 1958, pág. 344 e ANTUNES VARELA, *Das Obrigações em Geral*, 3ª ed., págs. 492 e seguintes.

- os trabalhos estiverem suspensos por período de tempo superior a $1/10$ do prazo contratado para a execução da obra e a suspensão se não deva a caso de força maior nem a facto do empreiteiro, e por $1/5$ do prazo se for devido a caso de força maior (artigo 275º);
- por facto do dono da obra ou dos seus agentes esta se tornar de execução mais onerosa, se os danos provados excederem $1/6$ do valor da empreitada (artigo 282º);
- o dono da obra se atrasar em algum pagamento que deva fazer ao empreiteiro por tempo superior a seis meses (artigo 299º).

7. No que respeita à indemnização a que o empreiteiro tem direito, *as perdas e danos sofridos* terão sempre como limite o valor que receberia se o contrato não fosse rescindido pelo dono da obra, pois, a não ser assim, ocorreria um enriquecimento sem causa legítima[539].

8. Sempre que o empreiteiro opte pelo montante de indemnização resultante da aplicação da percentagem de 10% à diferença entre o valor dos trabalhos executados e o valor dos trabalhos adjudicados, neste último não são considerados nem os trabalhos a mais ou a menos, sendo pelo menos duvidoso que se não inclua o valor da revisão de preços correspondente[540].

9. É vaga e imprecisa a expressão *"consequências naturais e legais"* que o nº 3 refere para a rescisão como sanção aplicada ao empreiteiro. A regra parece não poder ser outra senão esta: salvo casos especialmente previstos, quem deu causa à rescisão incorre na obrigação de indemnizar a outra parte dos prejuízos (danos emergentes e lucros cessantes) que com o seu facto causou. Era já princípio assente nos artigos 702º e 705º do Código Civil de 1867 (de Portugal), e que o actual igualmente consagra no artigo 406º[541]. Questão diferente é a decorrente de a lei estabelecer um único regime para a rescisão determinada pelo dono da obra, não distinguindo os casos em que isso sucede por facto que lhe é imputável, daqueles em que isso sucede pela ocorrência de um caso de força maior, havendo quem entenda que o regime deveria ser

---

[539] Cfr. STÉPHANE BRACONNIER, *ob. cit.*, pág. 296.

[540] No RJEOP de Portugal, só a partir da versão que foi aprovada pelo Decreto-Lei nº 405/93, de 10 de Dezembro (artigo 215º), passou a ser expressamente estabelecido que o valor da revisão de preços devia ser incluído no *valor dos trabalhos adjudicados*, o que, aliás, já era entendimento corrente.

541 No mesmo sentido, J. M. MARÇAL Y. PUJOL, estudo citado, ver Revista da Ordem dos Advogados, 54º, pág. 516.

diferente para um e outro casos[542]. E, efectivamente, essa distinção é feita para outros efeitos, como, por exemplo, sucede com os artigos 240º, nº 3 (retardamento da consignação) e 260º, nº 3 (modificação da qualidade dos materiais).

10. Cfr. os artigos 234º, 235º, 240º, 244º, 247º, 248º, 270º, 271º, 274º, 275º, 277º, 282º, 321º, 322º, 324º, 326º, 327º e 328º.

ARTIGO 321º
Rescisão pelo dono da obra

1. Pertencendo o direito de rescisão ao dono da obra, o empreiteiro deve ser notificado da intenção do seu exercício, dando-se-lhe prazo não inferior a oito dias para contestar as razões apresentadas, salvo se houver abandono da obra ou paralisado os trabalhos.
2. Rescindido o contrato, o dono da obra tomará logo, com a assistência do empreiteiro, posse administrativa da obra.

1. Corresponde ao artigo 216º do anterior REOP, que reproduz quase textualmente

2. O preceito reporta-se, claramente, à rescisão do contrato pelo dono da obra a título de sanção. Essa rescisão-sanção pode ter lugar quando:

- o empreiteiro ceda a sua posição contratual na empreitada, no todo ou em parte, sem prévia autorização do dono da obra (artigo 235º);
- injustificadamente, não compareça no dia fixado para a consignação dos trabalhos, nos termos do nº 2 do artigo 238º (ocorre caducidade do contrato);
- tendo, injustificadamente, retardado a execução do plano de trabalhos, não der também cumprimento ao que apresentou ao dono da obra ou que este lhe impôs (artigo 247º);
- não inicie a execução da obra de acordo com o respectivo plano de trabalhos (artigo 248º);
- não cumpra ordem que lhe tenha sido regulamentarmente dada sobre a execução da empreitada e disso não tenha sido impedido por caso de força maior (artigo 270º);
- sem justificação contratual ou legal, suspenda os trabalhos por mais de oito dias seguidos ou quinze interpolados (artigos 275º);

---

[542] PEDRO R. MARTINEZ e J. M. MARÇAL PUJOL, *ob. cit.*, pág. 322.

- não conclua a obra no prazo contratual acrescido das prorrogações legais e graciosas (artigo 287º).

3. Neste caso há lugar à notificação ao empreiteiro da intenção do dono da obra de rescindir o contrato.

Quer a rescisão se opere por conveniência do dono da obra, quer como sanção ao empreiteiro, traduzir-se-á sempre num acto administrativo decisório, constitutivo de direitos e, portanto, sempre seria submetido ao princípio da audiência dos interessados estabelecido no artigo 52º da LPAA.

Estabelece o preceito duas importantes excepções ao dever de audiência do interessado: ter havido abandono da obra ou tão só suspensão dos trabalhos.

4. A lei não dá o conceito de *abandono da obra*. Poderá considerar-se que ocorre quando o empreiteiro, sem fundamento contratual ou legal, suspende os trabalhos e declara ter intenção de os não retomar ou essa intenção se deduz de factos ou omissões da sua autoria. Trata-se, portanto, de uma interrupção da execução dos trabalhos por facto imputável ao empreiteiro, que abandona o estaleiro da obra.

Podem constituir indícios significativos dessa intenção de abandono da obra, entre outros, os seguintes:
- Suspensão dos trabalhos por tempo excessivo e desrazoável;
- Ausência prolongada da obra do director de obra;
- A obra ficar deserta;
- Retirada do local da obra dos materiais ou/e equipamentos que, pela sua quantidade ou espécie, tornem os que restaram na obra manifestamente insuficientes para que a execução daquela tenha um desenvolvimento minimamente razoável, ainda que inferior ao contratualmente devido.

5. Quanto à *suspensão dos trabalhos*, tem de considerar-se que se o empreiteiro mantiver em obra um número de trabalhadores manifestamente insuficiente em relação ao mínimo exigível para que a execução da obra tenha um desenvolvimento minimamente razoável, ainda que inferior ao contratualmente devido, tal facto pode consubstanciar não apenas uma suspensão de trabalhos como até constituir um indício de abandono da obra.

6. Se quanto ao abandono da obra parece razoável que não haja lugar à audiência prévia do empreiteiro, já quanto à suspensão dos trabalhos a medida pode, em certas circunstâncias, revelar-se desproporcionada e injusta.

A decisão de rescisão constitui um acto destacável para efeitos da sua impugnação contenciosa.

7. A notificação ao empreiteiro deverá ser feita nos termos do artigo 224º[543], isto é, mediante a entrega do texto da resolução em duplicado, devolvendo o empreiteiro ou o seu representante um dos exemplares com a nota de ter recebido. Se o empreiteiro ou o seu representante se recusar a receber ou assinar o recibo, lavrar-se-á auto assinado por duas testemunhas. Da data do recibo ou do auto se conta o prazo para a contestação, que, como expressamente se refere no texto legal, não poderá ser inferior a cinco dias úteis.

Como igualmente resulta da lei, o texto da resolução a notificar ao empreiteiro deve conter as razões em que se fundamenta, única forma de o empreiteiro poder elaborar a sua contestação. A regra deve ser a de lhe serem fornecidos os elementos necessários para que o empreiteiro fique a conhecer todos os aspectos relevantes para a decisão, nas matérias de facto e de direito, indicando também as horas e o local onde o processo pode ser consultado, isto é, deve ser facultado um projecto da decisão ou deliberação.

8. Cfr. os artigos 235º, 247º, 248º, 270º, 271º, 274º, 277º, 320º, 322º, 327º, e 328º.

ARTIGO 322º
Posse administrativa

1. Sempre que, nos termos da lei, o dono da obra esteja autorizado a tomar posse administrativa dos trabalhos em curso, oficia aos magistrados administrativos competentes, solicitando que, nos oito dias seguintes à recepção do ofício, seja empossado dos trabalhos e indicando, desde logo, a entidade a quem, em sua representação, deve ser notificada a data da posse.

2. Havendo trabalhos em curso da mesma obra em diversos municípios, o dono da obra deve tomar as providências necessárias para que a posse seja conferida em dias sucessivos, fazendo guardar, desde logo, os locais para que deles não possam ser indevidamente desviados quaisquer bens do empreiteiro.

3. Recebido o ofício, o magistrado administrativo marca a data e manda logo notificar os representantes do dono da obra e do empreiteiro para comparecerem no lugar onde estiverem situados os estaleiros da obra ou onde se encontre material do empreiteiro.

---

[543] E ainda nos termos gerais estabelecidos nos artigos 40º e seguintes da LPAA.

4. No dia fixado, comparecem no local o representante das autoridades administrativas e os representantes do dono da obra e, esteja ou não presente o empreiteiro, logo os primeiros dão posse das obras, incluindo terrenos consignados ou ocupados, materiais, edificações próprias ou arrendadas, estaleiros, ferramentas, máquinas e veículos afectos à obra, inventariando-os em auto, que deve ser lavrado pelo funcionário que acompanhar a autoridade empossante e assinado, por esta, pelo representante do dono da obra e pelo empreiteiro, quando presente.
5. Se algum dos presentes apresentar inventário recente, digno de crédito, será este conferido e apenso ao auto, com os aditamentos e correcções convenientes, dispensando-se nova inventariação.
6. Quando o inventário não possa ficar concluído num só dia, a posse é logo conferida ao representante do dono da obra, prosseguindo a inventariação nos dias seguintes.
7. No auto, o empreiteiro ou seu representante podem formular reclamações, mas só quando considerem alguma coisa indevidamente inventariada.
8. Nos 30 dias seguintes ao encerramento do auto o dono da obra decide as reclamações, mandando ou não restituir as coisas inventariadas, presumindo-se, na falta de decisão, o indeferimento.

1. Corresponde ao artigo 217º do anterior REOP, com meros acertos de texto.

2. Além dos casos consequentes à rescisão do contrato pelo dono da obra, a posse administrativa dos trabalhos pode também ter lugar, nos termos do nº 4 do artigo 247º, quando o empreiteiro se atrasa no cumprimento do plano de trabalhos.

3. O nº 7 delimita expressamente o âmbito do objecto da eventual reclamação do empreiteiro, a qual, portanto, apenas pode incidir sobre falta ou deficiência do inventário.

4. Cfr. os artigos 235º, 247º, 248º, 270º, 271º, 274º, 277º, 320º, 321º, 327º e 328º.

ARTIGO 323º
Prossecução dos trabalhos pelo dono da obra
1. Na execução dos trabalhos, o dono da obra pode utilizar as máquinas, os materiais, as ferramentas, os utensílios, as edificações, os estaleiros e os veículos de que tomou posse, mediante aluguer ou compra, por preço acordado ou fixado, em arbitragem ou judicialmente, o qual é depositado como garantia adicional das responsabilidades do empreiteiro.

2. O empreiteiro pode requerer que lhe sejam entregues as máquinas, os materiais, as ferramentas, os utensílios, as edificações, os estaleiros e os veículos que o dono da obra não quiser utilizar nos termos do número anterior, prestando caução de valor equivalente ao do inventário, por depósito de dinheiro ou títulos, fiança bancária, hipoteca ou penhor.

3. Os materiais existentes na obra e sujeitos a deterioração têm o seguinte destino:

a) se estiverem aprovados ou em condições de merecer aprovação, são obrigatoriamente adquiridos pelo dono da obra pelo preço unitário respectivo, se existir, ou o da factura, no caso contrário, retendo-se, contudo, o seu valor, como garantia adicional da responsabilidade do empreiteiro;

b) se não estiverem nas condições da alínea anterior, podem ser levantados pelo empreiteiro que os removerá do local da obra no prazo que lhe for determinado, sob pena de essa remoção ser feita pelo dono da obra, debitando-se, ao empreiteiro, o custo do transporte.

1. Transcreve, sem qualquer alteração de regime, o artigo 218º do anterior REOP.

2. Salienta-se que a entrega ao empreiteiro dos materiais e equipamento que o dono da obra não quiser utilizar, além de estar subordinada à condição de aquele o requerer, deverá ainda ser acompanhada de prestação de caução pelo empreiteiro, correspondente ao valor inventariado para os materiais ou equipamento a entregar.

3. A caução a prestar pelo empreiteiro, além de poder ser feita por depósito de dinheiro ou de títulos ou por garantia bancária, nos termos gerais (artigos 103º a 107º), pode sê-lo ainda por penhor ou hipoteca.

A hipoteca vem definida no nº 1 do artigo 686º do Código Civil como sendo a garantia que *confere ao credor o direito de ser pago pelo valor de certas coisas imóveis, ou equiparadas, pertencentes ao devedor ou a terceiro, com preferência sobre os demais credores que não gozem de privilégio especial ou de prioridade de registo.* Se bem que esta noção não introduza alterações ao tradicional conceito de hipoteca, põe em realce quer a possibilidade de incidir sobre certas coisas móveis (navios, automóveis e aeronaves), quer a necessidade de registo (cfr. os artigos 687º e 688º do Código Civil).

O *penhor*, cujo conceito é dado pelo nº 1 do artigo 666º do Código Civil, traduz-se na garantia que *confere ao credor o direito à satisfação do seu crédito, bem como dos juros, se os houver, com preferência sobre os demais credores, pelo valor de certa coisa móvel, ou pelo valor de créditos ou outros direitos não susceptíveis de hipoteca, pertencentes ao devedor ou a terceiro.* A realização da finalidade desta garantia revela-se na possibilidade de o credor poder fazer vender judicialmente o objecto do penhor, caso o devedor não cumpra a obrigação por ele garantida[544].

4. Quanto ao destino a dar aos materiais deterioráveis existentes na obra, o regime depende de estarem ou não aprovados ou em condições de merecerem aprovação; no primeiro caso, são obrigatoriamente adquiridos pelo dono da obra pelo preço unitário respectivo ou, se não existir, pelo da factura; no segundo, devem ser removidos do local da obra pelo empreiteiro ou pelo dono da obra à custa daquele, se o não fizer no prazo por este para isso marcado. Apesar de a lei dizer, na segunda hipótese, que esses materiais *poderão* ser retirados pelo empreiteiro, não confere a este o direito de optar por os não retirar, como se conclui pela cominação que logo acrescenta para o caso dele o não fazer no prazo que para isso lhe for designado.

Parece nada obstar a que os materiais que não estejam em condições de serem aprovados para a obra em causa, mas já o estejam para outra obra do mesmo dono, sejam por este adquiridos. Todavia, nesta hipótese, deve entender-se necessário o acordo do empreiteiro.

Todos os materiais que o dono da obra não pretenda utilizar ou que não deva comprar, serão removidos pelo empreiteiro no prazo marcado, ou, se o não fizer, pelo dono da obra à custa daquele.

Diferente é o regime que o artigo 239º estabelece quando o direito de rescisão cabe ao empreiteiro.

5. Tem interesse saber qual a situação jurídica dos maquinismos e materiais de que, nos termos do preceito anterior, o dono da obra tomou posse. Que o direito de reter esses maquinismos e materiais não tem por objectivo exclusivo facultar ao dono da obra a sua utilização e aplicação, por aluguer ou por compra, resulta do facto de, mesmo que tal não suceda, nem por isso, sem mais, possam ser entregues ao empreiteiro. Efectivamente, em qualquer circunstância, os materiais, equipamento, instalações, etc., só podem ser entregues ao empreiteiro se este prestar caução pelo seu correspondente valor ou garantir o pagamento de tal valor por hipoteca ou penhor. É, pois, claro que sobre aqueles maquinismos, edificações e materiais está legalmente constituída a favor do dono da obra a garantia do direito de retenção, pelo que aquele, sobre eles, *goza dos direitos e está sujeito às obrigações do credor pignoratício* (artigo 758º do Código Civil), isto é, tal garantia *confere ao credor o direito à satisfação do*

---

[544] Sobre ambas as garantias ver *v.g.*, *Código Civil Anotado*, de PIRES DE LIMA e ANTUNES VARELA, nos artigos citados.

seu crédito, bem como aos juros, se os houver, com preferência sobre os demais credores pelo valor das coisas retidas (artigo 666º do Código Civil).

Assim, o dono da obra, neste caso, não tem o direito de se pagar *directamente* pelo valor dos bens, mas antes necessitando de, para isso, recorrer à via judicial (artigo 675º do Código Civil).

6. Cfr. os artigos 203º, 208º, 211º, 221º, 235º, 240º, 244º, 275º, 298º, 299º, 315º, 322º, 324º, 325º e 356º.

ARTIGO 324º
Processo de rescisão pelo empreiteiro

1. Nos casos em que, na presente lei, seja reconhecido ao empreiteiro o direito de rescisão do contrato, o exercício desse direito tem lugar mediante requerimento, dirigido ao dono da obra, nos 30 dias subsequentes à verificação do facto justificativo do direito e no qual o pedido, fundamentado, deve ser instruído com os documentos que possam comprovar as razões invocadas.

2. Em caso algum pode o empreiteiro paralisar os trabalhos ou alterar o cumprimento do plano da empreitada em curso, devendo aguardar, para entrega da obra realizada, a resolução do requerimento.

3. Se o requerimento for indeferido ou decorrerem 20 dias sem resolução, o empreiteiro pode requerer ao tribunal competente que o dono seja notificado a tomar posse da obra e a aceitar a rescisão do contrato.

4. Recebido o requerimento, instruído com cópia do requerimento da rescisão da empreitada e dos documentos que o acompanhavam, o juiz deve mandar, de imediato, citar o dono da obra para, no prazo de 10 dias, responder o que se lhe oferecer.

5. Se a resposta não for dada em tempo ou contiver oposição ao pedido, o juiz pode, tomando em consideração a natureza dos prejuízos que da prossecução dos trabalhos possam resultar para o empreiteiro, bem como os que da suspensão possam provir para o interesse público, autorizar a suspensão dos trabalhos pelo empreiteiro.

6. Autorizada pelo juiz a suspensão dos trabalhos, o empreiteiro fica com direito a retirar da obra as máquinas, veículos, utensílios e materiais não afectos a qualquer garantia, devendo propor a competente acção de rescisão contra o dono da obra dentro do prazo de três meses.

1. Corresponde ao artigo 219º do anterior REOP sem qualquer alteração, salvo alguns acertos de texto.

2. Resulta claro do nº 1 deste artigo que o empreiteiro, pretendendo exercer o seu direito de rescisão, deverá, para isso, requerer essa rescisão ao dono da obra no prazo de 30 dias contados da verificação do facto em que tal direito se fundamenta, sob pena de caducidade do direito, logo juntando todos os elementos documentais comprovativos do fundamento e da tempestividade da sua pretensão (cfr. artigo 211º).

Só no caso deste requerimento ser tácita ou expressamente indeferido, poderá dirigir novo requerimento ao juiz competente. Este último requerimento dá lugar a uma providência cautelar e, quer o dono da obra não responda em tempo à citação que lhe é feita, quer deduza oposição ao pedido, o empreiteiro terá de intentar a acção de rescisão do contrato no prazo de três meses, se a suspensão dos trabalhos for ordenada. Este prazo conta-se a partir da ordem da suspensão (cfr. alínea *a*) do nº 1 do artigo 382º do Código de Processo Civil) e termina no dia útil que corresponda ao daquela ordem no terceiro mês (artigo 279º do Código Civil). O prazo de 20 dias estabelecido para o dono da obra se pronunciar sobre o requerimento de rescisão que o empreiteiro lhe dirigiu, conta-se a partir da data em que aquele o recebeu.

3. O início das obras constituirá pressuposto legal do exercício do direito de requerer a rescisão? Esta questão foi objecto de acórdão do Supremo Tribunal Administrativo de Portugal, de 1972.03.13[545] que decidiu do modo seguinte:

Perante o preceituado no transcrito artigo 212º[546] infere-se que nele se previu o id quod plerumque accidit, ou seja, a hipótese, normalmente verificada, de os trabalhos haverem sido iniciados, só surgindo, posteriormente, a causa da rescisão. Nesse caso como decorre da leitura do preceito, proíbe-se a paralisação dos trabalhos, muito embora se adopte um procedimento provisório ou cautelar para a posse da obra, verificado que seja o condicionalismo descrito na lei.

Todavia, quando se atente no sistema integral do Decreto-Lei nº 48 871, logo se apreende que a rescisão do contrato pode operar-se, independentemente do início dos trabalhos. Bastará, para tanto, invocar o disposto entre outros, nos artigos 22º, nºs 1 e 2 e 129º, nº 1[547], alínea a).

Com efeito, resulta, directamente de tais preceitos que o direito de rescisão pode surgir antes do início da execução material da empreitada sendo, para tanto, suficiente que o dono da obra imponha trabalhos a mais antes daquele início, em determinadas

---

[545] Publicado em *Acórdãos Doutrinais*, XI, pág. 1190.
[546] Artigo 324º desta LCP.
[547] Artigos 205º e 240º desta LCP.

condições, ou não se proceda à consignação no prazo de seis meses equivalendo a esta última situação a nulidade do auto de consignação ou a não satisfação de reclamações suscitadas no mesmo auto, tendo como objecto circunstâncias absolutamente impeditivas da execução da empreitada.

4. Cfr. os artigos 235º, 240º, 244º, 275º, 282º, 284º e 327º.

ARTIGO 325º
Posse da obra consequente à rescisão pelo empreiteiro

1. Quando a rescisão for resultante do exercício de direito do empreiteiro, o dono da obra toma posse desta e dos materiais, das ferramentas, dos utensílios e das edificações que lhe pertencerem, mediante auto de inventário dos bens, no qual devem figurar as medições dos trabalhos executados.

2. Nos casos previstos no número anterior, o dono da obra é obrigado a:

a) comprar, pelos preços convencionados ou que resultarem de arbitragem ou decisão judicial, as máquinas, ferramentas, utensílios, edificações e estaleiros adquiridos e aprovados para a execução das obras e com os quais o empreiteiro não quiser ficar;

b) comprar, pelo preço de factura, os materiais aprovados existentes na obra, bem como os que, embora se não achem ao pé da obra, se prove terem sido para ela adquiridos pelo empreiteiro, desde que reúnam as qualidades necessárias para poderem ser aceites e não excedam as quantidades precisas.

1. Corresponde ao artigo 220º do anterior REOP, que transcreve quase textualmente.

2. Como se pode verificar pela comparação dos preceitos respectivos, é diferente o procedimento a adoptar, conforme a rescisão se dá no exercício de um direito do dono da obra (artigos 321º e 322º) ou do empreiteiro. Neste caso, não há lugar ao processo da posse administrativa, tal como o regula o artigo 322º. O dono da obra toma apenas posse do que lhe pertence mediante auto de inventário que deverá ser assinado por ambas as partes. As diferenças são também substanciais no que respeita ao destino dos materiais e equipamento adquiridos pelo empreiteiro para aplicar na obra.

Saliente-se que a avaliação do equipamento é feita por acordo, arbitragem ou judicialmente; que o valor dos materiais já não é o que resultar da série de preços, mas sim das facturas de aquisição; que não está submetida a concordância do dono da obra a efectivação da pretensão do empreiteiro para ficar com todos ou alguns dos materiais, e, finalmente, que o dever de aquisição do dono da obra tem apenas por objecto as máquinas, ferramentas, utensílios, edificações, estaleiros e materiais *adquiridos e aprovados para a execução das obras*, com exclusão de quaisquer outros.

3. O preceito a este correspondente no RJEOP de Portugal, em que se inspirou, tinha um nº 3 do seguinte teor:

> *O empreiteiro poderá sempre, se o preferir, ficar com todos ou alguns dos materiais e equipamentos referidos no número anterior, devendo, nesse caso, removê-los do local dos trabalhos no prazo razoável que lhe for marcado, sob pena de tal remoção ser feita pelo dono da obra, mas debitando o custo do transporte ao empreiteiro.*

Como se verifica esta disposição não foi adoptada, podendo pretender-se que essa omissão traduz uma regulamentação de sentido negativo, significando que não é facultado ao empreiteiro o direito a ficar com todos ou alguns materiais. Cremos que não é assim e que o dever do dono da obra de tomar posse dos materiais e equipamento não é estabelecido para defesa do interesse público, mas antes funciona a favor do empreiteiro. Por isso, este pode renunciar ao direito de impor ao dono da obra aquela aquisição forçada. A omissão do preceito corresponderia a uma desnecessidade da formulação expressa dessa faculdade.

4. Cfr. os artigos 235º, 240º, 244º, 275º, 282º, 284º, 322º a 324º e 327º.

ARTIGO 326º
Resolução convencional do contrato

1. O dono da obra e o empreiteiro podem, por acordo e em qualquer momento, resolver o contrato.

2. Os efeitos da resolução convencional do contrato são fixados no acordo.

1. Corresponde ao artigo 221º do anterior REOP que reproduz quase textualmente.

O preceito consubstancia o princípio de que *quem pode celebrar uma convenção pode do mesmo modo modificá-la ou revogá-la*. Isto, porque de uma revogação do contrato se trata[548]. É um princípio geral dos negócios jurídicos cuja existência

---

[548] P. ROMANO MARTINES e J. M. MARÇAL Y. PUJOL, a propósito da confusão de conceitos aqui existente, referem toda a conveniência que, na empreitada de obras públicas, não se confundam conceitos básicos de direito civil que se encontram aplicados neste domínio (*ob. cit.*, pág. 331).

e validade não dependem de referência expressa. Por outro lado, a resolução do contrato com base num acordo entre as partes subentende que estas têm, para isso, a necessária competência, o que significa que deve ser celebrado pelas partes contratantes ou por seu legal representante.

2. Sobre a utilização por esta LCP dos termos *"rescisão"* e *"resolução"*, ver comentário ao artigo 320º.

ARTIGO 327º
Liquidação final

1. Em todos os casos de rescisão, resolução convencional ou caducidade do contrato, procede-se à liquidação final, reportada à data em que se verifiquem.
2. Havendo danos a indemnizar que não possam ser determinados imediatamente com segurança, faz-se a respectiva liquidação em separado, logo que o seu montante seja tornado certo por acordo ou por decisão judicial ou arbitral.
3. O saldo da liquidação deve ser retido pelo dono da obra, como garantia, até se apurar a responsabilidade do empreiteiro.

1. Transcreve, quase sem alteração, o artigo 222º do anterior REOP.

2. O nº 1 reporta-se a algumas das causas de extinção do contrato.
O contrato pode extinguir-se por alguma das seguintes causas:

- Cumprimento: é a forma normal de extinção do contrato, certo sendo que só releva o cumprimento integral de todas as prestações que constituem o seu objecto, nos termos acordados;
- Impossibilidade definitiva de todas as prestações;
- Resolução convencional ou revogação, por acordo das partes (artigo 326º);
- Rescisão: é uma forma anormal da extinção do contrato, pois não aguarda e antes se antecipa à integral realização das prestações contratuais. Pode ter lugar por decisão judicial ou arbitral, como sanção aplicada pelo dono da obra, por razões de interesse público ou por exercício de direito do empreiteiro (artigos 320º, 321º e 324º);
- Caducidade: designadamente por decurso do prazo de duração do contrato, no caso de morte, interdição ou falência do empreiteiro (artigo 234º) e não comparência do empreiteiro à consignação (artigo 238º).
- Denúncia: ocorre quando uma das partes se manifesta no sentido de impedir uma renovação automática do contrato que, sem essa declaração,

JORGE ANDRADE DA SILVA

teria lugar nos termos contratuais[549]. Não é o caso do contrato de uma empreitada de obra pública, mas já pode ser o do contrato de concessão de obra pública.

3. Cfr. os artigos 208º, 234º, 235º, 237º, 240º, 244º, 247º, 248º, 270º, 271º, 274º, 277º, 282º, 299º, 320º, 321º e 326º.

ARTIGO 328º
Pagamento da indemnização devida ao dono da obra

1. Sendo a rescisão imposta pelo dono da obra, logo que esteja fixada a responsabilidade do empreiteiro, o montante respectivo deve ser deduzido dos depósitos, garantias e quantias devidos, pagando-se-lhe o saldo, se existir.

2. Se os depósitos, garantias e quantias devidos não chegarem para a cobertura integral das responsabilidades do empreiteiro, este pode ser executado nos bens e direitos que constituírem o seu património.

1. Reproduz, com pequenos acertos de redacção, o artigo 223º do anterior REOP.

2. Os depósitos, garantia bancária, penhor ou hipoteca que o empreiteiro haja constituído como garantia da sua responsabilidade, não excluem a possibilidade de aquele, em caso de insuficiência desses bens, responder, no que for necessário, com o seu património geral. Os primeiros dão ao dono da obra o direito de, pelos respectivos valores, ser pago de preferência a quaisquer outros credores; o último, constitui a garantia geral dos credores (cfr. os artigos 601º e 604º do Código Civil e os artigos 821º a 823º do Código de Processo Civil). Manifestação destes princípios é igualmente o disposto no nº 6 do artigo 247º. Por outro lado, enquanto que pelo valor daqueles depósitos e garantia bancária o dono da obra se pode pagar directamente, para se voltar contra o património geral do empreiteiro necessita do recurso à via judicial, como qualquer outro credor.

3. Cfr. os artigos 103º, 116º, 247º, 297º, 315º e 316º.

---

[549] Sobre o assunto, ver MARCELO REBELO DE SOUSA e ANDRÉ SALGADO DE MATOS, *Direito Administrativo Geral,- Actividade Administrativa*, Tomo III, 2ª edição, D. Quixote, 2009, pág. 425, ANTUNTES VARELA, *Das Obrigações em Geral*, II, 5ª ed., Almedina, 1992, págs. 272 e seguintes e PEDRO ROMANO MARTINEZ e J. M. MARÇAL PUJOL, *ob. cit.*, pág. 61.

CAPÍTULO VII
CONTENCIOSO DOS CONTRATOS

ARTIGO 329º
Tribunais competentes

As questões que se suscitem sobre interpretação, validade ou execução do contrato de empreitada de obras públicas, que não sejam dirimidas por meios graciosos, podem ser impugnadas contenciosamente.

1. Corresponde ao artigo 224º do anterior REOP, cujo nº 1 transcreve textualmente, não adoptando o nº 2 que enunciava os tribunais competentes, nos termos da Lei nº 2/94, de 14 de Janeiro: Sala do Cível e Administrativo do Tribunal Provincial e Câmara do Cível e Administrativo do Tribunal Supremo.

2. Para que as leis e os direitos que com base nelas são criados sejam respeitados pelos órgãos da Administração Pública, existem determinadas garantias. Essas garantias consistem nos meios que a ordem jurídica estabelece para prevenir ou remediar as violações do direito objectivo (garantias de legalidade) ou as ofensas dos direitos subjectivos dos particulares (garantias dos administrados)[550]. As garantias dos administrados, as que interessam aqui[551], são exercidas através dos meios *graciosos* e *contenciosos*. Os meios graciosos de impugnação são a *reclamação e o recurso hierárquico;* os meios contenciosos são o *recurso contencioso de impugnação de acto administrativo* e a *acção derivada de contrato administrativo,* como, mais desenvolvidamente, a seguir será referido.

Do nº 1 deste preceito parece resultar que as questões que se suscitem só poderão ser submetidas à apreciação dos tribunais se não puderem ter sido definitivamente decididas pelos meios graciosos, isto é, pela reclamação e recurso hierárquico. Estes tomariam assim um carácter necessário. Como se verá, é o que, quanto à impugnação dos actos administrativos, estabelece o artigo 12º da Lei da Impugnação dos Actos Administrativos, a seguir indicada.

---

[550] Cfr. MARCELLO CAETANO, *Manual cit.,* II, pág. 114.

[551] Sem prejuízo de não traduzir uma visão redutora do conceito de *justiça administrativa* à mera função de *garantia dos particulares,* o que, como salienta VIEIRA DE ANDRADE, se se compreendia numa época de arreigado centralismo administrativo, já se não compatibiliza com o conceito de Estado Social, descentralizante (*A Justiça Administrativa – Lições,* Almedina, 1998, pág. 7). Sobre as concepções objectiva e subjectiva da justiça administrativa, ver ainda *Para um Direito Administrativo de Garantia do Cidadão e da Administração,* de LUÍS FILIPE COLAÇO ANTUNES, Almedina, págs. 49 e seguintes.

E só quanto a esses actos – e não quanto aos actos negociais – essa questão poderia colocar-se.

3. A Lei nº 2/94, de 14 de Janeiro, designada por Lei da Impugnação dos Actos Administrativos, estabelece, no que aqui merece mais relevo, o conceito de acto administrativo (artigo 1º, nº 1), o conceito de pessoas colectivas de direito público (artigo 1º, nº 2), a noção de contrato administrativo (artigo 3º), o âmbito das impugnações administrativas e do recurso contencioso (artigos 6º e 9º), a natureza necessária das impugnações ao nível administrativo para efeitos de impugnação judicial (artigo 12º), o princípio do indeferimento tácito em caso do silêncio da Administração em relação à reclamação e ao recurso hierárquico (artigo 14º, nº 3), a organização judicial e competência dos tribunais (artigos 15º a 18º).

Por seu turno, o Decreto-Lei nº 4-A/96, de 5 de Abril, aprovou o Regulamento do Processo Contencioso Administrativo, dele se destacando, também apenas no que aqui pode interessar, o seu âmbito de aplicação e o direito subsidiário (artigo 1º), o princípio de que o pedido do *recurso contencioso de impugnação de acto administrativo* deve ter por objecto a *invalidade* do acto administrativo ou a sua *anulação total ou parcial* e o de que o pedido das *acções de contratos administrativos* deve visar *a resolução, caducidade, anulabilidade ou cumprimento do contrato* (artigo 8º), a determinação de que quer ao recurso de impugnação de actos administrativos, quer às acções derivadas de contratos, corresponde espécies de processo próprias (artigos 33º, 34º e 35º), o processo de *suspensão de eficácia de acto administrativo* (artigos 60º a 68º), o processo das acções derivadas de contratos administrativos (artigos 69º a 78º), recurso das decisões sobre contratos administrativos (artigos 89º e 90º), os recursos jurisdicionais sobre decisões proferidas em recursos contenciosos (artigos 91º a 99º) e recursos jurisdicionais de decisões relativas a suspensão de eficácia de actos administrativos (artigo 100º a 103º).

4. Cfr. os artigos 13º a 21º, 77º, 82º, 190º, 206º, 209º, 210º, 243º, 259º, 269º, 290º, 292º, 304º, 305º, 308º, 322º e 330º a 339º.

ARTIGO 330º
Prazo de caducidade

Quando outro não seja o prazo fixado na lei, as acções devem ser propostas no prazo de 180 dias contados desde a data da notificação ao empreiteiro da decisão ou deliberação do órgão competente para praticar actos definitivos, em virtude da qual seja negado algum direito ou pretensão do empreiteiro ou o dono da obra se arrogue direito que a outra parte não considere fundado.

1. Corresponde ao artigo 226º do anterior REOP, que reproduz de modo integral e, praticamente, sem alteração de texto.

2. Salvo quanto aos efeitos do pedido de conciliação, estabelecidos no artigo 337º, o prazo para a propositura da acção, como prazo de caducidade que é, não se interrompe nem se suspende, pelo que uma vez decorrido sem que a acção tenha sido intentada, não mais esta o poderá ser, extinguindo-se o direito que se pretendia fazer valer. Assim, o prazo para propor uma acção é simplesmente destinado à garantia do direito subjectivo e, quando não aproveitado, resulta da inacção do interessado a caducidade do seu direito[552].

3. *Actos definitivos* são *todos aqueles que têm por conteúdo uma decisão horizontal e verticalmente definitiva*, sendo que, um acto é *horizontalmente definitivo* quando é o último acto do respectivo processo de formação, isto é, o acto final; um acto é *verticalmente definitivo quando é praticado pelo órgão que ocupa a posição suprema da hierarquia ou por um órgão independente; inversamente, o acto não é verticalmente definitivo se for praticado por qualquer órgão subalterno inserido numa hierarquia*[553].

Nos termos do disposto no artigo 12º da Lei da Impugnação dos Actos Administrativos[554], para efeitos de impugnação contenciosa são necessários:

a) reclamação, quanto aos actos administrativos de membros do governo, governadores provinciais e administradores municipais;

b) recurso hierárquico, quanto aos actos dos órgãos hierarquicamente inferiores aos mencionados na alínea anterior e dos órgãos e directivos das pessoas colectivas e institutos de direito público.

Portanto, para efeitos deste artigo, só a decisão proferida em reclamação e recurso hierárquico sobre qualquer aqueles actos será acto definitivo.

4. Tem sido posta a questão de saber se o prazo de caducidade da acção estabelecido neste preceito se aplica apenas ao empreiteiro ou se igualmente se impõe ao dono da obra que queira accionar judicialmente aquele por incumprimento ou inexecução do contrato de empreitada. O Supremo Tribunal Administrativo, de Portugal, por exemplo, em acórdão de 1992.03.04[555]

---

[552] Cfr. MARCELLO CAETANO, *Manual cit.*, II, pág. 1255.

[553] FREITAS DO AMARAL, *Curso de Direito Administrativo*, II, Almedina, 2001, págs. 283 e 284.

[554] Lei nº 2/94, de 14 de Janeiro.

[555] Publicado na *Revista de Direito Público*, VI, 12º, pág. 104.

pronunciou-se no sentido da aplicação daquela disposição a ambas as partes contratantes. Todavia existe uma outra corrente jurisprudencial[556] no primeiro daqueles sentidos, para tanto se baseando, designadamente, no texto legal. Assim, refere, é princípio geral o de que *as acções sobre contratos administrativos e sobre a responsabilidade das partes pelo seu incumprimento podem ser propostas a todo o tempo, salvo o disposto em lei especial.* Não pode considerar-se existir neste artigo regime especial para as acções contratuais a intentar pelo dono da obra contra o empreiteiro, exactamente porque o texto do preceito deixa concluir que apenas se reporta às acções a intentar por este contra aquele. A não ser assim, ficaria sem sentido útil a referência expressa do texto legal: «.. contados desde a data da *notificação ao empreiteiro da decisão ou deliberação do órgão competente para praticar actos definitivos, em virtude do qual seja negado algum direito ou pretensão do empreiteiro ou o dono da obra se arrogue direito que a outra parte não considere fundado.* A lei, portanto, apenas contemplaria a hipótese de o empreiteiro pretender reagir contra resposta negativa do dono da obra relativamente a pretensão que lhe apresentara ou a direito que este se arrogasse e por aquele não reconhecido, tudo no âmbito da interpretação ou execução do contrato.

Segundo esta corrente, a razão da diferença de regimes radicaria na consideração de que o interesse público da estabilidade jurídica e, designadamente, económica e financeira do dono da obra não se compadece com a possibilidade de, sem limite temporal, ser afectada por acção judicial intentada pelo empreiteiro. O que se não verificará relativamente ao interesse deste. Por outro lado, ao contrário do que sucede com o empreiteiro, que, pela notificação, conhece exactamente o conteúdo do direito que lhe é negado ou a que o dono da obra se arroga, no caso inverso, este frequentemente se veria em dificuldade senão mesmo na impossibilidade de, em curto prazo, avaliar com correcção a verdadeira dimensão do direito que integrará a causa de pedir.

À, pelo menos aparente, pertinência desta interpretação, poderá, eventualmente, opor-se que o texto legal apenas contempla *id quod plerumque accidit*, sem excluir que estivesse no intuito do legislador aplicar tal prazo a estas acções, qualquer que fosse o respectivo sujeito activo. Portanto, mais uma vez, não deveria proceder-se a uma interpretação do texto excessivamente literal. O elemento determinante da especialidade do regime não seria a qualidade desse sujeito activo, mas a natureza do objecto da acção. Por outro lado, a consideração feita relativamente à salvaguarda do interesse do dono da obra

---

[556] Cfr., por exemplo, o acórdão daquele S.T.A., de 1992.01.14, *B.M.J.*, 413º, pág. 587.

(estabilidade jurídica, económica e financeira) igualmente se poderia aplicar ao empreiteiro. E a fixação do início da contagem do prazo parece não oferecer dificuldades: o prazo de 180 dias contar-se-ia da ocorrência ou da cognoscibilidade do facto gerador do direito que integra a respectiva causa de pedir.

5. Cfr. os artigos 329º e 331º a 339º.

ARTIGO 331º
Aceitação do acto

1. O cumprimento ou acatamento pelo empreiteiro de qualquer decisão tomada pelo dono da obra ou pelos seus representantes não se considera aceitação tácita da decisão acatada.
2. Todavia, se dentro do prazo de 10 dias a contar do conhecimento da decisão, o empreiteiro não reclamar ou não formular reserva dos seus direitos, a decisão considera-se aceite.

1. Corresponde ao artigo 227º do anterior REOP, que reproduz textualmente.

2. O princípio da aceitação do acto administrativo pressupõe, da parte do seu destinatário, a declaração expressa de conformidade do acto (aceitação expressa) ou a prática de um acto ou omissão, espontânea e sem reserva, incompatível com a vontade de o impugnar contenciosamente (aceitação tácita). Em todo o caso, a execução ou acatamento pelo funcionário não se considera aceitação tácita do acto executado ou acatado, salvo se depender da vontade do executante a escolha da oportunidade da execução[557]. Neste sentido, a LPAA, no nº 3 do seu artigo 28º estabelece que os particulares que sem reserva tenham aceitado, expressa ou tacitamente, um acto administrativo, depois de praticado não podem recorrer, sendo que este regime, nos termos do disposto no nº 2 do artigo 102º daquela LPAA é aplicável à reclamação e aos recurso administrativos. Este é o regime geral.

3. Nos termos deste preceito, o cumprimento, pelo empreiteiro, de decisão ou ordem que tenha recebido do dono da obra e seus agentes implicará a sua aceitação tácita se, nos 10 dias seguintes, contra tal ordem não reagir reclamando ou declarando reserva dos direitos que entenda ter.

---

[557] Cfr. MARCELLO CAETANO, *Manual* cit., I, pág. 420.

526 JORGE ANDRADE DA SILVA

Todavia, o Supremo Tribunal Administrativo, de Portugal, em acórdão de 1989.11.23 decidiu que o preceito apenas estabelece uma presunção *juris tantum* da aceitação do acto, o que parece ser uma interpretação racional e aceitável do preceito. Com efeito, como já se escreveu, a aceitação tácita do acto *resulta da prática de actos que apontam concludentemente nesse sentido, incompatíveis com a vontade de reclamar ou recorrer do acto que se aceitou,* certo sendo que *os efeitos da aceitação expressa ou tácita podem ser precludidos pelo facto de ela ser manifestada sob reserva (também expressa ou tácita) (...) ou serem ditadas por situações de necessidade ou premência, em que não seja razoável pedir ao interessado que recuse o efeito (parcialmente) favorável que o acto lhe traga para poder impugnar aquilo que ele tem de (parcialmente) desfavorável (...). E, portanto, se se acata o comando contido num acto para evitar um mal maior (que derivaria do seu não acatamento), não fica precludida, sem mais, a legitimidade para dele reclamar ou recorrer administrativamente*[558].

Por outro lado, se o acto foi praticado por necessidade ou premência que igualmente são impeditivos para o empreiteiro de reclamar ou formular reserva no prazo estabelecido no preceito, tal procedimento não pode ser tido por aceitação tácita do acto.

4. Cfr. os artigos 112º, 206º, 210º, 329º, 330º e 332º a 339º.

ARTIGO 332º
Matéria discutível

O indeferimento de reclamações formuladas oportunamente pelo empreiteiro ao dono da obra, não inibe o empreiteiro de discutir a matéria dessas reclamações, em acção proposta para o efeito.

1. Reproduz o artigo 228º do anterior REOP, de que altera a redacção sem alterar o regime.

2. Cfr. os artigos 203º, 224º, 265º a 270º, 281º a 287º, 294º, 295º, 329º a 331º e 333º a 339º.

ARTIGO 333º
Tentativa de conciliação

1. As acções a que se referem os artigos 321º e 324º devem ser precedidas de tentativa de conciliação extrajudicial, perante uma comissão composta por um representante de cada

---

[558] M. ESTEVES DE OLIVEIRA, P. COSTA GONÇALVES e J. PACHECO DE AMORIM, *Código do Procedimento Administrativo Comentado*, 2.ª edição, pág. 287.

uma das partes e presidida pelo Presidente do Conselho Superior de Obras Públicas ou o membro da sua direcção que ele designar para o efeito.

2. Os representantes das partes deverão ter qualificação técnica ou experiência profissional adequada no domínio das questões relativas às empreitadas de obras públicas.

1. Corresponde ao artigo 229º do anterior REOP, relativamente ao qual diverge na medida em que subordina à tentativa de conciliação extrajudicial, não todas as acções respeitantes à interpretação, validade ou execução do contrato, mas apenas aquelas em que se discutem questões relativas à rescisão do contrato, quer esta seja da iniciativa do dono da obra (artigo 321º), quer da iniciativa do empreiteiro (artigo 324º).

2. Este preceito tem sido interpretado no sentido de só haver lugar à tentativa de conciliação obrigatória se o diferendo é submetido a decisão judicial e não ao tribunal arbitral.

3. O preceito determina que os representantes das partes na tentativa de conciliação tenham qualificação técnica ou experiência profissional adequadas quanto aos problemas suscitados nas empreitadas de obras públicas, mas não especifica a quem cabe apreciar esses atributos, nem os critérios a que tal decisão deve obedecer. Parece que esse encargo deveria caber ao presidente do Conselho Superior de Obras Públicas, como presidente que é da comissão de conciliação. Por outro lado, para isso mesmo, ao indicarem os respectivos representantes, as partes devem igualmente fornecer os elementos curriculares respectivos e a documentação probatória daqueles atributos.

A verdade é que, na prática, assim não tem sucedido; quer o dono da obra, quer o empreiteiro, por si ou seu representante, apresentam-se para a tentativa de conciliação coadjuvados por técnicos seus, geralmente intervenientes na obra a que respeita a diligência, discutindo em conjunto as questões que integram o diferendo.

4. A tentativa de conciliação constitui, portanto, um pressuposto processual objectivo do processo judicial, que, sem ela, não pode ser intentado e a sua omissão constitui excepção dilatória, de conhecimento oficioso, que conduz à absolvição da instância. Mas isso, apenas no que respeita ao pedido principal da acção e já não ao pedido reconvencional que nesta eventualmente seja formulado, relativamente ao qual se não impõe a tentativa de conciliação.

5. Cfr. os artigos 321º, 324º, 329º a 332º e 334º a 339º.

ARTIGO 334º
Processo da conciliação

1. O requerimento para a tentativa de conciliação deve ser apresentado em duplicado e dirigido ao presidente do Conselho Superior de Obras Públicas, devendo conter, além da identificação do requerido, a exposição dos factos referentes ao pedido e a sua fundamentação.

2. O requerido deve ser notificado para, no prazo de oito dias, apresentar resposta escrita sendo-lhe, para o efeito, entregue cópia do pedido.

3. A tentativa de conciliação deve ter lugar no prazo máximo de 30 dias contados do termo do prazo para o requerido responder, salvo adiamento por motivo que seja reputado justificação bastante, sendo as partes notificadas para comparecer e indicar, no prazo de cinco dias, os seus representantes para a comissão.

4. Os representantes das partes que devem integrar a comissão são convocados pelo Conselho Superior de Obras Públicas, com uma antecedência não inferior a cinco dias em relação à data designada para a tentativa de conciliação.

5. A comparência dos representantes das partes deve verificar-se pessoalmente ou através de quem se apresente munido de procuração ou credencial que contenha poderes expressos e bastantes para as obrigar, na tentativa de conciliação.

6. Na tentativa de conciliação, a comissão deve proceder a um exame cuidado da questão, nos aspectos de facto e de direito que a caracterizam, devendo, nessa base, em seguida, tentar a obtenção de um acordo justo entre as partes.

7. Todas as notificações e convocatórias para o efeito de tentativa de conciliação ou que lhe sejam subsequentes, serão feitas por carta registada com aviso de recepção ou qualquer outro meio de, comprovadamente, fazer chegar as notificações e convocatórias às partes interessadas.

1. Reproduz, com pequenos acertos de texto o artigo 230º do anterior REOP, ao qual, além disso, acrescenta o meio alternativo de comunicação estabelecido na parte final do nº 7.

2. O texto legal não diz onde terá lugar a tentativa de conciliação. Não só de um ponto de vista lógico como pragmático e mesmo de celeridade de processo, parece que a diligência deveria ter lugar na localidade onde as obras se situam, até porque bem pode ser necessária ou aconselhável a deslocação da comissão a essas obras para, *in loco*, mais facilmente apreender a dimensão, natureza e conteúdo das questões que são objecto do litígio.

3. Embora os representantes das partes, nos termos do nº 2 do artigo anterior, devam ter qualificação técnica ou experiência profissional adequadas no domínio das questões suscitadas nas empreitadas de obras públicas, não exige expressamente a lei que os seus mandatários tenham tais atributos, apenas exigindo que comprovem aquela qualidade por procuração ou credencial com poderes para transigir. Não obstante, logicamente, não pode deixar de entender-se que os mandatários dos representantes das partes devem igualmente possuir os referidos atributos.

4. Finalmente, devendo a comissão proceder a um exame cuidado da questão nos aspectos de facto e de direito que a caracterizam, só por rara coincidência o presidente da comissão, o representante de cada uma das partes ou o seu mandatário terão, simultaneamente, qualificação técnica ou experiência profissional dos aspectos técnicos e jurídicos das questões suscitadas. Parece que tudo aconselha a que as partes se façam acompanhar ou representar por quantos técnicos forem necessários em função da especificidade dos problemas que ali se vão examinar cuidadosamente. Nem de outra forma se obtém o objectivo legal: um acordo entre as partes tanto quanto possível razoável e justo.

5. Cfr. os artigos 329º a 333º e 335º a 339º.

ARTIGO 335º
Acordo

1. Havendo conciliação, é lavrado auto, do qual devem constar todos os termos e condições do acordo, que o Conselho Superior de Obras Públicas, ou membro da sua direcção que ele para o efeito tiver designado, tem de submeter imediatamente à homologação do Ministro de Tutela das Obras Públicas.
2. Os autos de conciliação, devidamente homologados, constituem título executivo e só lhes pode ser deduzida oposição baseada nos mesmos fundamentos que servem de oposição à execução da sentença.
3. Dos autos de conciliação já homologados será remetida uma cópia autenticada a cada uma das partes.

1. Reproduz quase textualmente o artigo 231º do anterior REOP.

2. Quanto à homologação ministerial do acordo, se esta diligência burocrática pode justificar-se quando o dono da obra é uma entidade integrante da Administração Pública Central, já não parece ter justificação quando o dono da obra é uma entidade pública que goza de autonomia administrativa e financeira.

Não havendo acordo, não há lugar àquela homologação.

3. No preceito seguinte é solucionada a hipótese da falta de um acto expresso que homologue ou não a conciliação.

4. Cfr. os artigos 329º a 334º e 336º a 339º.

ARTIGO 336º
Não conciliação

Caso seja frustrada a conciliação ou, por facto imputável a qualquer das partes, não for possível realizar a diligência e ainda se for recusada a homologação do acordo efectuado, ou esta homologação não se verificar no prazo de 45 dias, contados a partir da data em que tenha sido solicitada, deve ser entregue ao requerente, para efeitos do disposto nos artigos seguintes, cópia do auto respectivo, acompanhada, se for caso disso, de documentos comprovativos da situação ocorrida.

1. Corresponde ao artigo 232º do anterior REOP sem alteração do regime.

2. Cfr. os artigos 321º a 324º, 329º a 335º e 337º a 339º.

ARTIGO 337º
Interrupção da prescrição e da caducidade

O pedido de tentativa de conciliação interrompe o prazo de prescrição do direito e de caducidade da respectiva acção, que voltam a correr 22 dias depois da data em que o requerente receba documento comprovativo da impossibilidade de realização ou da inviabilidade da diligência.

1. Reproduz, com uma pequena alteração de texto, o artigo 233º do anterior REOP.

2. Estabelece o artigo 328º do Código Civil que o *prazo de caducidade não se suspende nem se interrompe senão nos casos em que a lei o determine.* E, na verdade, sempre se tem caracterizado o prazo de caducidade por, contrariamente ao que sucede com o prazo prescritivo, em regra não se suspender nem interromper. E isto é particularmente saliente nos prazos processuais, que, em princípio, são contínuos (artigo 144º do Código Processo Civil) e de entre os quais destacamos os prazos de propositura das acções ou da interposição de recursos[559].

Não obstante, para além do prazo de prescrição do direito a que se arroga o requerente da conciliação, também o prazo estabelecido no artigo 330º para a propositura das acções respeitantes às questões sobre interpretação e validade deste contrato, se interrompe com o referido pedido de tentativa de conciliação.

Mas, por outro lado, este preceito estabelece que aqueles prazos são *interrompidos* por aquele pedido e que tais prazos *voltarão* a correr 22 dias após a recepção do documento comprovativo da não conciliação.

A redacção do preceito levanta a questão de saber se, após aquela recepção, os mesmos prazos voltarão a correr, caso em que se conta o período de tempo decorrido até ao pedido de tentativa de conciliação, mas em que não haverá, por isso, *interrupção* e antes *suspensão* da contagem daqueles prazos; ou se, pelo contrário, há efectivamente *interrupção* dessa contagem e, consequentemente, se anula todo o período de tempo decorrido até ao pedido de tentativa de conciliação e os prazos iniciarão *de novo* a sua contagem *por inteiro* 22 dias após a recepção do documento da não conciliação. Neste caso, ao contrário do que diz o preceito, os prazos não *voltarão* a correr, mas antes *começarão* a correr *novos* prazos.

Cremos que a questão só surge porque o texto legal aplica o termo *interrompe* com menos propriedade, pois se terá querido dizer *suspende*. Com efeito, a suspensão da contagem dos prazos já protege suficientemente o requerente da tentativa de conciliação, não se vendo razão justificativa para, por isso, se anule toda a parte dos prazos decorrida até àquele requerimento.

3. Cfr. os artigos 329º a 336º, 338º e 339º.

ARTIGO 338º
Tribunal arbitral
1. No caso de as partes optarem por submeter o diferendo a tribunal arbitral, o respectivo compromisso deve ser assinado antes de expirado o prazo de caducidade do direito.

---

[559] Cfr. MARCELLO CAETANO, *Manual cit.*, II, pág. 1344.

2. O tribunal arbitral será constituído e funcionará nos termos da Lei Sobre a Arbitragem Voluntária.
3. Quando o valor do litígio não for superior a Kz: 36 000 000,00, pode ser designado um só árbitro.

1. Corresponde ao artigo 234º do anterior REOP, com alterações de redacção.

2. A Lei Sobre a Arbitragem Voluntária é a Lei nº 17/03, de 25 de Julho, de que se destaca:

- É permitido ao Estado e, em geral, às pessoas colectivas de direito público celebrar, por escrito, convenções de arbitragem, além do mais, nos contratos administrativos, podendo aquela assumir a modalidade de cláusula compromissória ou de compromisso arbitral (artigos 1º, 2º e 3º);
- A convenção deve obedecer aos requisitos enunciados no artigo 4º, sob pena de nulidade;
- Salvo se as partes convencionarem por escrito que o tribunal arbitral julgue segundo a equidade ou segundo determinados usos e costumes, quer internos quer internacionais, julgará segundo o direito constituído (artigo 24º);
- Salvo convenção em sentido diferente, o prazo para proferir a decisão arbitral é de seis meses, que poderá ser prorrogado pelas partes.

3. Tal como sucede em outros campos da actividade jurídica, o recurso ao tribunal arbitral como meio de dirimir conflitos surgidos na execução de contratos de empreitada, de obras públicas como de obras particulares, é uma prática que se tem vindo a intensificar[560]. Tal facto deve-se à intervenção conjugada de vários factores, de entre os quais se salientam a sua maior celeridade decorrente, além do mais, da simplificação do processo arbitral e do prazo estabelecido para a prolação da respectiva decisão, uma participação

---

[560] Sobre a arbitragem em geral, ver RAÚL VENTURA, *Convenção de Arbitragem e Cláusulas Contratuais Gerais*, na separata da Revista da Ordem dos Advogados, 46º e *Convenção de Arbitragem*, na Revista da Ordem dos Advogados, 46º, pags. 289 e seguintes. JOSÉ LUIS LOPES DOS REIS, *A Excepção da Preterição do Tribunal Arbitral (Voluntário)*, na Revista da Ordem dos Advogados, 58º, págs. 1115 e seguintes, CORREIA DOS SANTOS (neto) *Arbitragem Voluntária*, Lisboa, 1989, FRANCISCO CORTEZ, *A Arbitragem Voluntária em Portugal*, em O DIREITO, 124º, III, págs. 365 e seguintes, JOÃO CAUPERS, *A Arbitragem nos Litígios entre a Administração Pública e os Particulares*, em *Cadernos de Justiça Administrativa*, nº 18, págs. 3 seguintes. Sobre a arbitragem no domínio da contratação pública, ver JOSÉ LUÍS ESQUÍVEL, *Os Contratos Administrativos e a Arbitragem*, Almedina, 2004.

mais directa, imediata e informal das partes do litígio no respectivo procedimento, uma maior maleabilidade na acção do tribunal na obtenção dos meios necessários à decisão e, principalmente, a ampla margem de autonomia dada às partes no litígio quanto ao estabelecimento das regras de constituição e funcionamento do tribunal, do direito aplicável e do próprio valor da decisão a proferir.

4. Sobre o conceito de equidade, ver a anotação ao artigo 284º.

5. Cfr. os artigos 329º a 332º, 337º e 339º.

ARTIGO 339º
Processo arbitral

1. O processo arbitral é simplificado, nos seguintes termos:

a) quando houver unicamente dois articulados: a petição e a contestação;
b) quando só poderem ser indicadas duas testemunhas por cada facto contido no questionário;
c) quando a discussão for escrita.

2. Proferida a decisão e notificada às partes, o processo é entregue no Ministério das Obras Públicas, onde fica arquivado, competindo a este serviço decidir tudo quanto respeite aos termos da respectiva execução por parte das entidades administrativas, sem prejuízo da competência dos tribunais para a execução das obrigações do empreiteiro, devendo ser remetida ao juiz competente cópia da decisão do tribunal arbitral para efeitos do processo executivo.

1. Corresponde ao artigo 235º do anterior REOP, relativamente ao qual o nº 2 não apresenta alteração de regime, o que, aparentemente, não sucede quanto ao nº 1.

Efectivamente, da redacção daquele artigo 235º resultava claro que a simplificação do processo era traduzida pela tramitação resultante do que estabeleciam as suas alíneas. Todavia, da redacção dada ao nº 1 deste preceito, parece resultar que o processo é simplificado *quando* ocorrer o constante das alíneas, o que, implicitamente, admite que possa não haver processo simplificado, portanto, com o seu formalismo reduzido ao ali enunciado.

Não cremos que tenha sido essa a intenção do legislador, que terá sido traído pela redacção que adoptou.

Uma das principais características do processo arbitral, como ficou dito em comentário ao artigo anterior, é a celeridade da sua tramitação decorrente da simplificação do seu formalismo; por outro lado, os textos do RJEOP de Portugal, onde este se inspirou, sempre adoptaram esta simplificação como regime suplectivo; finalmente, só isso é compatível com o regime estabelecido pela Lei Sobre a Arbitragem Voluntária, a que se fez referência em comentário ao artigo anterior.

2. Não estabelece a alínea *b)* do nº 1 um limite para o número total das testemunhas, apenas o limitando em relação a cada facto quesitado, ao contrário do que estabelecem os artigos 632º, 789º e 796º do Código de Processo Civil. Por outro lado, como resulta do que se deixou dito, as testemunhas deverão ser oferecidas, bem como o requerimento para quaisquer outras provas, no prazo de dez dias a partir do prazo para reclamação contra a especificação e questionário (artigos 512º e 153º do Código de Processo Civil).

3. Cfr. os artigos 329º a 332º e 334º a 338º.

CAPÍTULO VIII
SUBEMPREITADAS

ARTIGO 340º
Princípios gerais

1. Só podem executar trabalhos em obras públicas, como subempreiteiros, as entidades referidas no artigo 8º da presente lei.

2. O disposto no número anterior aplica-se quer às subempreitadas que resultem de contrato entre o empreiteiro adjudicado[561] da obra pública e o seu subempreiteiro, quer as efectuadas entre um subempreiteiro e um terceiro.

3. O empreiteiro de obras públicas adjudicatário de uma obra pública não pode subempreitar mais de 75% do valor da obra que lhe foi adjudicada.

4. O regime previsto no número anterior é igualmente aplicável às subempreitadas subsequentes.

5. O empreiteiro não pode proceder à substituição dos subempreiteiros que figurem no contrato sem obter previamente autorização do dono da obra.

6. O dono da obra não poderá opor-se à escolha do subempreiteiro pelo empreiteiro de obras públicas, adjudicatário da obra, salvo se aquele não dispuser de condições legais para a execução da obra que lhe foi subcontratada.

---

[561] Ter-se-á querido, seguramente, escrever *"adjudicatário"*.

EMPREITADAS DE OBRAS PÚBLICAS ART. 340º 535

1. Corresponde ao artigo 236º do anterior REOP, relativamente ao qual diverge no nº 1, que subordinava a contratação de subempreitada a prévia autorização do dono da obra;

2. Sendo o contrato de subempreitada celebrado exclusivamente entre o empreiteiro e o subempreiteiro, poderá estranhar-se que seja objecto de regulamentação em diploma legal que estabelece o regime jurídico de um contrato público, o contrato de empreitada de obras públicas. É certo que o facto de as partes contratantes serem entidades privadas não é, só por si, motivo para afastar a possibilidade de se estar perante um contrato de direito público[562]. Mas também é verdade que do facto de aquela regulamentação se inserir num diploma legal que tem por objecto um contrato público, não decorre, necessariamente, que aquele contrato de subempreitada passe a ser, só por isso, um contrato público, apesar de ter por objecto trabalhos inseridos numa empreitada de obra pública. É que esse contrato não tem por objecto uma *relação jurídica de direito administrativo*, como, para isso, exige o nº 1 do artigo 120º da LPAA. Esse contrato continua, pois, a ser de direito privado[563], a ser regulado pelo regime estabelecido no Código Civil, mas com as derrogações decorrentes dos preceitos estabelecidos neste diploma (artigo 347º).

3. Segundo o nº 1 do artigo 1213º do Código Civil, *subempreitada é o contrato pelo qual um terceiro se obriga para com o empreiteiro a realizar a obra a que este se encontra vinculado, ou uma parte dela.* Nos termos do nº 1 do artigo 341º deste diploma, *subempreitada é o contrato de empreitada emergente, mediata ou imediatamente, de um contrato administrativo de empreitada de obras públicas.* Mais concretamente, pode dizer-se que, pela subempreitada, o empreiteiro adjudicatário, sob sua responsabilidade, encarrega outro empreiteiro da execução de trabalhos incluídos no objecto da empreitada por si contratada[564].

A subempreitada, portanto, é um contrato que pressupõe a existência de um outro contrato – um contrato de empreitada –, de que é derivado, sem o qual não existe, do qual é uma espécie de "acompanhante" ou "enxerto"[565] e a cujo regime e objecto se tem de subordinar, na medida em que não pode

---

[562] Cfr. ESTEVES DE OLIVEIRA, *Direito Administrativo*, I, pág. 657.

[563] Cfr. DANIEL CHABANOL, JEAN-PIERRE JUGUELET e FRANÇOIS BOURRACHOT, *ob. cit.*, págs. 23 e 91.

[564] Cfr. JEAN-PIERRE JUGUELET, *ob. cit.*, pág. 37

[565] Cfr. STÉPHE BRACONNIER, *ob. cit.*, pág. 138.

conter cláusulas que contrariem o conteúdo do contrato de que deriva[566] sendo que, por outro lado, a subempreitada acompanhará sempre as vicissitudes por que passar o contrato de empreitada[567].

Existem, pois, dois contratos de empreitada de natureza diferente: um, de natureza pública, celebrado entre o dono da obra e o empreiteiro subcontratante; outro, de natureza privada, celebrado entre este último e o empreiteiro subcontratado[568].

Isto significa que as cláusulas contratuais da subempreitada e, portanto, os direitos e obrigações daí decorrentes, não substituem as que integram o contrato de empreitada, que permanece inalterado. Por outro lado, em consequência da subcontratação consubstanciada na subempreitada, também nenhuma alteração resulta para a empreitada no que respeita às partes contratantes: dono da obra e empreiteiro.

Não há, pois, modificação objectiva ou subjectiva do contrato de empreitada. Daí decorre, por exemplo, que, como acentuou Vaz Serra[569], *a subempreitada não se confunde com a cessão da empreitada, na qual o empreiteiro cede a sua posição contratual, e o terceiro (cessionário) se substitui ao cedente nos direitos e obrigações derivados do contrato de empreitada, ficando, por isso, em relação directa com o comitente; diversamente, a subempreitada é um contrato que cria apenas uma relação obrigacional entre o empreiteiro originário e o subempreiteiro, relação a que é estranha o comitente, que não adquire direitos contra o subempreiteiro, nem contrai obrigações com este.*

4. É muito frequente o recurso ao contrato de subempreitada, sendo que, como aponta PEDRO ROMANO MARTINEZ[570] isso se deve, em princípio, a duas ordens de razões necessidade de execução de trabalhos que exigem especialização e incapacidade para, por si só, executar a obra no prazo contratado. Na primeira daquelas razões pode incluir-se a necessidade da titularidade de alvarás

---

[566] O que não significa que o contrato de subempreitada não possa ter cláusulas diferentes das do contrato de empreitada (quanto ao preço, prazo, fiscalização, etc.). O que estas cláusulas não podem é contrariar as cláusulas do contrato de empreitada (ver PIRES DE LIMA e ANTUNES VARELA, *Código Civil Anotado*, III, pág. 559).

[567] Ver, a propósito, DANIEL CHABANOL e JEAN-PIERRE JUGUELET, *ob. cit.*, págs. 150

[568] Sobre o conceito de subempreitada, para além dos Autores citados, ver PIRES DE LIMA e ANTUNES VARELA, *Código Civil Anotado*, III, págs. 557 e seguintes, PEDRO ROMANO MARTINEZ, *Contrato de Empreitada*, Almedina, págs. 115 e seguintes, e *O Subcontrato*, págs. 36 e seguintes, Prof. VAZ SERRA, *Boletim do Ministério da Justiça*, 145º, págs. 65 e seguintes, Acórdão da Relação de Coimbra, de 1983.03.22, *Colectânea de Jurisprudência*, VIII, 2, pág. 19 e Acórdão da Relação de Évora, de 1991.02.14, *Colectânea de Jurisprudência*, XVI, I, pág. 301.

[569] *B.M.J.*, 145º, pág. 65.

[570] *Ob. cit.*, págs. 116 e 117.

de empreiteiros de obras públicas que habilitem o empreiteiro à adjudicação da empreitada.

O recurso à subempreitada tem tido um tal incremento que, noticia PEDRO ROMANO MARTINEZ, já há muito se verifica na Inglaterra, ser *frequente que o empreiteiro tenha só como função coordenar a actividade dos vários subempreiteiros que executam a obra*[571]. O que constituía a desvirtuação do carácter *intuitu personnae* do contrato de empreitada de obras públicas. Para evitar isso mesmo, tal como sucede noutros países[572], os nºs 3 e 4 deste artigo estabelecem um limite à parte da obra que pode ser objecto de subempreitada – 75% do valor da obra, que entendemos dever ser reportado ao valor da adjudicação[573] – independentemente do momento em que as subempreitadas são contratadas[574]. Segundo JOSÉ M. DE OLIVEIRA ANTUNES e ANABELA COSTA POUSEIRO[575], *a subcontratação visa essencialmente reduzir custos, dividir o risco e garantir a especialização.* Todavia, acrescentam aqueles Autores que *a subcontratação pode também representar e tão só, uma actividade especulativa. São as situações de subadjudicação total de trabalhos, com ganho de percentagem e sem qualquer "apport" por parte do contratante e as meras adjudicações de mão de obra, ou seja a cedência de trabalhadores, sem que tal corresponda a interesses económicos válidos. Bem pelo contrário, têm como objectivo defraudar a realidade dos preços, contribuindo para a violação das regras de sã concorrência. (...). A utilização de mão de obra barata, quando tal baixo custo é obtido através da violação de normas laborais e de direitos fundamentais, configura a situação a que se convencionou chamar de "dumping social". Tudo isto concorre decisivamente para a formulação e apresentação de propostas anormalmente baixas nas obras públicas, que se tornam depois*

---

[571] *Ob. cit.*, pág. 117. Quanto a este aspecto, segundo noticiam DANIEL CHABANOL e JEAN--PIERRE JUGUELET (*ob. cit.*, págs. 155 e 156), a jurisprudência francesa tem-se orientado no sentido de que o subempreiteiro não é obrigado a entregar ao dono da obra os elementos justificativos do seu direito ao pagamento directo e que o dono da obra, na falta de oposição do empreiteiro, não pode recusar esse pagamento com fundamento na falta ou insuficiência desses elementos justificativos. Mas, havendo oposição do empreiteiro, o dono da obra poderá ajuizar da sua pertinência e fundamentação

[572] Por exemplo, em França. Cfr. STÉPHE BRACONNIER, *ob. cit.*, pág. 138

[573] Ao contrário do que entendem JOSÉ M. DE OLIVEIRA ANTUNES e ANABELA COSTA POUSEIRO, *Subempreitadas de Obras Públicas e Subcontratação*, ed. Quid Juris, 2001, pág. 25, para quem esse limite se deve considerar reportado ao valor da proposta com as alterações decorrentes dos trabalhos a mais e a menos e da revisão de preços, o que consideram mais adequado ao *espírito e letra do diploma.*

[574] Como refere JOSÉ LUÍS ESQUÍVEL, (ob. cit., pág. 37), esta limitação impede que o contrato de empreitada se transforme num instrumento de especulação, através do qual o papel do empreiteiro na execução da obra seria de pura intermediação, esperando retirar proveitos entre as condições estabelecidas, por um lado, e, por outro, com o seu subempreiteiro.

[575] *Ob. cit.*, pág. 1.

"anormalmente caras", quer pelo atraso com que são concluídas, quer pelas deficiências de execução, para já não falar nos trabalhos a mais.

5. Segundo aqueles Autores[576] – com o que concordamos – a percentagem de 75%, como limite do valor dos trabalhos susceptível de ser executado em subempreitada, é de todo aleatória, pelo que seria mais adequado que o preceito legal se limitasse a proibir que a obra pudesse ser integralmente executada naquele regime, e deixasse, para cada caso, a fixação desse limite no caderno de encargos[577].

Por outro lado, salienta-se que o correspondente a 75% do valor da adjudicação constitui o *limite máximo* do valor de trabalhos que a lei permite sejam executados em regime de subempreitada, do que decorre nada impedir que, nas condições de adjudicação da obra, a entidade adjudicante, desde logo, estabeleça uma percentagem inferior àquela ou mesmo, pura e simplesmente, proíba que qualquer parte da obra seja executada segundo esse regime[578].

6. Em decorrência do contrato de empreitada de obras públicas ser celebrado *intuitu personnae*, e com vista a possibilitar ao dono da obra o controlo dos reais executantes da obra, estabelece o nº 5 que o empreiteiro não pode substituir os subempreiteiros que figurem no contrato sem prévia autorização do dono da obra. Poderia pretender-se que desta disposição decorre a obrigação para o empreiteiro de, antes da celebração do contrato, identificar as subempreitadas que vai contratar e os respectivos subempreiteiros. Essa indicação não vem inserida no elenco dos elementos que, nos termos do nº 1 do artigo 110º, o contrato deve conter.

7. Nos termos dos nº 6 deste preceito, o dono da obra, em caso de subcontratação de empreitada, não pode impor ao empreiteiro os respectivos subempreiteiros, que, portanto, serão da livre escolha do adjudicatário sem outra condição que não seja a de possuírem as condições legais para a execução, designadamente as de titularidade do alvará de empreiteiro de obras públicas com as categorias e subcategorias exigidas no programa do concurso e da classe correspondente ao valor dos trabalhos a executar.

8. Cfr. os artigo 341º a 347º.

---

[576] *Ob. cit.*, pág. 24.
[577] Refere JOSÉ LUÍS ESQUÍVEL, (*ob. cit.*, pág. 37), que, obviamente à época em que o escreveu, em Espanha a subempreitada não pode ultrapassar 50% do valor da obra e em Itália 30%, o que evidencia a grande liberalidade que caracteriza este regime.
[578] JOSÉ LUÍS ESQUÍVEL, *ob. cit.*, pág. 46.

ARTIGO 341º
Contrato de subempreitada

1. Para efeitos do disposto na presente lei, entende-se por subempreitada o contrato de empreitada emergente, mediata ou imediatamente, de um contrato administrativo de empreitada de obras públicas.

2. O contrato referido no número anterior constará de documento particular outorgado pelas partes contratantes.

3. Do contrato devem constar, necessariamente, os seguintes elementos:

a) a identificação de ambas as entidades outorgantes, indicando o seu nome ou denominação social, número fiscal de contribuinte ou de pessoa colectiva, estado civil e domicílio ou, no caso de ser uma sociedade, a respectiva sede social e, se for caso disso, as filiais que interessam à execução do contrato, os nomes dos titulares dos corpos gerentes ou de outras pessoas com poderes para obrigar no acto;

b) a identificação dos títulos de que constem as autorizações para o exercício da actividade de empreiteiro de obras públicas;

c) a especificação técnica da obra que for objecto do contrato;

d) o valor global do contrato;

e) a forma e prazos de pagamento, os quais devem ser estabelecidos em condições idênticas às previstas no contrato entre o dono da obra pública e o empreiteiro.

4. A não observância integral do disposto nos nºs 2 e 3 do presente artigo determina a nulidade do contrato.

5. O empreiteiro não poderá, porém, opor ao subempreiteiro a nulidade prevista no artigo anterior.

1. Corresponde ao artigo 237º do REOP anteriormente vigente ao qual apenas fez acertos de redacção.

2. Quanto ao conceito de subempreitada, ver anotação ao artigo anterior.

3. No nº 2 deste preceito, exige-se a forma escrita para o contrato de subempreitada, sob pena de nulidade, conforme estabelece o nº 4. O que se entende por essa ser a única forma que viabiliza o seu controlo pelo dono da obra. Aliás, este é um tipo de contrato em que dificilmente se pode dispensar a forma escrita, dada a especificidade e variedade das espécies de prestações que tem por objecto e que não dispensam elementos escritos e desenhados, para além dos respeitantes ao próprio clausulado relativo ao prazo, preço, etc. Mas a exigência da forma escrita para o contrato é cumprida se este se forma mediante a elaboração pelo empreiteiro de documentos com as condições em que está disposto a contratar, da apresentação de proposta escrita do candidato a subempreiteiro em resposta a essas condições e à aceitação dessa proposta, também por escrito, pelo empreiteiro[579].

4. No nº 3 procede-se à enumeração dos elementos que devem constar do contrato e cuja omissão implica a sua nulidade (nº 4). Visa-se, mais uma vez, viabilizar o controlo da execução pelo dono da obra.

No que respeita à alínea *d)*, se o subcontrato for celebrado no regime de série de preços ou por percentagem, o valor a indicar é o valor estimado.

Quanto à alínea *e)*, com a imposição de que do contrato de subempreitada constem condições de pagamento idênticas às do próprio contrato de empreitada, pretende-se que a execução da obra não sofra perturbações decorrentes de eventuais imposições pelo empreiteiro de condições mais gravosas que as que para si resultam do contrato de empreitada, objectivo igualmente visado pela alínea *e)* do artigo 343º. Sem embargo, já foi considerado, com alguma razão, que esta imposição colide com a liberdade contratual, além de que o conceito de *condições idênticas,* por indeterminado, pode gerar dificuldades[580].

5. Como ficou referido, o nº 4 comina de nulo o contrato de subempreitada que não conste de documento escrito ou a que falte qualquer dos elementos enumerados no nº 3. Porém, essa nulidade só pode ser invocada pelo dono da obra e não pelo empreiteiro (nº 5), o que constituiria um *venire contra factum proprium* e que, por isso, dela, não pode aproveitar.

6. Cfr. os artigos 340º e 342º a 347º.

ARTIGO 342º
Direito de retenção

1. Os subempreiteiros podem reclamar junto do dono da obra pelos pagamentos em atraso que sejam devidos pelo empreiteiro, podendo o dono da obra exercer o direito de retenção de quantias do mesmo montante, devidas ao empreiteiro e decorrentes do contrato de empreitada de obra pública.

2. As quantias retidas nos termos do número anterior devem ser pagas directamente ao subempreiteiro, caso o empreiteiro, notificado para o efeito pelo dono de obra, não comprove haver procedido à liquidação das mesmas nos quinze dias imediatos à recepção de tal notificação.

---

[579] PEDRO ROMANO MARTINEZ, *ob. cit.*, pág. 133 e VAZ SERRA, *B.M.J.*, cit., pág. 74.

[580] JOSÉ M. DE OLIVEIRA ANTUNES e ANABELA COSTA POUSEIRO, *ob. cit.* pág. 31.

1. Corresponde ao artigo 238º do anterior REOP, ao qual introduz pequenos acertos de redacção.

2. Neste preceito, tal como, por exemplo, sucedeu em França[581], sem que isso se integre numa relação contratual autónoma entre eles, atribui-se ao dono da obra um poder de pagamento directo ao subempreiteiro, e a este o direito de isso requerer, com vista a evitar que eventuais faltas obrigacionais do empreiteiro para com o seu subempreiteiro, possam ter reflexos negativos no normal desenvolvimento da execução dos trabalhos.

3. O direito de retenção aqui conferido ao dono da obra é por este exercido discricionariamente, sempre com o exclusivo objectivo de preservar a estabilidade do contrato e a regularidade contratual do processo executivo da obra.

Esse direito de retenção tem por objecto as quantias devidas ao empreiteiro decorrentes do contrato em que foi deduzida a reclamação pelo subempreiteiro, e não as que eventualmente lhe sejam devidas a qualquer outro título, designadamente por qualquer outra empreitada com execução em curso ou já terminada.

Mas, se, por um lado, o dono da obra não é obrigado a exercer o direito de retenção, poderá colocar-se a questão de saber se o direito do subempreiteiro de reclamar junto do dono da obra os seus créditos sobre o empreiteiro é livremente disponível, portanto, por aquele exercido se assim o entender e, portanto, por si renunciável. E a resposta não é isenta de dúvidas. Com efeito, sendo o contrato de subempreitada de natureza privada, em nome do princípio da autonomia da vontade parece nada obstar à renúncia àquele direito. Só que, mesmo naquele domínio, esta autonomia cede nos casos de indisponibilidade dos direitos[582]. Como já ficou salientado, o direito de retenção não foi estabelecido para proteger o subempreiteiro[583], mas para satisfazer o interesse público da preservação da estabilidade do contrato, podendo pretender-se ver aí uma razão daquela indisponibilidade. Mas não parece que assim se possa entender. O que está em equação na renúncia é,

---

[581] Lei de 31 de Dezembro de 1975, titulo II, Artº 6º. No artigo 12º, confere-se mesmo ao subempreiteiro o direito de acção directa contra o dono da obra, no caso de mora do empreiteiro que já não pode satisfazer as suas dívidas. Cr. DANIEL CHABANOL, JEAN-PIERRE JUGUELET e FRANÇOIS BOURRACHOT, *ob. cit.*, pág. 112.

[582] Cfr. os artigos 1249º do Código Civil e 299º do Código de Processo Civil.

[583] Se assim fosse, não haveria razão para os subempreiteiros beneficiarem de um regime especial relativamente ao que estabelecem as normas atinentes ao inquérito administrativo – artigos 309º a 311º. Ao invés, aqui privilegia-se, sem concorrência, o direito do subempreiteiro.

como se viu, apenas o direito à reclamação e a verdade é que ninguém pode impor ao subempreiteiro o exercício desse direito, pelo que a efectivação daquele outro sempre dependeria deste [584].

4. A aplicação prática deste preceito pode levantar problemas, que decorrerão, designadamente, de se conferir ao dono da obra um amplo poder de dirimir conflitos entre o empreiteiro e o subempreiteiro. É que o regime legal parece, de algum modo, favorecer a posição do subempreiteiro, ainda que, como ficou referido, com o exclusivo objectivo de salvaguardar o normal andamento dos trabalhos de execução da empreitada. Assim, por exemplo, no nº 2, estabelece-se, como única condição para que o dono da obra se substitua ao empreiteiro pagando directamente ao subempreiteiro o que este reclamou, que aquele, para isso notificado, não comprove, no prazo de quinze dias, ter pago ao subempreiteiro a quantia reclamada. Mas isso terá que suceder independentemente de saber se é ou não legítima a recusa do empreiteiro em pagar ao subempreiteiro? E, ainda que assim não seja, é ao dono da obra que compete julgar o conflito jurídico que determinou essa recusa[585]? E será razoável que o subempreiteiro seja pago preferentemente a qualquer outro credor do empreiteiro, seja ele qual for?

Parece bem melhor a solução utilizada no inquérito administrativo: o empreiteiro seria notificado para contestar a reclamação e, havendo contestação, o subempreiteiro deveria submeter o assunto a decisão do tribunal competente como condição da retenção[586] [587].

De qualquer modo, o pagamento directo sempre terá de estar subordinado, pelo menos, à seguinte condição que acresce à estabelecida na parte final do nº 2 deste preceito: sob proposta do empreiteiro, quer o subempreiteiro que reclama o pagamento quer as condições de pagamento a esse subempreiteiro devem ter sido expressamente aceites pelo dono da obra .

5. Outra questão que já foi colocada é a de saber se, no caso de o dono da obra decidir desatender a reclamação formulada pelo subempreiteiro, este pode legalmente rescindir o seu contrato. A resposta negativa parece impor-se. Na verdade, se, como ficou dito, se está perante uma decisão discricionária do

---

[584] JOSÉ LUIS ESQUÍVEL, não admite o direito do subempreiteiro a renunciar *antecipadamente* à reclamação, (*ob. cit.* págs. 71/72).

[585] Como entende JOSÉ LUIS ESQUÍVEL, *ob. cit.*, ág. 71

[586] Cfr. o artigo 225º, nºs 2 e 3.

[587] Aparentemente, neste sentido se pronunciam J. M. DE OLIVEIRA ANTUNES e ANABELA COSTA POUSEIRO, *ob. cit.*, pág. 32.

dono da obra, parece que ao subempreiteiro só restam os meios contenciosos de impugnação jurisdicional dessa decisão. E o mesmo deve suceder ainda que, segundo o subempreiteiro, o incumprimento do empreiteiro se deva a facto do dono da obra. A subempreitada, mesmo quando se trate de um contrato de empreitada de obras públicas, não deixa de ser um contrato privado e tudo o que se afaste do regime disso decorrente tem de ser expressamente previsto na lei. O único co-contraente do dono da obra é o empreiteiro e só perante este responde o dono da obra relativamente às suas obrigações contratuais.

6. Cfr. os artigos 340º, 341º e 343º a 347º.

ARTIGO 343º
Obrigações do empreiteiro

São obrigações do empreiteiro, sem prejuízo das responsabilidades que lhe cabem perante o dono da obra:
a) assegurar-se de que o subempreiteiro possui as autorizações de empreiteiro de obras públicas necessárias à execução da obra a subcontratar;
b) zelar pelo escrupuloso cumprimento do disposto na legislação e regulamentação aplicável;
c) depositar cópia dos contratos de subempreitada que efectue, junto do dono da obra, previamente à celebração do contrato do qual emergem, quando se trate de autorizações necessárias para a apresentação a concurso;
d) depositar cópias dos contratos de subempreitada que efectue, junto do dono da obra, previamente ao início dos trabalhos, quando se trate de outras autorizações;
e) efectuar os pagamentos devidos aos subempreiteiros e fornecedores em prazos e condições que não sejam mais desfavoráveis do que os estabelecidos nas relações com o dono da obra.

1. Corresponde ao artigo 239º do anterior REOP ao qual não introduz alteração de regime.

2. Quanto ao disposto na alínea *a)*, pode o cadernos de encargos estabelecer que quer o empreiteiro, quer os subempreiteiros devem subscrever declarações de compromisso contratuais e fazê-las acompanhar dos alvarás de empreiteiros de obras públicas, para obstar à subcontratação de empreiteiros que não tenham a qualificação legalmente exigida para a obra a executar.

No que respeita à alínea *b)*, a disposição que contém já resulta do que estabelece o próprio artigo 341º. Ao ponto de, no que respeita ao disposto nos nºs 2 e 3, cominar de nulidade o contrato de subempreitada que não cumpra os comandos aí estabelecidos (nº 4).

As alíneas *c)* e *d)* visam facultar ao dono da obra os elementos necessários ao controlo das subempreitadas. Parece resultar do texto e do espírito do preceito que o depósito ali ordenado deve ser feito antes do início dos trabalhos objecto da subempreitada, até porque, considerar-se como tal o início dos trabalhos da empreitada pode significar a impossibilidade de cumprimento do preceito[588]. Por outro lado, aquele controlo do dono da obra visa a verificação de que a subempreitada obedece ao regime legalmente estabelecido. A assim não suceder, o dono da obra deve recusar aceitá-la, decisão que é tomada no exercício de um poder público e, portanto, submetida ao regime dos actos administrativos, designadamente para efeitos da sua impugnação contenciosa[589].

Finalmente, quanto à alínea *e)*, há quem entenda que se trata de um excesso de zelo por parte do legislador traduzido na *tentativa de tutelar um interesse, que o tutelado (subcontratante) certamente não terá pedido*[590]. Afigura-se-nos, porém, que não é esse o objectivo da lei, mas antes o de evitar que a execução da obra sofra perturbações decorrentes de eventuais imposições pelo empreiteiro de condições mais gravosas do que as que para si resultam do contrato de empreitada, o que igualmente determinou a disposição da alínea *e)* do nº 3 do artigo 341º.

3. Cfr. os artigos 340º a 342º, 343º a 347º.

ARTIGO 344º
Obrigações dos donos de obra

No âmbito do disposto no presente título, incumbe aos donos de obras públicas:

a) assegurar-se do cumprimento da lei por parte das entidades que executam trabalhos em obras públicas sob sua responsabilidade;

b) comunicar o incumprimento do disposto no presente capítulo ao Conselho Superior de Obras Públicas e à Comissão Nacional de Classificação e Inscrição de Empreiteiros de Obras Públicas e Construção Civil;

c) comunicar às autoridades competentes da saúde, protecção e higiene no trabalho as irregularidades verificadas em matérias da sua competência;

d) participar à Comissão Nacional de Classificação e Inscrição de Empreiteiros de Obras

---

[588] Neste sentido, J. M. DE OLIVEIRA ANTUNES e ANABELA C. POUSEIRO, *ob. cit.*, pág. 28 e JOSÉ LUÍS ESQUÍVEL, *ob. cit.*, pág. 51.

[589] JOSÉ LUÍS ESQUÍVEL, *ob. cit.*, pág. 51..

[590] J. M. DE OLIVEIRA ANTUNES e ANABELA C. POUSEIRO, *ob. cit.*, pág. 29.

Públicas e Construção Civil os casos em que detecte o exercício ilegal da profissão por parte do subempreiteiro ou a utilização por este de pessoal em violação do disposto no artigo seguinte.

1. Corresponde ao artigo 240º do anterior REOP, cuja substância não altera.

2. Cfr. os artigos 340º, 342º e 344º a 347º.

ARTIGO 345º
Prestações de serviço

1. Para além das subempreitadas, ficam proibidas todas as prestações de serviço para a execução de obras públicas.

2. O disposto no número anterior não se aplica aos técnicos responsáveis pela obra nem aos casos em que os serviços a prestar se revistam de elevada especialização técnica ou artística e não sejam enquadráveis em qualquer das subcategorias previstas para o exercício da actividade de empreiteiro de obras públicas, nos termos da legislação aplicável.

3. A violação do disposto no presente artigo confere ao dono da obra o direito de rescindir o contrato, sem prejuízo do disposto no artigo 208º.

1. Corresponde ao artigo 241º do anterior REOP, ao qual apenas introduz pequenos acertos de redacção.

2. A redacção do preceito tem implícita a consideração de que as subempreitadas e mesmo as empreitadas são prestações de serviços. E, efectivamente, o artigo 1155º do Código Civil estabelece que a empreitada constitui uma das modalidades do contrato de prestação de serviço. Nos termos do artigo 1154º daquele código, *contrato de prestação de serviço é aquele em que uma das partes se obriga a proporcionar à outra certo resultado do seu trabalho intelectual ou manual, com ou sem retribuição.* No caso da empreitada, esse resultado é a obra realizada[591].

Como salientam J. M. DE OLIVEIRA ANTUNES e ANABELA C. POUSEIRO, *com esta disposição, o legislador pretende afastar da execução das obras públicas, entidades não qualificadas, que intervêm como prestadores de serviços, quando de facto executam tarefas só permitidas a empresas qualificadas, e, assim, fica impossibilitada a contratação em regime de prestação de serviços, de todas as actividades enquadráveis em qualquer das subcategorias previstas para o exercício da actividade de empreiteiro de obras públicas[592].*

---

[591] Cfr. PIRES DE LIMA e ANTUNES VARELA, *Código Civil Anotado*, II, pág. 465.

[592] *Ob. cit.*, págs. 21 e 35.

3. A restrição aqui estabelecida deve reportar-se aos trabalhos que têm a ver com a execução da obra e não com a sua concepção. O que se pretende é proibir qualquer outro tipo de subcontratação que não seja o da subempreitada. Deste modo, contratos de prestação de serviços são apenas os taxativamente elencados no nº 2 deste preceito, sendo que todos os outros serão tratados como de subempreitada.

4. Cfr. os artigos 340º a 344º, 346º e 347º.

ARTIGO 346º
Responsabilidade do empreiteiro

Não obstante a celebração de um ou mais contratos de subempreitada, ainda que sem a intervenção do empreiteiro, este é sempre responsável perante o dono da obra pelas obrigações decorrentes do contrato de empreitada de obras públicas, bem como pelos actos ou omissões praticados por qualquer subempreiteiro, em violação daquele contrato.

1. Corresponde ao artigo 242º do anterior REOP cuja substância não altera.

2. O disposto neste artigo decorre da natureza da subempreitada como contrato subordinado.

Como ficou salientado em comentário ao artigo 340º, na subempreitada não se verifica uma alteração subjectiva do contrato de empreitada; as partes contratantes permanecem as mesmas; o subempreiteiro não passa a ser parte no contrato de empreitada, nem sequer conjuntamente com o empreiteiro. Assim, não se verifica uma cessão da posição contratual do empreiteiro ao subempreiteiro, nem, pelo facto da celebração do contrato de subempreitada, o contrato de empreitada desaparece. Mantém-se o contrato de empreitada, simultaneamente com um ou vários contratos de subempreitada, e mesmo com subempreitadas contratadas por subempreiteiro (nº 2 do artigo 340º), todas estas subordinadas ao contrato de empreitada. A relação existente entre estes contratos e o contrato de empreitada é uma relação vertical, posto que, como acessórios que são daquele, sofrem as vicissitudes por que o contrato de empreitada passar. Mas o único que o dono da obra contratou e o único em que, portanto, é parte, é o contrato de empreitada. O que significa que se mantêm inalterados os direitos e obrigações das partes contratantes, por eles respondendo reciprocamente. É, por isso, que o dono da obra pode exigir do empreiteiro o rigoroso cumprimento do contrato e responsabilizá-lo no caso de incumprimento, independentemente de, nessa parte, a obra ter sido executada pelo empreiteiro ou por subempreiteiro.

Do que fica dito resulta que o dono da obra não pode responsabilizar o subempreiteiro por danos traduzidos ou causados por uma sua defeituosa execução dos trabalhos, tendo em consideração o caderno de encargos e demais cláusulas contratuais, posto que nenhum vínculo contratual o liga ao subempreiteiro; mas já o poderá responsabilizar por qualquer outro facto ilícito, extra-contratual, gerador de danos ao dono da obra ou a terceiros[593]

3. Cfr. os artigos 340º a 345º e 347º.

ARTIGO 347º
Derrogação e prevalência

1. Para efeitos do disposto no presente regime, é aplicável às subempreitadas o regime geral das empreitadas de construção civil.

2. Em qualquer caso, o regime constante do presente capítulo prevalece sobre o regime geral das empreitadas de construção civil, na parte em que, com o mesmo, se não conforme.

1. Corresponde ao artigo 243º do anterior REOP que reproduz quase textualmente.

2. Estabelece o nº 2 do artigo 1213º do Código Civil:

É aplicável à subempreitada, assim como ao concurso de auxiliares na execução da empreitada, o disposto no artigo 264º, com as necessárias adaptações.

Aquele artigo 264º, por seu turno, no seu nº 1, estabelece que *o procurador só pode fazer-se substituir por outrem se o representado o permitir ou se a faculdade de substituição resultar do conteúdo da procuração ou da relação jurídica que a determina.*

Assim, na empreitada de obra particular, é permitida a subempreitada se houver consentimento expresso ou tácito do dono da obra[594]. PEDRO ROMANO MARTINEZ entende que, no caso de o contrato nada prever, é admitida a subempreitada independentemente de autorização do dono da obra *quando o contrato derivado sirva para executar tarefas especiais que não estejam ao alcance do empreiteiro, mesmo que seja por razões de conveniência, como, por exemplo, o empreiteiro encarregado de reparar uma casa contrata uma empresa que coloca os andaimes. E também se tal faculdade resultar do carácter fungível da prestação do empreiteiro; até*

---

[593] Cfr. DANIEL CHABANOL, JEAN PIERRE-JUGUELET e FRANÇOIS BOURRACHOT, *ob. cit.*, pág. 92.

[594] PIRES DE LIMA e ANTUNES VARELA, *Cod. cit.*, II, pág. 558.

porque, regra geral, o comitente não demonstra interesse em que a obra seja executada pessoalmente pelo empreiteiro, podendo este livremente subcontratar[595].

O nº 1 deste artigo afasta expressamente a aplicação daquele nº 2 do artigo 1213º do Código Civil, acima transcrito. Quererá isso dizer que o empreiteiro é livre de subcontratar e que, portanto, nem sequer se submete ao condicionalismo para isso fixado no artigo 264º do Código Civil por força da remissão que faz aquele nº 2 do artigo 1213º? Pode dizer-se que ao conferir ao empreiteiro essa liberdade de escolher o subempreiteiro a lei, implicitamente, reconhece que nenhuma razão de interesse público obsta à subcontratação, se o subempreiteiro dispõe de condições legais para a execução da obra. De resto, os requisitos legalmente impostos ao contrato pelo artigo 341º isso mesmo permitem concluir; por outro lado, o nº 1 do artigo 345º, ao proibir quaisquer prestações de serviços que não sejam em subempreitada e mesmo o regime da responsabilidade do empreiteiro estabelecido no artigo 346º parecem permitir a conclusão da desnecessidade de prévia autorização do dono da obra para a contratação de subempreitada.

3. Do nº 2 deste preceito resulta claro que o contrato de subempreitada não deixa de ser um contrato de direito privado, com todas as implicações daí decorrentes, mesmo em termos de competência jurisdicional em razão da matéria. Só que o regime legal desses contratos é, em primeira linha, o aqui especialmente estabelecido e só se aplica o regime geral da subempreitada no que aquele regime especial não seja contrariado.

4. Cfr. os artigos 340º a 346º.

TÍTULO VI
TRANSGRESSÕES ADMINISTRATIVAS

ARTIGO 348º
Remissão

A previsão de factos ilícitos e a respectiva punibilidade, a título de transgressão administrativa, por infracção ao presente diploma, é disciplinada por diploma próprio.

Presentemente, o diploma legal para que o preceito remete é a Lei-Quadro das Transgressões Administrativas, a Lei nº 2/87, de 26 de Setembro, cujo

---

[595] *Ob. cit.*, pág. 212. Ver ainda VAZ SERRA, *B.M.J.*, *cit.*, pág. 72.

artigo 1º, no seu nº 1 dá o conceito de transgressões administrativas nos seguintes termos:

Comete uma transgressão administrativa, todo aquele que, por acção ou omissão, intencionalmente ou por negligência, perturbar a ordem pública, puser em perigo a segurança de pessoas e bens, a higiene pública e a ornamentação e o embelezamento dos lugares públicos ou que, em geral, perturbar a actividade administrativa do Estado e o desenvolvimento ordenado da vida em sociedade, não cumprindo as normas com esse fim estabelecidas.

TÍTULO VII
DISPOSIÇÕES FINAIS

ARTIGO 349º
Fornecimento de obras

A presente lei é aplicável, com as devidas adaptações, aos contratos de fornecimento de obras públicas, entendendo-se como tal, os contratos em que uma das partes se obriga em relação à outra à entrega de materiais ou bens móveis que se destinem a ser incorporados ou a complementar uma obra mediante um preço e em determinado prazo.

1. Corresponde ao artigo 247º do anterior REOP, que reproduz com ligeira alteração de redacção.

2. O conceito de *contrato de fornecimento de obra pública* dado pelo preceito é o corrente na doutrina e na jurisprudência. Geralmente, o fornecimento é feito *durante um certo período de tempo*, sendo porventura mais abrangente que a expressão aqui utilizada *"em determinado prazo"*, o que poderá inculcar à ideia de que se trata necessariamente de uma prestação instantânea e não uma prestação continuada, como certamente se quis estabelecer.

3. Trata-se de um contrato administrativo, posto que aquele fornecimento consubstancia uma *relação jurídica administrativa* Com efeito, *relação jurídica de direito administrativo, é aquela que confere poderes de autoridade ou impõe restrições de interesse público à Administração perante os particulares, ou atribui direitos ou impõe deveres públicos aos particulares perante a Administração*[596], ou, como ensina SÉRVULO CORREIA, trata-se de *relações jurídicas disciplinadas em termos específicos de sujeito administrativo, entre pessoas colectivas da Administração e os particulares*[597].

---

[596] FREITAS DO AMARAL, *Curso de Direito Administrativo*, II, Almedina, 2001, pág. 518.

[597] *Legalidade e Autonomia Contratual nos Contratos Administrativos*, Almedina, 1987, pág. 426.

ARTIGO 350º
Contratos de concessão de obras e serviços públicos

Lei especial deve regular a concessão de obras e serviços públicos, com respeito pelos princípios estabelecidos na presente lei.

Diversamente do que fez relativamente ao contrato de fornecimento de obra (artigo 349º), o preceito não dá o conceito de *contrato de concessão de obra pública*, nem de *contrato de concessão de serviço público*.

Segundo MARCELLO CAETANO[598], a *concessão de obra pública* verifica-se *quando uma pessoa colectiva de direito público transfere para outra pessoa o poder de construir, por conta própria, determinadas coisas públicas artificiais, destinadas ao uso público directo ou ao estabelecimento de um serviço público, as quais ficarão na posse do concessionário durante certo número de anos para que este cobre dos utentes as taxas que forem fixadas.* Por seu turno, FREITAS DO AMARAL define-a como *o contrato administrativo pelo qual um particular se encarrega de executar e explorar uma obra pública, mediante retribuição a obter directamente dos utentes, através do pagamento de taxas de utilização*[599].

Por outro lado o *contrato de concessão de serviço público* é o contrato administrativo *pelo qual um particular se encarrega de (montar e) explorar um serviço público, sendo retribuído pelo pagamento de taxas de utilização a cobrar directamente dos utentes*[600]. PEDRO GONÇALVES, por sua vez, define este contrato como sendo *o acto constitutivo de uma relação jurídica administrativa pelo qual uma pessoa, titular de um serviço público, atribui a uma outra pessoa o direito de, no seu próprio nome, explorar e gerir esse serviço*[601].

ARTIGO 351º
Auditoria e fiscalização

1. As actividades da contratação pública estão sujeitas aos mecanismos de fiscalização estabelecidos na lei.

2. Todas as entidades contratantes e os seus funcionários e agentes, assim como outros participantes nos processos de contratação devem, promover a cooperação integral com os órgãos de fiscalização e de inspecção do sector público.

---

[598] *Manual de Direito Administrativo* cit., II, pág. 986.

[599] *Curso de Direito Administrativo* cit, II, pág. 531.

[600] FREITAS DO AMARAL, *Curso de Direito Administrativo cit*, II, pág. 537.

[601] *A Concessão de Serviço Público*, Almedina, 1999, pág. 130.

Para além de outra fiscalização a que a contratação pública está sujeita, designadamente a efectuada pelo respectivo ministério da tutela, assume particular relevo a exercida pelo Tribunal de Contas, nos termos da sua Lei Orgânica[602], inserida na sua principal missão de fiscalização da legalidade financeira do Estado e das demais instituições públicas.

A sua fiscalização preventiva é exercida pela concessão ou recusa do visto prévio, de forma a verificar se os actos ou contratos a ele sujeitos estão conforme às leis vigentes, e se os encargos deles decorrentes têm cabimentação orçamental (nº 1, 2 e 3 do artigo 8º). Por isso, nenhum acto ou contrato sujeitos à fiscalização preventiva pode produzir efeitos ou ser executado, sem que tenha sido visado pelo Tribunal de Contas (nº 6 do artigo 8º).

ARTIGO 352º
Supervisão

A supervisão do mercado da contratação pública, incluindo a conformidade dos respectivos mecanismos de actuação com a lei, cabe ao Gabinete da Contratação Pública, nos termos da respectiva lei orgânica.

ARTIGO 353º
Princípio da equivalência da utilização dos meios físicos ou de meios electrónicos

O Estado deve assegurar a efectiva equivalência entre a tramitação electrónica dos procedimentos e a sua tramitação em suporte físico ou papel.

ARTIGO 354º
Notificações e comunicações

1. Todas as notificações e comunicações entre a entidade contratante ou a comissão de avaliação e os interessados, os candidatos, os concorrentes e o adjudicatário devem ser escritas e redigidas em português e efectuadas através de correio electrónico ou de outro meio de transmissão escrita e electrónica de dados, no caso de a entidade contratante optar pelo modo de apresentação de candidaturas e propostas em suporte electrónico.

---

[602] Aprovada pela Lei nº 5/96, de 12 de Abril.

2. Caso a entidade contratante opte pelo modo de apresentação de propostas em suporte de papel, as notificações e comunicações referidas no nº 1 podem ser efectuadas por via postal, mediante registo com aviso de recepção, por telecópia ou outro meio de, comprovadamente, fazer chegar as notificações e comunicações às partes interessadas.
3. Para efeito do disposto no número anterior, as comunicações dos candidatos e concorrentes podem ainda ser entregues directamente no departamento indicado pela entidade contratante, contra recibo.

1. Este preceito estabelece o regime das notificações e comunicações dos actos quer no âmbito do procedimento da formação do contrato, quer no da sua execução.

Tanto a notificação como a publicação são formas de levar os actos administrativos ao conhecimento dos interessados. Através da notificação, comunica-se o conteúdo de um acto administrativo a quem ele possa directa e legitimamente interessar. Por este meio, a publicitação do acto é feita por forma individualizada; a natureza e o conteúdo do acto notificando são directamente levados ao conhecimento da pessoa que neles possa estar legitimamente interessada[603].

As NPAA, contêm toda uma secção dedicada às notificações e aos prazos onde se estabelece quer os actos que são de notificação obrigatória (artigo 38º), como os casos em que a sua notificação é dispensada (artigo 39º), o conteúdo das notificações (artigo 40º), o prazo em que devem ser feitas (artigo 41º) e a forma que devem revestir (artigo 42º). No que respeita a este último aspecto, este preceito, em substância, não se afasta do ali estabelecido.

2. Tratando-se de actos que, segundo esta LCP, não são de notificação obrigatória, mas que a tramitação do procedimento de adjudicação ou a execução do contrato revele ser necessário ou conveniente comunicar aos concorrentes, adjudicatário ou quaisquer outros interessados, essa comunicação, embora não esteja submetida ao regime legal das notificações, deverá obedecer ao regime estabelecido neste preceito.

3. Cfr. os artigos 100º, 101º, 111º, 114º, 126º, 138º, 153º, 161º, 247º, 268º, 269º, 283º, 287º, 303º, 304º, 308º, 342º e 355º.

---

[603] Cf. o artigo 146º do CPC.

ARTIGO 355º
Data das notificações e das comunicações

1. As notificações e as comunicações consideram-se feitas:

a) na data da respectiva expedição, quando efectuadas através de correio electrónico ou de outro meio de transmissão escrita e electrónica de dados;

b) na data constante do relatório de transmissão bem sucedido, quando efectuado através de telecópia;

c) na da assinatura do aviso, quando efectuadas por carta registada com aviso de recepção;

d) na data da entrega, quando efectuadas nos serviços da entidade contratante, no caso previsto no nº 3 do artigo anterior.

2. As comunicações que tenham como destinatário a entidade adjudicante ou a Comissão da Avaliação e que sejam efectuadas através de correio electrónico, telecópia ou outro meio de transmissão escrita e electrónica de dados após as 17 horas do local de recepção ou em dia não útil nesse mesmo local, presumem-se feitas às 10 horas do dia útil seguinte.

1. A notificação dos actos aos interessados é essencial para que estes tomem conhecimento das decisões administrativas e do respectivo conteúdo que afectem a sua esfera jurídica e, consequentemente, para que se possam defender da sua eventual invalidade, impugnando-os[604]. Assim, essa defesa e, designadamente, a oportunidade do seu exercício, dependem não apenas da efectivação da notificação, como também do momento em que se considera efectuada e, portanto, inicia a produção dos respectivos efeitos jurídicos. Com efeito, embora o nº 1 do artigo 75º das NPAA estabeleça que *os actos que constituam deveres ou encargos para os particulares e não estejam sujeitos a publicação começam a produzir os seus efeitos a partir da sua notificação aos destinatários ou outra forma de conhecimento oficial pelos mesmos ou do começo de execução do acto,* tem-se entendido que o dever de notificação não se restringe aos *actos que constituam deveres ou encargos,* mas a todos aqueles que interferem com a esfera jurídica do seu destinatário, designadamente os que diminuam ou extingam direitos ou interesses legalmente protegidos já existentes[605].

---

[604] Cfr. FREITAS DO AMARAL, *Curso de Direito Administrativo...,* II, pág. 372.

[605] M. ESTEVES DE OLIVEIRA, J. PACHECO DE AMORIM e PEDRO C. GONÇALVES, *Código do Procedimento Administrativo Comentado,* Almedina, 2ª ed., 1998, pág. 634.

Este preceito estabelece o momento em que as notificações dos actos se presumem feitas e, portanto, quando os actos notificados começam a produzir os respectivos efeitos jurídicos.

2. Cfr. os artigos 335º e 337º.

ARTIGO 356º
Contagem dos prazos

1. Os prazos estabelecidos na presente lei contam-se em dias úteis, suspendendo-se nos sábados, domingos e feriados.

2. Os prazos para a apresentação de candidaturas, propostas e das soluções são contínuos, não se suspendendo nos sábados, domingos e feriados

1. Corresponde ao que estabelecia o artigo 245º do REOP que não altera a sua substância, salvo quanto ao prazo para execução do contrato que aquele artigo 245º expressamente estabelecia ser contínuo.

Não é isso que resulta da letra deste preceito, que, no regime de contagem contínua, não incluiu o prazo de execução da empreitada.

Em rigor, pode dizer-se que isso não tem especial relevo para a execução da empreitada, pois o prazo fixado no contrato pode, com relativa facilidade, ser determinado de modo a prever qualquer das hipóteses: a sua contagem apenas em dias úteis ou a sua contagem contínua. No entanto, é manifesto que a contagem contínua é muito mais fácil e prática, certo sendo que a contagem em dias úteis não apresenta, relativamente àquela modalidade, especial vantagem. O que leva à conclusão de que só por lapso não se incluiu no nº 2 a contagem do prazo do contrato.

2. O artigo 44º das NPAA é do seguinte teor:

São aplicáveis à contagem dos prazos as regras adiante indicadas:

> *a) não se inclui na contagem o dia em que ocorrer o evento a partir do qual o prazo começa a correr;*
>
> *b) o prazo começa a correr independentemente de quaisquer formalidades e suspende-se nos Sábados, Domingos e Feriados;*
>
> *c) o termo do prazo que caia em dia em que o serviço perante o qual deva ser praticado o acto não esteja aberto ao público ou não funcione durante o período normal, transfere-se para o primeiro dia útil seguinte.*

3. Cfr. o artigo 335º.

ARTIGO 357º
Publicitação da actualização dos limites de valores

A publicitação dos valores actualizados a que se referem as alíneas a), b) e d) do artigo 23º da presente lei deve ser feita através de decreto executivo do Ministro das Finanças.

1. Trata-se do valor do contrato que implica a sua adjudicação através de concurso público, concurso limitado por prévia qualificação ou por procedimento por negociação.

2. Cfr. os artigos 23º, 24º, 25º e 26º.

ARTIGO 358º
Apresentação de propostas e de candidaturas em suporte de papel

1. A apresentação de propostas e de candidaturas, enquanto não entrarem em vigor as disposições relativas à utilização de plataformas electrónicas, pelas entidades públicas contratantes, deve ser efectuada em suporte de papel.
2. Com a entrada em vigor da legislação prevista no artigo 12º da presente lei e desde que cumpridas as condições ali previstas, a entidade pública contratante pode optar, alternativamente e segundo a sua conveniência, pelo modo de apresentação de propostas em suporte de papel ou através de meios electrónicos.

1. O artigo 12º prevê a criação do Portal da Contratação Pública e respectivas funcionalidades, reservando para lei especial a regulamentação da matéria relativa à utilização e funcionamento das plataformas electrónicas.

2. Trata-se de uma norma que visa regular o período de transição até à possibilidade de adopção da electrónica nos procedimentos adjudicatórios, que supõe a regulamentação prévia dos instrumentos electrónicos para isso necessários.

3. Do disposto no nº 2 parece resultar que não há lugar à adopção generalizada e obrigatória da desmaterialização dos procedimentos de contratação pública, posto que se dispõe que, mesmo após serem criados por lei os instrumentos electrónicos necessários, adoptar-se-á o procedimento electrónico ou o procedimento em suporte de papel conforme a entidade contratante, discricionariamente, decidir.

4. Cfr. o artigo 364º.

ARTIGO 359º
Direito subsidiário

Em tudo o que não esteja especialmente previsto na presente lei recorre-se às leis e regulamentos que prevejam casos análogos e aos princípios gerais de direito administrativo.

1. Reproduz, o artigo 24º do anterior REOP que praticamente mantém, com a única diferença de não fazer alusão *às disposições da lei civil*, contida naquele preceito.

2. Do mesmo modo que o artigo 10º do Código Civil, este preceito estabelece que a integração das suas lacunas é feita com o recurso à disciplina de casos análogos regulados na legislação administrativa. Porém, antes mesmo de se recorrer às leis e regulamentos administrativos, impõe-se o recurso a casos análogos regulados neste mesmo diploma legal, como lei especial que é. Só na impossibilidade de se integrarem as lacunas com o recurso a estes meios se recorrerá aos princípios gerais de direito administrativo.

3. Quando existe, porém, a analogia? Responde o artigo 10º do Código Civil que tal sucederá sempre que no caso omisso procedam as razões justificativas da regulamentação do caso previsto na lei. Contudo há quem entenda que tal definição é gravemente defeituosa já que nada esclarece, quanto ao que pretende definir, pois o que se pretende é saber quando há similitude de razões (*ubi eadem ratio, ibi eadem dispositio*); por outro lado, colocar o acento tónico da definição na similitude de razões, é inverter o problema, pois o que justifica a aplicação da mesma disciplina ao caso declarado e ao caso omisso é a similitude de situações de facto; por último, o critério de procedência de razões é um convite ao subjectivismo e ao casuísmo na determinação da situação analógica. Entende-se que como relação que é, a analogia não é passível de definição substancial[606].

Segundo o ensino de ANTUNES VARELA, o critério consistirá em procurar as verdadeiras razões justificativas do regime fixado para a hipótese legalmente prevista e, após isso, averiguar se tais razões colhem ou não na hipótese omissa.

Transcreve-se o que, a este respeito, escreveu o MARCELLO CAETANO[607]:

Quando o caso omisso numa lei é igual a casos previstos noutras leis, a interpretação é fácil: basta apurar a inexistência de razões impeditivas da adopção das soluções

---

[606] JOSÉ HERMANO SARAIVA, *Apostilha Crítica ao Projecto do Código Civil*, págs. 127 a 144, Separata da Revista da Ordem dos Advogados.

[607] *Manual cit.*, I, pág. 131.

legisladas para os casos idênticos e, verificando que nada se opõe, adoptar essas soluções: "ubi eadem ratio, ibi eadem dispositio".

Na maior parte das vezes, porém, os casos previstos nas outras leis não são reciprocamente iguais ao omisso – são apenas parecidos, semelhantes, análogos. Então há que ver se os pontos de contacto existentes entre o caso omisso e os casos análogos que a lei prevê não se filiarão numa razão comum que permita integrá-los, como espécies, no mesmo género. Se assim for, se a disciplina legal de cada caso tiver a sua origem, não na própria natureza dele, mas na aplicação que às suas circunstâncias particulares se faça de um princípio mais geral, então é lícito adoptar para o caso omisso a regra induzida dos casos análogos previstos nas outras leis.

A verdadeira analogia (dizemos verdadeira, porque a primeira hipótese que figurámos a propósito da analogia é antes de identidade ou igualdade de situações e soluções) conduz assim até aos princípios gerais de direito, que os autores consideram analogia de direito.

O recurso aos princípios gerais de direito (que o novo Código Civil denomina "o espírito do sistema") só ocorre quando se não tenham encontrado normas de outras leis que regulem uma situação igual ou de que pela afinidade das situações previstas com a imprevista, se possa inferir uma solução.

Procura-se um princípio geral quando falta a solução particular de um caso idêntico ou de casos parecidos.*

4. Como se verifica, determina o actual preceito que, não podendo a lacuna ser preenchida pela analogia, nos termos que ficam referidos, se deve tentar fazê-lo através dos *princípios gerais de direito administrativo*.

Sobre este assunto, escreve MÁRIO ESTEVES DE OLIVEIRA[608]:

Princípios gerais são, antes de mais, aqueles que indiferentes à evolução dos Ordenamentos Jurídicos concretos e às divergências dos sistemas políticos e constitucionais, permanecem como elementos comuns a qualquer ideia de Direito, por serem da sua essência; é portanto um conjunto de princípios perenes que, nascidos antes e à revelia do Estado e do direito por este criado, constituem o núcleo basilar de toda e qualquer ordem jurídica que neles fazem repousar o seu fundamento primeiro. São emanações da própria Ideia de Direito.

Os princípios gerais de Direito Administrativo são emanações daqueles princípios gerais de Direito daí resultando que eles podem variar de país para país, de época para época e até dentro de cada país e época, conforme a evolução de todo ou parte de cada um dos ramos da Ordem Jurídica.

---

[608] *Direito Administrativo*, I, Almedina, 1980, págs. 94 e 95.

5. São exemplos desses princípios: o da irretroactividade da lei e do acto administrativo, o do não enriquecimento sem causa, o de que ninguém pode ser punido sem audiência prévia, o do estado de necessidade, o do interesse geral como fim de toda a actividade administrativa, o da indisponibilidade gratuita dos bens da Administração, o da impugnabilidade contenciosa dos actos administrativos, o da executividade desses actos e do equilíbrio económico dos contratos, o do carácter institucional do contrato de empreitada de obras públicas, etc..

6. Não pode deixar de atender-se, no processo de integração de lacunas, à feição institucional que se pretendeu dar a este contrato administrativo. *O ter-se presente este princípio em todos os momentos e designadamente quando, por a lei ser omissa, se procura descobrir o tratamento jurídico a dar a qualquer situação de facto, afigura-se-nos de enorme importância, na medida em que assegura uma mais equilibrada e recta compreensão quer da hierarquia e mérito relativo dos interesses em jogo, quer do enquadramento geral em que o contrato os situa e os harmoniza*[609].

ARTIGO 360º
Delegação de competência
É delegada competência ao Titular do Poder Executivo para proceder à modificação das tabelas e outros valores e disposições constantes dos Anexos da presente lei.

1. O regime geral da delegação de poderes ou delegação de competências vem estabelecido nos artigos 11º a 17º das NPAA.

A delegação de poderes traduz uma desconcentração administrativa[610] obtida através da atribuição por um órgão ou agente administrativo a outrem, designadamente a subalternos seus, o exercício de competência sua, ou, como escreve FREITAS DO AMARAL, em termos semelhantes aos usados pelo nº 1 do artigo 12º das NPAA[611] *é o acto pelo qual um órgão da Administração, normalmente competente em determinada matéria, permite, de acordo com a lei, que outro órgão ou agente pratiquem actos administrativos sobre a mesma matéria.*

---

[609] *Nota Explicativa* ao Projecto do Decreto-Lei nº 48 871 (Portugal), pág. 91.

[610] Sobre a desconcentração administrativa, ver, por exemplo, FREITAS DO AMARAL, *Curso de Direito Administrativo...*, I, págs. 833 e seguintes.

[611] *Curso de Direito Administrativo...*, I, pág. 839. Cfr. também, M. ESTEVES DE OLIVEIRA e co-Autores do *CPA Comentado*, 2.ª edição, pág. 210, MARCELLO CAETANO, *Manual...*, I, pág. 226, SÉRVULO CORREIA, *Noções de Direito Administrativo...*, págs. 215 e seguintes e MÁRIO ESTEVES DE OLIVEIRA, *Direito Administrativo...*, págs. 268 e seguintes.

Seguindo ainda a lição de FREITAS DO AMARAL[612], são três os requisitos da delegação de poderes:

- A existência de uma disposição legal habilitante, isto é, que preveja expressamente a faculdade de um órgão delegar poderes noutro. É esse o objecto deste preceito, como expressamente refere a sua epígrafe.
- A existência de dois órgãos ou agentes, um o delegante, outro o delegado. No caso deste artigo, o órgão delegante é o competente para tomar a decisão de contratar e para autorizar a despesa, sendo o delegado o que aquele órgão indicar no acto de delegação.
- Finalmente, há necessidade de um acto concreto da entidade delegante a concretizar a delegação.

2. A delegação de competências não se confunde com figuras jurídicas próximas mas daquela distintas, designadamente das seguintes:

- A transferência de competência, que, ao contrário da delegação, implica, por parte do detentor da competência, a sua perda;
- A concessão de competência, que também implica uma transferência de poderes transitória, mas para uma entidade privada;
- A representação, em que os actos praticados pelo representante o são em nome do representado, diferentemente do que sucede na delegação em que os actos do delegado são por este praticados em nome próprio;
- A substituição (artigo 18º das NPAA) em que, por efeito da lei, um agente pratica actos administrativos da competência de outro agente do mesmo órgão, na sua ausência ou impedimento, para garantir a regular continuidade do exercício das respectivas funções.

ARTIGO 361º
Revogação de direito anterior

São revogadas todas as disposições legais que contrariem a presente lei, nomeadamente o Decreto nº 40/05, de 8 de Junho, o Decreto nº 26/00, de 12 de Maio e o Decreto nº 7/96, de 16 de Fevereiro.

Os diplomas legais expressamente revogados por este preceito estabeleciam:
- O Decreto nº 40/05, de 8 de Junho, aprovou o Regime de Empreitadas de Obras Públicas (REOP);

---

[612] *Curso de Direito Administrativo...*, I, págs. 839 e seguintes.

- O Decreto nº 26/00, de 12 de Maio, aprovou as Normas Reguladoras da Aquisição, Uso e Abate de Viaturas do Estado (NRAUAVE);
- O Decreto nº 7/96, de 16 de Fevereiro, estabeleceu o Regime de Realização das Despesas Públicas (RRDP).

ARTIGO 362º
Aplicação no tempo

A presente lei é aplicável aos procedimentos de contratação pública iniciados após a sua entrada em vigor.

1. A aplicação deste preceito implica a resposta à questão de saber em que momento se inicia o procedimento de adjudicação do contrato administrativo, o que não tem sido pacífico.

MARCELO REBELO DE SOUSA[613], distinguia entre a formação do contrato, que se iniciava em regra com a abertura do concurso, e o procedimento administrativo que se iniciava com a decisão ou deliberação de contratar e da escolha do procedimento de adjudicação, terminando com a decisão ou deliberação de proceder ou não proceder à adjudicação, igualmente nos termos legais. Por seu turno, SÉRVULO CORREIA e outros, consideravam que o procedimento adjudicatório se iniciava com a decisão de contratar[614]. O início da tramitação legal de cada um dos procedimentos adjudicatórios é precedido e preparado por um conjunto de actos cuja prática é legalmente imposta e que compreendem designadamente a tomada da decisão ou deliberação de promover a celebração de um contrato, a aprovação da despesa pela entidade para isso competente e a definição do objecto e fim do contrato a celebrar[615], das suas cláusulas administrativas e técnicas particulares[616]. Assim, nesta orientação, estes actos já se inseriam no procedimento administrativo da

---

[613] *O Concurso Público na Formação do Contrato Administrativo,* ed. Lex, Lisboa, 1994, págs. 43 e seguintes.

[614] *Legalidade e Autonomia Contratual...,.*págs. 656 e seguintes.

[615] Cfr. FAUSTO QUADROS, *Formação do Contrato Administrativo,* Revista da Ordem dos Advogados, 1987, III, pág. 707.

[616] RAMÓN PARADA (*Derecho Administrativo, I,* Marcial Pons, 15ª ed., Madrid, 2004, pág. 288), referindo-se ao acto de aprovação da despesa, escreve: *Esta decisión no é mais que um acto de tramitação de efeitos internos que abre o procedimento externo de adjudicação, pelo que não é propriamente um acto administrativo, pelo menos não é um acto administrativo impugnável. Não há, pois, legitimidade alguma para os eventuais contratantes o impugnarem ou exigir que seja aprovado.*

formação do contrato. Para FREITAS DO AMARAL[617] e MÁRIO e RODRIGO ESTEVES DE OLIVEIRA[618] só com a abertura do concurso se iniciava o procedimento, o mesmo parecendo entender MARGARIDA OLAZABAL CABRAL[619] para quem o concurso se não iniciava com a deliberação ou decisão da sua abertura, mas antes com o próprio acto da sua abertura. Antes disso, segundo este entendimento, há apenas actos preparatórios, internos[620].

O Código dos Contratos Públicos, de Portugal, no nº 1 do seu artigo 36º, tomou posição na questão, dando especial relevância à decisão de contratar, elemento motor, essencial e determinante de todo o procedimento de formação do contrato[621], nos seguintes termos: *O procedimento de formação de qualquer contrato inicia-se com a decisão de contratar, a qual cabe ao órgão competente para autorizar a despesa inerente ao contrato a celebrar, podendo essa decisão estar implícita nesta última.*

Afigura-se-nos relevante para a solução desta questão a impugnabilidade da decisão de contratar, que tem implícita a consideração de que o procedimento adjudicatório já se iniciou.

ARTIGO 363º
Dúvidas e omissões

As dúvidas e omissões resultantes da interpretação e da aplicação da presente lei são resolvidas pela Assembleia Nacional.

Obviamente que o preceito se reporta à competência para, por via legislativa, proceder a alterações à lei que consubstanciem interpretações autênticas ou o suprimento de lacunas.

O que não impede quer a aplicação dos princípios jurídicos da interpretação das leis, comuns a todos os ramos do Direito[622], quer o recurso ao direito subsidiário nos termos do disposto no artigo 359º.

---

[617] *Direito Administrativo*, III, 1985, pág. 438.

[618] *Concurso Público e outros Procedimentos...*, pág. 226.

[619] *O Concurso Público nos Contratos Administrativos*, Almedina, 1997, págs. 137 e seguintes.

[620] Sobre esta polémica, ver TIAGO DUARTE em *Estudos da Contratação Pública – I...*, págs. 152 e seguintes.

[621] No que, no entendimento de CARLOS FARINHA (*Programa de Concurso de Empreitadas de Obras Públicas*, Livraria Pertrony, 2010, pág.10) o legislador foi *extremamente infeliz*, já que coloca o definido na definição e confunde a decisão de contratar com a decisão de dar início ao procedimento de contratação.

[622] Cfr. o artigo 9º do Código Civil.

ARTIGO 364º
Entrada em vigor

1. *A presente lei entra em vigor 90 dias após a data da sua publicação.*

2. *A entrada em vigor das disposições da presente lei relativas à utilização do Portal da Contratação Pública, designadamente as que prevêem a publicitação da abertura de concursos e das respectivas peças procedimentais é fixada por diploma legal no prazo de 90 dias.*

3. *As disposições da presente lei relativas à utilização de plataformas electrónicas pelas entidades públicas contratantes, nomeadamente as relativas ao modo de apresentação de propostas e de candidaturas, através da utilização de meios electrónicos, entram em vigor com a entrada em vigor da legislação prevista no nº 2 do artigo 12º da presente lei.*

O nº 2 do artigo 12º reserva para lei especial a regulamentação da matéria relativa à utilização e funcionamento das plataformas electrónicas.

Vista e aprovada pela Assembleia Nacional. Em Luanda, aos 3 de Agosto de 2010.

O Presidente da Assembleia Nacional, *António Paulo Kassoma*
Promulgada aos 26 de Agosto de 2010
Publique-se
O Presidente da República, JOSÉ EDUARDO DOS SANTOS

ANEXO I

Tabela a que se refere o artigo 25º da presente lei

Nível	Valor limite diz	Artigos, números e alíneas de aplicação
1	5 000 000.00	25º, c) e d)
2	18 000 000,00	25º. b)
3	36 000 000,00	25º, b)
4	73 000 000,00	25º, b)
5	91 000000,00	25º; b)
6	182 000 000,00	25º; a)
7	320 000 000,00	25º, a)
8	500 000 000,00	25º, a)
9	1 000 000 000.00	25º, a)
10	1 100 000 000,00	25º, a)

O Presidente da Assembleia Nacional, António Paulo Kassoma.
O Presidente da República, JOSÉ EDUARDO DOS SANTOS.

ANEXO II

Competência para a autorização de despesas a que se
referem os artigos 34º, 36º, 37º e 40º da presente lei

1. São competentes para autorizar a despesa relativa aos contratos sujeitos
ao regime da contratação pública as seguintes entidades:

a) sem limite, o Titular do Poder do Executivo:

b) até Kz: 1 000 000 000,00, por delegação originária do Titular do Poder
Executivo, os Ministros de Estado e os Ministros:

c) até Kz: 500 000 000,00, por delegação originária do Titular do Poder Executivo, os Ministros de Estado, Ministros, Governadores Provinciais e os órgãos máximos dos Institutos Públicos, Empresas Públicas e Serviços e Fundos Autónomos.

2. As despesas devidamente discriminadas incluídas em planos de actividade que sejam objecto de aprovação tutelar, podem ser autorizadas pelos órgãos máximos dos Institutos Públicos, Empresas Públicas e Serviços e Fundos Autónomos até ao limite de Kz: 500 000 000,00.

3. A celebração de contratos de arrendamento de imóveis para instalação de serviços do Estado e Institutos Públicos, Empresas Públicas e Serviços e Fundos Autónomos carece de autorização:

a) do respectivo Ministro da Tutela, quando a renda anual não exceda Kz: 73 000 000,00;

b) do respectivo Ministro da Tutela e do Ministro das Finanças, quando a renda anual seja superior ao limite estabelecido na alínea anterior.

4. São competentes para autorizar despesas sem concurso previstas no artigo 37º:

a) sem limites, o Titular do Poder Executivo;

b) até Kz: 91 000 000,00, os Ministros de Estado;

c) até K: 36 000 000,00, os Ministros, Governadores Provinciais e os órgãos máximos dos Institutos Públicos, Empresas Públicas e Serviços e Fundos Autónomos.

5. As despesas previstas na alínea b) do nº 1 do artigo 40º não necessitam de autorização prévia dos Ministros das Finanças e da Tutela quando os seus encargos não excedam o limite de Kz: 320 000 000,00 em cada um dos anos económicos seguintes ao da sua contracção.

6. Nos termos do nº 7 do artigo 40º, pode ser delegada nos órgãos locais do Estado a competência para autorizar despesas até Kz: 180 000 000,00.

O Presidente da Assembleia Nacional, António Paulo Kassoma.
O Presidente da República, JOSÉ EDUARDO DOS SANTOS

ANEXO III

Concursos abertos à participação de pessoas singulares ou colectivas estrangeiras a que se refere o nº 1 do artigo 52º da presente lei

1. Os candidatos ou concorrentes que sejam pessoas singulares ou colectivas estrangeiras podem candidatar-se ou apresentar propostas em procedimento de formação de contratos cujo valor estimado seja igual ou superior a Kz: 500 000 000,00, quando se tratar de empreitadas de obras públicas e a Kz: 73 000 000,00 quando se trate de aquisição de bens ou serviços.

O Presidente da Assembleia Nacional, *António Paulo Kassoma*.

O Presidente da República, JOSÉ EDUARDO DOS SANTOS.

ANEXO IV

Anúncio de Abertura de Procedimento de Concurso Público

1. Entidade Contratante:
   1.1. Designação:
   1.2. Endereço/Localidade/Código postal:
   1.3. Telefone/Fax:
   1.4. Correio electrónico/Endereço Internet (URL):
   1.5. Tipo de entidade contratante e suas principais actividades:
   1.6. A entidade contratante está a contratar por conta de outras entidades (Sim ou Não):

2. Objecto do Contrato ou da Aquisição:
   2.1. Designação dada ao contrato pela entidade contratante:
   2.2. Tipo de Contrato (fornecimentos/serviços/obras):
   2.3. Local da entrega dos fornecimentos, da realização das obras ou da prestação de serviços:
   2.4. O anúncio implica (sim ou não)
       2.4.1. Um contrato público:
       2.4.2. A celebração de um acordo-quadro:

2.4.3. A instauração de um Sistema de Aquisição Dinâmica Electrónica (SADE):
2.5. Informação relativa a um acordo-quadro (se aplicável):
    2.5.1. Acordo-quadro com quantos operadores:
    2.5.2. Duração do acordo-quadro (meses/anos):
    2.5.3. Justificação para um acordo-quadro de duração superior a quatro anos:
    2.5.4. Valor estimado das aquisições para toda a duração do acordo-quadro:
2.6. Breve descrição do contrato ou das aquisições:
2.7. Quantidade ou extensão do contrato (se aplicável):
    2.7.1. Valor do contrato ou intervalo de valor (ou seja, um valor entre —— e ——):
2.8. Duração do contrato ou prazo para a sua execução:

3. Informação de Carácter Jurídico, Económico, Financeiro e Técnico:
3.1. Cauções e garantias exigidas (se aplicável):
3.2. Principais modalidades de financiamento e pagamento:
3.3. Forma jurídica que deve revestir o grupo de concorrentes adjudicatários (se aplicável):
3.4. Condições de participação:
    3.4.1. Situação pessoal dos operadores económicos, nomeadamente requisitos em matéria de inscrição nos registos profissionais ou comerciais:
    3.4.2. Capacidade económica e financeira (informações e formalidades necessárias):
    3.4.3. Capacidade técnica (informações e formalidades necessárias):
3.5. A execução de contratos ou de serviços está reservada a uma profissão específica (sim ou não):
    3.5.1. Em caso afirmativo, indique as disposições legais ou regulamentares pertinentes:
    3.5.2. As pessoas colectivas devem indicar os nomes e habilitações profissionais do pessoal responsável pela execução do serviço (sim ou não):
3.6. Indicar a eventual admissibilidade de propostas relativas a parte dos serviços ou dos bens postos a concurso:
3.7. Indicar a eventual proibição de variantes ou condições divergentes:

4. Processo:
 4.1. Critérios de adjudicação:
  4.1.1. Indicar se de «Preço mais baixo» e/ou da «Proposta economicamente mais vantajosa», tendo em conta os critério enunciados no caderno de encargos ou no convite à apresentação de propostas:
 4.2. Indicar se o processo contempla o leilão electrónico (sim ou não):
  4.2.1. Em caso afirmativo, fornecer informação complementar acerca do leilão electrónico (se aplicável):
 4.3. Condições para obtenção do caderno de encargos e documentos complementares (excepto para SADE):
  4.3.1. Prazo para a recepção de pedidos de documentos ou para aceder aos documentos (data e hora):
  4.3.2. Preço, condições e modo de pagamento dos documentos a título oneroso (se aplicável):
 4.4. Prazo para a recepção das propostas ou dos pedidos de participação (data e hora):
 4.5. Data de envio dos convites à apresentação de propostas ou para participar aos candidatos seleccionados (data):
 4.6. Período mínimo durante o qual o concorrente é obrigado a manter a sua proposta (meses/dias/data):
  4.6.1. Pessoas autorizadas a assistirem à abertura das propostas (se aplicável):
 4.7. Data de envio do anúncio para publicação na 3.ª série do *Diário da República:*
 4.8. Data do envio do anúncio para publicação na *Imprensa Nacional:*

5. Informações Complementares:
 5.1. Trata-se de um contrato de carácter periódico (sim ou não) (se aplicável):
  5.1.1. Em caso afirmativo, indique o calendário previsional para a publicação de anúncios posteriores:
 5.2. Contrato relacionado com um projecto e/ou programa financiado por determinados fundos:
  5.2.1. Em caso afirmativo, fazer referência aos projectos e/ou programas:
 5.3. Endereço e pontos de contacto onde podem ser obtidas informações adicionais:

5.3.1. Designação oficial:
5.3.2. Endereço/Localidade/Código postal:
5.3.3. Telefone/Fax:
5.3.4. Correio electrónico/Endereço Internet (URL):
5.4. Endereço e pontos de contacto onde se pode obter o caderno de encargos e os documentos complementares (incluindo documentos relativos a um SADE):
5.4.1. Designação oficial:
5.4.2. Endereço/Localidade/Código postal:
5.4.3. Telefone/Fax:
5.4.4. Correio electrónico/Endereço Internet (URL):
5.5. Endereço e pontos de contacto para onde devem ser enviados as propostas/pedidos de participação:
5.5.1. Designação oficial:
5.5.2. Endereço/Localidade/Código postal:
5.5.3. Telefone/Fax:
5.5.4. Correio electrónico/Endereço lnternet (URL):
5.6. Organismo responsável pelos processos de recurso:
5.6.1. Designação oficial:
5.6.2. Endereço/Localidade/Código postal:
5.6.3. Telefone/Fax:
5.6.4. Correio electrónico/Endereço Internet (URL):
5.6.5. Informação sobre os prazos para interposição de recursos:
5.7. Outras informações (se aplicável):

O Presidente da Assembleia Nacional, *António Paulo Kassoma*.

O Presidente da República, JOSÉ EDUARDO DOS SANTOS.

ANEXO V

Anúncio de Abertura de Procedimento de Concurso
Limitado por Prévia Qualificação

1. Entidade Contratante:
   1.1. Designação:
   1.2. Endereço/Localidade/Código postal:

1.3. Telefone/Fax:

1.4. Correio electrónico/Endereço Internet (URL):

1.5. Tipo de entidade contratante e suas principais actividades:

1.6. A entidade contratante está a contratar por conta de outras entidades (sim ou não):

2. Objecto do Contrato ou da Aquisição:

   2.1. Designação dada ao contrato ou ao sistema de qualificação pela entidade contratante:

   2.2. Tipo de Contrato (fornecimentos/serviços/obras):

   2.3. Local da entrega dos fornecimentos, da realização das obras ou da prestação de serviços:

   2.4. O anúncio implica (sim ou não)

      2.4.1. Um contrato público:

      2.4.2. A celebração de um acordo-quadro:

      2.4.3. A instauração de um Sistema de Aquisição Dinâmica Electrónica (SADE):

   2.5. Informação relativa a um acordo-quadro (se aplicável):

      2.5.1. Acordo-quadro com quantos operadores:

      2.5.2. Duração do acordo-quadro (meses/anos):

      2.5.3. Justificação para um acordo-quadro de duração superior a quatro anos:

      2.5.4. Valor estimado das aquisições para toda a duração do acordo-quadro:

   2.6. Breve descrição do contrato ou das aquisições:

   2.7. Quantidade ou extensão do contrato (se aplicável):

      2.7.1. Valor do contrato ou Intervalo de valor (ou seja, um valor entre —— e ——):

   2.8. Duração do contrato ou prazo para a sua execução:

3. Informação de Carácter Jurídico, Económico, Financeiro e Técnico:

   3.1. Cauções e garantias exigidas (se aplicável):

   3.2. Principais modalidades de financiamento e pagamento:

   3.3. Forma jurídica que deve revestir o grupo de concorrentes adjudicatários (se aplicável):

   3.4. Condições a satisfazer pelos concorrentes com vista à sua qualificação:

      3.4.1. Situação pessoal dos operadores económicos, nomeadamente requisitos em matéria de inscrição nos registos profissionais ou comerciais:

3.4.2. Capacidade económica e financeira (informações e formalidades necessárias):

3.4.3. Capacidade técnica (informações e formalidades necessárias):

3.5. A execução de contratos ou de serviços está reservada a uma profissão específica (sim ou não):

3.5.1. Em caso afirmativo, indique as disposições legais ou regulamentares pertinentes:

3.5.2. As pessoas colectivas devem indicar os nomes e as habilitações profissionais do pessoal responsável pela execução do serviço (sim ou não):

3.6. Indicar a eventual admissibilidade de propostas relativas a parte dos serviços ou dos bens postos a concurso:

3.7. Indicar a eventual proibição de variantes ou condições divergentes:

4. Processo:

4.1. Critérios de adjudicação:

4.1.1. Indicar se de «Preço mais baixo» e/ou da «Proposta economicamente mais vantajosa», tendo em conta os critérios enunciados no convite para apresentação de propostas:

4.2. Indicar se o processo contempla o leilão electrónico (sim ou não):

4.2.1. Em caso afirmativo, fornecer informação complementar acerca do leilão electrónico (se aplicável):

4.3. Data limite de apresentação das candidaturas:

4.4. Data limite de envio dos convites para apresentação de propostas e o número previsto de convidados:

4.5. Data de envio do anúncio para publicação na 3ª série do *Diário da República:*

4.6. Data do envio do anúncio para publicação na *Imprensa Nacional:*

5. Informações Complementares:

5.1. Trata-se de um contrato de caracter periódico (sim ou não) (se aplicável):

5.1.1. Em caso afirmativo, indique o calendário previsional para a publicação de anúncios posteriores:

5.2. Contrato relacionado com um projecto e/ou programa financiado por determinados fundos:

5.2.1. Em caso afirmativo, fazer referência aos projectos e/ou programas:

5.3. Endereço e pontos de contacto onde podem ser obtidas informações adicionais:
    5.3.1. Designação oficial:
    5.3.2. Endereço/Localidade/Código postal:
    5.3.3. Telefone/Fax:
    5.3.4. Correio electrónico/Endereço Internet (URL):
5.4. Endereço e pontos de contacto onde se pode obter o programa de concurso
    5.4.1. Designação oficial:
    5.4.2. Endereço/Localidade/Código postal:
    5.4.3. Telefone/Fax:
    5.4.4. Correio electrónico/Endereço Internet (URL):
5.5. Endereço e pontos de contacto para onde devem ser enviadas as candidaturas:
    5.5.1. Designação oficial:
    5.5.2. Endereço/Localidade/Código postal:
    5.5.3. Telefone/Fax:
    5.5.4. Correio electrónico/Endereço Internet (URL):
5.6. Organismo responsável pelos processos de recurso
    5.6.1. Designação oficial:
    5.6.2. Endereço/Localidade/Código postal:
    5.6.3. Telefone/Fax:
    5.6.4. Correio electrónico/Endereço Internet (URL):
    5.6.5. Informação sobre os prazos para interposição de recursos:
5.7. Outras informações (se aplicável):

O Presidente da Assembleia Nacional, *António Paulo Kassoma.*

O Presidente da República, JOSÉ EDUARDO DOS SANTOS.

ANEXO VI

Anúncio de Abertura de Procedimento por Negociação

1. Entidade Contratante:
    1.1. Designação:
    1.2. Endereço/Localidade/Código postal:
    1.3. Telefone/Fax

1.4. Correio electrónico/Endereço Internet (URL):
1.5. Tipo de entidade contratante e suas principais actividades:
1.6. A entidade contratante está a contratar por conta de outras entidades (sim ou não):

2. Objecto do Contrato ou da Aquisição:
   2.1. Designação dada ao contrato ou ao sistema de qualificação pela entidade contratante:
   2.2. Tipo de Contrato (fornecimentos/serviços/obras):
   2.3. Local da entrega dos fornecimentos, da realização das obras ou da prestação de serviços:
   2.4. O anúncio implica (sim ou não)
      2.4.1. Um contrato público:
      2.4.2. A celebração de um acordo-quadro:
      2.4.3. A instauração de um Sistema de Aquisição Dinâmica Electrónica (SADE):
   2.5. Informação relativa a um acordo-quadro (se aplicável):
      2.5.1. Acordo-quadro com quantos operadores:
      2.5.2. Duração do acordo-quadro (meses/anos):
      2.5.3. Justificação para um acordo-quadro de duração superior a quatro anos:
      2.5.4. Valor estimado das aquisições para toda a duração do acordo-quadro:
   2.6. Breve descrição do contrato ou das aquisições:
   2.7. Quantidade ou extensão do contrato (se aplicável):
      2.7.1. Valor do contrato ou intervalo de valor (ou seja, um valor entre —— e ——):
   2.8. Duração do contrato ou prazo para a sua execução:

3. Informação de Carácter Jurídico, Económico, Financeiro e Técnico:
   3, 1. Cauções e garantias exigidas (se aplicável):
   3.2. Principais modalidades de financiamento e pagamento:
   3.3. Forma jurídica que deve revestir o grupo de concorrentes adjudicatários (se aplicável):
   3.4. Condições a satisfazer pelos concorrentes com vista à sua participação:
      3.4.1. Situação pessoal dos operadores económicos, nomeadamente requisitos em matéria de inscrição nos registos profissionais ou comerciais:

3.4.2. Capacidade económica e financeira (informações e formalidades necessárias):

3.4.3. Capacidade técnica (informações e formalidades necessárias):

3.5. A execução de contratos ou de serviços está reservada a uma profissão específica (sim ou não):

    3.5.1. Em caso afirmativo, indique as disposições legais ou regulamentares pertinentes:

    3.5.2. As pessoas colectivas devem indicar os nomes e as habilitações profissionais do pessoal responsável pela execução do serviço (sim ou não):

3.6. Indicar a eventual admissibilidade de propostas relativas a parte dos serviços ou dos bens postos a concurso:

3.7. Indicar a eventual proibição de variantes ou condições divergentes:

4. Processo:

4.1. Critérios de adjudicação:

4.1.1. Indicar se de «Preço mais baixo» e/ou da «Proposta economicamente mais vantajosa», tendo em conta os critérios enunciados no convite para apresentação de propostas:

4.2. Indicar se o processo contempla o leilão electrónico (sim ou não):

    4.2.1. Em caso afirmativo, fornecer informação complementar acerca do leilão electrónico (se aplicável):

4.3. Data limite de apresentação das candidaturas:

4.4. Número previsto de participantes que serão convidados a apresentar propostas:

4.5. Data de envio do anúncio para publicação na 3.ª série do *Diário da Repúiblica:*

4.6. Data do envio do anúncio para publicação na *Imprensa Nacional:*

5. Informações Complementares:

5.1. Trata-se de um contrato de carácter periódico (sim ou não) (se aplicável):

    5.1.1. Em caso afirmativo, indique o calendário previsional para a publicação de anúncios posteriores:

5.2. Contrato relacionado com um projecto e/ou programa financiado por determinados fundos

    5.2.1. Em caso afirmativo, fazer referência aos projectos e/ou programas:

5.3. Endereço e pontos de contacto onde podem ser obtidas-informações adicionais
    5.3.1. Designação oficial:
    5.3.2. Endereço/Localidade/Código postal:
    5.3.3. Telefone/Fax:
    5.3.4. Correio electrónico/Endereço Internet (URL):
5.4. Endereço e pontos de contacto onde se pode obter o programa de concurso:
    5.4.1. Designação oficial:
    5.4.2. Endereço/Localidade/Código postal:
    5.4.3. Telefone/Fax:
    5.4.4. Correio electrónico/Endereço Internet (URL):
5.5. Endereço e pontos de contacto para onde devem ser enviadas as candidaturas:
    5.5.1. Designação oficial:
    5.5.2. Endereço/Localidade/Código postal:
    5.5.3. Telefone/Fax:
    5.5.4. Correio electrónico/Endereço Internet (URL):
5.6. Organismo responsável pelos processos de recurso
    5.6.1. Designação oficial:
    5.6.2. Endereço/Localidade/Código postal:
    5.6.3. Telefone/Fax:
    5.6.4. Correio electrónico/Endereço Internet (URL):
    5.6.5. Informação sobre os prazos para interposição de recursos:
5.7. Outras informações (se aplicável):

O Presidente da Assembleia Nacional, *António Paulo Kassoma.*

O Presidente da República, JOSÉ EDUARDO DOS SANTOS.

TABELA DE CORRESPONDÊNCIA COM LEGISLAÇÃO ANTERIOR

LCP Artº	EPÍGRAFE	RRDP Artº	REOP Artº
1º	Objecto	1º	1º
2º	Âmbito de aplicação	4º	
3º	Definições		
4º	Entidades sujeitas ao regime da contratação publica	2º,3º	1º
5º	Regime de exclusão	5º, 23º	2º
6º	Conduta de funcionários públicos		
7º	Conduta dos interessados – Pessoas singulares ou colectivas	18º	
8º	Impedimentos dos interessados	18º	
9º	Cadastro dos candidatos concorrentes		
10º	Denúncia de práticas ilícitas		
11º	Gabinete de Contratação Pública		
12º	Portal da Contratação Pública e plataformas electrónicas		
13º	Impugnações administrativas – Direito aplicável		
14º	Decisões impugnáveis e natureza		
15º	Prazo de impugnação		
16º	Apresentação da impugnação		
17º	Efeitos da impugnação		
18º	Audiência dos contra-interssados		
19º	Decisão		
20º	Medidas correctivas		
21º	Recurso judicial		
22º	Procedimentos para a formação dos contratos	31º	47º,54º
23º	Definições		
24º	Valor estimado do contrato	26º,27º	

25º	Escolha do procedimento em função do valor estimado do contrato	32º,33º, 34º	
26º	Divisão em lotes	28º	
27º	Regra geral		
28º	Escolha do processo de negociação independentemente do objecto do contrato a celebrar		
29º	Escolha do processo de negociação para a locação ou aquisição de bens móveis		
30º	Escolha do processo de negociação para a formação de contratos de prestação de serviços		
31º	Decisão de contratar		
32º	Decisão de escolha do procedimento		
33º	Associação de entidades públicas contratantes	25º	
34º	Competência para autorizar a despesa	7º	
35º	Despesas com seguros		
36º	Contratos de arrendamento		
37º	Limites de competência para a autorização de despesa sem concurso	8º	
38º	Delegação de competência	9º	
39º	Unidade de despesa	10º	
40º	Ano económico	11º	
41º	Comissão de avaliação	65º	83º
42º	Funcionamento		
43º	Competência		
44º	Confidencialidade dos processos de concurso	21º	
45º	Tipos de peças		55º
46º	Programa do procedimento	39º	58º
47º	Caderno de encargos	41º	57º
48º	Peças do projecto nas empreitadas de obras públicas		56º
49º	Especificações técnicas	42º	21º
50º	Candidatos e concorrentes	22º	
51º	Fomento do empresariado angolano	22º	
52º	Candidatos e concorrentes estrangeiros	22º	64º
53º	Associações	24º	
54º	Impedimentos	17º,44º	
55º	Critérios de qualificação		
56º	Habilitações profissionais	45º	63º
57º	Capacidade financeira	46º	
58º	Capacidade técnica	47º	
59º	Concurso público – Anúncio do concurso	38º,98º	53º,54º,59º
60º	Programa do concurso	39º,40º	
61º	Consulta e fornecimento das peças do concurso		

	TABELA DE CORRESONDÊNCIA COM LEGISLAÇÃO ANTERIOR 577		
62º	Esclarecimentos e rectificação de erro ou omissões das peças do concurso	43º	60º
63º	Proposta	49º	72º
64º	Propostas variantes	50º	77º
65º	Indicação do preço	54º	79º
66º	Caução provisória		66º,67º
67º	Modo de prestação da caução provisória		68º,69º
68º	Restituição ou cessação da caução provisória		70º,71º
69º	Documentos que acompanham a proposta	53º	73º
70º	Documentos que integram a proposta	53º	73º
71º	Modo de apresentação das propostas e demais documentos em suporte de papel	55º	80º
72º	Modo de apresentação das propostas em suporte electrónico		
73º	Prazo para a apresentação das propostas	52º	62º
74º	Prazo de manutentação das propostas	56º	
75º	Acto público	57º	82º
76º	Sessão do acto público		
77º	Regras gerais		48º,62º, 85º
78º	Abertura do concurso	58º	84º
79º	Não admissão e admissão condicional do concorrente	59º	87º
80º	Prosseguimento do acto público em caso de não ocorrer admissão condicional de concorrentes	63º	86º,87º
81º	Prosseguimento do acto público no caso não ocorrer a admissão condicional de concorrentes	63º	
82º	Continuação do acto público – abertura das propostas	60º	88º,89º
83º	Não admissão de propostas	61º	89º,90º,91º,92º, 97º
84º	Recurso hierárquico	64º	49º,93º
85º	Qualificação dos concorrentes		
86º	Análise das propostas	65º	
87º	Causas de exclusão de propostas		
88º	Esclarecimentos sobre as propostas		74º
89º	Relatório preliminar	66º	
90º	Audiência prévia	67º	
91º	Leilão electrónico		
92º	Indicações relativas ao leilão electrónico		
93º	Convite		
94º	Regras do leilão electrónico		
95º	Confidencialidade		
96º	Modo de encerramento do leilão electrónico		

97º	Relatório final	68º	
98º	Noção de adjudicação	69º	94º, 100º
99º	Critérios de adjudicação	70º	95º
100º	Causas de não adjudicação	71º	97º
101º	Notificação da decisão de adjudicação		100º
102º	Publicidade da adjudicação		
103º	Caução definitiva	75º	102º
104º	Valor da caução	75º	103º
105º	Modo da prestação da caução	76º	104º
106º	Libertação da caução	77º	210º
107º	Não prestação da caução	101º	101º
108º	Redução do contrato a escrito	12º	108º
109º	Inexigibilidade ou dispensa de redução de contrato a escrito	12º	106º
110º	Conteúdo do contrato	14º	107º,108º
111º	Aprovação da minuta do contrato	13º,72º	98º
112º	Aceitação da minuta do contrato	73º	98º
113º	Reclamação da minuta do contrato		99º
114º	Prazo de celebração do contrato	78º	105
115º	Representação na outorga do contrato		15º
116º	Caducidade do contrato	78º	105º
117º	Concurso limitado por prévia qualificação – Regime	37º,79º	109º
118º	Fases do procedimento		
119º	Anúncio	80º, 98º	111º
120º	Programa do concurso	81º	
121º	Documentos da candidatura		
122º	Modo de apresentação das candidaturas	82º	
123º	Apresentação das candidaturas por associações		
124º	Prazo para apresentação das candidaturas		112
125º	Admissão e selecção das candidaturas	83º	
126º	Reclamações	84º	
127º	Convite	85º	
128º	Procedimentos subsequentes	86º	110º
129º	Concurso limitado sem apresentação de candidaturas – Regime aplicável	87º	
130º	Convite	87º	
131º	Prazo de entrega das propostas	87º	
132º	Procedimento de negociação – Regime	88º	
133º	Fases do procedimento		
134º	Admissibilidade do leilão electrónico		
135º	Anúncio	88º, 98º	
136º	Programa do procedimento		

137º	Remissão		
138º	Negociação	90º	
139º	Procedimentos subsequentes	89º/91º	
140º	Concursos para trabalhos de concepção	94º	
141º	Procedimentos dos concursos para trabalhos de concepção	95º	
142º	Início do concurso para concepção		
143º	Decisão de escolha da modalidade de concurso de concepção		
144º	Associação de entidades públicas contratantes		
145º	Anúncio do concurso para concepção	98º	
146º	Termos de referência		
147º	Júri do concurso	95º	
148º	Anonimato	95º	
149º	Apresentação dos trabalhos de concepção		
150º	Fixação dos prazos para apresentação dos documentos		
151º	Regras do concurso público		
152º	Regras do concurso limitado por prévia qualificação		
153º	Decisão de selecção e prémios	95º	
154º	Caducidade da decisão de selecção		
155º	Prevalência		
156º	Sistemas de aquisição dinâmica electrónica – noção		
157º	Fases do sistema		
158º	Instituição do sistema		
159º	Anúncio	98º	
160º	Programa do procedimento		
161º	Formação do catálogo electrónico		
162º	Convite		
163º	Adjudicação		
164º	Método de contratação de serviços de consultoria		
165º	Conflitos de interesses		
166º	Fases do processo de selecção		
167º	Termos de referência		
168º	Anúncio e convite para a apresentação de propostas	98	
169º	Prazos		
170º	Orçamento		
171º	Lista de consultores candidatos		
172º	Centrais de compras – Disposições gerais		
173º	Principais actividades das centrais de compras		
174º	Princípios orientadores		

175º	Actos constitutivos		
176º	Viabilidade e racionalidade ecnómico-financeira		
177º	Gestão por terceiros		
178º	Contratos de gestão com terceiros		
179º	Criação de centrais de compras		
180º	Empreitada de obras públicas-Noção	1º	
181º	Partes no contrato	4º	
182º	Representação das partes		
183º	Impedimentos	5º	
184º	Tipos de empreitada e modos de retribuição do empreiteiro	3º	
185º	Empreitada por preço global – Conceito e âmbito	6º,7º	
186º	Objecto da empreitada	8º	
187º	Apresentação de projecto base pelos concorrentes	9º	
188º	Variantes ao projecto	10º	
189º	Elementos e método de cálculo dos projectos base e variantes	11º	
190º	Reclamações quanto a erros e omissões do projecto	12º	
191º	Rectificações de erros e omissões do projecto	13º	
192º	Valor das alterações ao projecto	14º	
193º	Pagamentos	15º	
194º	Empreitada por série de preços – Conceito	16º	
195º	Objecto da empreitada	17º	
196º	Projecto ou variante do empreiteiro	19º	
197º	Trabalhos não previstos	18º	
198º	Cálculo dos pagamentos	20º	
199º	Disposições comuns – Lista de preços unitários	21º, 25º	
200º	Encargos do empreiteiro	22º	
201º	Trabalhos preparatórios ou acessórios	23º	
202º	Servidões e ocupação de prédios particulares	24º	
203º	Execução de trabalhos a mais	26º	
204º	Supressão de trabalhos	27º	
205º	Inutilização dos trabalhos já executados	28º	
206º	Fixação de novos preços	29º	
207º	Alterações propostas pelo empreiteiro	30º	
208º	Direito de rescisão por parte do empreiteiro	31º	
209º	Prazo do exercício do direito de rescisão	32º	
210º	Cálculo do valor dos trabalhos para efeitos de rescisão	33º	
211º	Exercício do direito de rescisão	34º	
212º	Correcção de preços	35º	

TABELA DE CORRESONDÊNCIA COM LEGISLAÇÃO ANTERIOR 581

213º	Indemnização por redução do valor total dos tra-balhos		36º
214º	Esgotos e demolições		37º
215º	Responsabilidade por erros de execução		38º
216º	Responsabilidade por erros de concepção		39º
217º	Efeitos da responsabilidade		40º
218º	Empreitada por percentagem – Conceito		41º
219º	Custo dos trabalhos		42º
220º	Encargos administrativos e lucros		43º
221º	Trabalhos a mais ou a menos		44º
222º	Pagamentos		45º
223º	Regime subsidiário		46º
224º	Execução da empreitada – Notificações relativas à execução da empreitada		119º
225º	Ausência do local da obra do empreiteiro ou seu representante		120º
226º	Segurança e ordem do local dos trabalhos		121º
227º	Actos em que é exigida a presença do empreiteiro		122º
228º	Publicidade		127º
229º	Menções obrigatórias no local dos trabalhos		
230º	Salários		123º,124º
231º	Pagamento dos salários		125º
232º	Seguros		126º
233º	Protecção, higiene, saúde e segurança no trabalho		126º
234º	Morte, interdição ou falência do empreiteiro		128º
235º	Cessão da posição contratual		129º
236º	Conceito e efeitos da consignação da obra		130º
237º	Prazo para execução da obra e sua prorrogação		131º
238º	Prazo da consignação		132º
239º	Consignações parciais		133º
240º	Retardamento da consignação		134º
241º	Auto da consignação		135º
242º	Modificação das condições locais e suspensão do acto de consignação		136º
243º	Reclamação do empreiteiro		137º
244º	Indemnização		138º
245º	Objecto e aprovação do plano de trabalhos		139º
246º	Modificação do plano de trabalhos		140º
247º	Atraso no cumprimento do plano de trabalhos		141º
248º	Data do início dos trabalhos		142º
249º	Elementos necessários para a execução e medição dos trabalhos		143º

250º	Demora na entrega dos elementos necessários para a execução e medição dos trabalhos		144º
251º	Objectos de arte e antiguidades		145º
252º	Materiais – Preferência dos produtos nacionais		146º
253º	Especificações		147º
254º	Exploração de pedreiras, burgaleiras, areeiros e semelhantes		148º
255º	Contratação de fornecimentos		149º
256º	Novos locais de exploração		150º
257º	Materiais pertencentes ao dono da obra ou provenientes de outras obras ou demolições		151º
258º	Aprovação de materiais		152º
259º	Reclamação contra a não aprovação de materiais		153º
260º	Efeitos da aprovação dos materiais		154º
261º	Aplicação dos materiais		155º
262º	Substituição de materiais		156º
263º	Depósito de materiais não destinados à obra		157º
264º	Remoção de materiais		158º
265º	Fiscalização		159º
266º	Função da fiscalização		160º
267º	Função da fiscalização nas empreitadas por percentagem		161º
268º	Modo de actualização da fiscalização		162º
269º	Reclamação contra ordens recebidas		163º
270º	Falta de cumprimento da ordem		164º
271º	Suspensão dos trabalhos pelo empreiteiro		165º
272º	Suspensão dos trabalhos pelo dono da obra		166º
273º	Autos de suspensão		167º
274º	Suspensão por tempo indeterminado		168º
275º	Rescisão pelo empreiteiro em caso de suspensão		169º
276º	Suspensão parcial		170º
277º	Suspensão por facto imputável ao empreiteiro		171º
278º	Recomeço dos trabalhos		172º
279º	Natureza dos trabalhos		173º
280º	Prorrogação do prazo contratual		174º
281º	Caso de força maior e outros factos não imputáveis ao empreiteiro		175º
282º	Maior onerosidade		176º
283º	Verificação do caso de força maior		177º
284º	Alteração das circunstâncias		178º
285º	Revisão de preços		179º
286º	Defeitos na execução da obra		180º
287º	Multa por violação dos prazos contratuais		181º

TABELA DE CORRESONDÊNCIA COM LEGISLAÇÃO ANTERIOR   583

288º	Periodicidade e formalidades da medição		182º
289º	Objecto da medição		183º
290º	Erros de medição		184º
291º	Situação dos trabalhos		185º
292º	Reclamação do empreiteiro		186º
293º	Liquidação e pagamento		187º
294º	Situações provisórias		188º
295º	Pagamento em prestações fixas		190º
296º	Pagamento em prestações variáveis		191º
297º	Desconto para garantia		192º
298º	Prazos de pagamentos		193º
299º	Mora no pagamento		194º
300º	Adiantamentos ao empreiteiro		195º
301º	Reembolso dos adiantamentos		196º
302º	Garantia dos adiantamentos		197º
303º	Recepção provisória – Vistoria		198º
304º	Deficiências de execução		199º
305º	Recepção provisória		200º
306º	Elaboração da conta		201º
307º	Elementos da conta		202º
308º	Notificação da conta final ao empreiteiro		203º
309º	Comunicações às autoridades locais		204º
310º	Publicação de editais		205º
311º	Processos das reclamações		206º
312º	Prazo de garantia		207º
313º	Vistoria		208º
314º	Deficiências de execução		209º
315º	Restituição dos depósitos e quantias retidas e extinção da caução		210º
316º	Dedução de quantias reclamadas no inquérito administrativo		211º
317º	Pagamento dos trabalhos posteriores à recepção provisória		212º
318º	Deduções a fazer		213º
319º	Liquidação das multas e prémios		214º
320º	Efeitos da rescisão		215º
321º	Rescisão pelo dono da obra		216º
322º	Posse administrativa		217º
323º	Prossecução dos trabalhos pelo dono da obra		218º
324º	Processo de rescisão pelo empreiteiro		219º
325º	Posse da obra consequente à rescisão pelo empreiteiro		220º
326º	Resolução convencional do contrato		221º

327º	Liquidação final		222º
328º	Pagamento da indemnização devida ao dono da obra		223º
329º	Contencioso dos contratos – Tribunais competentes		224º
330º	Prazo de caducidade		226º
331º	Aceitação do acto		227º
332º	Matéria discutível		228º
333º	Tentativa de conciliação		229º
334º	Processo de conciliação		230º
335º	Acordo		231º
336º	Não conciliação		232º
337º	Interrupção da prescrição e da caducidade		233º
338º	Tribunal arbitral		234º
339º	Processo arbitral		235º
340º	Subempreitadas – Princípios gerais		236º
341º	Contrato de subempreitada		237º
342º	Direito de retenção		238º
343º	Obrigações do empreiteiro		239º
344º	Obrigações do dono da obra		240º
345º	Prestações de serviço		241º
346º	Responsabilidade do empreiteiro		242º
347º	Derrogação e prevalência		243º
348º	Transgressões administrativas – Remissão		
349º	Disposições finais – Fornecimentos de obra		
350º	Contratos de concessão de obras e serviços públicos		
351º	Auditoria e fiscalização		
352º	Supervisão		
353º	Princípio da equivalência da utilização de meios físicos ou de meios electrónicos		
354º	Notificações e comunicações		
355º	Data das notificações e das comunicações		
356º	Contagem dos prazos	30	245
357º	Publicitação da actualização dos limites de valores	103	
358º	Apresentação de propostas e de candidaturas em suporte de papel		
359º	Direito subsidiário		244
360º	Delegação de competência		
361º	Revogação de direito anterior		
362º	Aplicação no tempo		
363º	Dúvidas e omissões	106	
364º	Entrada em vigor		

ÍNDICE ALFABÉTICO DAS MATÉRIAS

A

Abertura das propostas – 60º, 82º, 128º

Abertura do acto público do concurso – 78º

Aceitação da minuta do contrato – 112º

Aceitação do acto – 331º

Aceitação tácita – 35º, 112º, 206º, 209º, 210º, 243º, 258º, 292º, 303º, 305º, 311º

Acidente de trabalho – 232º

Acordo de credores – 234º

Acordo em tentativa de conciliação – 335º

Acordo internacional – 5º

Acordo-quadro – 3, 33º, 173º

Acta – 77º, 138

Acto definitivo – 330º

Acto público do concurso – 43º, 68º, 72º, 74º, 75º a 84º, 128º

Acto tácito – 113º

Actos em que é exigida a presença do empreiteiro – 227º

Actuação da fiscalização – 182º

Adiamento do concurso – 100º

Adiantamento de preço – 285º, 291º, 300º a 302º

Adicional ao contrato – 197º, 203º

Adjudicação – 40º, 60º, 88º, 89º, 98º a 102º, 110º, 133º, 157º, 163º, 166º, 191º, 192º, 196º, 28º, 287º

Administração central – 4º

Administração local – 4º

Admissão condicional – 7º a 81º

Admissão de concorrentes – 60º, 78º

Admissão e selecção de candidaturas – 125º, 135

Alteração das circunstâncias – 284º

Alteração do plano de trabalhos – 246º

Alterações ao projecto – 192º, 193º, 196º, 205º. 207º, 208º 210º, 213º, 248º, 254º, 266º, 272º

Alterações do contrato – 39º

Aluguer – 3º, 247º

Alvará – 229º

Âmbito de aplicação – 2º

Âmbito de aplicação subjectiva – 4º

Amostras de materiais – 258º a 260º, 261º

Análise das candidaturas – 125º

Análise das propostas – 85º, 86º, 88º, 96º, 118º, 137º, 166º

Ano económico – 40º

Anonimato – 140º, 151º

Anulação das multas contratuais – 287º

Anulação do procedimento – 84º

Anúncio – 56º, 59º, 73º, 99º, 119º, 127º, 135º, 145º, 159º, 161º, 164º, 166º, 168º

Aplicação da LCP no tempo – 362º

Aplicação dos materiais – 261º

Apresentação da documentação – 146º

Apresentação das propostas – 60º, 72º, 73º,

75º, 79º, 100º, 118º, 127º, 130º, 137º, 212º, 356º, 358º,

Apresentação de candidaturas – 118º, 120º, 123º, 133º, 137º, 146º, 152º, 356º, 358º

Apresentação dos trabalhos de concepção – 149º, 151º, 152º

Aprovação da minuta do contrato – 110º a 113º

Aprovação de materiais – 258º a 260º

Aprovação do plano de trabalhos – 245º

Aprovisionamento – 33º, 173º

Aquisição de bens móveis – 2º, 3º, 29º, 40º, 91º, 109º, 156º, 158º, 172º, 174º

Aquisição de serviços – 2º, 40º. 91º, 109º, 156º, 158º, 163º, 172º, 174º

Arbitragem – 5º, 103º, 206º, 210º, 234º, 323º a 325º, 327º, 338º, 339º

Associação de candidatos ou concorrentes – 53º, 70º, 116º, 121º, 123º, 138º, 143º

Associação de entidades contratantes – 33º

Associação pública – 4º

Atraso na execução do plano de trabalhos – 247º, 281º, 287º

Atraso no início dos trabalhos de empreitada – 248º

Atraso no pagamento – 299º

Atraso no pagamento dos salários – 231º

Atributo da proposta – 30º

Audiência dos contra-interessados – 18º, 19º

Audiência dos interessados – 18º, 90º, 97º

Audiência prévia – 18º, 90º, 97º

Auditoria – 351º

Ausência do director de obra do local da obra – 225º

Autarquias locais – 4º

Auto – 224º, 227º, 241º, 242º, 251º, 273º, 277º, 283º, 286º a 288º, 290º, 292º, 294º, 295º, 298º, 303º, 304º

Auto de conciliação – 335º

Auto de consignação – 241º, 244º

Auto de medição – 288, 290º, 292º, 294º, 298º

Auto de não conciliação – 336º

Auto de posse administrativa – 322º

Auto de recepção definitiva – 313º

Auto de recepção provisória – 303º a 305º

Auto de suspensão – 273º

Autorização profissional do subempreiteiro – 343º

Avaliação das propostas –88º, 91º, 98º, 166º

B

Banco Africano de Desenvolvimento (BAD) – 8º

Banco Internacional para Reestruturação e . Desenvolvimento (Banco Mundial) – 8º

Banco Nacional de Angola – 5º

Bens imóveis – 2º, 3º, 36º

Bens móveis – 22º, 3º, 349º

Bens móveis de uso corrente – 29º, 156º, 162º

Boa fé – 10º

Boa ordem dos trabalhos – 226º

C

Cadastro – 9º

Caderno de encargos – 45º, 47º, 48º, 60º, 64º, 70º, 87º, 110º, 161º, 182, 186º, 190º, 195º, 213º, 220º, 245º, 248º, 253º a 256º, 258º, 264º, 285º, 287º, 288º, 297º, 312º

Caducidade da adjudicação – 107º, 116º, 163º

Caducidade da decisão de selecção –154º .

Caducidade do contrato – 116º, 234º, 238º, 327º

Caducidade do direito de acção contenciosa – 330º, 337º

Cálculo dos pagamentos – 198º

Cálculo da prorrogação do prazo contratual – 237º

Cálculo do valor dos trabalhos para rescisão – 209º

Cancelamento do procedimento – 20º

Candidato – 9º, 18º, 28º, 50º, 52º a 54º,

57º, 58º, 121º, 127º, 141º, 152º, 164º, 165º, 167º, 171º, 354º,

Capacidade financeira –28º, 55º, 57º, 69º, 85º, 120º, 121º, 177º

Capacidade técnica – 28º, 55º, 58º, 69º, 85º, 120º, 121º, 146º, 152º, 177º

Características geológicas – 48º

Caso de força maior –240º, 260º, 270º, 271º, 275º, 281º, 283º, 308º

Caso fortuito – 240º

Caução definitiva – 101º, 103º, 107º, 110º, 111º, 116º, 238º. 247º, 297º, 315º. 316º

Caução provisória – 66º a 68º, 70º, 105º, 127º

Causas de não adjudicação – 100º

Celebração do contrato – 17º, 46º, 103º, 108º a 116º, 128º

Centrais de compras – 33º, 172º a 179º

Cessação da actividade – 8º, 54º

Cessação da caução – 68º

Cessão da posição contratual –235º

Comissão de Avaliação – 6º, 13º, 41º, 42º a 44º, 75º a 80º, 82º, 84º a 86º, 88º a 90º, 97º, 125º, 138º, 139º, 187º, 354º, 355º

Comissão Nacional de Registo e Classificação dos Empreiteiros de Obras Públicas –294º, 344º

Competência do júri – 147º

Comunicações –354º, 355º

Conceito de adjudicação –98º

Conceito de caderno de encargos – 47º

Conceito de concessão de obras públicas – 3º

Conceito de consignação da obra – 236º

Conceito de empreitada de obras públicas –2º, 180º

Conceito de obra pública – 3º, 180º

Conceito de programa do procedimento – 46º

Conceito de proposta – 63º

Conceito de valor estimado do contrato –24º

Concepção – 140º a 155º, 180º, 223º

Concessão de obras públicas – 2º, 3º, 350º

Concessão de serviço público –2º, 3º, 350º

Concessionário – 3º

Concordata – 29º

Concorrência –7º, 8º, 70º, 87º, 91º, 141º, 146º, 158º, 164º, 174º

Concorrentes – 9º, 18º, 28º, 50º, 52º a 54º, 57º, 58º, 67º, 68º, 70º, 74º, 77º a 82º, 85º a 96º, 99º, 101º, 136º, 138º, 142º, 148º, 149º, 151º, 154º, 158º, 162º, 163º, 186º, 187º, 199º, 354º

Concurso limitado por prévia qualificação – 22º, 23º, 25º, 28º, 45º, 50º, 117º a 132º

Concurso limitado sem apresentação de candidaturas – 22º, 23º, 25º, 45º, 129º, 130º, 141º, 143º, 146º, 150º, 152º, 153º

Concurso para trabalhos de concepção –140º a 155º

Concurso público, – 22º, 23º, 25º, 28º, 45º, 59º a 116º, 117º, 129º, 141º, 151º

Confidencialidade (ver "sigilo")

Conluio entre os concorrentes –7º, 10º

Conselho Superior de Obras Públicas – 333º a 335º, 344º

Consignação da obra –190º, 236º a 244º, 245º, 248º

Consignação parcial –239º, 242º–

Constituição de centrais de compras –175º

Consulta das peças do procedimento – 61º, 101º

Conta corrente – 291º, 293º, 307º

Conta da empreitada – 213º, 306º, 307º

Conta final – 213º, 306º, 307º

Contagem dos prazos – 356º

Contencioso dos contratos – 329º a 339º

Contestação das reclamações em inquérito administrativo – 311º

Contestação do direito de rescisão – 321º

Conteúdo do contrato – 110º

Conteúdo do contrato de subempreitada –341º

Contratação de fornecimentos – 255º

Contrato adicional – 39º

Contrato de aprovisionamento –33º, 173º

Contrato de arrendamento –36º, 40º

Contrato de concessão de obras públicas – 2º, 3º, 350º

Contrato de concessão de serviços públicos – 2º, 3º, 350º
Contrato de fornecimento de obras – 349º
Contrato de prestação de serviços – 6º, 37º, 345º
Contrato de prestação de serviços de consultoria – 164º a 171º
Contrato de subempreitada – 341º
Contrato de trabalho – 6º
Contrato secreto – 5º
Convite – 45º, 93º, 94º, 96º, 127º, 130º, 131º, 152º, 157º, 162º, 168º, 169º
Corrupção – 6º, º, 28º
Crime – 6º, 7º, 54º
Critério da medição – 288
Critério de adjudicação –60º, 86º, 91º, 99º, 120º
Critério de atribuição de prémios – 187º
Critério de avaliação (consultoria) –164º
Critério de qualificação – 55º
Critério de remuneração – 178º
Critério de selecção – 120º, 141º 146º, 151º, 168º

D

Dano – 246º, 283º, 327º
Dano emergente – 240º, 244º, 270º, 275º, 276º, 320º
Danos por maior onerosidade na execução da empreitada –282º
Data da consignação da obra – 237º
Data da notificação e da comunicação –355º
Data do início dos trabalhos – 234º
Decisão de adjudicação – 17º, 18º, 33º, 43º
Decisão de aprovar as peças do procedimento – 45º
Decisão de autorização da despesa –34º, 36º, 37º, 142º
Decisão de contratar – 31º, 33º, 37º, 102º, 197º, 109º, 111º, 114º, 116º, 120º, 122º, 127º, 158º

Decisão de escolha do procedimento – 32º, 33º, 142º
Decisão de instituição de sistema de aquisição dinâmica electrónica – 158º
Decisão de não adjudicação –100º
Decisão de qualificação – 17º, 18º, 33º, 43º
Decisão de selecção dos trabalhos de concepção – 142º, 146º, 147º, 153º, 154º
Decisão sobre a impugnação – 19º
Decisão sobre reclamações no acto público – 77º, 79º
Decisões impugnáveis – 14º
Declaração bancária – 57º
Declarações falsas na documentação da proposta –87º
Deduções a fazer nas liquidações e pagamentos –293º, 301º, 316º, 318º, 328º
Defeitos de execução – 215º, 286º, 304º, 314º
Deferimento tácito – 84º, 206º, 210º, 243º, 258º, 269º, 292º, 303º, 305º
Deficiências de execução da obra – 215º, 286º, 304º, 314º
Definições – 23º
Delegação de competências – 38º, 40º, 43º, 115º, 142º, 146º, 360º
Demolições – 3º, 180º, 205º, 214º, 248º, 251º, 257º, 262º, 286º
Demora na entrega de elementos de execução – 250º
Demora na restituição dos depósitos de garantia – 106º, 315º
Demora no pagamento – 299º
Denúncia de práticas ilícitas – 10º
Descaminho – 25º
Desistência da empreitada – 212º
Depósito de contrato de subempreitada – 343º
Depósito de materiais – 263º
Depósito ou caução – 248º, 277º, 293º, 316º, 318º, 323º, 328º
Descontos para garantia – 66º a 68º, 70º, 101º, 103º, 105º, 107º, 110º, 111º, 116º, 127º, 238º, 247º, 297º

ÍNDICE ALFABETICO DAS MATÉRIAS 589

Despesas com medições especiais – 292
Despesas com o contrato – 108º
Despesas com seguros – 35º
Diário da República – 59º, 119º, 135º, 145º, 159º
Director da fiscalização –152º, 206º
Director da obra – 182º
Direito aplicável – 359º
Direito de autor – 28º
Direito de exclusivo – 28º
Direito de rescisão do contrato – 203º, 208º, 209º, 211º, 240º, 244º, 275º, 282º, 321º, 324º
Direito de retenção –342º
Direito subsidiário – 359º
Divisão em lotes –26º
Documentos da proposta – 69º, 72º, 127º
Documentos de candidatura – 121º, 122º
Documentos de despesa – 267º
Documentos de habilitação –70º, 72º, 78º, 154º, 163º,
Doença profissional – 232º
Dolo –10º, 294º
Dono da obra –180º a 182º, 186º a 188º, 203º, 206º a 210º, 216º, 219º, 224º a 226º, 228º, 229º, 231º a 239º, 241º, 243º a 248º, 250º, 251º, 253º, 255º a 258º, 260º, 261º, 264º a 266º, 270º a 274º, 277º, 281º a 283º, 286º 287º, 298º 300º, 302º a 304º, 308º, 309º, 313º a 315º, 320º a 328º, 330º, 331º, 340º, 341º, 343º a 346º
Duração do contrato de gestão de uma central de compras –178º
Duração do sistema de aquisição dinâmico electrónico –158º
Dúvidas – 263º

E

Éditos – 310º
Efeitos da aprovação de materiais – 260º
Efeitos da consignação –236º, 237º
Efeitos da rescisão – 320º

Efeitos da responsabilidade – 217º
Eficácia retroactiva – 320º
Elaboração da conta da empreitada –306º
Elementos da conta – 308º
Elementos da proposta – 70º
Elementos integrados no contrato –110º
Elementos para a execução dos trabalhos – 249º
Empreitada de obras públicas –2º, 3º, 28º, 36º, 48º, 56º, 70º 109º, 172º, 173º, 180º a 349º
Empreitada por percentagem –184º, 203º, 214º 218º a 231º
Empreitada por preço global – 184º, 185º a 193º, 196º, 199º a 217º
Empreitada por série de preços – 184º, 194º a 198º, 199º a 217º, 296º
Empresa pública – 4º
Encargos administrativos – 218º a 220º
Encargos do empreiteiro –200º
Encerramento do leilão electrónico – 93º, 96º
Ensaios laboratoriais – 258º, 259º, 305º
Entidade adjudicante – 3º, 138º, 151º, 175º
Entidade contratante – 2º, 48º, 66º, 71º, 73º, 75º, 84º, 91º, 93º, 95º a 98º, 102º, 103º, 106º, 110º, 116º 124º, 134º, 142º, 146º a 148º, 150º, 152º, 156º, 158º, 161º, 163º, 164º, 165º, 167º, 170º a 173º, 180º
Equidade – 284º
Erros de cálculo e materiais – 190º
Erros de concepção – 216º, 217º
Erros do mapa de medições – 290º
Erros e omissões do projecto – 190º, 191º, 209º, 213º, 243º, 266º
Entrada em vigor da LCP – 364º
Escavações – 251º, 288º
Esclarecimentos da candidatura e da proposta –88º, 110º
Esclarecimentos da variante ao projecto – 188º
Esclarecimentos de dúvidas das peças do procedimento –62º, 78º, 110º, 168º

Esclarecimentos do preço anormalmente baixo –99º

Esclarecimentos no acto público do concurso – 77º

Escolha do procedimento – 24º a 30º, 158º

Escritura pública – 36º

Esgotos – 214º

Especificações dos materiais – 253º

Especificações técnicas –47º, 49º, 91º, 253º, 261º, 262º

Estaleiro – 201º, 234º, 247º, 263º, 264º

Estrangeiros concorrentes – 52º, 53º

Estudos geológicos e geotécnicos – 48º

Exclusão de candidaturas – 120º, 125º, 152º

Exclusão de concorrentes . 78º a 80º

Exclusão de propostas – 7º, 83º, 85º, 87º, 88º, 97º, 100º

Exclusão de trabalhos de concepção – 151º

Exclusão do âmbito de aplicação da LCP – 5º

Execução da caução –103º

Exercício do direito de rescisão – 321º, 324º

Exploração de pedreiras, saibreiras, burgaleiras e areeiros – 254º, 266º

Expropriações –255º

Extinção da caução –315º a 318º

F

Factores e subfactores – 98º, 120º, 146º

Factos que dificultam ou oneram a empreitada – 283º

Falência –8º, 29º, 234º

Falsidade de declarações e dos documentos –7º, 10º, 87º

Falta de comparência do adjudicatário para assinar o contrato –116º

Falta de comparência do empreiteiro à vistoria para recepção – 303º

Falta à consignação da obra – 238º

Falta de cumprimento de ordem – 270º

Falta de pagamento de prestações devidas –271º

Falta de prestação da caução – 107º

Fases do concurso limitado por pré qualificação – 118º

Fases do procedimento de contratação de serviços de consultoria – 166º

Fases do procedimento de negociação – 17º, 133º

Fases do sistema de aquisição dinâmico electrónica – 157º

Fiança bancária – 323º

Finalidade da vistoria de recepção provisória –303º

Fiscalização – 183º, 203º, 204º, 206º, 215º, 224º, 225º, 227º, 230º, 247º, 251º, 253º, 254º, 258º a 270º, 272º, 273º, 283º, 286º, 294º, 300º, 303º, 351º

Fixação de novos preços – 206º

Fomento do empresariado angolano –51º

Forma das ordens – 268º

Forma do contrato – 108º, 178º

Forma do contrato de subempreitada –34º

Formato das negociações – 138º

Fornecedor – 3º, 5º, 28º

Fornecimento de bens e serviços – 28º, 37º, 163º, 173º

Fornecimento de cópias das peças do procedimento –61º

Fornecimento de materiais – 184º, 255º

Fornecimentos anuais – 40º

Fornecimentos de obras – 349º

Fraccionamento da despesa – 39º

Frustração da tentativa de conciliação – 336º

Função da fiscalização –266º, 267º

Funcionamento da Comissão de Avaliação – 42º

Funcionamento do júri – 147º

Fundamentação da decisão de dispensa da forma escrita para o contrato – 108º

Fundamentação da decisão de exclusão e selecção de candidaturas – 125º

Fundamentação da decisão de não adjudicar – 100º

Fundamentação da ordem de retirar pessoal da empreitada – 226º

ÍNDICE ALFABÉTICO DAS MATÉRIAS 591

Fundo autónomo – 36º
Fundo Monetário Internacional (FMI) – 8º

G

Gabinete de Contratação Pública – 7º, 10º, 16º, 20º, 21º, 41º, 59º, 102º, 168º, 352º–
Garantia bancária – 67º, 68º, 105º, 247º, 297º, 300º
Garantia da obra – 305º
Garantia do contrato – 304º
Garantia dos adiantamentos –302º
Geologia – 48º
Gestão de centrais de compras por terceiros – 177º, 178º–

H

Habilitação – 70º, 72º, 78º, 234º
Habilitação da delegação de competências –
Habilitações profissionais – 56º, 58º, 85º, 121º, 146º, 147º, 154º
Higiene, saúde e segurança no trabalho – 58º, 201º, 233º, 344º
Hipoteca – 323
Homologação de acordo conciliatório – 335º

I

Idioma – 36º, 71º
Idoneidade dos concorrentes – 54º
Impedimentos – 6º a 8º, 41º, 54º, 165º, 183º
Impossibilidade de medição mensal – 288º
Impugnação administrativa – 13º a 20º
Impugnação contenciosa – 329º
Incompatibilidade – 6º
Incumprimento do adjudicatário – 103º
Indeferimento do pedido de rescisão – 324º
Indemnizações:
  a terceiros – 266º

por alteração das circunstâncias – 284º
por alteração do plano de trabalhos – 213º
por anulação do acto impugnado – 20º
por caducidade do contrato – 234º
por erros de concepção – 217º
por maior onerosidade – 282º
por mora na libertação da caução – 106º, 316º
por não aprovação de materiais – 259º
por não rescisão do contrato – 244º
por reclamação contra ordens – 269º
por redução do valor total dos trabalhos – 213º
por rescisão pelo empreiteiro – 324º
por resolução conveniente ao dono da obra – 320º
por retardamento na consignação – 240º
por servidões ou ocupação de prédios particulares –202º
por substituição de materiais – 260º
por substituição de trabalhos – 275º, 276º
Indicação do preço – 65º
Indicações relativas à fase de negociação – 132º
Indicações relativas ao leilão electrónico – 92º
Ineficácia da adjudicação – 107º, 114º
Ineficácia da consignação – 243º
Inexigibilidade de redução do contrato a escrito – 109º
Início da contagem do prazo da obra – 237º
Início do concurso para concepção – 142º
Início do leilão electrónico – 94º
Início do procedimento no sistema de aquisição dinâmica electrónica – 162º
Início dos trabalhos – 234º, 239º
Inquérito administrativo – 234º, 309º a 311º, 316º
Inscrição dolosa de trabalhos – 294º
Insolvência – 29º, 54º
Instituição do sistema de aquisição dinâmico electrónico – 157º a 159º

Instituto público – 36º
Instrução da proposta – 69º
Interdição do empreiteiro – 234º
Internet – 59º
Interrupção da prescrição e da caducidade – 337º
Interrupção do acto público do concurso – 79º
Interrupção dos trabalhos – 240º, 250º
Inutilização de trabalhos executados – 205º
Inventário – 322º, 323º , 325º

J

Júri – 6º, 140º, 147º, 148º, 151º a 153º
Juros de mora – 106º, 299º, 315º
Justo impedimento – 283º

L

Laboratório da Engenharia de Angola – 252º, 258º, 266º, 286º
Leilão electrónico – 91º a 96º, 98º, 134º
Liberação da caução – 106º, 302º
Licitação – 92º, 96º
Limites à subempreitada – 340º
Língua estrangeira – 36º
Liquidação – 243º, 293º, 306º a 309º, 311º, 317º a 319º, 327º
Liquidação de multas e prémios – 319º
Lista de concorrentes – 78º, 79º
Lista de consultores candidatos – 164º, 166º, 168º, 171º
Lista de preços por memória – 70º
Lista de preços unitários – 70º, 196º, 199º, 206º, 209º
Lista de propostas – 82º
Livro da obra – 215º
Locação – 2º, 3º, 28º, 29º, 40º, 91º, 109º, 172º, 173º

Locação financeira – 3º, 40º
Lotes – 26º
Lucros cessantes – 275º, 320º
Lucros na empreitada por percentagem – 220º

M

Maior onerosidade – 282º
Manutenção da boa ordem nos trabalhos – 226º
Manutenção da proposta – 60º,66º, 74º
Mapa das quantidades de trabalhos – 48º, 294º, 298º, 307º
Mapa da situação dos trabalhos – 295º
Mapa de medições – 48º, 186º, 190º
Matéria discutível nas acções – 332º
Materiais a aplicar – 184º, 186º, 195º, 215º, 219º, 220º, 253º a 264º, 323º
Materiais postos na obra – 300º
Materiais sujeitos a flutuação de preço – 300º
Medição de trabalhos – 193º, 198º, 203º 206º, 211º, 234º, 247º, 248º, 266º, 268º, 288º a 294º, 307º, 308º, 317º 325º
Medição de trabalhos provisórios – 294º
Memória descritiva – 48º
Menções no local da obra – 229º
Método da medição – 288º
Ministério Público – 251º
Minuta do contrato – 110º a 113º, 166º, 168º
Modalidades de concurso limitado – 22º
Modificação das condições locais – 242º
Modificação do plano de trabalhos – 46º
Modo de actuação da fiscalização – 268º
Modo de apresentação das candidaturas – 120º, 122º
Modo de apresentação das propostas – 71º, 72º, 79º, 82º
Modo de apresentação dos documentos – 71º
Modo de prestação da caução – 67º, 105º, 127º

Modos de encerramento do leilão electrónico – 93º, 96º
Mora do dono da obra –299º–
Mora na libertação da caução –
Mora no pagamento – 299º
Morte do empreiteiro – 234º
Multa por falta de comparência –227º
Multa por não início dos trabalhos –248º
Multa por violação dos prazos contratuais – 287º, 319º
Multas contratuais – 227º, 248º, 287º, 307º, 319º

N

Não adjudicação – 100º
Não admissão da proposta – 7º, 83º, 85º, 87º, 89º, 97º, 100º
Não conciliação –336º
Não outorga do contrato – 116º
Não prestação da caução –107º
Natureza dos trabalhos – 279º
Negligência – 10º
Negociação –133º, 138º, 166º
Noção de:
    acordo-quadro – 3º
    adjudicação – 98º
    aquisição de bens móveis e imóveis – 3º
    aquisição de serviços –3º
    associação – 53º
    caderno de encargos – 47º
    candidato –50º
    caso de força maior – 281º
    concessão de obra pública –3º, 350º
    concessão de serviço público –3º, 350º
    concorrente – 50º
    concurso para trabalhos de concepção – 140º
    conflito de interesses – 165º
    consignação – 236º
    contrato de aprovisionamento –3º
    contrato de fornecimento de obras – 349º
    custo dos trabalhos – 219º
    dono de obra pública – 180º, 181º
    empreitada de obras públicas – 3º, 180º
    empreitada por percentagem –218º
    empreitada por preço global – 185º
    empreitada por série de preços – 194º
    especificações técnicas – 49º
    leilão electrónico – 91º
    locação de bens móveis e imóveis – 3º–
    obra pública – 3º, 180º
    programa do procedimento –46º
    proposta –63º
    sistema de aquisição dinâmico electrónico – 156º
    subempreitada – 341º
    termos de referência – 167º
    trabalhos a mais – 203º
    valor estimado do contrato –24º
    variante – 64º
Nota explicativa da liquidação – 306º
Nota explicativa do preço anormalmente baixo –99º
Nota justificativa do preço – 70º, 99º
Notificação:
    ao dono da obra –324º
    como é efectuada – 354º, 355º
    da adjudicação – 101º
    da conta ao empreiteiro –308º
    da decisão de aceitação ou rejeição de propostas – 161º
    da decisão de não adjudicação –100º
    da decisão de prorrogação do prazo de apresentação das propostas –
    da decisão de selecção e exclusão de candidaturas –126º–
    da decisão de selecção dos trabalhos de concepção – 153º
    da decisão sobre caso de força maior – 283º
    da decisão sobre reclamação do empreiteiro – 269º

da liquidação –293º, 299º
da minuta do contrato – 111º
da rescisão 321º
das alterações ao projecto – 242º
das reclamações em inquérito administrativo – 311º
de atraso relativamente ao plano de trabalhos – 247º
de ordens –268º
do auto de aplicação de multas contratuais – 287º
do auto de recepção provisória – 303º, 304º
do exercício do direito de rescisão – 321º
do fim da suspensão –278º
do recomeço dos trabalhos –278º, 279
do relatório preliminar – 89º
dos esclarecimentos às peças do procedimento –62º
dos esclarecimentos sobre as propostas – geral – 354º, 355º
para a recepção provisória –303º
para apresentação das versões finais das propostas –162º
para as negociações – 138º
para consignação – 238º
para o exercício do direito de retenção – 342º
para outorga do contrato –114º
para tentativa de conciliação –334º
por atraso do plano de trabalhos –247º
por defeitos de execução da obra – 286º, 304º
Notificação judicial – 271º
Novos locais de exploração de materiais – 256º
Novos preços – 206º
Nulidade de cláusula do caderno de encargos – 253º
Nulidade do contrato –110º, 341º

O

Objecto da empreitada – 186º, 195º
Objecto da LCP – 1º
Objecto da medição –289º
Objecto do contrato –186º, 195º, 221º
Objecto do plano de trabalhos – 245º
Objectos de arte e antiguidades –251º
Obra pública – 3º, 108º, 180º a 329º, 340º, 349º, 350º
Obrigação de execução de trabalhos a mais – 203º
Obrigações do dono da obra (na subempreitada) – 344º
Obrigações do empreiteiro (na subempreitada) – 343º
Ocorrência de caso de força maior – 383º
Ocupação temporária de prédios particulares –202º
Omissão – 363º
Omissões ou erros no projecto – 190º, 191º, 195º, 213º
Orçamento –170º
Ordens escritas – 203º a 206º, 208º a 210º, 215º, 226º, 248º, 265º, 266º, 268º a 271º
Organização das Nações Unidas (ONU) – 8º
Outorga do contrato – 114º, 115º

P

Pagamento –3º, 39º, 79º, 163º, 174º, 192º, 196º, 198º, 222º, 231º. 248º, 288º a 302º, 317º, 318º, 327º 341º, 343º
Pagamento – mora no – 299º
Pagamento de multas contratuais – 319º
Pagamento de salários – 230º, 231º
Pagamento em prestações – 193º, 225º
Pagamentos parciais – 193º, 248º, 297º, 317º
Paralisação dos trabalhos –324º
Partes no contrato – 181º

ÍNDICE ALFABETICO DAS MATÉRIAS   595

Peças desenhadas – 48º, 236º, 239º, 241º
Peças do procedimento – 45º, 48º, 61º, 62º, 100º, 216º
Pedreiras – 254º a 257º
Perda da caução – 114º, 238º, 334º
Penhor – 323º
Perfil geológico – 48º
Perigo iminente – 269º, 272º, 273º
Periodicidade da medição –288º
Periodicidade dos pagamentos – 288º
Perito – 42º, 286º
Pessoal indisciplinado – 226º
Planeamento urbano – 140º
Plano de pagamento do preço –70º, 196º, 245º
Plano de trabalhos –70º, 193º, 237º, 239º, 240º, 245º a 248º, 267º,
Plataforma electrónica – 12º, 59º, 116º, 61º, 62º, 72º, 145º, 16º, 286º, 300º, 324º, 358º
Poder Executivo – 4º, 11º, 38º, 41º, 59º, 251º, 360º
Polícia das vias públicas –201º
Portal da Contratação Pública –12º, 59º, 102º, 168º
Posse a pedido do empreiteiro – 324º, 325º
Posse administrativa – 211º, 247º, 321º, 322º, 323º
Posse da obra – 211º
Posse dos terrenos – 238º, 239º
Prazos para:
   acção de rescisão do contrato – 324º
   apresentar as propostas –60º, 62º, 73º, 75º, 79º, 100º, 127º, 131º, 169º, 356º
   apresentar as candidaturas –120º, 124º, 146º, 152º, 356º
   apresentar o plano definitivo de trabalhos – 245º, 247º
   apresentar as versões definitivas das propostas –162º
   apresentar novo plano de trabalhos – 247º
   apresentar os documentos de habilitação e qualificação –150º, 154º, 163º
   apresentar trabalhos de concepção – 150º, 151º
   aprovação da minuta do contrato – 112º
   aprovação de materiais – 258º
   aprovação do mapa da situação dos trabalhos – 295º
   aprovação do plano de trabalhos – 245º
   caducidade do direito de acção – 330º
   celebração de contrato –114º
   consignação –238º
   contagem –356º
   contestar – 311º, 321º
   da audiência prévia – 90º
   decidir sobre a versão alterada das propostas –161º
   decidir sobre as impugnações – 19º, 113º, 126º, 190º, 206º, 243º, 259º, 277º, 283º, 292º, 304º, 305º, 308º, 322º
   decidir sobre o plano de trabalhos – 245
   elaboração da conta –306º, 307º
   esclarecimentos de dúvidas sobre as peças do procedimento –62º, 78º, 168º
   esclarecimentos dos concorrentes à sua proposta –88º
   execução do contrato e sua prorrogação –40º, 47º, 58º, 99º, 110º, 237º, 245º, 246º, 247º, 275º, 280º, 287º,
   exercício do direito de rescisão pelo empreiteiro – 209º
   garantia – 305º, 312º
   impugnar administrativamente – 15º, 84º, 112º, 113º, 126º, 190º, 206º, 259º, 269º, 277º, 287º, 308º
   liberação da caução –106º
   manutenção da proposta –60º, 66º, 74º, 127º –
   notificação da conta – 308º
   pagamento –298º
   pedido de resolução pelo empreiteiro – 324º
   prestação da caução – 66º, 101º
   promover o inquérito administrativo – 309º

publicação de anúncios –
recepção definitiva – 313º
recepção provisória – 303º
validade da proposta – 68º
Prazos parciais –287º
Preço – 3º, 5º, 7º, 47º, 61º, 65º, 70º, 92º, 99º, 102º, 164º, 193º, 212º, 253º, 284º, 285º, 300º, 323º,
Preço anormalmente baixo –99º
Preço base – 24º
Preço contratual –110º, 193º, 203º, 210º,
Preço contratual estimado – 24º, 48º, 52º, 158º, 166º
Preço das peças do procedimento – 61º
Preço definitivo – 206º
Preço dos trabalhos a mais – 209º
Preço dos trabalhos de suprimento dos erros e omissões –
Preço global – 196º, 207º, 257º
Preço mais baixo –99º, 163º
Preço novo – 206º
Preço unitário –193º a 196º, 198º, 303º, 206º, 207º, 211º, 234º, 244º, 291º, 307º
Preferência pelos produtos nacionais –252º
Prejuízos por caso de força maior – 281º
Prejuízos por maior onerosidade da execução da empreitada –282º
Prémios – 140º, 142º, 146º, 153º, 187º, 308º, 319º
Prescrição – 337º
Presença do empreiteiro ou seu representante – 227º
Prestações de serviços – 345º
Prevalência – 48º, 62º, 65º, 71º, 110º, 146º, 54º, 347º
Princípio da concorrência – 164º
Princípio da equivalência da utilização de meios físicos e electrónicos – 353º
Princípios de direito administrativo – 359º
Princípios orientadores das centrais de compras –174º
Privilégio mobiliário especial – 302
Procedimento de negociação – 22º, 23º, 25º, 28º, 29º,45º, 50º, 132º a 139º

Processo de rescisão pelo empreiteiro – 324º
Processo de tentativa de conciliação – 334º
Processo disciplinar – 6º
Procuradoria Geral da República – 4º
Programa base – 48º, 187º
Programa de concurso – 60º, 61º, 68º, 70º, 71º, 73º, 77º, 79º, 82º, 87º, 92º, 99º, 100º, 120º, 122º, 123º, 125º, 187º
Programa de trabalhos – 48 º, 70º
Programa do procedimento – 45º, 46º, 53º, 56º a 58º, 66º, 67º 109º, 136º, 160º, 188º
Projecto base – 187º, 189º, 191º, 196º
Projecto de alteração – 203º, 206º, 210º, 242º
Projecto de execução – 70º, 186º a 188º, 190º, 195º 196º, 2203º, 206º, 207º, 209º, 213º, 215º, 216º, 242º, 248º, 253º a 255º, 258º, 264º, 300º
Proposta – 63º a 74º, 110º, 199º, 245º
Proposta alternativa – 60º
Proposta base – 87º
Proposta de preço e prazo para a execução de trabalhos a mais –
Proposta economicamente mais vantajosa – 99º, 120º
Proposta variante – 6º, 39º, 6º, 64º, 71º, 87º, 127º, 188º, 189º, 191º, 196º, 207º, 208º, 216º
Prorrogação do prazo de execução do contrato – 237º, 246º, 280º, 287º,
Prorrogação do prazo de reclamação – 206º
Prossecução dos trabalhos – 323º
Publicação de anúncio – 59º, 119º, 135º, 145º, 159º, 168º
Publicação de editais – 31º
Publicação de éditos – 310º
Publicidade – 101º, 102º, 228º
Publicitação – 62º, 75º, 101º, 102º, 145º, 357º

Q

Qualificação dos candidatos – 118º, 123º, 133º, 137º, 150º, 152º, 167º, 171º

INDICE ALFABETICO DAS MATÉRIAS 597

Qualificação dos concorrentes – 85º
Qualificação técnica – 85º
Quantidades de trabalhos – 291º, 296º
Questões sobre interpretação do contrato
– 329º a 339º

R

Reabilitação – 8º, 54º
Recepção definitiva – 234º, 303º a 306º,
313º a 315º, 317
Recepção parcial – 304º, 314º
Recepção provisória – 287º, 303º a 306º,
313º, 314º 317º, 318º
Recepção tácita – 303º
Reclamações:
contra a conta de empreitada – 308º
contra a decisão de exclusão de candidatura – 126º
contra a minuta do contrato – 113º
contra a não aprovação de materiais –
259º
contra a notificação por defeitos de
execução – 286º
contra a substituição de materiais –
262º
contra a suspensão dos trabalhos – 277º
contra actos da consignação – 243º
contra decisões da fiscalização –
265º
contra decisões do dono da obra –
331º
contra erros de medições – 290º
contra erros ou omissões do projecto –
190º, 209º, 243º
contra o auto de medição – 292º
contra o auto de posse administrativa –
322º
contra o conteúdo de auto – 292º
contra o conteúdo do auto de recepção
provisória – 304º, 305º
contra o inventário no processo de posse
administrativa – 322º

contra ordem – 269º
contra os novos preços – 206º, 210º
em inquérito administrativo – 310º, 311º,
316º
em geral – 237º, 241º, 306º, 307º
no acto público do concurso – 77º
prazo – 15º
Recomeço da execução dos trabalhos – 278º
Rectificação das peças do procedimento –
62º, 110º
Rectificação de erros ou omissões – 62º,
191º, 193º, 208º, 213º
Rectificação do auto de medição – 290º
Rectificação do custo dos trabalhos – 254º
a 257º
Recurso hierárquico – 14º, 16º, 21º, 77º, 82º,
259º, 269º
Recurso judicial – 21º
Recusa de receber notificações – 225º
Redacção da proposta – 63º
Redução das multas contratuais – 287º
Redução do contrato a escrito – 108º,109º
Redução do valor global dos trabalhos – 213º
Reembolso de adiantamentos – 301º
Registo – 36º, 72º, 152º, 267º
Regras do concurso limitado por prévia
qualificação para a concepção de trabalhos – 152º
Regras do concurso público para a concepção de trabalhos – 151º
Regras do leilão electrónico – 94º
Rejeição de materiais – 262º
Rejeição de versão inicial de proposta – 161º
Relatório de análise das candidaturas – 42º
Relatório de análise das propostas – 42º
Relatório final – 97º, 148º, 151º, 152º, 153º,
171º
Relatório preliminar – 85º, 89º, 97º, 139º
Remoção de materiais – 262º, 264º, 325º
Renovação do contrato – 66º
Representação das partes – 115º, 182º, 333º
Representação do dono da obra – 182º, 236º,
241º, 245º, 165º, 322º, 331º
Representação na outorga do contrato –
115º, 182º

Representação nas negociações – 138º
Rescisão do contrato – 203º, 208º
Rescisão pelo dono da obra:
por atraso no cumprimento – 247º
por atraso no início dos trabalhos – 248º
por cessão da posição contratual da empreitada não autorizada – 235º
por conveniência – 274º, 320º
por desvios ao plano de trabalhos – 247º
por falta à consignação – 238º
por falta de cumprimento de ordem – 270º
por sanção – 321º
por suspensão dos trabalhos – 271º, 277º
processo – 322º
unilateral – 320º, 321º, 327º, 328º
Rescisão pelo empreiteiro:
geral – 234º, 324º, 327º
por maior onerosidade – 282º
por redução dos trabalhos – 235º
por retardamento da consignação – 240º, 244º
por suspensão dos trabalhos – 275º
por trabalhos retirados da empreitada – 235º
processo – 324º
Reserva – 24º, 249º, 331º
Reserva por erros na conta corrente – 291º
Reserva sobre o conteúdo de auto – 241º
Residência do empreiteiro – 225º
Resolução convencional do contrato – 326º
Responsabilidade:
alteração das características dos materiais – 253º
civil – 44º, 232º
contrato de fornecimento de materiais – 255º
correcção dos defeitos da obra – 286º
criminal – 44º
disciplinar – 10º, 41º, 44º
encargos da celebração do contrato – 108º
encargos da prestação de caução – 67º
encargos das medições especiais – 292º

encargos das serventias e ocupações temporárias – 202º
erros de concepção – 216º
erros de execução – 215º
erros e omissões do projecto – 191º
não cumprimento de ordem – 270º
no caso de subempreitada – 346º
Restituição da caução provisória– 68º
Restituição dos depósitos e reforços – 315º a 318º
Retardamento da consignação – 240º
Retardamento da execução dos trabalhos – 247º
Retirada de trabalhos da empreitada – 235º
Revisão de preços – 39º, 212º, 284º, 285º, 298º, 307º
Revisão do contrato por alteração das circunstâncias – 284º
Revisão ordinária de preços – 285º
Revogação do direito anterior – 361º
Risco – 281º, 284º

S

Salários – 230º, 231º, 267º
Saldo – 193º, 291º, 327º, 328º
Saldo do valor das rectificações do projecto – 192º
Sanção administrativa – 54º
Segurança, higiene e saúde – 58º, 201º, 233º, 244º
Segurança da obra – 201º, 226º, 266º
Segurança do pessoal e do público – 201º
Segurança interna e externa – 108º
Seguro – 35º, 57º, 232º
Seguro caução – 67º, 68º, 105º, 297º, 300º
Selecção dos candidatos – 125º
Serventias e servidões temporárias – 201º, 266º
Serviços de conciliação – 5º
Serviços de uso corrente – 156º, 162º
Serviços financeiros – 5º
Serviços jurídicos – 5º

Servidão temporária – 202º, 255º
Sigilo – 6º, 44º, 95º, 138º
Sistema de aquisição dinâmico electrónico
– 156º a 163º
Situação dos trabalhos – 219º, 293º
Situação provisória – 294º
Sociedade de credores – 234º
Subempreitada – 340 a 347º
Subempreiteiros – 226º, 230º
Substituição de materiais – 260º, 262º
Substituição de trabalhos – 208º
Supressão de trabalhos – 204º, 208º, 209º,
213º
Suspensão da consignação – 242º
Suspensão da execução – 250º, 271 a 280º,
283º
Suspensão de trabalhos pelo dono da obra –
250º, 253º, 272º, 274º, 279º, 283º
Suspensão de trabalhos pelo empreiteiro –
251º, 177º, 279º
Suspensão de trabalhos pelo tribunal – 324º
Suspensão de trabalhos por período exces-
sivo – 277º
Suspensão parcial – 276º, 283º

T

Tabela de limites de valores – 25º
Tarefeiros – 230º
Tentativa de conciliação – 33º a 37º
Termos de referência – 146º, 147º, 151º a
155º, 166º a 168º
Tipos de empreitada – 184º
Tipos de procedimentos de contratação –
22º
Título executivo – 335º
Trabalhos (inutilizacão) – 204º
Trabalhos a mais – 40º, 192º, 197º, 203º,
208º a 210º, 221º, 237º, 308º
Trabalhos a menos – 192º, 208º a 210º, 221º,
308º

Trabalhos acessórios – 201º
Trabalhos dolosamente inscritos – 294º
Trabalhos preparatórios – 201º
Transgressões administrativas – 348º
Tribunal – 4º, 311º, 316º, 324º, 339º
Tribunal arbitral – 338º
Tribunal de Contas – 36º

U

União Africana – 8º
Unidade de despesa – 39º
Urgência – 28º, 108º, 269º
Uso corrente – 29º, 156º, 158º, 162º
Uso da obra – 314º
Usos – 195º, 201º

V

Validade da proposta – 68º
Valor da adjudicação – 191º, 192º, 208º, 248º,
287º, 320º,
Valor da caução – 66º, 104º, 127º
Valor das alterações ao projecto – 192, 205º,
209º
Valor do contrato – 22º, 197º, 208º, 300º
Valor do silêncio – 19º, 35º, 113º, 206º, 210º,
243º, 253º, 259º, 292º, 303º, 305º
Valor dos trabalhos – 213º, 287º, 320º
Valor estimado dos trabalhos – 211º
Variante – 6º, 39º, 64º, 71º, 87º, 127º, 188º,
189º, 191º, 196º, 207º, 208º, 216º
Vencimento – 299º
Venda forçada – 29º
Verificação do caso de força maior – 283º
Versão alterada da proposta – 161º
Versão definitiva da proposta – 162º
Versões das propostas iniciais no sistema
de aquisição dinâmico electrónico – 161º
Viabilidade ecnomico-financeira das centrais

ÍNDICE

Nota explicativa	5
Siglas e abreviaturas	7

Lei nº 20/10, de 7 de Setembro
LEI DA CONTRATAÇÃO PÚBLICA

TÍTULO I – Princípios gerais	11
CAPÍTULO I – Disposições gerais	11
Artigo 1º – Objecto	11
Artigo 2º – Âmbito de aplicação	13
Artigo 3º – Definições	20
Artigo 4º – Entidades sujeitas ao regime da contratação pública	24
Artigo 5º – Regime de exclusão	27
CAPITULO II – Ética no processo de contratação	29
Artigo 6º – Conduta dos funcionários públicos	29
Artigo 7º – Conduta dos interessados – Pessoas singulares e colectivas	32
Artigo 8º – Impedimentos dos interessados	35
Artigo 9º – Cadastro dos candidatos concorrentes	37
Artigo 10º – Denúncia de práticas ilícitas	38
CAPÍTULO III – Gabinete da Contratação Pública e Portal da Contratação Pública	39
Artigo 11º – Gabinete da Contratação Pública	39
Artigo 12º – Portal da Contratação Pública e plataformas electrónicas	40
CAPÍTULO IV – Impugnação Administrativa	41
Artigo 13º – Direito aplicável	41
Artigo 14º – Decisões impugnáveis e natureza	46
Artigo 15º – Prazo de impugnação	48
Artigo 16º – Apresentação da impugnação	49
Artigo 17º – Efeitos da impugnação	50
Artigo 18º – Audiência dos contra-interessados	51
Artigo 19º – Decisão	52
Artigo 20º – Medidas correctivas	53
Artigo 21º – Recurso judicial	54

602 JORGE ANDRADE DA SILVA

TÍTULO II – Tipos e Escolha de Procedimentos 55
  CAPÍTULO I – Tipos de Procedimentos 55
    Artigo 22º – Procedimentos para a formação de contratos 55
    Artigo 23º – Definições 57
  CAPÍTULO II – Escolha do procedimento em função do valor estimado
      do contrato 59
    Artigo 24º – Valor estimada do contrato 59
    Artigo 25º – Escolha do tipo de procedimento em função do valor estimado
      do contrato 60
    Artigo 26º – Divisão em lotes 62
  CAPÍTULO III – Escolha do procedimento em função de critérios materiais 63
    Artigo 27º – Regra geral 63
    Artigo 28º – Escolha do processo de negociação independentemente
      do objecto do contrato a celebrar 64
    Artigo 29º – Escolha do processo de negociação para a locação ou
      aquisição de bens 67
    Artigo 30º – Escolha do processo de negociação para formação de
      contratos de prestação de serviços 68

TÍTULO III – Fase da formação do contrato 70
  CAPÍTULO I – Disposições comuns 70
    SECÇÃO I – Abertura do procedimento 70
      Artigo 31º – Decisão de contratar 70
      Artigo 32º – Decisão de escolha do procedimento 73
      Artigo 33º – Associação de entidades públicas contratantes 74
    SECÇÃO II – Autorização da despesa 75
      Artigo 34º – Competência para autorizar a despesa 75
      Artigo 35º – Despesas com seguros 76
      Artigo 36º – Contratos de arrendamento 76
      Artigo 37º – Limites de competência para a autorização de despesas
        sem Concurso 77
      Artigo 38º – Delegação de competências 78
      Artigo 39º – Unidade da despesa 79
      Artigo 40º – Ano económico 80
    SECÇÃO III – Comissão de Avaliação do Procedimento 82
      Artigo 41º – Comissão de Avaliação 82
      Artigo 42º – Funcionamento 85
      Artigo 43º – Competência 87
      Artigo 44º – Confidencialidade dos processos de concurso 88
    SECÇÃO IV – Peças do procedimento 89
      Artigo 45º – Tipos de peças 89
      Artigo 46º – Programa do procedimento 91
      Artigo 47º – Caderno de encargos 92
      Artigo 48º – Peças do projecto nas empreitadas de obras públicas 94
      Artigo 49º – Especificações técnicas 98
    SECÇÃO V – Regras de participação 99
      Artigo 50º – Candidatos e concorrentes 99

Artigo 51º – Fomento do empresariado angolano	101
Artigo 52º – Candidatos e concorrentes estrangeiros	102
Artigo 53º – Associações	103
Artigo 54º – Impedimentos	106
Artigo 55º – Critérios de qualificação	110
Artigo 56º – Habilitações profissionais	110
Artigo 57º – Capacidade financeira	111
Artigo 58º – Capacidade técnica	112
CAPÍTULO II – Concurso público	114
SECÇÃO I – Anúncio e peças do concurso	114
Artigo 59º – Anúncio do concurso	114
Artigo 60º – Programa do concurso	117
Artigo 61º – Consulta e fornecimento das peças do concurso	121
Artigo 62º – Esclarecimentos e rectificação de erros ou omissões nas peças do concurso	123
SECÇÃO II – Proposta	125
Artigo 63º – Noção	125
Artigo 64º – Propostas variantes	128
Artigo 65º – Indicação do preço	129
Artigo 66º – Caução provisória	130
Artigo 67º – Modo de prestação da caução provisória	131
Artigo 68º – Restituição ou cessação da caução provisória	133
Artigo 69º – Documentos que acompanham as propostas	134
Artigo 70º – Documentos que instruem as propostas	137
Artigo 71º – Modo de apresentação das propostas e demais documentos em suporte de papel	140
Artigo 72º – Modo de apresentação das propostas e demais documentos em suporte electrónico	141
Artigo 73º – Prazo para a apresentação das propostas	144
Artigo 74º – Prazo de manutenção das propostas	145
SECÇÃO III – Acto público do concurso	147
Artigo 75º – Acto público	147
Artigo 76º – Sessão do acto público	149
Artigo 77º – Regras gerais	150
Artigo 78º – Abertura do acto público	152
Artigo 79º – Não admissão e admissão condicional de concorrentes	154
Artigo 80º – Prosseguimento do acto público no caso de ocorrer admissão condicional de concorrentes	159
Artigo 81º – Prosseguimento do acto público no caso de não ocorrer a admissão condicional de concorrentes	159
Artigo 82º – Continuação do acto público – Abertura das Propostas	160
Artigo 83º – Não admissão de propostas	161
Artigo 84º – Recurso hierárquico	163
SECÇÃO IV – Qualificação dos concorrentes e análise das propostas	165
Artigo 85º – Qualificação dos concorrentes	165
Artigo 86º – Análise das propostas	167
Artigo 87º – Causas de exclusão de propostas	168

Artigo 88º – Esclarecimentos sobre as propostas 171
Artigo 89º – Relatório preliminar 173
Artigo 90º – Audiência prévia 173
SECÇÃO V – Leilão electrónico 175
Artigo 91º – Leilão electrónico 175
Artigo 92º – Indicações relativas ao leilão electrónico 179
Artigo 93º – Convite 179
Artigo 94º – Regras do leilão electrónico 180
Artigo 95º – Confidencialidade 181
Artigo 96º – Modo de encerramento do leilão electrónico 181
SECÇÃO VI – Preparação da adjudicação 181
Artigo 97º – Relatório final 181
SECÇÃO VII – Adjudicação 184
Artigo 98º – Noção 184
Artigo 99º – Critérios de adjudicação 186
Artigo 100º – Causas de não adjudicação 194
Artigo 101º – Notificação da decisão de adjudicação 199
Artigo 102º – Publicidade da adjudicação 200
SECÇÃO VIII – Caução definitiva 201
Artigo 103º – Função 201
Artigo 104º – Valor da caução 202
Artigo 105º – Modo de prestação da caução 203
Artigo 106º – Libertação da caução 204
Artigo 107º – Não prestação da caução 205
SECÇÃO IX – Celebração do contrato 206
Artigo 108º – Redução do contrato a escrito 206
Artigo 109º – Inexigibilidade ou dispensa de redução de contrato a escrito 208
Artigo 110º – Conteúdo do contrato 209
Artigo 111º – Aprovação da minuta do contrato 212
Artigo 112º – Aceitação da minuta do contrato 213
Artigo 113º – Reclamação da minuta do contrato 213
Artigo 114º – Prazo para a celebração do contrato 215
Artigo 115º – Representação na outorga do contrato 217
Artigo 116º – Caducidade do contrato 218
CAPÍTULO III – Concurso limitado por prévia qualificação 218
SECÇÃO I – Disposições gerais 220
Artigo 117º – Regime 220
Artigo 118º – Fases do procedimento 220
Artigo 119º – Anúncio 221
Artigo 120º – Programa do concurso 222
SECÇÃO II – Apresentação de candidaturas e qualificação dos candidatos 225
Artigo 121º – Documentos da candidatura 225
Artigo 122º – Modo de apresentação das candidaturas 226
Artigo 123º – Apresentação de candidaturas por associações 227
Artigo 124º – Prazo para a apresentação das candidaturas 227
Artigo 125º – Admissão e selecção das candidaturas 227
Artigo 126º – Reclamações 228

SECÇÃO III – Apresentação das propostas e adjudicação 229
Artigo 127º – Convite 229
Artigo 128º – Procedimentos subsequentes 230
CAPÍTULO IV – Concurso limitado sem apresentação de candidaturas 230
Artigo 129º – Regime aplicável 230
Artigo 130º – Convite 231
Artigo 131º – Prazo para a entrega das propostas 232
CAPÍTULO V – Procedimento de negociação 232
Artigo 132º – Regime aplicável 232
Artigo 133º – Fases do procedimento 234
Artigo 134º – Admissibilidade de leilão electrónico 235
Artigo 135º – Anúncio 235
Artigo 136º – Programa do procedimento 236
Artigo 137º – Remissão 236
Artigo 138º – Negociação 237
Artigo 139º – Procedimentos subsequentes 239
CAPÍTULO VI – Procedimentos especiais 240
SECÇÃO I – Concursos para trabalhos de concepção 240
Artigo 140º – Concursos para trabalhos de concepção 240
Artigo 141º – Procedimentos dos concursos para trabalhos de concepção 242
Artigo 142º – Início do concurso para concepção 243
Artigo 143º – Decisão de escolha da modalidade do concurso de concepção 243
Artigo 144º – Associação de entidades públicas contratantes 244
Artigo 145º – Anúncio do concurso para concepção 244
Artigo 146º – Termos de referência 245
Artigo 147º – Júri do concurso 246
Artigo 148º – Anonimato 248
Artigo 149º – Apresentação dos trabalhos de concepção 249
Artigo 150º – Fixação dos prazos para a apresentação dos documentos 249
Artigo 151º – Regras do concurso público 250
Artigo 152º – Regras do concurso limitado por prévia qualificação 253
Artigo 153º – Decisão de selecção e prémios 254
Artigo 154º – Caducidade da decisão de selecção 256
Artigo 155º – Prevalência 256
SECÇÃO II – Sistemas de aquisição dinâmica electrónica 256
Artigo 156º – Noção 256
Artigo 157º – Fases do sistema 258
Artigo 158º – Instituição do sistema 258
Artigo 159º – Anúncio 259
Artigo 160º – Programa do procedimento 259
Artigo 161º – Formação do catálogo electrónico 260
Artigo 162º – Convite 261
Artigo 163º – Adjudicação 261
SECÇÃO III – Regras aplicáveis à contratação de serviços 262
SUBSECÇÃO I – Consultores 262
Artigo 164º – Método de contratação de serviços de consultoria 262
Artigo 165º – Conflitos de interesses 264

606 JORGE ANDRADE DA SILVA

SUBSECÇÃO II – Procedimentos	265
Artigo 166º – Fases do processo de selecção	265
Artigo 167º – Termos de referência	266
Artigo 168º – Anúncio e convite para a apresentação de propostas	266
Artigo 169º – Prazos	268
Artigo 170º – Orçamento	269
Artigo 171º – Lista de consultores candidatos	269
TITULO IV – Centrais de compras	269
CAPÍTULO I – Disposições gerais	269
Artigo 172º – Centrais de compras	269
Artigo 173º – Principais actividades das centrais de compras	271
Artigo 174º – Princípios orientadores	272
CAPITULO II – Constituição e gestão das centrais de compras	274
Artigo 175º – Actos constitutivos	274
Artigo 176º – Viabilidade e racionalidade económico-financeira	275
Artigo 177º – Gestão por terceiros	275
Artigo 178º – Contratos de gestão com terceiros	276
Artigo 179º – Criação das centrais de compras	276
TÍTULO V – Empreitadas de obras públicas	276
CAPÍTULO I – Disposições gerais	276
Artigo 180º – Noção	276
Artigo 181º – Partes do contrato	284
Artigo 182º – Representação das partes	285
Artigo 183º – Impedimentos	287
CAPÍTULO II – Tipos de empreitadas	288
SECÇÃO I – Disposição geral	288
Artigo 184º – Tipos de empreitada e modos de retribuição do empreiteiro	288
SECÇÃO II – Empreitada por preço global	292
Artigo 185º – Conceito e âmbito	292
Artigo 186º – Objecto da empreitada	293
Artigo 187º – Apresentação de projecto base pelos concorrentes	294
Artigo 188º – Variantes ao projecto	297
Artigo 189º – Elementos e método de cálculo dos projectos base e variantes	298
Artigo 190º – Reclamações quanto a erros e omissões do projecto	299
Artigo 191º – Rectificações de erros ou omissões do projecto	304
Artigo 192º – Valor das alterações ao projecto	304
Artigo 193º – Pagamentos	305
SECÇÃO III – Empreitada por série de preços	306
Artigo 194º – Conceito	306
Artigo 195º – Objecto da empreitada	307
Artigo 196º – Projecto ou variante do empreiteiro	308
Artigo 197º – Trabalhos não previstos	309
Artigo 198º – Cálculo dos pagamentos	310
SECÇÃO IV – Disposições comuns às empreitadas por preço global e por série de preços	310

Artigo 199º – Lista de preços unitários 310
Artigo 200º – Encargos do empreiteiro 311
Artigo 201º – Trabalhos preparatórios ou acessórios 312
Artigo 202º – Servidões e ocupação de prédios particulares 314
Artigo 203º – Execução de trabalhos a mais 315
Artigo 204º – Supressão de trabalhos 323
Artigo 205º – Inutilização de trabalhos já executados 324
Artigo 206º – Fixação de novos preços 324
Artigo 207º – Alterações propostas pelo empreiteiro 326
Artigo 208º – Direito de rescisão por parte do empreiteiro 329
Artigo 209º – Prazo do exercício do direito de rescisão 331
Artigo 210º – Cálculo do valor dos trabalhos para efeito de rescisão 334
Artigo 211º – Exercício do direito de rescisão 336
Artigo 212º – Correcção de preços 337
Artigo 213º – Indemnização por redução do valor total dos trabalhos 338
Artigo 214º – Esgotos e demolições 340
Artigo 215º – Responsabilidade por erros de execução 341
Artigo 216º – Responsabilidade por erros de concepção 342
Artigo 217º – Efeitos da responsabilidade 345
SECÇÃO V – Empreitada por Percentagem 346
Artigo 218º – Conceito 346
Artigo 219º – Custo dos trabalhos 346
Artigo 220º – Encargos administrativos e lucros 347
Artigo 221º – Trabalhos a mais ou a menos 347
Artigo 222º – Pagamentos 347
Artigo 223º – Regime subsidiário 348
CAPÍTULO III – Execução da Empreitada 349
SECÇÃO I – Disposições gerais 349
Artigo 224º – Notificações relativas à execução da empreitada 349
Artigo 225º – Ausência do local da obra do empreiteiro ou seu representante 350
Artigo 226º – Segurança e ordem no local dos trabalhos 353
Artigo 227º – Actos em que é exigida a presença do empreiteiro 354
Artigo 228º – Publicidade 355
Artigo 229º – Menções obrigatórias no local dos trabalhos 356
Artigo 230º – Salários 357
Artigo 231º – Pagamento dos salários 357
Artigo 232º – Seguros 359
Artigo 233º – Higiene, saúde e segurança 360
Artigo 234º – Morte, interdição ou falência do empreiteiro 361
Artigo 235º – Cessão da posição contratual 363
SECÇÃO II – Consignação da obra 366
Artigo 236º – Conceito e efeitos da consignação da obra 366
Artigo 237º – Prazo para a execução da obra e sua prorrogação 367
Artigo 238º – Prazo da consignação 369
Artigo 239º – Consignações parciais 372
Artigo 240º – Retardamento da consignação 373

608 JORGE ANDRADE DA SILVA

Artigo 241º – Auto da consignação ... 375
Artigo 242º – Modificação das condições locais e suspensão do acto
    da consignação ... 377
Artigo 243º – Reclamação do empreiteiro ... 378
Artigo 244º – Indemnização ... 380
SECÇÃO III – Plano de trabalhos ... 381
Artigo 245º – Objecto e aprovação do plano de trabalhos ... 381
Artigo 246º – Modificação do plano de trabalhos ... 384
Artigo 247º – Atraso no cumprimento do plano de trabalhos ... 385
SECÇÃO IV – Execução dos trabalhos ... 389
Artigo 248º – Data do início dos trabalhos ... 389
Artigo 249º – Elementos necessários para a execução e medição
    dos trabalhos ... 392
Artigo 250º – Demora na entrega dos elementos necessários para
    a execução e medição dos trabalhos ... 393
Artigo 251º- Objectos de arte e antiguidades ... 394
SECÇÃO V – Materiais ... 396
Artigo 252º – Preferência dos produtos nacionais ... 396
Artigo 253º – Especificações ... 397
Artigo 254º – Exploração de pedreiras, burgaleiras, areeiros e semelhantes ... 399
Artigo 255º – Contratação dos fornecimentos ... 402
Artigo 256º – Novos locais de exploração ... 404
Artigo 257º – Materiais pertencentes ao dono da obra ou provenientes
    de outras obras ou demolições ... 405
Artigo 258º – Aprovação de materiais ... 406
Artigo 259º – Reclamação contra a não aprovação de materiais ... 406
Artigo 260º – Efeitos da aprovação dos materiais ... 408
Artigo 261º – Aplicação dos materiais ... 409
Artigo 262º – Substituição de materiais ... 410
Artigo 263º – Depósito de materiais não destinados à obra ... 410
Artigo 264º – Remoção de materiais ... 411
SECÇÃO VI – Fiscalização ... 412
Artigo 265º – Fiscalização e agentes ... 412
Artigo 266º – Função da fiscalização ... 415
Artigo 267º – Função da fiscalização nas empreitadas por percentagem ... 418
Artigo 268º – Modo de actuação da fiscalização ... 418
Artigo 269º – Reclamação contra ordens recebidas ... 423
Artigo 270º – Falta de cumprimento da ordem ... 424
SECÇÃO VII – Suspensão dos trabalhos ... 425
Artigo 271º – Suspensão dos trabalhos pelo empreiteiro ... 425
Artigo 272º – Suspensão dos trabalhos pelo dono da obra ... 428
Artigo 273º – Autos de suspensão ... 429
Artigo 274º – Suspensão por tempo indeterminado ... 430
Artigo 275º – Rescisão em caso de suspensão ... 432
Artigo 276º – Suspensão parcial ... 434
Artigo 277º – Suspensão por facto imputável ao empreiteiro ... 435
Artigo 278º – Recomeço dos trabalhos ... 437

ÍNDICE 609

Artigo 279º – Natureza dos trabalhos ... 438
Artigo 280º – Prorrogação do prazo contratual ... 438
SECÇÃO VIII – Não cumprimento e revisão do contrato ... 440
Artigo 281º – Caso de força maior e outros factos não imputáveis
    ao empreiteiro ... 440
Artigo 282º – Maior onerosidade ... 444
Artigo 283º – Verificação do caso de força maior ... 445
Artigo 284º – Alteração das circunstâncias ... 448
Artigo 285º – Revisão de preços ... 454
Artigo 286º – Defeitos de execução da obra ... 457
Artigo 287º – Multa por violação dos prazos contratuais ... 458
CAPÍTULO IV – Pagamentos ... 460
SECÇÃO I – Pagamento por medição ... 460
Artigo 288º – Periodicidade e formalidades da medição ... 460
Artigo 289º – Objecto da medição ... 463
Artigo 290º – Erros de medição ... 464
Artigo 291º – Situação de trabalhos ... 464
Artigo 292º – Reclamação do empreiteiro ... 465
Artigo 293º – Liquidação e pagamento ... 466
Artigo 294º – Situações provisórias ... 467
SECÇÃO II – Pagamento em prestações ... 470
Artigo 295º – Pagamento em prestações fixas ... 470
Artigo 296º – Pagamento em prestações variáveis ... 470
SECÇÃO III – Disposições comuns ... 470
Artigo 297º – Desconto para garantia ... 470
Artigo 298º – Prazos de pagamento ... 472
Artigo 299º – Mora no pagamento ... 472
Artigo 300º – Adiantamentos ao empreiteiro ... 473
Artigo 301º – Reembolso dos adiantamentos ... 477
Artigo 302º – Garantia dos adiantamentos ... 478
CAPÍTULO V – Recepção e liquidação da obra ... 479
SECÇÃO I – Recepção provisória ... 479
Artigo 303º – Vistoria ... 479
Artigo 304º – Deficiências de execução ... 484
Artigo 305º – Recepção provisória ... 485
SECÇÃO II – Liquidação da empreitada ... 487
Artigo 306º – Elaboração da conta ... 487
Artigo 307º – Elementos da conta ... 488
Artigo 308º – Notificação da conta final ao empreiteiro ... 488
SECÇÃO III – Inquérito administrativo ... 490
Artigo 309º – Comunicações às autoridades locais ... 490
Artigo 310º – Publicação de éditos ... 491
Artigo 311º – Processos das reclamações ... 492
SECÇÃO IV – Prazo de garantia ... 494
Artigo 312º – Duração do prazo ... 494
SECÇÃO V – Recepção definitiva ... 497
Artigo 313º – Vistoria ... 497
Artigo 314º – Deficiências de execução ... 497

610 JORGE ANDRADE DA SILVA

SECÇÃO VI – Restituição das garantias e quantias retidas, extinção
da caução e liquidações eventuais 499
Artigo 315º – Restituição dos depósitos e quantias retidas e extinção
da caução 499
Artigo 316º – Dedução de quantias reclamadas no inquérito administrativo ... 500
Artigo 317º – Pagamento dos trabalhos posteriores à recepção provisória ... 503
Artigo 318º – Deduções a fazer 504
SECÇÃO VII – Liquidação, pagamento de multas e prémios 504
Artigo 319º – Liquidação das multas e prémios 504
CAPÍTULO VI – Rescisão e resolução convencional da empreitada 505
Artigo 320º – Efeitos da rescisão 505
Artigo 321º – Rescisão pelo dono da obra 509
Artigo 322º – Posse administrativa 511
Artigo 323º – Prossecução dos trabalhos pelo dono da obra 512
Artigo 324º – Processo de rescisão pelo empreiteiro 515
Artigo 325º – Posse da obra consequente à rescisão pelo empreiteiro ... 517
Artigo 326º – Resolução convencional do contrato 518
Artigo 327º – Liquidação final 519
Artigo 328º – Pagamento da indemnização devida ao dono da obra ... 520
CAPÍTULO VII – Contencioso dos contratos 521
Artigo 329º – Tribunais competentes 521
Artigo 330º – Prazo de caducidade 522
Artigo 331º – Aceitação do acto 525
Artigo 332º – Matéria discutível 526
Artigo 333º – Tentativa de conciliação 526
Artigo 334º – Processo da conciliação 528
Artigo 335º – Acordo 529
Artigo 336º – Não conciliação 530
Artigo 337º – Interrupção da prescrição e da caducidade 530
Artigo 338º – Tribunal arbitral 531
Artigo 339º – Processo arbitral 533
CAPÍTULO VIII – Subempreitadas 534
Artigo 340º – Princípios gerais 534
Artigo 341º – Contrato de subempreitada 539
Artigo 342º – Direito de retenção 540
Artigo 343º – Obrigações do empreiteiro 543
Artigo 344º – Obrigações dos donos de obra 544
Artigo 345º – Prestações de serviço 545
Artigo 346º – Responsabilidade do empreiteiro 546
Artigo 347º – Derrogação e prevalência 547

TÍTULO VI – Transgressões administrativas 548
Artigo 348- Remissão 548

TÍTULO VII – Disposições finais 549
Artigo 349º – Fornecimento de obras 549
Artigo 350º – Contratos de concessão de obras e serviços públicos 550

Artigo 351º – Auditoria e fiscalização	550
Artigo 352º – Supervisão	551
Artigo 353º – Princípio da equivalência da utilização dos meios físicos ou de meios electrónicos	551
Artigo 354º – Notificações e comunicações	551
Artigo 355º – Data das notificações e das comunicações	553
Artigo 356º – Contagem dos prazos	554
Artigo 357º – Publicitação da actualização dos limites de valores	555
Artigo 358º – Apresentação de propostas e de candidaturas em suporte de papel	555
Artigo 359º – Direito subsidiário	556
Artigo 360º – Delegação de competência	558
Artigo 361º – Revogação de direito anterior	559
Artigo 362º – Aplicação no tempo	560
Artigo 363º – Dúvidas e omissões	561
Artigo 364º – Entrada em vigor	562
ANEXO I	563
ANEXO II	563
ANEXO III	565
ANEXO IV	565
ANEXO V	568
ANEXO VI	571
Tabela de correspondência com legislação anterior	575
Índice alfabético das matérias	585